Military History of Korea

한국군사사 ① 고대 I

기획 · 주간

육군군사연구소
ARMY MILITARY HISTORY INSTITUTE

육군본부

"역사를 깨닫지 못하는 자에게
비극의 역사는 필연적으로 되풀이 된다"

인류의 역사에서 전쟁은 한 국가의 명운을 좌우해 왔습니다. 그렇기 때문에 모든 나라들은 전쟁을 대비하는 데 전 국가역량을 집중해 왔습니다. 한 나라의 역사를 이 해하기 위해 군사사 분야의 체계적인 연구가 필요한 이유가 여기에 있습니다.

육군에서는 이러한 군사사 연구의 중요성을 인식하고 1960년대부터 지금까지 '한 국고전사', '한국의병사', '한국군제사', '한국고대무기체계' 등을 편찬하였습니다. 이 는 우리의 군사사 연구 기반 조성에 큰 도움을 주었지만, 단편적인 연구에 국한된 아 쉬움이 늘 남아 있었습니다.

이에 육군은 그간의 연구 성과를 바탕으로 군사사 분야를 보다 체계적으로 연구· 집대성한 '한국군사사(韓國軍事史)'를 발간하였습니다. 본서는 2008년부터 3년 6개 월 동안 비록 짧은 기간이지만, 많은 학계 전문가들이 참여하여 군사, 정치, 외교 등 폭넓은 분야에 걸쳐 역사적 사실을 새롭게 재조명하였습니다. 특히 고대로부터 근· 현대에 이르기까지 전쟁사, 군사제도, 강역, 군사사상, 통신, 무기, 성곽 등 군사사 전 반이 망라되어 있습니다.

"역사를 깨닫지 못하는 자에게 비극의 역사는 필연적으로 되풀이 된다"라는 말이 있습니다. 미래에 대한 변화와 발전도 과거에 대한 깊은 이해와 성찰을 통해서 이루어 질 수 있습니다. 이러한 의미에서 우리나라 최초로 군사사 분야를 집대성한 '한국 군사사'가 군과 학계 연구를 촉진시키는 기폭제가 되고, 군사사 발전을 위한 길잡이가 되길 기대합니다.

그동안 어려운 여건속에서도 연구의 성취와 집필을 위해 열과 성을 다해 준 집필진과 관계관 여러분의 노고를 치하합니다.

2012년 10월
육군참모총장 대장 김상기

1. 이 책의 집필 원칙은 국난극복사, 민족주의적 서술에서 벗어나 국가와 민족의 생존의 역사로서
   군사사(전쟁을 포함한 군사 관련 모든 영역의 역사)를 객관적으로 서술하는데 있다.
2. 한글 맞춤법과 표준어 등은 국립국어원이 정한 어문규정을 따르되, 일부 사항은 학계의 관례를
   따랐다.
3. 이 책의 목차는 다음의 순서로 구분, 표기했다.
   : 제1장 - 제1절 - 1. - 1) - (1)
4. 이 책에서 사용한 전쟁 명칭은 다음과 같은 원칙에 따라서 표기했다.
   (1) '전쟁'의 명칭은 다음 기준에 부합되는 경우에 사용했다.
      ① 국가 대 국가 간의 무력 충돌에만 부여한다.
      ② 일정 규모 이상의 대규모 군사활동에만 부여한다.
      ③ 무력충돌 외에 외교활동이 수반되었는지를 함께 고려한다. 외교활동이 수반되지 않은 경
         우는 군사충돌의 상대편을 국가체로 볼 수 있는지를 검토한다.
   (2) 세계적 보편성, 여러 나라가 공유할 수 있는 명칭 등을 고려하여 전쟁 명칭은 국명 조합방식
      을 기본적으로 채택했다.
   (3) 국명이 변경된 나라의 경우, 전쟁 당시의 국명을 사용하는 것을 원칙으로 했다.
      (예) 고려-요 전쟁   조선-후금 전쟁
   (4) 동일한 주체가 여러 차례 전쟁을 한 경우는 차수를 부여했다.
      (예) 제1차~제7차 고려-몽골 전쟁
   (5) 일반적으로 널리 알려진 전쟁 명칭은 ( ) 안에 일반적인 명칭을 병기했다.
      (예) 제1차 조선-일본 전쟁(임진왜란)   조선-청 전쟁(병자호란)
5. 연대 표기는 다음과 같은 원칙에 따라서 표기했다.
   (1) 주요 전쟁·전투·역사적 사건과 본문 서술에 일자가 드러난 경우는 서기력(양력)과 음력을
      병기했다.
      ① 전근대 : '음력(양력)' 형식으로 병기하는 것을 원칙으로 했다.
      ② 근·현대: 정부 차원의 양력 사용 공식 일자를 기준으로 구분하여, 1895년까지는 '음력(양
         력)' 형식으로, 1896년 이후는 양력(음력) 형식으로 병기했다.
   (2) 병기한 연대는 ( ) 안에 양력, 음력 여부를 (양), (음)으로 표기했다.
      (예) 1555년(명종 10) 5월 11일(양 5월 30일)
   (3) 「연도」, 「연도 월」처럼 일자가 드러나지 않은 경우는 음력(1895년까지) 혹은 양력(1896년
      이후)으로만 단독 표기했다.
   (4) 연도 표기는 '서기력(왕력)' 형태를 기본으로 하되, 필자가 필요하다고 판단한 경우에는 왕력
      (서기력) 형태의 표기도 허용했다.
6. 외국 인명은 다음과 같은 원칙에 따라서 표기했다.
   (1) 외국 인명은 최대한 원어 발음을 기준으로 표기하는 것을 원칙으로 했다. 단, 적절한 원어 발
      음으로 표기하지 못한 경우에는 한자음으로 표기했다.

(2) 전근대의 외국 인명은 다음과 같은 원칙에 따라서 표기했다.

　① 중국을 제외한 여타 외국 인명은 원어 발음을 기준으로 표기하고 한자를 병기했다.

　　(예) 누르하치[努爾哈赤]　　도요토미 히데요시[豊臣秀吉]

　② 중국 인명은 학계의 관행에 따라서 한자음으로 표기했다.

　　(예) 명나라 장수 척계광戚繼光

(3) 근·현대의 외국 인명은 중국 인명을 포함하여 모든 인명을 원어 발음 기준으로 표기하는 것을 원칙으로 했다.

　(예) 위안스카이[袁世凱]　　쑨원[孫文]

7. 지명은 다음과 같은 원칙에 따라서 표기했다.

(1) 옛 지명과 현재의 지명이 다른 경우에는 '옛 지명(현재의 지명)' 형식으로 표기했다. 외국 지명도 이 원칙에 따라서 표기했다.

(2) 현재 외국 영토에 있는 지명은 가능한 원어 발음으로 표기했다.

　(예) 대마도 정벌 → 쓰시마 정벌

(3) 전근대의 외국 지명은 '한자음(현재의 지명)' 형식으로 표기했다.

　(예) 대도大都(현재의 베이징[北京])

(4) 근·현대의 외국 지명은 원어 발음으로 표기하는 것을 원칙으로 하되, 학계에서 일반화되어 고유명사처럼 쓰이는 경우에는 한자음으로 표기했다.

　(예) 상하이[上海]　　상해임시정부上海臨時政府

본문에 사용된 지도와 사진

• 본문에 사용된 지도는 한국미래문제연구원(김준교 중앙대 교수)에서 제작한 것을 기본으로 하여 필자의 의견을 반영해서 재 작성했습니다.

• 사진은 필자와 한국미래문제연구원에서 제공한 것을 1차로 사용했으며, 추가로 장득진 선생이 많은 사진을 제공했습니다. 필자와 한국미래문제연구원, 장득진 제공사진은 ⓒ표시를 하지 않았습니다.

• 이 외에 개인작가와 경기도박물관, 경희대박물관, 고려대박물관, 국립중앙박물관, 국사편찬위원회, 규장각한국학연구원, 독립기념관, 문화재청, 서울대박물관, 연세대박물관, 영집궁시박물관, 육군박물관, 이화여대박물관, 전쟁기념관, 한국학중앙연구원, 해군사관학교박물관, 화성박물관 외 여러 기관에서 소장자료를 제공했습니다. 이 경우 개인은 ⓒ표시, 소장기관은 기관명을 표시했습니다. 사진을 제공해 주신 분들께 감사드립니다.

• 이 책에 실린 사진 중에서 소장처를 파악하지 못해 사용허가를 받지 못한 사진이 있습니다. 이 사진에 대해서는 저작권자가 확인되는 대로 게재 허락을 받고 통상의 기준에 따라 사용허가 및 사용료를 지불하도록 하겠습니다.

목차

총설

한국 군사사 연구의 성과와 과제

1. 서문

1945년 8월 광복을 맞이한 후 66년이 흘렀다. 1948년 8월 대한민국 정부 수립을 기준으로 하여도 63년의 세월이 흘렀다. 반세기가 넘는 기간은 신생국가라 하더라도 필요한 국가적 요건은 다 갖추고도 남을 시간이다. 하물며 우리나라처럼 오랜 역사를 가지고 있는 나라의 경우는 말할 것도 없다. 그런데도 대한민국은 그 역사관 정립이 충실하지 못한 약점을 해소하지 못하고 있다. 광복 후 남북 분단으로 민족이 두 국가로 나뉘고 또 동족상잔의 큰 전쟁을 치르기까지 하여 민족사, 특히 근·현대사 정리에서 이데올로기에 따른 역사관의 차이가 충돌하는 부분이 많다. 그래서 현대사를 다룬 통사를 찾아보기 쉽지 않으며, 설사 있다하더라도 이데올로기적인 시비의 대상이 되는 경우가 많다.

군사사는 국가 이념의 차원에서 가장 중요한 요건에 해당하는 것이다. 국가의 발생, 발전이 전쟁을 통해 이루어졌다고 해도 과언이 아닐 정도로 제대로 된 나라라면 자신의 모습을 돌아보는 거울로서 군사사는 반드시 갖추어야 할 대상이다. 그런데도 대한민국은 아직까지 이 분야에 관한 통사적 편찬물을 가지고 있지 못하다. 1960년대, 1970년대에 육군본부에서 육군사관학교 군사편찬연구실에 위탁하여 『한국군제사』조선전기편, 조선후기편을 냈지만 앞뒤의 역사가 채워지지 못한 채 지금에 이르고 있다. 이것은 굳이 이데올로기 문제라고 할 것도 못된다. 그보다 민족사에서 국가 승계 관계, 즉 조선왕조와 대한제국, 대한제국과 대한민국의 승계관계에 대한 역사학자들의 고찰이 부재한 상황이 민족사 전체를 통관하는 편찬사업의 필요성을 자각하지 못하게 한 것 같다. 상무尙武의 전통이 약한 것도 원인일 듯하다. 통사적 군사사의 필요성은 무武에 대한 인식이 바르게 되어 있을 때 느낄 수 있는 것이다.

이번의 『한국군사사』 편찬 사업은 이러한 국가적 결손 사항을 척결하기위해 고대에서 현대까지 전 시기를 다루기로 하였다. 다만 1945년 이후 대한민국의 국군 역사는 다음의 과제로 남겼다. 대한민국의 국군을 다루기 전에 그 국군의 탄생을 보는 사안史眼의 정립이 먼저 이루어 져야 할 것이므로 우선 이의 정립에 목표를 두기로 하였다. 『한국군사사』는 각 시대별로 활용 가능한 1차 사료를 구사하여 실증적 작업으로 군사사의 여러 면을 자세하게 규명하고 있다. 그 작업은 방대한 것이 되어 독자에게 이에 대한 가이드 역할의 글이 제공될 필요가 있어 앞에 총설을 붙이기로 하였다. 총설은 한국 군사사의 큰 흐름을 정리한 것으로 본론의 숲속으로 들어가기 전에 숲의 전체 모양새를 내려다보는 기회가 되도록 준비하였다.

2. 군사사 연구의 태동과 정립의 방향

1) 한스 델브리크의 『병법사(兵法史)』와
안확의 『조선육해군사(朝鮮邦陸海軍史)』 구상

서구 근대 군사 사학 초기의 업적으로는 한스 델브리크(Hans Delbrueck: 1848~1929)의 『병법사-정치사의 범주 내에서(Geschichte der Kriegskunst in Rahmen der politischen Geschichte)』가 가장 대표적이다.[1] 저자는 프리드리히 황제의 막내아들의 개인 교사를 지낸 경력의 소지자로서 엄밀한 실증적 방법을 구사하여 유럽 군사사의 기반을 닦았다. 유럽 역사를 움직인 수많은 전쟁들, 곧 페르시아 전쟁에서부터 1870년 전쟁까지 전쟁의 규모(병력의 수), 전쟁의 진행 과정, 각 시기의 병법(전술과 병기), 전술 등을 아

병법사를 개척한 한스 델브리크
(1848~1929)

1 한스 델브리크, 『병법사-정치사의 범주내에서- 1-4』(민경길 역), 한국학술정보, 2009, 원본은 1900년 베를린 간행.

한국 군사사의 중요성을 처음 갈파한 안확
(1886~1946)

주 소상하게 밝히려고 하였다. 그의 저서는 후세에 오늘날의 전사戰史의 기초를 닦은 것으로 높이 평가받았다.[2] 그는 서구 근대 역사학의 아버지로 불리는 독일의 레오폴드 폰 랑케(1795~1886)로부터 큰 영향을 받은 것으로 보인다. "정치사의 범주 내에서"란 부제를 단 것이 국가사, 외교사를 중요시 한 랑케 식의 역사학의 영향을 느끼게 한다. 한스 델브리크는 "모든 민족의 생존은 그들의 군대조직에 의해 크게 좌우되고 군대조직은 전투기술과 전술 및 전략과 밀접한 관련이 있다"는 인식아래 정치사로서 병법사를 다루었던 것이다.

우리나라 역사학이 근대적 역사학의 체계를 수립하던 시기에 나온 안확安廓의 『조선육해군사朝鮮陸海軍史』 원고요초原稿要抄는 최초의 군사 관계 전문 논술일뿐더러 한스 델브리크의 『병법사』로부터의 영향을 느끼게 하는 것이어서 흥미롭다. 안확安廓(1886~1946)은 자주, 자유, 자치를 중요시 하여 자산自山이란 자호自號를 즐겨 쓰면서 우리나라의 문화와 역사를 다룬 글을 140여 편이나 남겼다.[3] 그는 1923년에 『조선문명사-일명 조선 정치사-』를 내면서 책머리에 자신의 기간 저술을 포함하여 "안자산 저서 목록"을 아래와 같이 제시하였다.

• 제1부 조선 문명사(전 8책)

　『조선민족사고』『조선미술사개론』『조선학예사』『조선문학사』(기간)『조선정치사』

　(기간)『조선경제사』『조선외교사』『조선육해군사』

---

2 한스 델브리크, 앞의 책(1), 2009, 역자 서문 참조.
3 이태진, 「안확(1886~1946)의 생애와 국학세계」『고병익선생 회갑기념사학논총: 역사와 인간의 대응』, 1984 참조.

- 제2부 자산 학설집(전 8책)

  『조선문법』(기간, 증정재판) 『조선고어학』 『조선어학원론』(기간 3정訂) 『경언집經言集』(순한문) 『평등론』 『자각론』(기간, 부附 조선철학사, 4판) 『개조론』(기간, 4판) 『신윤리학』

- 제3부 자산 문집(전 7책)

  『세계사상사개론』 『조선불평사』 『말세인가 신시대인가』 『반역심』 『을소부乙素夫』 『오호嗚呼 세상世相』

- 제4부 정치론 (전 20책)

  『흥망론』 『조선인의 정치적 사상』 『아생활我生活』 『학자 및 정치가』 『영웅과 지사』 『국민독본』 『신민론新民論』 『정치와 민중』 『정객의 생활』 『정치의 도덕과 죄악』 『외교론』 『만국외교정책』 『전쟁론』 『군사담軍事談』 『조선경제실담』 『국가재정론』 『척식회사』 『세계자치제조사』 『각국의 정당 및 의회』 『세계총독정치의 조사』

안확의 저술 계획은 그대로 달성되지는 않았다. 이 목록은 제1부 조선 문명사 중 『조선정치사』를 낼 무렵의 생각을 담은 것이었다. 그는 1946년에 61세로 갑자기 세상을 떠날 때까지 140여 편의 글을 썼는데 어떤 것은 계획대로, 어떤 것은 변경된 형식으로 발표하여, 국어, 국사, 국악, 국문학, 사상사 등 분야에서 근대 국학 수립에 큰 업적을 남겼다. 그 업적은 단재 신채호, 육당 최남선 등과 거의 비견되는 것이란 평가를 받는다.[4] 『조선육해군사』는 『조선정치사』의 말미에 30페이지짜리의 '원고요초原稿要抄'로만 제시되고 끝내 완성을 보지 못했다. 그는 「천년 전의 조선朝鮮의 군악軍樂」 (1930), 「조선병감고朝鮮兵鑑考」(1931) 등을 발표하면서 군사에 대한 관심을 견지하던 끝에 1940년에 『조선무사영웅전』을 간행하여 우리민족의 대표적 무예인 궁술, 격검, 유술, 경마, 축구, 격구, 석전 등을 소개하면서 조선의 무예를 다른 나라의 것과 비

---

4 이태진, 「안확(1886~1946)의 생애와 국학세계」 ; 최원식, 「안자산의 국학」 ; 이기문, 「안자산의 국어연구」 ; 유준필, 「자산 안확의 국학사상과 문학사관」 ; 권오성, 「자산 안확 국악연구에 대한 고찰」 ; 김창규, 「안자산의 국문학 연구 성과에 대한 고찰」. 이상 『자산 안확 국학논저집 6』, 여강출판사, 1994. 위 논문들은 각기 개별적으로 발표되었던 것인데 이 저작집 편찬을 위해 한 자리에 모았다.

교하는 저술을 남겨[5] 당초의 『조선육해군사』 계획에 대한 빚을 갚아 보려는 의지를 담았다.

안확의 『조선육해군사』 구상은 미완에 그쳤지만 '원고요초'의 내용으로 보면 한스 델브리크의 『병법사』로부터의 영향을 생각하지 않을 수 없다. 특히 안확이 이 글을 자신의 주저라고 해도 과언이 아닌 『조선정치사』의 끝에 붙인 점은 델브리크가 "정치사의 범주 내에서in Rahmen der politischen Geschichte라는 부제를 단 것과 상사점을 느끼게 한다. '원고요초'는 곧 개요 소개에 해당하는 것으로 이 글은 다음과 같은 목차로 서술되었다.

> 1. 軍制의 概觀(軍備槪觀)　　2. 陸軍制　　　3. 海軍制
> 4. 軍艦의 沿革　　　　　　　5. 兵器　　　　6. 交通術
> 7. 要塞　　　　　　　　　　8. 戰法　　　　9. ○○

안확은 『조선정치사』에서 우리 민족사를 '태고 부락시대'(선사시대), '상고 소분립 정치시대'(고조선시대), '중고 분립정치시대'(삼국 및 삼국통일시대), '근고 귀족정치시대'(고려시대), '근세 군주독재정치시대'(조선시대) 등으로 나누고 각 시대별 정치를 발전적 관점에서 분별하여 민족사의 끊임없는 발전상을 파악하려고 하였다. 그는 한민족은 외문화外文化를 끊임없이 수용하여 개선진화를 통해 발전을 이룬 문화로 본질을 파악하면서 이를 알기위해서는 민족의 생활사를 살펴야 하며 생활사를 살피기 위해 정치사를 먼저 연구해야한다고 하였다. 그는 한민족의 생활사는 태고 부락시대부터의 '자치'의 기반이 확립되어 그것이 각 시대의 여건에 따라 전개된 역사가 곧 생활사이자 정치사라고 파악하였다. 육·해군사는 곧 생활사로서의 정치사의 가장 중요한 국면이라고 보아 먼저 나오게 된 『조선정치사』를 통해 저술 내용을 미리 소개하였던 것이다.

먼저 ① 「군제軍制의 개관」[또는 군비개관軍備槪觀]에서는 인류가 사회와 국가를 조

---

5 안확, 『조선무사영웅전』(심승구 옮김)(『근현대 국학자료총서 4』), 한국국학진흥원, 2005.

직한 이래로 그 단체를 보호하고 발달시키면서 경쟁이 불가피히여 정쟁 중에 도덕과 법률이 쇠퇴함과 동시에 전쟁이 일어난 것이라고 인류사 속에서 전쟁의 의미를 파악하였다. 그러므로 전쟁의 역사와 군비의 문제는 동서 만국은 물론 미개시대부터 문명이 극도로 발달한 지금까지 끊이지 않은 것이라고 하였다. 고조선 시대 이후 5천년 긴 시간 속에 전술戰術의 강구와 전비戰備의 주선을 게을리 하지 않으면서 민국民國 보전을 다한 우리 역사에서 군사사상軍事思想은 어디까지나 안으로 요란[변란의 뜻]을 누르고 밖으로는 강적을 방어하여 평화유지로서 스스로 지키고 보호하는 것이었다. 그 때문에 인민은 조금도 전고戰苦 곧 전쟁의 고통을 기피하거나 싫어하는 마음이 없이 더더욱 무예를 숭상하여 온 것이라고 파악하였다.[6]

② 육군제의 머리에서 그는 "군비軍備는 원칙이 있어 인구, 국가재정, 지리, 이웃 나라의 사정에 따라서 정해지며, 군제 및 그 내용도 전쟁의 경력에 따라 증감하여 무상한 변경을 거치는 것"이라고 하였다. 따라서 "군정軍政은 고정된 제도가 없고 여러 가지 사정에 따라 진화 발달하는 것"이라고 하고, 이것이 곧 제도의 변천을 살피게 되는 까닭이라고 하였다. 안확은 군제를 ② 육군제와 ③ 해군제로 나누어 살피면서 상비병의 규모를 살피는 것을 특별히 중요시 하였다. 이것은 델브리크가 『병법사』에서 '전쟁의 규모'를 가늠하기 위해 '병력의 수'를 가장 중요시 한 것을 바로 연상케 하는 것이다.[7] 나아가 그는 '군수품' 조달의 자기 부담과 국가 부담의 관계, '병사교육兵事教育'에 대한 고찰의 중요성까지 지적하면서 조선시대의 강무講武와 열병閱兵을 '군정대사軍政大事'라고 지적하였다.

③ 해군제海軍制에서는 육군제와의 상보적 관계, 즉 임무로나 전술상으로 '상대일

---

6 『조선무사영웅전』(1940)은 출판계획의 제4부 정치론 중의 『영웅과 志士』를 실현한 것이기도 하지만 이런 역사관에서 그가 일생 다룬 국어, 문학, 역사, 철학, 예술 등의 국학지식을 武의 관점에서 체계화 한 저서로서 '자산학의 집대성'이라는 평가가 있다(심승구).

7 그가 파악한 상비병의 규모는 다음과 같다. 중고기(삼국시대)에는 고구려 30만, 백제 10만, 신라 10만 합계 50만, 중고 후 남북조시대(신라~발해시대)는 발해 40만, 신라 20만 합계 60만, 근고시대(고려)는 중앙의 8위(2군 6위) 8만2천, 지방 21만 8천 합계 30만, 근세조선시대(조선)는 장부상 120만이니 실세 수는 50만 정노로 각각 파악하였다. 각 수치에 대한 근거는 조선 세조의 신하였던 구치관(具致寬, 1406~1470)의 말이라고 밝혔지만 그 문헌이 무엇인지는 잘 알 수 없다. 해군의 수는 뒤에 나오듯이 군함의 수로 대치하였다.

치相對一致'하여 어느 한쪽으로 치우칠 수 없는 것이라고 하였다. 지리적으로 3면이 바다로 둘러싸여 해적의 침입이 그치지 않은 역사적 조건에서 해군의 중요성을 강조하면서 고대 이래의 해군사의 흐름을 개관하는 가운데 숙종대의 수군 정비를 "조선-일본 전쟁(임진왜란) 후의 대개혁"으로 평가하면서 당시의 군비 규모를 군함 800척, 수군 11만 2천4백으로 파악하고, 이를 '동양의 제일 선진'이라고 평하기까지 하였다. 조선 수군은 해안지역의 민을 바로 수군으로 삼은 점이 큰 장점이라고 하여 해상 강국인 영국조차 군함에 육병을 승선시킨 사실에 비교하였다. 육지의 포대砲臺가 '부동不動의 방어'라면 군함은 곧 '이동移動의 방어'라고 개념화 한 것도 흥미롭다.

⑤ 병기兵器에서는 병기의 종류에 따라 군대의 편제가 결정되는 점, 전쟁의 승리는 전략 전술이 위주이지만 병기가 우세하지 않으면 이길 수 없다는 점도 명확히 지적하였다. ⑥ 교통술은 통신관계로서 봉화와 파발 두 가지를 다루었다. ⑦ 요새는 고대 이래의 성, 책柵, 수보戍堡의 연혁을 간단히 언급하고 『동국여지승람』의 각도별 관련 시설을 영구성永久城, 반영구성半永久城, 진鎭, 보堡, 행성行城, 장성長城, 책柵, 해안요새海岸要塞, 고성古城, 고진古鎭 등으로 나누어 집계하였다. 그의 분류 방식은 승람 기록에 대한 자신의 판단에 따른 것으로 영구성, 반영구성의 개념은 군사사가의 전문적 안목이 느껴지기도 한다.

마지막으로 ⑧ 전법戰法에서는 역사적으로 가장 오랜 대형隊形은 종장縱長의 집단 곧 종대縱隊로, 용감한 자를 전방, 겁이 있는 자는 후방에 배치한다던가, 국민 중 최상위 계층은 갑주를 입고 하위의 민은 가벼운 무장을 한 점, 병기의 발달에 따라 각대가 나뉘어 궁대弓隊, 투석대投石隊, 창대槍隊 등으로 횡렬하게 되고 서로의 회전會戰은 정면으로 이루어지는 점 등을 지적하였다. 3국 시대에 기병의 등장으로 편제가 달라지고, 병기 발달로 전술 전략이 크게 발달한 점, 고려시대에는 걸안, 여진과의 싸움에서 전군全軍을 각도로 나누어 적의 여러 진지를 빼앗은 후 총공격을 가하는 분진합격법分進合擊法이 행해진 점 등이 열거되었다.

『조선육해군사』의 '원고요초'의 이상과 같은 내용으로 볼 때, 안확의 구상은 군사사가 갖추어야 할 요건에 대한 이해가 높았다는 것이 절로 인정된다. 1920년대의 시점에서 우리나라 역사 일반이 아직 체계를 잡지 못한 상황에서 육·해군의 역사에 대한 체계를 8개 분야로 나누어 일목요연하게 구성한 것은 어떤 전문적인 저서에 접하지 않고서는 있기 어려운 일이다. 이 점에서 그가 델브리크의 『병법사』나 이와 같은 계열의 어떤 저서에 접했을 가능성을 상정해 본다. 델브리크의 『병법사』는 600페이지 이상의 책 4권으로 구성된 방대한 저술이다. 그러므로 안확이 설령 이 책에 접했다고 하더라도 과연 독파했을지는 적이 의심스럽다. 이 저서는 이미 영역본Warfare in Antiquity: History of the Art of War이 있었기 때문에 이왕직李王職 아악부雅樂部에서 학생들에게 음악과 영어를 가르친 그의 경력으로 보면[8] 영역본을 읽었을 가능성은 있다. 더욱이 국악 연구를 위해 그가 아악부에서 서양 음악사의 고전으로 알려지는 프랑스의 쥬-르 꼰발류의 『음악의 법칙과 진화』(La Musique: ses lois, son evolution, 1907)를 읽었다는 사실[9]이 있는 만큼 그의 『조선육해군사』의 구상은 『병법사』 류로부터의 영향아래 나온 것이라고 판단해야 할 것이다. 안확은 앞으로 군사사를 연구할 사람들이 읽어야 할 우리의 군사 관련 자료로 무오병법武烏兵法 등 26종[10]을 열거하기도 하였다.

2) 군제사(軍制史)에서 군사사(軍事史)로

한국 최초의 군사 관계 역사서가 서양의 고전적 업적에 접하고 있었지만 일제의 식민지 체제아래서 순탄한 발전을 가질 수는 없었다. 안확 한 사람의 국학세계에서 『조선무사영웅전』과 같은 후속 성과가 나왔지만 델브리크의 『병법사』의 세계와는 거리가 먼 것이었다. 델브리크 저술의 세계는 주요 전쟁 하나하나를 병력의 수, 동원 체계, 지형과 지세, 활용된 전략과 전술 등을 두루 살피는 연구로서 안확처럼 일제로부

---

8 권오성, 앞의 논문(『자산 안확 국학논저집 6』, 여강출판사, 1994 수록).

9 1942년에 나온 일어번역본 『音樂の法則と進化』(園部三郎 譯, 創元社)의 번역자 말에 따르면 1920년 경 田坂晉三郎에 의해 한 차례 번역되었다고 한다. 안확이 1920년대에 이왕직 아악부에 근무했으므로 영어본이 아니라면 이 일본어 번역본을 읽었을 것으로 보인다.

10 안확이 든 26종의 서적은 다음과 같다. 武烏兵法, 金海兵法, 兵將說, 論將篇, 訓營箭論, 陣說, 兵政, 制勝方略, 馬經諺解, 練兵規式, 兵學通, 花鈴圖, 五衛陣法, 兵法大旨, 爲將必覽, 歷代兵要, 東國兵鑑, 續兵將圖說, 兵學指南, 行軍須知, 演機新編, 陣法九篇, 隷陣摠方, 煮硝方, 火砲式, 火砲式諺解.

터 감시 통제를 받는 가운데 개별적으로 수행하는 연구 형태로서는 기대하기 어려운 것이다.

1945년 8월의 광복 후에도 한국은 학문이 쉽게 이루어질 수 없는 상황이었다. 1950년에 일어난 남북 간의 전쟁, 전후 복구 등이 현안으로 닥쳐 있는 가운데 학술활동은 열악한 지경이었다. 그리고 1950년대에는 실존주의를 비롯해 한국의 지성세계는 서양의 신사조를 따라가기에 급급하여 한국의 역사와 문화에 대한 관심은 뒷전이었다. 1960년대에서야 비로소 '국학 붐'이 일기 시작하여 우리 것에 대한 관심이 생기기 시작하였다. 군사관계도 소수의 개별 논문 발표를 넘어 저서 수준의 결과가 나오기 시작한 것도 이즈음이었다. 육군본부 사업으로 육군사관학교 한국군사연구실이 1966년에 착수하여 1968년에 낸 『한국군제사-조선전기편』이 바로 그 대표적 성과였다. 이 편찬사업은 조선전기편을 낸 뒤에 바로 이어 1969년~1972년에 조선후기편 편찬으로 이어져 1977년에 그 결과가 출판되었다.

『한국군제사』는 『조선왕조실록』으로부터 군사 관련 자료들을 직접 발췌, 활용한 최초의 연구서로서 조선시대사 연구 전반에 큰 기여를 한 것으로 평가받았다. 1차 사료를 이용한 조선 시대사 전체를 통관하는 저술이 없는 상황에서 군사제도 변천의 지형을 처음부터 끝까지 그려낸 공적을 인정받았던 것이다. 그러나 이 연구는 협의의 제도사의 틀 속에 갇힌 것이 큰 약점이었다. 실록의 사료 세계를 따라가면서 어떤 제도들이 어떤 배경을 가지고 생기고 운영되었던가를 파악하는 것이 일차적인 과제였기 때문에 군사사의 요건을 헤아릴 겨를이 없는 실정이었다. 자산 안확의 국학 세계도 아직 소개되지 않아서 그가 제시해 놓은 『조선육해군사』의 구상에도 접하지 못한 상태에서 연구가 진행되었다. 그렇다고 따로 델브리크의 『병법사』와 같은 서구 학계의 관련 연구 성과를 살필 기회가 있었던 것도 아니다. 선구적 업적으로부터의 안내를 전혀 받지 않은 상태에서 오로지 『조선왕조실록』의 사료를 따라 군사 관계의 궤적을 추적하는 작업이었기 때문에 제도사 중심의 연구가 될 수밖에 없었다.

군사 관계의 역사는 정치와 가장 밀접한 관계를 가지는 것이기 때문에 그 제도사는 정치사적 성격을 띠기 마련이었다. 이 점은 우연치 않게도 델브리크나 안확이 의식한 정치사와의 불가피한 관계에 닿는 것이 되었지만 군사 관계 역사서로서 요건을 제대로 갖추지 못한 면이 많았다. 델브리크나 안확이 중요시한 "전투기술과 전술 및 전략"은 거의 다루지 못했다. 협의의 군사제도사로부터의 탈피는 한국의 군사사 연구가 속히 해결해야 할 과제이다. 이 약점이 극복되지 않는다면 한국의 군사사는 한국사의 발전에 본격적인 기여를 못 할 것이다. 바꾸어 말하면 군사사의 요건을 제대로 갖춘 연구가 이뤄지지 않은 상태에서 진행되는 설명체계는 불구不具를 면치 못하는 것이다.

한국의 군사 관계 역사 연구가 나아가야 할 방향, 지표는 무엇인가? 델브리크의 『병법사』의 내용이나 안확의 『조선육해군사』 구상에서 얻어야 할 것이 많은 것은 사실이다. 그러나 전범典範을 찾을 곳은 이에 국한되는 것은 결코 아니다. 그 후에 나온 새로운 연구 성과도 아울러 주목해야 할 것이다. 제2차 세계 대전 후에 미국을 중심으로 활발하게 이루어진 '군사사military affairs history, military history'를 주목할 필요가 있다.

제2차 세계대전이 끝난 뒤 미국 정부는 세계 군사사 연구에 새로운 전기를 만들었다. 전쟁이 끝난 뒤 프랭클린 루즈벨트 대통령이 이 전쟁에 대한 "국가적 차원에서 공식 기록official record으로 남겨야 하겠다."고 하여 육군성 군사사 편찬실Office of the Chief of Military History, Department of the Army이 주관하여 제2차 세계대전사 편찬이 시작되었다. 이 편찬사업으로 『제2차 세계대전사World War II』 78권이 간행되었다.[11] 이 사업은 단순히 미국 육군이 제2차 세계대전에서 싸운 역사를 기록으로 남기는 성과만으로 끝나지 않았다. 이 사업은 다수의 민간의 젊은 학자들을 동원하여 이루어 졌고, 그 젊은 학자들은 사업이 끝났을 때 어느 듯 중견 학자들이 되어 1950~60년대에 민간 대학의 역사학 교수로 취직하여 대학에서 군사사military history 과목이 여기저기서 개설되었다. 미국 전국 대학의 3분의 2가 군사사 관련 과목을 개설하고, 군사사 관련 박사학위 논문의 주제가 선체의 10%를 차지할 정도로 역사학에서 군사사가 차지하는 비중을 높여 놓았다. 서구 역사학계에서는 이로써 "전쟁으로부터 자유로운 사람은 없다"는 인식아래 인류문명과 전쟁의 관계에 대한 연구가 활발하게 이루어져 군사사에 대한 인식이 크게 높아졌다. 군사 관계를 중심으로

---

11 이에 대한 서술은 2009년 11월 28일에 한국군사사 편찬위원회에서 있었던 국방대학원의 허남성 교수 (서양 군사사상사 전공)의 "서양군사사의 구조와 연구방법"의 발표문을 근거로 한다.

한 인류사의 연구가 역사학의 주류적 경향의 하나가 되었다. 그것은 19세기에 델브리크의 『병법사』의 시대와는 판이한 상황이었다. 『병법사』는 역사학의 새로운 연구방법을 우수하게 구현한 모범 작이었다면 『제2차 세계대전사World War II』 편찬사업은 역사학의 내용을 바꾸는 역할을 한 것이다.

미국의 군사사 연구는 군사사의 범주를 확실히 하였다. 군사사는 ① 전쟁 ② 제도와 기술 ③ 군대와 사회 ④ 군사사료 편찬 등을 주요 영역으로 하였다. 이 체계는 『병법사』가 추구하던 것과 근본적으로 다른 것은 아니지만, 각 사항의 내용은 크게 충실하게 채워졌다. ① 「전쟁」의 부문은 국가전략(전쟁지도), 군사전략, 전술, 지휘 통솔, 군수 등을 포함하며, 국가전략을 제외한 나머지는 군사기술military art로 범주화되기도 한다. ② 「제도와 기술」은 교리, 편제, 군사제도(협의), 동원(모병), 교육훈련, 무기체계와 장비(군사과학, military science), 군사위생, 군법, 군종軍宗, 지도와 지리 등을 망라한다. ③ 「군대와 사회」는 사상(철학), 문화, 군사전략(전쟁 대비), 민군 관계, 군비 관리, 평화 시책 등을 포함한다. 마지막 ④ 「군사사료 편찬」은 ①, ②, ③의 바탕 위에 이루어진 개인 문서personal paper 곧 보직 수행자의 문서들과 워싱턴(정부) 문서로 구성되었다. 군사사의 지속적인 발전을 위한 사료의 축적을 지향한 부분이다.

미국 육군성의 『제2차세계대전사』 편찬 사업은 곧 군사사 연구 및 체계화의 전형을 제시한 것이었다. 델브리크의 『병법사』를 비롯한 이전의 군사 관련 역사 연구가 사료에 대한 고증을 통해 이루어진 것이었던 반면에 『제2차 세계대전사』 편찬 사업은 바로 직전의 전쟁 중에 생산된 각종 문서 자료를 바탕으로 한 일종의 정리 편찬사업이었기 때문에 필요한 조건에 대한 충족도를 높이고 또 체계를 세우기가 그만큼 유리했던 것이다.

한국 역사학계는 『한국군제사』 편찬이 이루어질 때도 이 편찬사업에 대한 정보를 얻지 못하였다. 민간 역사학자들 가운데 미국사를 전공하는 연구자가 없지 않았지만 제2차 세계 대전 후의 미국 역사학계의 발전 과정에 대해 관심을 두는 사람은 많지 않았다. 서양사 전공자 가운데 군사사를 전공하는 연구자가 거의 없는 실정이었다. 군에서도 사정은 다르지 않았다. 1960년대부터 육군 사관학교의 전사戰史 교육의 교재는 제2차 세계 대전사에 관한 것이 전부였는데, 그것은 아마도 미국 육군 사관학교의 교재를 본 뜬 것일 뿐, 그것이 위에서 서술한 것과 같은 제2차 세계대전사에 대한 국가적 차원의 정책에 따라 거두어진 성과에 근거하는 것이란 사실은 잘 알지 못했을 것이다. 1980년대 이후에서야 군 내부에서 극히 제한된 인원이지만 미국 유학을 통해 미국 역사학계의 군사사 성과에 접하게 되어 이에 대한 지식과 정보를 가질 수 있게 되었던 것이다. 민간 역사학계에서도 1990년대 후반에서야 미국의 민간 역사학자들이 낸 새로운 군사사, 전쟁사Warfare history 성과물에 접하여 이에 관심을 두는 연구자들이 나오기 시작하였다.

서구 역사학계의 '군사사' 바람은 1990년대에서야 동아시아 역사학계에 본격적으로 미쳐왔다. 일본, 중국 역사학계에서 1990년대 말 이후 군제사, 군사제도란 용어보다 군사사란 용어를 쓰기 시작하였다. 예컨대 일본 역사학계의 경우, 『명치군사제론明治軍制史論』(마쯔시다 요시오松下芳男, 유비각有斐閣, 1956), 『평안시대군사제도平安時代軍事制度의 연구研究』(이노우에 반로井上滿郎, 길천홍문관吉川弘文館, 1980) 같은 저술이 있다가 최근에 들어와 『일본군사사日本軍事史』 상권上卷 전전편戰前篇(2006), 하권下卷 전후편戰後篇(후지하라 이끼라藤原彰, 사회비평사社會批評社, 2007), 『일본군사사日本軍事史』(다까하시 노리유끼高橋典幸 등 4인, 길천홍문관吉川弘文館, 2006) 같은 저서들이 나오고 있다. 중국도 마찬가지이다. 1980년대까지도 군사 관련 역사서가 『중국역대군사제도中國歷代軍事制度』(해방군출판사解放軍出版社, 1986)와 같은 이름으로 나왔지만 1990년대 후반에 이르면 『중국군사통사中國軍事通史』(군사과학출판사軍事科學出版社, 1998)처럼 군사사軍事史란 이름이 선호되는 추세를 보인다. 전자는 단행본으로 5제五帝시대부터 중화민국의 군제까지를 망라한 반면, 후자는 하·상·서주夏·商·西周에서 정대전·후기淸代前·後期까지 17시기의 군사사를 17권의 책으로 나눈 거질巨帙의 편찬이다. 그러나 군사사란 이름이 붙여졌다고 하여 모두 군사사의 요건을 갖춘 것은 아니다. 사실상 협의의 군사사로서 과거의 군제사의 내용 그대로이면서 이름만 바꾼 경우도 없지 않다. 『일본군사사日本軍事史』(2006)의 경우, 새로운 군사사의 지향 의지가 분명하게 읽어진다. 이 책은 서문에 "군사軍事라는 것은 군대, 군비軍備, 전쟁 등 문자대로 군에 관한 것"으로 "군제사 개설일수도 있지만, 여기서는 좁은 의미의 제도사에 그치지 않고, 폭넓게 군대와 사회의 관계를 살피는 시점視點에 서서 서술한다.”
고 하고, 서술 방향을 “전쟁 수행을 위해 동원된 여러 사회적 구조[仕組]에 주안을 두
는” 것으로 밝혔다.

한국사의 경우,『한국군제사』근세조선 전기편, 후기편이 나온 기간에 개별 연구자
들에 의해서도 조선시대 군에 관한 연구가 적지 않게 나왔지만 대부분 전통적인 군
제사의 범주를 넘어서지 못하였다. 이번『한국군사사』편찬 사업은 두 가지 점에서
새로운 지향을 추구하였다. 하나는 고대에서 국군 창설 직전까지의 전 시기를 망라
한 점, 다른 하나는 협의의 군제사에서 벗어나 군사사의 틀을 갖추고자 한 점이다. 첫
째 과제는 실제로 달성되었다고 할 수 있지만, 두 번째는 목표대로 성과를 거두었다
고 자신하기 어렵다. 무엇보다도『제2차 세계대전사』가 추구한 네 가지 요건, ① 전
쟁 ② 제도와 기술 ③ 군대와 사회 ④ 군사사료 편찬 가운데 ①의 부면이 미흡한 점
이 많다. 편찬 사업의 지침에서는 이의 실현을 위한 노력이 강조 되었지만 사료 제약
을 극복하지 못한 경우가 많았다. 현전하는 사료에 대한 심층적 분석을 통한 한국 전
쟁사에 대한 본격적 연구와 체계 수립은 다음의 과제로 남기지 않을 수 없었다.

전쟁에 대한 연구 자체는 군사사 정립의 기본 축에 해당하는 것이지만 결코 쉬이
만족할만한 성과를 낼 수 있는 문제는 아니다. 근래 고려시대의 거란과의 전쟁에 관
한 군사학적 견지의 전쟁 연구가 이루어져 이번에 활용되었지만 전체적으로 보아 극
히 작은 부분이다.[12] 우리에 비해 사료 여건이나 연구 역량 면에서 앞선 일본의 경우
도 당대사가 아니라 전 역사 기간의 전쟁사에 대한 연구는 유보된 상태이다. 위『일본
군사사日本軍事史』(2006)만 해도 “전쟁을 둘러싼 사람과 물자의 움직임, 전쟁수행을
위해 사람과 물자의 조달이 어떻게 이루어졌는가를 키워드로 각 시대를 통하여 고찰”
하는 데 역점을 두고, “전쟁 그것의 서술은 최저한 필요한 것에 그치고 전쟁의 양태
나 전쟁을 해나간 시스템에 대해서 구체적인 사례를 들어서 기술한다.”고 하였다. 일
본의 경우, 더 나은 사료 조건에서, 그리고 개별 사례에 대한 세밀한 분석을 가한 오
랜 기간의 연구 성과가 집적되어 있기 때문에 새로운 군사사 체계 확립을 위한 전쟁

---

12 안주섭,『고려 거란 전쟁』, 경인문화사, 2003.

사의 재정리는 우리에 비해 훨씬 유리하다. 그러나 아직 그 작업은 본격적으로 진행되지 않은 상태인 것 같다.

3. 전근대 한국 군사사와 동아시아의 전란, 전술

1) 근대 이전 한국 군사사의 새로운 이해 체계

어느 나라 역사에서나 군사사는 국가가 특정한 상황에서 맞이하게 된 전쟁의 결과, 곧 승패에 대한 고찰과 평가에 주안을 두게 된다. 우리나라 역사에서도 역대의 주요 전쟁들의 결과인 승전과 패전에 따라 그 시대의 역사에 대한 인식이 크게 영향을 받는 경향이 있다. 수, 당과의 전쟁에서 고구려가 이룬 여러 차례의 승전은 고구려의 기상을 찬미하는 역사인식을 남겼다. 고구려에 대한 이런 높은 평가는 뒤이은 삼국통일전쟁에서 신라가 거둔 전과를 객관화시키지 못하는 결과를 가져올 정도였다. 어쨌든 우리나라 역사에서 국민 일반에게 가장 널리 알려진 큰 전쟁은 ① 삼국통일전쟁 ② 고려의 몽골과의 전쟁 ③ 조선-일본 전쟁(임진왜란) ④ 조선-청 전쟁(병자호란) 등을 들 수 있다. ①과 ②는 동아시아의 세계사적 차원으로 연동된 전쟁으로 다시 주목할 필요가 있으며, ③ ④는 유교국가인 조선의 문약文弱의 역사로 인식되어 온 것에 대한 반성적 음미가 필요하다. 고구려의 수, 당과의 전쟁은 곧 ①의 전주前奏에 해당하는 것이므로 이에 포함시켜 언급하고자 한다.

첫째 삼국 통일전쟁에 대한 일반적 인식 가운데는 민족적 감정에 사로잡힌 것도 있다. 즉 같은 민속이면서도 신라가 이민족 국가인 당 나라를 끌어들여 중국에 대해 가장 적극적으로 대적하던 고구려를 패망시켜 우리 역사에 큰 손실을 입혔다는 인식이 한 예이다. 이러한 인식은 어디까지나 일제의 강압적 통치를 받는 가운데 '무위武威'에 대한 열망에서 생성된 것으로 역사적 상황에 대한 객관적 판단에 따른 것이라고 볼 수 없다. 이 전쟁에 대한 최근의 종합적 연구 성과에 따르면 동아시아는 7세기에 접어들어 서쪽으로는 돌궐, 위연, 남쪽으로는 일본, 그리고 중심부에는 당, 고구려,

용장산성(전남 진도) 삼별초가 항쟁하던 곳이다.

신라, 백제 등이 모두 각기 국가적 이해관계로 합종연횡의 외교정책을 폄으로써 삼국 통일전쟁은 실상 고구려, 백제, 신라 삼국만의 전쟁이 아니라 전全 동아시아의 전쟁으로 규정되고 있다.[13] 이런 형세에서는 군비도 중요하지만 외교의 비중이 커지게 된다. 『손자병법』에서 말하듯이 외교가 가장 좋은 군사정책이라는 지적이 적중하는 형세의 시대였다. 3국 나아가 당나라와의 관계에서 신라가 최종 승리자가 된 것은 외교와 군비 두 측면을 가장 잘 융합시킨 결과였으며, 민족사에 대한 탐구에서도 이를 바로 보는 것이 진정한 역사 교훈 획득의 길이다.

둘째, 몽골의 고려 침입은 1218년에 시작하여 1259년까지 6차에 걸쳐 일어났다. 이 전쟁에서 주목되는 것은 이미 세계 대제국의 규모를 갖춘 몽골, 원元을 상대로 동방의 소국인 고려가 41년이란 긴 시간을 버틴 점, 게다가 사이사이 적장을 살해하는 등 적지 않은 전과를 올린 점 등이다. 1259년에 왕이 강화도에서 개성으로 나온 뒤에도 삼별초三別抄가 진도, 제주도로 옮겨서 계속적으로 항전한 것은 상무尙武 교육의 자료가 되기도 하였다. 이번 『한국군사사』 편찬을 통해 얻는 몇 가지 주요한 성과 중

---

13 노태돈, 『삼국통일전쟁사』, 서울대학교 출판부, 2009.

의 하나는 고대, 고려, 조선의 각 군사 방어 체계 간의 차이가 드러난 점이다. 몽골의 군대가 여섯 차례나 동원되어야 했던 것도 고려 특유의 방어체계 때문이었다.

고대는 인구 증가율이 낮고 농업 생산력도 기술적 한계로 낮았다. 고대의 군사조직은 이 조건 위에 짜여 지기 마련이었다.[14] 인구의 한계는 여성까지 국가 운용체계의 인력으로 포함되지 않을 수 없었다. 그리고 적어도 삼국시대에 이르면 중앙 집중적 군단 편성이 이루어졌다. 보유한 인력을 최대로 활용하기 위한 것이었다. 그리고 농업 생산력이 낮은 상태에서는 교역의 비중을 높여도 실농 또는 흉년을 당하면 위기를 맞게 되어 타국으로부터의 약탈성 침략을 받을 위험성이 높았기 때문에 군사적 방어 시설 구축은 국가적으로 중대한 과제였다. 우리나라 고대의 삼국은 외침으로부터 자국을 지키기 위해 모두 산성 구축에 힘썼다. 이 점은 일본, 중국도 마찬가지였다. 고대의 국가 운영체계가 왕 중심의 전제적 성향을 띤 것도 이 때문이었다.

고대국가의 중앙 집중적 군사 체제는 지방 세력의 성장 속에 무너지고 뒤이은 중세적 질서는 지방 세력의 지역 중심의 분권체제로 잡히었다. 통일신라는 후삼국의 각축 속에 무너졌고 후삼국 가운데 고려가 지역 호족세력의 규합정책에 성공하여 최후의 승자가 되었다. 그러나 고려왕조의 왕권은 초기에는 지역적 제한성을 면하지 못하였다. 즉 왕이면서도 본거지인 개경(개성) 일원에만 직접적 지배가 가능하고 다른 지역은 간접적 통솔체제로 이끌어져야 하였다. 초기에는 지방의 호족들이 각기의 본거지에서 성주城主, 장군將軍을 칭하면서 지역별 군사기반을 확보한 상태였고, 중앙의 왕권은 이를 수개월 단위로 관리를 보내 순시하는 정도로 만족하였다. 건국 후 100년 정도의 시간이 지나서야 성주, 장군의 호칭을 지방의 관리란 뜻의 향리鄕吏로 바꾸고 뒤이어 그들이 보유한 병력도 주현군州縣軍으로 이름을 바꾸어 왕의 직접적 통솔권 안으로 들어오는 형식을 밟았다. 고대 이래의 인구와 농업생산력의 조건은 이때까지도 큰 변화가 없는 가운데 거의 같은 규모의 인력과 생산기반을 지역 세력이 고을별로 나누어 차지하는 상태였으며, 그들의 본거지는 교통, 군사상의 요지에 해당하는 곳이 대부분이었다. 고대의 산성 방어 체계에 더하여 지역 세력의 거점에 치소성治

---

14 우리나라 고대, 고려, 조선의 역사 인구 현상에 대해서는 이태진, 『의술과 인구 그리고 농업기술』 (태학사, 2002)의 제2장 「고려후기의 인구증가 요인 생성과 향약의술의 발달」 참조.

所城이라고 불리는 새로운 요새지가 곳곳에 등장한 것은 고대에서 볼 수 없던 새로운 변화였다.

이런 조건에서 국가통치조직의 구성에서는 자연히 치소성 간의 연계를 중요시 하지 않을 수 없었다. 고려는 그리하여 큰 치소성을 연결하는 선을 도道라고 하여 국가통치체제의 근간으로 삼았다. 이 시대의 도는 조선시대처럼 영역적인 것이 아니라 선線 개념의 방면方面 도였다. 예컨대 양광도楊廣道라고 하면 양주楊州와 광주廣州를 잇는 도道 곧 길이었다. 몽골의 침략이 여섯 차례에 걸쳐 고려의 내지 깊숙이 들어온 것은 이런 군사 방어체제를 부수기 위한 것이었으며, 왕과 정부가 강화도에 들어가 있는 것도 일종의 거점 확보의 개념이었다. 몽골은 결국 전국 각 '도道'를 모두 교란하고, 마지막에는 강화도란 중심 거점을 고립시키기 위해 서해연안 지역을 집중 공략하여 왕의 출륙을 이끌어 낸 것이었다.

셋째, 조선왕조 중기에 일어난 조선-일본 전쟁에 대한 인식 문제이다. 초기의 관군의 처참한 패배는 조선왕조 역사 전체를 부정적으로 인식하게 만들었다. 문치 위주의 유교국가의 허점이 여지없이 드러난 국면으로 간주되어 유교 망국론을 등장시키는 데도 결정적 단서가 되었다. 군사사적 측면에서 볼 때, 세종~세조 연간에 잘 짜여진 전국적 방어조직인 진관체제鎭管體制가 전혀 기능을 하지 못한 데 대한 의문도 컸다. 이에 대해서는 관리의 부패에 따른 것으로 전쟁 초기의 관군의 패배는 결국 인재人災의 소치로 간주되었다. 이러한 이해가 전적으로 틀린 것이라고 할 수는 없지만 근원적인 천착을 통한 결론이라고 할 수는 없는 것이다. 이러한 인식상의 문제점을 해소하기 위해서는 조선왕조의 국가통치 기반 자체에 대한 이해를 새롭게 할 필요가 있다.

이번 『한국군사사』 편찬을 통해 고려, 조선 간의 군사기반의 주요한 차이로 고려의 치소성 체제가 조선시대에 들어와 읍성邑城 체제로 바뀐 것이 부각되었다. 고려의 치소성들은 교통 조건이 일차적인 것이었으므로 그 위치가 반드시 농업의 조건에 맞물려 있지 않았다. 평지 또는 평지를 낀 곳이 아니라 고지(구릉지)에 위치할 수도 있는 것이었다. 조선초기의 기록에 고현古縣 유지라고 한 곳은 구릉지에 위치한 것이 많다.

이에 반해 조선시대의 읍성은 중앙에서 내려온 고을 관장官長의 관아를 중심으로 구축된 것으로 평지에 위치하는 것이 대부분이다. 이 변화는 곧 농업조건의 변화에

해미읍성(충남 서산)

따른 것이었다. 우리나라 농업은 고려 말부터 기술적으로 큰 변화가 일어났다. 지금까지의 농경은 미고지微高地, upland의 밭농사가 차지하는 비중이 크고 기술은 휴한법의 제약아래 놓여 있었다. 아직 제초 기술의 한계로 인공적 시비가 가해지지 못해 경지의 지력회복 기간으로 1년, 2년 휴한하는 방식이 일반적이었다. 휴한전은 역전易田(해를 바꾸어 경작하는 토지란 뜻)으로 불리면서 널리 분포하였다. 이것이 고려 말, 조선 초에 농경지가 평지로 이동하고 같은 땅을 매년 경작하는 연작상경법으로 바뀌었다.

고려시대의 농업은 농업 노동력으로서 인구가 부족한 한계 아래 휴한방식이 계속 유지될 수밖에 없었다. 고려 중기까지 인구현상은 평균수명이 40세 미만인 상태에서 300만 명 안팎의 규모를 유지한 것으로 파악된다. 이런 한계는 원나라의 내정간섭 체제 아래 중국 양자강 이남의 강남江南지역의 신진농업기술에 접하여 큰 자극을 받아 변하기 시작하였다. 사대부 지식인들은 강남지역의 경제발달과 학문(성리학) 발달의 높은 수준에 대한 정보와 지식을 가지게 되면서 휴한방식을 극복한 강남농법의 실체를 알고 또 이 농업기술이 특장을 발휘하고 있는 벼농사에 대한 큰 기대를 가지고 중국 강남농법을 모델로 한 농업기술 혁신에 매진하였다. 이 운동은 토산 약재의 개발을 통한 의술의 개발, 곧 향약의술鄕藥醫術의 발달을 동시에 추진하여 소아사망률을

낮추고 평균수명도 늘려 인구의 증가율을 높였다.

고려 말의 사대부들의 성리학 수용은 이러한 사회경제적 발전 방안에 대한 기대를 내포하고 있었다. 그리하여 인구의 수는 대체로 조선왕조 건국 전후에 500만 명의 선에서 출발하여 16세기 중반에 1000만의 선에 이르렀다. 세종대에 국가적 차원에서 이루어진 『농사직설』과 『향약집성방』의 편찬은 이러한 발전적 변화를 상징하는 것이었다. 인구가 증가하면서 늘어난 노동력은 평지 개간에 투입되어 촌락이 미고지 아래서 더 확장되거나 저평지低平地에 새로이 형성되는 변화를 일으켰다. 조선왕조의 읍치邑治로서 읍성이 평지에서 새로이 발달한 것은 이러한 농업경제의 변화를 배경으로 하는 것이었다. 이러한 사회경제적 변화는 군사 체제에도 변화를 가져올 수밖에 없었다.

조선왕조의 국방체제는 행정체제와 군사체제를 합일시키는 방향에서 수립되었다. 앞에서 언급했듯이 세종대의 정비를 거쳐 세조대에 확립된 국방체제는 진관체제라고 불린다. 이 체제는 관찰사가 거주하는 도내의 수읍首邑을 군사적으로는 주진主鎭이라고 하여 관찰사가 병마절도사를 겸하고, 목사와 부윤이 부임하는 읍은 거진巨鎭이라고 하여 목사, 부윤이 지휘관직으로 첨절제사, 절제사를, 군수, 현령이 부임하는 그 주변의 고을은 제진諸鎭이라고 하여 군수, 현령들을 동첨절제사를 각각 지휘직으로 겸하게 하였다. 국경지대와 해안의 요충지는 만호부萬戸府를 따로 두어 무관직 만호가 전담하게 하였다. 행정 단위의 고을에 군사적 기능을 부여하는 이러한 체제는 왕조 초기부터 여러 차례 변천을 거쳐 세조 12년(1466)에 최종적으로 확정, 반포되었다.

전국의 행정단위를 바로 군사조직으로 활용하는 체제는 16세부터 60세까지의 남정男丁을 군역의 의무 대상으로 설정하여 일반 농민을 바로 군사로 활용하는 방식을 통해 실현되었다. 위 연령의 모든 남정은 중앙, 지방, 국경 및 연안 지역에 근무하는 여러 병종으로 나누어 1~2년 사이에 2~3개월 정도 군사로서 입역하여 훈련을 받거나 근무하게 하는 방식을 도입하여 운영되었다. 군역 의무자 가운데는 정군正軍으로 근무에 임하는 자와 정군 입역 시 필요한 비용을 대는 임무를 가지는 보인保人 두 가지로 나누어 편성하였다. 대체로 정군의 수는 15세기 후반을 기준으로 기騎·보병步兵 10만 여, 수군水軍 5만 여를 헤아렸고, 보인은 이의 3배 안팎이었다. 조선왕조에서 인구가 늘어난 것은 사실이다. 당시는 농업기술의 발전기로서 농업인구는 국가 경제의 바탕이었다. 그래서 그 노동력을 일차적으로 농경에 투입하는 조건 위에 그 노동력을 다시 군사력으로 활용하는 체제를 취하였다. 새로운 강남농법은 생산력 면에서 고려시대에 비해 4~5배를 능가하는 것으로 상업, 수공업으로부터 기대되는 성과를 훨씬 상회하는 것이었다. 이 때문에 중농정책을 취하게 되었던 것이다. 이런 시대적 조건에 비추어 볼 때 세조대에 완성된 진관체제는 가장 효율적인 통치 조직이었다는 평가도 나올 수 있다. 그러나 이 국방체제는 농업이 타격을 받을 때는 제대로 가동될 수 없는 약점을 가지는 것이었다. 즉 농민이 군사로서 기능하기 어려운 상황이 전개되면 허수아비와 같은 조직이 될 위험성을 안고 있었다. 바로 그러한 상황이 1490년 무렵부터 약 270년 간 전 지구적 현상으로 닥치고 있었다. 소빙기(약 1490~1760년) 대자연재난이 바로 그것이다.[15]

　소빙기 현상은 서양 학계에서는 '17세기 위기론'으로 제기되었다. 17세기에 지구 곳곳에서 전쟁, 폭동, 기아 등이 일어난 것은 이 기간에 기온이 내려가 농사가 실농, 폐농을 거듭하여 농업생산량이 크게 감소하여 기근이 자주 들고 동시에 흑사병이 나돌아 위기적 상황이 지속되었다는 견해가 바로 그것이다. 태양흑점 활동의 쇠퇴가 원인이라는 견해도 천문과학 분야에서 제시되었다. 그러나 『조선왕조실록』의 천재지변에 관한 기록들을 발췌, 분석하여 얻은 필자의 연구 결과는 재난의 기간이 1490년에서 1760년으로 확장되고 그 원인도 대량의 유성들이 장기간 지구 대기권에 돌입한 데 따른 것으로 판명되었다. 지구 근접물체(혜성, 유성)를 연구하는 우주 과학계는 오늘날 태양계에서 화성과 목성 사이에 수많은 바위와 돌이 떠도는 소행성 벨트 Asteroid belt가 있으며,[16] 이 벨트에 떠도는 수많은 대소의 돌덩이들은 태양의 중력에 끌려 혜성처럼 타원형 궤도를 그리며 돌다가 지구의 원형 궤도와 만나는 순간 지구의

---

15 소빙기 자연재난에 대해서는 『한국사 30』(국사편찬위원회, 1998)에 수록된 이태진, 「자연재해, 전란의 피해와 농업의 복구」, 「상평창, 진휼청의 설치 운영과 구휼문제」 및 「소빙기 (1500~1750)의 天體 현상적 원인-『조선왕조실록』의 관련 기록 분석-」『국사관논총』 72, 국사편찬위원회, 1996 참조.

16 이태진, 『새한국사』, 까치, 2012 ; Giles Sparrow, *The Planets*, Quercus, 2006, P.10~11, PP. 132~139. 최근 이 벨트는 지구와 같은 한 행성이 형성 중에 해체되었거나 어떤 충격으로 분해된 것으로 보면서 이를 'missing planet'이라고 일컫기도 한다. 현재 소행성 벨트의 소행성수는 2억 개 이상으로 추정한다.

중력에 끌려 지구 대기권으로 들어오는 것으로 분석하고 있다. 그 돌이 초대형일 경우 수억 년에 한번 씩 지구 대기권으로 들어와 지구를 쳐서 지구의 역사를 바꾼 것이 곧 고생대에서 중생대, 중생대에서 신생대로의 변천인 것으로 입증하였다. 이 지질시대 사이에는 또 수많은 대소의 바위덩이들이 낱개로 또는 떼를 지어 들어와 인류의 역사와 문화에 크고 작은 영향을 끼쳤다. 우주 과학계가 지구의 역사에 대해 새로운 해석을 내놓은 것과 궤를 같이 하여 『조선왕조실록』의 천재지변 기록의 분석 결과는 인류의 역사 문화에 대한 새로운 해석의 길을 열었다.[17]

대소의 소행성(유성)의 대기권 돌입은 우주 먼지cosmic dust를 유발한다. 돌덩이가 파열하면서 발생하는 것 외에 작은 돌덩이들을 싸고 들어오는 먼지의 양도 많다고 한다. 만약 유성의 대기권 돌입 곧 외계충격Terrestrial impact 현상이 장기화 하면 대기권에 쌓이는 먼지의 양이 그만큼 많아져 태양의 빛과 열을 차단하여 지구의 기온이 내려가기 마련이다. 소빙기 현상은 바로 이런 메커니즘으로 빚어졌고 이 현상은 기권氣圈에 영향을 주어 기류에도 급격한 이상을 가져와 기온 강하에 더하여 한재와 수재가 빈발하는 사태로 농사가 심대한 타격을 입었다. 이런 자연이상 현상이 수 십 년 또는 100~200년 계속된다면 어느 사회라도 동요하지 않을 수 없다. 서양학계가 처음 제기한 '17세기' 위기론은 상한을 15세기 말, 하한을 18세기 중엽으로 각각 확장하면 이 기간에 일어난 동서양의 많은 파란의 역사를 모두 설득력 있게 해석할 수 있다.

소빙기 장기 재난은 그 본질로 보아 농경사회가 입는 타격이 클 수밖에 없다. 유목사회도 목초지에 영향을 받아 이동이 불가피 하고 탄수화물 공급에 애로를 겪게 되지만 농경사회는 농사 자체가 심대한 피해를 입어 통치체제가 흔들리는 타격을 받았다. 조선-일본 전쟁 초기에 진관체제가 전혀 가동하지 않은 것은 1490년부터 시작된 외계충격 현상에 조선사회가 100년 가까이 시달리면서 농민들이 군사로서의 기능을 전혀 발휘할 수 없는 조건 속에서 빚어진 것이었다. 재난이 장기화 하는 속에 군사조직의 동원체계를 악용하는 관리들의 중간 작폐로부터 빚어지는 손실도 컸지만 근본적인 원인은 천재 天災에 있었던 것이다. 이 점은 이웃 중국도 마찬가지였다. 이 상황은

---

17 이태진, 『새한국사-선사시대에서 조선후기까지』, 까치, 2012.

1592년의 조선-일본 전쟁 뿐만 아니라 1627년, 1636년에 겪게 되는 조선-후금 전쟁, 조선-청 전쟁에서도 그대로 계속되었다.

한국사를 포함하여 지금까지의 역사학은 자연환경, 다시 말하면 지구 환경을 전혀 고려하지 않은 맹점 아래 모든 역사적 사건과 재난을 인간, 인간사회, 국가의 잘 잘못에 해석의 초점을 두었다. 현대 역사학이 성립기부터 인류사회 내부에만 시야를 고정시킨것은 분명한 잘못이다. 역사의 진실에 입각한 해석을 위해 한국 역사학은 이제 『조선왕조실록』을 통해 새로 밝혀진 사실을 적극적으로 활용하는 방향으로 나아갈 필요가 있다.

2) 동아시아 전란 발생의 메커니즘

소빙기 현상에 관한 『조선왕조실록』의 기록 분석은 유성의 대기권 돌입에 수반하는 연관현상에 대한 파악을 가능하게 하였다. 20여 개를 넘는 연관현상의 파악은 앞 시대에도 같은 현상이 있었는지 여부를 『삼국사기』, 『고려사』의 기록을 통해 점검하는 것을 가능하게 하였다. 즉 두 역사서의 기록들에서 『실록』 기록 분석을 통해 확인된 유성의 대기권 돌입에 따라 일어난 연관현상들에 해당하는 것을 발췌하여 점검한 결과, 680~880년, 1100~1200년, 1340~1420년이 다른 외계충격 현상 집중기라는 것이 확인되었다. 이 결과는 유성의 대기권 돌입이 우주적 메커니즘에 따라 반복적으로 일어났다는 것을 의미한다. 그리고 이 시기들은 동서양의 역사에서 모두 중요한 전란기, 사회동요기라는 사실이 확인되어 더 큰 의미를 가지는 것이 되었다.

동아시아 세계는 대체로 중국의 만리장성의 선을 기준으로 그 북방은 유목민족 사회, 남방은 정착 농경사회가 형성되었다. 이 구조아래 외계충격 현상이 장기화하게 되면 대체로 두 지역의 사회는 다음과 같은 반응을 보였다. 먼저 유목사회는 기온 강하로 기존의 목초지가 유지되지 않으면 남쪽으로 이동하면서 새로운 목초지를 찾는 한편 최소의 탄수화물(곡물) 확보를 위해 농경사회에 대해 거래를 요구하거나 약탈행위에 나섰다. 약탈 행위가 잦아지면 두 사회는 국가 차원의 충돌로 발전하게 된다. 한편 농경사회는 거듭하는 실농과 폐농을 만회하기 위해 여러 시책을 강구해 보지만 전근대 국가가 동원할 수 있는 수단은 한계가 있기 마련이었다. 감소하는 사회적 재부를 놓고 관리들은 굶주리는 백성들을 상대로 수탈행위까지 일삼고 이에 따라 농민들은 반발하여 반란을 일으켰다. 이런 상황에서 북쪽의 유목민족이 남하하여 국경을 침범하면 대응력을 제대로 발휘하기 어려웠다. 중국사를 기준으로 하면 유목민족이 중원을 차지하여 왕조의 주역이 되는 역사가 대체로 위의 외계충격기 아니면 그 여파가 미치는 시기에 이루어졌다. 전술상으로도 이 재난의 상황에서는 농경국가에 비해 유목민족의 기동력이 훨씬 우세하여 승패가 결정 지워졌다.

동아시아 전란의 위와 같은 메커니즘은 당 나라와 통일 신라의 몰락, 몽골족의 몽골 고원으로의 이동과 그 후의 흥기, 여진족의 두 차례의 흥기 등에 모두 적용이 된다. 다만 당나라가 제국의 규모를 갖추고 삼국이 쟁패를 겨루는 가운데 벌어졌던 전란(한국사에서 말하는 삼국통일전쟁)은 이 틀의 바깥에 있다. 이 기간에는 대량의 유성 낙하로 인한 자연이상 현상은 일어나지 않았다. 따라서 그것은 세계사적 차원에서 볼 때, 동 아시아세계, 이슬람 세계 및 그 배후의 유럽 세계가 처음으로 교역을 통해 네트워크를 형성하는 가운데 빚어진 교역의 마찰, 곧 재화를 둘러싼 분쟁에서 비롯한 갈등의 전란이었던 것으로 간주된다. 이를 예외로 하면 한국은 중국과 마찬가지로 농경사회의 조건에서 자연재난으로 인한 유목민족 남하에 따라 발생하는 전란의 메커니즘 속에서 전란을 반복적으로 겪어야 했다. 기본적으로 북방의 유목민족은 산해관山海關을 넘어 들어가려 할 때 배후의 위협을 없앨 목적에서 압록강을 건너 들어왔다.

일본의 경우, 중국 한국과 마찬가지로 농경사회였다. 하지만 일본은 섬나라로서 북방 유목민족의 위협권에서 벗어나 있었기 때문에 중국, 한국의 역사와 다른 면을 가졌다. 중국, 한국은 중세 지방세력 분립체제가 형성될 때도 북방 유목민족의 위협에 대응하기 위해 왕조 권력의 중심이 지방세력과 타협하여 중앙집권체제를 어느 정도 견지한 반면, 일본은 고대(야마토[大和] 조정)의 한 시기 외에는 지방 세력의 분립체제로 이어졌다. 이런 체제는 같은 농경사회이면서도 장기 자연재난에 대한 대응력은 상대적으로 유리한 편이었다. 즉 사회적 재원과 운영조직이 중앙집중식으로 편성되지 않았기 때문 자연 재난의 장기화에 따라 입는 피해가 분산되어 와해의 속도가 상대적으로 완만할 수 있었다. 그리고 지방 세력의 중심 곧 번주藩主들이 지역적으로 영위한 수공업과 상업이 재난에 대한 대응력을 나름대로 발휘하여 농업을 강조하는 중앙집권국가에 비하면 자연재난을 견디는 힘이 상대적으로 더 강하였다. 일본도 소빙기 자연재난 속에서 '전국戰國'의 상황을 겪었다. 그런데도 일본 열도를 평정한 도요토미 시대요시[豊臣秀吉]가 그 여력으로 조선을 거쳐 명나라로 들어가는 구상을 한 것은 이러한 상대적 여유에서 가능한 것이었다. 그러나 그의 침략전쟁도 소빙기 장기 자연재난의 조건 속에 있었다. 그 침략 전쟁은 기본적으로 소빙기 재난으로 농산물을 비롯한 물자의 생산이 감하 내지 고갈되어 가는 상황에서 생산과 교역의 주도권을 장악하려는 데서 나온 것이었다.

3) 동아시아 전통 전술에 대한 이해

한국의 전근대의 전통적 전술은 활을 이용하여 먼 거리에서 적을 먼저 제압하면서 기병을 앞세워 적진을 돌파하는 이른바 장병長兵 전술이었다. 고려 말에 왜구 격퇴를 위해 최무선崔茂宣이 독자적으로 화약 제조법을 발명하여 중국과 마찬가지로 화약병기를 사용하게 됨으로써 장병 전술의 이점은 배가되었다. 한국과 중국의 이런 전술은 주로 북방의 유목민족의 침입을 자주 받으면서 개발된 것이었다. 이에 비해 일본은 창과 검을 주로 사용하면서 근접전을 펼치는 단병短兵 전술을 사용하였다. 14세기 중후반에 한반도 연안지역에 수없이 출몰한 왜구는 소규모 부대로서 단병 전술을 구사하였다. 전술 면에서 단병 전술을 쓰는 왜구는 고려군에 비할 것이 못되었지만 왜구의 출몰지 곧 전선이 예측할 수 없는 것이었기 때문에 고려 군사는 고전을 면치 못하였다. 이때 이들을 위협하는 무기로서 화약병기의 필요성을 크게 느껴 최무선의 발명이 있게 되었고 또 이를 사용한 화포가 조신 초기에 여러 종류가 개발되었다. 특히 함선에 거치하는 대형 화포는 왜구를 제압하는 데 위력적인 유용한 무기였다.

일본은 16세기 소빙기 장기 재난 속에 대소의 번주(다이묘[大名])들이 서로 각축을 벌이는 이른바 전국戰國의 상황에 빠져 들었다. 하늘에 나타나는 각종 이상 현상은 하늘이 수군을 버렸다는 명분을 제공하여 하극상의 난도 자주 발생하여 쟁란은 더욱 가열화 되었다. 이때 일본에 온 포르투갈 상인들이 철포[鐵砲 : 조총鳥銃]를 가져왔다.

명나라 원정군이 순천성 전투를 그린 「征倭紀功圖」
성 안쪽에서 조총을 쏘고 있는 왜병들.
성은 일본군이 쌓은 이른바 왜성倭城이다.

이 무기는 잘 알려진 대로 조준이 가능한 장점을 가지고 있었고 사거리도 명나라와 조선의 소형 화약병기에 비해 우세하였다. 일본의 전통적인 단병 전술의 열세를 크게 만회할 수 있게 하는 신무기가 분명하였다. 조선-일본 전쟁 초기에 조선의 관군이 크게 패퇴한 것은 앞서 살핀 대로 진관체제가 가동하지 못한 것에 더하여 일본

군이 철포의 무장으로 전날의 열세를 크게 만회한 데도 중요한 이유가 있었다. 일본군은 박래품으로 철포, 곧 조총을 다수 무장하였지만 아직 화약 제조 기술을 터득하지 못한 약점도 있었다. 화기에서는 조선의 우세가 아직 유지되는 측면도 있었다. 성루나 함선에 거치하는 대형 화포는 일본군이 가지지 못한 것이었다. 일본이 침입하기 40~50년 전만 해도 경상도의 여러 고을의 읍성에는 대형 화포가 거치되어 있었다.

그런데 명종 재위(1546~1567) 중에 문정왕후文定王后가 소빙기 재난을 부처의 힘을 빌려 없애 보려고 불교를 우대하였을 때 성루의 화포를 거두어 불교 사찰의 종으로 만들어 쓰게 하였다.[18] 진관체제의 방어력은 이로써 더욱 허물어져 갔다. 이순신李舜臣 장군이 관하의 전함의 화포를 잘 간수하여 일본 수군을 제압한 사실을 상기하면 이는 너무나 큰 손실이었다. 일본군이 철포를 대량으로 구입하여 단병 전술의 약점을 만회한 상황에서 조선의 진관들이 화약병기들을 잘 단속하지 못한 것은 치명적인 잘못이었다.

조선-일본 전쟁을 당하여 지원군으로 온 명나라의 군대는 서로 다른 전술을 구사하는 두 부대로 구성되어 있었다. 조선군과 마찬가지로 장병전술을 사용하는 부대와 조총

---

18 이태진, 「16세기 한국의 天道 사상과 외계충격 현상」 『韓國史論』 53, 서울대학교 국사학과, 2007.

을 사용하는 일본군에 제대로 대응할 수 있는 전술을 개발하여 소지한 부대 둘이 있었다. 전자는 총사령관 역할을 한 이여송李如松이 이끄는 북병北兵으로 이 병력은 주로 북쪽 유목민족의 남하에 대비해 온 부대였다. 후자는 절강성浙江省에 본거를 둔 낙상지駱尙志가 이끄는 남병南兵이었다. 남병은 조선-

「정왜기공도征倭紀功圖」 중 성 밖에서 공격하는 명나라 남병들
두꺼운 나무로 짜서 만든 공성용攻城用의 차, 솜으로 누빈 방탄복,
긴 창 등이 남병의 신 전술을 그대로 보여준다.

일본 전쟁(임진왜란) 전 16세기 중반에 조총과 단병 무기로 무장하여 조선과 중국의 연안지역에 출몰하는 왜구들을 격퇴하는 과정에서 개발된 척계광戚繼光의 병법을 사용하는 병력이었다. 척계광의 병법은 왜구에 대해 화포 또는 조총을 구비하여 맞대응하면서 창검의 단병 무기를 저지하는 새로운 휴대무기[낭선狼筅 등]를 개발하여 분대 또는 소대 단위의 방패전을 구사하는 부대였다. 왜구의 출몰이 심하였던 절강성을 중심으로 개발되었다고 하여 남병이라고 불렀다. 조선을 지원하기 위해 평양에 도착한 명나라 군은 처음에 북병이 나서서 평양성 탈환전을 펼쳤다. 그러나 북병은 실패하였고 대신에 남병이 출동하여 성공하였다. 장병 전술의 이여송 부대는 서울 북방의 벽제관碧蹄館 전투에 다시 나섰지만 패배하는 수모를 되풀이 하였다.

동아시아의 전술은 서양 철포(조총)의 전래로 새로운 개발이 불가피한 상황이 되었다. 철포를 먼저 입수한 일본 자체에서도 주요한 전술적 변화가 조선-일본 전쟁(임진왜란) 전에 이미 일어났다. 전국시대 말기에 전통적인 산성山城, 평산성平山城 외에 조총 사용 전술에 유리한 천수성天守城이 평지에 새로이 등장한 것이 바로 그것이다. 전국戰國의 상황을 처음으로 통일할 기세를 보인 오다 노부나가[織田信長]가 본거지 오미[近江] 지역에 세운 안지쯔[安土] 성이 최초였다. 그를 이어 일본 열도 통일에 성공한 도요토미 히데요시는 오사카[大阪] 성을 축조하였고, 도쿠가와[德川] 시대에는 막부의 쇼군[將軍]의 허락아래 번주藩主들이 각 근거지에서 각기의 천수성을 지었다. 이 평지에 세워진 성곽은 철포를 사용하기에 적합한 시설을 여러 가지로 갖추었다. 이 성은 상공업 지역 곧 죠까마찌[城下町] 근처에 자리하는 도시형 방어시설로서 조선의 읍성과 기능은 유사하나 경제적으로는 농업보다 상공업 관리, 보호에 역점을 둔 차이 가 있었다. 동아시아의 전술은 이제 산성이나 교통의 요지보다 평지 전투에 유리한 시설물들을 갖추는 변화를 보이고 있었다.

조선-일본 전쟁 후 조선의 방위체제는 조선전기의 진관체제를 바탕에 두되 전술적 인 면에서는 새로운 것을 수용하는 형태로 나아갔다. 중국의 남병 전술은 조선-일본 전쟁 중에 훈련도감訓鍊都監을 창설하여 빠르게 수용하기 시작하였다. 그러나 50여 년 뒤 여진족이 남하하자 남병 전술보다 전통적인 장병 전술이 더 필요한 상황에 처 하였다. 여진족의 후금 군이 조총이나 화포를 가지고 있지 않으면서도 빠른 기동력으 로 명군이나 조선군을 제압하는 상황이 연출되면서 조선의 군사 지휘자들은 한 때 당 황하기도 하였다. 여진족의 후금, 청은 빠른 기동력을 발휘하기도 하였지만 적국 장 수, 관리들에 대한 회유책을 유용하게 구사하여 자신의 결함을 만회하기도 하였다. 산해관 진입을 앞두고 명나라 관리들을 상대로 편 회유책이 대표적인 예이다.

청은 명 나라의 관리들이 투항해 오면 현직 수준 이상의 처우를 약속하는 회유책을 폈다. 이에 산해관을 지키던 오삼계吳三桂가 투항하고 또 등주登州의 명나라 수군水軍 의 최우수 함대를 지휘하던 공유덕孔有德, 경중명耿仲明 등이 청에 내통하였다. 공유 덕이 지휘하던 등주의 함대는 당시 동아시아에서 가장 강력한 화포인 홍이포紅夷砲를 보유한 유일한 부대로서, 이들의 투항으로 청군은 가장 큰 약점인 해군과 대형 화포 를 소지하는 이득을 얻었다. 청의 회유책의 성공은 단순히 군사력만이 승패를 좌우하 는 것이 아니란 점을 그대로 보여주는 것이었다. 청나라는 명나라를 이기면서 명나라 가 개발, 소지했던 모든 화약병기를 제 것으로 장악하였다. 1654년(조선 효종 5) 러시 아의 하바로프스크를 공격하는 이른바 나선羅禪 정벌 때 청나라는 조선의 포수를 동 원하여 활용하기도 하였다.

조선-일본 전쟁 후 조선은 일본에 이어 철포 곧 조총을 자체 생산하는 개발 국의 하나 가 되었다. 그러나 조선-후금 전쟁(정묘호란), 조선-청 전쟁(병자호란) 등 두 차례의 전쟁 끝에 국왕이 청나라의 황제 앞에 무릎을 꿇는 수모를 겪었다. 이 장면은, 소빙기 자연재난 속에 농경사회가 유목사회에 비해 더 치명적 타격을 입으면서 대외 방어력을 상실하여 겪는 고초 가운데 가장 심각한 것이었다. 소빙기 자연재난 속에 명나라는 끝내 멸망하였듯이 농경국가가 겪는 고난은 극심하였다. 조선왕조는 그 후 숙종(1674~1720), 영조(1724~1776), 정조(1776~1800) 3대에 걸쳐 국력 회복에 진력하여 동아시아에서는 유일하게 왕조가 멸망하지 않고 소빙기의 재난을 극복해 낸 나라가 되었다.

4 근·현대 군사사 정립의 방향

1) 18세기 탕평군주 정치의 유산 – 방위(防衛) 개념의 변화

한국사학계는 근래 17세기 후반에서 18세기에 이르는 기간에 왕조 통치체제에 큰 변화가 있었다는 것을 여러 측면에서 밝혔다. 숙종, 영조, 정조 3대의 왕정은 소민小民 보호를 기치로 내걸어 붕당을 억제하고 왕권을 강화하는 탕평정치蕩平政治를 구현하였다. 사대부, 사림士林의 붕당의 기반을 제거하는 것은 결코 쉬운 일이 아니었지만 숙종대의 양역良役 변통(정비), 영조대의 균역법均役法의 시행으로 일반 민의 부담을 경감시키면서 소민들의 생활을 안정시키려는 노력은 나름대로 성과를 거두었던 것으로 평가된다. 그리고 군사조직과 방위체제는 진관체제와 중앙 군영제軍營制를 병존시키는 형태로 이끌어 졌다. 행정과 군사를 일치시킨 진관체제는 그대로 존속시키되 일반 군역의무자(양인) 보다는 노비[男奴]들로 구성되는 속오군束伍軍의 비중을 높여 기능하게 하였다. 노비를 향토 방위조직인 속오군으로 편성하는 것은 조선-일본 전쟁(임

영조가 성균관 앞에 세운 탕평비
"두루 하면서 무리 짓지 않는 것이 곧 군자의 공심이고 (周而不比 乃君子之公心), 무리 짓고 두루 하지 않는 것은 바로 소인의 사심이다(比而不周 寔小人之私心)"는 글귀가 새겨져 있다.

영조 만년의 모습
그는 왕정의 권위 확립을 위해 도덕적
원칙주의 성향을 강하게 보였다.

진왜란) 극복 과정에서 생긴 제도였다. 노비들은 양역의 군포軍布를 내지 않는 대신 향토방위의 의무는 지게 했던 것이다.

일반 농민의 일부는 일본과의 전쟁 전의 구 군적軍籍에 근거한 군포 납부자로 남고, 다수는 중앙 군영에 입역하는 정군正軍이 되던지 재정 부담을 지는 보인保人이 되던지 하였다. 양역 변통은 이 정군, 보인의 관계를 둘러싼 정책 개선을 과제로 삼는 것이었다. 농촌 사회를 배경으로 한 군제의 정비 방향은 대체로 이 두 가지를 중심으로 전개되었지만 도성(서울)과 경기를 중심으로 한 군사제도의 정비는 전혀 다른 차원에서 이루어졌다. 즉 농업보다는 상공업에 더 큰 비중을 둔 방위체제의 구축이 기해지고 있었다. 이는 조선왕조 사회가 소빙기 자연재난 극복을 위해 강구한 각종 비상대책이 상업, 공업의 범주에서 강구된 것이 많았기 때문에 그 성과가 도성과 경기 일대를 중심으로 나타남에 따라 일어난 변화였다.

흔히 5군영으로 불리는 중앙 군영은 유사시 수도를 방위하는 임무를 지면서 평시에도 궁성과 도성 호위의 임무를 졌다. 군영은 주로 인조반정仁祖反正(1623)을 계기로 여럿이 등장하였고 붕당정치가 발달하던 17세기에는 집권 붕당의 중심인물들이 군영의 군권을 장악하였다. 붕당정치는 본래 전국의 중소 지주적 경제기반을 가지는 사족, 사대부들이 서원을 중심으로 당론을 모아 중앙정치에 반영하는 체제로서 다분히 농업사회적인 정치 현상이었다. 그러나 현실적으로 정치권력 장악에서 중앙에 위치한 군영이 가지는 절대적 중요성 때문에 각 붕당은 군영의 군권 장악을 게을리 할 수 없었다.

탕평군주들은 군영이 이미 붕당정치의 기반을 이루고 있는 상황을 타개하기 위해 군영의 편제를 통일시키면서 군영 대장에 대한 임명권을 군주가 직접 행사하는 체제로 바꾸었다. 숙종은 난립한 군영들을 5군영 체제로 정비하고(1703), 영조는 병조판서에게 5군영을 통솔하는 권한을 부여하여 수직적 군령체계를 확립하고(1754), 정조는 5군영의 인력과 새력을 친위 군영으로 장용영壯勇營(1793)을 신설하여 이에 이관 결집시키는 형태로 왕권 중심의 군사 기반을 강화하였다.[19]

1930년대 편찬 『선원계보기략수정등록(璿源系譜記略修正謄錄)』에 실린 정조의 반신상
정조의 어진 도상은 현재 모두 분실되었는데, 이 동판화는 어진을 본 사람이 그린 것으로 전한다.

탕평군주들은 도성(서울)과 한강을 근거로 발달하는 상공업에 대해서도 직접적으로 관심을 가졌다. 숙종은 조선-일본 전쟁 때 붕괴된 도성을 수축하는 사업을 펴는 한편 북한산성을 쌓아 도성 중심의 방어체제의 기틀을 잡고(1703~1712) 도성 내 시전市廛 가운데 가장 유력한 6개 시전, 곧 육의전六矣廛을 선정하여 난전 관리권을 부여하고 그 대가로 시전 상인들이 나라를 위해 필요한 재정 부담을 국역 형태로 지게 하였다.(1691)[20] 영조는 나아가 국역을 지는 도성 안의 시전상인과 공인貢人들을 시민市民이라고 부르면서 "시민이 나라의 근본"이라고 할 정도로 중요시하였다. 이것은 농업, 농민만을 중요시 하던 유교 정치사상의 전통에 비춰볼 때 큰 변화였다.

영조는 3군문(훈련도감, 어영청, 금위영)의 군대와 시민 합동으로 유사시에 대비하는 도성 방어 훈련체제를 세워 가동하기도 하였다.(1747, 1750년) 정조는 장용영 운영의 기반을 경기도 전역으로 설정하여 경기 지역 안에 산재한 역대 왕릉을 참배하면서 경기 고을 군사들로 구성된 장용영으로 하여금 호위를 담당하게 하였다. 왕의 능행陵幸에는 쉬는 곳에서 전국에서 모여든 소민들로부터 상언上言, 격쟁擊錚의 형식으로 민원을 접수하였다.[21] 조선왕조는 소빙기 재난 극복 대책으로 대동법大同法과 균역법을 시행함으로써 서남해안에서 발달한 포구상업이 한강으로 이어져 농업 일변도의 경제체

19 이태진, 『조선후기의 정치와 군영제 변천』, 한국연구원, 1985 참조.
20 고동환, 「18세기 서울의 상업구조 변동」 『서울상업사』, 태학사, 2000, 199쪽.
21 한상권, 『조선후기 사회와 소원 제도』, 일조각, 1996.

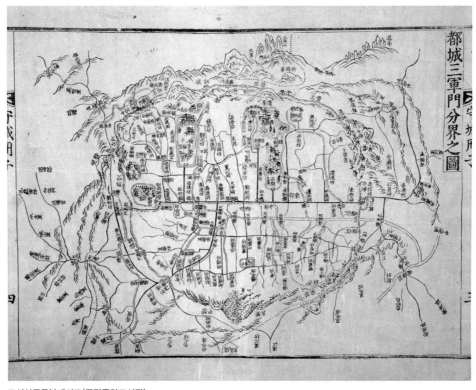

도성삼군문분계지도(국립중앙도서관)
영조가 임진왜란 때 파손된 서울 성곽을 모두 보수한 다음, 훈련도감, 금위영, 어영청 등 3군문의 수비 구역을 정하고,
각 동계, 契의 주민을 이에 배당하여 유사시 동원 수비하게 하였다. 「御製守城綸音」(1751)에 실림.

제에서 벗어나고 있었다. 그리하여 바다의 안전에 대해서도 관심을 기울여야 할 상황
이 되었다. 숙종과 영조는 서해상의 안전을 위해 해방海防의 대책을 강구하는 한편,
도성으로 들어오는 입구에 위치한 강화도를 해방의 중심으로 삼고자 해안을 따라 성
곽과 돈대墩臺를 쌓는 사업을 폈다.

탕평군주 시대의 이러한 새로운 왕정의 흐름은 이제 과거의 농업 일변도에서 강조
된 사대부, 사족 중심의 국가관으로서는 뒷받침되기 어려운 것이었다. 영조 때부터 나
라의 주체는 소민과 왕(국:國)의 것이란 뜻으로 민국民國이란 말을 군주 측에서 자주
사용하는 현상이 나타났다. 원래 국가란 말은 유교 정치사상에서 왕과 귀족가문이 모
여 나라를 이룬다는 뜻으로 가家가 강조된 개념이었다. 탕평군주들은 사대부 귀족들
의 가家 대신에 소민의 민民을 넣어 국체를 새롭게 정의하는 의지를 보인 것이다.

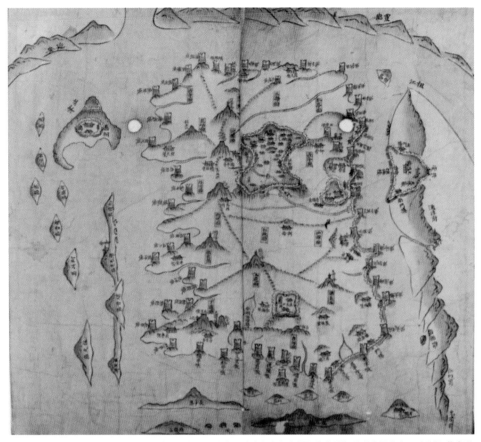

숙종, 영조 때 강화도 해안지역의 경비를 위해 쌓은 성곽과 돈대가 표시된「江華府圖」

  나아가 유교 윤리도 서민의 것이 되도록 하고자 정조대에『오륜행실도五倫行實圖』
(언해본)를 간행하여 널리 보급하였다. 탕평군주들은 사대부들만이 아니라 소민을 포
함한 모든 신민으로부터 지지받는 체제로 왕정의 기반을 새롭게 하고자 하였던 것이
다. 그것은 유교 정치사상의 근대 지향성을 보이는 것이었다. 17세기 말엽부터 방위
체제가 도성과 경기 중심으로 전개된 것은 바로 이런 시대성을 반영하는 것으로 현대
국방 개념에도 주목할 만한 측면이 있다. 조선왕조의 국방체제는 곧 초기의 농업경제
기반 위에 '병농일치兵農一致'의 형식으로 출발하고, 후기에는 상공업 경제의 새로운
사소 위에 중앙 중심의 군영체제와 경기 4도호부(광주, 수원, 강화, 개성) 체제가 더해지
는 형태로 발전의 폭을 넓혔다.

대원수 복장 차림의 고종황제
원수부는 1899년에 창설되었다.

탕평정치는 18세기까지 조선사회를 크게 바꾸어 놓으면서 군사제도에도 큰 변화를 가져왔지만 19세기에 접어들어 그 정치가 더 이상 계승되지 못하는 한계를 보였다. 정조 이후로는 어린 왕이 잇따라 즉위하는 가운데 특정한 벌열세력이 관료조직을 장악하여 탕평군주정의 이념을 오히려 차단하는 반동의 세를 보였다. 19세기의 세도정치는 일종의 보수 반동의 흐름으로서 탕평군주정의 성과를 일거에 매몰시켜 버렸다. 탕평군주정의 성과가 이렇게 쉽게 무너진 데는 탕평정치 자체가 관료조직에 절대적으로 의존하는 것이었기 때문이었다. 소수의 문벌 귀족들은 순조가 어린 나이로 재위하는 중에 정조가 키운 친위세력을 천주교 입교자로 몰아 제거하고 관료조직을 장악함으로써 국정을 그들만의 것으로 만들어 버렸다. 소민과 군주 간의 소통이 막히어 버린 상태에서 19세기 중반부터 전국 곳곳에서 민란이 일어났다. 왕정에 실망한 서민 대중은 유교가 아니라 서양의 천주교에 가까이 가기도 하고, 외래 종교로서 천주교를 경계하는 동학東學이 창도되자 그 신도가 되어 소민이 보호 받는 세계를 갈망하였다.

18세기 말엽부터 해안 지역에 나타난 서양 이양선異樣船(모양이 다른 배란 뜻)의 출몰이 잦아지면서 서민들의 불안감은 더욱 높아져 갔다. 1850년대 이후 한반도 해안에도 고성능의 신형 대포를 거치한 증기선이 나타나기 시작하였다. 아편전쟁(1840, 1856)으로 청국의 위신이 크게 실추하고, 일본에서는 미국 해군 페리 제독의 '흑선黑船' 쇼크로 정국이 혼란에 빠졌다. 그러나 일본은 메이지유신[明治維新]으로 양이洋夷 곧 서양 배척에서 서양 문물 수용으로 가닥을 잡았다. 1864년 조선에서는 고종高宗이 12세의 어린 나이로 왕위에 올랐다. 군주가 어려서 아버지 흥선대원군이 집권하여 세도정치가 다시 나타나는 것은 막았다. 대원군은 '선준비 후개방先準備 後開放'의 노선을 취하여 프랑스, 미국의 해군과 강화도에서 부딪히기도 하였다. 그는 숙종, 영조가 쌓았던 해안 성곽과 돈대를 보수하여 외세를 막으려 하였다. 1873년 20세를 넘어선 군주가 아버지 대원군의 집정을 중단시키고 직접 정치를 시작하였다. 그는 '개방開放, 선진문명 수용'의 노선을 분명히 하여 일본뿐만 아니라 서양 열강들과 수교하는 적극성을 보였다.

2) 고종 시대의 군사 근대화에 대한 인식 전환

우리나라 역사 인식에서 조선시대 못지않게 근대, 곧 고종시대도 부정의 늪에 빠져 있다. 이 시대는 조선-일본 전쟁(임진왜란), 조선-청 전쟁(병자호란) 때와 같은 패전보다도 망국의 역사가 있기 때문에 부정적 인식의 정도는 더 깊고 크다. 조선왕조의 문약의 역사에 대한 부정적 인식과 망국에 이른 이 시대의 역사에 대한 인식은 하나로 묶여져 있는 것이나 마찬가지였다. 문약의 역사가 말기에 이르도록 변하지 않아 상무尙武의 전통이 서지 않았던 것이 망국에 이른 근본 원인이라는 인식이 널리 퍼져 있었다. 이런 부정적 인식이 전혀 잘못된 것은 아니지만 조선시대의 상황에 대한 검토에서처럼 사실 관계에서 확인할 것이 많다. 사실 관계 확인을 통한 바른 역사인식만이 내일을 위한 진정한 역사인식을 얻을 수 있을 것이다.

고종은 앞서 언급하였듯이 개방, 개화주의자였다. 최근의 연구에 따르면 그는 연암燕巖 박지원朴趾源의 개방, 선진문명 수용주의에 크게 공감한 것으로 보인다.[22] 실제로 1873년 말에 그는 직접 정치에 나선 후 일본과의 수교修交를 추진한 뒤, 1880년대에 제1차 근대화 사업을 추진할 때 박지원이 내세운 '법고창신法古創新'을 그대로 취하고, 주로 그로부터 사상적 영향을 받은 서울 출신의 개화 사대부들을 기용하여 개화사업을 추진하였다. 일본을 통해 서양 문물에 관한 정보를 수집한 다음 바로 미국과의 수호통상조약을 체결하면서 제1차 근대화 시책이 추진되었다. 그러나 이 근대화 사업은 순탄치 않았다. 1882년 4월(음력)에 미국과의 수호통상조약이 체결된 지 2개월 만에 개화에 반대하는 임오군란壬午軍亂이 일어났고, 이에 격분한 일부 개화주

---

22 『한국사 시민강좌』 48집, 일조각, 2010의 특집 '한국실학 연구 80년' 중의 김태영, 「실학 연구의 어제와 오늘」 ; 김명호, 「실학과 개화사상」 ; 이태진, 「海外를 바라보는 北學」의 글 참조.

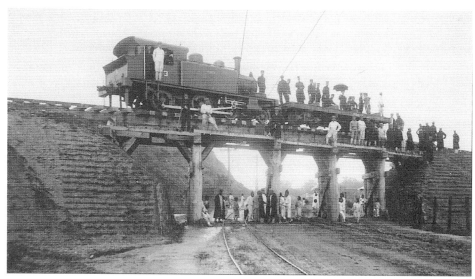

서북철도(서울-의주) 건설의 서울 근처 현장
프랑스, 벨기에의 자본과 기술로 착수했지만 일본의 방해로 늦어지다가 러-일 전쟁 때 일본이 부설권을 앗아갔다.
길 아래 전차 선로로 보아 서울 근교로 추정된다.

의 사대부들이 형세 만회를 꾀하여 갑신정변(1885)을 일으켰지만 이는 오히려 청국의 조선 속국화 정책을 부채질 하여 정작 근대화 시책은 실종 상태가 되다시피 하였다. 1880년대의 제1차 근대화 사업은 의지에 비해 큰 성과를 얻지 못한 것이 되고 말았다.[23]

고종은 1894년 청일전쟁을 전후하여 일본의 침략주의를 직시하면서 근대화 정책의 노선을 바꾸었다. 사대부 중심의 개화정책의 한계를 느끼고 서얼, 군인, 상인 등 신분에 구애됨이 없이 능력이 있는 자들을 기용하여 추진세력으로 삼았다. 그리고 슬로건도 '구본신참舊本新參'으로 바꾸었다. 1895년 10월 왕비 피살의 전대미문의 참극을 겪고 이듬해 2월 러시아공사관으로 이주移駐하여 일본의 압박에서 벗어나 군주권을 다시 찾은 다음, 왕조를 제국(대한제국)으로 재탄생시켜 제2차 근대화 사업을 추진하였다. 대한제국의 근대화 시책은 제1차에 비해 노선과 기반을 혁신함으로써 큰 힘이 실려 적지 않은 성과를 올렸다. 오늘날 광무개혁光武改革으로 평가 되는 대한제국

---

23 고종시대의 근대화 정책에 대해서는 이태진, 『고종시대의 재조명』, 태학사, 2000 ;『동경대생들에게 들려준 한국사-메이지 일본의 한국침략사-』, 태학사, 2005 참조.

의 근대화 사업은 짧은 기간에도 여러 가지 성과를 거두었다. 일본의 침략주의가 러일전쟁(1904~1905)을 배경으로 대한제국의 국권을 빼앗는 역사가 없었더라면 제2차 근대화 사업은 소기의 성과를 거두어 대한제국을 자주 독립의 신문명 국가로 국제사회에 자리 잡게 했을 것이다.

고종은 어느 모로나 서양 기계문명의 우수성을 인정하고 이를 수용하려고 한 개명군주開明君主였다. 그런데도 그에 대한 평가가 부정적이었던 까닭은 무엇인가? 다름 아닌 일본 침략주의의 역사왜곡의 결과였다. 대한제국을 보호국으로 만든 일본으로서는 한국의 황제와 그 정부가 자력 근대화의 능력을 지닌 것으로 평가 받는다면 보호국화의 명분을 얻을 수 없었던 것이다. 일본의 기자들이나 한국 정책에 관계하던 관리들은 당초 고종이 군주로서 자질을 갖춘 인물이라고 평하던가, 그의 저항으로 시책을 펴기가 어렵다고 불평하였다. 그에 대한 부정적 평가는 1907년 6월에 제2차 만국평화회의에 황제가 특사를 파견한 사실이 드러나 이를 구실로 일본측이 퇴위를 강요할 때 처음 나오기 시작하였다. 그를 '암군暗君'이라고 폄하하는 언급이 이때부터 나오기 시작하였다. 암군이란 일본 정부의 말을 잘 듣지 않는 '어리석은 군주'라는 뜻이었다. 1910년 일본 측은 한국병합을 앞두고 한국의 당대 '영웅호걸'로 대원군과 명성황후明成皇后를 들고 두 사람의 적대 관계를 부각시켜 군주 고종은 그 사이에서 이러지도 저러지도 못하는 '유약한' 군주로 그렸다.[24] 이를 계기로 일본의 침략주의에 맞서 근대화 사업을 추진하면서 국권을 지키려던 고종은 암약한 군주로 포장되기 시작하였다. 이즈음 고종은 모든 권력을 박탈당한 채 경운궁慶運宮(현 덕수궁)에 갇혀 있는 신세였다.

고종시대의 군사 제도와 정책도 제1차, 제2차 근대화 시책 때 서로 차이가 있었다. 1881년부터 시작한 군사제도 정비는 18세기 탕평군주 시대의 정책을 방불케 하는 면이 있었다. 제도적으로 존속하는 도성과 경기 일원에 본거를 둔 금군禁軍과 군영들을 2개 군영으로 통폐합하여 갱장을 도모하였다. 즉 훈련도감, 용호영龍虎營(금군), 호위청扈衛廳(숙위 전담기구) 등을 합하여 무위영武衛營으로, 총융청, 어영청, 금위영을

---

24 이태진, 「역사소설속의 명성황후 이미지」『한국사시민강좌』 41, 일조각, 2007.

무위영 군사들의 호위를 받고 왕궁(건청궁)으로 돌아오는 고종
병사들은 일본제 신식 무라다 소총을 소지하였다.

합쳐 장어영壯禦營으로 편성하였다. 전자는 근위의 역할, 후자는 도성과 경기 일원의 방위의 임무를 각각 담당하게 하였다. 별기군別技軍은 무위영 군사 가운데 제일 먼저 일본 교관을 초빙하여 신식 군사 교육을 받게 한 부대였다. 이 군제 개혁 때 조선정부는 일본에 무라다[村田] 소총 3만 정 구입 계약을 맺었다. 무위영,

장어영의 군사들을 모두 신식 소총으로 무장한 병사로 만들 계획이었다.

고종은 무위영, 장어영 탄생에 뒤이어 수군水軍 강화에도 착수하였다. 1883년에 경기도 부평에 통제영統制營 기능을 수행하는 기연해방영畿沿海防營을 설치하고 산하의 연해총제영沿海總制營을 강화도에 두었다. 경기도와 인천 연안의 연안 방어의 임무를 총괄하는 것이 그 임무였다. 이는 80여 년 전 정조 때 강화도 갑곶에 조운선 보호 등의 임무를 수행할 수군 군영을 설치해야 한다는 주장을 연상케 하는 조치였다. 그러나 고종은 여기서 머물지 않고 1890년대 초에 강화 연해총제영 자리에 신식 해군학교를 설치하기로 하였다. 1892년 12월에 영국 총영사에게 해군 교관 파견을 요청하게 하는 한편, 이듬해 3월에 해군학교 설치령을 반포하여 갑곶에 통제영 학당을 설치하고 9월에 15~16세의 남자 청소년으로 생도 38명과 수병 300여명을 모집하였다.

조선 정부의 요청을 받고 영국정부는 1893년 6월에 해군 교관 파견을 승인하고 군사 교관 콜웰W. H. Callwell 대위와 조교 커티스J. W. Curtis 하사를 파견하였다. 그리하여 1894년 4월부터 갑곶에서 군사훈련이 시작되었다. 그러나 일본 해군에서 이를 탐지하여 탐문조사가 된 다음[25] 이해 6월에 동학농민군 진압을 명분으로 일본군이 청군과 함께 조선에 출병하고 이어 7월 25일부터 청일전쟁이 시작된 가운데 영국 교관

---

25 일본 해군대위 미나미 요시요야[南義親]가 정탐 목적으로 강화도 해군관청들을 시찰하고 보고서를 올린 뒤 폐교에 이르는 조치가 나왔다. 해군자료(135) http://daum.net/kwonojn/4640.

단이 철수하여 폐교상태가 되고
말았다.

1892년 전후의 해군 창설을
위한 일련의 조치는 고종의 서
양식 군제개혁에 대한 의지를
보여주는 것이다. 한편 육군 쪽
은 갑오개혁(1894. 7.이후)과 왕
비피살사건(1895. 10) 사이에
외세와의 마찰 속에 개혁의 계
기가 만들어지고 있었다. 1894
년 6월 초 일본은 청국과 함께

1894년 7월 23일, 청일전쟁 직전 전신 시설 장악을 목적으로
경복궁을 불법 침입하여 장악한 일본군
종군 화가 구보다 비젠(久保田米僊)이 그렸다. 『京城府史』

동학농민군 진압을 구실로 동시 출병을 단행하여 인천을 통해 1개 여단 병력 8천여
명을 서울로 진입시켰다. 이어 청국과 전쟁을 일으키면서 개혁(갑오개혁)이란 미명
아래 일본식 내각제를 도입하여 군주권을 봉쇄하면서 기존의 군영들을 군무아문軍
務衙門(병조에 해당) 관리 아래로 편입시켰다. 이어 다음 8월에 훈련대訓鍊隊를 창설하
여 약 1천명의 병사를 이에 소속시키고 일본 교관들의 훈련을 받게 하였다. 친일 부대
를 만들기 위한 공작이었다.

이에 대해 군주 측은 이듬해 윤 5월에 시위대를 신설하여 궁중 시위 임무를 부여하였
다. 이 대결적 상황 속에 10월 8일 왕비 살해사건이 일어났고, 시위대와 훈련대는 교전,
충돌하기도 하였다. 이 때문에 친일내각은 한때 시위대를 훈련대에 소속시켜 버리기도
하였지만 고종은 훈련대를 해산시키데 성공하였고, 11월에 무위, 장어영 계열의 군사들
로서 친위대親衛隊 2개 대대를 창설하였다. 그리고 평양, 전주 두 곳에 진위대를 설립하
는 계획도 수립하였다. 시위대는 이후 고종이 러시아 공사관에서 경운궁慶運宮으로 환궁
할 때 호위를 담당하여 충성을 표하여 대한제국 황제의 근위병의 임무를 수행하였다.

1897년 10월 대한제국이 출범하면서 고종은 시위대와 친위대를 근위와 호위를 담
당하는 양내 중앙 군영으로 삼았다. 아직 자세한 계보가 밝혀지지 않았지만 이 체제
는 무위영과 장어영 2영 체제를 현대화 한 것이나 마찬가지였다. 두 군영은 연대 규

모로 키워지고 포병대대, 공병중대, 치중병대, 군악대까지 갖추어 임시혼성여단 편성이 가능하도록 하였다. 대한제국은 1899년 6월 원수부元帥府 규칙을 칙령으로 반포하고 1900년 7월에 실제로 황제를 대원수, 황태자를 원수로 하는 원수부를 수립하여 중앙의 시위대(4개대대/2연대), 친위대(4개대/2연대), 지방의 진위대(6개연대)와 지방대를 통솔하는 군령체계를 세울 정도로 발전하였다.[26] 진위대대鎭衛大隊는 전주全州, 평양平壤에 두고 지방 대대地方大隊는 수원水原, 강화江華, 청주淸州, 공주公州, 광주光州, 대구大邱, 안동安東, 고성固城, 해주海州, 황주黃州, 안주安州, 원주原州, 북청北靑, 종성鍾城에 두었다.[27]

대한제국은 조선왕조가 자주 독립국가로서 새로 태어난 것이었다. 고종은 러시아 공사관에서 왕권을 회복하면서 그간 청일전쟁, 왕비피살 사건 등을 통해 겪은 국가적 수모를 극복하기위해 조선왕조를 거듭 나게 하는 계획을 세워 1897년 10월에 대한제국이 출범하였다. 고종은 이 왕조의 재탄생에서 대한제국大韓帝國이란 국호를 스스로 다음과 같이 제안하였다. 조선은 태조 이래 오래 동안 사용해 온 아름다운 이름이지만 태조 때 국호 제정 과정에서 중국[명明] 천자로부터 추인을 받는 과정이 있었던 것으로, 이는 조약관계를 통해 자주 독립국으로 국교가 새로이 수립되는 지금에서는 결코 그대로 사용할 수 없는 것이라고 하였다. 그러므로 조선과 함께 역사적으로 우리를 가리키는 호칭으로 한韓이 있으니 이를 취하여 대한제국이라고 하자고 하였다. 이 제안이 신하들로부터도 전폭적인 지지를 받아 대한제국이 탄생하였던 것이다. 대한제국으로의 국호 개정은 곧 과거의 책봉조공질서를 청산하려는 강한 의지의 산물로서 2년 뒤 1899년에는 대한제국 황제와 대청제국 황제가 대등한 입장에서 서명한 한청조약韓淸條約이 체결되기도 하였다.

대한제국의 광무개혁은 산업분야에서 전기시설, 광산개발, 철도부설, 서울도시개조사업 등을 착수하여 빠른 성과를 거두었다. 특히 외국 차관의 도입, 무역 다변화 속 관세 수입의 증대, 홍삼 수출의 수입 등으로 재정이 나아지면서 그 수입금에 힘입어

---

26 대한제국 조직, 칙령집에 근거함. 서울대학교 중앙도서관 간행 규장각자료총서 금호시리즈 근대법령편,『의안·칙령(상)』, 1991 참조.
27 『고종실록』권39, 고종 37년(1899) 1월 15일. 칙령 제2호, 鎭衛隊地方隊編制改正件.

군사 현대화가 가능하였다. 대한제국 정부는 영국으로부터 야포野砲, 산포山砲, 4회전 크루프 기관포 등을 구입할 정도로 현대화의 속도를 높이고 있었다. 그러나 대한제국의 발전에 비해 일본의 군비 확장은 엄청난 예산 투입으로 몇 배의 규모와 속도로 진행되었다. 일본은 러시아와의 전쟁을 통해 한반도에 대한 배타적 지배권을 목표로 하면서 군비확장을 진행시키고 있었던 것이다. 고종황제는 1880년대 중반부터 서구 열강과의 조약을 통해 국교 수립의 범위를 넓힌 바탕에서 중립국이 되기를 바랐다. 1900년, 1901년에 국제우편연맹, 적십자사 등에 가입한 것은 그 목표에 한 걸음 다가가

대한제국 시위대, 친위대의 장군과 장교들
카르로 로제티, 『한국과 한국인』, 1904. 서울학연구소 번역본(1996)

대한제국 시위대 병사들이 구 삼군부 자리에서 훈련 받는 장면

기 위한 것이었다. 스위스, 벨기에의 예에 따르면 중립국이 되는 데는 국방 병력 3만~5만이 필요하였다. 1903년 3월 15일 황제는 칙령으로 육해군 창설을 위한 징병제 시행을 예고하였다.

1904년 2월 6일 일본은 마침내 러시아를 기습적으로 공격하여 러일전쟁을 일으키고 서울에 1개 사단 병력을 상주시키면서 국권 탈취에 나섰다. 1905년 승전을 배경으로 대한제국의 외교권을 빼앗은 뒤 통감부를 설치하였고, 고종황제는 그 불법성을 열강 각국에 폭로하는 싸움을 치열하게 벌였다. 그러나 그에게 돌아온 것은 강제 퇴위였다. 1907년 6월에 헤이그 제2차 만국평화회의에 황제가 특사 3인을 보낸 사실이 드러난 것과 거의 비슷한 시기에 황제는 법률로서 모병령募兵令을 정했다.(법률 제3호, 1907년 6월 27일)[28] 총 5개장과 부칙으로 22개조로 구성된 이 법률은(50면 참조) 고종

황제의 대한제국 정부가 추구하는 군제개혁의 궁극적인 목표로 간주된다. 대한국 신민[臣民]인 남자 만 17세 이상 만 40세 이하를 병역 의무의 대상으로 하고 현역은 만 18세에서 25세 사이의 3개년으로 하며, 현역 후는 예비역, 이를 마친 자는 국민병역의 의무자로 한다고 규정하였다. 그리고 현역 기한이 차더라도 전시 또는 본인의 희망에 따라 또는 보충상의 필요가 있을 때는 복무기한을 연장할 수 있다고 하였다. 오늘날의 모병령과 거의 비슷한 내용이다.

고종황제는 1903년 3월 15일 징병제 시행을 위한 조칙에서 나라에 병력[兵力]이 없으면 나라가 아니라고 하면서 각국의 징병의 규식을 보면 우리의 옛 제도와 거의 비슷할뿐더러 더 자세하다고 하면서 전통적인 것에 근거한 신제도의 수립을 예고하였다.[29] 이는 바로 '구본신참[舊本新參]'의 근대화 슬로건에 해당하는 것으로 우리 역사상 최초의 국민의무 병역제도가 전통에 근거하여 수립된 것을 알 수 있게 한다. 고종시대의 군제 근대화는 '구본'의 뿌리가 있는 개혁이었다. 그런데 이 법률이 반포되었을 때 일본 통감부는 고종황제의 강제 퇴위를 추진 중이었고 법률에 명시한 시행 월일인 9월에는 황제가 이미 퇴위 당한 상태였다. 대한제국의 근대화 정책은 하나에서 열까지 일본 메이지 정부의 침략주의의 희생물이 되었던 것이다. 일본은 러일전쟁을 일으키고 그 군사력을 배경으로 한국의 외교권을 빼앗고 통감부를 발족시킨 뒤, 황제의 근대화 정책의 중심이었던 궁내부(산업 근대화 담당)와 원수부[元帥府]를 단계적으로 해체하는 작업을 진행시켰다.

3) 대한의군(大韓義軍)의 하얼빈 의거와 근대적 국군의식

1907년 7월 20일 고종황제는 일본에 의해 강제로 퇴위 당하였다. 황제와 황태자는 3개월여를 버티었지만 영친왕[英親王]을 인질로 데려가는 압박에 밀려 이해 11월 18일에 황태자[순종純宗]는 종묘에서 즉위를 서고하였다. 고종황제가 퇴위 당하는 날 시

---

28 대한제국 조칙, 칙령집에 근거함. 서울대학교 중앙도서관 간행 규장각자료총서 금호시리즈 근대법령편, 『조직·법률』, 1991 참조.

29 위와 같음.

伊藤博文が自ら書いたとみられる勅命の草稿

통감 이토 히로부미가 군대해산 조칙의 초안을 잡은 것과
그 내용이 반영된 1907년 7월 31일자 한국 황제의 조칙. 조칙에 황제의 서명이 없다.

위대 병력은 일본의 한국주차군(韓國駐箚軍)과 시가전을 벌였지만 한국주차군이 미리 시위대, 친위대의 탄약고를 장악하여 시가전은 길게 가지 못하였다. 통감 이토 히로부미(伊藤博文)는 통감부가 한국의 내정권까지 가지는 조약(한일협약, 1907. 7. 23)을 강제하면서 대한제국 군대의 해산을 동시에 진행시켰다. 7월 31~8월 1일 간에 단행된 군대해산은 이토 히로부미가 작성한 거짓 조칙에 의한 것으로 그 자체가 불법적인 것이었다.[30] 해산 당한 친위대, 시위대 장교와 병사들은 전국으로 흩어져 의병을 조직하였다. 멀리 간도, 연해주에서까지 의병 조직의 기세가 돌았다. 고종황제는 내외의 의병장에게 밀지를 내려 항일 전선을 구축할 것을 독려하였다. 황제는 특히 러시아령 연해주의 블라디보스토크의 독립운동세력에게 큰 기대를 걸었다.

1905년 11월 을사늑약 후 서간도의 독립운동 세력은 모두 블라디보스토크로 모여들었다. 간도 관리사 이범윤을 비롯해 최재형, 최봉준 등 이곳의 유지들이 항일 전선의 구심점이었다. 고종황제는 강제 퇴위 당한 후 이곳 동포들에게 군자금 30만 엔(쌀 10만석 값 상당)을 보내 항일 의병 활동을 펼 것을 독려하였다. 전 궁내부(宮內府)의 내장원경 이용익(李容翊), 전 러시아 공사 이범진 등을 통한 추가 지원금이 보내지기도 하였다. 이에 힘입어 이곳 동포들은 1908년 5월에 동의회(同義會), 창의회(倡義會) 두 조직을 통한 3~4천 명 규모의 대한의군(大韓義軍)을 창설하였다. 의군 조직은 원로 유인석(柳麟錫)의 추천으로 전 중추원 의관 및 궁내부 관리 경력을 가진 김두성(金斗星)을 총독으로 삼은 것으로 알려진다. 그리고 군대해산 후 해외로 나와 이곳에 이른 안중근(安重根)은 강력한 독립전쟁론자로서 우대장을 맡았다.[31]

대한의군은 두만강을 건너 국내로 진입하여 일본군 수비대와 여러 차례 교전하여 전과를 올리기도 하였다. 1909년 10월 10일 경 전 통감 이토 히로부미가 하얼빈을 방문한다는 사실이 신문에 보도되자 대한의군 참모부[대동공보사(大東共報社)]는 그를 처단할 것을 결의하였고 안중근, 우덕순, 조도선, 유동하 등으로 특파대를 구성하였다. 안중근은 특파대의 대장인 셈이었다. 이토 히로부미는 추밀원(樞密院) 의장 자격으

---

30 이태진, 『일본의 대한제국 강점』, 까치, 1995, 139~140쪽.
31 오영섭, 「안중근의 의병운동」 ; 이태진 「안중근의 하얼빈 의거와 고종황제」(이태진 편, 『영원히 타오르는 불꽃-안중근의 하얼빈 의거와 동양평화론』, 지식산업사, 2010 수록) 참조.

로 러시아 정부의 **동청철도**東淸鐵道 매각 소
식을 듣고 이를 일본이 매입할 것을 러시아
재정대신 코코브세프와 만나 협의하기 위해
하얼빈으로 가기로 했다. 하얼빈에서 우스리
스크에 이르는 이 철도가 만약 일본에 매각
된다면 연해주와 간도의 한국 독립운동세력
은 목이 조이는 것이나 마찬가지였다. 대한
의군으로서는 이를 적극 저지하지 않을 수
없었던 것이다. 안중근에 의한 하얼빈 역두
에서의 이토 히로부미 처단은 계획대로 성
공하였다. 적국의 의도에 비추어 이 성공은
의거를 넘어 대첩人捷으로 규정될 만한 것이
었다.[32]

1909년 10월 26일 오전 9시 30분 경
하얼빈 철도정거장에서 이토 히로부미를 저격한 뒤
러시아 헌병대에 체포된 직후에 찍힌
안중근 장군의 늠름한 모습.

하얼빈 의거는 지금까지 안중근 개인의 거
사로 간주되는 경향이 강했다. 이것은 한국
민족의 조직적 저항을 국제사회에 알리기를
바라지 않는 일본 정부의 의도에 따라 만들어진 하나의 역사 왜곡이었다. 안중근은 여
순 법정에서 네 차례에 걸쳐 자신은 대한의군大韓義軍의 참모중장으로서 적장을 저격한
것이라고 주장하였다. 따라서 자신에게 적용할 법은 오로지 1899년 제1차 헤이그 만국
평화회의에서 채택된 「육전陸戰 포로에 관한 규정」이라고 강력히 주장하였다. 이 규정
은 제2조에 의병도 교전 단체로서 적용대상이 된다고 밝혔다.

대한의군은 이 전과를 배경으로 1910년 6월 21일에 국내 각도의 국민들과 연계를
가지는 조직을 목표로 하여 「13도 의군」으로 재발족하였다. 새 의군 조직의 총수로는
연해주에 와 있던 의암毅菴 유인석柳麟錫이 추천되었고 그는 이 조직의 국가적 대표성
을 인식하여 이번에는 이를 받아들였다. 13도 의군 조직은 일본의 방해 공작으로 수

---

32 이태진, 앞의 논문, 2010.

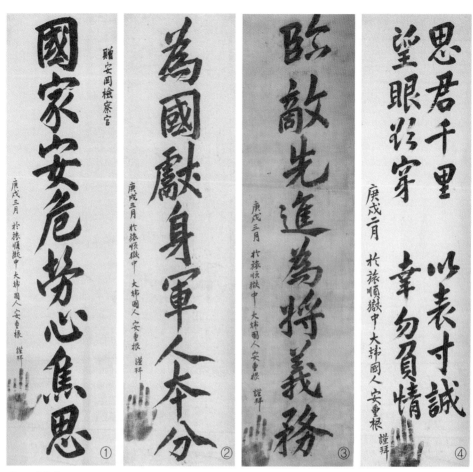

안중근의 유필

안중근은 유필 끝에 '謹拜'(삼가 드린다)라고 쓰면 머리에 '누구에게 드린다'(贈 ***)고 표시하였다.(예 ①) 그런데 ②③④는 받는 사람 표시 없이 '謹拜'라고 썼다. ④는 시로서 "천리밖 임금 걱정하니 바라보는 내 눈이 허공을 뚫으려 한다. 작은 충성 표하였으니 저의 충정 잊지 마소서"라고 하여 남녁 서울에 있는 황제에게 바치는 내용이다. ②③은 의거가 군인, 장군으로서 당연히 한 일이었음을 밝힌 것으로 풀이된다.

난을 입기는 하였지만 1910년 8월 29일의 강제 병합 후 항일 독립 투쟁의 중심을 이루었다. 특히 안중근 특파대의 하얼빈 대첩은 항일 독립운동세력 간에 정신적 기둥이 되었다.

강제 병합 이후 항일 독립운동 세력은 다수가 황제권 회복을 목표로 투쟁하면서 서울의 고종황제를 연해주 또는 서간도로 파천하게 하는 계획을 수립하기도 하였다. 대한제국은 일본의 침략주의로 1910년 8월 29일자로 영토를 빼앗긴 상태였지만 국권이 법적으로 일본에게 넘어간 것은 아니었다. 대한의군을 비롯한 의병 조직의 활동은 부당하게 짓밟힌 영토와 국권을 되찾기 위한 무력 항쟁이었다. 대한의군은 고종황제가 이곳으로 옮겨가 투쟁력을 높이고자 선택한 곳에서 조직된 군사조직이었다. 그리고 하얼빈 의거의 쾌거를 이룬 대한의군은 전국 의병을 대표하는 것이었다. 최근의 한 연구는 하얼빈 의거 자체가 서울의 고종황제의 지시에 따라 이루어진 것을 밝혔다.[33] 이 사실은 대한의군의 국가적 대표성을 분명하게 해 주는 것이다.

4) 대한민국 국군 전통의 역사적 기반 정립

1919년 3월 1일 서울 덕수궁(경운궁) 대한문 앞 광장에서는 1월 18일에 훙거한 고종황제의 인산因山(국장)을 위한 준비 행사에 참여한 사람들이 만세시위를 벌였다. 시위 군중은 고종황제가 국권회복을 위해 노력하다가 일본 총독부에 의해 독살되었다는 소문을 믿고 있었기 때문에 시위는 그칠 줄 모르고 방방곡곡으로 퍼져갔다. 4개월여 뒤 상해에서 임시정부가 수립되었다. 임시정부 수립 준비위원회는 새로 서는 나라의 이름을 「조선공화국」으로 준비하였다. 그러나 대의원 회의체인 의정원議政院 회의에서 이견이 제시되었다. 신석우申錫雨 의원이 다음과 같이 긴급동의를 냈다. 지금 우리가 나라를 새로 세우는 것은 지난 3월 1일 덕수궁 대한문 앞에서 시작된 만세 시위의 힘인데 그 만세의 함성은 독살된 고종황제의 죽음을 애도하면서 그에게 보내는 마지막 충성의 소리였다. 그러므로 그 힘으로 새로 세우는 나라의 이름은 마땅히 그의 대한제국을 계승하는 민국으로 해야 한다고 하였다. 이 제안은 전격적으로 받아들여져 대한민국大韓民國이란 국호가 탄생하게 되었던 것이다.[34]

대한민국 상해임시정부는 「대한민국육군임시군제」(1919. 9)를 제정하여 국군의 탄생을 계획하였다. 그러나 임시정부는 탄생 직후부터 독립운동 세력의 계파 간의 알력 특히 1921년의 공산주의 세력의 등장으로 분열이 심화되어 국군의 탄생을 쉽게 보지 못하였다. 21년이 지난 1940년 9월에서야 광복군光復軍의 창설을 보게 되었다. 그러

---

33 이태진, 앞의 논문, 2010.
34 윤대원, 『상해시기 임시정부 연구』, 서울대학교 출판부, 2006.

1919년 3월 1일 고종황제 인산(국장)
예비 행사 때 모인 군중이 조선 총독부가 황제를 독살했다는 소문에 덕수궁 대한문 앞에서
격분을 터뜨린 뒤(좌) 광화문 방향으로 이동하면서 만세시위가 시작되었다(우).

나 그 간에 국군의 탄생에 대한 기대나 당위성에 대한 인식은 한 번도 잊혀 진 적이 없었다. 한국광복군은 1943년 9월에 인도 주둔 영국군의 대일본전을 지원하는 9명의 인도-버마 전군 공작대를 인도에 파견하고, 1944년 초부터 영국군과 일본군 사이의 대접전인 임팔전투, 1945년의 미얀마 총반경전에 참여하였다. 임시정부는 또 태평양전쟁 발발 이후 미국정부 혹은 주중 미군사령부에 한인의 대일작전 참여를 지속적으로 제의하여 1945년에 들어와 광복군은 미국 OSS(전략첩보국, Office of Strategic Service)와 합작하여 한반도에 투입하는 작전에 참가하는 결정을 받아냈다.[35] 광복군은 곧 대한제국을 계승하는 대한민국 임시정부의 정규 국군으로서 1940년대 초반 연합군의 대일 전선에 참가하는 성과를 거두었던 것이다. 1926년 이후 국무령, 주석으로 임시정부를 이끈 김구金九가 1945년 귀국 후, 고종황제의 홍릉과 유인석 선생의 묘소를 찾아 참배한 것은 대한제국과 대한민국의 승계 관계에 대한 명확한 인식, 그리고 유인석 선생이 조직한 「13도 의군」의 역사에 대한 뚜렷한 기억을 보여주는 행보였다.

---

35 김광재, 『광복군의 활동 연구 - 미 전략첩보국(OSS)과의 합작훈련을 중심으로-』, 동국대학교 사학과 박사학위논문, 2000.

5. 맺음말

『한국군사사』는 1945년 광복 후 60여년 만에 이루어지는 국가적 사업이다. 총설로서 살핀 우리 한민족의 군사사의 흐름은 우리 민족이 큰 군사적 사건으로 때로는 감격과 환희, 때로는 통분과 수모를 겪었지만 나라와 민족을 수호하려는 충성심은 한번도 꺼지거나 사라진 적이 없는 역사였다. 중국과 같은 거대국가, 일본과 같은 침략성이 강한 나라를 이웃으로 하면서도 엄연히 제 자리를 지키고 있는 진정한 이유는 바로 여기에 있었던 것이다. 군사적으로 가장 고난을 많이 겪은 조선왕조 시대의 역사를 심층적으로 분석한결과, 조선-일본 전쟁(임진왜란)과 조선-청 전쟁(병자호란)의 패배도 민족성의 문제가 아니라 농경 위주의 국가로서 피하기 어려운 장기 자연재난에 취약한 조건의 문제로 판명되었으며, 중국의 명나라는 같은 조건에서 멸망에 이르기까지 한 것을 살필 수 있었다.

국가적 차원의 군사는 외교, 경제와 밀착되어 있는 것으로, 동아시아 사에서 농경정착 국가는 유목민족에 비해 군사적 기동력이 떨어지고 따라서 패전의 경험을 많이 가졌다. 그러나 그 농업경제력은 유목민족이 부러워하는 것으로 국가적 역량에서 보면 결코 패전 현상만으로 우열을 농단할 수는 없는 문제라는 것을 살필 수 있었다. 우리 역사에서 조선시대 역사는 농업기술의 발달을 통해 국가의 경제력을 크게 신장하여 가던 시기였다. 그것은 중국사에서 송, 남송이 군사적으로는 금나라, 몽골로부터 수모를 당하면서도 선망의 대상이 되었던 것과 흡사하다. 쿠빌라이는 남송을 함락한 뒤, 저 서쪽의 한국汗國들을 모두 형제들에게 내어주고 자신은 중국만의 천자가 되는 것으로 만족하면서 나라 이름을 몽골에서 원元으로 바꾸었다. 조선왕조의 통치자들은 농업적 국가 기반을 온존시킬 의무가 있었고 그 유지를 위해 유교정치에 매달렸던 것이다.

조선왕조는 천재지변과 전란이 겹치는 악조건 속에서도 안민安民 곧 백성의 생활 안정에 노력하여 중국과는 달리 왕조를 존속시키는 데 성공하면서 군주와 백성의 관계를 민국民國 이념의 차원에서 근대 지향적인 것으로 이끌었다. 그 토대는 서양세력이 새롭게 나가온 19세기 고종시대 개화기에 물려져 신분제를 탈각한 근대적 군사기반과 제도 정착의 방향을 잡을 수 있게 하였다. 조선초기의 병농일치의 개병제는 농업사회 유지 하나를 목표로 한 것이지만, 조선 후기에서 고종시대에 이르는 기간에는 상공업 기반과 그 인력의 동원이라는 차원에서 국민 의무병역 제도로 다가가고 있었다. 이 대목에서 일본 침략주의의 재발동으로 순탄한 변신의 기회를 놓치고 말았지만 대한제국의 국군 차원의 군사 기반은 항일 독립의 중추인 대한의군으로 전신하여 치열한 투쟁끝에 대한민국 임시정부의 국군으로 가닥을 잡았다. 국내외적 여건상으로 대한민국 임시정부의 광복군의 규모는 작은 것이었지만 국가에 대한 국민의 병역 의무에 대한 관념은 이미 확고하게 자리 잡아 1948년 8월 대한민국 정부 수립 후 국군 발전의 큰 기틀을 만들어 놓았던 것이다.

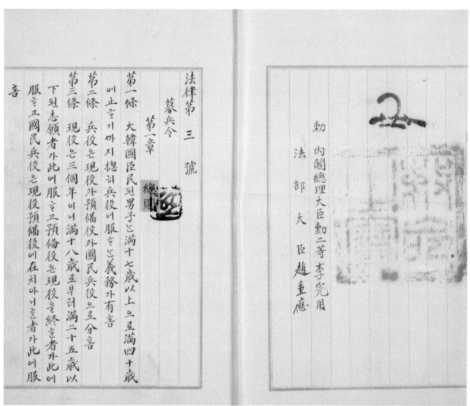

1907년 6월 27일 법률로 정한 모병령 원본(규장각한국학연구원)

제1장

고대국가 초기의 군 편성과 전쟁

제1절

청동기·철기문화의 보급과 전쟁

1. 청동기·철기문화의 보급과 국가 형성

인류가 역사시대로 접어들어 정치체를 이루고, 국가가 성립되면서부터 군사 문제는 사람들의 가장 중요한 관심사가 되어 왔다. 대내적으로 지배체제를 뒷받침하고 대외적으로 외침에 대비하기 위하여 무력은 필수불가결한 것이었다. 따라서 군대를 조직하여 강화·유지시키고, 유사시에는 실제로 그것을 운용하는 과정에서 야기되는 허다한 군

비파형동검(국립중앙박물관)

사 문제는 국가의 성립과 발전에 가장 긴요한 요소가 아닐 수 없었다.[1]

인류가 금속제 도구를 사용하는 청동기시대에 들어서면 국가가 형성된다. 대개 기원전 1천 년 기 전반기에 동아시아 전역에서는 청동기가 출현한다. 청동기의 사용으로 인해 여러 면에서 사회적 변화가 발생하였다. 일차적으로 농업생산력 증대가 일어났다. 청동공구의 발달로 다양한

---

1 민현구, 「한국 군제사 연구의 회고와 전망」 『史叢』 26집, 1981, 161쪽.

목제 농기구가 개발되었고, 이와 함께 벼농사가 시작되있다.[2] 이로써 사적 소유의 발생 여건이 조성되었고 정착 생활이 공고해지게 되었다. 점차 취락의 형성과 정주성의 증대로 인해 인구가 증가하고, 한정된 자원과 생산물을 둘러싼 취락 간 충돌의 가능성과 긴장 관계가 고조되어 갔다.[3]

한편, 사회 기초집단의 변화도 발생하여 취락聚落이 읍락邑落으로 발전하였다. 이와 함께 사회적 분업이 발생하기 시작하였다. 청동기의 제작공정을 예로 들면 채광採鑛, 제련製鍊, 주조鑄造, 재가공再加工이라는 복잡한 과정을 거치게 되고, 전문 장인집단의 필요성이 높아 졌다. 그리고 광산이 없는 지역, 또는 장인집단을 보유하지 못한 집단은 원료나 완제품을 얻기 위한 교역이 필요하게 되어 자연스레 교역망이 형성되었다.[4]

청동기의 사용으로 인해 일어난 가장 큰 변화는 계급의 발생과 불평등의 심화라 할 수 있다.[5] 생산의 제요건, 예를 들어 경작할 수 있는 토지의 확보나 노동력 같은 것과 잉여생산물을 둘러싼 각 집단(취락과 읍락) 간의 긴장 관계는 청동무기의 발달과 함께 전쟁으로 표출되게 된다.[6]

이제는 집단 내에서도 경제적 불평등이 발생하였다. 구체적으로는 집단과 집단 간에 농업 생산력과 교역에서 이윤의 불균등 분배, 각종 재화財貨와 생구生口, 즉 포로나 노비의 불균등 분배 등이 발생하였다. 그리고 그 동안의 공동체 성원간의 평등한 관계는 깨어지고, 이는 자연스레 계급의 발생으로 연결되었다.

이러한 모습은 중국 동북지방에서 한반도 전역에 걸쳐 살펴볼 수 있다. 기원전 2천 년 기 후반 요령지역의 대표적 초기 청동기문화인 하가점하층문화夏家店下層文化[7] 사

---

2 대표적인 청동기시대 벼농사 유적은 여주 흔암리, 부여 송국리, 평양 남경 유적 등을 들 수 있다.

3 都出比呂志, 『日本農耕社會の成立過程』, 岩波書店, 1989, 177~261쪽 ; 권학수, 「역사시대 마을고고학의 성과와 과제」『마을의 고고학』, 한국고고학회, 1994.

4 都出比呂志, 앞의 책, 1989, 177~261쪽 ; 권학수, 앞의 논문, 1994 참조.

5 김장석, 「원시 시대의 전개와 사회의 복합화」『새로운 한국사 길잡이』, 지식산업사, 2007.

6 부여 송국리 마을 유적을 보면 環濠나 木柵, 高地性 聚落의 등장, 화재로 인해 폐기된 주거지의 존재, 청동무기를 소유한 무사의 존재 등을 엿볼 수 있다(김길식, 「부여 송국리 유적의 발굴조사 개요와 성과」『마을의 고고학』, 1994).

7 夏家店下層文化에 대해서는 1929년 하마다 고사쿠(濱田耕作)의 『貔子窩』에서 처음으로 소개가 되었고, 1935년 에가미 나미오(江上波夫)·미즈노 세이치(水野淸一)가 쓴 『內蒙古 長城地帶』에서 일부 소개가 있었으며, 1938년 하마다 고사쿠(濱田耕作)·미즈노 세이치(水野淸一)가 『赤峰紅山後』

하가점하층문화 석성 유적(복원, 오한기박물관)

람들은 한 곳에 머물며 농경생활을 영위하였으며, 개개의 취락이 흩어져 거주하는 단
계를 넘어 방어 취락을 형성하여 생활하였다.

　방어 취락은 개인의 자립성이 강하게 억제되고 사회적 긴장이 높아지자, 빈번히 일
어나는 집단 간의 전쟁에 대한 방어수단으로 조성했던 것으로 보인다.[8]

　카네이로Robert. Carneiro L의 전쟁이론에 의하면 이는 상당한 갈등관계가 형성
된 단계로,[9] 방어나 공격을 위한 군사 조직이 마련되고, 이미 집단 내부에 중심 권력
이 존재했다고 한다. 이것은 여러 하가점하층문화 유적에서 출토된 유물 외에 무덤이

　를 통해 하가점하층문화를 "赤峰 제Ⅱ기문화"로 명명하였다. 또 1952년 唐山 小官庄유적이 조사되
　고 1956년 裵文中·呂遵鄂이 적봉 제2기 문화를 몇 개의 다른 성질의 문화가 섞인 것으로 분석하
　였으며 1960년 중국 사회과학원 고고연구소에서 夏家店遺址를 발굴하여 "하가점하층문화"라고 명
　명하였다(李伯謙, 「論夏家店下層文化」 『紀念北京大學考古專業三十周年論文集』, 文物出版社, 1990).
8 성곽으로 둘러싸인 취락과 磨製石鏃과 骨鏃 등의 무기가 당시의 사회적 상황을 말해준다(都出比呂
　志, 앞의 책, 1989, 177~261쪽).
9 Robert. Carneiro L, "A Theory of the Origin of the State", *Science* 169, 1970 ; 류웰린 원 저,
　한경구·엄봉길 공역, 『정치인류학』, 일조각, 1995, 81~84쪽.

동북아시아 주요 청동기 문화권

나 부장품의 존재, 주거지의 크기와 입지 및 한 취락에 장기간 주민집단이 거주한 사실 등에서도 증명된다.[10]

---

10 Shelach Gideon, "A comparative Study of Erlitou and Lower Xiajiadian Cultures", *Social Complexity in China during the Early bronze Age*, Vol33, no2, University of Hawaii Press,

평북 위원군 용연동 출토 명도전(국립중앙박물관)

카네이로 이론을 바탕으로 웹M. C. Webb은 국가형성의 가장 중요한 요인으로 전쟁을 들었다. 그밖에 전쟁 전에 진행되고 있었던 신분의 계층화와 교역의 중요성도 아울러 강조하였다. 주변의 자원을 둘러싼 대규모의 전쟁이 일어나게 되었는데, 이것이 국가가 형성되는 원인이 되었다는 것이다.[11]

중국 동북지방과 한반도 각지의 정치집단들 간에 청동기의 등장과 더불어 이미 활발한 교역활동이 이루어지고 있었다. 고고학 자료상으로 청동단검을 특징으로 하는 문화가 공통의 요소로 존재하며, 화폐로 쓰였다는 보배조개가 등장하거나 명도전明刀錢이 중국 동북지방에 광범위하게 분포하는 것[12] 등은 일정 지역집단의 주체적인 활동의 결과물로 볼 수 있다.

고대사회에서 교역활동은 물자 교류라는 단순한 차원을 넘어 정치권력의 성장을 비롯하여 문화 변천의 중요 변수로 작용하기도 한다. 고대에 교역이 이루어지는 것은 각 지역별로 생산되는 자원과 물품·기술이 서로 다르기 때문이며, 교역활동은 국가國家와 같은 일정한 조직을 배경으로 전개된다.

중국의 주周나라 초기에 상商의 유민들로 이루어졌던 상인商人들의 활동은 춘추시대에 들어서서 원거리교역, 국제무역으로 발전하였다. 당시의 상인들은 각 지방의 특산물과 필수품을 수레나 배에 싣고 다녔는데 그 활동 지역이 전 중국에 걸쳐 있었다고 한다. 이러한 배경에서 제齊의 환공桓公이 조선의 문피(文皮: 반점 밝힌 호랑이 가죽) 등에 관심을 갖게 되었고, 중국의 원거리 교역망을 통하여 보배조개 등의 물건이 고조선 지역까지 수입될 수 있었다고 한다.[13]

1994, 261~292쪽.

11 Webb, Malcolm C, *The Flag Follows Trade*, 1975 ; 이영식, 「고대의 전쟁과 국가형성」『한국고대사연구』16집, 1999, 21쪽 재인용.

12 박선미, 『화폐유적을 통해 본 고조선의 교역』, 서울시립대 대학권 박사학위논문, 2008.

13 李鍾旭, 『古朝鮮硏究』, 一潮閣, 1993, 132~137쪽 ; 박준형, 「고조선의 대외교역과 의미」『북방사

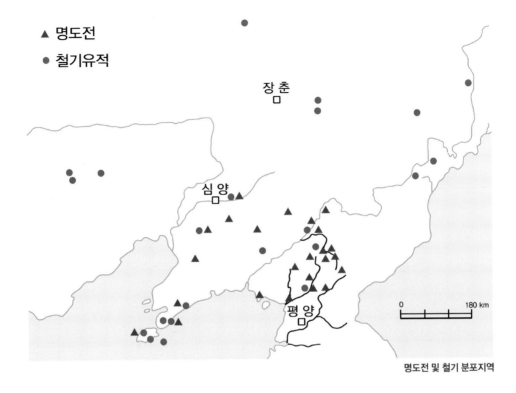

▲ 명도전
● 철기유적

장춘

심양

평양

0   180 km

명도전 및 철기 분포지역

이처럼 고대에는 조공무역이나 원거리 국제무역이 이루어지고 있었다. 다만 당시 예맥濊貊 등 초기 고대국가에도 전문 상인이 등장하거나 혹은 국가 간의 조공무역朝貢 貿易 형태로 무역이 진행되었는지에 대해서는 구체적 자료의 부족으로 명확히 말하기 힘들다.

다만 교통수단과 안정성이 보장될 때 집단 간의 교역활동이 발달하게 되고 바다와 강을 이용하는 경우가 많다는 점을 생각하면, 중국 상인의 활동 무대가 해로를 통해 이루어진 데는 이 같은 조건이 나름대로 갖추어졌기 때문일 것이다.[14] 그렇다면 대개 위만조선이나 삼한 사회와 같은 단계에는 국제적이고 원거리 교역이 행해졌다[15]고 볼

논총』 2호, 동북아역사재단, 2004.

14 李賢惠「三韓의 對外交易體系」『李基白先生 古稀紀念 韓國史學論叢』(上), 一潮閣, 1994, 35~43쪽 ；『한국 고대의 생산과 교역』, 일조각, 1998 재수록.

15 崔夢龍, 「古代國家成長과 貿易」『韓國古代의 國家와 社會』, 一潮閣, 1985, 57~74쪽 ; 李賢惠, 『韓國 古代의 생산과 교역』, 一潮閣, 1998.

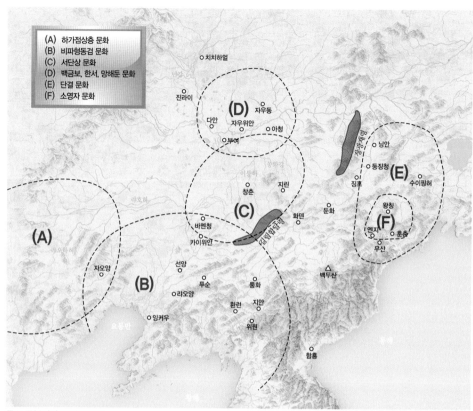

중국 동북지방 고대문화권

수 있을 것이다.

　청동기문화 단계의 정치 집단이나 국가國家의 형성보다 더 강력한 상태의 국가 형성은 철기 문화의 도입 단계에 이루어진다. 기원전 5~4세기 중국 동북의 요령 지역에서는 비파형(요령식)동검 계통, 북방유목민 계통 동검문화와 중국 문화가 혼재하였다. 대표적으로 기원전 5세기경 요동지역에서는 돌을 이용한 무덤이 많이 분포하는 선진 지역을 중심으로 덧널무덤(토광목관묘)이 조영되고 있다. 특히 이들 덧널무덤에는 동검을 부장한 무덤이 많이 존재한다. 이는 지역공동체 내에서 강한 지배력을 지닌 존재가 많아지고 있음을 말해준다.[16]

16 李南珪, 「1~3세기 낙랑지역의 고고학문화」 『한국고대사논총』 5, 1993, 211~281쪽.

초기에 속하는 덧널무덤들은 그 구조가 대형이고, 청동기의 수량과 비파형동검 등이 상당히 풍부한 점으로 보아 부유한 지배계급이거나 또는 그 이상의 신분으로 그 일대를 관할하던 대표자의 무덤으로 생각된다. 특히 청동거울이 부장된 무덤이 많은 것으로 보아 제사장의 역할을 하는 지배자들의 존재를 생각할 수 있다. 반면 작은 덧널무덤에는 아무런 장

심양 정가와자 6512호 무덤 내부 모습

구류葬具類도 없어 덧널무덤의 피장자에 예속된 낮은 신분의 지배계급이나 그 지역공동체 일반민의 무덤이 아닐까 생각된다.[17]

기원전 4세기를 넘어서면서부터는 사회경제의 발전으로 우월한 위치에 올라선 특정 소집단이나 개인이 낮은 신분의 계급이나 일반 성원과 무덤 구역을 달리하여 무덤을 쓰는 양상이 나타나기 시작한다. 요동의 심양 정가와자鄭家窪子 유적에서 보는 것처럼, 문화의 중심지역에서는 어느 정도 강한 지배력을 지닌 존재가 출현하여 그 주변지역 일대의 소집단(=小邑)을 아우르고 통제했음을 알 수 있다.[18]

이처럼 중국 동북지방에 철기鐵器가 보급되는 기원전 5~4세기가 되면 '예맥' 계통의 종족과 고조선 세력이 급속히 성장하여 요동~서북한에 걸치는 지역에 이른바 '조선후국朝鮮侯國'을 형성하였다. 문헌에서는 이 당시 요동지역에서 성장한 세력에 대해 '조선후국'이라 표현하고, 이들이 성장하여 '왕王'을 칭稱하는 등 교활해졌다고 기록하고 있다.[19]

이러한 기록으로 요동지역의 청동기문화를 바탕으로 고조선, 즉 '조선후국'이 주변지역을 일정하게 아우를 수 있는 상당히 강한 지배 권력을 수립했음을 알 수 있다.

17 瀋陽古宮博物館,「鄭家窪子遺蹟調査簡報」『考古學報』, 1975 ; 황기덕, 「고조선 국가의 형성」『조선고고연구』, 1989, 25쪽.
18 瀋陽古宮博物館, 앞의 논문, 1975.
19 『삼국지』 권30, 위서30, 오환선비동이, "昔箕子之後朝鮮侯 見周衰 燕自尊爲王 欲東略地 朝鮮侯亦自稱爲王……後子孫稍驕虐"

2. 고대국가 초기 전쟁의 기원과 그 양상

1) 전쟁의 기원과 국가 형성

청동기 시대에 들어서면 한 마을이나 부족의 지배자들은 농사짓는 데 좋은 장소를 차지하기 위해 전쟁을 일으켰다. 부족 또는 종족 간에 전쟁을 벌여 우세한 세력 집단이 약한 세력 집단을 무력으로 굴복시키는 경우도 잦았다. 최근 학자들이 고대의 유적을 조사하는 과정에서 청동기 시대 집자리의 많은 경우가 불에 탄 채 파괴되었음을 확인하였다. 어쩌다 잘못해서 집에 불이 난 경우도 있겠지만, 화재의 가장 큰 원인은 부족 간의 무력 충돌이었을 것이다.

충남 부여의 송국리 마을 유적에서는 터를 둥그렇게 다지고 집을 지은 언덕 윗마을 사람들과, 집터를 네모나게 다진 아랫마을 사람들이 기름진 언덕을 차지하기 위해 항상 싸움을 벌였던 사실을 확인할 수 있었다. 지금 유적 가운데 언덕 윗마을의 둥근 집자리가 모두 불에 탄 채 나왔고, 아랫마을의 네모난 집자리는 그렇지 않은 데서 이 사실을 추론 할 수 있다.[20]

사람들은 청동기 시대에 들어 농업 생산력이 높아져 양식이 넉넉해지자, 전쟁 시 사람을 죽여 버리는 것보다는 포로로 잡아 와 노비로 일을 시키는 것이 더 이익이라고 생각하게 되었다. 따라서 이제는 노비를 얻기 위한 전쟁이 더욱 격렬하게 일어났다. 전쟁은 자연 재해 때문에도 일어났다. 가뭄이 들거나 홍수가 나서 가을걷이 한 양이 적으면 이웃 마을로 쳐들어가 식량을 약탈해 왔다. 약탈당한 마을 사람들은 또 다른 마을을 약탈하였다. 이렇게 마을 전체의 생사가 걸린 문제로 전쟁戰爭을 벌일 때에는 지배자들이 일반 백성을 직접 동원하여 전쟁을 했다.

이러한 현상을 두고 카네이로는 전쟁이 국가형성國家形成에 가장 중요한 역할을 하였다는 하나의 모델을 제시하였다. 즉, 제한된 농경지에 인구가 증가하면 전쟁이 증

---

20 김승옥, 「청동기시대 주거지의 편년과 사회변천」 『한국고고학보』 60집, 2006 ; 이홍종, 「송국리문화의 문화접촉과 문화변동」 『한국상고사학보』 48호, 2005 ; 김장석, 「충청지역의 선송국리 물질문화와 송국리유형」 『한국상고사학보』 51호, 2006.

가하고, 이에 군대조직이 발생히고 사회적 복종 관계가 형성되면서 공납貢納 관계와 행정 관리의 필요성 등에서 중앙집권화 조직인 국가國家가 발생하게 된다는 것이다.[21] 일찍이 엥겔스가 전쟁 행위를 잉여의 쟁탈과 같은 목적적 재화의 획득수단으로 보았던 것에 대해, 카네이로는 인구증가에 따른 토지 및 중요 자원의 확보를 위한 불가피한 선택으로서 전쟁이 발생될 수밖에 없었다는 시각을 제시하였다.

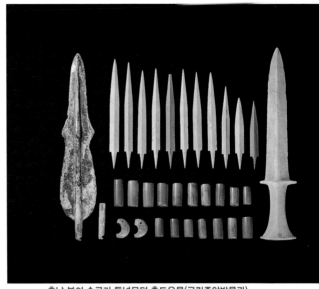

충남 부여 송국리 돌널무덤 출토유물(국립중앙박물관)

마을끼리 전쟁이 나면, 승리한 마을은 패배한 마을을 지배하고, 패배한 마을은 승리한 마을 밑으로 들어가게 된다. 마을 사이에 긴장이 흐르면서 다른 마을 사람이 침입하지 못하도록 마을을 빙 둘러 도랑을 파고, 나무로 된 성벽, 즉 목책木栅을 세우게 된다. 울산 검단리나 부여 송국리의 청동기 시대 마을 유적은 대개 이러한 상황에서 조성된 것으로 볼 수 있다.[22]

시간이 지나 나무 담장, 즉 목책木栅은 흙으로 지은 토성土城이 되기도 한다. 토성으로 둘러싼 마을, 이것은 성채城砦라고 할 수 있는데, 이 성채는 그 지역 일대의 여러 마을을 다스리는 정치와 종교적인 중심지였다. 이러한 정치적 중심지를 옛날 기록에는 작은 나라로 보아 소국小國, 또는 국가國家의 중심 마을이라는 뜻의 국읍國邑이라 불렀다.[23] 그 가운데 고조선 같은 고대 국가들이 등장하게 된다.

국가형성에 대한 이론으로는 전쟁 외에도 여러 가지가 있을 수 있고, 기준에 따라 다양하게 분류될 수도 있다. 그 주요 이론으로 전쟁이론, 관개이론 및 환경이론

21 이영식, 앞의 논문, 1999, 18~19쪽 재인용.
22 김길식, 앞의 논문, 1994, 177~194쪽.
23 『삼국지』 권30, 위서30, 오환선비동이. 韓, "國邑雖有主帥 邑落雜居 不能善相制御".

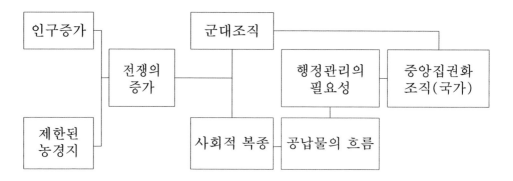

국가형성에 관한 카네이로의 전쟁모델

circumscription, 인구압력이론, 교역이론, 갈등이론 등이 있다.[24] 그러나 이러한 국가형성 과정에 대한 여러 이론과 시각들 그 어느 것도 각 시대별, 지역별 국가 기원 및 형성과정 연구에서 일반적, 보편적으로 적용될 수는 없다. 모든 시각은 장·단점을 가지고 있고, 특정 지역, 시대의 맥락과 각기 독특한 국가형성 과정 속에서 설득력을 갖고 있다. 또 관개, 전쟁, 지리적·군사적 한정, 인구 압력, 교역, 갈등 등은 어느 특정 지역의 국가형성 과정 속에서 어느 한 요인이 주도적 역할을 할 수도 있지만, 복합적인 동인으로 작용하기도 하므로 반드시 서로 배타적인 성격의 것은 아니다.[25]

현재의 문헌 기록에서 약탈형 전쟁이 어느 시기까지 거슬러 올라갈 수 있는가에 대해서는 확인하기 어렵다. 충남 부여의 송국리 유적에서 목책木柵과 함께 확인되었던 환호環濠 취락의 단계에서 비파형동검을 비롯한 청동기와 탄화미의 존재를 바탕으로 이러한 유형의 전쟁이 전개되고 있었을 가능성을 생각할 수 있을 듯하다.[26]

전쟁은 수장의 군사권을 신장시키고 군사조직을 형성시켰으며, 이차적인 생산 장치로서 경제적 지배력을 강화시켰다. 평상시의 군사조직은 헌병대와 같이 피지배계층

---

24 김권구, 「고고학과 이론-고고학상으로본 국가-」『한국고대국가형성론』, 서울대출판부, 2004, 47~73쪽.
25 김권구, 앞의 논문, 2004, 54쪽.
26 송국리 유적의 문화 단계는 대략 기원전 5~4세기경으로 편년되고 있으며, 울주 검단리 환호취락의 경우는 송국리 단계보다 조금 앞서는 무문토기 전기 말경으로 추정되고 있다(이영식, 앞의 논문, 1999, 36~37쪽).

에 대한 경찰력으로 활용되었다.[27] 진쟁은 정복으로 인한 사회적 통합과 동맹관계를 결속시키는 두 가지의 기능을 발휘한다. 그렇기 때문에 경우에 따라서 전쟁은 동맹 관계의 성립과 유지에 작용하였을 뿐, 사회적 통합으로 진전되지 못하였던 경우도 적지 않았다.[28]

송국리 마을 유적 복원

초기 철기시대의 유적인 창원의 다호리 고분군·경주의 사라리 고분군·김해의 양동고분군 등에는 다량의 철 소재(板狀鐵斧·鐵鋌)와 철제 무기류가 부장되고 있는 무덤과 그렇지 못한 무덤이 동일한 무덤 구역 내에 위치하고 있다. 이러한 현상은 군사적 지도자로서의 군장과 일반 구성원들 사이에 혈연적 유대가 아직도 강하게 잔존하고 있었던 사회적 특성과 발전 단계를 반영하고 있는 것으로 해석될 수 있다.[29]

부여 송국리유적 나무 울타리 흔적

2) 전쟁의 무기와 전투양상

족장들과 그들의 대표인 왕은 지배 집단, 상류층을 이루었다. 족장이 아니더라도 부유한 사람은 무기를 갖추고 자기만의 군대(사병)를 부리기도 하였다. 지배층은 재물과 권

판상철부(다호리, 사라리 등, 국립중앙박물관)

---

27 이영식, 앞의 논문, 1999, 26쪽.
28 최정필, 『신진화론과 한국상고사 해설의 비판에 대한 재검토』『한국고대국가형성론』, 학연문화사, 1997.
29 이영식, 앞의 논문, 1999, 32쪽.

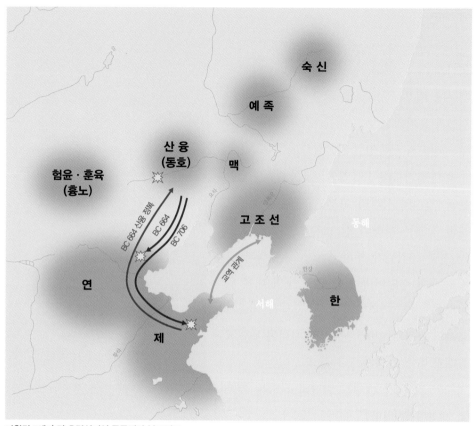

기원전 7세기 경 요령성지역 종족집단 분포지도

위 의식뿐 아니라 무력까지 갖추고 백성 위에 군림하였다.

청동기 시대의 유물 중에는 그 이전 시기에는 볼 수 없었던 상대방을 죽이기 위한 무기, 방어용 무기가 많다. 이는 이 시대에 강력한 청동 무기를 사용해서 약탈 전쟁이나 정복 전쟁이 치열하게 벌어졌다는 증거이다. 전쟁에서 승리한 쪽은 재물과 영토를 갖게 되고, 정복자는 포로나 범죄자를 노비로 만들어 생산하는 일에 부려먹었던 것이다. 이러한 과정이 반복되면서 힘 있는 집단은 더욱 큰 정치 집단으로 성장해 갔다.

청동기·초기 철기시대에 무기 재료로서 석재石材는 누구나 쉽게 얻을 수 있지만,

청동靑銅과 철鐵 자원의 획득은 일정한 기술과 부의 축적을 전제로 하기 때문에, 자연히 수장층에 집중될 수밖에 없었다. 이러한 무기 보유의 편중이나 무장 형태의 차이는 전쟁의 규모나 양상의 차이로 나타났다.

유수 노하심 출토 찰갑

중국 요령성지역遼寧城地域에서 조사된 청동기 시대 후기의 지배자들 무덤을 보면, 전에는 볼 수 없었던 살상용 무기가 많이 출토된다. 그리고 상대의 공격을 방어하기 위한 갑옷도 많이 발견된다. 병사들은 철제 미늘을 꿰어 만든 갑옷(찰갑)을 입었다. 미늘 갑옷은 물고기의 비늘처럼 생긴 쇳조각을 가죽 끈으로 촘촘하게 이어 만든 갑옷인데, 미늘 갑옷을 입으면 큰 철판을 붙여 만든 판갑옷(단갑)을 입었을 때보다 훨씬 자유롭게 몸을 움직일 수 있었다.

전투를 벌일 때는 말과 수레, 전차를 이용하기도 했다. 먼저 말을 탄 병사들이 한바탕 싸우고 나서 보병이 대대적으로 접전을 벌이는 것이 고대 전투의 기본 방식이었다.[30] 첫 국가 고조선 지배자들의 무덤에서는 주인공이 타고 다녔을 말의 갖춤새와 수레 부속품이 상당히 많이 나온다. 말은 머리가리개를 비롯하여 재갈, 재갈멈추개, 고삐와 안장을 고정하기 위한 고리와 꾸미개 등 다양한 말갖춤을 달고 다녔다.

고조선 후기에 이르자, 지배자들은 중국에서 쇠뇌나 긴 철제 칼과 같은 철鐵로 만든 여러 무기를 들여왔다. 철기鐵器를 이용할 줄 알게 되면서부터 전쟁은 더욱 치열해졌다. 철기로 만든 긴 칼과 쇠뇌 같은 무기는 그 강도나 파괴력에서 전과는 비교가 되지 않을 정도로 강했다. 쇠뇌는 지금의 석궁과 같은 것으로 방아쇠를 당겨 목표물을 맞히는 무기인데, 그 정확도나 파괴력이 활과는 비교되지 않을 정도로 월등하였다. 고조선과 한의 전쟁에서는 이상의 철로 만든 전쟁 무기가 다양하게 쓰였을 것이다.[31]

전쟁 양상을 구체적으로 결정하는 것은 전쟁무기의 변화, 보병전과 기병전, 공격전

---

30 이문기, 『신라병제사연구』, 일조각, 1997, 178~220쪽.
31 박진욱, 『조선고고학전서』, 과학백과사전종합출판사, 1988.

황주 흑교리출토 수레부속품 일괄(국립중앙박물관)
동검·검파두식·동모(창)·오수전·수레 장식·'乙'자형 동기·동제 수저·삿갓모양 동기

과 방어전, 육지전과 해전 등이다. 전쟁무기의 분화는 농기구가 무기로 사용되었을 가능성도 있겠지만, 일본에서는 이미 기원전 3세기경에 유경식有莖式 타제석촉을 근거로 수렵도구와 무기의 분화가 있었음이 밝혀지고 있다.[32] 무기의 소재가 석기→청동기→철기로 발달해 가는 것도 점차 격렬해가는 전쟁양상의 변화를 말해주며, 용도에따른 무기의 분화는 새로운 병종兵種을 발생시켜 군대軍隊의 편성으로 발전해 갔다.

---

32 田中琢, 「倭人爭亂」『日本の歷史』 2, 集英社, 1991.

무기의 출현은 세계적으로 보아 후기 신석기시대 이후 명확하게 출현했다고 할 수 있다. 우리나라에서는 신석기시대의 경우 무기와 수렵도구의 구분이 명확하지 않으나, 본격적인 농경이 시작되는 청동기시대가 되면 무기의 부장附葬 양상이 명확하게 나타난다.

단계별 무기 부장 양상과 전쟁양상을 보면, 제1단계는 검劍과 모鉾가 주류를 이룬다. 경산 임당·조영 유적, 대구 팔달동유적, 창원 다호리 유적 등의 덧널무덤 유적이 대표적인 유적이며, 일부 초기 덧널무덤도 이 단계에 포함된다. 시기적으로 기원전 1세기 후반 기원후 2세기 대에 해당한다.[33]

기원 전후한 시기에 무덤의 주인공이 검과 모를 동시에 소유하는 것으로 보아 당시까지는 검과 모의 기능 분화가 이루어지지 않았음을 알 수 있다. 모鉾 자체도 자루가 길지 않은 것이 대부분이다. 철촉鐵鏃은 살대가 거의 촉신 끝까지 나와 있어 관통력이나 살상력이 매우 낮다. 또한 철촉의 출토량이 매우 적어 원거리 전투가 거의 없었던 것으로 볼 수 있다. 철검鐵劍 또한 청동제 손잡이로 장식된 것이 많아 살상용 무기라기 보다는 권위의 상징물로 이용되었을 가능성이 높다.

그러므로 기원 전후한 시기까지의 전투 형태는 근접전이었던 것으로 보인다. 근접전의 경우 전투의 성과는 개인의 능력에 좌우되는 것으로 별도의 전술이 필요하지 않은 것이다. 무기의 소유와 비소유, 검이나 모의 단독 소유 등의 구분은 있으나, 무기의 보유 양상에 뚜렷한 우위성이 반영되지 않았으므로 전투지휘자의 존재를 전혀 상정할 수가 없으며, 조직적인 전술 구사가 없었다고 할 수 있다. 한마디로 기원 전후 시기에는 집단 간에 대규모 전쟁이 없었다고 할 수 있다.[34]

이후 3세기에 접어들면 전쟁 무기로 대도大刀가 출현하면서 전쟁의 양상은 급변하게 된다. 대도가 부장되는 유적은 무덤의 경우 대부분 대형에 속하는 나무곽 무덤이다. 이 단계에는 무기의 소유에 있어 계층적 위계화가 나타난다.

대도의 출현과 함께 나타나는 공격용 무기 변화의 특징은 유경식有莖式 철촉鐵鏃의 등장이다. 촉신의 폭이 좁아 전체적으로 예리한 유경식 철촉은 대도의 출현과 함께 나타난다. 일반적으로 철촉의 다량 출토는 그 시기가 원거리 무기의 효용성이 인정되

---

33 송계현, 앞의 논문, 1999, 9~10쪽.
34 송계현, 앞의 논문, 1999, 10쪽.

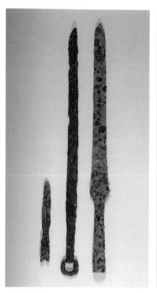

환두대도와 철모
(울산 하대, 포항 옥성리)

김해 양동리 124 · 162호
철촉, 철모, 철검, 환두대도

는 시기였음을 말해준다. 즉 철촉이 대량 사용되었던 시기에는 원거리 전투가 어느 정도 시행되었던 것으로 볼 수 있다. 또한 당시에는 검劍에 비해 모鉾의 출토량이 급증한다. 이는 검을 중심으로 한 근접전이 장병長柄, 즉 긴 자루를 가진 모를 통한 근접전으로 바뀌었음을 말해준다. 김해 양동리 235호분과 울산 하대 42호분에서 나온 철병철모鐵柄鐵鉾는 이러한 상황을 구체적으로 입증하는 것이다.[35]

이 당시에는 위신재威身材로 취급되는 유자이기有刺利器가 출현한다. 유자이기는 무기로서의 기능은 전혀 없는 것으로서 나무 자루의 끝에 꽂고 그 아래에 깃발 같은 것을 달았을 가능성이 있는 것이다. 집단을 나타내는 이러한 유자이기의 출현은 집단 간의 전투를 생각할 수 있다. 특히 특정 무기, 즉 대도大刀의 특정 계층 소유는 군사지휘자의 존재를 나타내는 것이라 할 수 있다.

대형 덧널무덤에 다량의 철제품이 부장되고 무기 또한 철제품의 일부분으로 부장된다는 점에서는 부나 권력을 소유한 자가 군사지휘권을 가졌던 것으로 볼 수 있다. 대개 3세기 당시에는 조직적인 군사집단은 존재하지 않았으나 모鉾, 촉鏃, 유자이기有刺利器의 단독소유자가 있는 것으로 보아 전투 시 역할 분담은 이루어진 것으로 볼 수 있다.

---

35 부산박물관, 『김해 양동 발굴 보고서』, 1989 ; 울산발전연구원, 『울산 하대 발굴 보고서』, 1997.

이 단계에서 수복되는 유적은 포항 옥성리 유적이다. 옥성리 유적에서는 부산 노포동유적이나 경산 임당, 조영 유적과는 달리 거의 대부분의 무덤에서 무기가 출토된다.[36] 이처럼 무기 부장 무덤의 비율이 다른 유적에 비해 높다는 점에서 집단의 성격에 대해서도 약간의 추정이 가능하다. 즉 포항 옥성리 유적 같은 나무곽 무덤을 축조한 집단은 군사적 성격이 강한 집단이며, 집단 내에서 어느 정도의 기능 분화가 이루어진 것으로 볼 수 있다.

유자이기(울산 하대 발굴보고서, 1997)

이상의 내용을 통해서 국가 형성 이전의 군사조직 및 전쟁 양상을 추론하면 다음과 같다. 먼저 선사시대의 씨족사회 및 부족사회에서는 군사조직이 별도로 만들어지지 않았음을 알 수 있다. 대개 씨족 혹은 부족 자체가 그대로 군사조직이기도 하였던 것이다. 모든 성년成年의 씨족 구성원 혹은 부족 구성은 곧 군인이기도 했으며, 그러기 위해 필요한 무술을 미성년 집회에서 습득했고, 성년식에서 일정한 군사적 훈련과 관련된 시련을 거쳤으리라 생각된다.

이후 초기 철기시대인 초기 고대국가 단계에 이르러서도 군사조직은 별도로 만들어지지 않았던 것으로 보인다. 청동제 무기의 사용과 더불어 성장한 소국小國에서는 권력을 가진 정치적 지배자가 등장하였다. 청동 검과 같은 예리한 무기는 기껏해야 그들 정치적 지배자 정도만이 소유하는 수준이었다. 이러한 상황 속에서는 군사조직이 사회조직과 별도로 만들어지기는 어려웠을 것이다. 즉 소국 연맹 단계의 국가 지

---

36 영남문화재연구원이 조사한 나 지구 130기의 무덤 가운데 독무덤, 움무덤, 나무널무덤 등 소형 무덤을 제외한 120여 기의 무덤 중 89기에서 무기가 출토되었으며, 경주박물관에서 조사한 파괴는 심하지만 거의 유사한 양상을 보인다(영남문화재연구원,『포항 옥성리』(발굴 보고서), 1998).

배자는 곧 군사 지휘관이었고, 그 구성원은 곧 군인이었을 것이다.[37]

　　문헌 기록을 보면 초기 고대국가 시절 이웃 족속과 전쟁이 일어나면 지배자는 자신과 부유한 이들이 거느린 군대를 동원하여 싸우게 했고, 가난한 일반 백성에게는 병사들의 식량을 나르도록 했다.[38] 싸움에 전사로서 참여하지는 않았지만 하호下戸로 표현되는 백성 대부분은 자신의 의사와는 상관없이 식량을 보급하는 사람으로서 전쟁에 동원되었던 것이다.

---

37 金弘 編著, 『韓國의 軍制史』, 학연문화사, 2001, 29쪽.
38 『삼국지』 권30, 위서30, 오환선비동이, 부여, "有敵諸加自戰下戶俱擔糧飮食之".

제2절

고조선-한(漢) 전쟁

1. 고조선의 국가형성과 군사 기반

1) 고조선의 국가 형성

중국의 전국시대戰國時代를 지나면서 요령지역遼寧地域은 연燕으로 대표되는 중국 세력이 진출함에 따라 중국 문화의 영향을 많이 받게 되었다. 중국의 선진문물이 전수되면서 토착 청동단검문화에서 덧널무덤과 철기鐵器를 사용하는 문화로 변화하게 된다.

기원전 4~3세기를 전후하여 고조선 사회가 독창적인 세형동검문화와 철기문화를 주도하게 되는 것은 중국이라는 외부의 영향을 생각하지 않을 수 없다. 중국과의 교역을 통한 교섭이라든가 유망민을 통해 전국시대 철기문화와 덧널무덤에 대한 지식을 얻은 것이 하나의 요인으로 작용했을 것이다. 그러나 고조선사회에 선진적 철기문화가 확산되는 데에는 이러한 외적인 요인 외에 선진문화를 받아들일 수 있는 내적인 조건을 갖추고 있었다는 점에도 주목해야 한다.

서북한 지역에서는 고조선의 준準 왕조가 지속되는 동안 진秦·한漢 교체기의 철기문화를 받아들임으로써 초기철기시대로 접어들게 되었다. 서북한 지역에는 기원전 4~3세기 무렵부터 운성리·성현리처럼[39] 거대한 마을을 이루고 토성까지 축조하는

---

39 雲城里와 成峴里, 於乙洞 토성 등은 주변에서 土壙墓·木槨墓·귀틀무덤이 함께 나오는데 이 무덤들이 토성에 거주하던 사람들이 묻힌 유적으로 볼 수 있기 때문에 토성과 무덤은 그 존재시기가 같다고 볼

토성성벽(조선유적유물도감)

독자적인 지역집단이 성장하고 있었고, 대동강 유역에서는 주조철부와 세형동검을 지닌 지배자가 집중하여 나타났던 것으로 보인다.

고고학상으로 덧널무덤을 조영하는 기원전 4세기경에 이르면 이른바 세형동검문화가 새로이 성장하고, 이를 바탕으로 고조선은 일정 지역을 중심으로 지역 집단들을 통합하고 중앙 부족 밑으로 편제하여 나갔던 것으로 보인다.

기원전 5~4세기 당시 고조선古朝鮮은 비록 소국연맹小國聯盟 상태에 있었지만 국가로서의 특성을 어느 정도 갖추었다고 볼 수 있다. 그러나 기원전 4세기 당시에는 국가國家가 되기 위한 기본 요소들은 갖추었지만, 본격적인 의미에서 중앙 집권적인 고대국가古代國家 단계에 이르렀다고 보기는 어렵다.[40]

기원전 4세기 당시 고조선에는 '왕王'이 존재하고 있었고, 전쟁 등 국가의 중대

수 있다. 토성들은 따라서 기원전 4세기 이래 낙랑시기에 이르기까지 사용된 것으로 볼 수 있다.

40 기원전 4세기 말 단계까지 고조선에는 일반적으로 國家의 구성요소라고 할 수 있는 官職 및 행정체계의 모습이나 지배 권력의 확립, 常備軍, 法律 등의 존재(엥겔스·김대웅 번역,『가족 사유재산 및 국가의 기원』, 한울, 1984)가 대단히 미약한 수준으로 존재한 것으로 보이며, 그 영역 또한 명확히 설정하기가 어렵다.

사를 왕과 함께 논의하는 대부大
夫[41]라는 관직도 있었다. 여기서 대
부라는 직위가 과연 고조선의 관명
그대로인지 혹은 고조선의 관직을
한인漢人들이 자신들의 관직명으로
번역한 것인지는 불명확하다. 다만
한인들이 '대부'라고 쓴 것을 보면
한漢 시기의 대부 직책과 동일한
것으로 보아도 좋을 것이다. 진·한
시대의 대부 직책은 국가가 논의해
야 할 문제를 취급하던 관직이었으
므로,[42] 국왕에 대해 충고한 고조선
의 대부 역시 나라의 중요한 문제
들에 대해 왕에게 직접 충고할 수

평양 상리유적(주조철부, 세형동검, 수레부속구)(국립중앙박물관)

있는 직위를 가진 관리였다고 추정된다.

당시 '조선후국朝鮮侯國'의 왕은 주변에 산재한 지역집단의 연맹장이라는 직책을
수행하면서, 전문적인 관리가 필요했던 만큼 미숙한 수준에서 나름대로 관료체계를
마련하였던 것이다. 고조선의 관직은 이후 시기인 위만 단계에서도 모든 관직을 '상
相'이라 부를 정도로 분화되어 있지 않은 점으로 보아, 조선후가 존재할 당시의 관직
도 분화되지 않은 초기적인 모습이었을 것으로 보인다.[43] 아마도 대부로 표현되는 왕
의 보좌 역할을 하는 직위 정도가 있었다고 보면 틀림없을 것이다. 당시 중국에서 경
대부제도가 실시되는 상황과 비교해보면 고조선의 관직체계가 발달했다고 보기[44] 에

---

41 '大夫'는 원래 周나라의 관등으로 그 밑에는 '士'가 있었고, 위로는 '卿'이 위치한 고급관리였다.
　　秦·漢 시대의 대부는 국가가 논의해야 할 중요한 문제를 취급하던 관직이었다.
42 陶希聖, 『中國政治制度史』(第二冊 秦漢), 啓業書局, 1962　78~88쪽 : 徐連達 編, 『中國歷代官制詞
　　典』, 1991, 54쪽.
43 宋鎬晸, 『古朝鮮 國家形成 過程 硏究』, 서울대 박사학위논문, 1999, 156~160쪽.
44 金光洙, 「古朝鮮 官名의 系統的 理解」『歷史敎育』第56輯, 1994, 3쪽.

는 미흡한 면이 많다.

연맹聯盟 단계에서는 아직 정치권력을 배경으로 하는 지배·복속관계라든가 또는 각 지역의 세력집단이나 소국 전역을 포괄하는 단일한 결속체를 상정하기는 어렵다. 고조선의 경우도 기원전 5~4세기경에는 중국에서 이른바 '조선후국朝鮮侯國'이라 부르는 정치권력이 맹주가 되어 그 주변에 위치한 예맥濊貊·진번眞番·임둔臨屯 등 소국 小國 세력에 대해 일정한 영향력을 행사하는 단계에 있었다.

중국에서 전국시대戰國時代 제후국諸侯國의 성장과 관련지어 볼 때 고조선古朝鮮이 기원전 4세기에 '왕王'을 칭稱한 사실은 고조선 지배 권력의 성장에 따라 그에 상응하는 권위가 필요하여 취해진 조치로 볼 수 있다.

여러 지역집단들과 계층으로 분열되어 있던 고조선古朝鮮은 계속해서 중국세력이 동쪽으로 진출해오자, 이들 세력과 대립하면서 점차 국왕國王을 정점으로 전 지역을 포괄하는 지배체제를 정비하였고 중앙정부의 통제력을 강화해갔다. 그리고 왕권王權이 부왕否王에서 준왕準王으로 계승되는 것을 볼 때 왕위 계승이 비교적 안정적이었다고 할 수 있다. 준왕準王이 위만衛滿에게 고조선 서쪽 지역에 대한 통치를 맡기고 박사博士 직위를 내린 것을 보면 대외적으로도 일정한 집권력이 있었다고 보인다.

당시 중국은 춘추전국시대 이래 전쟁이 계속되어 국가의 사활이 전쟁에 의해서 좌우되었다. 빈번한 전쟁은 전투력을 향상시켰으며 전쟁의 여파는 인접한 고조선에게도 미쳤다.

2) 고조선과 연(燕)의 전쟁

『삼국지』 동이전 한조韓條에 인용된 『위략魏略』 기록에는 고조선이 연나라 장수 진개에 의해 서쪽 땅 2천여 리를 빼앗기고 세력이 위축되었다고 나온다.[45] 이 기록을 두고 대부분의 학자들은 기원전 300년경에 요하遼河를 경계로 고조선古朝鮮과 연燕나라

---

45 『삼국지』 권30, 위서30, 오환선비동이, 韓, 所引 魏略, "昔箕子之後 朝鮮侯 見周衰 燕自尊爲王 欲東略地 朝鮮侯 亦自稱爲王 欲興兵逆擊 燕以尊周室 其大夫禮諫之 乃止 使禮而說燕 燕止之 不功 後子孫稍驕虐 燕乃見將秦開功其西方 取也二千餘里 至滿番汗爲界 朝鮮遂弱 及秦并天下 使蒙恬築長城到遼東".

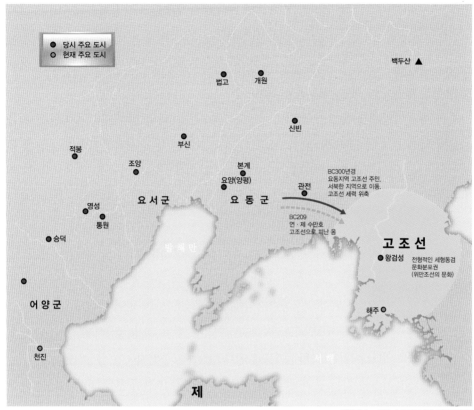

당시 주요 도시
현재 주요 도시

백두산 ▲

법고   개원

신빈

부신

적봉

조양   본계   BC300년경
        요양(양평)   요동지역 고조선 주민,
        관전   서북한 지역으로 이동,
영성   요 서 군   요 동 군   고조선 세력 위축

통원   BC209   고 조 선
        연·제 수만호   ● 왕검성   전형적인 세형동검
승덕   고조선으로 피난 옴   문화분포권
                                (위만조선의 문화)

발해만

어 양 군   해주 ◉

천진   서 해

제

기원전 3~2세기 고조선의 세력 범위

가 무력 충돌한 것으로 해석한다.[46] 특히 당시 고조선은 요서遼西 지역에 진출해 있었
는데, 이 고조선을 동쪽으로 밀어내고 요동반도 서부지역 일대인 만번한滿番汗을 중
국 한나라와 경계로 했다고 보았다.

  그러나 당시 요하 서쪽에는 동호東胡로 표현되는 세력집단들이 거주하고 있었기 때
문에[47] 고조선 서쪽 땅 2천여 리를 있는 그대로 받아들이기는 어렵다. 고조선과 연 사

---

46 박대재, 「고조선의 왕과 연과의 전쟁」 『고대 한국의 초기국가의 왕과 전쟁』, 경인문화사, 2006,
   73~79쪽 ; 김홍, 『한국군제사』, 학연문화사, 2001, 31쪽 ; 장국종, 『조선정치제도사』(Ⅰ), 과학
   백과사전출판사, 1989, 23~25쪽.
47 송호정, 앞의 논문, 1999, 58~67쪽.

이에 긴장이 높아갈 즈음 내몽고자치구 방면에서는 동호東胡가 성장하고 있었다. 『사기』흉노열전에 따르면 전국시대부터 한대에 이르기까지 요서 지역에서 동호가 성장하고 있었는데, 이들이 더 이상 커지는 것을 막고자 장수 진개秦開를 시켜 1천여 리의 땅을 빼앗고 동호를 북쪽으로 구축하였다.[48]

중국 동북지방에서 동호가 사라진 뒤 중국의 군현세력과 맞서 요령지역에서 힘을 키웠던 나라는 바로 '조선후국朝鮮侯國'[49]이었다. 요하 이동과 서북한지역의 농업에 유리한 조건을 바탕으로 청동기문화를 발전시키던 조선후국은 기원전 4세기 무렵, 즉 전국시대 중기가 되면 중국 선진문화의 영향을 받아 성장을 지속하고 그 성장된 세력을 바탕으로 중국 연나라와 대립하게 되었다.

고조선 초기인 기원전 천년기 전반에는 고조선의 힘이 미약하고 중국세력의 동방 진출도 시도되지 않았으므로 고조선과 중국 간에는 대규모 무력충돌이 없었다. 따라서 중국 기록에서는 제나라와 무역하는 동쪽지역의 나라로 '조선朝鮮'만이 간략히 언급되고 있다. 그러나 전국시기에 들어오면 '조선후朝鮮侯'가 존재했고 그가 성장하여 '왕王'을 칭했다고 기록하고 있다. 이것은 기원전 4세기경부터 조선후국의 세력이 성장하여 중국 연燕과 대등한 정도가 되었다는 표현이다. 계속되는 기록에서 조선이 연을 치려 했다는 표현은 일정 정도 병력을 동원할 수 있는 중앙정부의 세력으로 성장하였음을 말해준다.

기원전 4세기에는 중국인들이 "교만하고 사납다"[50]고 기록할 정도로 조선후의 세력이 강했다고 보인다. 다만 기원전 4세기경에 고조선이 '왕'을 칭했다고 해서 고조선이 비약적으로 성장하였다고 추측하는 것은 무리이다. 『위략』의 저자는 바로 이 시기에 요하 동쪽에서 가장 성장한 정치세력이 '조선'이었기 때문에 연과 대립하는 유일한 세력으로 '조선후국'을 들었던 것이다.

'조선후'는 기원전 323년에 연이 스스로 왕王을 칭할 때 자신도 스스로 왕王을 칭하고 요동지역의 예맥濊貊 거주 지역을 통제 하에 넣었고, 아울러 서쪽으로 진출하여

---

48 『사기』권110, 흉노열전50, "燕亦築長城 自造陽至襄平 置上谷漁陽右北平遼西遼東郡以拒胡".

49 여기서 '朝鮮侯國'이란 기원전 4세기말~3세기 초 '朝鮮'이 '王'을 칭할 때 그 전에는 '朝鮮侯'라 칭했다는 『魏略』의 기록에 근거하여 조선이 王을 칭하고 일차적인 성장을 이루기 전의 중국 燕에 의해 侯國으로 불린 단계를 朝鮮侯國이라 부른다.

50 『삼국지』권30, 위서30, 오환선비동이, 韓, 所引 魏略, "昔箕子之後…後子孫稍驕虐".

연燕을 공격하려 하였다. 연왕과 조선후의 군대는 대체로 요하를 경계로 맞닥뜨리게 되었고 전쟁은 이미 피할 수 없는 상황에 이르렀다.[51]

『위략』의 기록에 따르면 조선왕이 연을 먼저 공격하여 주周 왕실을 받들겠다고 공언하자 고조선의 대신 가운데 대부大夫 벼슬을 가진 예禮 등이 연에 대한 공격은 현실적으로 커다란 손실을 초래할 것이라는 점을 들어 반대하였다. 대신에 사신을 파견해 연과 화친 관계를 유지하고자 했다. 고조선의 왕은 대외적으로는 선제공격을 주장했지만, 수십만 대군을 거느리고 고조선에 대한 공격 태세를 갖춘 연을 공격한다는 것은 사실상 무리였다. 이러한 상황에서 고조선 왕은 예禮의 조언을 받아들여 연에 대해 화친정책을 펴기로 했다.

고조선 왕은 대부 예를 연나라에 사절로 파견했다. 예는 연왕을 만나 고조선이 먼저 공격하지 않을 것이니 연도 고조선에 대한 침공을 취소하라고 요구했다. 고조선의 국가적 성장을 알고 있던 연으로서도 이러한 제안은 반가운 일이었을 것이다. 더욱이 서쪽의 조趙와 남쪽의 제齊를 의식해야 하는 상황에서 동방 원정은 자칫 연 후방의 위협을 자초할 수 있었다. 이를 고려한 연왕은 고조선의 제안을 받아들였다. 연은 동방원정 준비를 중단했고, 고조선도 선제 공격 준비를 취소했다.

이후 양 세력 간에는 평화 관계가 지속되었다. 연의 침공을 차단한 이후 고조선은 요동과 한반도 북부 지역에 대한 지배를 더욱 강화할 수 있었다. 이를 바탕으로 고조선은 다시 독자정책을 펴기 시작했다. 이러한 정책은 다음 왕대까지 이어졌다. 연은 고조선의 번영과 독자정책을 점점 '교만하고 포악한' 행위로 받아들이기 시작했다. 이는 두 세력의 대립을 새로운 차원으로 증폭시키고 있었다.

진개는 동호와 싸워 승리한 위세를 타고 동쪽으로 진격하여 기원전 3세기 초에 고조선을 공격하여 승리하였다.[52] 조선후의 세력은 연나라 군대의 타격을 받아 영토가 축소되고 그 국가적인 위상 또한 쇠락하게 되었다.[53]

---

51 『삼국지』권30, 위서30, 오환선비동이, 韓, 所引 魏略, "燕乃遣將秦開攻其西方 取地二千餘里 至滿潘汗爲界".
52 『사기』권115, 조선열전55, "自始全燕時 嘗略屬眞番朝鮮 爲置吏築障塞".
53 『삼국지』권30, 위서30, 오환선비동이, 韓, 所引 魏略, "燕乃遣將秦開功其西方 取地二千餘里 至滿潘汗爲界 朝鮮遂弱".

이후 연과 고조선은 만번한滿番汗을 경계로 하게 되었다. 만번한은 옛 요동군의 문현汶縣과 번한현潘汗縣으로, 오늘날의 개주시蓋州市와 그 주변 지역, 즉 천산산맥 서남쪽에 해당한다. 연은 진개의 침공으로 고조선 서쪽의 2000여 리를 빼앗았다. 그러나 이 범위는 있는 그대로 거리로 계산해서는 안 된다. 아마도 고조선 서쪽 땅 상당 부분을 빼앗았다는 의미로 받아들여야 한다. 요서 일대에는 동호가 있었고, 이들로부터 빼앗은 땅만해도 1천여리가 되기 때문이다. 따라서 진개가 실제로 정복한 범위는 요하遼河부터 천산산맥千山山脈 일대로 보인다.

고조선과 연의 전쟁은 대외정책을 둘러싸고 발생했고, 실질적으로 요동遼東을 사이에 두고 다투었던 전쟁이었다고 할 수 있다. 전쟁의 결과 고조선은 요동 땅을 상실함으로써 기존의 강성했던 위상에 적지 않은 타격을 받게 되었다.

고조선은 연에게 자기 영토의 서부 지역을 내주었으나 나머지 세력기반은 잘 지켜낼 수 있었다. 오히려 연의 압박은 고조선 내 여러 세력의 단결을 요구했다. 이는 왕검성의 지배세력이 지방 세력에 대한 통제를 강화하는 계기로 작용했다. 한편 진개의 침공으로 연과 고조선이 요동반도에서 대치한 것은 향후 오랜 세월 동안 중국 세력과 한민족이 요동을 놓고 격돌하는 역사적 기원이 되었다.

3) 고조선의 군사 기반

고조선이 한과 전쟁을 수행하기 위해서는 군사 조직이 필수적이다. 선사시대와 같이 국가國家 조직이 발생하기 전에는 전문적 전사戰士 집단의 존재를 생각할 수 없다. 선사시대는 지도자와 구성원이 동일하게 무장하고 함께 싸우던 단계로 일시적이고 산발적인 전쟁이 나타났을 것이다. 그러나 고조선古朝鮮이나 부여扶餘의 제가諸加와 같이 무기의 보유가 일부의 유력자에게 집중되면서, 몇 개의 그룹이긴 하지만 각 그룹은 하나의 지휘체계에 따르는 전쟁을 수행하였다.

유력자 중 일부가 보다 높은 기술의 무기를 독점적으로 생산·분배하는 단계가 되면서 왕王을 정점으로 하는 군사체계軍事體系가 이루어지고, 뚜렷한 전쟁 목적과 상대

고조선의 무기(세형동검)　　　　고조선의 무기(쇠뇌)(국립중앙박물관)

를 목표로 하는 전투력의 높은 집중도를 보이는 전쟁양상으로 전개된다.[54]

고조선 시대의 군제軍制는 역사 기록의 미비로 분명치 않다. 그러나 『삼국사기』와 『삼국유사』, 그리고 중국의 고대 역사서에 간간이 보이는 기록으로 보아, 당시는 사회 전체가 군사적軍事的 성격을 띠었으리라 생각한다.[55]

기원전 194년경에 위만衛滿이 1천여 명의 무리를 거느리고 망명해 오자 그에게 백리百里의 땅을 주어 변경을 지키게 했다는 것으로 보아 고조선 각지에는 일정한 수의 군대를 거느린 지배자들이 있었다고 봐야 할 것이다.

중국 전국시대戰國時代 말부터 중국 지역으로부터 들어오는 선진 문물의 영향을 받고 한편으로는 중국 세력과 대치하는 과정을 통해 고조선 사회에서도 권력의 집중 및 군사력의 강화가 일어났다. 주변 정치세력에 대한 정복 전쟁을 수행하고, 또 지방 사회에 대한 일정한 통제력을 행사하여 지방사회에 대한 지배 관계를 심화시켜 나갔다. 이에 따라 지방사회는 점차 그 독립성을 상실하고 중앙 권력에 예속되면서 결국 고조선 국가체제 속에서 중앙中央에 의한 통제를 받게 되었다.

---

54 이영식, 앞의 논문, 2000, 41~42쪽.
55 김홍, 앞의 책, 2001, 30쪽.

고조선이 고대국가로 성장하는 과정은 위만衛滿으로 대표되는 세력의 등장과 집권이 하나의 획기를 이루고 있다. 『사기史記』조선열전朝鮮列傳에는 준왕準王의 뒤를 이은 위만衛滿이 한漢으로부터 '병위재물兵威財物'을 받아 성장하였다고 한다.[56] 이는 위만이 왕위에 오른 이후에 중국과 교역交易이 있었고, 이를 바탕으로 한대漢代 철기문화가 발전했음을 보여주는 기록이다.

위만은 중국과 '외신外臣' 관계를 맺는 대가로 우세한 병기와 재물을 얻어내어 주위의 소국 정복에 나섰다. 그 결과 진번眞番이나 동해안 일대의 동옥저東沃沮·임둔臨屯 같은 여러 소국小國을 모두 복속시켜 사방 1천여 리에 이르는 땅을 통치하게 되었다.[57] 그동안 서북한 지역에서 요동지역에 걸쳐 느슨하게 맺어졌던 초기 조선연맹체는 대체로 압록강鴨綠江 유역을 북쪽 경계로 하여 동으로는 동해안까지 남으로는 황해도에 이르는 지역에 걸쳐 새로운 연맹체를 형성하여 집권력과 통치력을 강화해 나갔다.

고조선은 이웃한 진번·임둔·동옥저 등지에서 나오는 풍부한 물자를 확보하고 그것을 바탕으로 사회를 유지하였다. 또한 철기문화를 바탕으로 국가적 성장 과정에서 주변 세력을 복속시키고 속민집단으로 편제하여 안정된 수취기반을 확대해 가는 데 주력하였다.

한漢 문제(文帝; 기원전 179~157년) 초에 장군 진무 등이 조선과 남월南越이 병력을 갖추고 중국을 엿보고 있으니 이를 정벌하자고 요청한 기록이 있는[58] 것으로 보아, 이 당시 위만조선이 발달된 철기문화와 철제 무기를 바탕으로 한반도 서북 지방에서 요동 방면으로 진출을 꾀한 것이 아닌가 짐작된다.

고조선은 주변 지역을 정복하여 그 지역의 수장을 통해 지역을 통제하고 물자를 공납貢納받아 정치적 통합을 유지하는 물적 자료로 활용하였다. 따라서 고조선 사회의 정치적 통합 규모는 공납貢納과 고조선에서 내려주는 사여賜與·증여贈與 형식을 통해 규정되었을 것이다. 그렇다고 볼 때 고조선 왕실 세력은 사방 천 리 영역 내에 있

---

56 『사기』에 衛滿이 漢의 外臣이 되어 공급받았다고 하는 兵威財物은 공식적인 관계를 통한 교역품을 의미하며, 그 중 兵威는 철제의 무기를 가리키는 것으로 볼 수 있다(金翰奎, 앞의 논문, 1979, 142쪽).

57 『사기』권115, 조선열전55, "滿得兵威財物侵降其旁小邑 眞番臨屯皆來服屬 方數千里".

58 『사기』권25, 율서3, "將軍陳武等議曰 南越朝鮮 自全秦時內屬爲臣子 後且擁兵阻阸 選蝡觀望".

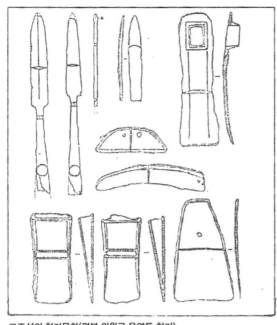

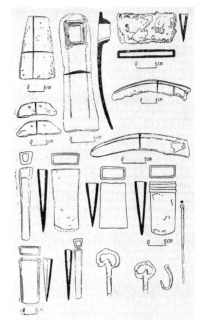

고조선의 철기문화(평북 위원군 용연동 철기)　　　　　　　　　고조선의 각종 철기

는 여러 소국小國들을 통제하고 그 소국들이 중국과 하던 무역을 독점함으로써 고조선 왕실의 왕권이나 지배력을 강화해 나갔을 것이다. 이러한 사실은 당시 이미 고조선 왕실의 권한이 어느 정도 확립되어 있었음을 보여준다.

군사軍事 문제의 중요성이 커짐에 따라 자연히 국가 지배체제에도 반영되었다. 최고 통치권자인 국왕이 군대의 최고사령관이 되었고, 군사 문제를 전담하는 고위 부서가 뚜렷한 위치를 차지하였다.

고조선古朝鮮의 관제官制가 어느 정도 체계 있게 분화된 모습을 보여주는 것은 후기의 위만衛滿 단계에 이르러서이다. 고조선古朝鮮 후기 단계에 왕王 밑에서 국무를 관장한 귀족세력으로 대표적인 직책은 상相이다.[59] 상相은 중국 제도들의 경상卿相[大臣] 직을 모방한 것이다. 고조선 말기에 상직相職을 가진 역계경歷谿卿이 우거왕右渠王에

---

59 相은 위만 집권 당시 漢나라의 관제였다. 秦에서는 左右丞相制를 실시했고, 『漢書』 百公卿表에 의하면 相國의 존재가 보인다.

게 충고를 하였다가 받아들여지지 않자 진국辰國으로 망명하였다는 기록[60]이 있는 것으로 보아 상相은 나라의 중요한 문제들에 대하여 왕王에게 '충고'하고 '조언'할 수 있는 직책이었음을 알 수 있다.

고조선古朝鮮이 지방에 기반을 둔 족장族長 세력을 중앙 관료 체계에 편입시켜 운영하였던 사실은 후기 단계에 이르러서도 고조선 사회가 여러 부족部族이나 읍락邑落들을 완전히 지배하에 두지 못하고 연맹적聯盟的인 통치 조직을 이루고 있었음을 말해 준다. 그리고 연맹聯盟을 이루고 있던 부족部族들의 크기는 조선朝鮮의 상相으로 나오는 니계상尼谿相 참參과 역계경歷谿卿 및 한음韓陰 등이 고조선 멸망 후에 많게는 2천호·1천호, 작게는 5백여 호를 사여 받은 것[61]에서 매우 컸음을 짐작할 수 있다.

상직相職이 고조선의 문관文官 임무를 담당했다면 체제 유지를 위한 상비군常備軍의 지휘자로서 무관武官의 임무는 장군將軍이 맡았다. 장군將軍 직책은 상설직常設職으로 볼 수 있다.

왜냐하면 고대국가의 관직 중에서는 군사軍事 관련 관직이 가장 먼저 분화하는 것이 보편적 현상이기 때문이다.[62] 장군은 당시 고조선 지배자의 무덤으로 인정되는 나무곽 무덤에서 많은 무기나 부장품이 출현하는 것만 보아도 국가체제 운영에서 형벌권을 행사하여 전쟁포로 외에 형벌노예를 재생산함으로써 자신의 경제 기반을 확대해 나갔던 것으로 보인다.

이밖에 『사기史記』 조선열전朝鮮列傳을 보면 고조선의 고위 무관직으로 '비왕裨王'이 존재한 것으로 나온다. 내용을 보면 비왕裨王은 고조선에 사신으로 왔던 한漢의 섭하涉河를 전송하다 살해된 장長이라는 인물의 관직에 보인다.

비왕裨王은 『사기』 조선열전의 협주夾註에 '장사將士'라고 표현하고 있고, 본문 중에도 한漢의 사신 섭하가 장長을 죽인 후 한漢나라에 돌아가 '신臣이 조선朝鮮의 사령관을 살해했습니다'라고 보고한 것을 보면,[63] 무관武官과 관계된 직책임을 알 수 있

60 『삼국지』 권30, 위서30, 오환선비동이, 韓, "(魏略)右渠未破時 朝鮮相歷谿卿以諫右渠不用 東之辰國".
61 『한서』 권17, 景武昭宣元成功臣表5, "平州侯 王唊 以朝鮮將……千四百八十戶", "萩苴侯 韓陶 以朝鮮相將……五百四十戶", "澅淸侯 參 以朝鮮尼谿相……千戶".
62 金瑛河, 「韓國 古代社會의 政治構造」 『韓國史의 時代區分』, 신서원, 1995, 39쪽.
63 『사기』 권115, 조선열전55, "何至界上 臨浿水 使御刺殺送何者 朝鮮裨王長卽渡馳入塞 遂歸報天子日

다.[64] 그러나 실제 비왕裨王은 명칭 그대로 왕王을 보좌하는 부왕副王과 같은 존재로, 경우에 따라 사신使臣의 임무나 무관武官으로서의 역할도 수행한 존재라고 보는 것이 합리적이다.

『사기』 흉노열전匈奴列傳을 보면 비왕직裨王職은 흉노匈奴의 왕인 선우單于를 보좌하는 좌우현왕左右賢王 바로 밑에 존재한 부왕副王과 같은 존재로 나온다. 『후한서後漢書』 흉노열전匈奴列傳에는 흉노匈奴 큰 부족의 족장 명칭으로 '비소왕裨小王'이 나오고 있다. 따라서 비왕裨王은 기본적으로는 흉노匈奴 선우單于 하에 종속된 부왕副王과 같은 존재로서 좌우현왕左右賢王의 밑에 존재한 직책으로 비정할 수 있다.[65]

고조선 나무곽무덤(정백동무덤)

또한 『사기史記』에 나오는 비왕裨王의 기록을 자세히 보면, '비왕裨王'이 '비소왕裨小王',[66] '소왕小王',[67] '비장裨將'[68] 등으로 표기되어 같은 의미로 사용되고 있음을 알 수 있다. 특히 『사기』 흉노열전 색은索隱에는 소안小顔의 "비왕은 소왕인데, 비장과 같다"[69]라는 말을 인용하여 비왕裨王이 비장裨將과 같은 군사적인 임무도 수행하는 직책

殺朝鮮將".
64 李丙燾, 「衛氏朝鮮 興亡考」『韓國古代史研究』, 博英社, 1976, 87쪽.
65 盧泰敦, 앞의 논문, 1996, 100~102쪽.
66 『사기』 권110, 흉노열전50, "漢以衛靑爲大將軍 將六將軍 十餘萬人 出朔方高闕擊胡……漢得右賢王 衆男女萬五千人 裨小王十餘人".
67 『사기』 권110, 흉노열전50, "趙信者 故胡小王 降漢 漢封爲翕侯".
68 『사기』 권111, 衛將軍 驃騎列傳51, "渾邪王裨將見漢軍而多欲不降者 頗遁去……封渾邪王萬戶 爲漯陰侯 封其裨王呼毒尼 爲下摩侯".
69 『사기』 권111, 衛將軍 驃騎列傳51, "裨王 小王也 若裨將然".

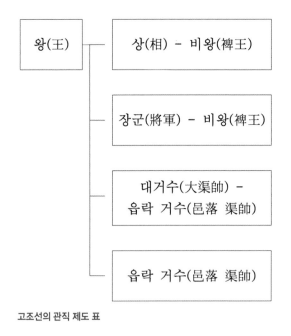

임을 설명하고 있다.

일종의 정복국가적인 성격을 갖고 있던 고조선 사회로서는 중앙의 왕王을 비롯하여 핵심 중앙 관료조직에도 구체적인 실무를 처리하는 비왕직裨王職을 두어 업무를 보았고, 그 비왕裨王들은 고대사회 초기의 특성상 비장裨將과 같은 무관武官 성향을 지니고 있었던 것이다. 따라서 비왕裨王은 문관직인 상相 외에 무관직인 장군將軍 밑에도 있었을 가능성이 높다.

이상에서 고조선古朝鮮의 경우 상직相職과 병행하여 군사적인 업무를 담당한 장군직將軍職을 갖추고 있어 이들이 국가 간에 정복이 잦았던 당시에 국가체제 유지를 위한 기본적인 업무를 담당하였던 것으로 보인다. 그 속에서 실질적인 행정업무는 상相과 장군직將軍職에 속해 있던 비왕裨王에 의해 처리되는 체제였을 것으로 생각한다.

『사기』조선열전에 보면 위만衛滿이 한漢으로부터 받은 병위재물兵威財物을 바탕으로 주변의 진번眞番·임둔臨屯 등을 복속시키고 국가체제를 수립하게 되는데, 이때 이들 장군將軍과 비왕裨王이 그 중심에서 활약하였을 것임은 어렵지 않게 추측할 수 있다.

『사기』조선열전에는 멸망 당시 고조선이 한漢 나라의 5만 군사를 맞아 싸울 만한 군대軍隊와 무장武裝이 있었다고 한다.[70] 여기서 말 5천 필과 만여 명의 무장병이란 숫자가 어느 정도의 확실성을 가진 것인지 자세하지 않지만, 적은 영토를 가진 고조선

고조선의 관직 제도 표

---

70 漢의 군대가 조선을 공격하였을 때 朝鮮의 太子가 무기를 갖춘 만 여명의 무리를 이끌고 浿水를 건너 한나라로 가려한 사실과 조선에서 말 5천필을 바치기로 한 사실을 말한다(『사기』권115, 조선열전55).

이 이러한 많은 마필馬匹과 호위병을 갖고 군량을 제공할 수 있었다는 것은 고조선의 경제 및 군사조직이 대단히 강했다고 볼 수 있다.[71] 이 기록은 고조선 사회가 후기로 접어들면 철제鐵製 무기武器를 사용하고 우마牛馬를 군사적으로 이용하기 시작하였음을 말해 준다. 특히 기동성이 강한 말을 군사적으로 이용함에 따라 기마전騎馬戰이 발생하여 이제까지 보전步戰 위주의 군사전술에서 보전과 기마전을 병행하는 보기步騎전술이 나타났음을 알 수 있다. 이는 기원 전후 시기의 서북한 지역 덧널무덤에서 나오는 많은 마구馬具 및 수레부속품 등을 통해서도 짐작할 수 있다.

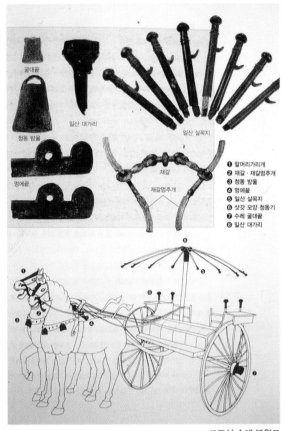

① 말머리가리개
② 재갈·재갈멈추개
③ 청동 방울
④ 멍에끝
⑤ 일산 살꼭지
⑥ 삿갓 모양 청동기
⑦ 수레 굴대끝
⑧ 일산 대가리

굴대끝

청동 방울

일산 대가리

멍에끝

일산 살꼭지

재갈

재갈멈추개

고조선 수레 복원도

위만 조선 당시 고조선의 군대는 당시로서는 발전된 무기武器와 무장武裝을 갖추고 있었다. 그것은 우선 기원전 1000년 후반기 고조선 유적들에서 나오는 세형동검, 동모銅鉾를 비롯하여 청동으로 만든 과戈, 쇠뇌들을 통해 알 수 있다. 특히 장검, 단검, 가지창, 과戈 등 강철로 만든 예리한 무기들, 그리고 쇠로 만든 갑옷 조각과 청동 수레부속품 등 무장 부속품들이 많이 나온 것이 이를 증명한다.

고조선은 이처럼 국가형성 과정에서 족적 유대감이 강한 단위 정치체의 대소 족장

---

71 李丙燾는 이에 대해 고조선은 兵農一致制에 입각한 경제와 군사체계를 유지하였을 것이라는 추론을 하고 있다(이병도, 앞의 논문, 1976, 89~90쪽).

세력을 연맹·결속시켜 국가의 지배신분층으로 편제하였다. '상相'과 '장군將軍'직으로 편제된 이들은 재지기반을 가진 세습귀족을 형성하고 왕 밑에서 귀족회의체를 구성하여 국가의 주요 업무를 처리하였다.

2. 고조선-한 전쟁

1) 전쟁 발발의 국제적 배경

기원전 128년 예군남려濊君南閭가 우거右渠의 지배에서 벗어나 28만구萬口를 거느리고 한漢의 요동군遼東郡에 내속內屬하였기 때문에 무제武帝는 그 땅을 창해군蒼海郡이라 하였다.[72] 이 군郡은 2년 만에 폐지되지만 예군남려의 내속은 한漢과 조선朝鮮의 관계를 악화시켰음에 틀림없다. 그 후 흉노匈奴의 '좌비左臂'를 단절할 목적으로 기원전 109년(元封 2)에 한漢 무제武帝는 조선을 침공하여 멸망시키고 그 땅에 '군郡'을 두었다.[73]

한군현 설치로 인해 한 무제는 동방에서 위만조선衛滿朝鮮의 위협을 제거할 수 있었고, 또한 북쪽으로 흉노匈奴와 연합할 수 있는 위험을 사전에 제거할 수 있었다. 한漢이 서역西域에 진출함으로써 일면에서 흉노의 오른팔을 끊었던 것 같이, 동방 고조선 지역으로 진출한 것은 흉노匈奴의 '좌비左臂'를 끊는다는 목적을 지니고 있었다.[74] 이러한 의미에서 볼 때 한 무제의 위만조선 정벌과 한군현 설치는 동방에서 흉노의 세력을 견제하고 고립시키는 원대한 전략의 일환이었다고 할 수 있다.

그러나 한漢은 흉노匈奴의 좌비左臂를 파괴하고 흉노에 대한 방어 차원에서만 낙랑군을 설치한 것은 아니었다고 보인다. 고조선古朝鮮과 한漢의 전쟁 과정을 보면 양자

---

72 『후한서』 권85, 동이열전75, 濊, "濊君南閭等畔右渠 率二十八萬口詣遼東內屬 武帝以其地爲蒼海郡".
73 『사기』 권115, 조선열전55, "天子募罪人擊朝鮮⋯⋯ 誅成己 以故遂定朝鮮".
74 『한서』 권73, 韋玄(3126)전43, "東伐朝鮮 起玄菟樂浪 以斷匈奴之左臂 西伐大宛三十六國 結烏孫 起敦煌酒泉張掖 以鬲婼羌 裂匈奴之右肩".

의 전쟁은 필연적인 결과로 볼 수 있다. 고조선은 주변 소국들이 중국과 교류하는 것을 통제·독점함으로써 부를 쌓고 국력을 강화해 갔다. 고조선의 우거왕은 중간무역의 이익을 독점하기 위해 한강 이남에 있는 진국辰國 등 여러 나라가 한漢과 직접 통교하는 것을 금지시켰다.[75] 이 같은 고조선의 행동은 한漢과 위만衛滿 사이에 맺은 이른바 '외신外臣'의 규정에는 어긋나므로 한漢을 자극하였을 것이다.

한漢 무제武帝 이후, 조선과 한의 충돌은 조선 왕조가 중국의 정책대로 움직이지 않고 독자적 성장을 지속하는 한 필연적으로 일어날 수밖에 없는 사건이었다고 본다. 한은 고조선과 흉노의 연결 가능성을 차단하고, 한반도와 만주 지역을 제압하고자 전쟁이라는 수단을 택한 것이다.

이러한 점을 고려하면 한군현의 설치는 기본적으로는 중국적 국제질서로부터 이탈하거나 그 사상적 틀을 벗어나는 외이外夷의 존재를 허용할 수 없다는 의지의 표현일 것이다.[76] 나아가 한군현의 설치는 한漢의 법령 밖에 있던 외번外藩을 군현화郡縣化시키고 직접통치 또는 지배하려고 기도했던 사실을 보여주는 것이라고 이해하기도 한다.[77]

한군현 설치의 배경에 대해 중국적 세계질서의 구축을 염두에 두었다는 점을 강조하는 견해는 고조선古朝鮮 지역에 설치한 군현郡縣의 경우 남월南越이나 서남이西南夷와 동일하게 중국 내지內地의 군현과 유사한 방식으로 통치하였다고 본다.[78] 이와 달리, 한군현의 설치는 한漢의 영역 확장에 따른 직접 통치를 한 것이 아니고, 간접 통치가 이루어졌다는 주장이 그 동안 많이 거론되었다. 즉 이전의 외신제外臣制를 대신할 보다 적극적인 대책을 강구하는 과정에서 한漢 무제武帝 시기에 들어와 남만南蠻·서남이西南夷 지역과 동일하게 동이東夷 지역에 중국 관청으로서 '군현郡縣'을 설치하였다는 것이다.[79]

---

75 『사기』 권115, 조선열전55, "眞番旁衆國欲上書見天子 又擁閼不通".
76 金翰奎, 「衛滿朝鮮關係 中國側史料에 대한 再檢討」 『釜山女大論文集』 8, 1980, 139쪽.
77 李春植, 『中國古代史의 展開』, 藝文出版社, 1986, 385~386쪽 ; 이성규, 「중국 군현으로서의 낙랑」 『낙랑 문화 연구』(동북아역사재단 연구총서 20), 동북아역사재단, 2006.
78 栗原朋信, 「漢帝國と周辺諸民族」 『岩波講座 世界歷史』 4, 1970, 483쪽 ; 金秉駿, 「중국 고대 簡牘 자료를 통해 본 낙랑군의 군현지배」 『歷史學報』 189, 2006.
79 權五重, 앞의 책, 1992 ; 「중국사에서의 낙랑군」 『韓國古代史研究』 34집, 2004, 20~25쪽.

한漢은 군현을 설치하여 이전 위만衛滿에게 부여한 외신外臣의 역할보다 더 강력하게 중국 동북지역의 만이蠻夷 세력을 통치하려고 했다. 한漢은 낙랑樂浪을 통하여 주변의 여러 정치세력에 대한 통제를 원하였고, 교역交易의 이익을 얻으려 하였다.

군현郡縣의 영역 밖으로부터 필요한 생산품을 얻어내기 위하여 군현郡縣은 한韓·예濊의 거수들에게 관작官爵·인수印綬·의책衣幘 등을 주어 그들과 조공 관계를 맺기도 하였다.[80]

2) 왕검성 전투와 고조선의 멸망

기원전 107년 고조선은 한 무제가 보낸 군대에 의해 결국 멸망하고 말았다. 역사 자료를 바탕으로 고조선과 한의 전쟁을 간략히 복원하고자 한다.[81]

한나라의 무제는 위협세력인 흉노와 손을 잡으려는 고조선의 움직임을 차단하고자 섭하涉何라는 인물을 사신으로 고조선에 보냈다. 그러나 고조선은 한나라의 뜻을 따르지 않겠다고 섭하의 요구를 거절했다. 성과 없이 귀국 길에 오른 섭하는 배웅 나온 고조선 장수 '장長'을 살해하고 패수浿水(고조선과 한의 경계를 이루었다는 강, 지금의 청천강淸川江 또는 압록강鴨綠江)를 넘어 도망쳤다.

한 무제는 돌아온 섭하에게 '요동군동부도위遼東郡東部都尉'라는 벼슬을 내렸다. 그것은 바로 고조선을 마주 보는 요동遼東 땅의 군사 책임자 자리였다. 이에 분노한 고조선의 마지막 왕 우거右渠는 군사를 동원해 섭하를 제거하였다.

이 사건을 계기로 고조선과 한의 관계는 극도로 나빠졌다. 한나라 무제는 대규모 정벌군을 조직했고, 서기전 109년 가을에 육지와 바다 양쪽에서 대대적으로 고조선을 공격하였다.

한나라의 누선장군 양복楊僕은 7000명에 이르는 수군水軍 병력을 이끌고 산동 반도에서 고조선의 수도 왕검성王儉城을 향했고, 흉노를 정벌한 공이 있는 좌장군 순체

---

80 이를 두고 삼한과 낙랑의 관계를 朝貢貿易으로 해석하는 견해도 제기되어 있다(尹龍九, 「三韓과 樂浪의 交涉」『韓國古代史研究』34집, 2004).
81 이하의 내용은『사기』권115, 조선열전55 의 전쟁 기록을 바탕으로 복원한 것이다.

荀彘는 5만의 육군을 이끌고 공격에 나섰다.

그러나 고조선은 험한 곳에 군사를 배치하여 첫 싸움에서 대승을 거두었다. 싸움이 불리해지자 한 무제는 위산衛山을 사신으로 보내 협상을 시도하였고, 고조선 측에서도 잠시 여유를 얻기 위해 거짓으로 위산에게 항복하는 척하였다.[82]

우거왕은 태자에게 말 5000필과 양식을 가지고 한나라 군대에 가서 사죄하도록 했다. 태자가 이끄는 고조선 사람 만여 명이 군량미와 무기를 가지고 막 패수浿水를 건너려고 할 때, 한의 사신 위산과 순체는 그들이 변을 일으킬까 두려워 고조선 태자에게 사람들에게 병기를 버릴 것을 명하도록 했으나 고조선의 태자도 역시 위산과 순체가 자기를 속이고 죽일까 의심하여 결국 패수를 건너지 않고, 사람들을 이끌고 되돌

---

82 『사기』 권115, 조선열전55, "使衛山諭降右渠 右渠遣太子山使不能剸決 與左將軍計相誤卒沮約 今兩 將圍城又乖異離以故久不決".

아가 버렸다. 협상은 결렬되고 말았다. 위산이 한나라 황제에게 돌아가 이러한 사실을 보고하니, 황제는 화가 나서 위산의 목을 베어 버렸다.

그 뒤 간신히 왕검성 부근까지 쳐들어온 순체의 육군 및 양복의 수군은 왕검성을 포위했으나, 고조선의 완강한 저항 앞에 별반 성과를 얻지 못했다. 게다가 한나라 군의 두 지휘관인 순체와 양복의 사이가 나빠지기 시작했다. 좌장군 순체는 한에서 다시 보낸 사신 공손수公孫遂와 상의하여 양복을 잡아 가두고, 군대를 합쳐 새로운 기세로 맹렬히 왕검성을 공격했다.

한과 고조선이 전쟁을 할 당시 고조선의 상비군으로 패수浿水 상군上軍과 패수浿水 서군西軍이 있었음이 『사기史記』 조선열전朝鮮列傳에 나온다. 순체가 공격할 때 고조선 패수 서군이 완강하게 방어하여 순체의 군대를 저지하였다. 따라서 진격을 저지당한 순체는 패수 상류 쪽으로 우회하여 고조선 패수 상군의 방어선을 뚫고 왕검성王儉城 밑에 이르러 왕검성의 서북쪽을 포위하였다.

국방부에서 편찬한 많은 전쟁사 책과 북한 학계에서 편찬한 역사책에서는 대부분 고조선의 서부 국경을 방어하던 패수 상군과 패수 서군이 상비군으로서 존재했다고 보고 있다.[83] 그러나 기록을 자세히 보면 패수 서군과 상군은 군대 편제로서 존재한 것이 아니라 단지 패수 서쪽에 있던 군대와 패수 상류에 배치된 군대를 뜻하는 것임을 알 수 있다. 기록을 통해서는 고조선의 장군 직과 상비군의 존재 정도를 확인할 수 있을 뿐이다.

전쟁의 첫머리에 크게 진 적이 있는데다가 고조선의 항전이 완강하여 시간을 오래 끌게 되자, 한나라는 정면 대결을 하면서 동시에 고조선의 지배층을 매수, 분열시키는 전술을 시도했다. 한편 왕검성 안에서는 너무 오래 동안 포위당한 채 있게 되자, 한나라와 화해하자고 주장하는 세력과 끝까지 싸우자는 세력이 나뉘어져 대립하였다. 처음 누선장군 양복에게 항복하려고 했던 고조선의 대신들은 누선장군이 갇히고 좌

---

83 서인한, 『한국 고대 군사전략』, 국방부 군사편찬연구소, 2005, 38~75쪽 ; 서인한, 『동북아의 왕자를 꿈꾸다』, 플래닛 미디어, 2009, 36~54쪽 ; 서인한, 『한민족전쟁통사』 I (고대편), 국방군사연구소, 1994 ; 김창겸 외, 『한국고전사-고대편-』, 육군본부, 2007, 14~29쪽 ; 전준현, 『조선민족의 반침략투쟁사』(고조선-발해편), 과학백과사전종합출판사, 1990, 18~39쪽 ; 『조선전사』 2권 (고대편), 과학 백과사전 출판사, 1979, 106~112쪽.

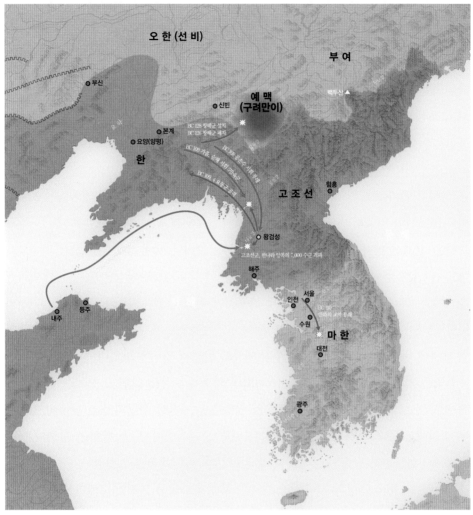

장군이 계속 공격해 오자, 맞서 싸우기 두려워 항복하고자 했다. 그러나 우거왕은 끝내 항복하려 하지 않았다.

상 벼슬을 하던 역계경은 우거왕이 한나라를 막기 위한 자신의 계책을 받아들이지 않자, 2,000여 호를 이끌고 한반도 남쪽에 있었다는 '진국辰國'으로 망명해 버렸다. 그리고 상相 노인路人과 한음韓陰, 니계라는 지방 출신인 상相 참參, 장군將軍 왕협王俠은 도망해 한나라 군대에 항복했다. 그 가운데 노인은 항복하러 가는 도중에 죽었으나, 상 참은 사람을 보내 우거왕을 살해하고 결국 한나라에 투항했다.

왕자인 장까지 투항했으나 왕검성王儉城은 아직 함락되지 않았다. 고조선의 대신 성기成己가 성 안의 백성을 지휘하여 끝까지 항전했기 때문이다. 그러자 장과 노인의 아들 최는 백성을 선동하여 성기를 살해하고 말았다. 이리하여 마침내 왕검성은 함락되고 고조선은 멸망했다. 서기전 108년 여름의 일이었다. 동북아시아의 강력한 국가 고조선은 이렇게 무너지고 말았지만, 그 정신과 전통은 고구려高句麗로 이어지게 된다.

중국의 사마천은 『사기史記』에서 이 전쟁에 대하여, "양군(육군과 수군)이 모두 욕을 당하고, 장수로서 공을 세워 나중에 공신에 봉해진 자가 없었다"고 평가함으로써, 비록 고조선이 멸망하기는 했지만 한이 그리 잘 싸우지 못했음을 인정했다.[84]

한은 고조선 땅에 '군郡'을 네 군데 두었다. 그러나 낙랑樂浪, 임둔臨屯, 진번眞番, 현도玄菟 4개 군 중 3개 군은 얼마 지나지 않아 폐지되었고, 낙랑군樂浪郡은 우여곡절을 겪으며 존속하다가 서기 313년에 고구려에 완전히 흡수되었다. 설치된 시기부터 멸망 시까지 여러 변화가 있었고 그 존속 기간이 400년이 넘는 긴 시간에 걸쳐 있었기 때문에 한군현漢郡縣의 역사는 우리 역사와 밀접한 관련을 맺었다.

삼국은 기원전 1세기 이후 고조선 사회의 외곽에서 중국 군현郡縣의 직·간접 지배에 저항하고, 한편으로는 그 선진문물의 영향을 받으면서 성립되었다. 삼국이 등장하는 과정에서 중국 군현과 낙랑의 역할은 매우 중요하였다. 다시 말하면 삼국의 성장 과정에서 한군현과 낙랑의 간섭을 배제해 나가는 일은 매우 중요하였다.

낙랑군 등 중국 군현의 지배력과 지역은 점차 축소되어 갔지만, 4세기 초까지 지속되었다. 이들 군현 세력은 예·맥·한족 사회의 정치적 성장을 압박하는 외적 요소로 작용하였다. 그리고 중국 군현을 통해 유입된 선진 문물은 주변 예·맥·한족 세력에게는 새로운 발전의 동력으로 전화될 수 있는 가능성을 안고 있었다.

---

84 『사기』 권115, 조선열전55, "右渠負固 國以絶祀 涉河誣功爲兵發首 樓船將狹及難離咎悔失番禺乃反 見疑荀彘爭勞與遂皆誅 兩軍俱辱將率莫侯矣".

제3절

부여의 성장과 한군현과의 관계

1. 부여의 지배 체제와 군사기반

부여에는 중앙관직으로 왕王이 있었고, 그 밑에 여섯 가축으로 이름을 정한 마가馬加·우가牛加·저가豬加·구가狗加·대사大使·대사자大使者·사자使者 등이 있었다.[85]

부여왕은 이전 예맥사회 단계부터 내려오던 예성濊城에 거처하고 있었는데, 이전에 "예왕지인濊王之印"이 있었던 것으로 보아[86] 이 예성에 거처한 부여 왕에게도 국새國璽가 있었다고 보인다. 부여왕의 왕위계승도 적장자嫡長子 세습제에 준하여 이루어지고 있었다. 『삼국유사』 동부여조에 나오는 '금와金蛙에 뒤이어 그의 맏아들 대소帶素가 태자가 되었고 그에 의하여 왕위가 계승되었다'는 이야기는 부여의 왕위가 세습되었음을 말해준다.

이후 사회 발전과 함께 왕권도 강화되어, 3세기 전반 부여의 왕위는 간위거簡位居 – 마여麻余 – 의려衣慮로 이어지는 부자계승이 확립되었다. 특히 마여의 경우 얼자孽子라는 단서가 있음에도 왕위에 즉위하고, 그 아들인 의려가 6살의 어린 나이로 왕위에 즉위한 것은 왕위의 부자상속이 원칙이었음을 말해준다.[87]

---

85 『삼국지』 권30, 위서30, 오환선비동이, 부여, "國有君王 皆以六畜名官 有馬加牛加豬加狗加大使大使者使者".

86 『삼국지』 권30, 위서30, 오환선비동이, 부여, "夫餘庫有玉璧珪瓚…其印文言 濊王之印……".

87 『삼국지』 권30, 위서30, 오환선비동이, 부여, "尉仇台死 簡位居立 無適子 有孽子麻余 位居死 諸加共立麻余……麻余死 其子依慮年六歲 立以爲王".

유수 노하심유적 출토 부여 귀족의 무기

　당시 부여의 왕권은 부자세습의 원칙하에 안정되어 있었고, 대외적으로도 일정한 집권력이 있었음을 보여주고 있다. 『삼국지』 부여조에 부여의 위구태尉仇台 왕에게 요동의 공손도公孫度가 외교적 조처로 그의 종녀宗女를 출가시켰다는 사실은 당시 위구태왕에게는 국제적으로 인정될 만한 국가적 통제력이 있었음을 보여주는 것이다.[88] 이러한 점은 부여의 국가적 부강과 응집력을 시사해주는 "그 나라는 선세 이래로 일찍이 파괴된 적이 없었다"[89]는 기사에서도 방증된다.

　그러나 부여의 왕은 강력한 집권적 권력을 행사하는 군주는 아니었다. 왕의 권력은 귀족들의 합의기구에 의해 일정한 제약을 받았다. 왕은 일정한 가계家系에서 나왔을 테지만 선임選任되었고, 왕은 '가加'들의 대표로 군림하였으나 초월적 존재는 되지 못하였다. 마여의 경우는 제가諸加가 공립共立하였고, 의려의 경우는 '입이위왕立以爲王'

88 『삼국지』 권30, 위서30, 오환선비동이, 부여, "夫餘王尉仇台 更屬遼東 時句麗 鮮卑强 度以夫餘在二虜之間 妻以宗女".
89 『삼국지』 권30, 위서30, 오환선비동이, 부여, "魏略曰 其國殷富 自先世以來 未嘗破壞".

이라 하여 역시 제가諸加의 관여 속에 임명이 이루어졌음을 가능성이 높다.[90]

부여 사회에서 제가諸加는 국가의 최고 관리였고, 지방 행정사무를 관할하였다. 처음에 '가加'[91]는 일정 지역의 족장으로서 부족원에 의해 선출되어 군사·재판·제사 등의 중요업무에 대한 집행책임자에 지나지 않았으나, 부족사회의 발전에 따라 귀족화貴族化되었다. 즉 국가형성의 초기 단계에 족적 유대감이 강한 단위 정치체의 대소 족장세력이었던 가加들은 연맹과 결속을 통하여 집권 국가의 지배 신분층으로 결집되어 가면서 점차 중앙의 관명인 대관大官·장관長官 직명을 띠게 되었던 것으로 보인다.[92]

이들 제가諸加는 주로 하호下戶를 통치하였는데 세력의 크기에 따라 수천 가家 혹은 수백 가家의 호戶를 지배하고 있었다. 이들은 평소에는 귀족 족장으로서 부락을 지도하였고, 적이 있으면 군사령관으로서 스스로 독자적으로 전장에 나가 싸웠다.[93] 그러나 이들 제가들은 연맹단계의 국가에 참여할 때 이미 대외교섭권이나 무역권 등을 국왕에게 빼앗겼고,[94] 비록 그 자체에 속관屬官을 둘 정도로 자치권이 인정되었지만[95] 그것도 국왕의 영도력을 인정하는 조건 하에서 새로이 편성된 지역의 백성을 지배하는 정도였다.

한편, 부여 중앙 왕실에서는 크고 작은 전투를 수행하기 위해서 생활 주민집단을 군사 조직화하지 않으면 안 되었고, 이 생활 집단은 읍락 공동체를 방위하기 위해 전

90 부여의 왕위계승에는 특별한 문제가 있을 경우에는 諸加들이 제한적으로 관여하여 제가 諸議에 의한 선거제도 겸행되었던 것으로 보인다. 이는 부족장회의에서 맹주를 선거로 추대하던 방식의 유제이다(井上秀雄,「朝鮮の初期國家」『日本文化研究所研究報告』1, 1976, 78~79쪽).

91 '加'는 대개 고구려어의 '皆', 신라어의 '翰·干' 등과 일치하는 것으로, 본래는 部族長을 의미하였는데, 뒤에 왕 또는 대관의 칭호로 되었다는 견해(金哲埈,『韓國古代國家發達史』, 春秋文庫, 1976, 63쪽 및 李丙燾,「夫餘考」『韓國古代史研究』, 博英社, 1976, 214쪽)가 일반적으로 받아들여지고 있다. 이는 만몽계통의 한(汗:Han, Kan)·가한(可汗:Gahan, Kagan)과 같은 말로 '귀한 사람'·'큰 어른'을 가리키는 존칭어로서 어떤 특정한 벼슬이름은 아니었다고 이해된다(「부여사」『조선전사』2, 과학백과출판사, 1989, 128쪽).

92 李丙燾, 앞의 논문, 1976, 214쪽.

93 『삼국지』권30, 위서30, 오환선비동이, 부여, "諸加自戰 下戶俱擔糧飮食之".

94 盧泰敦,「三國時代 '部'에 關한 研究」『韓國史論』2, 서울대 국사학과, 1975, 132쪽.

95 고구려에서 使者·皂衣·先人 등이 王의 직속벼슬인 동시에 諸加들에 속한 벼슬이었던 예로 보아 부여에서의 大使·使者도 중앙벼슬인 동시에 제가들의 밑에 속한 벼슬이름으로 볼 수 있다. 이것은 부족제사회가 고대국가의 형태로 변할 때 수반되는 舊制의 잔재유풍이라 하겠다.

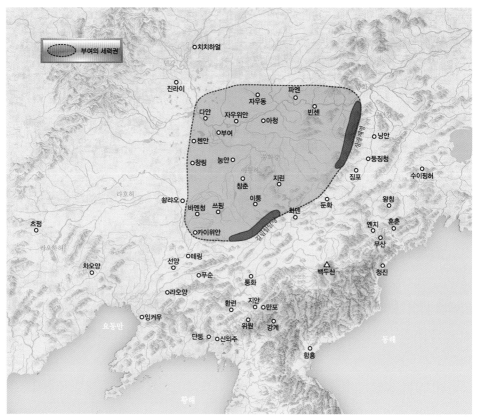

3세기 경 부여국의 세력권 추정도

읍락 구성원이 무장하여 싸우는 체제體制로 점차 체계화되었다. 고대 사회 초기의 특징인 병농兵農 일치의 모습이 부여에서 확인된다고 할 수 있다.

그러나 초기국가 단계에 읍락 전 구성원을 동원하는 군제軍制는 서서히 변하여 특별히 전쟁을 전담하는 집단에게 맡기는 형태로 변화하였다. 군대가 사회의 모든 구성원이 아닌 일부 선택된 사람들로써 조직되기 시작하였던 것이다.

『삼국지』위서 동이전 부여조의 기록을 보면, "부여에서는 전쟁이 있으면 제가諸加들이 스스로 싸우고 하호는 식량 등을 공급하는 일종의 보급부대 역할을 담당하였다."고 하였다. 그리고 "부여인은 활과 창·칼로 병기를 삼고 집집마다 갑옷과 무기가 있다"고 하였다. 이처럼 부여 인들은 집집마다 무기를 준비하고 있으면서 기본적으로 전쟁을 수행하는 주체였지만, 막상 전투가 벌어지면 역할분남이 이루어서 세가가 실제 전투를 수행하고 하호는 보급병 역할을 한 것으로 보인다.[96]

이와 유사한 경우는 같은 시기의 고구려에도 있었다. "고구려에서는 대가大加로서 전작佃作을 하지 않고 좌식坐食하는 자가 만여구萬餘口였고, 하호가 멀리서 미량米糧과 어염魚鹽을 공급했다"[97]고 한다. 여기서 일하지 않고 앉아서 먹을 수 있는 1만여명의 대가는 무사계급으로 이해되고 있다. 아마 이 대가는 부여의 호민豪民과 유사했을 것이다.

이처럼 부여의 국왕 밑에는 제가諸加들이 거느린 전투부대가 있었는데, 그 기본 전투 성원은 민民인 하호下戶와 호민층豪民層으로 구성되었다. 그리고 기록처럼 "적들이 쳐들어 오면 제가가 스스로 싸운다"고 한 것은 제가諸加가 자기 관하의 호민으로 편성된 부대를 거느리고 전투한 사실을 보여주는 것이다.

부여에서 병역을 담당하였던 호민豪民은 자체로 무장을 갖출 수 있는 경제력을 가진 계층들이었다. 그들은 집집마다 여러 가지 병장기를 갖추고 있다가 전투가 벌어지면 자체로 무장하고 전투 대오에 편입되어 싸웠다. 그리고 부여의 군대에는 기본 전투를 수행하는 호민豪民 외에 군량 등을 운반하는 일반민 하호下戶들이 있었다. 전쟁이 벌어지면 제가가 싸우고 "하호는 모두 식량을 져 날라 이들을 먹였다"고 한 것은[98] 하호들이 기본 전투대오의 성원으로서 군대에 참가하였다는 것을 말해준다.

일반 민인 하호와 호민들로 편성된 부여의 전투 부대는 대개 기병과 보병으로 구성되었던 것으로 보인다. 부여는 오랜 목축업의 전통을 가졌고 좋은 말의 산지로 알려졌기에 주변의 다른 나라들에 비하여 병종兵種 구성에서 기병의 지위가 높았을 것으로 보인다.

부여의 지배체제는 왕을 중심으로 그 밑에 국무를 관장하는 귀족세력으로서 마가馬加·우가牛加·저가豬加·구가狗加 등에 의한 귀족회의체에 의해 운영되었으며, 구체적

---

96 『삼국지』 권30, 위서30, 오환선비동이, 부여, "夫餘人 以弓矢矛刀爲兵 家家自有鎧仗".
97 『삼국지』 권30, 위서30, 오환선비동이, 고구려, "其國中大加不佃作坐食者萬餘口 下戶遠擔米糧魚鹽供給之".
98 『삼국지』 권30, 위서30, 오환선비동이, 부여.

낙랑 벽돌무덤 전경

인 실무 행정은 왕王과 제가諸加 밑에 동시에 속해 있는 대사大使나 사자使者 등에 의해 처리되는 체제였다.[99] 그리고 지방 지배의 경우 왕성王城을 중심으로 사방의 각 지역에서 족장 출신의 제가諸加들이 자치적으로 휘하 읍락邑落의 민民들을 지배하고 있었으므로, 여전히 왕권에 의한 강력한 중앙집권체제를 확립하지는 못하였던 것으로 보인다. 이러한 사실은 『삼국지』로 표현된 시기에 부여 사회가 연맹체 단계에서 중앙집권 국가로 성장해가는 과정이었음을 단적으로 보여주는 것이다.

부여는 2천 리에 걸치는 방대한 영토를 동·서·남·북의 4개 지역으로 나누고 이 지역들을 '가加'들이 관할하였으며, 중앙은 국왕이 직접 통치하였다. 『삼국지』 기록에

---

99 '使者'류는 씨족 내부에서 신분이 열등한 자로 租賦를 통책하는 관리였다. 그러나 점차 그 직능이 중요시되어 여러 층의 사자로 분화되어 가는 가운데 위계가 높아져 행정적 관료로서 성장하였다 (金哲埈, 「高句麗·新羅의 官階組織의 成立過程」『韓國古代社會研究』, 知識産業社, 1975).

의하면 부여의 지방에는 '사출도四出道'가 있었다. 사출도라는 말은 단순히 지방을 네 개의 행정구역으로 구분했다는 의미보다는, 고구려의 5나부五那部처럼 수도를 중심으로 대체로 동·서·남·북의 방위에 따라 사방을 나눈 것을 의미한다. 여기서 도道는 교통로 또는 그 교통로상에 위치하는 지역을 뜻한다.[100] 따라서 사출도는 왕도王道로부터 사방에 통하는 길로서 고대국가가 지방지배를 수행할 때 기본이 되는 도로와 그 주변 읍락을 의미하는 말로서[101] 완비된 행정구역을 의미하는 것은 아니다.

이러한 사출도는 제가諸加에 의해 관할되었다. 제가는 중앙 관계官階인 마가·우가·구가·저가로만 한정하여 보는 견해[102]가 있으나, 여기서의 제가는 이를 포함한 부

---

100 武田幸男,「牟頭婁一族と高句麗王權」『朝鮮學報』99·100, 1981, 160쪽.
101 金哲埈, 앞의 책, 1976, 63쪽.
102 李丙燾, 앞의 글, 1976, 212쪽.

족장 전체를 의미하는 범칭汎稱으로 생각된다. 이들 제가들은 당시에는 '압로鴨盧'라고 불렸던 것 같다.[103] 이 집단들은 국가가 고구려의 지배를 받게 되자 독자적으로 지역민을 이끌고 고구려에 투항한다. 이는 부여 사회의 지방 세력이 중앙에 대해 독자적인 힘을 지니고 있었고, 중앙 부족은 지방 세력을 인정하고 이와 연맹하여 국가체제를 유지하였음을 알 수 있다.

5개 지역으로 구분된 지역집단 밑에는 읍락邑落들이 있었다. 읍락은 부여 연맹체를 구성하는 가장 기본적인 단위집단이었다. 각 지방의 읍락들은 성책城柵으로 둘려 있었는데 그 성책이 아주 높고 견고하기 때문에 고대 중국의 역사가들은 그것을 감옥과 같다고 하였다.[104] 기록처럼 둥그런 성벽을 가진 토성 유적이 길림시 동단산 남성자南城子에서 조사되어 학계에서는 이 유적을 부여의 왕성王城으로 보고 있다.[105]

그리고 길림시 교외의 교하현蛟河縣 지수향池水鄕에서 조사된 신가新街 고성지와 송강촌松江村 복래동福來東에서 조사된 고성지[106] 모두 평지에서 높이 솟아 있으며 그 평면이 원각방형圓角方形, 즉 원형에 가깝다.[107] 이러한 사실은 『삼국지』 부여조에 "(부여는) 먹고 마시는데 모두 조두俎豆를 사용하고 성책城柵은 모두 둥근데 마치 뢰옥牢獄과 같다"는 기사와 부합한다. 따라서 이들 성지는 부여의 세력권에 있던 읍락邑落 유적이라 볼 수 있다.

그러나 이들 읍락은 곧바로 중앙권력에 의해 파악되는 지방지배 단위는 아니었다. 중앙에서는 『삼국지』 부여조에 기재되어 있는 것처럼 방위에 따라 크게 네 개의 지역

---

103 鴨盧는 東扶餘의 각 지역을 대표하는 귀족과 같은 존재를 나타내는, '加'나 '干'과 같은 의미를 지닌 칭호로 보기도 하고(박시형, 『광개토왕릉비』, 1966, 207쪽), 혹은 이동 가능한 취락으로 보기도 한다(武田幸男, 『高句麗史と 東アジア』, 岩波書店, 1989, 65쪽). 혹자는 막연히 城 또는 官名일 것으로 추정하기도 하지만(千寬宇, 「廣開土王陵碑再論」『全海宗博士華甲紀念史學論叢』, 1979) 압로 앞에 지역명이 나오는 것으로 보아 諸加 집단이나 귀족의 칭호로 보는 것이보다 타당할 것 같다.

104 『삼국지』 권30, 위서30, 오환선비동이, 부여, "城柵皆員 有似牢獄".

105 武國勛, 「夫餘王城新考」『黑龍江文物叢刊』 4期, 1983.

106 董學增, 「吉林蛟河縣新街福來東古城考」『博物館研究』 2期, 1989, 69~72쪽.

107 두 성지에서 출토하는 토기는 부여 都城의 한 유적인 길림시 帽兒山 漢代 목곽묘에서도 발견되고 있고, 토기의 바탕과 器形이 漢代 유물의 바탕·기형과 다르기 때문에 부여의 유물의 일부분으로 볼 수 있다(馬德謙, 「談談吉林龍潭山東團山一帶的漢代遺物」『北方文物』, 1991年 2期).

으로 구분한 일종의 국읍인 사출도를 두어 제가가 담당하게 하여 지방을 총괄하였다.

『삼국지』 선비조鮮卑條에는 "(선비는) 우북평 이동으로부터 요동에 이르기까지 부여와 예맥의 20여 읍과 접하여 동부를 이루었다"[108]고 하였다. 여기서 읍락邑落은 아마도 『삼국지』 위지 동이전 한조韓條에 나오는 국읍國邑에 해당하는 것으로, 「광개토왕릉비」의 '미구루味仇婁압로' 등 '△△△압로'에서 '△△△'에 대응되는 존재로 볼 수 있다. 이것이 부여의 중앙에서 지방을 파악하는 통치단위였다고 할 수 있다.

사출도연맹체제 내에서는 부여 왕권이 각 국읍 내에 어느 정도 통제력을 발휘하였지만, 아직 제가諸加들의 자치적 성격이 온존되는 상태였으므로 각 국읍 내의 단위집단(읍락)에까지는 중앙권력이 미칠 수 없었을 것이다.

이처럼 부여의 연맹체제에 의한 지방 통치는 지역 단위집단인 읍락집단을 일원적으로 통제할 만큼 중앙집권체제가 갖추어지지 않았기 때문에 지역 수장층인 제가諸加의 자치력을 인정하는 가운데,[109] 이들을 통한 간접 지배방식을 취했던 것으로 보인다. 물론 부여는 왕위의 부자상속 및 한과의 교류에서 강한 왕권을 유지하고 있었으므로, 이들 제가 세력들을 통제·감시하는 지배력을 발휘했을 것으로 생각된다.

부여의 지방지배 및 정복지역의 통치방식은 한대漢代 이래 부여에 예속되어 있던 읍루족을 통해 그 일단을 엿볼 수 있다. 『삼국지』 동이전 읍루조挹婁條에는 읍루인들이 "한 이래로 부여에 신속臣屬하였는데 부여가 그 조부租賦를 과중하게 부과하자 그에 반발하였다"라고 기록되어 있다. 이 당시 부여의 읍루에 대한 지배는 『삼국지』의 기록처럼 읍락별로 복속시켜 그 족장族長을 통하여 공납貢納을 징수하는 형태였던 것으로 보인다.

대체로 부여의 정복지역에 대한 통제는 이런 식으로 했던 것 같으며, 따라서 정복지역의 주민들은 모두 하호下戶 계층으로 취급되었다. 그러나 공납지배는 매우 가혹했던 것 같다. 읍루挹婁의 경우 위魏의 황초黃初 년간(220~225)에 공납징수가 가혹함에 저항하여 그 지배에서 이탈하였다는 사실에서[110] 공납지배의 강도를 잘 알 수 있다.

---

108 『삼국지』 권30, 위서30, 오환선비동이, 선비.
109 『후한서』 권85, 동이열전75, 부여, "其邑落皆主屬諸加".
110 『삼국지』 권30, 위서30, 오환선비동이, 읍루, "自漢已來 臣屬夫餘 夫餘責其租賦重 以黃初中叛之".

2. 부여와 한군현의 관계[111]

부여扶餘는 한漢 왕조와 밀접한 교류 관계에 있었다. 이러한 사실을 반영하듯 서기 1세기 초부터 부여의 명칭이 중국의 역사서에 자주 등장한다. 이는 부여가 흉노나 고구려와 함께 왕망王莽의 신(新:8~23)에 위협적인 존재로 비칠 만큼 큰 세력으로 성장했기 때문일 것이다.

서기 49년에는 부여 왕이 후한後漢 광무제光武帝에게 사신을 보내 공물을 바쳤고, 광무제는 이에 후하게 보답하였다.[112] 늦어도 이때에는 부여가 중국식 왕호王號를 사용하였고 중국인에게 국가적國家的인 존재로 비칠 정도로 성장했음을 알 수 있다.

당시 한漢은 부여扶餘와 우호관계를 맺음으로써 부여 서쪽의 선비鮮卑와 남쪽의 고구려高句麗를 견제할 수 있었기 때문에 부여의 등장을 환영하였던 것으로 보인다. 부여 역시 농업農業에 바탕을 둔 국가로 성장하고 있었고, 일찍부터 고구려나 서북쪽의 유목민들과는 적대적인 관계에 있었으므로 역시 한漢과의 우호관계를 바라고 있었다. 한편 부여와 동일한 발전단계에 있는 고구려 및 선비족과의 빈번한 접촉, 그리고 한족漢族과의 잦은 교류는 필연적으로 교환 관계의 발전을 더욱 촉진하게 되었다.

49년에 부여왕이 후한後漢 광무제光武帝에게 사신을 보내어 공물을 바치고 조복의책朝服衣責을 받았는데,[113] 이 조복의책은 한漢에 대한 신속臣屬을 의미하는 동시에 각 족장에게 무역권貿易權의 사여를 상징하는 것이다.[114] 이를 통하여 기원후에는 부여 사회에 이미 적극적으로 부富를 축적한 계급의 성장이 이루어졌음을 알 수 있다.

흉노匈奴가 강대했던 서한西漢 초년에는 부여는 중국과 격절되어 한漢 왕조와는 관계가 비교적 적었다. 그러던 중 한漢 무제武帝가 위만조선衛滿朝鮮을 정복한 후 부여와 한漢 왕조는 점점 밀접한 관계를 맺게 되었고, 나중에는 화친和親 관계를 맺어 부여는 한漢 왕조에서 국군國君에게 주는 인수印綬를 받았다.

---

111 본 주제의 내용은 송호정(「부여의 대외 관계」『한국사 4』, 국사편찬위원회, 1997)의 논문내용을 주로 참조했다.
112 『후한서』권85, 동이열전75, 부여, "建武中……二十五年 夫餘王遣使奉貢 光武厚答報之".
113 『후한서』권85, 동이열전75, 부여, "夫餘王遣使奉貢 光武厚答報之 於是 使命歲通".
114 金哲埈, 『韓國古代國家發達史』, 春秋文庫, 1975, 61쪽.

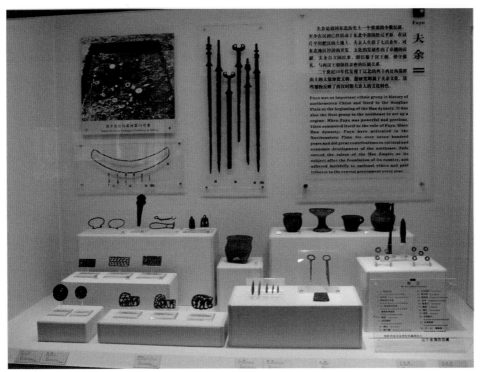

서중형 서차구 유적(요령성박물관 부여전시실)

전한前漢 시대 말기에 왕위를 찬탈한 왕망王莽은 건국한 원년(기원 9)부터 새로운 통치체제를 확립하고 사방으로 사신을 보내어 옛날 한漢의 인수印綬를 거두어들이면서 다시 새로운 왕실의 인수를 주었다. 이때 "동으로 나간 사신은 현도·낙랑·고구려·부여에 이르렀다"고 한다. 이 기사를 통해 부여가 이미 왕망王莽 이전부터 전한前漢 왕조의 인수를 받았는데 왕망 때에 이르러 다시 받게 되었음을 알 수 있다.

부여扶餘와 한漢 왕조의 관계가 진일보하게 된 것은 후한後漢 초初부터였다. 남쪽에 위치한 고구려의 위협과 서쪽 유목민의 압박을 받았던 부여는 이 양 세력에 대항하기 위하여 요동遼東의 중국세력과 연결을 꾀하였다. 중국 측도 선비족鮮卑族과 고구려高句麗의 결속을 저지하고 이들을 제압하는 데 부여의 힘을 이용하는 것이 유리했기 때문에 부여와 긴밀한 관계를 유지한 것으로 보인다.

『후한서後漢書』 동이열전東夷列傳 부여조夫餘條와 본기本紀에는 10여 차례 광무제

光武帝와 안제安帝, 순제順帝, 환제桓帝, 영제永帝 때에 한漢과 교류한 사실이 기록되어 있다. 후한後漢 정권은 건국 후 건무建武 8년(기원 32)에 동북의 각 종족과 우호적인 관계를 맺고자 하였다. 41년에 요동태수가 된 제융은 주변의 각 종족과 우호관계를 추진하였다.

만주 지역에서 강한 정치 세력을 형성한 부여는 49년 후한後漢 왕조와 관계 회복을 시도하였다. 같은 해 겨울 부여 왕은 사신을 보내어 한漢 조정에 봉헌하였는데 한漢의 통치자는 후하게 보답하였고, 이때부터 "사신이 해마다 통하게 되었다"고 한다.[115] 장기간에 걸쳐 부여扶餘와 한漢 왕조는 정상적이고 우호적인 관계를 유지하였고, 한漢 왕조는 부여扶餘를 두터운 예우로 대접하였다.

120년에는 부여왕자 위구태尉仇台가 후한 낙양에 가서 공물을 바쳤고,[116] 2년 뒤에는 위구태를 현도성에 보내어 고구려의 침입에 맞서 한을 구원하였다.[117] 136년에는 부여 왕이 친히 경사京師에 가서 조공하였는데, 이 때 한의 통치자는 헤어질 때에 "황문고취黃門鼓吹와 각저희角抵戲를 해서 보냈다"는 것처럼 매우 이례적으로 접대를 하였다.[118] 또한 역대 부여 왕이 죽은 후에는 옥玉으로 만든 관을 썼다. 이때 한漢 왕조가 "미리 옥갑을 현도군에 가져다 놓고 왕이 죽으면 현도군에서 가져다가 쓰게 했다"는 것[119]은 부여扶餘와 한漢의 밀접한 관계를 보여준다. 이처럼 부여는 후한後漢과의 화친和親 관계를 발전시키면서 한편으로는 고구려에도 사신을 보냈는데, 이는 고구려와의 관계를 악화시킬 필요가 없었기 때문이었다.

2세기는 부여와 고구려가 서로 견제하면서 요동평야로 진출을 시도하였던 시기이다. 현토·낙랑 양군은 명목적으로 존재하고 있지만, 실질적으로는 요동군遼東郡으로 흡수되고 있다. 이 당시는 후한 왕조가 적극적인 동방정책을 취하지 않았기 때문에, 요동태수를 중심으로 하는 군현세력과 부여·고구려의 3자 사이의 요동평원 쟁탈기라고 말할 수 있다.

---

115 『후한서』 권85, 동이열전75, 부여, "夫餘王遣使奉貢 光武厚答報之 於是 使命歲通".
116 『후한서』 권85, 동이열전75, 부여, "(夫餘王)乃遣嗣子尉仇台 詣闕貢獻 天子賜尉仇台印綬金綵".
117 『후한서』 권85, 동이열전75, 부여, "夫餘王遣子(尉仇台) 將兵救玄菟 擊高句麗 馬韓 穢貊 破之".
118 『후한서』 권85, 동이열전75, 부여, "其王(夫餘王)來朝京師(洛陽) 帝作黃門鼓吹 角抵戲".
119 『후한서』 권85, 동이열전75, 부여, "其王葬用玉甲 漢朝常豫以玉甲付玄菟郡 王死則迎取以葬焉".

2세기 초에 이르러 부여와 후한 사이에는 일시적인 충돌이 일어나게 되었다. 역사서에 기재된 것을 보면 부여와 후한 왕조 사이에는 두 번의 마찰과 전쟁이 있었다. 첫 번째는 111년에 부여왕은 "보기步騎 7·8천 인을 거느리고 낙랑을 노략질하고, 관리와 백성을 살상한 후에 다시 귀부하였다"고 한다.[120] 다음으로는 기원 167년에 부여왕 부태夫台가 2만 명을 거느리고 현도군을 약탈하니 현도태수 공손역이 그것을 격파했다고 한다.[121]

이들 기사는 오랫동안 부여와 한과의 우호적 관계를 생각할 때 예외적이라 할 수 있다. 이 사건을 계기로 국교가 단절되었으나 그것은 일시적인 것이었으며 174년부터 다시 국교가 회복되어 부여왕은 "다시 봉장奉章 공헌하였다"[122]고 한다.

부여扶餘와 후한後漢 양측 간에는 그 뒤에도 밀접한 관계가 지속되었다. 2세기 말경 공손도公孫度가 요동에 독자적인 세력을 형성하여 동방의 패자로 군림했을 때, 부여는 후한 세력과의 관계 때문에 화친和親 관계를 유지하고, 공손도의 종녀와 결혼하여 일종의 혼인동맹을 맺었다.[123] 또한 이후 위魏가 공손씨를 멸망시킨 다음 유주자사 관구검毌丘儉을 보내 고구려를 침공했을 때(244~245) 현도 태수 왕기王頎가 부여를 방문하자 부여의 권신인 위거位居는 대가大加를 시켜 위군魏軍을 환영하고 그들에게 군량을 제공하였다.[124]

장기간 현도군玄菟郡의 영향력 아래 있었던 부여는 한漢 무제武帝 시기에는 자진해서 요동군遼東郡 관할로 들어가[125] 한漢 왕조의 명령과 조공朝貢 의무를 이행하였다. 그리고 121년 한이 마한馬韓과 예맥濊貊의 군사 수천 명을 거느리고 현도玄菟를 포위

---

120 『후한서』 권85, 동이열전75, 부여, "至安帝永初五年 夫餘王始將步騎七八千人 寇鈔樂浪 殺傷吏民 後復歸附".
121 『후한서』 권85, 동이열전75, 부여, "王(夫餘王)夫台 將二萬餘人 寇玄菟 玄菟太守公孫域擊破之 斬首千餘級".
122 『후한서』 권85, 동이열전75, 부여, "至靈帝熹平三年 復奉章貢獻".
123 『삼국지』 권30, 위서30, 오환선비동이, 부여, "鮮卑强 度以夫餘在二虜之間 妻以宗女".
124 『삼국지』 권30, 위서30, 오환선비동이, 부여, "遣玄菟太守王頎詣大餘 位居遣大加郊迎 供軍糧".
125 이는 부여가 현도군이 아니라 요동군을 통하여 후한 왕실과 거래할 것을 요구한 것으로, 부여와 현도군 사이의 관계가 오래 전부터 약화되어 있었고 167년 부여군의 현도 공격도 이와 관계가 있다고 보기도 한다(「부여사」『조선전사』 2, 1989, 147쪽).

유수 노하심 유적 전경

하였을 때 부여 왕은 아들 위구태尉仇台로 하여금 2만의 대군을 이끌고 가서 힘을 합해 고구려군을 격파하게 하여 5백여 급級을 참수하였다고 한다. 이후에 고구려가 처음으로 중국의 통제 하에 있게 되었고, 그 결과 "예맥濊貊이 모두 복종하니, 동쪽 변방에 일이 적어졌다"고 한다.[126]

이처럼 부여와 중국의 관계는 초기 단계부터 비교적 우호적이었으며, 일시적으로 정략 결혼과 공수 동맹을 맺기도 하였다. 그러나 중국이 5호 16국의 혼란기에 접어들면서 부여는 중국 동북 방면에서 크게 강성해진 모용씨慕容氏 연燕나라의 침략을 받게 되어 세력이 약해지게 되었다.[127]

---

126 『후한서』 권85, 동이열전75, 구려, "秋 宮遂率馬韓濊貊數千騎圍玄菟 夫餘王遣子 尉仇台將二萬餘人 與州郡并力討破之 斬首五百餘級……遂成死 子伯固立 其後濊貊率服 東垂小事".

127 모용씨는 선비족으로 '廆' 때에 요하상류에서 일어나 앞서 부여를 공파하여(285년) 東走케 하고, 또 요서지방을 침략하여 棘城(현 錦州부근)지방에 도읍하더니(294년) 그의 아들 慕容皝은 스스로 '燕王'이라 일컫고 얼마 아니하여 龍城(지금의 朝陽)으로 천도하여(342년) 위세를 떨쳤으므로 바로 이해에 모용황은 대대적으로 고구려에 침입하여 고국원왕을 달아나게 하고, 용성 천도 4년 후(346년) 마침내 부여까지 침략하였다.

모아산 고분군 전경

이처럼 한漢 왕실과 밀접한 교류 관계에 있다 보니 부여扶餘 사회에는 한漢 문화가 많은 영향을 미치게 되었다. 결과 현재 부여인이 남긴 문화 요소의 많은 부분은 부여扶餘의 독자 문화 외에 한漢 문화의 비중이 높게 차지하고 있다.

기원 전후한 시기부터 3세기 중엽의 전성기 부여의 대외 교류 양상을 보여주는 대표 유적은 유수 노하심 고분군과 길림 모아산 고분군을 들 수 있다. 이들 고분군이 조성된 기원 전후한 시기에는 흉노가 몰락하고 선비가 부흥하는 국제적 정세의 변화가 있었는데, 이런 정세가 부여에도 영향을 미쳐 무덤의 내용상에 흉노문화 요소가 점차 사라지고, 선비문화 요소가 그 자리를 차지하게 되었다. 그리고 이후에는 부여와 중원 한漢과의 교류가 빈번하게 이루어지면서 중원문화 요소가 급격하게 북방문화 요소를 대체하고 있음을 볼 수 있다.[128]

---

128 이종수, 「고고자료를 통해 본 부여의 대외 교류」 『선사와 고대』 제33호, 2010, 207~231쪽.

제4절

옥저, 동예와 삼한의 성장 및 한군현과의 관계

1. 옥저, 동예와 한군현의 관계

1) 옥저, 동예의 성장과 군사기반

'옥저沃沮'는 그 언어가 고구려와 같았다는 기록을 보면, 본래 예족濊族의 한 지파 였다가 기원전 5세기 경, 중국의 춘추春秋·전국戰國시대의 교체기에 비로소 예족濊 族에서 분화하여 옥저족沃沮族으로 불리게 된 것으로 보인다. 그러다가 한대漢代·위 魏·진秦 시기에 이르러 중국 역사서에 그 모습을 드러내게 되었다.[129]

옥저沃沮의 이름은 한대漢代에 이르러 처음으로 역사서에 보이지만, 옥저문화沃沮文 化의 상한은 이미 기원전 5세기 전국시대戰國時代까지 이른다. 두만강 북쪽에서 기원 전 5~4세기경부터 기원 전후한 시기에 유행한 단결團結-크로우노프카문화를 그 동 안 중국학자들은 북옥저北沃沮의 문화로 이해해 왔다.[130] 이에 대해 최근 우리 학계에 서는 두만강 이북의 단결-크로우노프카문화는 북옥저의 기층문화일 뿐이며, 2~3세 기경의 북옥저 문화는 아니라고 보고 있다. 그리고 옥저의 기원은 기원전 3~2세기

---

129 『삼국지』권30, 위서30, 오환선비동이, 동옥저, "其言語與句麗大同".
130 匡瑜, 「戰國至兩漢的北沃沮文化」 『黑龍江文物叢刊』 1982-1 ; 林沄, 「論團結文化」 『北方文物』 1985-1.

경 세형동검문화를 토대로 예족濊族 사회에 형성되어 있던 '부조夫租'라는 읍락집단이
었다고 보았다.[131]

과거 우리나라에서 발견된 "부조예군지인夫租穢君之印"은 "부조夫租"(즉, 옥저沃沮)
가 일찍이 '예인濊人'으로 불렸음을 말해준다.[132] 이것이 아마 옥저沃沮의 최초 명칭인
듯하다. 두만강 유역에 살았던 주민집단은 바로 예맥濊貊 계통의 집단이었다. 숙신肅
愼과 예맥濊貊은 다 중국 동북지방에서 제일 오랜 민족 집단이며 옥저沃沮는 예맥계濊
貊系였다. 그러므로 옥저沃沮의 옛 곳도 예맥濊貊의 옛 곳이라 했다.

원래 두만강 유역의 옥저沃沮는 후기 고조선의 영역에 속해 있었던 지역이며, 위만

---

131 이현혜, 「沃沮의 기원과 문화 성격에 대한 고찰」 『한국상고사학보』 70호, 2010, 58~64쪽.
132 리순진, 「부조예군무덤 발굴보고」 『고고학자료집』 4, 1974 ; 金基興, 「부조예군에 대한 고찰」
  『韓國史論』 12, 서울대 국사학과, 1985.

衛滿 이전에는 조선朝鮮의 한 지방이었다. 고조선의 멸망 후 옥저沃沮는 처음 현도군玄菟郡에 속하였다가 현도군이 고구려 서북방으로 이동된 후에는 예濊·맥貊과 함께 낙랑군樂浪郡에 속하였고, 다시 영동嶺東 7현으로 분립되어 낙랑 동부도위東部都尉 관경管境으로 되었다. 옥저의 주민 집단은 예인濊人이었다.[133]

옥저는 반도의 척량이 되는 개마대산맥의 동족에 있어 산악 지방이므로 인구가 희소하여 가호는 5천, 인구는 약 2만 5천이었다. 동예東濊와 더불어 고구려高句麗·부여扶餘와 가장 가까운 동일 혈족이었다. 그러므로 체격·언어·음식·거처·의복, 기타 문화가 대체로 서로 유사하였고, 인성人性은 질직質直·강용剛勇하였다. 평야平野는 비옥하여 전작佃作이 행해졌고, 우마牛馬는 비록 작으나 담비貂·베布·물고기魚·소금鹽과 기타 해산물은 풍부하였다. 그러나 인구가 희소하고 생산력 발달이 저급함으로 인해 겨우 초기국가初期國家의 상태로 있다가 1세기 중엽에 고구려高句麗에 병합되었다.

『삼국사기』 고구려본기 시조 동명성왕조東明聖王條에 보면 10년(기원전 32)에 왕의 명령으로 북옥저北沃沮가 멸망하고 14년(기원전 28년)에 주몽의 어머니가 동부여東扶餘에서 죽었다고 하여, 동시기에 북옥저北沃沮와 동부여東扶餘가 병존하고 있는 기록이 있다. 물론 『삼국사기』 초기 기록은 그 역사성에 대해서 면밀한 검토를 요하지만 기본적인 역사상의 전개는 보여준다는 점에서 주목할 수 있다. 즉 『삼국사기』 기록을 따르면 부여扶餘와 병존하던 북옥저北沃沮는 부여扶餘보다 먼저 고구려에게 태조왕 이전 시기에 복속되었고, 고구려의 지배하에 있었다고 볼 수 있다.

『삼국사기』 고구려본기에 따르면 기원紀元을 전후하여 선비족의 일부 및 태자하 상류 일대의 양맥梁貊, 힘의 공백지대였던 함경남북도 산간지대의 행인국行人國·개마국蓋馬國·구다국句茶國과 두만강 하류의 북옥저北沃沮도 이 무렵에 정복하거나 복속하였다.[134]

나아가 1세기 중엽 경 나부체제那部體制가 수립되면서 고구려高句麗는 먼저 동해안 방면의 옥저沃沮와[135] 동예東濊를[136] 복속하고 이 지역의 풍부한 해산물을 확보하여 확

---

133 『삼국지』 권30, 위서30, 오환선비동이, 예(濊), "自單單大山嶺以西屬樂浪 自嶺以東七縣 都尉主之 皆以濊爲民".
134 『삼국사기』 권13, 고구려본기1, 동명성왕 6년, 10년 ; 『삼국사기』 권14, 고구려본기2 대무신왕 9년.
135 『삼국사기』 권15, 고구려본기3, 태조대왕 4년.
136 『삼국지』 권30, 위서30, 오환선비동이, 濊.

고한 배후기지로 삼았다. 이에 따라 영흥만 일대는 태조왕 이래 고구려의 변방지역으로 편입되며, 『광개토왕릉비문』의 수묘인守墓人 기사 중 "동해가東海賈"가 광개토왕 이전에 정복한 구민舊民임을 생각한다면 영흥을 비롯한 동해안 일대는 고구려高句麗의 영역임이 분명하다.

동옥저東沃沮는 태조대왕대太祖大王代에 고구려에 복속되었는데도 『삼국지三國志』에 독립된 전傳이 따로 마련되고 있음을 보면, 적어도 3세기까지는 고구려가 동옥저의 읍락 사회를 해체시키지 않고 그대로 온존시키면서 이들을 종족적으로 묶어 지배하고 있음을 알 수 있다. 그리고 대가大加 세력들이 각 속민집단屬民集團으로부터 공물貢物 수취와 분배에 참여함은 곧 이러한 속민 집단을 복속하는 과정에서 대가들의 군사력이 동원된 결과이다.[137]

옥저가 위치한 두만강 지역은 원래 중국 군현郡縣과 고구려高句麗 등 강대한 외부세력의 계속적인 지배하에 있었기 때문에 통합세력의 대두가 저지되고 상대적으로 각 읍락邑落의 독자성이 다른 지역에 비해 강하게 유지되고 있었다.

동옥저東沃沮 사회를 구성하는 기본 단위집단은 『삼국지』 위서 동이전 동옥저조에 나오는 '읍락邑落'이다. 옥저沃沮 사회는 예濊·읍루挹婁와 함께 장수將帥·거수渠帥나 대인大人에 의해 통주統主되는 사회로서 사회분화 정도가 낮았다.

동옥저東沃沮와 예濊는 낙랑군樂浪郡 동부도위東部都尉 관할 하에 있을 때 부조현夫租縣과 예濊의 6현縣 등 모두 7현縣으로 나뉘어져 있었다.[138] 이때의 각 현縣은 호수戶數 면에서 대개 한韓의 소국小國과 비슷한 수준을 나타내고 있었다.[139] 『삼국지』 위서에 의해 당시 옥저의 사회상을 살펴보면, 옥저는 총 호수 5천의 사회로 여러 읍락으로 나뉘어 있었고, 각 읍락에는 거수渠帥들이 있어 스스로 삼로三老라 일컫고 하호下戶를 거느렸으니, 이들 삼로三老 위에 군림한 맹주가 바로 현후縣侯였다.[140] 이러한 사실은 동옥저東沃沮 사회가 현후縣侯가 지배하는 대읍락大邑落과 삼로三老들이 통주하

137 임기환, 『고구려 집권체제 성립과정의 연구』, 경희대 박사학위논문, 1995, 115쪽.
138 『삼국지』 권30, 위서30, 오환선비동이, 동옥저 條의 嶺東七賢을 말한다.
139 李賢惠, 『三韓社會形成過程硏究』, 一朝閣, 1984, 110~111쪽.
140 『삼국지』 권30, 위서30, 오환선비동이, 동옥저.

는 다수의 읍락邑落들로 구성되어 있었음을 뜻하는 것이다. 그러므로 기원 1세기 초엽 현후縣侯 또는 삼로三老에 의해 통주統主되는 각 집단들은 규모나 기능면에서 삼한三韓 소국小國의 국읍國邑, 읍락邑落과 유사하다고 할 수 있다.[141]

옥저 사회는 오랫동안 한군현의 통치 아래에 있어, 철기문명의 혜택이라든가 한인의 정치제도에 관한 지식과 훈련을 받았음에도 불구하고 강력한 사회통합을 이루지 못하고 초기 국가 체제에서 벗어나지 못하였다. 이것은 무엇보다도 『삼국지』위서 동이전에 "나라가 작고 큰 나라 사이에서 핍박받았다國小 迫於人國之間"는 것처럼 고구려·낙랑 등 외부 세력의 압력과 동으로 대해大海를 사이에 둔 지리적인 제약성 등에 기인되었던 것이라 하겠다.[142]

동예東濊와 옥저沃沮가 위치하고 있는 강원도 북부·함흥평야 지방은 이른바 단단대령單單大嶺의 동쪽으로서 낙랑군樂浪郡 예하의 동부도위東部都尉가 불내성不耐城을 거점으로 하여 화려華麗·옥저沃沮 등 7현을 다스렸다고 한 것을 보면 이곳에 적어도 7개 이상의 소국(小國)이 존재한 것으로 보기도 한다.[143]

동옥저東沃沮에는 비록 대군왕大君王은 없지만 읍락邑落마다 그 거수로 세습적인 '장수將帥'가 있어 '삼로三老'라 자칭하고 있었다는 사실은 당시의 동옥저東沃沮가 읍락邑落을 기본으로 한 초기국가初期國家 단계에 처하고 있었음을 말해준다. 그리고 당시 북옥저인北沃沮人들의 정치적 존재양태 또한 동옥저東沃沮에서의 그것과 대동소이하였을 것이다.

옥저沃沮는 인근에 강력한 정치세력이 존재했기 때문에 그들의 행정기구에 편입되었다. 처음에는 고조선古朝鮮에 속했다가 고구려高句麗가 강성하게 되자 곧바로 고구려에 속하게 되었다.

3세기 당시 고구려는 동옥저 각 읍락의 대인大人들에게 자기 읍락에 대한 지배권을 인정하되, 이들에게 사자使者의 직職을 주어 고구려 대가大加의 통솔 아래 부과된 공물貢物을 부담하거나 읍락邑落의 하호下戶들을 동원하여 공물을 운반케 하는 임무를

---

141 李賢惠, 앞의 책, 1984, 110~111쪽.
142 이병도, 앞의 논문, 1976, 230~233쪽.
143 李基東·李基白,「城邑國家와 聯盟王國」『韓國史講座』(古代篇), 一潮閣, 1982, 100쪽.

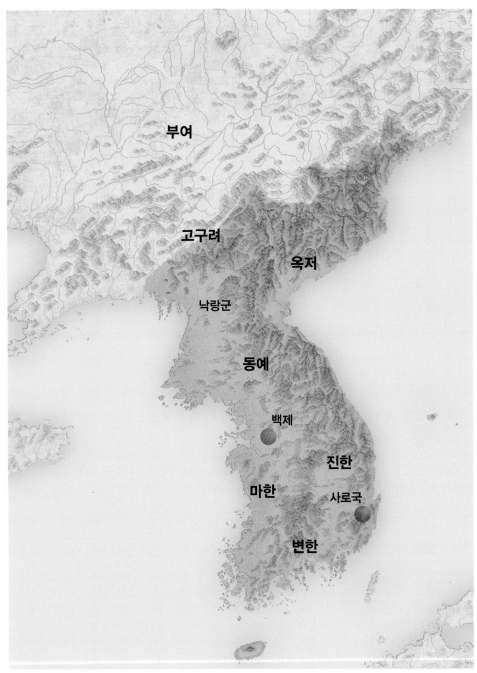

부여

고구려

옥저

낙랑군

동예

백제

진한

마한

사로국

변한

초기국가와 동예 및 옥저

부과하였다. 옥저인沃沮人들은 조세租稅와 초포貂布·어염魚鹽, 기타 해중海中 식물을 멀리 운반하여 고구려에 공급하였다.[144]

옥저沃沮는 고구려高句麗에 편입된 이후 고구려 백성들과 마찬가지로 국가에 세금과 공물을 바치고 귀족들에게 하호下戶와 같은 착취를 당하였다. 그들은 고구려 귀족들에게 각종 식료품을 날라다 먹었으며, 그 미녀美女들은 고구려 통치자들의 비첩婢妾으로 끌려가서 노비로 되었다. 이 사정은 『삼국지』 고구려전의 "그 나라의 대가大加는 전작佃作을 하지 않고 앉아서 놀고먹는 자가 1만여 인이었으며, 하호下戶는 멀리서 쌀과 양식을 져다가 고기와 소금을 공급하였다."라는 기록과 일치되는 것이니 옥저인沃沮人들은 대부분 하호下戶와 같은 처지에 있었음을 알 수 있다.[145]

『삼국지』 동이전 동옥저조를 보면, 동옥저東沃沮에는 한漢의 침입 이전에 예군남려濊君南閭가 있었는데, 비록 그 통합의 밀도는 낮았으나 대군장大君長이 있어 사회를 이끌어 갔다. 그러나 곧 한漢에 의해 그 통합이 해체되고 각 읍락邑落별로 나뉘어져 읍락邑落 내의 질서는 기존의 것을 인정받았으나, 전체적으로 한漢에 이어 고구려에 복속되어 공납貢納을 바치는 집단예민화集團隸民化 하였다.[146]

이처럼 옥저沃沮와 동예東濊 사회는 고구려高句麗 연맹체 안에 예속민隸屬民으로 편제되어, 연맹 권력에 의해 정치적으로 반 자치적, 경제적으로 공납적貢納的 지배를 받았다.[147]

옥저 중에서도 북옥저北沃沮 지역은 동북 만주滿洲 지역에 비해 비교적 농업 조건이 양호한 지역일 뿐만 아니라 철鐵 자원의 확보가 용이한 지역이었음이 주목된다.[148] 그러나 정치적 구심체로서의 국가國家를 형성한 바 없는 옥저인沃沮人들은 조직적 군사軍事 역량을 효율적으로 운용할 수 없었다. 더구나 옥저 인들은 당시의 군사행동에서

---

144 『삼국지』 권30, 위서30, 오환선비동이, 동옥저, "句麗復置其中大人爲使者 使相主領 又使大加統責其租稅".
145 북한의 리지린은 下戶가 국가에 세금을 바치고 동시에 귀족, 관료, 지주들에게 먹을 것을 바쳤으니, 그는 노예가 아니고 바로 농노적 농민이었다고 보았다(리지린, 앞의 책, 1963, 315쪽).
146 盧泰敦,「三國時代의 '部'에 關한 硏究」『韓國史論』2, 1975, 30~31쪽 ; 노태돈, 『고구려사 연구』, 사계절, 1999, 127~128쪽.
147 임기환, 앞의 논문, 1995, 115쪽.
148 李龍範, 앞의 논문, 1966, 63~80쪽.

군사 기동과 관건이 되는 기병騎兵 전력과 병선兵船을 매개로 한 수전水戰 역량에 취약함을 노정함으로써 외부세력의 침투 책동에 대하여 주로 보병步兵 전력에 의존, 생존 영역을 지키기에 급급한 상황이었다.[149]

옥저와 동예의 읍락邑落 민民들은 평상시에는 농경에 종사하다가 위급한 때에는 군사적 목적을 위해 동원되어 싸웠다. 3세기 중엽의 상황을 보여주는 『삼국지』위서 동옥저전의 기록을 보면 "읍락에는 장수가 있는데 인성이 질직質直하고 강용强勇하여 창矛을 가지고 보전步戰을 하였다"[150]고 하였다. 한편 동예東濊는 "길이가 3장이나 되는 창을 만들어 여러 사람이 함께 쥐고 하는 보전에 능했다"[151]라고 평했다. 이것을 보

---

149 金哲埈, 「「能步戰」과 「便鞍馬」」『韓沽劤博士停年紀念私學論叢』, 1981.
150 『삼국지』권30, 위서30, 오환선비동이, 동옥저, "便持矛步戰".
151 『삼국지』권30, 위서30, 오환선비동이, 동옥저, "作矛長三丈 或數人共持之能步戰".

면 동예와 옥저에서는 대개 장창長槍을 가지고 상대방의 선봉을 공격하는 보전步戰이 가장 주된 군사전술이었다고 보인다. 동예와 옥저의 사례이지만 이 기록들은 기원 전후부터 삼국 초기 시대의 주요 전술이 보전步戰이었다는 사실을 입증해 주고 있다.

2) 옥저, 동예와 한군현의 관계

한군현 설치 이후 옥저 및 동예 등의 각 현縣에 현령縣令과 현장縣長이 파견되었음이 문헌과 고고학 자료를 통해 확인된다.[152] 그리고 한의 군현은 속리屬吏를 두어 태수太守·현령·현장을 보좌하여 군현의 실질적인 행정을 담당하게 하였다. 그리고 군현설치 초기에는 속리를 요동遼東에서 데리고 왔으나 이후에는 토착인을 속리로 임명하였다.[153] 이는 토착 지배 세력을 한의 지배구조 속에 끌어 들여 토착민의 반발을 무마하고 군현통치를 효율적으로 수행하기 위한 것이다.[154]

군현郡縣의 영역 밖으로부터 필요한 생산품을 얻어내기 위하여 군현은 한韓·예濊의 거수들에게 관작官爵·인수印綬·의책衣幘 등을 주어 그들과 조공朝貢 관계를 맺기도 하였다.[155] 낙랑군으로부터 관직을 받은 군장들은 낙랑군에 조헌朝獻, 조알朝謁을 하였다. 이때 자기 지역의 특산물을 낙랑군에 조공하였고, 이에 대한 답례로 낙랑군은 관직은 물론 인수, 의책, 철제 무기 등 중국제 물건을 제공하였다.[156] 결과 낙랑군으로부터 후侯, 읍군邑君, 읍장邑長 등의 관직을 제수 받은 동이東夷 군장君長들은 자기가 거느린 세력들을 다스릴 수 있는 정치적인 권위를 얻게 되었다. 이처럼 낙랑군과의 교역 과정에서 동이東夷 제족諸族들은 점차 정치적인 성장을 이루어 나갔다.

낙랑군樂浪郡의 태수太守와 현령縣令은 중국 내군內郡의 태수, 현령 등과는 임무가

---

152 『한서』 예문지 詩賦條에 東暆縣의 縣令 延年이 賦 7편을 남겼다는 기록과 평양에서 '夫租長印'이라는 銀製 印章을 부장한 부조현의 현장 高常賢의 무덤이 발견되었다.

153 權五重, 앞의 책, 1992 ; 오영찬, 앞의 책, 2006.

154 尹龍九, 「樂浪前期 郡縣支配勢力의 種族系統과 性格」 『歷史學報』 126, 1990, 37쪽.

155 尹龍九, 「三韓과 樂浪의 交涉」 『韓國古代史研究』 34집, 2004.

156 『후한서』 권85, 동이열전75, 한(韓), "建武二十年 韓人廉斯人蘇馬諟等詣樂浪貢獻 光武封蘇馬諟爲 漢廉斯邑君 使屬樂浪郡 四時朝謁".

달랐다. 중국 본도의 군태수郡太守나 현령縣令, 현상縣長 등은 백성을 다스리고 현인賢人을 추천하고 송사訟事를 처리하고 백성에게 농상을 권하는 등의 여러 가지 임무를 수행하였다.[157] 반면 낙랑태수樂浪太守는 기본적으로 속현屬縣에 있던 조선인들에 대한 통제와 주변 정치 세력들과의 외교 관계에 힘을 쓴 것으로 보인다.[158] 이는 속현의 통치는 기본적으로 조선인 토착 지배세력들이 장악하고 있었기 때문에 나온 것이라 할 수 있다.

서북한 지역의 토착 지배세력들이 낙랑군樂浪郡 설치라는 정치적 격변에도 불구하고 정치 경제적 기반을 해체 당하지 않은 채 그대로 유지하고 있었다는 사실은 평양 정백동 1호 무덤에서 출토한 '부조예군인夫租濊君印'을 통해 확인할 수 있다.[159] '부조예군인夫租濊君印'이 부조夫租 지방 예인濊人 유력자에게 준 인수印綬라는 점에서 부조예군의 무덤은 원래 동해안의 부조(夫租:沃沮) 지역에 있어야 한다. 하지만 그것이 현재의 평양에 위치하고 있다는 것은 낙랑군이 부조夫租 지역에 현縣을 설치하면서 강제로 평양 지역에 옮겨 살도록 하였던 것임을 알 수 있다.

낙랑군樂浪郡의 관할 하에 있던 토착土着 읍락민邑落民들은 낙랑군에 대하여 일정한 의무를 이행하였을 것이다. 그것은 대체로 군역軍役과 조부租賦였다. 뿐만 아니라 변한弁韓의 철鐵을 교역하거나 염사치 설화에 보이는 것처럼 진한辰韓의 목재木材를 베어오게도 하였다.

이러한 군역과 조부의 부과는 낙랑 군태수郡太守가 속현의 현령縣令과 현장縣長을 통하여 읍락邑落의 거수渠帥들에게 전하였던 것 같다. 거수들은 이러한 일을 수행하는 대가로 세습적인 지위를 인정받은 것으로 보인다. 다른 측면에서 보면 옥저와 동예의 거수들이 한군현의 관작과 의책衣幘을 탐하는 것은 한 군현의 토착사회 분열정책이

---

157 池田雄一, 「中國古代における郡縣屬吏制の展開」 『中國古代史研究』 第四, 1976, 319~344쪽.

158 이성규, 「중국 군현으로서의 낙랑」 『낙랑 문화 연구』(동북아역사재단 연구총서20), 동북아역사재단, 2006.

159 리순진, 「부조예군 무덤에 대하여」 『고고민속』 1964-4, 사회과학출판사, 34~39쪽 ; 岡崎敬, 「大租濊君銀印をめぐる諸問題」 『朝鮮學報』 46, 朝鮮學會, 1968, 45~60쪽 ; 리순진, 「부조예군 무덤 발굴 보고」 『고고학자료집』 4, 과학백과사전출판사, 1974, 183~191쪽 ; 리순진, 앞의 책, 2001, 91쪽.

성공하고 있었음을 알 수 있다.[160] 그러나 한 군현의 정치적·경제적 지배는 토착인들의 자각을 일으켜 한의 지배에 대한 저항이 점차 일어나게 되었다.

2. 삼한과 한군현의 관계

1) 소국연맹체의 형성과 전쟁

삼한의 소국들은 중심 읍락邑落인 국읍國邑과 다수의 일반 읍락邑落으로 구성되었다. 국읍國邑은 상대적으로 세력이 강하고 정치 경제적으로 주도적인 기능을 수행하는 대읍락大邑落이었다. 삼한 사회의 읍락은 단일한 농경촌락을 뜻하는 것이 아니라, 하나의 중심지에 연결되는 다수의 취락군으로서 1천호 미만의 인구를 가지고 동일한 시조를 내세우는 의제적擬制的 혈연집단血緣集團으로서 독립된 지배자에 의해 통치되는 개별 정치집단이었다.[161]

기원전 2세기 초에 고조선의 준왕은 중국에서 망명 온 위만에게 왕위를 빼앗기고 마한으로 밀려 내려왔다. 마한의 여러 소국들의 대표자는 목지국目支國의 진왕辰王이었다. 당시에는 마한 전역을 포괄하는 강력한 연맹체의 수준에는 미치지 못하였고, 단지 지금의 충남지역을 중심으로 하는 일정 범위 내의 정치 집단들이 결속되어 마한 지역의 주도 세력으로 기능함에 따라 마한 소국 연맹체의 토대를 이루고 있었다.

진왕 중심의 마한 소국 연맹체는 상대적으로 토착성이 강하고 성립 시기가 빠르다. 마한 연맹체의 북쪽에는 백제국伯濟國 중심의 소국 연맹체가 중국 군현과 대응하면서 성장 발전하고 있었다. 목지국目支國을 맹주로 하는 마한 소국연맹체는 중국 군현과의 사이에 일정한 완충지대를 두고 완만한 관계를 유지하고 있었던 것 같다. "진왕은 스스로 왕이 될 수 없다"라는 기록에서 나타나듯이, 마한소국연맹체의 맹주국인 목지

---

160 윤용구, 「三韓의 朝貢貿易에 대한 일고찰」『歷史學報』162, 1999.
161 권오영, 『삼한 사회의 國에 관한 연구』, 서울대 박사학위 논문, 1996 ; 이현혜, 『三韓社會形成過程研究』, 일조각, 1984.

국과 진왕의 권력 기반은 강압적인 위계 관계에 기반을 둔 것이라기보다는 아직도 완만한 상태의 결속 관계에 머무르고 있었던 것이다.

읍락의 중심 취락은 하천을 끼거나 구릉 지대에 위치함으로써 인근 지역의 조망과 방어에 편리한 입지조건을 갖추고, 토루上壘·목책木柵·환호環濠와 같은 방어시설을 갖춘 경우가 많다. 중심 고을은 규모가 다른 고을보다 크고, 일반 고을과는 다른, 특별한 기능이 있었다. 중심 고을에는 우두머리가 있어 백성을 다스렸는데, 세력이 큰 나라의 우두머리는 신지, 견지라 했고, 힘이 좀 약한 나라의 우두머리는 부례, 읍차라고 했다.

중심 읍락의 통치자인 신지의 가장 중요한 기능은 경제적인 활동과 깊은 관계가 있었다. 새로운 금속인 철을 개발하고, 그것으로 농기구를 만들어 농업 생산력이 커지자 각 지역의 정치 집단들은 남은 물건을 서로 교역하게 되었다. 교역하는 물건을 관리하기 위해서 조직적인 기구가 필요하게 된다. 그 결과 여러 읍락邑落을 대표하여 국읍國邑의 우두머리가 이러한 교역 활동을 주관하고, 읍락들이 서로 좋은 관계를 유지할 수 있도록 노력하게 된다. 혹 집단 사이에 다툼이 생기거나 외부의 세력에 공동으로 대처할 필요성이 생기면, 곧바로 국읍의 우두머리가 책임자가 되어 여러 읍락의 족장들과 함께 그들의 군대를 이끌고 나섰다.[162]

국읍에서 여러 읍락들을 통솔할 때에는 하늘에 제사를 지내는 의식이 매우 중요했다. 『삼국지』 동이전에 따르면 삼한에서는 귀신을 믿었는데, 국읍에서 '하늘 임금天君'한 사람을 세워 '하늘 신天神'에게 바치는 제사를 주관하게 했다고 한다.[163] 제사의식을 지내는 것은 정치나 경제 활동의 중심인 국읍國邑이 주도하여 읍락邑落 간의 구별을 뛰어넘는 절대자나 신에게 제사를 지냄으로써, 읍락 간의 결속을 다짐하고 국읍 지배자의 위치를 더욱 굳게 하려는 뜻이라고 할 수 있다.

시간이 지나면서 소국의 지배자는 서서히 무당이나 제사장으로서 권위를 세우기보다는 경제 활동이나 군대를 통솔하는 세속적인 힘을 통해 권력을 유지하게 되었다. 나중에는 제사 지내는 일을 따로 제사장으로 세운 사람에게 맡겨 버린 뒤, 자신은 세

---

162 이현혜, 앞의 책, 1984.
163 『삼국지』권30, 위서30, 오환선비동이, 韓.

속적인 통치 행위만을 하게 된다.

2세기 후반 이후가 되면 경상도 지역의 소국 집단들 간에도 맹주국을 중심으로 소국연맹체가 형성되고 있었던 것으로 생각된다. 삼한 소국 연맹체는 마한 왕인 진왕辰王을 중심으로 느슨한 연맹 관계를 형성하고 있었다. 마한의 진왕은 78개 소국에 대한 지배를 강화하기 위하여 중앙 왕권에 대한 소국 통치자들의 신속 관계를 공고히 하고자 하였다. 백제 소국의 통치자인 온조가 도읍을 하남위례성(광주)에 옮기기에 앞서 수도를 옮긴다는 것을 마한왕辰王에게 보고한 것[164]이라든가, 말갈군의 침입을 칠중하(임진강)에서 물리치고 말갈 추장 소모를 잡아 마한왕에게 보낸 사실[165]들에서 보듯이, 소국의 통치자들은 자기 관

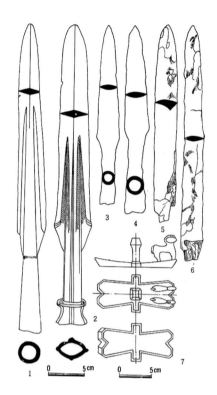

양통리유적 유물실측도(조선유적유물도감)
1·2 좁은 놋창끝, 3·4 쇠창, 5·6 쇠칼, 7 검자루 맞추개

할 지역에서 벌어지는 중요 사건들에 대하여 진왕辰王 또는 한왕韓王들에게 보고하였다.

그것은 진왕 아래의 소국 통치자들의 의무였다. 그밖에 다양한 계기를 통해 소국 통치자들은 진왕에 대한 신속 관계를 표시하였던 것으로 보인다. 한편 진왕은 소국을 단위로 생산자 대중에 대한 경제적 착취와 약탈을 실현하였다. 마한 소국들의 경우는 잘 알 수 없으나 진한과 변한의 왕들은 소국들에서 수탈한 착취물을 진왕에게 공납貢納의 형식으로 정상적으로 바쳤다.

진왕辰王은 소국小國들을 군사軍事 단위로 편성하고 병역 의무를 지게 하였으며, 특

---

164 『삼국사기』 권23, 백제본기1, 온조왕 13년.
165 『삼국사기』 권23, 백제본기1, 온조왕 18년.

히 변방 소국들인 경우에는 그들 지체의 군사력에 의거하여 나라의 국경을 지키게 하였다. 이것은 교통이 불편하고 군대의 기동력이 낮았던 당시의 조건에서 국가의 안전을 보장하기 위한 합리적인 조치였다. 진왕은 변방 지역에 적의 침입을 물리칠 수 있는 군사력을 가짐으로써 중심 지역까지 적을 끌어들이지 않고 변방 지역에서 저지시킬 수 있었다.[166]

3세기 당시 말갈, 낙랑의 침입을 백제국을 비롯한 변방 소국들이 방어할 수 있었던 것도 소국小國 자체가 하나의 군사 단위이기 때문이었다. 또한 적의 침입을 막기 위한 전쟁은 소국 자체의 존망과 관련되었던 만큼 소국의 방위력을 최대한 높일 수 있게 하였으며, 그것은 진왕 왕권의 안전에도 유익한 것이었다.

일정한 영역領域과 인민人民의 획득을 목적으로 했던 전쟁은 이미 위만조선衛滿朝鮮 단계부터 확인되지만, 기원 전후에는 삼한三韓 소국들 사이의 통합전쟁에서 시작되고 있었던 것으로 보여진다. 3세기 이전의 이른바『삼국사기』의 초기 기사들에서 이러한 소국小國, 좁은 범위의 지역 대 지역의 전쟁이 일어났음이 확인되고 있다.

삼한과 같은 초기국가初期國家 단계의 전쟁은 지배집단 내부에서 새로운 정치세력이 성장하는 계기로도 작용하였다. 초기 백제百濟에서는 고구려와 말갈에 대한 전쟁을 수행하는 과정에서 북부北部와 동부東部가 성장하였고, 가야 진출 과정에서 남부의 목씨木氏가 성장했다는 견해도 있다. 초기 백제에서 족장들이 전쟁을 통하여 귀족으로 전신하였다든지, 백제국伯濟國의 단위정치체인 부체제部體制를 대방군과의 전쟁 등을 수행하기 위한 군사연맹체로 보기도 한다. 신라와 백제의 지방통치체제는 전쟁수행 과정에서 발생된 군사조직과 밀접하게 관련되어 있다는 지적은 전쟁이 정치 조직의 형성에 작용하였던 예가 될 수 있다.[167]

삼한 시기에 해당하는 울산 하대·김해 양동리·대구 팔달동·창원 도계동·부산 노포동과 같은 영남지역의 유적에서는 2세기 후엽에 장검長劍과 대도大刀가 출현하여 3세기 대에 지속적으로 사용되었고, 3세기경에 들어 살상력이 높은 유경식有莖式 철촉鐵鏃의 등장과 함께 철촉의 부장이 급증하며, 철모鐵矛의 출토 수가 낙랑지역의 그것

<hr />

166 과학백과사전출판사,『조선전사』2권(고조선 부여 진국), 1997.
167 이영식, 앞의 논문, 1999, 33~37쪽.

을 상회하는 등의 현상은 당시 전쟁의 모습을 반영하는 것으로 생각한다.[168]

왕망王莽 지황地皇 연간(20~23년)에 진한辰韓의 우거수右渠帥 염사치가 낙랑군에 귀부하러 가는 도중에 만났던 호래戶來 등 한인漢人 1500인은 3년 전에 한韓이 군현郡縣을 공략하는 과정에서 벌목 작업을 하다 사로잡혀 와서, 머리를 깎이고 노예처럼 한韓 소국小國의 농경 작업에 동원되고 있었던 사람들이었다. 이러한 사례를 통해 기원 1세기경의 한韓 사회에서는 인간의 약탈을 목적으로 하는 전쟁이 수행되고 있었음을 확인할 수 있다.

이와 같은 3세기 이후의 상황은 백제의 고이왕~근초고왕, 신라의 미추 니사금~내물 마립간의 연간에 치러졌던 전쟁들의 목적으로 추정될 수 있을 것이다. 백제의 몽촌토성·풍납토성과 신라의 월성은 이러한 목적의 전쟁을 수행해 나갔던 중심으로서 주변의 지역 세력에 대한 영역 통합전을 추진해 나가던 주체였을 것으로 생각한다.

양동리 출토 세형동모(조선유적유물도감)

한편 삼한에도 군대가 있었음이 문헌 및 고고학 자료를 통해 확인할 수 있다. 삼한의 군대는 보병과 기병으로 구성되어 있었으며, 그 가운데 주된 병력은 보병이었다고 보인다.[169] 그리고 전쟁의 양상은 "변한弁韓은 보전에 익숙했고 무기는 마한馬韓과 같았다"[170]고 하는 기록들로 보아 대개 삼한 시대의 주요 전술 역시 옥저와 동예처럼 보전步戰이었

---

168 이남규, 「한반도 고대국가 형성기 철제무기의 형성과 보급-중국과의 비교적 시각에서」, 『한국고대사연구』 16, 1999.
169 과학 백과사전출판사, 『조선전사』 2권, 1997, 181쪽.
170 『삼국지』 권30, 위서30, 오환선비동이, 韓, "便步戰兵仗與馬韓同".

음을 짐작할 수 있다.

개별적인 변방 소국들도 국가 방위의 의무를 담당하였던 조건에서 자체의 군대를 가지고 있었다. 백제 소국에는 군사 관계 사업만을 전문적으로 맡아보는 관직(우보)[171]이 있었으며, 한번 전투에 1천 명의 기병이 출동하기도 하였다. 정도의 차이는 있으나 다른 변방 소국들도 이와 비슷하였을 것이다.[172]

군대의 무장에는 초기에 사격 무기로서 활이 있었고 육박전에 쓰이는 무기로서 세형동검, 세형동모가 있었다. 특히 이 시기의 가장 대표적 무기인 세형동검은 지배 계급의 무덤에서 대부분이 다 나왔다. 이른 시기의 세형동검은 등날이 마디 위까지만 났으며 어임이 뚜렷하고 그 아래 부분이 약간 불룩하여 비파형동검의 흔적을 남기고 있다. 세형동모는 그 대표적인 것이다.

기원전 2세기 이후에 육박전투에 쓰인 무기가 급속히 늘어나면서 쇠도끼, 청동과 등이 나타났는데 이것은 고조선 지역이었던 우리나라 서북지방의 것이 보급된 결과이다. 기원전 1세기에는 새롭게 철제 장검이 나타났으나 널리 보급되지 못하고, 세형동검이 여전히 기본 무기로 사용되었다.

늦은 시기의 세형동검은 등날이 마디 아래까지 났으며 날의 너비가 좀 넓어지고 등대가 굵어졌다. 세형 동모는 길이가 길어졌으며 김해 양동리 유적에서 나온 것과 같이 날 부분이 세형동검처럼 생긴 것도 있다. 청동과는 마지막 시기에 윗부분이 아래 부분보다 더 넓어졌다.

그러나 기원후에는 세형동검, 세형동모, 청동과가 급속히 사라지고 철제 장검이 주요한 무기로 등장하였다. 단검이 사라지고 철제 장검이 주요한 무기로 등장한 것은 무기 발전에서 큰 전진이었으며 그것은 삼한의 멸망과 백제, 신라 국가의 출현과 시기적으로 일치하였다. 우리나라 서북지방에서는 기원전 1세기부터 철제 장검 밖에 새로운 무기로서 쇠뇌弩機와 가지창戟이 나타났으나 삼한에서는 그것이 나오지 않았다.

---

171 『삼국사기』 권23, 백제본기1, 온조왕 2년.
172 『삼국사기』 권23, 백제본기1, 온조왕 22년.

2) 삼한과 한군현의 기리영(崎離營) 전투

후기 고조선, 즉 위만조선衛滿朝鮮 지배체제의 기본 특성은 각 지역의 촌락공동체, 즉 '읍락邑落'들의 내부 구조에 씨족제적 유제가 강하게 남아 있고, 그것을 매개로 하여 촌락공동체들의 계층적 지배와 예속관계가 편성되었다는 점이다.[173] 이러한 모습은 삼한 사회에도 그대로 나타났다.

삼한의 대외 교역에서 가장 큰 비중을 차지한 교역 상대는 중국 및 낙랑이었다. 대개 낙랑군樂浪郡과 대방군帶方郡은 그 치소治所를 중심으로 한인漢人의 읍락을 이루었으나 그 밖의 지역은 토착인들을 통해 관리할 수밖에 없었던 것으로 보인다. 그리고 군현은 군현의 영역 밖으로부터 필요한 생산품을 얻어내기 위하여 한韓·예濊의 거수들에게 관작官爵·인수印綬·의책衣幘 등을 주어 그들과 조공관계를 맺기도 하였다.

이처럼 중국 군현 관리와 삼한 신지臣智와의 교역활동은 조공과 관작·인수의 수여라는 형식을 통해서 이루어졌으므로 이러한 교역 형태는 조공무역이라 부를 수 있다.[174] 이러한 사실은 『삼국지三國志』의 염사치廉斯鑡 설화에 보면 군郡 1,500명이 한韓에서 목재를 베어오게 한 사실이 나오는데, 그 과정에서 염사치에게 포로 쇄환의 공으로 관책冠幘과 전택田宅을 하사하는 기록[175]과 후한 광무제 때 염사 출신 소마시蘇馬諟가 낙랑군에 조공朝貢하여 '읍군邑君'의 관작을 받은 것[176] 등에서 확인된다. 특히 소마시의 기록을 통해 염사읍廉斯邑의 낙랑 지역에 대한 조공朝貢이 정기적으로 이루어졌고, 그에 대한 일정한 답례가 낙랑군으로부터 이루어졌음을 알 수 있다.

---

173 송호정, 『한국 고대사 속의 고조선사』, 푸른 역사, 2003, 458~459쪽.

174 이현혜, 「삼한의 대외교역체계」『한국 고대의 생산과 교역』, 일조각, 1998, 264~290쪽.

175 『삼국지』권30, 위서30, 오환선비동이, 韓, "(裵注所引 魏略)廉斯鑡爲辰韓右渠帥 聞樂浪土地美 人民饒樂 亡欲來降……郡表 功義 賜冠田宅 子孫數世 至安帝延光四年時 故受復除". 廉斯鑡 기사에 대해서는 삼한과 낙랑의 교섭에 대한 주요한 자료로 보아 군현 설치이후 단절된 삼한과 낙랑의 교섭의 대개를 암시한다고 보고 있다(윤용구, 「三韓과 樂浪의 교섭」『韓國古代史研究』34집, 2004, 131~132쪽).

176 『후한서』권85, 동이열전75, 韓, "建武二十年 韓人廉斯人蘇馬諟等詣樂浪貢獻 光武封蘇馬諟爲漢廉斯邑君 使屬樂浪郡 四時朝謁".

한편 경기도 화성의 기안리 제철 유적[177], 시흥의 오이도 패총[178], 경기도 가평 달전리[179] 등에서 낙랑계樂浪系 문물文物이 다수 출토되었다. 이는 그것이 조공의 형식을 통한 교역활동이든 아니든, 삼한이나 초기 백제와 중국 군현 사이의 다양한 관계關係와 교섭交涉이 어느 정도 활발하게 이루어지고 있었음을 말해준다. 당시 삼한이나 초기 백제의 교역 담당자는 부를 축적하고 정치권력을 성장시켰다고 볼 수 있다.

조공 무역 외에 낙랑과의 교역에서 중요한 역할을 한 것은 중국 상인商人들로, 이들은 신변 안전과 교통의 편의성 때문에 서남해안에 위치한 중요 지역을 대상으로 해로를 통해 제한된 범위에서 교역활동을 하였다. 중국 상인들과의 교역에서는 철제 또는 청동제 용기, 비단, 낙랑산 칠기, 유리 또는 수정제 장신구 등이 거래되었다.[180]

중국 상인 다음으로 삼한과 빈번한 교역을 하던 것은 왜倭였다. 왜와 삼한 사이에는 진·변한의 철과 왜의 청동제 의기류儀器類가 주요 교역품으로 거래되었으며, 정치적 지배자 내지는 그 대리인에 의한 직접적인 공적 교역 형태가 일반적이었다.[181]

이러한 바탕 위에서 한韓·예濊 세력이 강성해 지자 낙랑 지역의 백성들이 한韓·예濊 지역으로 대거 이탈하는 사건이 발생한다. 이에 대한 기록은 다음과 같다.

> 환제桓帝와 영제靈帝 말기(A.D. 147~189)에 한韓·예濊가 강성하여 군현郡縣이 능히 제어할 수 없게 되자 백성들이 많이 한韓 지역으로 이주해갔다. 건안 연간에 공손강이 둔유현屯有縣 이남의 황무지를 나누어 대방군帶方郡을 만들었다.[182]

이 기사는 후한의 환제와 영제(147~189) 말기에 와서 한韓과 예濊가 강성하여 군현郡縣이 이를 제압하지 못하자 많은 군현 민들이 이탈한 상황을 보여준다. 이러한 상

---

177 「華城 旗安里 製鐵遺蹟 發掘調査」(지도위원회 자료집), 2003년 5월.
178 김성남·우정연, 「오이도 원삼국토기의 성격」 『백제연구』 제40집, 2004.
179 김성태, 「달전리 유적」 『한국의 고고학』, 주류성, 2006.
180 이현혜, 앞의 논문, 1998, 272~280쪽.
181 이현혜, 앞의 논문, 1998, 280~284쪽.
182 『삼국지』 권30, 위서30, 오환선비동이, 韓, "桓靈之末(147~188) 韓濊漸强 郡縣不能制 民多流入 韓國 建安中(196~220) 公孫康 分屯有縣以南荒地 爲帶方郡".

황의 발생은 기본적으로 후한 환제와 영제 때에 환관의 발호로 정치적 혼란이 초래된데 기인한다. 이러한 혼란은 상대적으로 멀리 떨어진 낙랑군을 지원할 수 없게 하였고, 한반도에서 새로운 변화를 촉발시킬 수 있는 계기가 되었다. 한편 한韓과 예濊 사회에 철제 농기구와 무기가 보급되면서 농업생산력과 전투력이 향상되었고, 이것은 전체적으로 삼한 사회의 성장으로 이어졌다.[183]

대개 환제桓帝와 영제靈帝 이전 낙랑군의 한韓에 대한 지배방식은 대체로 영서嶺西의 예濊 세력을 장악하여, 진한辰韓과 직접 통교하고, 이를 통해 마한의 영향력이 진한에 직접 미치는 것을 막는 방식으로 한韓 사회를 분열시켰다고 생각한다.[184] 그러나 후한 대에 들어 한·예 사회의 성장으로 이러한 통제 방식이 통하지 않게 되었다. 그리고 이제까지 군현의 이이제이以夷制夷 정책에 의해 조종되었던 한韓과 예濊는 이러한 혼란 상황을 이용하여 그 세력을 확대해 나갔다.

이처럼 한韓·예濊 세력의 성장과 대방군帶方郡의 설치로 이후 중부 이남지역 정치체에 대한 낙랑군樂浪郡의 장악력은 현저히 떨어졌다. 사실상 이때부터 낙랑군의 주변 지역에 대한 통제력은 서서히 약해졌다고 보인다.

이후 3세기 초에 마한의 신지가 대방군 기리영을 공격하면서 한군현과 전쟁이 발생하였다. 이는 기본적으로 한 세력의 성장에 따른 결과라 할 수 있다. 전쟁의 내용을 자세히 살펴보면 아래와 같다.

> "부종사部從事 오림吳林이 낙랑군이 본래 한국韓國을 통괄하였다고 하여서 진한辰韓의 여덟 나라를 분할하여 낙랑군에 주었다. 관리가 통역하여 잘못 전달하매 약간 사실과 다른 부분이 있었다. 한의 신지臣智가 격분하여 대방군의 기리영崎離營을 공격하였다. 이때에 [대방]태수 궁준弓遵과 낙랑태수 유무劉茂가 군사를 일으켜 [신지를] 공격하여 치다가 궁준이 전사하였으나 두 군이 마침내 한을 멸망시켰다."[185]

---

183 노중국, 「馬韓과 樂浪·帶方郡과의 군사 충돌과 目支國의 쇠퇴」『大邱史學』제71집, 2003, 56쪽.
184 윤선태, 「馬韓의 辰王과 臣濆沽國」『百濟研究』제34집, 2001, 13~15쪽.
185 『삼국지』권30, 위서30, 오환선비동이, 韓, "景初中(237~239)……臣智激韓忿 攻帶方郡崎離營 時太守弓遵 樂浪太守劉茂興兵伐之 遵戰死 二郡遂滅韓".

전쟁의 결과 대방태수가 전사하였다. 이 기록은 3세기 초반 공손씨公孫氏 정권이 황해도 지방에 대방군을 설치하면서 진한辰韓의 관할권을 대방군에 넘겼다가 240년 대에 부종사 오림이 진한 8국의 관할권을 다시 낙랑군에 넘기려다가 무엇인가 사단이 발생하였음을 알려주는 자료이다.

이때 기록에 나오는 한韓의 신지가 누구냐에 대해서는 백제의 고이왕으로 보는 견해, 신분고국 등 마한 소국을 가르키는 것으로 보는 견해는 여러 견해가 있다. 『삼국사기』 백제본기의 기록을 바탕으로 백제사의 입장에서 보면 3세기 초는 고이왕 때로 대방군 기리영 전투의 주체로는 당시 지속적으로 성장하던 백제를 상정할 수 있으며, 설사 백제가 아니라고 하더라도 이 무렵에 백제가 고이왕 13년(246)에 북방 군현 세력과 세력 대결을 벌인 것은 분명하다.

이러한 사실은 240년대까지 진한지역에 대한 사로국의 통제력이 중국의 군현만큼 강력하지 못하였음을 알려주는 결정적 증거로 이해된다. 이를 계기로 점차 양측 간 대결에서 백제측이 우세를 차지하게 된다. 여기에는 중국 왕조 자체가 쇠락하고 있었던 점이 일면 작용하고 있다.

이상의 기록만 보아도 중국 군현은 고구려와 마찬가지로 3세기 중엽까지는 백제지역에 대해서도 여전히 일정한 영향력을 행사하고 군사를 동원해 독자적으로 전쟁을 수행할 정도의 힘을 지니고 있었음을 알 수 있다.

4세기 초 백제는 낙랑과의 충돌로 두 왕이 피살되는 일이 일어나는 등 국가 위기속에서 비류왕이 등장하여 적극적인 대외 팽창을 시작하였다. 그 와중에 낙랑 군현이 축출되고 낙랑문화나 낙랑인樂浪人이 한반도 남쪽에도 유입되었다.

제2장

삼국의 군사적 성장과
군사제도의 발달

제1절

삼국의 성장과 주변 소국의 정복

1. 고구려와 한군현의 전쟁 및 주변세력의 정복

1) 고구려와 주변세력과의 전쟁

고구려는 건국 초기부터 주변에 대한 정복에 나섰기 때문에 인접하고 있던 여러 정치세력이나 종족집단과 충돌이 빈번하였다. 한군현 세력을 제외하고 보면, 고구려가 주되게 충돌했던 세력은 크게 둘로 나누어 볼 수 있다. 첫째는 고구려지역의 공통된 문화 기반을 갖고 있던 주변의 여러 소국이 있다. 둘째는 고구려의 외곽에 위치하고 있는 여러 국가와 이종족異種族들로서 대표적으로 부여扶餘, 양맥梁貊, 낙랑국樂浪國, 동옥저東沃沮, 북옥저北沃沮, 숙신肅愼 등 세력이다.

이와 같은 주변 세력과의 충돌 및 전쟁에 관한 사실을 전해주는 『삼국사기』 고구려본기의 기사를 정리하여 다음과 같이 〈표 2-1〉로 만들었다.

압록강·동가강 유역의 각지에 흩어져서 존재하고 있었던, 이른바 고구려를 구성하는 정치세력 집단들의 통합 움직임은 상당히 이른 시기부터 시작했던 것으로 추측된다. 기원전 128년에 한漢에 투항한 예군濊君 남여南閭가 이끄는 28만 명이라는 대규모 세력집단은 이러한 움직임을 잘 보여준다. 남여의 투항을 받은 한은 이 지역에 창해군滄海郡을 설치하고 도로를 개설하려고 시도하였음을 보면, 이들 집단은 요동군에

시 동해에 이르는 교통로 일대에 위치하고 있음을 짐작힐 수 있다. 또한 기원진 107년에 설치된 제1 현도군玄菟郡의 인구가 약 4만 5천호, 28만명이었음을 보면, 인구의 규모로 보아도 현도군에 해당되는 지역과 예군 남여가 거느린 28만 명의 집단이 거의 동일한 지역이었음을 간접적으로 추정할 수 있다.

〈표 2-1〉 고구려 초기 대외 정복전쟁 기사

서기	시기	지휘자	군대규모	대상	경과
-32	동명왕 6년 10월	부분노		행인국	정복후 성읍으로 편제
-28	동명왕 10년 11월	부위염		북옥저	정복후 성읍으로 편제
-9	유리왕 11년 4월	왕, 부분노		선비	성을 함락시키고 속국으로 삼음
-6	유리왕 14년 11월			부여	부여왕이 5만 군대로 침공
13	유리왕 32년 11월	왕자 무휼	2만	부여	부여의 군대를 학반령에서 격퇴함
14	유리왕 33년 1월	왕자 무휼		양맥	정복
21 ~22	대무신왕 4~5년	왕		부여	부여를 공격하여 부여왕 대소 살해
22	대무신왕 5년			부여	부여왕종제 등 1만여인 투항
26	대무신왕 9년 10월	왕		개마국	군현으로 편제
26	대무신왕 9년 12월			구다국	개마국을 정복한 후 항복을 받음
32	대무신왕 15년 4월	왕자 호동		낙랑국	호동이 낙랑국을 공격 항복받음
37	대무신왕 20년	왕		낙랑	멸망시킴
44	대무신왕 27년 9월			낙랑	한이 낙랑을 정벌하여 군현으로 삼음
56	태조왕 4년 7월			동옥저	성읍으로 편제
63	태조왕 11년 8월			갈사국	갈사왕손 도두 투항

72	태조왕 20년 2월	관나부 패자 달가		조나	왕을 사로 잡음
74	태조왕 22년 10월	환나부 패자 설유		주나	왕자 을음을 고추가로 봉함
280	서천왕 11년 10월	왕제 달고		숙신	추상을 살해하고 6백여가를 사민함 부락 6,7개소를 부용으로 삼음

그리고 3세기 경에 고구려의 인구가 30,000호, 동옥저가 5,000호, 동예가 20,000호 즉 대략 280,000명 정도의 인구임을 고려하면, 이들 지역 전체를 포괄한 것이 예군 남녀가 거느린 집단임을 알 수 있다. 따라서 예군 남녀가 거느린 집단은 하나의 국가라기보다는 각 지역의 정치집단이 완만하게 결합한 연맹체로 보는 것이 타당하다. 이때 이 연맹체의 중심적 역할은 지역별 정치 집단의 인구 규모로 보아 압록강 일대의 주민 집단 즉 고구려가 주도적 역할을 하였을 것으로 짐작된다.

한편, 기원전 75년에는 현도군이 지금의 요녕성 신빈 일대로 옮겨지게 되는데, 그 배경은 현도군 내 고구려 주민들의 저항 때문이었다. 따라서 고구려 지역에서 국가를 형성하려는 정치적 운동력이 기원전 1세기를 전후한 시기부터 상당한 수준으로 진전되고 있음을 알 수 있다. 특히, 현도군 내 에 설치된 고구려현高句麗縣이란 존재는 이미 그러한 운동력이 일찍부터 '고구려高句麗'라는 이름 아래 이루어지고 있었음을 알게 한다. 그리고 이러한 통합의 움직임은 주몽朱蒙 집단의 등장을 계기로 보다 가속화한 듯하다.

주몽 집단의 등장 시기는 잘 알 수 없지만, 고구려본기의 동명왕東明王의 출현은 늦어도 기원전 40여 년경에는 주몽 집단이 이 지역 연맹체의 영도 세력으로 등장하였음을 말해 준다.[1] 그리고 고구려의 연맹체는 다양한 소국과 정치세력이 연합하는 과

---

1 필자는 동명왕~대무신왕대에 계루부가 연맹 왕권을 차지했던 것으로 본다. 그러나 고구려 왕실 성씨의 변화(解→高)나 '太祖'라는 왕호 등을 이유로 소노부에서 계루부로 연맹체의 주도권이 교체가 이루어진 시기를 태조왕 때로 보기도 한다(김철준, 「高句麗·新羅의 官階組織의 成立過程」『李丙燾博士華甲紀念論叢』, 1956 ;『한국고대사회연구』, 지식산업사, 1975 재수록 ; 김용선, 「高句麗琉璃王考」『歷史學報』87, 1980). 성씨의 변화나 '태조'라는 왕호는 고구려 국가 체제가 정비되고 계루부 왕권이 확립된 역사적 상황을 반영한다고 볼 수 있다.

정에서 5부로 구성되었다. 고구려본기에 보이는 주변 소국의 통합 과정은 이러한 5부의 형성과정을 반영하는 것이다.

앞의 〈표 2-1〉의 부여왕종제 집단과 갈사국曷思國은 대무신왕 5년에 고구려의 정벌로 해체되기 시작한 같은 부여계 세력이다. 부여왕종제는 대무신왕의 정벌 직후 곧바로 고구려에 투항하였고, 갈사국은 이 때 부여왕종제가 남하하여 건설한 소국으로[2] 그 손자 도두가 태조대왕 때에 내항하였다. 이들은 주몽과 같은 부여

초기국가 형세도

계 세력으로서 고구려 연맹체인 5부의 구성원으로 편제되었다.

이와는 달리 개마국蓋馬國은 복속 후 '군현郡縣'으로 편제되고 있으며, 구다국句茶國의 경우도 그 위치가 개마국과 인접한 지역으로 보이며, 역시 개마국과 동일한 형태로 복속되었을 것이다. 이 때 대무신왕이 직접 정벌에 나섰고, 또 "백성을 위안하여 노략을 하지 않았다"는 점으로 미루어 고구려 연맹체 내로 편입된 것으로 볼 수 있다. 개마국과 구다국은 압록강 최상류나 개마고원 일대에 위치한 소국으로 추정된다.

다음 조나藻那와 주나朱那는 사료상으로는 고구려 연맹체에 복속되는 인근 지역 최

---

2 『삼국사기』 권14, 고구려본기2, 대무신왕 5년.

후의 나국邢國들로서, 조나는 관나부에게, 주나는 환나부에게 각각 정벌되었다. 이들 주나와 조나 역시 고구려 연맹체 내의 단위집단으로 편입되었다. 고구려본기에는 이 후 더 이상 조나와 주나와 같은 나邢를 칭하는 세력은 등장하지 않는다. 즉 조나와 주 나에 대한 병합을 마지막으로 문화적으로나 종족적으로 동질적인 정치세력이 모두 고구려 국가체제 내로 편입되는 과정이 완성되었다고 볼 수 있다.

고구려는 대외 발전과정에서 복속된 세력을 모두 연맹체내로 흡수한 것은 아니었 다. 아래에서 보듯이 종족적 차이, 정치적·문화적 발전 단계의 차이 등으로 인해 연 맹체의 하부에 예속민隸屬民 집단으로 편제하여 정치적으로 반자치적, 경제적으로 공 납적 지배를 통한 간접적인 지배방식을 관철하는 지배지역이 연맹체의 외곽에 존재 하였다.

『삼국지』고구려전의 "좋은 토지가 없어 힘써 경작하여도 배불리기 어렵다無良田雖 力佃作 不以實口腹"는 기사에서도 짐작되듯이 압록강·혼강 유역의 경제적 기반은 고 구려의 지속적인 성장을 뒷받침할 만한 수준이 못되었고, 따라서 고구려는 주변세력 을 복속시켜 속민屬民 집단으로 편제하여 안정된 수취기반을 확대해 가는 데 주력하 였다. 물론 이들에 대한 파악 방식은 고구려본기에 성읍城邑·속국屬國·부용附庸으로 표현되듯이 그 내용도 다양했을 것이지만, 연맹체 아래 예속민 집단으로 복속되었다 는 점에서 같은 범주로 묶어볼 수 있다. 그 과정을 앞의 〈표 2-1〉를 중심으로 살펴보 도록 하자.

앞의 표에 보이는 행인국荇人國·북옥저北沃沮·동옥저東沃沮는 고구려에 정복된 후 모두 성읍으로 편제된 지역이다. 먼저 이들 세력의 정복과정을 보면, 고구려는 동명 왕 6년 태백산 동남의 행인국을 정복하고, 같은 왕 10년에는 두만강 하류지역의 북옥 저를 복속시켰다. 이처럼 고구려가 초기부터 동북 방면으로 진출한 것은 주몽집단이 일찍부터 이 지역과 밀접한 관계를 맺고 있었기 때문이 아닐까 생각된다.[3] 동북방에

---

3 계루부의 출자를 두만강 유역으로 추측한 견해가 있다(李龍範, 「高句麗의 成長과 鐵」 『白山學報』 1, 1966 및 金基興, 「高句麗의 成長과 對外交易」 『韓國史論』 16집, 1987, 12~19쪽). 그러나 노태돈은 「고구려본기」에 보이는 동부여출자설은 고구려 후기에 동부여계통의 건국설화와 결합된 결과로 보 았다(노태돈, 「朱蒙의 出自傳承과 桂婁部의 起源」 『韓國古代史論叢』 5, 1993).

대한 경략을 끝낸 고구려는 진출 방향을 동남지역으로 바꾸어 태조대왕 4년에는 농옥저를 병합하였으며, 그 후 동예지역도 고구려의 지배 아래 들어가게 되었다.[4]

고구려가 동옥저 지역으로 진출하는 과정과 관련해서는 위 〈표 2-1〉의 낙랑樂浪정벌 기사도 주목할 필요가 있다. 낙랑은 한군현의 하나인 낙랑군樂浪郡을 가리키는 것이 일반적이다. 그런데 『삼국사기』에는 낙랑군으로 볼 수 없는 존재들이 등장한다. 위 표에 나타난 고구려본기의 낙랑도 그 중의 하나이다. 이에 의하면 고구려는 32년(대무신왕 15)에 왕자 호동이 주도하여 낙랑국을 공격하여 항복을 받았다. 그런데 5년 뒤인 37년에 다시 낙랑국을 멸망시켰다는 기사가 나온다. 즉 앞 뒤 기사가 서로 모순되는 내용이 된다. 그런데 37년에 낙랑이 멸망하였다는 기사는 신라본기의 유리이사금 14년조 기사에도 보이고 있다. 그런데 신라본기의 기사가 좀더 구체적인 내용을 담고 있기 때문에, 고구려본기의 이 기사는 신라본기의 기사를 이용하여 작성된 것임이 분명하다. 즉 고구려본기 대무신왕 20년조 기사는 고구려 자체의 전승 자료가 아니라 신라측 전승 자료에 의거한 기사이기 때문에, 고구려 자체 전승 자료와 내용상 모순이 나타나게 된 것이다.

다음 44년(대무신왕 27)에는 한의 광무제가 군대를 보내어 낙랑군을 회복하여 다시 군현을 설치한 기사가 나온다. 이 기사는 32년의 왕자 호동이 낙랑을 정복한 기사와 내용상 서로 연결되는 것으로 보인다. 즉 고구려가 낙랑을 정벌하자, 이에 대응하여 후한이 군사적 반격을 가하고 다시 낙랑군을 복구하였다는 맥락으로 이해할 수 있다.

그런데 문제는 다른 자료로 볼 때, 이때 고구려가 낙랑군을 공취했음을 인정하기 힘들다는 점이다. 따라서 32년 기사에서 호동이 "옥저 지역을 유람하였다"는 기사의 내용을 고려하면, 이때 고구려가 공벌한 낙랑은 낙랑군 동부도위東部都尉 아래에 있었던 옥저 등 영동7현嶺東七縣 세력으로 추정함이 타당할 것이다.[5] 44년에 한나라 광무제가 공벌한 낙랑은 기사 내용으로 보아 평양 일대의 낙랑을 가리키고 있어, 앞의 32

---

4 『삼국지』 권30, 위서30, 오환선비동이30, 濊, "濊……漢末更屬句麗".
5 최리의 낙랑국을 낙랑군 동부도위 지역과 관련시켜 보는 견해는 문안식, 김기흥, 전덕재 등에 의해 제기된 바 있다(문안식, 「삼국사기 新羅本紀에 보이는 樂浪‧靺鞨史料에 관한 검토」 『傳統文化研究』 5, 1997 ; 김기흥, 『고구려 건국사』, 창비, 2002 ; 전덕재, 「尼師今時期 新羅의 成長과 6部」 『신라문화』 21, 2003).

년 기사의 낙랑과는 전혀 다른 존재로 봄이 타당하다.

본래 동예·옥저 지역은 임둔군이 폐지된 이후에 낙랑군의 동부도위에 의해 관할되
었다가, 기원 30년(건무 6년)에 동부도위가 폐지되면서 영동 7현은 낙랑군에 예속되
었는데, 이때 각 거수渠帥를 현후縣侯로 삼고, 불이不耐·화려華麗·옥저沃沮 등의 현縣
을 후국侯國으로 삼았다.[6] 그런데 기원 25년 이후 낙랑군에서 독자 세력화를 추구하
는 왕조王調의 반란이 일어났는데, 이를 계기로 동부도위의 세력 역시 독자화하면서
'낙랑국'으로 주변에 인식되었을 가능성이 있다. 최리의 낙랑국은 중국계 성씨[최崔]
와 '자명고각自鳴鼓角'이라는 우수한 기물에서 상징적으로 드러나듯이, 당시 한 문물
의 세례를 어느 정도 받은 지역임을 알 수 있다. 고구려 주변 지역에서 상대적으로 한
漢의 문물과 접촉도가 높은 지역으로는 역시 낙랑군에 예속된 옥저 지역을 우선 꼽을
수 있기 때문에, 이 지역을 위 설화상의 낙랑국으로 봄이 타당하겠다.

그런데 이들 옥저 일대의 독자 세력화는 고구려의 입장에서 보면 중국 군현 세력의
배후 지원이 없어짐으로써 곧 군사적 공격이 용이해지는 상황이 된 셈이다. 이미 고
구려는 배후 기지가 될 수 있는 옥저지역 진출에 주력하고 있었으며,[7] 마침내 낙랑군
의 통제력을 깨뜨리고 옥저 지역을 장악하였던 것이다.[8] 따라서 고구려본기에 보이는
왕자 호동에 의한 낙랑 정벌 기사는 고구려가 동옥저 지역으로 진출하는 과정을 반영
하고 있는 기사라고 추정한다.

이후 고구려는 동옥저지역으로 계속 진출하여 『삼국사기』 고구려본기에 의하면 서
기 56년(태조왕 4)년 무렵에 이 지역을 장악하였다.[9] 그러나 동예 지역은 상대적으로

---

6 『후한서』권85, 동이열전75, 동옥저, "以沃沮城爲玄菟郡 後爲夷貊所侵 徙郡句麗西北 今所謂玄菟故府是
也 沃沮還屬樂浪 漢以土地廣遠 在單單大領之東 分置東部都尉 治不耐城 別主領東七縣 時沃沮亦皆爲縣 漢
建武六年 省邊郡 都尉由此罷 其後皆以其縣中渠帥爲縣侯 不耐·華麗·沃沮諸縣皆爲侯國".

7 『삼국사기』권14, 고구려본기2, 대무신왕 13년(30년), "秋7月 買溝谷人尙須 與其弟尉須及當弟于刀
等 來投"; 『삼국사기』권23, 백제본기1, 온조왕 43년(25년), "冬10月 南沃沮仇頗解等二十餘家至斧
壤納款 王納之 安置漢山之西". 위 두 기사는 낙랑 기사와 더불어 고구려가 옥저 일대로 세력을 확대
해 가는 과정을 보여주는 기사이다.

8 임기환, 「3세기~4세기초 魏·晉의 東方政策」『역사와 현실』36, 2000.

9 『삼국사기』권15, 고구려본기3, 태조대왕 4년(56년), "秋七月 伐東沃沮 取其土地爲城邑 拓境東至滄
海 南至薩水".

고구려에 복속되는 시기가
늦어져 대략 3세기 초까지
도 어느 정도 독자성을 유
지하고 있었던 것으로 보인
다.[10]

이들 동옥저와 동예 지역
에 대한 지배는 그 세력 집
단의 독자성을 그대로 온존
시킨 채 조세 수취를 통한
간접 지배를 행하였다. 즉 동옥저는 태조대왕대에 고구려에 복속되었는데도, 『삼국

옥저 출토 민무늬 토기(국립중앙박물관)

지』동이전에 서술되어 있는 옥저전傳의 내용을 보면, 적어도 3세기까지는 고구려가
동옥저의 읍락사회를 해체시키지 않고 그대로 온존시키면서 이들을 종족적으로 묶어
지배하고 있음을 알 수 있다. 그리고 동옥저 각 읍락의 대인大人들의 지배권을 인정하
되, 고구려 대가大加의 통솔 아래 부과된 공물을 부담하거나 읍락의 하호下戶들을 동
원하여 공물을 운반케 하는 임무를 부과하였다.[11]

특히, 고구려는 동옥저와 북옥저 등 동해 연안 지역의 지배에 상당한 노력을 기울
였다. 고구려본기에 북옥저 지역으로 추정되는 동해곡東海谷으로부터의 공납貢納 기
록이 유난히 자주 등장하는 것도 그런 결과일 것이다. 고구려가 건국 초기부터 이 지
역에 대한 지배에 힘을 기울인 것은 이 지역이 상대적으로 안정적인 수취기반이었던
때문이다.[12] 고구려가 동북방 지역의 경영에 쏟은 관심과 노력이 남달랐음은 거듭되는
이 지역으로의 순수巡守 기사를 통해서도 확인된다. 또한 특히 집단 내투한 한인漢人

10 『삼국지』권30, 위서30, 오환선비동이30, 동예.
11 『삼국지』권30, 위서30, 오환선비동이30, 동옥저, "句麗復置其中大人爲主[使]者 使相主領 又使大
　　加統責其租稅·貊布·魚鹽·海中食物 千里擔負致之 又送其美女 以爲婢妾 遇之如奴僕".
12 두만강 유역의 철생산력은 이미 주목된 바 있지만(李龍範, 앞의 논문, 1966, 63~75쪽), 이 지역
　　의 농업생산력도 간과할 수 없을 것이다. 특히 해란하(海蘭河)를 중심으로 푸이갭두하(布爾哈圖
　　河)와 사하하(嘎呀河:哈里河)·두만강(豆滿江)·훈춘강(訓春江)을 합친 5수(水) 유역은 만주에서
　　농경문화권이 발달할 수 있는 조건을 갖춘 유일한 지역이었다(金九鎭, 「公嶮鎭과 先春嶺碑」 『白山
　　學報』 21집, 1976, 93쪽).

집단을 책성柵城에 이주시켰던 것은[13] 이 지역의 수취기반을 지속적으로 확대하려는 의도로 짐작된다.

고구려의 동북방 지역 경영은 이후에도 계속되어 서천왕대에는 숙신肅愼의 일부 세력을 속민집단으로 복속시켰다. 지금의 연해주와 연변의 북쪽 일대에 분포해 있던 숙신은 동명왕대부터 이 지역으로 확장해 오는 고구려 세력에 굴복하여, 태조대왕대에는 조공을 바치며 신속해 있는 상황이었다. 그러나 한편으로 숙신은 북옥저를 자주 침략하여[14] 고구려의 중요 수취기반을 위협하였으며, 이에 고구려도 이 지역의 안정적인 확보에 큰 관심을 기울이지 않을 수 없었다. 3세기 후반에 서천왕은 두 차례나 신성新城을 순수巡狩하였고, 왕 11년에는 마침내 군대를 동원하여 숙신을 정벌하고 그 일부를 복속시켰다. 당시 숙신이 고구려의 변경에 쳐들어와 백성들을 약탈하자, 서천왕은 동생인 달고達賈를 보내어 숙신을 정벌하였는데, 달고는 숙신의 단로성을 공격하여 함락시키고, 600여 가家를 부여의 남쪽 오천烏川으로 옮기고, 부락 7~8개를 항복시켜 복속시켰다. 이때 복속된 숙신부락을 달고로 하여금 다스리게 한 것은, 기본적으로 동옥저에 대한 지배 형태와 마찬가지로 속민으로 삼아 공납을 거두는 지배가 이 지역에 관철되었음을 시사한다.

고구려는 서쪽으로 세력을 팽창하면서 일단의 속민집단을 거느리게 되었다. 유리왕 33년에 오윤烏伊·마리摩離 등은 2만 군대를 거느리고 서쪽으로 양맥梁貊을 정복하였고, 이때 고구려군은 서쪽으로 더 진출하여 현도군 고구려현을 공격하기도 하였다. 양맥은 지금의 소자하와 태자하 상류 일대에 분포하고 있던 예맥족 세력집단으로 추정된다. 그런데 양맥은 복속 후 서천왕대까지도 그 사회가 해체되지 않고 종족적·집단적으로 파악되어 고구려의 국상國相 등에 의하여 통솔되고 있음을 보면, 앞의 동옥저에 대한 지배방식과 유사한 지배가 행해졌던 것으로 짐작된다. 특히 양맥은 고구려가 현도군을 공격할 때 교두보 역할을 하거나, 중국 세력이 침략해 올 때 일차적으로

---

13 『삼국사기』 권16, 고구려본기4, 산상왕 21년 8월, "漢平州人夏瑤以百姓一千餘家來投 王納之 置柵城".

14 『삼국지』 권30, 위서30, 오환선비동이30, 동옥저, "北沃沮……與挹婁接 挹婁喜乘船寇鈔 北沃沮畏之 夏四月恒在山巖深穴中爲守備 冬月氷凍 船道不通 乃下居村落".

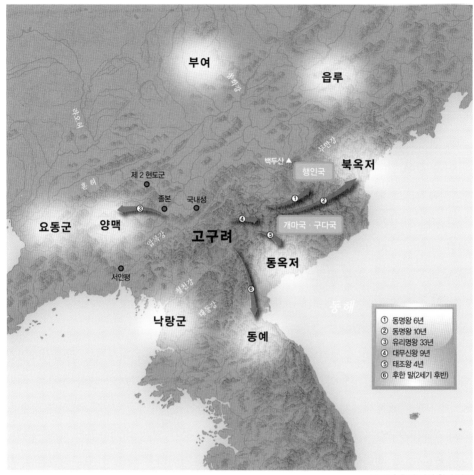

고구려 초기 영역 확장 과정

이를 저지하는 군사적 요충지였다는 점에서, 경제적인 지배보다는 병력 동원 등의 군사적인 목적이 우선하였을 것으로 추측된다.

한편, 고구려는 서쪽으로 진출하는 과정에서 기원을 전후한 시기에 요동지역으로 남하해 있던 선비鮮卑의 일부 세력을 고구려의 세력권 내로 편입하였다. 유리왕 11년에 고구려는 변경에 위협이 되는 선비 세력을 정벌하였다. 당시 고구려는 선비와의 전쟁에서 기만 전술을 사용하였다. 즉 사람을 시켜 적에 투항하여 고구려군이 약하다고 거짓으로 선비를 속이고, 소수 군대로 적의 성을 공격하다가 후퇴하자 선비군이 추격하였는데, 그 틈을 이용하여 고구려군의 주력부대가 선비의 성을 함락시켰던 것이다. 고구려군이 상당히 이른 시기부터 다양한 전술과 전략을 구사하였을 보여주는 좋은 사례이다. 이와 같이 고구려는 서쪽의 선비 세력을 일부를 고구려의 세력권 내에 편입하였지만, 이들 선비 세력집단들은 고구려와 중국세력 사이에서 세력 변동에 따라 수시로 고구려 세력권에서 이탈해 가기도 하였다. 대표적으로 모본왕대에 선비족의 일부인 만리滿離집단이 고구려로부터 이탈해 간 예를 들 수 있다.[15]

이와 같이 고구려 연맹체의 외곽에 존재하는 이들 이종족 속민집단에 대한 지배권을 지속적으로 확보하기 위해 고구려왕은 수시로 이들 지역에 대한 순수巡狩를 행하였다. 태조대왕은 북옥저 및 숙신에 대한 통제력을 확보하기 위해 두만강 하류에 위치한 책성柵城 지역을 두 차례가 순수하였고,[16] 동옥저에 대한 지배권을 확인하기 위해 남해南海(지금의 함흥 일대로 추정)를 순수하였다. 서천왕 역시 2회에 걸쳐 신성新城(지금의 중국 길림성 연길 일대로 추정)을 순수하여 북옥저를 비롯한 두만강 유역에 대한 통치권을 확인하였다.[17]

이들 지역에 대한 고구려의 지배는 그 사회의 독자성을 유지시키는 간접지배였기 때문에 고구려 중앙정권의 지배력이 약화되거나 혹은 중국 군현의 세력 침투를 계기로 고구려 지배체제에서 쉽게 떨어져 나갈 가능성이 큰 지역들이었다. 예컨대 동천왕대에 위의 관구검毌丘儉이 고구려를 침입하여 고구려가 크게 패배하였을 때에 동예東濊가 고구려의 세력권을 이탈했던 사례가 그 대표적이다.[18] 따라서 고구려왕은 수시

---

15 『후한서』 권20, 요기왕패제준열전10, 祭遵, "建武 25年(慕本王 2年) 乃使括呼鮮卑……其異種滿離高句麗之屬 遂駱驛款塞 上貂喪好馬 帝輒倍其賞賜".

16 『삼국사기』 권15, 고구려본기3, 태조대왕 46년, "春三月 王東巡柵城 至柵城西罽山 獲白鹿 及至柵城 與群臣宴飮 賜柵城守吏物段枎差 遂紀功於岩乃還";『삼국사기』 권15, 고구려본기3, 태조대왕 53년, "秋八月 遣使安撫柵城";『삼국사기』 권15, 고구려본기3, 태조대왕 69년, "冬十月 王幸扶餘祀太后廟 存問百姓窮困者 賜物有差 肅愼使來 獻紫狐裘及白鷹 · 白馬 王宴勞以遣之 十一月 王至自扶餘";『삼국사기』 권15, 고구려본기3, 태조대왕 62년, "秋八月 王巡守南海 冬十月 至自南海".

17 『삼국사기』 권15, 고구려본기3 서천왕 7년, "夏四月 王如新城獵獲白虎 秋八月 王至自新城";『삼국사기』 권15, 고구려본기3 서천왕 19년, "夏四月 王幸新城 海谷太守獻鯨魚目夜有光 秋八月 王東狩獲白鹿 冬十一月 王至自新城".

18 『삼국지』 권30, 위서30, 오환선비동이30, 濊, "正始 6年 樂浪太守劉茂 · 帶方太守弓遵 以領東濊屬句麗 興帥伐之 不耐侯等 擧邑降 其八年 詣闕朝貢 詔更拜不耐濊王 居處雜在民間 四時詣郡朝謁 二郡有軍征賦調 供給役使 遇之如民".

로 이들 지역에 대해 직접 순수를 행하여 그 지배권을 공고히 할 필요성이 있었던 것이다. 고구려왕은 순수지에서 단순히 변경을 시찰하는 것만이 아니라 지방 관리를 위로하거나, 주변세력과 외교적으로 교섭하기도 하고, 또는 수렵으로 상징되는 군사 훈련을 시행하고 있다.[19] 이처럼 고구려 초기에 있어서 고구려왕이 변경 지역이나 복속 지역을 순수하는 행위는 당시 연맹체 외곽의 이종족집단에 대한 지배의 미

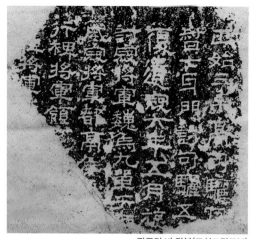

관구검 비 탁본(조선고적도보)

숙성을 극복하는 하나의 방법이었던 것이다.

2) 고구려와 중국 군현의 전쟁

한나라는 기원전 107년에 현도군을 설치하였다.[20] 현도군은 동옥저 지역과 고구려 지역을 아울러 설치된 군현으로, 압록강 중류 일대에는 고구려현이 설치되었다. 따라서 고구려의 성장 과정은 곧 현도군의 축출 과정과 깊이 연관될 수 밖에 없었다. 고구려인들의 지속적인 항거에 따라 기원전 75년에는 현도군이 서북 지역으로 옮겨지게 되었는데, 그 위치는 지금의 중국 요녕성 신빈현 영릉 남쪽 이도하자고성으로 추정되고 있다.[21] 이와 같이 고구려가 국가를 형성하는 과정에서 현도군과 충돌하고 이를 물리치는 과정이 매우 중요하였다.

고구려의 성립부터 3세기까지 고구려와 중국 군현의 전쟁 과정을 다음 〈표 2-2〉

19 金瑛河, 「高句麗의 巡狩制」 『歷史學報』 106, 1985, 30쪽.
20 『한서』 권28하, 지리지8 하.
21 이 때 현도군이 옮겨간 지역은 지금의 요녕성 신빈현 興京 老城 부근으로 비정된다(李丙燾, 「玄菟郡考」 『韓國古代史研究』, 박영사, 1976, 159쪽). 보다 구체적으로는 신빈현 영릉 남쪽 이도하자고성으로 볼 수 있다(王綿厚, 「關于確認高句麗歷史地位的三要素」 『東北史地』 1, 2004, 47쪽).

로 정리하였다.

<표 2-2> 1~2세기 고구려와 중국군현의 전쟁 기사[22]

서기	고구려 왕력	고구려군 지휘자	고구려군 규모	전투지역	중국측 지휘자	전투 내용
12	유리왕 31	고구려후 추			토예장군 엄우	엄우가 추를 유인 살해
14	유리왕 33	왕자 무휼	2만	현도군 고구려현		고구려현 공격
28	대무신왕 11	좌보 을두지		위나암성	요동태수	요동태수의 침입을 격퇴
49	모본왕 2			우북평, 어양, 상곡, 태원	요동태수 제융	공격
55	태조왕 3					고구려 요서10성축조
105	태조왕 53			요동6현	요동태수	격퇴됨
118	태조왕 66	왕		현도군 화려성		공격
121	태조왕 69	왕제 수성	2천+3천	현도, 요동	유주자사 풍환	한군의 침입을 막고, 현도요동군 공격
		왕		후성, 요대, 신창	요동태수 채풍	채풍을 전사시킴
		왕	1만	현도성	부여왕자 위구태	현도성공격 한 부여연합군에게 패퇴
122	태조왕 70	왕		요동		공격
146	태조왕 94			서안평		대방령살해
?				신안,거향		공격
168	신대왕 4			유주, 병주		선비와 공격
168	신대왕 4				현도태수 경림	한군의 침입
169	신대왕 5	대가 우거 주부 연인		부산성		공손탁 지원 부산적 토벌

---

22 이 표는 여호규, 「고구려 초기 對中戰爭의 전개과정과 그 성격」『동북아역사논총』15, 2007, 31쪽의 <표 1>을 참고하여 수정 인용하였음.

172	신내왕 8	국상명림답부	수천기	좌원		한군 침공 격퇴
184	고국천왕 6	왕		좌원	요동태수	한군 침공 격퇴
?		왕		현토		현도 공격

A.D. 8년에 중국에서는 왕망王莽이 서한西漢을 멸망시키고 황위에 올라 나라이름을 신新이라 하였다. 그리고 AD 12년에 왕망이 고구려인들을 동원하여 흉노를 공격하려 하자 고구려인 병사들은 가려고 하지 않았을 뿐 아니라 전쟁에 동원된 후에도 도망하여 국경 밖으로 빠져나갔다. 이에 요서태수 전담田譚이 고구려인을 추격하다가 살해를 당하였다. 이에 왕망의 명을 받은 엄우가 고구려후 추騶를 유인하여 목을 베었고, 그 머리를 장안에 보내는 사건이 일어났다.[23] 이 사건이 기록상에 보이는 고구려와 한 군현 사이에서 전개된 첫 전쟁이다.

이 때 엄우에게 잡힌 고구려의 지휘관에 대해 중국측 기록은 고구려 왕이라고 하였지만, 『삼국사기』 고구려본기에는 유리왕의 장군 연비延丕라고 기록하였다. 어느 쪽 기사가 정확한 지는 알기 어렵지만, 고구려 자체의 전승이 전해지고 있었던 것으로 보아 고구려본기의 기록이 사실에 가까울 것이다. 당시 중국측에서는 전쟁의 승리를 과장하려고 고구려후(고구려왕)를 목베었다고 기록하였을 가능성이 높다.

이후 고구려는 중국 군현에 대해 적극적인 공세를 취하였다. 즉 14년(유리명왕 33)에 유리왕은 2만 병력을 동원하여 서쪽으로 소자하와 태자하의 상류 지역에 위치하고 있던 양맥梁貊을 쳐서 그 나라를 멸하고, 여기서 한걸음 더 나아가 현도군의 고구

---

23 『한서』 권99, 왕망전69, "莽이 高句驪兵을 보내 胡를 정벌하게 하였으나 가려고 하지 않았다. 郡이 강제로 가도록 하니 모두 도망하여 塞를 나가 법을 범하고 도적이 되었다. 遼西大尹 田譚이 이를 추격하다가 죽음을 당하였다. 州郡이 허물을 高句驪侯 騶에게 돌리니 嚴尤가 아뢰어 말하기를 '貊人이 法을 범한 것이고 騶를 좇아 일어난 것이 아니다. 바로 다른 마음이 있는 것이니 마땅히 州郡으로 하여 그들을 위안해야 합니다. 지금 함부로 대죄를 내리면 그들이 배반할까 두렵습니다. 夫餘의 족속이 필시 화합한다면 匈奴를 아직 극복하지 못하였는데 夫餘·穢貊이 다시 일어나면 이는 큰 근심입니다.' 하였다. 莽이 尉安하지 않았고 穢貊이 드디어 反하였다. 尤에게 알려 이를 치게 하니 尤가 高句驪侯 騶를 유인하여 斬하고, 머리를 長安에 전하였다. 莽이 크게 기뻐하고 글을 내려……그 이름을 고쳐 高句驪를 下句驪라 하고 천하에 포고하여 다 알게 하라고 하였다."

려현을 습격하여 빼앗았다. 당시 고구려에서 동원할 수 있는 병력이 2만명에 달한다면 중국 군현의 병력과 충분히 대적할 수 있는 군사력이라고 보인다.

이때 고구려군의 대공세를 통해 빼앗은 고구려현은 지금의 중국 요녕성 신빈현 일대에 위치하고 있었다. 그런데 고구려에게 군치를 빼앗겼기 때문에 현도군은 다시 서쪽으로 후퇴하여 옮겨가지 않으면 안되었다. 현도군이 다시 옮긴 지역은 혼하渾河 방면의 지금의 요녕성 무순 일대의 노동공원토성으로 추정된다.

이와같이 당시 고구려는 졸본(지금의 환인) 지역에서 서북쪽으로 영역을 확대하여 소자하와 태자하 상류 일대까지 세력권을 확장한 것이다. 따라서 이후 고구려와 중국 군현이 충돌하는 주요 지점은 주로 요동지역 일대가 되었으며, 고구려에 대한 공세와 교섭을 전개하는 주체도 세력이 약화된 현도군 보다는 요동군이 중심이 되었다.

이러한 고구려의 공세에 대해 중국 한나라도 반격에 나섰다. 28년(대무신왕 11)에는 한의 요동태수가 침공하였다. 대무신왕은 군신 회의를 통해 계책을 세워 위나암성에 들어가 수십일 동안 방어하는 전술을 취하였으며, 한나라 군대는 포위를 풀지 않았다. 이에 성안의 연못에서 잉어를 잡아 보내니, 그제야 성안에 물이 있어 이기지 못하겠다며 한의 군대가 돌아갔다.[24] 고구려가 외적의 침공 시에 성을 굳건하게 지키는 수성守城 전술을 구사하여 방어하는 전략이 이른 시기부터 나타나고 있음을 보여주는 좋은 사례이다.

32년(대무신왕 15) 12월에는 고구려가 사신을 한나라에 보내 조공을 하니 후한後漢의 광무제光武帝가 왕호王號를 회복해주었다고 전한다.[25] 물론 이 때 고구려와 한의 교섭은 후한이 성립하는 정세의 변동 과정에서 양국이 우호적인 관계로 변화를 모색한 결과로 짐작된다. 그러나 고구려의 후한에 대한 조공은 그 이후에 계속 이어지지 않았기 때문에 일시적인 교섭에 불과하였다.

7년 후인 44년(대무신왕 27)에 후한 광무제는 군사를 보내 바다를 건너 낙랑을 공격하여 그 땅을 군현으로 삼고 살수(청천강) 이남을 한나라에 속하게 하였다고 한다.[26]

---

24 『삼국사기』 권14, 고구려본기2, 대무신왕 11년.
25 『삼국사기』 권14, 고구려본기2, 대무신왕 15년 ; 『후한서』 열전 권85, 동이열전75, 고구려.
26 『삼국사기』 권14, 고구려본기2, 대무신왕 27년.

낙랑시대 고분(대동강 변)

이를 거꾸로 보면 당시 고구려가 낙랑군을 공격하여 청천강 이북을 고구려의 영토로
확보하였던 것으로 이해된다. 그런데 이 때 후한의 군대가 낙랑을 공격한 기사는 고
구려본기에 보이는 독자의 전승 기록이다. 아마도 이 기사는 30년에 있었던 왕조의
반란과 관련된 기사로 추정된다. 즉 낙랑군에서 왕조王調가 낙랑군태수를 죽이고 스
스로 대장군 낙랑태수大將軍·樂浪太守를 칭하였는데, 30년에 광무제가 태수 왕준王遵
을 보내 치게 하였으며, 그가 요동에 이르니 낙랑군 내부에서 왕굉王閎 등 일부 세력
이 왕조를 살해하고 왕준을 맞아들이는 사건이 일어났다. 대무신왕대의 기사는 바로
이 사건을 가리키는 것으로 보인다.[27]

이후에도 고구려의 공세는 계속 이어졌다. 49년(모본왕 2)에는 고구려가 후한의 우
북평右北平·어양漁陽·상곡上谷·태원太原을 침습하니 요동태수 제융祭肜이 회유책을
구사하여 다시 화친하였다고 한다.[28] 우북평, 어양, 상곡군은 요서 지역의 군현이며, 태
원은 화북 지방의 군현이다. 이 기사에 의하면 고구려가 요서를 지나 한의 영토 깊숙이
공격한 셈이 된다. 과연 이 때 이러한 고구려의 공격이 가능하였을까? 물론 앞서 살펴본

---

27 『후한서』 권76, 循吏列傳66, 王景.
28 『후한서』 권85, 동이열전75, 고구려 ; 『삼국사기』 권14, 고구려본기2, 모본왕 2년.

바와 같이 12년 신新의 왕망에 의해 고구려지역의 병력이 요서지역으로 동원된 사례가 있는 만큼, 49년에 고구려군대가 요서지역을 공격했을 가능성이 전혀 없는 것은 아니다.

그러나 당시 고구려가 후한의 영토 깊숙한 지점까지 위험한 군사활동을 전개할 이유를 찾기 어렵다. 더욱 이러한 고구려군의 공격에 대해 요동태수가 외교적으로 대응하고 나선 점을 보면, 아무래도 이 기사의 내용에 어느 정도 착오가 있었던 것이 아닐까 추정된다. 그러나 이 기사는 고구려군이 어디까지 진격해갔는가 하는 문제보다 고구려의 침공을 후한이 군사적 대응이 아니라 외교적으로 해결하려 했다는 사실이 주목되는 사건이다. 당시 고구려군의 공세가 후한으로서도 쉽게 군사적으로 대응하기 어려운 정도로 강력하였음을 보여준다.

태조왕대에 들어서면서 고구려는 후한의 군현에 대해 본격적인 공세에 들어갔다. 55년(태조왕 3)에는 요서에 10성을 쌓아 후한의 침입에 대비하였다는 기록이 있다.[29] 당시 요서지역을 고구려가 차지하고 있다고 보기는 어렵기 때문에 이 내용을 그대로 믿을 수는 없지만, 고구려 나름대로 후한의 공격에 대한 방비를 위해 국경 일대에 성곽을 축조하여 방어망을 구축하고 있는 상황을 엿볼 수 있겠다.

이후 105년(태조왕 53)에는 요동군의 6현을 공격하였는데, 요동태수 경기耿夔가 고구려군을 패퇴시켰다.[30] 뒤이어 109년(태조왕 57)과 111년에 고구려가 후한에 사신을 보내어 조공한 기사가 나타난다. 기록상으로는 72년 만의 외교 기록인데, 이러한 움직임도 사실상 단기간의 현상이었을 뿐이다. 다시 고구려는 후한의 군현에 대해 공세를 취하였다. 118년(태조왕 66)에 예맥과 더불어 후한의 현도군을 공격하였다.[31] 『후한서』 고구려전에는 화려성華麗城을 공격하였다고 하였으나 화려성은 낙랑동부도위 소속으로 지금의 영흥에 해당하므로 이는 잘못된 기록이다.[32]

121년(태조왕 69) 봄에는 거꾸로 후한의 군대가 대대적으로 침략해왔으나 역으로 고구려가 현도·요동 2군을 공격하여 성곽을 불사르고 2천여 인을 살획하였다. 이에

---

29 『삼국사기』 권15, 고구려본기3, 태조대왕 3년.
30 『삼국사기』 권15, 고구려본기3, 태조대왕 53년.
31 『삼국사기』 권15, 고구려본기3, 태조대왕 66년 ;『후한서』 본기 권5, 孝安帝紀5.
32 이병도,『한국고대사연구』, 박영사, 1976, 214쪽.

후한이 광양, 어양, 우북평, 탁군속국 등에서 3천여 기병을 추가로 동원하여 추격에 나섰지만 이미 고구려군대는 모두 돌아간 뒤였다. 이와 같이 후한이 고구려와의 전쟁에 요동지역의 현도군이나 요동군뿐 아니라 유주 관내의 병력을 대거 동원했다는 점은, 2세기 전반경에 고구려의 군사력이 동북방면에 배치된 후한의 병력 전체에 필적할 정도로 강성했음을 시사한다고 볼 수 있다.[33] 4월에도 고구려는 선비鮮卑 8천인과 더불어 요동의 요대현遼隊縣과 신창현新昌縣을 공격하였는데 요동태수가 대항하다가 패배하였다. 요대현은 지금의 요녕성 해성시 서쪽, 신창현은 안산시 남쪽으로 비정되기 때문에 당시 고구려군대의 요동 공격이 상당히 요동지역 내부로 상당히 깊숙한 지역까지 전개되고 있음을 알 수 있다.

121년 12월에도 태조왕이 마한·예맥 1만여 기를 거느리고 현도군을 포위하였으나 부여왕이 2만 병력을 이끌고 구원하였기 때문에 고구려군이 대패하였다.[34] 이듬해인 122년(태조왕 70)에도 고구려가 마한·예맥과 함께 요동을 침략하니 부여왕이 현도군을 구원하였기에 고구려군은 패배하였다.[35]

이처럼 121년~122년 고구려는 요동군과 현도군에 집중적인 공세를 이어갔는데, 후한은 부여의 지원 아래 겨우 위기를 모면하게 되었던 것이다. 이처럼 부여와 후한이 연결되자 고구려는 일시 후한과 화평 관계를 맺기 위해 사신을 보내 조공을 하는 유화책을 취하였다.[36]

이후 후한 군현에 대한 고구려의 공세는 한동안 소강 상태를 이루었다. 그러다가 146년(태조왕 94) 8월에는 요동군 서안평을 공격하여 대방령을 죽이고 낙랑태수의 처자妻子를 빼앗았다.[37] 서안평은 압록강 하구에 위치하여 요동군과 낙랑군을 잇는 요충지로서, 지금의 요녕성 단동시 애하첨고성 일대로 비정된다. 따라서 서안평에 대한 공격은 곧 고구려가 요동군과 낙랑군을 잇는 교통로를 차단하여 낙랑군을 고립시키기 위한 전략임을 짐작할 수 있다.

---

33 여호규, 앞의 논문, 2007, 35쪽.
34 『삼국사기』 권15, 고구려본기3, 태조대왕 69년 ; 『후한서』 본기 권5, 孝安帝紀5.
35 『삼국사기』 권15, 고구려본기3, 태조대왕 70년 ; 『후한서』 본기 권5, 孝安帝紀5.
36 『삼국사기』 권15, 고구려본기3, 태조대왕 72년.
37 『삼국사기』 권15, 고구려본기3, 태조대왕 94년 ; 『후한서』 열전 권85, 동이열전75, 고구려.

이후 고구려에서는 신대왕이 즉위하면서 다시 후한의 군현과의 충돌이 잦아졌는데, 168년(신대왕 4)에는 후한의 현도군 태수 경림耿臨이 침략해왔으며, 172년(신대왕 8)에도 후한의 대군이 쳐들어왔으나 명림답부가 이끄는 고구려군에 크게 패하였다.[38] 184년(고국천왕 6)에도 후한의 요동태수가 공격해오자 왕자 계수罽須를 보내 막았으나 이기지 못하여 고국천왕이 친히 정예 기병을 거느리고 가서 좌원坐原에서 한의 군대를 대패시켰다.[39] 이와 같이 신대왕대에는 주로 후한의 군현 측에서 고구려에 대한 공세를 벌이고, 고구려는 수세의 입장에 있었다. 이처럼 고구려 초기 특히 태조왕~신대왕대에는 고구려와 후한의 군현 사이에 충돌과 전쟁이 적잖게 이어지고 있었다.

3) 고구려와 공손씨 정권 및 위와의 전쟁

3세기 들어 고구려와 중국 세력의 대외 환경은 상당히 변화하였다. 그 하나는 요동 지역에서 공손씨 정권에 들어서서 고구려와 대립하기 시작한 것이며, 그 이후에는 위가 공손씨 정권을 정벌한 후 다시 고구려와 대립하기 시작한 것이다.[40] 이제는 중원 왕조의 변방 군현이 아니라 요동의 독자적 정권인 공손씨 정권 및 위라고 하는 중국 왕조의 국가적 차원의 군사활동과 충돌하게 되었던 것이다. 이와 관련하여 고구려와 공손씨 정권 및 위와의 전쟁 기사를 표로 정리하면 다음과 같다.

〈표 2-3〉 3세기 고구려와 공손씨 정권 및 위와의 전쟁 기사

서기	고구려왕력	고구려군 지휘자	고구려군 규모	전투 지역	중국측 지휘자	전투 내용
197	산상왕 1	왕제 계수				고구려 왕제 발기가 공손탁의 군사 3만을 동원하여 침공하다가 패배함.

---

38 『삼국사기』 권16, 고구려본기4, 신대왕 8년.
39 『삼국사기』 권16, 고구려본기4, 고국천왕 6년.
40 공손씨 정권과 위의 동방정책에 대해서는 임기환, 앞의 논문, 2000 참조.

?	산상왕대	주부 연인, 대가 우거		부산적		공손탁과 공농으로 부산적을 토벌함
238	동천왕 12	주부,대가	수천			위군을 지원하여 공손연 토벌
242	동천왕 16			서안평		서안평 공격
244	동천왕 18	왕	보기 2만	양맥, 환도성	유주자사 관구검	환도성 함락
245	동천왕 19	왕		죽령, 옥저	현도태수 왕기	동천왕 북옥저로 피신
259	중천왕 12	왕	5천기	양맥곡	울지	격퇴, 8천참수

그러면 먼저 공손씨 정권의 등장 과정을 살펴보자. 후한말 각 지방 호족과 군벌들이 독자의 세력을 구축하면서 후한 사회는 통제력 불능의 상태가 되었고, 이민족의 통제를 담당하던 변방의 군현 역시 크게 위축되고 있었다. 이러한 정세에서 189년에 요동태수가 된 공손탁公孫度은 다음해인 190년에는 요동군을 나누어 요서군과 중요군中遼郡을 설치하여 군태수를 두고, 또 산동반도의 동래현 등을 거두어 영주자사營州刺史를 설치하면서 스스로 요동후遼東侯 평주목平州牧을 칭하고 요동지역에 자신의 독자적 세력권을 구축하였다.[41]

공손탁은 정권 초기의 안정을 위하여 적극적인 한화漢化정책을 펼쳤다. 이러한 공손씨 정권의 정책은 이제까지의 변방 군현으로서의 모습에서 벗어나, 요동지역 독자의 세력으로서 그 면모를 일신하는 결과를 가져왔다. 이후 공손씨 정권은 주변 제종족에 대한 통제력을 확대하면서 세력권의 안정을 도모하였다. 특히 산동의 동래 지역을 장악한 것은 중원 진출을 엿보는 전략이라기보다는, 중원에서 요동이나 한반도지역으로 이어지는 해상 교통로를 장악하기 위한 전략으로 판단된다. 이로써 공손씨 정

---

41 『삼국지』 권8, 위서8, 공손도, "公孫度 字升濟 本遼東襄平人也……分遼東郡 爲遼西 中遼郡 置太守 越海收東萊諸縣 置營州刺史 自立爲遼東侯平州牧". 공손씨 정권의 추이에 대해서는 大庭脩, 「第三章 3, 4世紀における遼東地域の動向」 『古代中世における日中關係史の研究』, 1996, 41~56쪽 및 金容範, 「魏晉의 東北關係」 (충남대석사학위논문, 1986), 13~20쪽 참조.

권은 중원에서 동방지역으로 이어지는 육상과 해상의 교통로를 모두 차단하게 되면서, 요동 지역 이외에도 한반도 등 자신의 배후기지를 보다 안정적으로 확보할 수 있게 되었다.

먼저 공손탁은 선비와 고구려를 견제하기 위해 전통적으로 중국과 우호적인 관계를 유지하고 있던 부여를 적극 지원하여, 부여왕 위구태尉仇台와 혼인관계를 맺기도 하였다.[42] 물론 고구려와 공동작전으로 부산적富山賊을 토벌한 예에서 보듯이, 일단은 고구려에 대해서도 유화정책을 취하여 우호관계를 유지하려고 한 것으로 보인다.[43] 그러나 197년에는 고구려 산상왕의 즉위 과정에서 일어난 고구려의 내분을 이용하여 산상왕과 대립하였던 발기拔奇를 지원하면서 고구려를 견제하기도 하였다.[44] 그리고 한韓·왜倭의 통제 기능을 담당하던 낙랑군에 대해서도 영향력을 발휘했던 것으로 보이나,[45] 아직은 적극적인 태도를 취하지는 않았다.

그러나 그 뒤를 이어 공손강公孫康이 등장하면서부터 공손씨 정권은 주변 여러 종족에 대한 통제력을 강화하는 데에 상당히 적극성을 드러냈다. 먼저 오환烏丸에 대해서는 중원세력을 견제하고자 유화책의 기조를 유지하고 있었다. 그러나 동방정책의 기조는 그 이전과 달라졌다. 고구려에 대해서는 공세의 입장을 취하면서 양자의 충돌이 점점 잦아지고 있다.[46] 이러한 양자의 대립 상황으로 인하여, 후에 위魏나라가 공손

---

42 『삼국지』 권30, 위서30, 오환선비동이30, 부여, "漢末 公孫度雄張海東 威服外夷 夫餘王尉仇台更屬遼東 時句麗·鮮卑彊 度以夫餘在二虜之間 妻以宗女".

43 『삼국지』 권30, 위서30, 오환선비동이30, 고구려, "公孫度之雄海東也 伯固遣大加優居·主簿然人等 助度擊富山賊 破之".

44 『삼국지』 권30, 위서30, 오환선비동이30, 고구려, "拔奇怨爲兄而不得立 與涓奴加各將下戶三萬餘口詣康降 還住沸流水 降胡亦叛伊夷模 伊夷模更作新國 今日所在是也 拔奇遂往遼東". 이 사건은 고구려 山上王 즉위시(197년) 왕위계승과 관련된 사건으로 『삼국사기』 고구려본기 산상왕 즉위조에도 동일한 사건이 전하고 있다. 그런데 위 『삼국지』 고구려전 기사는 발기를 지원하였던 인물을 公孫康이라 하였으나, 이는 잘못이다. 공손강의 등장은 公孫度이 죽은 204년 이후이므로 公孫度이 옳다.

45 『삼국지』 권11, 위서11, 涼茂, "(涼茂) 轉爲樂浪太守 公孫度在遼東 擅留茂 不遣之官 然茂終不爲屈". 위 기사에 의하면 요동에서 공손씨가 대두한 이후에도 중앙정부에서는 낙랑태수의 파견을 시도하였으나, 공손탁이 이를 막고 있는 상황이다. 이는 낙랑군의 통제력을 공손탁이 장악하고 있음을 보여준다.

46 『삼국지』 권30, 위서30, 오환선비동이30, 고구려, "建安中(196-220) 公孫康出軍擊之 破其國 焚燒邑落……其後復擊玄菟 玄菟與遼東合擊 大破之".

씨를 정벌할 때 고구려는 위나라 군대에 군사적 협력을 하게 되었다.

공손강의 동방 정책에서 특히 주목되는 것은 한반도의 낙랑군 지역을 후방 기지로 만들기 위한 적극적인 정책을 펴고 있다는 점이다. 후한 말기 중국 정세의 혼란 상황에서 중국 군현의 통제력이 약화되고 한·예가 강성해지면서, 낙랑군은 지배 인구가 격감되는 등 거의 제 기능을 상실하고 있었다. 이에 공손강은 낙랑군을 나누어 대방군을 설치하고 이 2군에 태수를 파견하여 군현을 재정비하면서 한·예 세력을 통제하려고 하였다.[47] 아마도 그 시기는 대략 공손강이 공손탁의 뒤를 이은 204년에서 조조의 오환 정벌이 이루어져 서변의 위협이 높아지는 시기인 207년 사이로 추정된다.

그런데 공손강이 이와같이 군현 기능을 회복하려는 정책을 추진하면서 군사력을 동원하는 적극적인 방식으로 전개되고 있음이 유의된다. 이는 당시 한예의 강성이 낙랑군을 중심으로 전개되었던 교섭·교역체계의 약화라는 수준이 아니라, 군사적 압박을 통하여 군현의 영역을 잠식하는 상황으로 전개되었음을 시사한다. 따라서 공손강의 낙랑군·대방군의 재정비는 기존의 군현 영역과 군사력의 기반을 확보하는 것이 일차적이었고, 주변 삼한 사회에 대한 교역체계의 복구와 정치적 통제력을 발휘하려는 시도는 차후의 문제였다고 볼 수 있다.

한편, 중원에서 위·오·촉의 삼국이 성립하고 화북지역을 위가 차지하면서 공손씨 정권과 위 사이에 긴장감이 감돌았다. 왜냐하면 오가 위를 견제하고자 공손씨 정권과 고구려에 사신을 파견하여 연결을 도모하였기 때문이다.[48] 먼저 오吳와 고구려의 관계를 살펴보자. 233년에 오가 공손연公孫淵에게 보낸 사신 중 일부가 살아남아 고구려로 피신하게 되면서 고구려와 오吳의 외교관계가 열리게 되었다. 이후 235년에는 정식으로 오의 사자가 고구려에 파견되어 동천왕東川王을 단우單于에 봉하였고, 고구려도 군마 수백 필을 헌상하는 등 본격적인 외교 관계를 맺게 되었다. 그리고 237년에도 오吳는 고구려와 연결하여 요동을 공격하고자 하였다.[49]

---

47 『삼국지』 권30, 위서30, 오환선비동이30, 韓, "桓靈之末(146~185) 韓濊彊盛 郡縣不能制 民多流入韓國 建安中(196~220) 公孫康分屯有縣以南荒地爲帶方郡 遣公孫模 張敞等收集遺民 興兵伐韓濊 舊民稍出 是後倭韓遂屬帶方".

48 『삼국지』 권47, 위서47, 吳主 및 『삼국지』 권8, 위서8, 공손탁.

49 『삼국지』 권3, 위서3, 明帝叡 景初 원년.

물론 공손씨 정권과 고구려도 오의 전략을 적절히 이용하면서 위를 견제하고자 하였으며, 이에 위는 계속해서 동방으로 진출하면서 공손씨 정권과 고구려에 직접적인 위협을 가하였다. 당시의 정황을 보면, 위는 공손씨 정권에 대해 책봉을 통한 유화책을 취하는 한편 군사적인 압박도 계속하고 있었다. 207년에는 공손씨의 우익이라 할 수 있는 오환烏丸을 정벌하였고, 그 뒤에는 공손씨 정권의 주요 세력기반의 하나였던 산동반도의 동래현東萊縣 등을 장악하면서 공손씨 정권을 압박하였다. 이후 위의 정부에서는 공손씨에 대한 정벌 논의가 계속되었고, 232년에는 평주자사平州刺史 전예田豫는 바닷길로, 유주자사幽州刺史 왕웅王雄은 육로로 각각 요동遼東을 공격하다가 귀환하기도 하였다.[50]

이에 공손씨 정권과 고구려는 눈앞의 위협세력인 위와의 우호적인 관계를 맺기 위한 외교적 제스쳐를 취하였다. 즉 233년에는 공손연은 손권의 사신을 참하여 위에 보냈고, 236년에는 고구려 역시 유주자사의 경고를 받고는 손권의 사신을 참하여 유주幽州에 보냈다. 공손씨와 친근한 관계를 유지하던 선비鮮卑도 이 무렵에 유주자사幽州刺史에 조공하는 등 위와의 관계 개선에 노력하고 있었다.

이러한 정세 변화에 따라 위는 다시 공손연에 대해 유화책을 취하지만, 공손씨 정권과 오가 연결될 가능성이 항존하는 상황에서 양자의 관계는 언제든 쉽게 대결구도로 바뀔 가능성이 높았다.[51] 특히, 당시 중국의 삼국은 모두 변경과 후방의 안정을 도모하기 위해서 주변에 있는 이민족 사회의 개척에 힘을 기울였다. 자신의 세력 기반을 확보하고자 함은 물론 삼국이 모두 상대방 배후에 있는 군벌이나 이민족세력과 연결을 시도하고 있었기 때문에, 이를 방지하기 위해서도 자신의 주변에 있는 이민족세력에 대한 군사적인 압력이 필요하였던 것이다.

사실 당시의 정세는 공손연에게 그리 유리하지 못하였다. 그동안 공손씨 정권은 중원에서 삼국의 쟁패가 이루어지는 세력관계를 이용하여 적절히 오와 연결하면서 위를 견제하고 있었다. 그런데 234년에 촉의 제갈량諸葛亮이 사망함으로써 한숨을 돌린 사마의司馬懿가 장안으로 돌아오면서, 위는 다시금 동방정책에 힘을 기울일 여유를

---

50 『삼국지』 권8, 위서8, 공손도, 吳書載淵表權 ; 『삼국지』 권14, 위서14, 蔣濟의 세주 司馬彪戰略인용.
51 尹龍九, 「『三國志』 韓傳 대외관계기사에 대한 일고찰」 『馬韓史研究』, 충남대출판부, 1998, 92~96쪽.

삿게 되었다. 그리하여 236년에 위는 지략이 풍부한 관구검毌丘儉을 유주자사에 임명하였고, 새로 유주에 부임한 관구검은 공손연에 대한 압박 정책을 적극적으로 추진하였다.

관구검은 선비·오환군을 통제하면서 공손연의 군대를 동원코자 하였으나, 공손연은 이를 거부하고 오히려 연왕燕王을 칭하며 대항하였으며,[52] 오나라에 사신을 보내어 위를 견제하고자 하였다. 이러한 공손연의 태도는 위를 자극하게 되어, 마침내 238년에 사마의司馬懿가 군대를 거느리고 와서 관구검의 유주 군대와 합세하여 공손연을 토벌하는 정벌에 나섰다. 당시 공손연과 연결되었던 오환·선비가 이미 관구검에 회유되었고,[53] 고구려 역시 공손연과 등을 돌리고 있었기 때문에 완전히 고립된 공손연은 제대로 저항하지 못하고 무너졌다. 물론 위의 입장에서도 촉과 오의 위협이 항존하는 상황에서 동방으로의 군사 행동이 여의치 않았지만, 속전속결 전략을 구사하여 마침내 공손씨 정권을 무너뜨렸던 것이다.

이러한 상황에서 고구려는 공손씨 정권을 견제하기 위한 전략으로 위와 연결하는 외교 정책을 취하면서, 공손연에 대한 토벌 전쟁에도 군사를 보내어 공조하였다. 그러나 공손씨 정권이 무너지면서 고구려는 위와 직접 세력이 맞닿는 상황이 되어 긴장이 높아졌다.

더욱 위의 대고구려 정책은 강경책으로 추진되었다. 앞서 공손강 이후 공손씨 정권과 대립 관계에 있었던 고구려는 수천 군대를 보내어 위의 요동 정벌을 지원하였는데, 이는 고구려의 판단 착오였다. 애초부터 위의 요동 정벌은 공손씨 정권만을 염두에 둔 것이 아니라, 그 외곽의 이민족에 대한 통제까지도 고려하고 있었던 것이다. 특히 고구려에 대해서는 공손씨 정권 보다 더욱 강력한 견제책을 취하였다. 이는 공손씨 정권의 소멸 이후 고구려를 배후의 위협세력으로 간주한 데에서 비롯한 것으로 보인다.

당시의 정황을 보면, 앞서 언급한 바와 같이 공손씨 정권이 멸망하기 이전에 고구려는 234년, 236년, 237년에 위에 계속해서 사신을 보냈으며, 238년 사마의가 요동

---

52 『삼국지』 권8, 위서8, 공손탁.
53 『삼국지』 권3, 위서3, 明帝叡, "遺幽州刺史 毌丘儉 率諸軍及鮮卑烏丸".

을 원정할 때에는 군대를 보내어 협력하기도 하였다. 그러나 이후에는 고구려와 위의 외교관계 기사는 더 이상 보이지 않는다. 아마도 양자 사이에는 상당한 긴장관계가 조성된 것이 아닌가 추정된다. 더욱 공손씨 정벌전에 참여하였던 오환烏丸과 선비모용씨鮮卑慕容氏에 대해서 위는 책봉 등의 포상 조치를 취했음에도 불구하고,[54] 고구려 왕에 대해서는 어떠한 조치도 없었다. 이 역시 위가 고구려를 상당히 견제하고 있었음을 반영한다고 보겠다.

이에 고구려 역시 위에 대해 강경책을 취하고 있었다. 즉 242년에 고구려는 촉의 강유姜維가 북벌을 재개하여 위를 침공하는 틈을 노려, 요동과 낙랑군을 잇는 요충지인 서안평西安平을 공격하였다. 이는 고구려가 당시 중국의 분열 상황을 적절히 이용할 정도로 당시의 국제정세를 읽는 뛰어난 안목을 가졌음을 보여주는 좋은 예이다. 그런데 당시 고구려가 적극적인 군사행동을 취한 배경에는 고구려 자신의 위기의식도 작용하였을 것이다. 위가 낙랑군·대방군을 접수한 이후, 낙랑군을 통해 고구려나 그 배후기지인 동예·동옥저 지역에 대한 위의 통제력이 높아지게 되자, 이를 저지하기 위한 군사활동으로 나타난 것이 아닐까 추정된다.

이에 위 역시 강공책을 구사하여 유주자사 관구검으로 하여금 고구려 정벌을 추진케 하였다. 그리하여 245년과 246년에 관구검은 유주의 군대를 비롯하여 선비와 오환의 군대까지 동원하여 고구려를 공격하였다.[55] 이 때 관구검의 군사행동은 두가지 방향으로 진행되었다. 하나는 현도태수 왕기王頎를 거느리고 직접 고구려를 정벌하였으며, 또 하나는 낙랑태수 유무劉茂와 대방태수 궁준弓遵으로 하여금 고구려에 예속된 동예東濊를 정벌케 한 것이다.

그러면 당시 고구려군과 관구검 군의 전쟁 상황을 구체적으로 살펴보기로 하자. 이

---

54 『진서』 권108, 載記8, 慕容廆.
55 관구검이 고구려를 침공한 내용을 전하는 사료들은 전쟁이 일어난 시점에 대해 조금씩 다르게 기술하고 있다. 『삼국사기』 권17, 고구려본기5, 동천왕 20년 10월조 및 『삼국지』 권4, 위서4, 三少帝, 齊王芳조에는 毌丘儉이 246년 한 차례 고구려를 침공했다고 기술한데 비해, 『삼국지』 권28, 위서28, 관구검조에는 244년(正始5년)과 245년(正始6년) 두 차례 침공했다고 기술되어 있다. 그런데 1906년에 集安 小板岔嶺에서 발견된 「毌丘儉紀功碑」에 의해 관구검은 244년과 245년 두 차례 고구려를 침공한 것으로 확인되었다(여호규, 앞의 논문, 2007, 45쪽).

환도산성(중국 지안, ©유수)

에 앞서 관구검의 침공 시점에 대해 먼저 검토할 필요가 있는데, 왜냐하면 이 전쟁과 관련된 사료들이 서로 다르게 전쟁의 시점을 기록하고 있기 때문이다. 전체 사료를 종합해보면, 관구검이 현도군을 출발해 고구려 환도성丸都城을 함락한 전쟁 과정은 244년에 해당하고, 왕기를 파견해 옥저 방면으로 피신하던 동천왕東川王을 추격한 전쟁은 245년에 해당하는 것으로 추정할 수 있다.

이를 염두에 두면서 다음 고구려본기의 사료를 살펴보자.

> 가을 8월에 위나라가 유주자사幽州刺史 관구검毌丘儉을 보내 만 명을 거느리고 현도로부터 침범하여 왔다. 왕은 보병과 기병 2만 명을 거느리고 비류수 가에서 맞아 싸워서 이기고, 3천여 명의 머리를 베었다. 또 군사를 이끌고 다시 양맥梁貊의 골짜기에서 싸워서 또 이기고, 3천여 명을 베거나 사로잡았다. 왕은 여러 장수들에게 말하였다,
> "위나라의 대군이 오히려 우리의 적은 군대보다 못하고, 관구검이란 자는 위나라의 명장이지만 오늘 그의 목숨이 내 손아귀에 있다."

국내성 남쪽성벽(조선유적유물도감)

그리고는 철기鐵騎 5천을 거느리고 나아가 공격하였다. 관구검이 방형의 진[방진方陣]
을 치고 결사적으로 싸우니, 우리 군대는 크게 궤멸되고 죽은 자가 1만 8천여 명이었
으며, 왕은 기병 1천여 기를 데리고 압록원鴨淥原으로 달아났다.

겨울 10월에 관구검이 환도성을 공격하여 함락시켜 사람들을 죽이고 장군 왕기王頎를
보내 왕을 쫓았다. 왕은 남옥저로 달아나 죽령竹嶺에 이르렀다.[56]

즉 244년에 고구려 동천왕은 보병과 기병 2만 군대를 거느리고 관구검의 군대를 맞이
하였다. 첫 전투 지역인 비류수에서 3천명 적군의 목을 베는 승리를 거두었으며, 양맥의
골짜기에서 다시 3천명을 베거나 사로잡는 승리를 거두었다. 여기서 비류수와 양맥의 골
짜기 위치는 어디일까? 당시 관구검의 군대가 출발한 현도군은 지금의 무순 지역인 제3
현도군이었다. 이곳에서 고구려 영역내로 들어오는 길은 혼하에서 소자하로 접어들어 남
하하는 길이다. 소자하 상류에서 고구려의 수도 국내성으로 가는 교통로는 다시 두갈래로
나뉘는데, 하나는 소자하 상류에서 부이강을 경유하는 길이고, 다른 하나는 소자하에서

---

56 『삼국사기』 권17, 고구려본기5, 동천왕 20년 10월.

육도하를 거처 환인[졸본]을 지나 국내성으로 진입하는 길이나. 이중 낭시까지 널리 사용된 길은 소자하 상류에서 부이강을 거치는 길이다. 즉 비류수는 부이강으로 볼 수 있다.

그런데 이곳 비류수에서 관구검의 군대는 고구려군에 패배하여 양맥의 골짜기로 후퇴하게 되었다. 양맥은 곧 태사하 상류 빛 소자하 일대에 있던 맥족을 가르키는 것으로, 당시 관구검 군대는 부이강에서 패배하고 소자하와 태자하 상류 일대로 후퇴하였던 것이다. 아마 관구검 군대는 또다른 경로로 고구려 수도로 진격할 전략을 세웠던 듯하다. 이에 고구려군은 관구검군을 추격하여 양맥의 골짜기에서 격전을 치루고 다시 승리를 거두었다. 즉 고구려군은 국내성으로 이어지는 두 개의 교통로를 모두 차단하고 승리를 거둔 셈이다.[57]

그러나 계속되는 승리에 도취한 동천왕은 철기鐵騎 5천명을 거느리고 무모하게 관구검의 본진을 공격하다가 관구검 군대의 강력한 저항에 밀려 패배하고 말았다. 이에 동천왕은 후퇴하여 남옥저를 거처 북옥저까지 피신했고, 관구검의 본군에 의해 고구려의 수도 국내성이 함락당하는 타격을 입고 말았다. 사실 고구려의 타격은 여기에 그치는 것이 아니었다. 245년에는 동천왕을 추격하면서 현도태수 왕기가 고구려의 배후 기지 역할을 하던 동옥저·북옥저까지 유린하였으며,[58] 낙랑군·대방군의 군대는 동예의 항복을 받아 낙랑군에 종속시킴으로써 고구려는 또다른 배후기지를 상실하게 되었다.[59]

이때 현도태수 왕기의 행동은 관구검의 동방정책과 관련하여 주목을 끈다. 왕기는 고구려 정벌 직전에 부여에 파견되어 군량을 공급받았다.[60] 이는 위나라 역시 고구려와 대립하던 부여에 대해서는 우호관계를 유지하고자 하였음을 보여준다. 그리고 244년 관구검의 휘하에서 고구려의 국내성 공격에 참여하였던 왕기는 이듬해인 245

---

57 여호규, 앞의 논문, 2007, 46~47쪽.
58 『삼국지』 권30, 위서30, 오환선비동이30, 동옥저, "毌丘儉討句麗 句麗王宮奔沃沮 遂進師擊之 沃沮邑落皆破之 斬獲首虜三千餘級".
59 『삼국지』 권30, 위서30, 오환선비동이30, 한, "正始六年 樂浪太守劉茂·帶方太守弓遵以領東濊屬句麗 興師伐之 不耐侯等舉邑降 其八年 詣闕朝貢 詔更拜不耐濊王 居處雜在民間 四時詣郡朝謁 二郡有軍征賦調 供給役使 遇之如民".
60 『삼국지』 권30, 위서30, 오환선비동이30, 부여, "正始中 幽州刺史毌丘儉討句麗 遣玄菟太守王頎詣夫餘 位居遣大加郊迎 供軍糧".

년에는 동옥저·북옥저까지 정벌하여, 숙신肅愼 경계에까지 이르렀다가 회군하였다. 사실 『삼국지』 동이전에 보이는 동옥저와 북옥저에 대한 새로운 정보의 상당 부분은 이때 얻어진 것으로 판단된다. 결국 관구검의 고구려 침공은 동방경영의 가장 위협세력이었던 고구려에 타격을 주려는 목적 이외에도, 동옥저 및 동예 지역에까지 중국 군현의 영향력을 최대한 확대하려는 의도가 있었던 것이다. 이는 결국 본래 낙랑군의 관할지역을 다시 확보하려는 것이었다.

당시 위가 한반도 내에서 군현의 영향력을 확장하려는 정책은 삼한의 경우에도 잘 드러난다. 관구검의 고구려 공격전이 성공하여 위의 가장 큰 위협세력인 고구려가 큰 타격을 받게 되면서, 동방의 세력 관계에 상당한 변화가 일어났다. 그리고 이틈을 이용하여 관구검은 고구려 원정을 마친 직후 곧 삼한 지역에 대한 영향력 확대를 꾀하였다. 이에 대해서는 아래 백제와 중국 군현과의 관계에서 다시 서술하도록 하겠다.

동천왕대의 격렬한 충돌 이후 고구려와 중국 군현 사이에 한동안 별다른 충돌없이 잠잠하였다. 그 후 259년(중천왕 12)에 위나라 군대가 침공해오다가 양맥곡에서 크게 패배하는 전투가 한 차례 있었으나,[61] 이를 제외하고는 고구려와 위나라 사이에 별다른 전쟁이 없었다. 고구려로서도 동천왕대의 패전 이후 국력을 회복할 필요가 있었기 때문이었다.

2. 백제의 주변세력 정복 및 신라와의 전쟁

백제는 국가 형성 초기에 주변의 여러 세력들과 충돌하면서 영역을 확보해갔다. 『삼국사기』 백제본기에는 이들 주변 세력으로서 낙랑樂浪, 말갈靺鞨, 마한馬韓, 신라新羅 등이 등장하고 있다. 백제의 성장 과정은 곧 이들 주변 세력과 군사적으로 충돌하거나 혹은 외교적인 교섭을 통해 최종적으로 이들 여러 세력을 정복해가는 과정이라고 할 수 있다. 여기서는 백제가 초기에 이들 주변 세력과 어떠한 관계를 맺고 어떠한 과정을 통해 이들을 통합해 갔는지에 대해 살펴보도록 한다.

---

61 『삼국사기』 권17, 고구려본기5, 중천왕 12년.

1) 백제와 낙랑, 말갈의 관계

『삼국사기』 백제본기에 의하면 백제 초기에 가장 빈번하게 접촉 충돌하는 세력은 낙랑樂浪과 말갈靺鞨이었다.[62] 따라서 당시 백제와 말갈, 낙랑의 관세의 추이를 살펴보기 위해 백제본기에 나타난 백제와 낙랑과 말갈 관련 기사를 정리하면 다음 〈표 2-4〉와 같다.

〈표 2-4〉 백제와 낙랑, 말갈 관계 기사

서기	백제왕력	공격주체	지명	내용	비고
-16	온조왕 3	말갈→백제	(백제 북경)		
-15	4	백제→낙랑		낙랑에 사신 보냄	
-11	8. 2월	말갈→백제	위례성(慰禮城), 대부현(大斧峴)		
	8. 7월	낙랑	마수성(馬首城), 병산책(瓶山柵)	축조 (낙랑 대비)	
-9	10	말갈→백제	곤미천(昆彌川), 청목산(靑木山), 봉현(烽峴)		
-8	11	낙랑, 말갈 →백제	병산책(瓶山柵)		
			독산책(禿山柵), 구천책(狗川柵)	축조 (낙랑 대비)	
-2	17	낙랑→백제	위례성(慰禮城)		

62 본 글의 주제와 관련된 기왕의 주요 연구 성과는 다음과 같다. 유원재, 「삼국사기 위말갈고」 『사학연구』 29, 한국사학회, 1979 ; 이강래, 「'삼국사기'에 보이는 말갈의 군사활동」 『영토문제연구』 2, 고려대학교 영토문제연구소, 1985 ; 선석렬, 「"삼국사기" '신라본기' 상대 말갈기사의 검토-초기 기록의 기년을 중심으로-」 『부대사학』 17, 1993 ; 문안식, 「'삼국사기' 신라본기에 보이는 낙랑, 말갈사료에 관한 검토」 『전통문화연구』 5, 조선대학교 전통문화연구소, 1997 ; 문안식, 「삼국사기 나·제본기의 말갈 사료에 대하여」 『한국고대사연구』 13, 한국고대사학회, 1998 ; 이홍종, 「『삼국사기』 '말갈'기사의 고고학적 접근」 『한국사학보』 5, 고려사학회, 1998 ; 김기섭, 「"삼국사기" '백제본기'에 보이는 말갈과 낙랑의 위치에 대한 재검토」 『청계사학』 8, 1991 ; 김병뉴, 「"삼국사기" 초기 기록의 말갈에 대한 재검토」 『전북사학』 23, 전북사학회, 2000 ; 문안식, 「삼국시대 영서지역 토착세력의 추이-'삼국사기' 백제본기에 보이는 말갈세력을 중심으로-」 『충북학』 2, 충북개발연구원 충북학연구소, 2000.

-1	18. 11월	백제→낙랑	우두산성(牛頭山城, 낙랑), 구곡(臼谷)		
	18. 10월	말갈→백제	칠중하(七重河)		
4	22. 8월		석두성(石頭城), 고목성(高木城)	축성	
	22. 9월	말갈→백제	부현(斧峴)	전렵	
22	40	백제→말갈	술천성(述川城), 부현성(斧峴城)		
25	온조왕 43	(남옥저)	부양(斧壤)	仇頗解 20家 귀순	
30	다루왕 3	백제→말갈	마수산(馬首山)		
31	4	백제→말갈	고목성(高木城), 마수성(馬首城), 병산책(甁山柵)		
55	28	말갈→백제	(백제 북경)		
56	29	(말갈 방비)	우곡성(牛谷城)	축성	
108	기루왕 32	말갈→백제	우곡(牛谷)		
125	49	(말갈→신라)		신라구원	신라본기 출전
210	초고왕 45		적현성(赤峴城), 사도성(沙道城)	축성	
		말갈→백제	사도성(沙道城)		
214	49	백제→말갈	석문성(石門城, 말갈)		
		말갈→백제	술천(述川)		
216	구수왕 3	말갈→백제	적현성(赤峴城), 사도성(沙道城)		
229	16	말갈→백제	우곡(牛谷)		
246	고이왕 13	백제→낙랑		낙랑변민 약취	
307	분서왕 7	백제→낙랑	낙랑 서현	낙랑태수 자객	
387	진사왕 3	말갈→백제	관미령(關彌嶺)		
391	7	말갈→백제	적현성(赤峴城)		

482	동성왕 4	말갈→백제	한산성(漢山城)		
503	무령왕 3	말갈→백제	마수책(馬首柵), 고목성(高木城)		
506	6	말갈→백제	고목성(高木城)		
507	7. 5월	(말갈 대비)	고목성(高木城) 남목책, 장령성(長嶺城)	축성	
	7. 10월	고구려, 말갈 →백제	한성(漢城), 횡악(橫岳)		고구려본 기 출전
548	싱왕 26	고구려, 濊 →백제	한북 독산성(漢北 獨山城)		

　먼저 백제본기에 등장하는 '낙랑樂浪'이란 존재가 과연 어떤 세력을 가르키는지에 대해 살펴보자. '낙랑'하면 흔히 낙랑군을 떠올리기 쉽다. 그러나 『삼국사기』에 등장하는 '낙랑樂浪'이란 존재는 고구려본기·백제본기·신라본기에 모두 등장하지만, 이들 세 본기의 낙랑이 모두 동일한 존재를 가르킨다고 보기는 어렵다.[63] 따라서 백제와 접촉하는 낙랑의 존재는 백제와의 관계에서 그 성격을 밝혀야 할 것이다. 위 〈표 2-4〉에서 백제본기에 기재된 낙랑 관련 기사의 시기를 보면 온조왕대 기사가 5건(서기전 15년~서기전 1년), 고이왕 이후 2건(246년, 307년)이다. 내용상으로 보아 고이왕 이후의 낙랑 관련 기사는 중국 군현의 하나인 낙랑군을 가르키는 것으로 볼 수 있으나, 온조왕 대의 낙랑은 반드시 그렇지 않다.

　특히 위 표에서 보듯이 같은 기사에 낙랑과 말갈이 동시에 등장하고 있으며, 낙랑이 말갈을 동원한다거나, 혹은 백제가 낙랑과 말갈을 동시에 적대세력으로 인식하고 있다는 점에서 그러하다. 더욱 그 지리적 위치에서 낙랑을 동쪽에, 말갈을 북쪽에 있는 존재로 인식하고 있다는 점도 주목할 필요가 있다.[64] 다시 말해서 낙랑과 말갈은 백제를 기준으로 지리적인 위치에서도 서로 중복되지 않으면서 밀접한 관계를 갖는 존재임을 알 수 있다. 따라서 낙랑의 성격도 역시 말갈과 관련하여 함께 살펴보아야

---

63 임기환, 「고대의 강원도와 삼국의 역관계」 『강원도와 고구려』, 강원발전연구원, 2006, 13~17쪽.

64 『삼국사기』 권23, 백제본기1, 온조왕 13년, "夏五月 王謂臣下曰 國家東有樂浪 北有靺鞨 夏五月 侵 軼疆境 少有寧日".

한다. 다만 낙랑과 말갈의 연관성을 고려하더라도 초기 낙랑 관련 기사가 온조왕대에 한정되어 나타나고 있다는 점은 유의할 필요가 있다.

〈표 2-4〉에서 백제본기에 나타나는 말갈 관련 기사를 보면 시기별 단층이 나타나고 있다.[65] 먼저 온조왕 2년(서기전 17)~다루왕 29년(56년)에 14건의 기사가 집중되어 있다[1기]. 기루왕대에 2건(108년, 125년)의 기사가 보이나, 그 중의 하나(125년)는 신라측 전승 기사이기 때문에[66] 백제측 전승 기사와는 구분해서 검토해야 할 것이다. 그 다음 시기는 초고왕 45년(210)~고이왕 25년(258)으로 6건의 말갈 기사가 연속되고[2기], 진사왕대에 2건(387년, 391년)의 기사가 보이다가[3기], 다시 웅진으로 천도한 이후인 동성왕 4년(482)~무령왕 7년(507) 기간에 4건의 기사가 이어지고 있다[4기]. 이렇게 백제본기의 말갈 관련 기사는 그 분포 밀도에 따라 대략 4시기로 나누어 볼 수 있다.

그런데 말갈 관련 기사는 네 시기로 나뉘어지는 시기적 단층을 보이고 있지만, 백제와 말갈의 접촉 지점을 보여주는 지명을 보면 시기별로 그다지 차이를 보이지 않으며, 시기가 다르더라도 같은 지명이 여러 번 반복해서 등장하는 경우가 상당수이다. 즉 고목성高木城(4년, 31년, 503년~), 마수성馬首城(柵, 山)/30년, 31년, 503년), 적현성赤峴城(210년, 216년, 391년), 술천述川(22년, 214년), 우곡牛谷(56년, 229년) 등의 지명이 그것이다. 그런데 이 말갈 기사가 등장하는 대략 5세기 동안에 걸쳐 백제의 대외관계도 다양하게 변모하고 있고, 무엇보다 백제 세력이 급격하게 팽창하였고, 그리고 다시 위축되어 수도를 웅진으로 천도하는 상당한 정치적 변화가 있었다. 그럼에도 불구하고, 백제와 말갈의 관계에서는 시종 동일한 지역명이 여러 시기에 걸쳐 계속 반복되고 있다는 점에 대해 의문을 갖지 않을 수 없다. 구체적으로 살펴보자.

[1기]인 온조왕과 다루왕대에는 술천성述川城, 부현성斧峴城(대부현大斧峴, 부현斧

---

65 아래 백제와 말갈, 낙랑 관련 기사의 분석과 서술은 임기환, 앞의 논문, 2006 참조하였음.
66 『삼국사기』권23, 백제본기1, 기루왕 49년, "新羅爲靺鞨所侵掠 移書請兵 王遣五將軍救之";『삼국사기』권1, 신라본기1, 지마이사금 14년, "春正月 靺鞨大入北境 殺掠吏民 秋七月 又襲大嶺柵 過於泥河 王移書百濟請救 百濟遣五將軍助之 賊聞而退". 백제본기와 신라본기의 위 기사를 비교해 보면 내용상 신라본기가 자세하므로, 백제본기의 이 기사는 신라본기의 저본 자료에 의거하였음을 알 수 있다.

峴), 마수성馬首城(마수산馬首山), 병산책甁山柵, 우곡성牛谷城, 고목성高木城 등의 지명이 말갈과의 주요 접전지로 등장한다. [2기]인 초고왕~고이왕대에는 적현성赤峴城, 사도성沙道城, 술천述川, 우곡牛谷이 말갈과의 주요 접전지로 등장한다. 즉 술천(성), 우곡(성)등이 공통 지명으로 등장하여, 1기와 2기 양 시기에 걸쳐 전개된 말갈 관련 기사의 연관성을 보여 주고 있다. 그리고 [3기]인 진사왕대의 두 기사에는 관미령關彌嶺과 적현성赤峴城이 보이는데, [2기]인 초고왕·구수왕대 기사에서도 적현성이 등장하고 있다. 즉 [3기]와 [2기] 사이에서도 지명상으로는 거의 동일한 양상이 나타나고 있다.

[4기]인 동성왕과 무령왕대에 보이는 4건의 말갈 기사에는 고목성高木城, 마수책馬首柵, 한산성漢山城이란 지명이 보이고 있는데, 이는 [1기]인 온조왕과 다루왕대에도 반복하여 나오는 지명이다. 웅진으로 천도한 이후인 당시의 정황으로 보아 동성왕과 무령왕대에는 백제 초기에 벌어진 말갈 침입과 유사한 상황이 재현될 가능성은 거의 없다. 물론 동성왕과 무령왕 대에 백제가 한강유역을 회복함에 따라 다시 한강 유역의 지명이 등장하였다고 볼 가능성이 없는 것은 아니다. 그러나 이때까지도 초기의 말갈 집단이 여전히 존재하며, 더욱 그들이 다시 백제를 침공하는 상황이 동시에 벌어졌다는 것은 납득하기 어렵다. 따라서 동성왕과 무령왕대에 보이는 4건의 말갈 기사는 지명으로 볼 때 웅진 천도 이후의 사실을 전하는 기사로 보기는 어렵다. 따라서 이들 4건의 기사는 백제가 한성에 도읍할 때의 기사로 보아야할 것이며, 지명으로 볼 때에는 백제 초기의 말갈 기사와 연관하여 검토함이 합리적이다.

이렇게 백제본기에 보이는 말갈 관련 기사는 4기로 나누어지는 시기가 지명 상에서 서로 밀접한 연관 관계를 갖고 있기 때문에, 웅진도읍기의 말갈 기사의 예에서 보듯이 기사의 기년이 변개되었을 개연성을 고려하지 않으면 안된다. 따라서 백제본기에 보이는 말갈 관련 기사가 시기적으로 4시기로 단층을 이루고 있지만, 실제로는 특정 시기의 역사적 상황을 반영하는 기사가 역사서를 편찬할 때에 시기별로 분산되어 기술되었을 가능성이 높다.

그러면 과연 백제와 말갈 사이에 치열한 전쟁이 이어지는 실제 시기는 언제일까? 앞에서 검토한 바와 같이 일단은 기사의 집중도로 보아 온조왕~다루왕대와 초고왕

~고이왕대가 가장 유력하다. 이 경우 세 가능성이 있다. 즉 첫째 온조왕~다루왕대의 사실, 둘째, 초고왕~고이왕대의 사실, 셋째, 온조왕~다루왕대와 초고왕~고이왕대의 양시기에 걸쳐 있는 사실 등이다.

그 중 셋째 경우인 두 시기에 걸쳐 모두 백제와 말갈의 충돌이 있어났다고 볼 가능성은 접어두어도 좋을 듯하다. 왜냐하면 온조왕 2년(서기전 17)~다루왕 29년(56년) 시기와 초고왕 45년(210)~고이왕 25년(258)시기 사이에 시간적 격차가 너무 크기 때문이다. 즉 양 세력의 충돌에서 150년 이상의 공백기가 나타나게 되는데, 동일한 지역에서 동일한 양 세력의 충돌이 오랫동안 공백이 될 이유를 찾아보기 어렵다. 따라서 백제와 말갈의 충돌은 특정 시기의 역사상으로 보아도 좋을 것이다.

그러면 과연 온조왕~다루왕대일까? 아니면 초고왕~고이왕대일까? 이와 관련해서는 백제의 국가적 성장 단계도 고려하여야 할 것이며, 아울러 말갈로 비정되는 정치세력의 존재 양상도 함께 살펴보아야 할 것이다. 백제와 말갈의 충돌이 온조왕 2년(서기전 17)~다루왕 29년(56년)대라고 한다면, 당시 백제의 국가적 성장이 경기 북부에서 말갈과 충돌할 수 있는 영역적 기반을 갖고 있다고 보아야 할 것이다. 물론 현재의 자료로 보아 이는 어느 정도 인정할 수 있을 것이다. 그런데 1세기 전반기에 백제와 충돌할 정도의 세력을 갖고 있다가 이후 소멸되었거나 혹은 이후에는 백제와 충돌할 수 없는 어떤 정황에 처하게 된 정치세력의 존재 즉 말갈의 존재를 상정할 수 있느냐가 문제이다. 이 시기의 역사적 정황으로 보아 이러한 정치집단의 존재를 상정하기는 어렵다.

기왕의 연구 성과에서 지적하듯이 말갈은 예濊 세력집단으로 볼 수 있는데, 예濊 세력은『삼국지』동예전東濊傳이나 한전韓傳에서 보듯이 3세기까지도 그 세력의 존재가 뚜렷하였다. 그렇다면 이들 세력이 기원전 1세기경에만 백제와 충돌하고 그 이후에는 그러한 행적을 남기지 않았다고 보기에는 매우 부자연스럽다.

이러한 점을 고려한다면 역시 백제와 말갈의 충돌은 초고왕~고이왕대인 3세기 초반부터 본격화된 것으로 보는 것이 합리적이다. 당시 백제의 대외적 발전 양상을 고려해도 그러할 가능성이 매우 높다고 생각한다. 특히 말갈 기사가 가장 집중해 있는 온조왕대의 기사 중에 온조왕 13년의 국경 획정 기사가 대체로 고이왕대의 사정을 반영하는 것으로 본다면, 온조왕대에 말갈이나 낙랑과 충돌하는 기사들도 고이왕대에서 멀지 않은 시기일 개연성이 크다고 보겠다. 그리고 말갈과 충돌하는 기사가 반영하는 역사상이 3세기 전반기(초고왕~고이왕)라고 한다면, 말갈과 함께 등장하는 백제본기의 낙랑의 존재 역시 3세기 전반의 상황 속에서 이해할 필요가 있다.

한편, 그동안 백제본기의 말갈과 신라본기의 말갈을 대체로 영동嶺東 예濊과 영서嶺西 예濊라는 지역적 기반이 다른 존재로 보는 견해가 유력한데,[67] 이들이 서로 구분되는 존재라는 근거는 자료상으로 불명확하다. 오히려 일정 시기 동안에 백제 및 신라와 충돌을 일으킨 존재라는 점에서, 양자가 동일한 실체일 가능성도 배제하기 어렵다.

백제본기의 기사를 중심으로 볼 때, 3세기 전반기에 백제와 치열하게 충돌한 말갈의 존재와 관련하여 다음의 일련의 사건이 주목된다. 즉 204년~207년의 공손씨 정권에 의한 대방군의 설치, 238년 위나라의 동방 원정, 246년 전후의 유주자사 관구검에 의한 고구려 침공 및 군현체제의 강화 등이다. 이들 사건은 정치적으로나 군사적으로 당시 한반도 내에서 정세 변화를 크게 불러 일으킨 매우 중요한 사건들이다.

후한 말기에 중국의 정세가 혼란한 상황이 계속되면서, 중국 군현들이 갖고 있는 주변 민족에 대한 통제력이 약화되었고 한韓·예濊가 강성해졌다. 이에 요동지역에 기반을 둔 공손씨 정권은 낙랑군 남쪽에 대방군을 설치하고 군현을 재정비하면서 한·예 세력을 통제하려고 하였다. 그리고 이러한 군현 기능을 회복하려는 시도가 군사력을 동반하는 적극적인 방식으로 이루어지고 있었다. 특히 대방군의 설치는 한韓에 대한 통제력을 강화하겠다는 의도를 드러냈다는 점에서, 이후 한韓 지역의 정세 변화를 예상할 수 있겠다.

한편, 238년에 이루어진 위의 동방 원정은 단지 공손씨 정권의 정벌에 그치는 것이 아니었다. 나아가 낙랑군·대방군을 장악하여 주변 이민족 사회에까지 영향력을 확대하고자 하는 의도였다. 244~245년의 2년에 걸쳐 유주자사 관구검이 고구려를 정벌한 결과도 한편으로는 본래 낙랑군의 관할 지역을 다시 확보하려는 다른 의도를 보여주고 있다 관구검은 고구려 원정을 마친 직후부터 곧바로 삼한 지역에 대한 영향

---

67 문안식, 앞의 논문, 2000, 2004, 참조.

력 확대를 꾀하였다. 그 결과 낙랑군과 진한 세력을 연결하는 내륙 교통로가 복원되었다.[68] 그러면 이 내륙 교통로는 어디일까? 대략 낙랑군의 중심지인 평양에서 예성강 상류 일대를 거쳐 철원-춘천-홍천-원주로 이어지는 길로 짐작된다.

이렇게 낙랑군 등 중국 군현이 주체가 되어 내륙교통로를 확보하고, 이를 통해 내륙에 위치한 한韓·예濊 등에 대한 통제력을 확대하고 또한 교역망의 확대도 추진해 가면서, 자연스럽게 이 교통로에 위치하고 있던 세력집단과도 정치·경제적으로 긴밀한 관계가 형성되었을 것으로 보인다. 그리고 이 지역의 세력집단 역시 낙랑군 등 군현세력과 교류하고 또 주변세력과 교역의 범위가 확대되어 가면서 점차 정치·경제적인 성장이 빠르게 이루어졌을 가능성이 높다. 그 결과 이 내륙 교통로 지역에 위치하고 있던 예족濊族계 세력집단이 성장하면서, 이 교통로와 여러 이해 관계를 갖고 있는 백제 및 신라와 충돌하게 되었을 것으로 생각된다. 그것이 『삼국사기』 백제본기나 신라본기의 초기 기사에 등장하는 '말갈'의 존재라고 추정된다.

그리고 말갈과 더불어 등장하는 '낙랑' 세력 역시 낙랑군일 가능성도 있지만, 백제본기에 등장하는 낙랑을 모두 낙랑군으로 보기는 어렵다. 따라서 낙랑군에서 이어지는 내륙 루트에 위치한 세력집단의 일부가 백제인들에게 '낙랑'으로 불리웠을 가능성도 있다. 즉 낙랑군으로 대표되는 중국 군현이 이 루트를 운영하기 위해 확보한 거점 지역에서는 아마도 중국 군현의 직접적인 지배력이 관철되거나 그 영향력이 상대적으로 높았기 때문에, 백제나 신라로부터 '낙랑'으로 불리웠을 가능성도 생각해볼 수 있다. 그러한 거점 지역의 유력한 후보는 지금의 춘천 지역으로 추정된다.

이렇게 보면 백제가 낙랑을 동쪽에, 말갈을 북쪽에 있는 존재로 인식하고 있다는 점을 충분히 이해할 수 있다. 백제와 충돌하는 말갈은 주로 임진강 상류 일대에 분포하고 있는 예족 세력이고, '낙랑'은 춘천 일대를 중심으로 분포하고 있는 예족 세력을 뜻하는 것으로 이해할 수 있기 때문이다. 따라서 백제본기에 등장하는 말갈과 낙랑과의 충돌 기사는 3세기 전반기에 백제가 북쪽으로 임진강·예성강 상류 일대까지 진출하면서, 그리고 동쪽으로는 낙랑군과 진한 내지는 신라로 이어지는 교통로상에 분포하는 춘천·홍천 일대

---

68 임기환, 앞의 논문, 2000, 참조.

석촌동 계단식 돌무지 무덤(서울 송파, ⓒ 유수)

지역까지 영역을 확대하는 과정에서 나타난 결과로 이해하는 것이 옳을 것이다. 백제본기 온조왕 13년조에 보이는 백제의 영역 획정 기사인 "북으로 패하浿河[예성강]에 이르고, 남은 웅천熊川[안성천]에 이르고, 서로는 대해大海[황해]에 이르고, 동으로는 주양走壤[춘천]에 이르렀다"라는 내용은 곧 3세기 전반기에 백제가 확보한 영역을 온조왕대에 소급하여 기술한 것으로 판단된다. 여기서 동쪽의 경계선인 주양走壤[춘천]이 바로 낙랑군에서 신라로 이어지는 내륙교통로의 주요 거점이었음을 짐작할 수 있다.

이와 관련하여 백제국의 형성 시기가 언제인가를 살펴볼 필요가 있다. 문헌자료인 백제본기에는 기원 전후시기에 온조와 비류집단이 한강유역으로 남하하여 백제를 건국한 것으로 되어 있으나, 앞서 살펴본 바와 같이 온조대의 기사인 백제와 낙랑의 관계를 보면 3세기 경의 사실임을 추정하였다. 따라서 이와 관련하여 백제국의 형성 시기도 고고자료를 통해 검토할 필요가 있겠다.

백제가 건국한 한강유역 일대에는 백제 건국의 기반으로 추정할 수 있는 다양한 정치집단의 존재를 알려주는 물질문화 자료가 분포하고 있으며, 그중에는 고구려계 문화로 볼 수 있는 적석총 관련 유적이 상당수 포함되어 있다.

대표적인 유적의 하나가 남한강·북한강과 임진강 일대에 분포하고 있는 무기단식 적석총 유적이고, 다른 하나는 한성 백제의 중심지로 비정되는 한강하류 서울지역 석촌동 일대에 분포하고 있는 계단식 적석총 유적이다.

학곡리 적석총(경기 연천)
임진강 변 자연제방 위에 위치한 돌무지 무덤이다.

　그중 남한강·북한강 일대에 광범위하게 분포하고 있는 무기단식 적석총에 대해서는 그것이 외형적으로 고구려의 적석총와 통하고 있기 때문에 이를 고구려유민들의 이동과 연관지어 보는 견해가 일찍부터 제기되었다. 즉 이들 유적 중에는 압록강유역의 고구려계 철기로 알려진 도끼날형 철촉이 발견되는 곳이 있으며, 여러 곳에서 적석총 유적들이 분포하고 있어 이를 근거로 고구려 유민들에 대거 남하하여 백제국을 세우고, 백제의 영역을 확장하는 과정을 설명하고 있다.[69]

　그러나 이들 적석총 유적에 대한 발굴조사와 연구가 진행되면서. 전반적으로는 이들 유적을 모두 고구려계 유이민과 관련지어 설명하는 점에서는 회의적인 입장이 많다.[70] 고구려 초기의 무기단 적석총과 남한강 북한강 및 임진강 일대의 적석총은 모두 강돌을 사용하였다는 점에서는 공통되지만, 축조방식이나 평면형, 입면형 등에서는 상당한 차이가 있기 때문이다.[71] 따라서 이들 유적을 예족계濊族系의 문화로 보는 견

69 權五榮,「초기 백제의 성장 과정에 관한 일고찰」『韓國史論』 15, 서울대 국사학과, 1986, 31~32쪽.
70 李賢惠,「마한 백제국의 형성과 지배집단의 출자」『百濟研究』 22, 1991, 15~17쪽.
71 李賢惠, 앞의 논문, 1991, 17~21쪽.

해가 근지에는 유력한 견해로 등장하였다.[72] 이들 예족계 적석총의 죽조 시기에 대해서도 여러 견해가 있지만,[73] 대체로 3세기 전반에서 4세기 초 정도로 보고 있다.

그리고 근자에는 임진강변에서도 고구려계 적석총이 발견되면서, 임진강유역이 백제 초기에 고구려 주민들이 남하하여 일시적으로 이곳에 머물렀을 가능성도 제기되고 있다.[74] 임진강 유역의 적석총은 2세기말~3세기초의 유적으로 추정되는데, 특히 3세기 중반 이후 서울지역에서 고구려계 적석총이 축조되면서 임진강 유역에서 고구려계 적석총이 더 이상 축조되지 않는 것은 곧 고구려계 주민이 서울지역으로 이주한 결과로 보기도 한다.

그런데 현재 서울 석촌동 지역에는 고구려식 적석총 및 고구려계 적석총이라고 하더라도 이미 백제식으로 변화한 적석총이 상당수 존재하고 있다. 그러면 백제의 중심지라고 할 수 있는 서울 지역의 적석총은 언제 등장한 것일까? 현재의 연구 성과를 보면, 석촌동 일대의 계단식 적석총의 축조 시기는 3세기 중반대 이후로 추정되고 있으며,[75] 이들 적석총의 영향 아래 변화된 것으로 보이는 백제식 적석총과 즙석봉토분 등은 3세기 중엽 이후 혹은 4세기 중엽으로 보고 있다.[76]

그리고 이와 관련하여 고려할 점은 풍납토성과 몽촌토성의 판축성벽이나 성 내부의 출토 유물이 3세기 후반을 올라가지 않는다는 점이다. 백제의 국가 형성과 관련된 물질 자료인 고분 유적이나 성곽 유적 등이 3세기 중반 이상으로 올라가지 않는 것은 백제가 3세기 중반 경에 비로소 국가를 형성하였음을 보여주고 있다. 따라서 고고 자료를 통해서도 한강유역에서 백제국의 형성은 3세기대로 볼 수 있으며, 앞서 설명한 바와 같이 백제가 말갈이나 낙랑과 전쟁을 벌이는 상황도 3세기 경으로 보는 것이 타당하다. 그리고 아래에서 서술하려는 바와 같이 백제가 마한과 충돌하는 시기 역시 3세기 이후로 보는 것이 옳을 것이다.

---

72 朴淳發,『漢城百濟의 誕生』, 서경문화사, 2001.

73 이에 대해서는 林永珍,「積石塚으로 본 百濟 建國集團의 南下過程」『선사와 고대』19, 2003, 91쪽 참조.

74 文安植,『백제의 영역 확장과 지방통치』, 신서원, 2002 ; 李賢惠,「3세기 馬韓과 伯濟國」『百濟의 中央과 地方』, 충남대백제연구소, 1997 ; 林永珍「積石塚으로 본 百濟 建國集團의 南下過程」『선사와 고대』19, 한국고대학회, 2003.

75 林永珍, 앞의 논문, 2003.

76 林永珍, 앞의 논문, 2003 ; 朴淳發, 앞의 책, 2001.

2) 백제와 마한의 관계

한강 유역에서 백제가 등장할 무렵 이미 한반도 서남부 지역에서는 곳곳에서 마한의 소국이 성립하고 있었다. 다수의 소국으로 이루어진 마한 연맹체의 맹주국은 목지국目支國이다. 그런데 목지국의 위치에 대해서는 직산설稷山說과[77] 익산설益山說이[78] 유력하다. 또는『삼국사기』백제본기에 보이는 바와 같이 백제 초기 온조왕대에 멸망한 마한세력과 그 뒤에 보이는 마한세력을 모두 인정하고, 시대적 차이를 두고 두 지역에 맹주국이 있었다고 보는 견해도 있다.[79]

그런데 마한의 소국세력은 지금의 경기, 충남일대에서 전남 일대까지 널리 분포하고 있다, 고고학적인 상황으로 보아 당시 마한세력은 지역적으로 크게 3권역으로 나누어볼 수 있을 것이다. 즉 직산, 천안 지역을 중심지로 하는 아산만 일대, 부여·공주를 중심으로 하는 금강유역, 그리고 영산강 유역을 포함하는 전라도 서남해안 일대 등이다.[80] 따라서 백제의 성장과정에서 백제세력이 남쪽으로 세력을 확장해가게 되면 자연히 마한 세력과의 관계는 지속적으로 나타날 수 밖에 없을 것이다. 물론『삼국사기』백제본기에 나타나는 마한의 실체는 그 중에서도 한강 유역에 가장 가까운 아산만 일대의 마한세력 혹은 금강 유역의 마한 세력으로 볼 수 있을 것이다.

『삼국사기』백제본기에 보이는 바와 같이 백제의 등장 과정은 곧 마한과의 교섭·충돌과정이라고 할 수 있다.[81] 먼저『삼국사기』백제본기에 보이는 백제와 마한의 대외관계 기록을 표로 정리하면 다음과 같다.

---

77 李丙燾,『韓國古代史硏究』, 박영사, 1976, 242~248쪽. 千寛宇는 인천의 옛이름이 彌鄒忽이라는 점에 근거하여 目支國을 인천 지역으로 보았다. 즉 미추홀의 '彌鄒'와 목지국의 '目支'가 同音異字라 하여 목지국의 위치를 오늘날의 인천 지역으로 보았던 것이다. 또한 백제 왕계가 溫祚系와 沸流系의 이중 구조로 이루어졌다고 생각하여, 온조 이래의 역대 왕들은 서울 강남의 伯濟國을 중심으로 인천을 포함한 백제 전역을 다스렸으나, 비류계의 古爾王은 인천의 목지국을 중심으로 서울 강남을 포함한 백제 전역을 지배한 것으로 보았다(千寛宇,「目支國考」『韓國史硏究』24, 1979, 26~29쪽).

78 金貞培,『韓國古代의 國家起源과 形成』, 고려대출판부, 1986, 241~271쪽.

79 李丙燾, 앞의 책, 1976, 242쪽 ; 李鍾旭,「百濟의 國家形成」『대구사학』11, 1976, 8~9쪽.

80 朴燦圭,「백제의 마한사회 병합 연구」『국사관논총』95, 2001.

81 이하 백제와 마한의 관계에 대한 서술은 임기환,「삼국사기 백제본기 대외관계 기사의 재구성 시론-지명 관련 기사를 중심으로」『한국고대사연구』52, 2008의 관련 내용을 정리 보완하였다.

〈표 2-5〉백세-마한 관계 기사

시기		지명	관계 주체	경과내용
-9	온조왕 10		→마한	신성한 사슴을 잡아 마한에 보냄
-6	온조왕 13	웅천(熊川, 강역)	→마한	마한에 도읍을 옮긴 사실을 알리고 강역을 획정함. 남쪽 으로 웅천을 경계로함.
6	온조왕 24	웅천책(熊川柵)	마한→	백제가 웅천책을 세우자 마한왕이 사신을 보내 항의함
8	온조왕 26	원산성(圓山城)· 금현성(錦峴城)	→마한	마한을 습격하여 국읍을 병합함. 원산성과 금현성이 항복 하지 않음
	온조왕 27			원산성과 금현성이 항복하자 주민을 한산 북쪽으로 사민 함. 대두산성을 축성함
16	온조왕 34	우곡성(牛谷城)	→마한	마한의 장수 주근이 우곡성에 반란. 토벌함
18	온조왕 36	탕정성(湯井城), 대두성(大豆城)		탕정성을 축성하고 대두성의 주민을 이거함
		원산(圓山)·금현(錦峴)		원산성과 금현성을 수리함
		고사부리성(古沙夫里城)		고사부리성을 축성함

이 기사들의 내용을 보면 백제는 온조왕때 마한과의 관계가 매우 빈번하였다. 처음
에는 온조가 신록神鹿을 잡아서 마한에 보낸다든지, 온조가 도읍을 옮긴 사실을 마한
에 알린다든지, 말갈 추장靺鞨酋長 소모素牟를 잡아서 마한에 보낸다든지, 온조가 마
한의 영역을 자주 침범하였다는 등의 기사가 등장하는데, 이 기사들을 보면 온조왕대
의 백제와 당시의 마한은 서로 근접하고 있으며, 마한의 영향력 아래에 백제가 있음
을 알 수 있다. 그런데 마한이 우세하던 형세는 온조왕 24년 이후부터 변화를 보인다.
즉, 이 해에 온조가 웅천책熊川柵을 세워 마한의 강역을 침범하였다.[82] 이어 온조왕 26

----

82 『삼국사기』 권23, 백제본기1, 온조왕 24년, "7월에 왕이 熊川柵을 세우니 馬韓 왕이 사신을 보내
나무라기를 '왕이 처음 강을 건너 발붙일 곳이 없자 내가 東北 一百里의 땅을 떼어 편안케 했으니
왕을 대우함이 두터웠다 할 것이다. 마땅히 이에 보답할 생각이 있어야 할 것인데, 이제 나라가 완
전해지고 백성들이 모여들자 대적할 자가 없다하여 크게 城池를 만들고 우리 영토를 침범하니, 의
리에 그럴 수 있는가'하니 왕이 부끄러이 여겨 드디어 柵을 헐었다."

년에 마한을 침범하여 국읍을 병탄하고, 이듬해에는 항복하지 않은 나머지 세력까지 항복시켜 마한을 완전히 멸망시켰다.[83]

물론 이 기사들의 기년 문제는 신중히 검토되어야 한다. 구체적으로 마한과 관련된 기사에 보이는 지명인 웅천(책栅)·원산성圓山城·대두산성大豆山城·대두성大豆城,[84]·고사부리성古沙夫里城[85] 등은 5세기 말에 백제가 웅진으로 천도한 이후에도 중복해서 등장하고 있는 지명이다.[86] 물론 마한이 백제의 남쪽에 위치하므로, 웅진 천도 후 백제의 활동 영역과 겹칠 가능성이 있으며, 그러기에 마한 관련 지명과 웅진 천도 이후의 백제 지명이 서로 중복되는 현상도 자연스러울 수 있다. 그러나 동시에 마한과 관련된 위의 기사가 정리된 시점이 웅진 천도 이후로 내려갈 가능성도 고려해야 할 것이다. 따라서 마한 관련 기사는 온조왕대의 사정을 보여주는 것이 아니라, 뒷시기에 백제인들의 영역 인식이 온조왕대의 마한 관련 기사나 영역 획정 기사에 반영되었을 것으로 추정된다.

그렇다고 마한 관련 기사가 후대에 창작되었다는 뜻이 아니다. 백제본기의 기사대로 온조왕대의 사실이 아니라, 이후 백제의 성장과정에서 백제와 마한의 관계가 집약되어 온조왕대 기사로 편입되었다고 보는 것이 자연스럽다. 앞서 언급한 바와 같이 백제국의 성립이 3세기 대라고 한다면 백제와 마한의 관계 역시 3세기대에 이루어진 것으로 보는 것이 타당하다. 따라서 본 글에서는 그 시기를 확정하지 않고 온조왕대의 기사를 중심으로 백제와 마한의 대외관계의 추이를 살펴보도록 하겠다.

먼저 온조왕대의 마한 정복 기사는 대략 어느 시기까지의 관계를 보여주는 것일까? 이와 관련해서는 온조왕 13년의 강역 확정 기사를 주목할 필요가 있다. 북쪽으로는 패하浿河, 남쪽으로는 웅천, 서쪽으로는 큰 바다, 동쪽으로는 주양走壤을 경계로 하

---

83 『삼국사기』 권23, 백제본기1, 온조왕 26·27년, "二十六年……潛襲馬韓 遂并其國邑 唯圓山錦峴二城 固守不下 二十七年夏四月 二城降 移其民於漢山之北 馬韓遂滅".

84 大豆山城, 大豆城 관련 기사는 마한과 직접 관련되었다는 증거는 없으나, 마한 관련 기사와 겹쳐서 등장함은 물론 후출 기사의 성격도 유사하기 때문에 함께 검토하도록 한다.

85 『삼국사기』 권28, 백제본기6, 의자왕 20년조에 보이는 '古泗', 『삼국사기』 권36, 지리3의 '古妙夫里郡' 등과 동일한 지역으로 추정되기 때문에, 古沙夫里城도 웅진 천도 이후의 지명으로 볼 수 있다.

86 『삼국사기』 권26, 백제본기4, 문주왕 2년 춘2월, "修葺大豆山城 移漢北民戶";『삼국사기』 권26, 백제본기4, 무령왕 12년 추9월, "高句麗襲取加弗城 移兵破圓山城".

는 영역 범위를 확보했다고 여겨진다.[87] 여기서 패하는 예성강, 웅천은 안성천, 주양은 춘천 일대로 볼 수 있다. 즉 온조왕대의 마한 관련 기사에 의하면 마한은 당시 백제의 강역인 안성천의 남쪽에 위치한 것으로 보인다. 백제 온조왕이 24년에 안성천 일대에 웅천책을 세운 것에 대해 마한왕이 예민하게 반응한 것을 보면, 이 기사의 마한은 직산이나 천안 일대에 중심지를 두고 있는 마한으로 볼 수 있다.

대체로 온조왕대에 획정한 영역을 실제로 확보한 시기는 3세기 중반 고이왕대로 보는 것이 합리적이다. 그렇다면 온조왕대에 마한의 국읍을 병합하였다는 기사는 고이왕 이후 즉 3세기 중반 이후로 볼 수 있을 것이다. 즉 고이왕 혹은 그 이후에 백제가 안성천을 넘어 천안을 중심으로 하는 지역을 확보하였다고 할 수 있다. 그런데 온조왕대 기사를 보면 국읍을 확보한 뒤에도 원산성과 금현성은 항복하지 않고 저항하였으며, 우곡성을 근거로 마한의 장수 주근이 반란을 일으키기도 하였다. 이들 원산성과 금현성은 웅진 천도 이후에도 등장하는 지명이기도 하다. 따라서 원산성과 금현성, 우곡성 등과 관련된 마한 세력은 천안 일대의 마한 세력이 아니라 웅진 지역과 가까운 금강 유역의 마한세력으로 볼 가능성이 커진다.

따라서 온조왕 36년에 원산성과 금현성을 수리하고, 고사부리성을 축성한 기사는 금강유역에 대한 마한세력을 완전히 확보하는 상황을 반영한 기사라고 해석함이 타당할 것이다. 금강 지역을 백제의 영역으로 확보한 시기가 언제인지는 확실하게 알기 어렵지만, 늦어도 전라도 지역으로 진출하는 근초고왕 이전임은 분명하다. 즉 고이왕에서 비류왕 혹은 근초고왕대로 볼 수 있을 것이다.

즉 위 〈표 2-4〉에 보이는 온조왕대 백제와 마한의 관계는 실은 고이왕대에서 근초고왕에 이르는 시기에 백제가 남진하면서 아산만 일대의 마한세력과 금강유역의 마한세력을 차례로 복속시키는 과정을 담고 있다고 볼 수 있다.

---

87 『삼국사기』 권23, 백제본기1, 온조왕 13년, "八月 遣使馬韓告遷都 遂畫定疆場 北至浿河 南限熊川 西窮大海 東極走壤".

3) 백제와 신라의 관계

마한 지역에서 백제가 등장하여 맹주국으로 등장하고, 진한 지역에서는 신라가 맹주국으로 등장하게 되면서, 두 나라는 충돌과 교섭의 관계를 맺게 되었다. 『삼국사기』 백제본기와 신라본기에는 4세기까지 백제와 신라 사이에 벌어진 전쟁과 외교 교섭에 관한 많은 기사를 담고 있다.[88]

이를 다음 〈표 2-5〉로 정리하였다.

〈표 2-6〉 백제와 신라의 관계 기사

시 기			전투지역	지휘자	관계 주체	경과
서기	백제본기	신라본기				
63	다루왕 36	탈해 7	낭자곡성(娘子谷城)		백제→신라	
64	다루왕 37	탈해 8	신라 와산성(蛙山城), 구양성(狗壤城)		백제→신라	신라 기병 2천
66	다루왕 39	탈해 10	신라 와산성(蛙山城)		백제→신라	
70	다루왕 43	탈해 14			백제→신라	
74	다루왕 47	탈해 18			백제→신라	
75	다루왕 48	탈해 19	와산성(蛙山城)		백제→신라	
76	다루왕 49	탈해 20	와산성(蛙山城)		신라→백제	
85	기루왕 9	파사 6	신라 북경		백제→신라	
105	기루왕 29	파사 26			백제→신라	(사신을 보내 화친함)
113	기루왕 37				백제→신라	사신을 보냄
125	기루왕 49	지마 14			신라 구원	고구려, 말갈이 공격
155	개루왕 28	아달라 12		신라 길선(吉宣)	신라→백제	아찬 길선이 모반함
167	초고왕 2	아달라 14		신라 흥선(興宣)	백제→신라	신라군 2만
			한수(漢水)		신라	

---

88 이하 백제와 신라의 관계에 대한 분석은 임기환, 앞의 「삼국사기 백제본기 대외관계 기사의 재구성 시론-지명 관련 기사를 중심으로」의 내용에서 요약 정리하여 서술하였다.

188	초고왕 23	벌휴 5	신라 모산성(母山城)		백제→신라	
189	초고왕 24	벌휴 6	구양(狗壤)		백제→신라	
190	초고왕 25	벌휴 7	신라 원산향(圓山鄉), 부곡성(缶谷城)	신라 구도(仇道)	백제→신라	신라군 500명
199	초고왕 34	나해 4	신라 변경		백제→신라	
204	초고왕 39	나해 19	신라 요거성(腰車城)	신라 설부(薛夫)	백제→신라	
			백제 사현성(沙峴城)	신라 이음(利音)	신라→백제	신라6부 군사
218	구수왕 5	나해 23	신라 장산성(獐山城)		백제→신라	
222	구수왕 9	나해 27	신라 우두진(牛頭鎭), 웅곡(熊谷)	신라 충훤(忠萱)	백제→신라	신라군 5천
224	구수왕 11	나해 29	백제 봉산(烽山)	신라 연진(連珍)	신라→백제	
240	고이왕 7	조분 11			백제→신라	
255	고이왕 22	첨해 9	괴곡(槐谷), 신라 봉산성(烽山城)	신라 익종(翊宗)	백제→신라	
261	고이왕 28	첨해 15			백제→신라	사신을 보냄
266	고이왕 28	미추 5	신라 봉산성(烽山城)	신라 직선(直宣)	백제→신라	신라군 2백
278	고이왕 45	미추 17	신라 괴곡성(槐谷城)		백제→신라	
337	비류왕 34	흘해 28			신라→백제	신라 사신이 예방함
366	근초고왕 21	나물 11			백제→신라	사신을 보냄
368	근초고왕 23	나물 13			백제→신라	사신을 보내 양마(良馬) 2필
373	근초고왕 28	나물 18	백제 독산성(禿山城)			백제 독산성주가 신라에 망명

위 〈표 2-6〉에 나타나 있듯이, 4세기까지 『삼국사기』에서 백제와 신라의 전쟁, 교섭과 관련된 기사는 대부분 백제본기와 신라본기에 모두 나타나는 공유共有 기사이다. 그런데 이들 공유 기사의 원전 계통을 살펴보면 거의 대부분이 신라측에서 전승되는 자료에 의거하고 있다고 보아도 무리가 없다. 왜냐하면 신라측 인명이 등장하는 경우가 상당수이거나, 혹은 신라본기 기사의 내용이 상세한 경우가 많기 때문이다.

그런데 백제본기와 신라본기의 초기 기사 중에서 백제와 신라의 교섭·전쟁을 보여주는 기사에 대해서는 일찍부터 많은 의문이 제기되었다. 그리고 백제와 신라의 대외

관계를 보여주는 저본 자료가 신라측에서 전승된 자료라고 한다면, 결국 백제와 신라의 초기 대외관계 기사는 신라측 전승 자료가 갖는 기년상의 여러가지 문제를 반영하고 있다고 생각한다. 따라서 4세기까지 백제와 신라의 충돌·교섭 관계를 위 표의 기사와 같이 『삼국사기』 백제본기나 신라본기 기사를 그대로 인정하고 이해하기는 어렵다.

일단 앞의 〈표 2-6〉을 보면 양국 간의 충돌 지점으로 와산성蛙山城·귀곡槐谷·봉산성烽山城은 특정 시기에 집중적으로 나타나고 있다는 점이 눈길을 끈다. 즉 와산성은 64년~76년에 걸쳐 4건의 기사가 집중되어 나타나고 있고, 귀곡·봉산성의 경우에도 224년~278년에 걸쳐 4건의 기사가 집중되어 있다. 이 기사들의 기년을 그대로 신뢰할 수는 없다고 하더라도, 어느 시기엔가 와산성·귀곡·봉산성이란 지역이 양국 사이에 충돌의 주요 전투 지점이었음은 인정할 수 있겠다.

그러면 이들 지역에서 백제와 신라의 충돌이 일어난 시기는 언제일까? 물론 양국의 충돌을 보여주는 이들 기사는 적어도 백제와 신라가 나제동맹(455년~553년)을 맺고 있는 시기는 제외해 두어도 좋을 것이며, 455년 이전이나 553년 이후에서 찾는 것이 보다 합리적일 것이다.

그런데 와산성·괴곡·봉산성 등 지명은 상대적으로 기사의 신뢰성이 높은 뒷시기에는 보이지 않기 때문에, 앞시기 즉 455년 이전의 사정을 전하는 기사일 것이다. 그것도 정황상 양국의 충돌 가능성이 높은 시기를 추정한다면 대략 백제의 대외 진출이 활발해지는 근초고왕대 이후가 아닐까 짐작된다.

그리고 188년의 모산성母山城, 204년의 요거성腰車城이란 지명은 5세기 이후의 기사에도 등장하는 지명이다. 즉 모산성은 484년, 602년, 616년 기사에 등장하며, 요거성은 648년 기사에 보이고 있다. 따라서 모산성·요거성은 웅진 천도 이후 백제와 신라의 충돌 지역이기 때문에 한성에 도읍하고 있던 시기에 백제와 신라가 충돌하는 지역일 수는 없다. 이외에도 222년에 우두주牛頭州에서 백제와 신라가 충돌하는 기사역시 신라가 우두주를 설정할 수 있는 시기를 고려하면 진흥왕대 이후로 옮겨 보아야할 것이다. 그렇다면 와산성·괴곡·봉산성 그리고 와산성과 함께 나타나는 구양狗壤

(城)[89](64년, 189년) 기사를 제외한 원산향圓山鄕과 부곡성缶谷城(190년), 장산성獐山城(218년), 독산성禿山城(373년) 기사 중에는 후기의 사정을 전하는 기사도 있을 것이다.

이와 같이 『삼국사기』 기사에서 백제와 신라의 관계를 전하는 기사는 기년상으로 볼 때 신뢰성이 매우 떨어지는 기사이기 때문에, 이들 기사를 통해 3세기 이전에 백제와 신라 사이에 일어났던 전쟁의 양상을 파악하기는 어렵다. 오히려 앞의 〈표 2-6〉의 상황은 백제와 신라가 고대국가로 성장한 뒤에 양국이 서로 국경을 접하게 되면서 3세기 이후에 나타난 전쟁 상황으로 볼 수 있을 것이다. 백제 초기에 등장하는 백제와 신라의 관계는 실질적인 역사상으로 보기는 어렵다.

4) 백제와 중국 군현과의 관계

관구검의 고구려 정벌전이 성공하여 위魏의 가장 큰 위협세력인 고구려의 세력이 위축되면서 동방의 세력 관계에 상당한 변화가 일어났다. 그리고 이틈을 이용하여 관구검은 고구려 원정을 마친 직후 곧 한韓지역에 대한 영향력 확대를 꾀하였다.[90] 다음 사료를 살펴보자.

> 부종사部從事 오림吳林이 낙랑樂浪이 본래 한국韓國을 통치했다는 이유로 진한辰韓의 8국을 나누어 낙랑에 넣으려고 했다. 그 때 통역하는 관리가 말을 옮기면서 잘못이 있었다. 신분고한臣濆沽韓이 분노하여[신지臣智와 한韓이 분노하여(臣智激韓忿)] 대방군帶方郡의 기리영崎離營을 공격하였다. 이 때 대방태수 궁준弓遵과 낙랑태수樂浪太守 유무劉茂가 군사를 일으켜 정벌하였는데, 궁준은 전사하였으나, 2군이 마침내 한韓을 멸망시켰다.[91]

위 기사는 현재 논란이 많은 부분이다. 즉 대방군 기리영을 공격한 주체가 누구인

---

89 541년 성양에 패배한 狗川은 狗壤과 통하는데, 동일 지역 여부는 알 수 없다. 만약 구천과 구양이 동일지역이라면 狗壤과 연관되어 있는 蛙山城 기사의 시기와 위치도 달라지게 된다.

90 이하의 서술은 임기환, 앞의 논문, 2000을 참조하였다.

91 『삼국지』 권30, 위서30, 오환선비동이30, 韓.

가가 우선 논쟁점이 되는데, 특히 판본에 따라 "신분[책]고한분臣濆[幘]沽韓忿" 혹은 "신지격한분臣智激韓忿"으로 되어 있어 무엇을 택하느냐에 따라 해석에 상당한 차이가 나타난다. 즉 대방군 기리영의 공격 주체가 신분고국臣濆沽國일 수도 있고 또는 신지臣智일 수도 있게 된다. 또 신지臣智라고 볼 경우에도 그 신지가 백제百濟인가 혹은 목지국目支國인가에 대해서도 아직 견해가 갈리고 있다. 다음 중국 군현이 진한 8국을 낙랑군에 이관하려는 의도 등에 대해서도 현재 여러 입장이 제시되고 있다.[92]

그런데 이 기사와 밀접하게 연관된 사건으로 보이는 기사가 백제본기에 실려 있다. 이 백제본기 기사는 246년(고이왕 13)에 가을 8월에 위의 유주자사幽州刺史 관구검이 낙랑태수 유무劉茂와 대방태수 왕준王遵과 더불어 고구려를 쳤는데, 고이왕이 그 틈을 타서 좌장 진충眞忠을 보내 낙랑의 변방 주민들을 습격하여 빼앗았고, 이에 유무가 이를 듣고 노하자 왕은 침공을 받을까 염려하여 빼앗은 사람들을 돌려주었다는 내용이다. 246년은 곧 정시正始 7년으로 관구검의 고구려 원정이 끝난 이듬해라는 점이 주목된다. 이 사건이 고구려 원정의 일환은 아니지만, 관구검이 애초부터 동이사회에 대해 전면적인 영향력 확대를 의도하였음을 엿볼 수 있겠다.

위 두 기사는 동일 사건으로 보는 것이 일반적인데, 사건의 원인과 경과 및 결과에 대해서 일정한 차이가 있다. 먼저 사건의 배경과 경과를 보면, 『삼국지』 기사는 진한8국의 낙랑군 통속 문제를 계기로 신분고국臣濆沽國 또는 신지臣智와 한韓이 대방군 기리영을 공격하였다고 하였고, 백제본기에서는 고구려 침공의 빈틈을 이용한 백제의 전략에서 낙랑변민을 획득하였다고 하였다. 그리고 공격 대상이 대방군과 낙랑군이라는 차이가 있다. 그리고 사건의 결과를 보면, 『삼국지』 기사는 낙랑·대방군이 한韓을 정벌하여 멸망시켰다고 하였으며, 백제본기에서는 군사적 충돌이 일어나지 않고 백제가 낙랑의 민호를 반환하였다고 하였다.[93]

위 기사 중에서 한韓지역에 대한 위나라의 입장과 의도를 잘 보여주는 것은 『삼국

---

92 이에 대한 여러 논쟁점에 대한 연구사의 정리는 尹龍九, 「三韓의 對中交涉과 그 性格」 『국사관논총』 85, 1999 및 金壽泰, 「3세기 중·후반 백제의 발전과 마한」 『馬韓史研究』, 충북대출판부, 1998이 참조된다.

93 『삼국사기』 권24, 백제본기2, 고이왕 13년.

지』기사이다. 즉 당시 위는 이제까지 대방군의 관할에 있던 진한辰韓의 12국 중 8국을 떼어 낙랑군의 관할로 옮기려고 하였다. 이는 곧 조공과 교역의 관할처를 옮긴 것인데, 이때 이러한 시도가 이루어진 배경이 주목된다.

이 때 관구검의 군대가 예맥을 토벌하자 한나해韓那奚 등 10국이 관구검에게 항복하였는데,[94] 이들 한나해 등 10국의 위치가 문제가 된다. 먼저 246년까지 낙랑군·대방군과 교섭이 없었던 지역이기 때문에 마한과 변한, 진한 지역을 제외하고 생각한다면, 대략 동예 남쪽의 내륙지방이나 동해안 지역으로 추정해볼 수 있겠다. 아마도 한나해韓那 등 10국은 낙랑과 진한을 연결하는 내륙 교역로상에 위치한 소국들로 짐작된다.[95] 이 내륙 루트는 인접한 동예를 통솔하지 않고는 안정적으로 유지되기 어려웠을 것이다. 그런데 246년에 동예의 항복을 받고, 이듬해에 내륙 루트상에 위치한 한나해 등이 위의 영향력 아래로 들어왔기 때문에, 이에 따라 부종사部從事 오림吳林은 이제는 안정적으로 확보된 내륙 루트의 회복을 꾀하였을 것이다. 즉 한반도 동남부에 위치한 진한 8국을 군이 낙랑군으로 관할을 옮기려는 것은, 이제까지 대방군에서 해로로 이어지는 교역로와는 달리 내륙의 교역로를 새로 확보하려는 의도로 추정된다. 이 교역로는 왕망대의 염사치 기사에서 보듯이[96] 한漢대까지는 유지되었지만, 그 후 낙랑군의 기능이 약화되면서 단절된 교역로일 것이다.

그런데 이러한 위魏의 의도는 예상치 않게 한韓의 저항을 받았다. 이 저항이 기사대로 오해에서 비롯된 것으로 보기는 어려우며, 중국 군현이 교역체계의 변화를 시도한 것에 대해 마한 세력의 반발로 보는 것이 합리적이다. 그러면 이 때 위의 정책에

---

94 『삼국지』 권4, 위서4, 三少帝, 齊王芳, "正始7年(246) 幽州刺史毌丘儉討高句麗 夏五月 討穢貊 皆破之 韓那奚等數十國各率種落降".

95 상주에서 출토된 것으로 전해지는 「魏率善韓佰長」 銅印은 내륙 교역로의 개척과정에서 낙랑군의 영향력 아래에 들어간 '韓那奚等數十國'과 관련된 것으로 추정된다.

96 『삼국지』 권30, 위서30, 오환선비동이, 韓 所引 魏略, "至王莽地皇時 廉斯鑡爲辰韓右渠帥 聞樂浪土地美 人民饒樂 亡欲來降 出其邑落 見田中驅雀男子一人 其語非韓人 問之 男子日 我等漢人 名戶來 我等輩千五百人伐材木 爲韓所擊得 皆斷髮爲奴 積三年矣 鑡日 我當降漢樂浪 汝欲去不 戶來日可 (辰)鑡因將戶來 出詣含資縣 縣言郡 郡卽以鑡爲譯 從芩中乘大船入辰韓 逆取戶來 降伴輩尚得千人 其五百人已死 鑡時曉謂辰韓 汝還五百人 若不者 樂浪當遣萬兵乘船來擊汝 辰韓日 五百人已死 我當出贖直耳 乃出辰韓萬五千人 弁韓布萬五千匹 鑡收取直還 郡表鑡功義 賜冠幘·田宅 子孫數世 至安帝延光四年時 故受復除".

반발하여 대방군 기리영을 공격한 주체가 누구냐가 문제이다. 앞서 언급한 바와 같이 여러 견해가 있지만, 신분고국臣濆沽國으로 보는 견해에 따르고자 한다.[97] 그런데 위의 교역로의 변경에 대해 신분고국이 반발한 것에서, 신분고국이 이제까지 진한과 중국 군현과의 교역을 중계하는 위치에 있었음을 유추해 볼 수 있겠다. 여기서 중간교역층을 배제하려는 위의 입장과[98] 중국 군현의 영향력 확대에 불만을 갖고 있던 마한 일부 세력 입장 사이에 대립점을 엿볼 수 있다.

그런데 당시 관구검의 동방 정책은 고구려 정벌에서 보듯이 군사력을 배경으로 공세적인 입장을 취하고 있었기 때문에, 신분고국의 반발에도 역시 군사적으로 강력하게 대응하였다. 고구려 정벌에 혁혁한 공을 세운 왕기王頎를 대방태수로 파견한 점이 이를 잘 보여주고 있으며, 결국 신분고국은 중국 군현의 강력한 군사적 대응으로 멸망하였다.

그러면 이러한 충돌 과정에서 한강유역에서 유력한 정치세력으로 떠오르던 백제는 어떠한 입장을 취하고 있었을까? 신분고국의 대방군 기리영 공격에 직접 가담하지는 않았다고 하더라도, 백제도 246년(정시 7년)에 중국 군현에 대해 공세적 입장을 취하고 있었음을 짐작할 수 있다. 이는 내륙 교역로의 개설이 백제에는 그리 큰 타격을 주지 않았을 터이지만, 위의 통제력 강화 정책 자체가 백제에도 적지 않은 부담을 주어 정치적으로 대립관계에 서게 되었음을 엿보게 한다.

즉 중국 군현을 통해 이루어지는 위의 동방 정책과 백제와 신분고국 등 마한 북부 세력 간에는 그 이해 관계가 서로 대립함으로써 언제든지 정치적·군사적 충돌로 비화할 수 있는 상황이 된 것이다. 이는 당시에 위가 동방정책을 공세적으로 추진한 결과이지만, 한편으로는 삼한 소국들이 이제는 군현세력에 대항할 정도로 정치적으로 성장한 결과이기도 하다.

특히, 신분고국이 기리영 공격으로 멸망하면서 오히려 마한 북부지역에서 백제의 영도력은 더 커져갔을 것이다. 『삼국지』 마한전에는 신분고국臣濆沽國과 백제국伯濟國

---

97 논란의 핵심은 '臣濆沽國韓忿'과 '臣智激韓忿' 중 어느 문구가 옳은가이다. 이에 대해 '臣濆沽國韓忿'이 본래의 문장에 가깝다는 점을 尹龍九가 정치하게 논증하였다(尹龍九, 앞의 논문, 1999, 101~107쪽).

98 尹龍九, 앞의 논문, 1999, 124쪽.

이 나란히 기록되어 있어, 양국의 지리적 위치가 근접해 있음을 알 수 있디. 신분고국이 대방군에 대한 군사적 공격을 감행할 정도이면 그 세력 역시 그리 작지는 않았을 것이다. 어쩌면 백제와 경쟁할 정도였을 지도 모르겠다. 결과적으로 주변의 강력한 정치세력이 소멸되면서 백제로서는 오히려 대외적으로 더욱 크게 성장할 수 있는 계기가 되었을 가능성이 높다. 이 사건이 일어난 고이왕대 이후 백제가 마한의 맹주가 된 것도 우연은 아니다.

백제가 마한의 맹주로 등장한 이후 백제와 중국 군현과의 관계는 더욱 밀접해졌다. 고이왕의 아들이 책계왕責稽王은 대방태수의 딸과 결혼하였으며, 286년에 고구려가 대방군을 공격하자 대방군이 백제에게 구원을 청하였으며, 백제의 책계왕은 군사를 보내어 대방군을 구원하기도 하였다.[99] 그러나 한편으로는 백제가 팽창하는 과정에서 백제와 중국 군현이 충돌할 가능성이 높아지기도 하였다. 책계왕의 뒤를 이은 분서왕汾西王은 307년에 군사를 보내 낙랑樂浪의 서쪽 현을 습격하여 빼앗았고, 이에 낙랑 태수는 자객을 보내 분서왕을 살해하기도 하였다.[100] 이와 같이 백제는 영역을 확대하는 과정에서 낙랑군·대방군과 지속적으로 충돌과 교섭을 거듭하게 되었으며, 마침내 4세기 초반에는 대방군을 퇴축시키고 황해도 일대를 장악하게 되었다.

3. 신라와 왜의 전쟁

1) 초기 왜의 성장과 동아시아

(1) 왜노국(倭奴國)

왜가 중국 문헌에 최초로 등장하는 것은 기원전 1세기 중반이다. 『한서』지리지에 의하면, 낙랑의 바다 가운데 왜인이 있는데 100여개의 국으로 나뉘어 있으며, 종종 낙랑군으로 온다고 하였다. 왜는 낙랑군을 통하여 선진문물을 수용하고자 하였다. 기

---

99 『삼국사기』 권24, 백제본기2, 책계왕 원년.
100 『삼국사기』 권24, 백제본기2, 분서왕 7년.

원전 108년에 설치된 한군현의 중심지인 낙랑은 문화적·경제적 영향력이 상당했다. 지금의 평양에 위치한 낙랑군은 중국의 선진문물을 한반도에 공급하는 교역의 창구 역할을 하였다. 또한 낙랑군의 상류지배층인 중국인들은 중국 본토의 가구와 장신구, 비단 등의 선진문물을 사용하였는데, 그들의 생활은 고구려·삼한(진한, 변한, 마한), 왜인들에게 선망의 대상이었다.[101] 낙랑은 한반도와 일본열도에 보다 발달된 벼 재배 기술, 광산 개발 기술과 제련기술, 우수한 회도토기 제조 기술, 무기 등을 전해주어 그들의 생활에 큰 변화를 주었다.[102]

전·후한 교체기를 지나 40년대 이후 후한이 주변 민족들의 공격을 격퇴하고 낙랑 군은 다시 전성기를 맞이했다. 57년 경 왜의 노국왕奴國王이 낙랑에 사신을 보내왔다. 그는 광무제가 내린 인수印綬를 받았는데,[103] 후쿠오카현福岡縣 志賀島에서 출토된 '한 왜노국왕漢委奴國王' 금인金印이 바로 그것일 가능성이 높다. 물론 그가 왜의 전체를 대표하는 것은 아니며, 왜 지역에 있던 여러 정치 세력 중 하나의 수장에 불과했다.

이로부터 50년이 지나 107년 경 왜의 노국왕이 사신을 낙랑군으로 보내 봉헌했 다.[104] 조공품은 생구生口 160명이었고,[105] 사신은 면토국왕面土國王인 수승帥가이었 다.[106] 이 두 교섭을 보여주는 기사 사이의 50년 동안 왜 지역에서 벌어진 상황을 추 정하면 다음과 같다. 즉 57년 중국 황제에게서 인수를 받은 노奴의 수장은 낙랑군과 교통을 독점하고 중국의 고대문물을 수입하여 왜지역에서 하나의 정치권력을 이루었

---

101 김원룡, 「낙랑문화의 역사적 위치」『한국사의 재조명』, 독서신문사, 1977 참조.

102 윤용구는 기원전 45년 낙랑군의 가구수는 43,845호, 인구는 284,261명에 달했으며, 낙랑군 25 개현은 평양·평안남도·함경도·황해도·강원도 일부 지역에 걸쳐 있었던 것으로 파악했다. 또 25개현 가운데 朝鮮(현재 평양)에는 56,890명(9,678가구)이 살아 인구수가 가장 많았으며, 제 해현(提奚: 현재 황해북도 인산군)은 1,303명(173가구)에 그쳐 인구수가 가장 적었다고 하였다. 윤용구가 논거로 삼은 낙랑 목간 자료 3장의 전체 글자 수는 716자이며, 3장의 길이를 합치면 23㎝정도가 되는 것으로 추정하였다. 윤용구는 목간에 새겨진 글자체가 정방형의 예서체이며, 서체와 문서 크기 및 기재양식에서 漢대 공문서와 일치한다고 밝혔다(윤용구, 「새로 발견된 낙랑 목간」(제95회 한국고대사학회 정기발표회 자료집), 2007, 4월 14일).

103 『후한서』 권85, 동이열전75, 왜.

104 『후한서』 권5, 孝安帝紀5.

105 『후한서』 권85, 동이열전75, 왜.

106 『통전』 변방, 왜.

을 것으로 생각된다. 노국왕은 107년 이전의 어느 시기에 규슈 일대에 존재하던 대마 對馬·일지一支·말로末盧·이도伊都·불미不彌 등 나라들의 수장들로 이루어진 정치적 결합체를 만들어냈을 가능성이 높다.[107]

그런데 왜노국은 2세기 말 경에 몰락하였다. 이는 중국대륙의 변화와 무관하지 않다. 184년 황건적이 반란을 일으켜 후한은 혼란에 빠졌으며, 결국 위·촉·오의 삼국시대가 열리게 되었다. 이 과정에서 낙랑군의 영향력은 약화되고 한예韓濊가 강성해져 낙랑이 제어 할 수 없게 되었다.[108] 한편 『삼국지』 위서 왜전에서도 "그 나라 또한 본래 남자가 왕으로 7~80년을 이어오다 왜국에 난이 일어나 여러 해에 걸쳐 공벌攻伐하였다. 이에 한 여인을 왕으로 함께 세웠는데 이름은 비미호卑彌呼라 한다."라고 하는 대목을 통하여, 왜노국 또한 후한의 쇠퇴와 낙랑군의 기능 상실과 때를 같이하며 몰락하고 있음을 알 수 있다. 즉 금속이나 다른 선진문물의 획득을 둘러싸고 기존의 유리한 입장을 지키고자 하는 북구주 세력과 거기에 새로 진입한 기내畿內세력이나 그 편에 참가한 세력과의 일련의 싸움이었다고 보여진다.[109]

고고학의 자료상으로도 이 시기에 석기가 사라지고 철기로 대체되고 있다. 하지만 일본열도 내에서 제철 유적은 보이지 않는다. 따라서 철은 한반도와 교역을 통해 입수할 수밖에 없었다. 북구주의 연합세력은 철 교역 루트를 장악하고 있는 반면, 뇌호내瀬戸内·기내畿內 등의 제 세력은 구주 북부세력의 중개를 거쳐 입수할 수 있었다. 하지만 늘어나는 철 수요의 확보를 위해서는 교섭방식을 전환시켜야 했다. 또한 후한 말의 혼란으로 동아시아의 정세는 긴박해지고 일본열도에서도 기존의 교섭체계로는 필요한 문물이나 물자를 확보할 수 없었다. 뇌호내·기내 등의 제 세력은 이를 타개하기 위해 북부구주 연합세력과 전쟁을 치러 주도권을 장악하였다. 이것이 바로 왜국난

---

107 山尾幸久, 「日本古代王權の形成と日朝關係」 『古代の日朝關係』, 塙書房, 1989 ; 『고대한일관계사의 이해-倭』(김기섭 편역), 이론과 실천, 1994. 야마오씨는 『삼국지』 위서 왜전에 보이는 邪馬壹國을 지금의 나라분지의 야마토(大和)일 가능성이 높다고 보고 있다. 『삼국지』 위서 왜전의 야마일국은 『후한서』 동이전에서 邪馬臺國으로 표기하고 있다. 이를 근거로 일본에서는 壹을 臺의 오자로 보아 '야마대국'이라 보고 있는 학자들도 적지 않다.

108 『삼국지』 권30, 위서30, 오환선비동이, 韓.

109 白石太一郎, 「古墳成立論」 『古墳と古墳群の研究』, 塙書房, 2000.

倭國亂[110]의 일단락이었다.[111]

후한이 몰락한 후 공손도公孫度는 요동에서 세력을 얻어 낙랑군을 장악하고, 204년 경에 그의 아들 공손강公孫康은 그 남쪽에 새로이 대방군을 세웠다. 공손강의 아들 공손연公孫淵은 강남지역의 오나라와도 융성한 무역을 이루었다. 이것은 공손씨 세력이 남쪽으로 뻗어 한반도 남단의 마한을 압박한 결과로 볼 수 있다. 강남에서 중국의 해안을 따라 북상하는 항로는 위험했지만, 직접 동중국해를 횡단해 한반도의 서남쪽으로 향하는 길이 오히려 안전했기 때문이다.[112] 공손씨 정권의 등장 이후 왜와 한은 대방군과 교역하게 되었다.[113]

238년 위魏나라가 공손씨 정권을 제거하고 낙랑·대방을 접수한 이후에 왜와의 교역은 더욱 번성했다. 왜인전에는 일본열도를 중국의 하남지방에 견주고 있고, 그 산물에 대하여 특기하고 있다. 당시 중국이 삼국으로 정립되어 있었으므로 북방에 위치한 위나라는 남방 물자를 손에 넣기 어려웠기 때문에, 동이지역을 통하여 그 부족분을 어느 정도 메우려 하였을 것이다.[114] 3세기 중반의 사실을 전하는 다음 기록을 보자.

○ 남동쪽 육로로 5백리 가면 이도국伊都國에 도착한다. 관리는 이지爾支라 하고 부관은 설모泄謨 병거柄渠라 한다. 천여 호가 있고 세습하는 왕이 있는데 모두 여왕국에 통속되어 있다. 군(郡:대방군)의 사신이 왕래하고 항상 머문다. 남동쪽으로 백리를 가면 노국奴國에 도착하는데 그 관리는 마馬, 부관은 비노모리卑奴母離라 하며 2만여 호가 있다.[115]

---

110 '倭國亂'은 『삼국지』에서 구체적인 기년의 언급이 없으나, 『후한서』에는 桓靈間(146~189)으로, 『晉書』에서는 漢末로, 『양서』에서는 後漢 靈帝 光和年間(178~184)으로 되어 있다. 대체적으로 『삼국지』에서 보이는 '왜국난'은 2세기 후반으로 보여진다.

111 宣石悅, 「加耶の鐵と倭の南北市糴」 『古代東アヅアにおける倭と加耶の交流』(國立歷史民俗博物館研究報告書 第110集), 2004, 127쪽.

112 미야자키 이치사다, 『중국중세사』(임중혁·박선희 옮김), 신서원, 1996.

113 『삼국지』 권30, 위서30, 오환선비동이, 韓.

114 宣石悅, 앞의 논문, 2004, 128쪽.

115 『삼국지』 권30, 위서30, 오환선비동이, 倭.

○ 주에 위치힌 이도국은 대방군에서 온 사신이 앙래하고 머무는 곳이다. 왕이 있지만 여왕국에 통속되어 있다. 이도국 인구 1천호에 비해 20배인 2만호를 가진 노국에 대한 특별한 언급은 없다. 이를 보면 왜노국을 대신하여 새롭게 대외교역의 주도권을 야마일국邪馬壹國에 도읍을 둔 여왕[116]이 왜의 통치자가 된 것으로 보인다.[117]

(2) 야마일국(邪馬壹國)

야마일국의 여왕은 대방군에 사신을 파견해 황제에게 조공했다. 위의 통치를 받던 대방군의 태수가 왜의 사신을 그 수도에 보냈던 것이다. 위의 황제는 그녀를 '친위왜왕親魏倭王'으로 책봉했다. 3세기 중반에 위魏의 황제가 인정한 왜왕의 왕권은 엄격히 말해 왜인 사회에서는 확립되지 않았다. 왜왕은 비미호라는 여성 사제자의 지위였다.

3세기 중반 이후에 왜 여왕 비미호가 죽었다. 남자 왕을 세웠지만 나라 안에서 사람들이 그를 인정하지 않아 서로 죽이는 내란이 일어났다. 그러자 비미호의 종녀宗女로서 13세인 일여(壹與:2대 비미호)를 왕으로 세워 다시 나라 안은 안정되었다.[118]

2대 비미호는 266년이 되어서야 그 영향력을 떨쳐, 일본 열도 내 30개 국을 주관하게 되었다. 각국의 수장들은 정치·경제적 필요에 의해 종족 외부와의 통교를 비미호를 통하여 수행하고 있었다. 야마일국은 구야한국(김해가야)에서 철 수입을 통제했다. 그것은 낙랑·대방군이 김해가야의 철을 통제·제어했기 때문에 가능했다. 낙랑·대방군에게 일본열도의 대표자로 인정받은 여왕과 그 대리자[119]들은 일본으로 들어가는 철을 독점했고, 철의 재분배자로서의 위치를 확보했다.[120] 6세기에 이르러서야 일본

---

116 『삼국지』 권30, 위서30, 오환선비동이, 왜, "남쪽으로 가면 邪馬壹國에 이르는데 여왕의 도읍이며 물길로 10일, 뭍길로 한 달이 걸린다."
117 야마일국의 위치는 고증이 어렵다. 지금의 나라지방으로 보는 견해도 있지만 구주나 오카야마 지방일 가능성도 배제할 수 없다.
118 『삼국지』 권30, 위서30, 오환선비동이, 왜.
119 倭의 교역주체는 倭王이나 首長이었지만, 실제로 담당했던 사람은 倭傳에 보이는 對馬·一支의 "배를 타고 냐북으로 붕적(市糴)한다."라는 교역집단과 同類이다(鈴木靖民, 「文獻からみた加耶と倭の鐵」 『古代東アジアにおける倭と加耶の交流』(國立歷史民俗博物館研究報告書, 第110集), 2004, 148~149쪽).
120 山尾幸久, 앞의 논문, 1994, 193쪽.

내에서 철 생산이 이루어졌기 때문에, 그 이전에는 한반도에서 철을 들여와야 했다.

(3) 세속적 왕권의 성장

291년 이후 위나라를 이어 낙랑·대방을 관리했던 진(晉)나라는 혼란기에 접어들면서 낙랑·대방군의 역할도 점차 쇠퇴해갔다. 낙랑·대방의 쇠퇴와 소멸로 가야에서 수입하는 철을 여왕국에서는 독점할 수 없었고, 일본열도의 각국은 여왕국에 통제를 받을 필요도 없었다. 그것은 여왕국의 쇠퇴를 의미했으며, 왜에서 세속적 왕권 등장의 길을 열었다.

왕이 자신의 대외적 통교권과 군사적 통솔권으로 각지의 족장을 일원적으로 결집시키고, 스스로를 근거로 삼아 신료집단을 서열화 했던 왕권의 등장은 4세기 후반부터 5세기 후반에 걸쳐 나라(奈良)분지에서 나타났다. 이를 야마토(大和)정권이라고 한다.

그렇다면 『삼국사기』 신라 본기에 1대 신라왕인 혁거세 8년(기원전 50)부터 소지왕 22년(500)까지 총 59회의 왜 관련 기록은 어떻게 보아야 할 것인가. 그 가운데는 신라에 대한 왜의 침략기록이 압도적으로 많다. 교빙·구혼·인질·절교 등의 외교기록을 제외하면 36회가 해당된다.[121] 왜가 내습한 지점, 신라가 내습한 왜와 싸운 장소, 혹은 왜의 침구에 대비하여 성을 쌓은 곳으로 목출도(木出島:1회)·금성(金城:4회)·사도(沙道:1회)·사도성(沙道城:1회)·일례부(一禮部:1회)·장봉성(長峯城:1회)·장봉진(長峯鎭:1회)·풍도(風島:2회)·토함산(吐含山:1회)·독산(獨山:3회)·부현(斧峴:1회)·명활성(明活城:2회)·월성(月城:1회)·활개성(活開城:1회)·삽량성(歃良城:1회)·오도(五道:1회)·임해진(臨海鎭:1회)·장령진(長嶺鎭:1회) 등이 보인다. 바다를 건너온 왜인들은 주로 신라의 수도 주변 지역을 위협했다.

당시 왜의 성격에 대해서는 다음과 같은 두 가지 견해가 주목된다. 하나는 일본열도에서 계절적으로 바다를 건너 신라를 습격한 왜인은 신라의 수도를 위협할 정도로 강력한 적도 있었지만 신라 영토 지배를 목적으로 하지 않았으며, 신라의 물건과 사

---

[121] 여기에는 왜가 내습한다는 거짓말 1회(지마 11년-122), 왜의 내습에 대한 신라의 전쟁준비 2회(유례 4년-287·소지 15년-493), 신라의 선제공격계획기도 2회(유례 21년-295·실성 7년-408)를 포함한 것이다.

람들을 악탈하는 해적집단이었다는 견해이다.[122] 그리고 당시의 소규모적인 왜인·왜병이 신라를 공격하는 것이 영토적 지배를 의도하는 것도 아니고, 왜를 국가세력으로 인정하는 것도 곤란하다고 보는 견해도 있다.[123] 이와는 달리 『삼국사기』 신라본기 상고기 자료를 믿을 수 없다는 견해도 있다. 즉 신라본기의 기사 중 사료로서 이용할 수 있는 것은 4세기 후반, 내물마립간 무렵부터로서, 그 이전의 혁거세부터 내해왕까지 13대에 이르는 왜와 관련된 기사는 허구성이 높다는 주장이다.[124]

사실 내물왕 이전의 신라 상고의 왕통 계보와 기년에는 모순되는 기록이 많다. 때문에 기년에 있어 일률적으로 70년씩 인하 조정하는 것이 실연대에 접근시키는 방안이 되며, 동시에 왕위계보에 있어서도 수정작업이 병행되지 않으면 안 된다고 견해가 대두되기도 하였다.[125] 이처럼 신라본기의 계보와 기년에는 문제가 많다.

그리고 4세기 초반까지는 일본열도에서 대규모 선단을 이끌고 바다를 건너 한반도에서 전쟁을 할 수 있는 세력이 존재했다고 보기 쉽지는 않다. 하지만 100년도 지나지 않아 4세기 후반에 왜인들은 대규모 병력을 동원하여 바다를 건너 신라의 왕도를 점령할 정도의 대외작전을 벌이고 있으며, 5세기 초반에는 황해도에서 고구려군대와 전쟁을 벌이기도 한다. 그렇다면 이러한 획기적인 군사상의 발전을 어떻게 이해할 것인가? 백제와 왜 사이의 활발한 교류가 왜국에 군사상의 발전에 지대한 어떠한 영향을 주지 않았을까? 백제는 371년 고구려 고국원왕을 전사시킬 정도의 군사력과 그 운용기술을 보유하고 있는 나라였다.

(4) 왜인의 전투력과 무기

왜인들 최초의 전쟁 기록은 왜국(야마일국 또는 왜노국)에서 남자가 왕으로 70~80

122 旗田巍, 「『三國史記』新羅本紀にあらわれた '倭'」 『日本文化と朝鮮』 2(朝鮮文化史編), 1975 ; 旗田巍, 「삼국사기 신라본기에 보이는 倭」 『고대한일관계사의 이해-倭』(김기섭 편역), 이론과 실천, 1994, 109~112쪽.

123 木下禮仁, 「五世紀以前の倭關係記事 -『三國史記』を中心として」 『倭人傳を讀む』(森浩一編), 中公新書, 1982 ; 「5세기 이전의 왜관계기사 – 삼국사기를 중심으로」 『고대한일관계사의 이해-倭』(김기섭 편역), 이론과 실천, 1994, 135쪽에 재인용.

124 木下禮仁, 앞의 논문, 1994, 125~131쪽.

125 金光洙, 「新羅 上古世系의 再構成 試圖」 『東洋學』 3, 1973, 374~387쪽.

년을 이어오다 난이 여러 해 동안 있었다고 한다. 낙랑과 교역을 일본 내에서 독점하던 왜노국의 왕권쇠퇴를 반영하는 것일 수도 있다. 후한 말 중국대륙이 혼란한 상태에 빠지자 낙랑군의 교역능력이 쇠퇴했고, 여기에 타격을 받은 왜노국왕은 그 지위를 잃었다. 야마일국에서 비미호란 여인을 왕으로 삼자 내란은 점차 안정되었다.[126]

여러 해 동안 이어진 그 내란의 규모는 적지 않았을 것이다. 신을 남편으로 모시는 주술적인 여사제의 등장으로 내란이 마무리 된 것을 보면 당시 일본열도에서 체계적인 보급과 군수가 뒷받침 되는 전쟁은 없었고, 여러 집단 간의 '싸움'이 있었던 것으로 보인다.

247년에 왜의 사신 재사載斯와 오월烏越이 도착하여 여왕 비미호와 구노국狗奴國의 남자왕 비미궁호卑彌弓呼 사이의 분쟁을 보고했다.[127] 직전에 야마일국과 구노국은 서로 공격을 했다고 한다. 구노국은 야마일국 남쪽에 위치했다. 구노국에는 남자가 왕이었고, 야마일국의 여왕에 속하지 않았다.[128] 여왕의 세력으로부터 독립된 세력이었던 것이다. 규슈 일대를 통제했던 야마일국은 구노국과 전투가 벌였다는 것은 확실하다. 그 규모와 양상을 전혀 알 수는 없지만 이 시기에 왜인들 사이의 싸움이 간헐적으로 있었고, 전투력을 바탕으로 한 세속적인 권력이 성장하고 있었음을 알 수 있다.

야마일국의 여왕의 궁실에는 감시탑인 망루가 있었고, 궁궐의 성책도 엄중히 경비하는 조직이 있었다.[129] 그리고 여왕의 궁궐을 지키는 군사들은 병장비로 무장되어 있었다고 한다.[130]

일본열도에서 사람을 죽이거나 다치게 하는 도구로서 무기나 방어시설이 나타나는 것은 본격적인 농경이 시작되는 야요이시대彌生時代였다. 기원전 2세기~기원후 1세기 경에 일본열도 기내畿內 지역의 오사카만 연안에는 환호의 거점취락과 고지의 분기취락이 하나의 수계를 축으로 농경지 관리와 청동기 제사를 공유하는 그룹으로 형

---

126 『삼국지』 권30, 위서30, 오환선비동이, 왜.
127 『삼국지』 권30, 위서30, 오환선비동이, 왜.
128 『삼국지』 권30, 위서30, 오환선비동이, 왜.
129 『삼국지』 권30, 위서30, 오환선비동이, 왜, "(여왕 비미호)거처에 출입하는 자를 궁실의 망루에서 감시하고 성책을 엄중히 지었고……."
130 『삼국지』 권30, 위서30, 오환선비동이, 왜, "항상 병장기를 갖춘 위병이 지켰다."

성뢰어 있었다. 이 취락들은 대개 5km 정도의 거리를 두고 산재해 있는 평등한 자율집단들이었는데, 상호 호혜적인 교역과 의례·관습·분묘·거주형태·전투형태·토기문양·기물디자인 등의 교류가 이루어지고 있었다. 기내 지역에서 공통적으로 인정되는 토기양식·분묘제사·취락구조는 이러한 사실을 보여준다. 3중의 환호로 된 거점 취락이나, 수렵도구에서 무기로 분화했던 유경식有莖式 타제석촉 등은 비교적 격렬한 전쟁이 진행되었음을 보여주지만 이러한 전쟁이 300년 간 되풀이 되었음에도 불구하고 통합과 지배 복속과 계층화와 같은 결과로 연결되지는 않았다.[131]

반면에 같은 시기의 규슈 북부에서는 머리가 없이 매장된 전사자의 분묘가 확인되는 등 기내 지역보다는 훨씬 진화한 형태의 전쟁이 진행되고 있었다. 2~30km의 거리를 두고 하나의 평야와 분지가 통합된 형태로 대규모 취락이 분포하고 있었다. 대규모 취락에서 출토되는 많은 청동기는 중요 자원의 독점과 함께 경제적 부와 제사권이 집중되고 있음을 시사해 주고 있다. 기내 지역의 전쟁무기가 타제석촉과 같은 석기가 중심이었다면, 규슈의 전쟁무기는 상당수 청동기와 철기가 포함되어 있었다. 석기의 보유주체가 일반구성원인데 반해, 청동기와 철기는 소수의 유력자나 수장 층에 국한될 수밖에 없다. 1세기 경부터 매몰되기 시작하여 3세기경에 완전하게 소멸되는 환호와 환호취락, 이를 대신하여 출현하는 대규모 수장거관首長居館, 2~3세기 경에 철제무기가 집중적으로 부장되는 분묘 등은 이러한 변화를 보여주는 고고학 자료들이다.[132]

3세기 중반 경 왜인들은 모와 방패, 활 등 아주 기본적인 무기만으로 무장하였다. 『삼국지』 위서 왜전에는 다음과 같은 기록을 전한다. "병장기로는 모(矛:창), 순(楯:방패), 목궁木弓을 사용했다. 목궁은 아래가 짧고 위가 길다. 죽전(竹箭:대나무 화살)은 철촉(鐵鏃:쇠 화살촉)이나 골촉(骨鏃:뼈 화살촉)을 쓴다."[133]

큐슈 츠쿠시 평야의 요시노가리吉野ヶ里 유적에서 대형의 분구묘墳丘墓를 정점으로

---

131 李永植,「古代의 戰爭과 國家形成」,『한국고대사연구』16, 1999, 26~27쪽. 필자는 이 시기 기나이(畿內)에서 왜인들 간의 전쟁을 싸움으로 보고 싶다.

132 李永植, 앞의 논문, 1999, 26~27쪽.

133 『삼국지』권30, 위서30, 오환선비동이, 왜, "兵用矛楯木弓 木弓短下長上 竹箭或鐵鏃或骨鏃".

요시노가리 분구묘(일본 구주, 국립중앙박물관)

두 줄로 장대하게 늘어선 옹관묘甕棺墓와 토광묘土壙墓의 열은 유력한 수장과 일반적 구성원의 관계를 상정하기에 충분하다. 분구묘에 포함된 옹관에서는 세형동검과 관옥管玉 등이 출토되는 반면에 대열 속의 옹관에는 다수의 석촉石鏃이 박힌 것으로 보이는 인골이 확인되고 있다.

분구묘가 전쟁지도자로서 수장일족의 존재를 보여준다면 옹관묘와 토광묘의 열은 전투에 참가했던 일반 구성원의 존재를 보여준다. 분구묘의 수장은 전쟁을 통해 정치적 지배를 강화하였고, 강화된 지배력은 일반구성원을 고분을 축조하는 노동력으로 동원할 수 있었으며, 다시 전투조직의 구성으로 전개되었다. 요시노가리 유적의 매장양상은 사후에도 대오를 잃지 않으려는 전투조직의 일면은 보여주고 있는 듯하다.[134]

왜인들은 오른손에는 창 왼손에는 방패를 들고 진을 만들어 전투했을 것으로 보인

---

134 李永植, 앞의 논문, 1999, 26~27쪽.

다. 『삼국지』 위서 왜전에서 방패를 '순盾'이라 표현하지 않고 앞에 나무木 변을 붙여서 '순楯'이라 표현하고 있다. 그것은 아마도 왜인들의 방패가 나무방패여서 그렇게 기록한 것으로 생각된다. 철이 많다면 나무방패에 얇은 철판을 입혀서 보강했을 것이다. 하지만 당시 왜는 철을 자체 생산할 수 없었고, 가야지방에서 수입을 해야 하는 처지였다. 철을 아주 귀한 소재였다. 당시 기록인 위서 왜전에 무기 종류 가운데 도刀에 대한 기록이 없는 것도 이 때문일 것이다.

『일본서기』 권11, 인덕천황 12년 가을 7월조를 보면 "고(구)려에서 철로 만든 방패와 과녁을 바쳤다"고 하는 기록이 있다.[135] 그해 8월에 인덕천황은 고구려에서 온 사신들에게 잔치를 베풀었다. 고구려에서 온 철 방패가 얼마나 견고한지 실험하기 위해서였던 것 같다. 천황은 고구려산 철 방패와 철 과녁에 활을 쏘아 보게 했다고 한다.[136] 당시 철이 귀한 왜국에서는 일반적으로 나무방패를 사용했다는 것을 반증한다고 할 수 있다. 왜국은 6세기에 가서야 철을 자체 생산할 수 있는 능력을 가지게 되었다고 일본학자들은 보고 있다.[137]

한편, 왜인들의 활은 대나무로 만든 것이었다. 지금도 일본에는 대나무 활을 만드는 장인이 있는데 재료인 대나무를 20년 이상 저장하여 묵힌 후 활로 만들고 있다고 한다. 현재에도 일본의 활은 『삼국지』 위서 왜전의 기록에서와 같이 아래가 짧고 위가 긴 비대칭 죽궁竹弓이다. 즉 활대의 손잡이 부분이 전 활대의 아래 1/3 부분에 위치해 있다. 현재 일본 활은 190~220cm의 장궁이지만, 위서 왜전 시대에 일본인들은 지금보다 작아 그 길이는 지금보다 크지 않았을 수도 있다.

그리고 왜인들은 촉(鐵鏃:쇠 화살촉)이나 골촉(骨鏃:뼈 화살촉)을 사용하였다. 당시 일본에서 생산 되지도 않은 철을 수입하여 화살촉으로 사용한 이유는 화살촉의 무게 때문이다. 어느 정도 중량이 있어야 시위를 떠난 화살이 멀리 날아갈 수 있고, 위력도 좋아진다. 골촉은 일본열도에 철이 들어오기 전부터 사용했던 것 같다. 그러다가 철촉을

---

135 인덕천황 12년은 일본의 기년으로 324년이 된다. 하지만 이 시기의 『일본서기』기록은 기년상의 문제가 많다. 보통 일본학계에서 120년을 내려서 본다. 그렇다면 444년이 된다.
136 『일본서기』 권11, 인덕천황 12년 가을 8월.
137 鈴木靖民, 앞의 논문, 2004, 158쪽.

사용하기도 했지만 비용 때문에 여전히 골촉·석촉을 사용한 것으로 생각된다.

요시노가리유적에서 대형의 분구묘에 포함된 옹관에는 다수의 석촉이 박힌 것으로 보이는 인골이 확인되고 있으며, 석촉은 일본에서 일반적으로 널리 보인다.

2) 왜의 신라침공

(1) 백제와 왜, 신라와 고구려의 연결

백제는 왜에 적극적으로 접근하였는데, 그 매개체는 가야지방에 있던 탁순국卓淳國이었다. 이와 관련한 『일본서기』의 기록을 살펴보자.

> 46년 봄 3월 乙亥 초하루 사마숙녜(斯摩宿禰:일본사신)를 탁순국에 보냈다. 이때 탁순국왕 말금조기末錦旱岐가 사마숙녜에게 "갑자년(364년) 7월에 백제인 구저久氐·미주류彌州流·막고莫古 세 사람이 우리나라(탁순국)에 와서 백제왕이 동방에 일본이라는 귀한 나라가 있음을 듣고 우리들(구저 등)을 보내서 그 나라(왜)에 조공하게 했습니다. 그래서 길을 찾다가 여기에 왔습니다. 만약 신들에게 길을 통하도록 가르쳐 준다면 반드시 군왕에게 덕이 있다고 할 것입니다."라고 하였다. 이때 (백제사신)구저 등에게 "전부터 동쪽에 귀한 나라가 있다고 들었지만 아직 왕래한 적이 없어 그 길을 알지 못한다. 바다가 멀고 파도가 험하여 큰 배를 타야 겨우 통할 수 있을 것이니 비록 길을 안다 하더라도 어떻게 도달할 수 있겠는가"하였다. 그러자 구저 등이 "그렇다면 지금 갈 수 없겠습니다. 그렇지 않고 가려면 돌아가서 배를 갖춘 뒤에 가야하겠습니다"라 하고, "만약 귀한 나라의 사신이 오면 반드시 우리나라(백제)에도 알려 주십시오"라 하고 돌아갔다고 하였다. 이에 사마숙녜는 종자인 이파이爾波移와 탁순인 과고過古 두 사람을 백제국에 보내어 그 왕을 위로하였다. 이때 백제 초고왕(근초고왕)은 매우 기뻐하여 후하게 대접하고 다섯 가지 빛깔의 채견 각 1필과 각궁전角弓箭 및 철정鐵鋌 40매를 (사마숙녜의 종자) 이파이에게 주었다. 또 보물창고를 열어 여러 가지 진귀한 것들을 보여주며 "우리나라에는 이 같은 진기한 보물들이 많이 있다. 귀한 나라에 바치고자 하나, 길을 알지 못하여 마음만 있을 뿐 따르지 못하고 있다. 그러나 지금 사자

(使者:이파이 등)에게 부쳐서 바친다"고 하였다. 이에 이파이가 일을 받들고 돌아와서 사마숙녜(志[斯:-필자]摩宿禰)에게 보고하였다. 바로 탁순국으로부터 (왜국으로) 돌아왔다.

47년 여름 4월 백제왕이 구저久氐·미주류彌州流·막고莫古를 보내어 (왜국에) 조공하였다. 이때 신라국의 조사調使가 구저와 함께 왔다.[138]

『일본서기』의 상대의 기록이 모두 그렇지만 신공황후 조의 기록은 내용과 기년에 문제가 많다. 그래서 기년을 120년 내려서 보기도 한다. 하지만 "갑자년(364년) 7월에 백제인 구저·미주류·막고 세사람이 우리나라(탁순국)에 와서……"라고 한 부분에는 중요한 단서가 있다.

백제 사절 3명 중에는 '막고'라는 인물이 보인다. 근초고왕 24년(369)에 근초고왕의 태자인 근구수가 고구려 고국천왕의 군대를 격파하고 그들을 추격하여 수곡성水谷城의 서북에 이르렀을 때 추격을 자제할 것을 간청한 장군 '막고해莫古解'라는 인물이 있는데, 이와 동일한 인물임이 확실하다.[139] 당시 백제는 고구려와 한반도의 서북 지역을 둘러싸고 치열한 전쟁을 벌이고 있었다. 이와 같은 정세 속에서 백제와 왜의 관계를 살펴보자.

『일본서기』권9, 신공황후 52년 조를 보면 백제왕이 왜왕에게 칠지도七枝刀를 주었다는 기록이 있다.[140] 『삼국사기』의 기년으로 백제 근초고왕 27년(372)에 해당된다. 그런데 이 이 기록은 일본의 나라현 천리千里시에 위치한 이소노카미石上 신궁에서 보관해오던 칠지도를 연상시킴으로써 칠지도의 명문에 대한 학계의 관심을 집중시켰다. 이 칠지도 명문 첫머리의 태화泰和 4년에 5세기 후반에 해당된다는 견해가 있지만, 여러 정황으로 보아 칠지도를 4세기 후반에 이루어진 두 나라 사이의 교류에 대한 기념물이자 백제가 지닌 선진문물의 상징으로 이해하는 편이 온당하다고 본다.[141]

---

138 『일본서기』권9, 신공황후 46년 및 47년.
139 『삼국사기』권24, 백제본기2, 근구수왕 즉위년(375).
140 "52년 가을 9월 초하루의 병자일에 (백제사신-필자) 久氐 등이 千能熊長彦를 따라와서 七枝刀 한 자루와 七子鏡 하나, 그리고 여러 가지 귀중한 보물을 바쳤다."
141 김기섭, 『백제와 근초고왕』, 학연문화사, 2000, 101~102쪽.

칠지도

　　물론 백제가 교류했던 일본열도의 주체는 규슈지역의 정권이 아니라 나라 분지의 야마토정권이었는지는 논란이 많다. 하지만 4세기 중 후엽에 일본 기내 지역의 야마토정권을 대수장으로 하는 중층적 군사기구 형성과 광역의 물자유통 구조가 기내의 군사력에 의해 유지되고 있었던 상황이었던 것으로 추정된다.[142]

　　한편 신라는 백제의 왜에 대한 접근을 잘 알고 있었다.[143] 신라는 백제가 왜에 적극적으로 접근하고 있을 뿐만 아니라 동진東晉의 황제로부터 낙랑태수의 작호를 수여받았다는 사실도 역시 숙지하였을 것으로 생각된다.

　　백제가 왜와 활발한 교류를 하고 있는 상황에서 신라 홀로 고립되어 있을 수 없었다. 신라가 백제의 숙적인 고구려와 가까워지는 것은 당연한 것이었다. 377년 이전부터 신라는 고구려에 접근하기 시작했던 것으로 생각된다.[144]　377년에는 신라의 사신이 고구려사신을 따라 전진前秦 황제에게 갈 정도로 양국의 관계가 가까워졌다. 391년에는 고구려 고국양왕이 신라에 사신을 보내 우호를 약속했고, 내물왕은 그에 대한 보답으로 조카벌이 되는 실성實聖을 인질로 보냈다.[145] 47년 동안 재위에 있었던 내물

---

142 李永植, 앞의 논문, 1999, 29쪽.
143 『일본서기』 권9, 신공황후 47년 여름 4월. "신라국의 조사가 구저와 함께 왔다."
144 『자치통감』 권104, 晉紀 孝武帝 太元 2년(377), "봄에 고구려·신라·서남이가 모두 진에 사신을 보내어 입공했다."
145 『삼국사기』 권18, 고구려본기6, 고국양왕 9년 봄.

왕은 고구려와의 관계를 강화하는 데에 주력했으며, 그 결과 신라는 고구려에 대해 정치적으로 영향을 크게 받게 되었다.

(2) 왜의 신라 침공

내물왕 9년(364)에 왜군이 신라에 나타났다. 신라는 왜인들의 상륙을 저지할 수 없는 상황이었다.

> 여름 4월에 왜의 군사가 대거 이르렀다. 왕이 듣고서 대적할 수 없을까 두려워 풀로 허수아비 수천 개를 만들어 옷을 입히고 무기를 들려서 토함산 아래에 나란히 세워 두었다. 그리고 군사 1천 명을 부현(斧峴)의 동쪽 들판에 숨겨 놓았다. 왜인이 자기 무리가 많음을 믿고 곧바로 나아가자 숨어 있던 군사가 일어나 불의에 공격하였다. 왜군이 크게 패하여 달아나므로 추격하여 그들을 거의 다 죽였다.[146]

토함산은 현재 경주 시내의 동남쪽에 위치한 산이다. 토암산 아래에 옷을 입고 무장한 상태로 세워져 있던 허수아비들은 왜적이 출몰하는 동해 쪽을 바라보고 있었을 것이다. 동해안에 상륙한 왜인들이 허수아비들을 보고 곧바로 돌격했다. 내물왕은 이를 예측하고 부견 고개의 동쪽 들판에 병력 1천을 매복시켰다.[147] 숨어있던 신라군이 불의에 공격을 가하자 왜인들은 대열이 흩어졌고 전의를 잃고서 달아났다. 신라군은 왜인들을 끝까지 추격하여 대부분을 몰살시켰다. 393년에도 왜군이 신라 땅에 다시 나타났다.

---

146 『삼국사기』 권3, 신라본기3, 내물이사금 9년.
147 이곳은 필자가 현지답사를 해본 곳이다. 불국사 입구에서 출발, 토함산 7부 능선을 거쳐 동해안으로 향하는 일주도로로 들어선 뒤 능선을 지나면 토함산 휴양림이 나온다. 이어 삼거리에서 우회전, 동해안 길목으로 들어서면 토함산에서 형성된 대종천이 도로와 함께 펼쳐져 시원함을 더해 준다. 5분쯤 달리며 선덕여왕12년(643년)에 창건한 기림사 입구가 나오고, 조금 더 지나면 문무왕이 왜구를 막기 위해 세운 감은사지 3층석탑이 위용을 드러낸다. 양북면 검문소에서 오른쪽으로 방향을 잡고 10분쯤 더 달리면 멀리 문무대왕 수중릉이 보이고 대종천 냇물과 동해의 바닷물이 만나는 모습을 볼 수 있다.

여름 5월에 왜인이 와서 금성을 에워싸고 5일 동안 풀지 않았다. 장수와 병사들이 모두 나아가 싸우기를 청하였으나, 왕이 "지금 적들은 배를 멀리 두고 (육지) 깊숙이 들어와 사지에 있으니 그 칼날을 당할 수 없다."고 말하고 성문을 닫았다. 적이 아무 성과 없이 물러나자 왕이 용맹한 기병 200명을 먼저 보내 돌아가는 길을 막고, 보병 1천명을 보내 독산까지 추격하여 양쪽에서 공격하여 크게 쳐부수었는데, 죽이거나 사로잡은 사람이 매우 많았다.[148]

여름 5월에 왜인이 왔다. 여름의 남동풍을 타고 바다를 건넌 것이다. 『삼국사기』 신라본기에 보이는 왜군의 내습 기사 36건 가운데 4~5월에 해당하는 여름에 23건이 집중되어 있으며, 계절을 알 수 없는 5건, 2, 3, 7월에 각각 2건씩, 8월에 1건이 있을 뿐이다. 더욱 주목되는 것은 9, 10, 11, 12, 1월에 내습은 전혀 없다.[149]

이때 침공한 왜군은 신라의 왕도인 금성을 5일 동안 포위했다. 그들은 직접 지참할 수 있는 정도의 식량만 가져왔기 때문에 장기간 포위할 수는 없었다. 신라의 장수와 병사들이 모두 성문을 열고 나아가 싸우기를 청했으나 내물왕은 여기에 반대했다. 내물왕은 왜인들이 식량이 떨어지면 물러날 것이라고 예측하고 있었다.

왜인들이 아무 성과도 없이 물러나자 성문이 열렸다. 신라의 기병 200명이 앞으로 나아갔고 왜인들의 퇴로를 막았다. 왜군은 독산에 갇혔고, 신라의 보병 1,000명이 몰려왔다. 기병과 보병에 몰린 왜인들은 양쪽에서 협격을 당하며 궤멸되었다.

왜인들의 돌연한 출현에 백제의 사주가 있었다고 볼 수도 있다. 하지만 그렇게 말할 수 있는 적극적인 증거는 없다. 다만 「광개토왕비문」에 "백잔百殘, 신라는 옛 부터 고구려 속민으로 조공을 해왔다. 그런데 왜가 신묘년(391년)에 건너와 백잔을 파하고 [2字缺] 신라⋯⋯하여 신민으로 삼았다."[150]라고 하여 왜가 391년에 바다를 건너와

---

148 『삼국사기』권3, 신라본기3, 내물이사금 38년, "夏五月 倭人來圍金城 五日不解 將士皆請出戰 王曰今賊棄舟深入 在於死地 鋒不可當 乃閉城門 賊無功而退 王先遣勇騎二百 遮其歸路 又遣步卒一千 追於獨山 夾擊大敗之 殺獲甚衆".

149 이렇듯 계절이 여름에 집중된 것은 왜가 아직 조선·항해기술이 미숙하였기 때문이며, 따라서 신라침공 시기도 남동풍을 이용할 수 있는 계절에 한정될 수밖에 없었다(旗田巍, 앞의 논문, 1994, 112~114쪽).

150 「광개토왕릉비」『譯註 韓國古代金石文Ⅰ』(한국고대사회연구소 편), 駕洛國史蹟開發硏究院,

고구려의 속국인 신라를 침공했다
고 볼 수도 있는 기록이다. 이 기
록을 그대로 인정한다면 신라는
독산전투 2년 전에 왜군의 침략을
받았거나, 아니면 독산전투와 「광
개토왕비문」의 신묘년 기록이 동
일한 사실을 전하는 것일 수도
있다.

백제는 전부터 왜국과 지속적
인 관계를 가져왔다. 낙랑과 대방
이 사라진 후 그 역할을 대신하려
했던 백제는 강국 고구려에 대항
하기 위해 왜를 이용할 수밖에 없
었다. 4세기 후반 신라가 고구려에
적극적으로 접근하고자 하는 의지
를 보였다는 사실은 왜인들의 신

광개토대왕비(중국 지안)

라 침공이 백제와 무관하다고 단정하기 힘들게 한다.

(3) 신라의 대응 전술과 외교

312년 왜국 왕이 사신을 신라에 보내 혼인을 청하였다. 흘해왕은 아찬 급리의 딸을
왜왕의 아들에게 시집을 보냈다.[151] 흘해왕은 왜와의 평온한 관계를 맺기 위해 왜국왕
의 혼인 요구를 들어 주었고, 그 결과 34년 정도의 평화가 유지되었다.

344년 2월에 왜국에서 또다시 사신을 보내와 혼인을 요청하였다. 그러나 이번에는
흘해왕이 이를 거절했다.[152] 왜국왕은 지난번과 같이 귀족이나 신하의 딸이 아니라

1992.
151 『삼국사기』 권2, 신라본기2, 흘해이사금 2년.
152 『삼국사기』 권2, 신라본기2, 흘해이사금 35년 2월.

신라왕의 공주를 요구했던 것 같다. 흘해왕은 자신의 딸이 시집가고 없다는 이유를 댔고, 왜국의 왕은 이듬해 다시 사신을 보내 신라와 외교관계를 단절하겠다는 서신을 전하였다.[153]

신라의 흘해왕 역시 돌아가는 왜의 사신 편에 별다른 조처를 취한 기록은 찾아 볼 수 없다. 왜왕의 국교단절 선언은 전쟁을 의미하는 것이었다. 이듬해인 345년에 왜군이 풍도風島에 나타났고, 왕경으로 쳐들어왔다.[154] 침공한 달은 명기되어 있지 않지만, 아마도 남풍이 불어오는 늦봄에서 여름에 이르는 시기였을 것이다. 풍도는 『삼국사기』 권37 잡지 지리지에 삼국유명미상지분三國有名未詳地分에 수록된 지명이다. 확실한 것은 『삼국사기』에 보이는 풍도란 지명(2회)은 모두 왜인의 침공과 관련이 있다. 풍도는 왜의 침공로에 존재했던 섬으로 생각되는데 아마도 신라 왕경의 동남쪽 해안에 위치한 곳이었던 것 같다.[155]

해안에 상륙하여 민가를 약탈하고 다녔던 왜인은 군대의 방향을 신라의 왕경으로 돌렸다. 신라와 외교 단절을 선언했던 왜왕은 이미 준비를 하고 신라를 침공했던 것으로 생각된다. 신라의 수도에 들어온 왜의 군대는 금성을 바로 포위했다. 기록상 확인되는 왜인은 최초의 신라 왕경 포위였다. 왜인이 바로 공격에 들어가자 신라의 흘해왕은 성문을 열고 나가 왜군과 정면 대결을 하려고 했다. 하지만 이벌찬 강세가 만류했다.

적은 멀리서 왔지만 그 칼날을 당해 낼 수 없습니다. 시기를 늦추었다가 왜군이 피로해 지기를 기다리는 것만 못합니다. 왕이 그렇다고 여겨 문을 닫고 나가지 않으니 적은 식량이 떨어져 장차 물러나려하였다. 강세에게 명하여 날쌘 기병을 이끌고 추격하여 쫓아버렸다.[156]

---

153 『삼국사기』 권2, 신라본기2, 흘해이사금 36년 2월.
154 『삼국사기』 권2, 신라본기2, 흘해이사금 37년.
155 木下禮仁, 앞의 논문, 1994, 134쪽.
156 『삼국사기』 권2, 신라본기2, 흘해이사금 37년.

흘해왕온 강세의 말을 듣고 나아가서 싸우기보다 농성을 하며 시간을 끌었쪽. 이로 인해 왜군은 식량이 떨어져 갔고 이내 철수하려고 했다. 이것을 본 신라의 장군 강세가 기병을 이끌고 성문을 나섰고, 그들을 쫓아버렸다.

『삼국사기』 신라본기를 보면 왜군은 신라의 수도에 있는 금성 金城(4회)·월성月城(1회)[157]을 5회에 걸쳐 포위했다. 신라의 대처는 항상 농성을 했고, 그 후 왜군이 피로해지거나 식량이 떨어지면 반격을 했는데 그것은 항상 고정된 형태였다.

408년 2월에 왜군이 대마도에

문무대왕릉(경북 경주, 한국학중앙연구원)

병영을 설치하고 무기와 군량을 쌓아 두고서 신라를 습격하려한다는 정보가 실성왕의 귀에 들어왔다. 그는 왜인들이 신라를 침공하기 전에 선재 공격을 하려고 했다. 하지만 반대의 목소리들이 나왔는데 대표적인 사람이 서발한 미사품이다. 그는 바다를 건너 왜인들을 공격한다는 것은 위험한 일이며, 이기지 못하고 패하면 돌이킬 수 없는 일이 될 것이라고 말하였다. 또한 신라는 지금까지 해 왔던 것처럼 험한 지형에 의

---

157 금성과 월성의 위치에 대해서는 여러 학설이 있다. 먼저 금성과 월성이 동일하다는 견해(尹武炳, 「역사도시 경주의 보존에 대한 조사」 『文化財의 科學的 保存에 대한 硏究』(1), 과학기술처, 127~128쪽)와 양자가 서로 다른 곳에 위치하고 있다는 견해인데, 후자는 여러 설이 있다. 지금 경주시의 읍성부근 또는 월성 서쪽 지역으로 보는 설(藤島亥治郎, 「朝鮮三國時代の都市と城」 『日本古代史講座』 4, 學生社, 1929, 224~225쪽), 지금 황성공원 부근으로 보는 설(金鎬詳, ‘新羅 王京의 金城 硏究」 『慶州史學』 18, 1999)이 있다. 또한 금성을 궁성의 의미가 아닌 왕도 전체를 의미한다고 보는 설도 있다(朴方龍, 「都城·城址」 『韓國史論』 15, 341~342쪽).

지하여 관문을 설치하고 그들이 침략하여 오면 막아서 지치게 하였다가 유리할 때 나아가 싸우는 것이 좋다고 하였다. 이렇듯 실성왕의 선제 공격 제안은 무산되었다.

459년에도 왜인들은 병선 100여 척을 이끌고 신라를 침공했다.[158] 상륙하여 먼저 동쪽 변경을 공격했다. 그곳은 아마도 왕경의 동쪽 감포의 대왕암 지역으로 추측되며 그들은 토함산 부근의 고개를 넘어 신라의 왕경으로 들어온 것이 아닌가 한다.[159]

왕경에 진입한 왜군은 월성을 포위했다. 그러나 신라인들의 수비가 완고해 반월성은 끝내 무너지지 않았고 왜인들은 장차 물러나려고 했다. 왜인들의 공격의지가 꺾인 것을 간취한 자비왕은 성문을 열고 군대를 내보내 왜군을 섬멸시켰다.

농성 후 반격이 항상 성공적인 것은 아니었다. 반격을 하다가 오히려 역습을 당해 위기에 처한 때도 있었다. 눌지왕 28년(444) 왜군이 왕경으로 쳐들어 와서 금성을 10일 포위하고 공격을 했다. 하지만 식량이 바닥나자 그들은 철수를 했다. 그러자 눌지왕이 성문을 열고 나가 추격하려고 했으나 신하들이 "병가의 말에 궁지에 몰린 도적은 뒤쫓지 말라"고 하면서 만류했다. 하지만 눌지왕은 전단적인 결정을 내려 기병 수천을 이끌고 독산 부근까지 추격하였고, 생각지도 못한 역습을 받아 병력의 반을 잃었다. 눌지왕은 산으로 피했으나 왜인들이 여러 겹으로 포위하여 포로가 될 수 있는 상황이었다. 하지만 하늘이 도와 안개가 자욱하게 끼어 한치 앞도 구분할 수 없는 상황이 연출되어 이를 극복할 수 있었다.[160]

한편 신라는 인질을 왜에 보내기도 했다. 실성이사금대의 일이다 실성은 앞서 내물왕대 고구려에 인질로 갔다온 경력이 있다. 그는 내물왕이 돌아간 후 고구려의 지원에 의해 왕위에 올랐다. 왕위에 오른 그는 402년에 왜국과 우호를 통하고 내물왕의

---

158 『삼국사기』 권3, 신라본기3, 자비마립간 2년 4월, "왜인이 병선 100여 척으로 동쪽 변경을 습격하고 나아가 월성을 포위하고는 사방에서 화살과 돌을 비오듯이 퍼부었다. 왕성을 굳게 지키자 적들이 장차 물러나려고 하였다. 이에 군사를 내어 공격하여 쳐부수고 북쪽으로 바다 어구까지 뒤쫓아 갔다. 적들 중에 물에 빠져 죽은 사람이 반이 넘었다."

159 여기에서 말하는 동쪽 변경이 울산 부근일 수도 있다. 100척 이상에 달하는 대규모 선단을 감포·대왕암 부근의 어느 지역에 접안·정박시키기는 쉽지 않다. 왕경으로 들어오는 유리한 교통로에 대규모 선단을 정박시킬 곳은 2곳이 있다. 하나는 울산만이고 다른 하나는 지금 낙동강과 이어지는 양산의 '황산' 부근이다. 하지만 양산은 신라왕경을 중심으로 보았을 때 남쪽 변경이다.

160 『삼국사기』 권3, 신라본기3, 눌지마립간 28년 여름 4월.

반월성지(경북 경주)

아들 미사흔을 인질로 보냈다.[161] 당시 신라는 고구려의 영향 아래 있었다. 「광개토대
왕비문」을 보면 399년에 왜인이 대규모로 신라에 쳐들어와 고구려의 구원으로 간신
히 영토를 회복할 수 있었다. 물론 고구려군의 일부는 신라에 주둔하기까지 했다.

이러한 상황에서 실성왕이 왜국과 우호를 통한다는 것은 이해가 되지 않는다. 더구
나 왜인들은 우호를 통하고 인질을 보냈는데도 지속적으로 신라를 침공했다. 405년
여름 4월에 왜의 군사들이 명활성을 공격했고,[162] 407년 3월에 동쪽 변경을 침공하였
고, 6월에 남쪽 변경을 침범하여 100명을 잡아갔다.[163] 하지만 미사흔이 그의 형 눌지
왕이 즉위한 이후 박제상의 활약으로 귀환한 것을 보면,[164] 그가 왜국에 인질로 갔었
음은 확실하다.

---

161 『삼국사기』 권3, 신라본기3, 실성이사금 원년 3월.
162 『삼국사기』 권3, 신라본기3, 실성이사금 4년 4월.
163 『삼국사기』 권3, 신라본기3, 실성이사금 6년 3월 및 6월.
164 『삼국사기』 권3, 신라본기3, 눌지마립간 2년 가을.

(4) 왜의 신라침공 루트

감포에서 왕경에 이르는 길

왜가 신라를 침공하는 루트로서 가장 먼저 생각할 수 있는 곳은 문무왕의 수중릉으로 전해지는 대왕암이 위치한 감포 부근에서 신라 왕경으로 이르는 길이다. 대종천과 바다와 만나는 대왕암에서 토함산으로 향하는 길은 왜인의 상습적인 침공루트이다. 이 길은 동해안에서 경주로 가는 최단거리 길이었다. 『삼국유사』를 보면 대왕암에서 이 길로 들어오는 입구에 문무왕은 왜병倭兵을 진압하기 위해 감은사를 지었다고 한다.[165]

실제로 364년에 왜인들은 이 길을 택했다.[166] 동해안의 감포 부근에 상륙한 왜인들은 토함산을 넘어야 신라 왕경으로 갈 수 있다. 그 길에는 대종천을 끼고 있는 서북향으로 들판이 형성되어 있다. 또한 동쪽 해안에서 서쪽으로 가다가 산을 넘어가는 요충지에 명활산성이 있다. 현재 경주 보문단지의 동쪽 명활산 꼭대기에 쌓은 둘레 약 6km의 신라 산성이다. 『삼국사기』에 신라 실성왕 4년(405)과 눌지왕 15년(431)에 왜병이 명활산성을 공격했다는 기록이 있다.[167] 대왕암 방면에 상륙한 왜인들이 왕경으로 진입하기 위해 먼저 명활산성을 공격했을 가능성이 높은 것이다.

명활산성은 다듬지 않은 돌을 사용한 신라 초기의 축조 방식을 보이고 있다. 이는 일찍부터 명활산성이 신라의 수도인 금성을 지키는데 중요한 곳임을 말해준다. 진흥왕 15년(544)에 다시 쌓았고, 진평왕 15년(593)에는 성을 확장했다. 지금은 대부분의 성벽이 무너져 겨우 몇 군데에서만 옛 모습을 볼 수 있다. 또한 진흥왕 때의 「명활산성작성비'가 발견되어 당시의 상황을 알려주고 있으며, 「명활산성비」로 보이는 비석 조각이 안압지에서 발견되었다.

---

165 『삼국유사』권2, 기이2, 문호왕 법민조에 보이는 문무왕의 유언과 『삼국유사』권2, 기이2, 만파식적조에서 一然이 인용한 『사중기』.
166 『삼국사기』권3, 신라본기3, 내물 이사금 9년.
167 『삼국사기』권3, 신라본기3, 실성 이사금 4년.

감은사지(경북 경주)

포항 영일만 루트

내물왕 9년(364)에 왜군이 신라 왕경에 쳐들어와 금성을 포위했다. 내물왕은 아무런 대응을 하지 않고 농성을 하였고, 왜군은 식량이 다 떨어지자 철수하였다. 내물왕은 용맹한 기병 200명을 먼저 보내 돌아가는 길을 막았다. 왜군은 독산獨山에서 격멸되었는데, 『경주읍지』 산천조에 "독산은 향교산이라고도 한다. 신광현 동쪽 2리에 광야 가운데 위치한다."라고 되어있다.[168] 현재 포항시 신광면 호리동 호리못의 상류에서 서쪽으로 조금 지나 올라가면 사방이 주위가 높은 산으로 둘러싸여 있고 중앙에 우뚝 솟은 독립된 산봉우리가 있는데 이 산을 독산이라고 부른다. 독산의 위치를 고려해보면 왜군의 퇴로 방향은 북쪽의 포항 부근이었던 것으로 생각된다. 바다로 가는 길이 신라의 기병에게 막히자 그들은 방향을 돌려 포항 신광면 독산으로 들어갔던 것으로 보인다.

---

168 『경주읍지』 권3, 산천, "獨山一云鄕校山 在神光縣東二里廣野中".

명활산성비(국립 경주박물관)

자비마립간 2년(459) 4월에도 왜군이 왕경에 위치한 월성을 포위하였다. 그러나 신라의 농성전에 의해 왜군은 또다시 철수를 감행하였다. 그러자 자비마립간은 군대를 성문 밖으로 보내어 왜군을 공격하여 '북쪽 바다 어구'까지 추격하고 많은 왜군을 물에 빠져죽게 하였다.

여기서 말하는 '북쪽 바다 어구'는 포항의 영일만이었을 가능성이 높다. 『삼국유사』 연오랑세오녀 조를 보면 영일만에 살았던 연오랑과 세오녀가 일본으로 건너가 왕과 왕비가 된 이야기가 전해지고 있다. 일본열도와 영일만의 관계를 말해주는 설화이다.

동해안에서 영일만으로 들어온 배가 형산강을 거슬러 올라갈 수 있는 한계지점에 위치한 곳에 북형산성이 있다. 경주시내에서 북쪽으로 포항 가는 국도를 따라서 약 23Km가다 보면 오른편에 경주시 강동면 국당 2리 마을이 있다. 이 마을 뒤에는 해발 265.5m의 형산이 있는데 이 산마루에 둘레 750m 정도의 토석성이 남아 있다.

북형산성에서 사방을 내려다보면 다른 어느 방향 보다 북동쪽으로 훤히 트여 있어 볼만하다. 형산강 아랫줄기와 포항 일대가 한눈에 들어와 북쪽에서 쳐들어오는 적들과 특히 동해안으로 침입하여 오는 왜적을 막는 장소로는 가장 적당한 입지조건을 갖춘 곳이다. 현재 남아 있는 유구를 보면 건물지 2개, 성문지 2개가 있고 조선 시대에 만든 것으로 보이는 봉화대와 사각형의 연못이 있다.[169] 기록을 보면 북형산성은 문무왕 13년(673)에 쌓은 것으로 되어 있다.[170] 그 전략적 가치를 고려한다면 문무왕대 그것을 최초로 쌓았다고 볼 수는 없다. 이전부터 성이 존재했을 가능성이 있다. 500년

---

169 『신증동국여지승람』 권21, 경주부 산천 조를 보면 兄山은 본래 北兄山이었다고 한다.
170 『삼국사기』 권7, 신라본기7 문무왕 하, 13년 9월.

연오랑 세오녀상(경북 포항)

이후 왜구의 침공은 『삼국사기』 신라본기의 기록에서 완전히 사라진다. 북형산성의
전략적 가치는 사라졌을 것이고, 이후 성도 방치되었을 가능성이 높다. 늦어도 4세기
중반 이후에는 북형산성을 축성하였다고 생각한다.

　　양산단층 루트

　　463년 왜인이 신라의 삽량성歃良城을 공격하였다. 성은 함락되지 않았고, 왜인들은
물러갔다. 장군 벌지와 덕지가 중도에 매복하고 있다가 왜군을 급습하여 크게 승리했
다.[171] 왜인들은 이보다 1년 앞서 활개성을 공격하여 함락시키고 신라의 백성 1천명을
사로잡아 갔으며, 이보다 3년 전에는 왕경의 월성을 공격한 바 있다.

　　삽량성은 지금의 양산시에 위치한 성이다.[172] 눌지마립간 2년(418) 당시 박제상은

---

171 『삼국사기』 권3, 신라본기3, 자비마립간 6년 2월.
172 『삼국사기』 권34, 잡지3, 지리1, 양주.

북형산성에서 내려다 본 형산강

삽량주歃良州 간干이었다. 신라가 양산으로 진출한 것은 5세기 초반 이전이었고, 그 당시 양산 지역을 통치하고 나아가 가야나 왜적의 침입을 막기 위하여 삽량성을 축성한 것으로 보인다.

낙동강을 거슬러 올라온 왜인들이 경주로 가기 위해서는 반드시 양산에 상륙해야한다. 이때 가장 먼저 확보해야 하는 요새가 삽량성이다. 그곳은 양산에서 경주로 이어지는 양산 단층이 시작되는 곳이다. 단층은 지각변동에 의해 지각 중에 생긴 틈을 경계로 양쪽 지층이 움직여서 어긋난 것을 말한다. 양산단층의 갈라진 틈은 낙동강과 부산과 경주 간의 고속도로를 따라 연결되어 있다. 근자에 김해에서 양산으로 가는 고속도로가 경부고속도로와 연결되었다. 양산에서 경주간 고속도로를 달리다 보면 가로 막는 고개가 없다. 신라 왕경을 점령했던 왜인들이 400년 광개토왕의 공격을 받고 김해가야 방면으로 후퇴했던 왜인들은 삽량성을 거쳐 가야 했을 것이다.

493년 소지마립간은 왜인들의 침입에 대비하여 임해진을 설치했다.[173] 임해진臨海鎭은 『삼국사기』 권37, 지리지에 미상지명으로 나온다. 하지만 이곳을 현재의 경주시 외동면 모화리毛火里로 비정하는 견해가 있다.[174] 사실 『삼국사기』 권34, 지리지 임관군臨關郡 조를 보면 모벌군毛伐郡이 나온다. 모벌군은 현재 경주시 외동읍 모화리를 중심으로 울산시 울주구 농소면 일대의 지역이다. 따라서 임해진은 후술하는 관문성이 설치되기 이전의 이름이거나 관문성이 설치된 이후에 임관군이 되었다고 볼 수 있다.

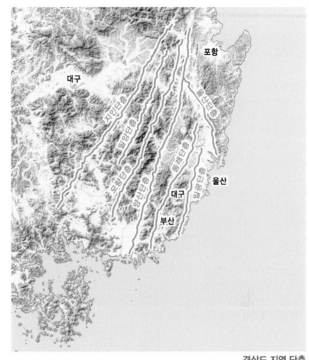

경상도 지역 단층

『삼국사기』 권8, 성덕왕 21년(722) 10월조를 보면 "모벌군성을 쌓아 일본 도적들의 길을 막았다."라고 하고 있다. 『삼국유사』 권2, 기이 효성왕조를 보아도 "개원開元 10년(722) 10월에 모화군에 처음으로 관문을 쌓았다. 지금의 모화촌으로 경주 동남경에 속하는데 경주의 다른 산성들과 다르게 산과 산을 연결하며 길게 쌓은 특수한 방식의 산성으로, 그 규모가 12km에 달해 신라의 만리장성으로 불리기도 하였다.[175]

국경지대에 장성을 쌓기 시작한 것은 통일 이후에 새롭게 나타난 것이다. 721년(성덕왕 20년)에 동해안 북부에 쌓은 장성은 발해와 사이의 국경선을 긋는 의미를 지녔

173 『삼국사기』 권3, 신라본기3, 소지마립간 15년 7월.
174 李丙燾, 『國譯三國史記』, 乙酉文化社, 1977, 49쪽.
175 鄭永鎬, 「新羅關門城에 대한 小考」 『古文化』 15, 1997.

관문성(경북 경주)

고, 826년(헌덕왕 18년)에 싸은 패강장성浿江長城은 그동안 추진해온 황해도 지역에 대한 지배권을 더욱 공고히 하려는 의도에서 나온 것으로 짐작된다. 이 두 경우와 달리 관문성은 동해안에 상륙한 왜국의 침입이 예상되는 길목을 차단하여 쌓은 장성이었다. 822년(헌덕왕 14) 김헌창의 반란이 일어났을 때, 헌덕왕은 왕경 주위의 요충지를 먼저 지키게 하고 진압군을 출동시켰다. 이때 왕의 친동생 각간 충공忠恭이 관문성을 수비하는 임무를 맡았다. 축성 후 100년이 지난 시점에도 왕경 방어에 중요한 자리를 차지하고 있었다.[176]

치술령 기슭의 녹동리·관문동 부근에서부터 동쪽으로 모화리의 삼태봉 가까이까지 길게 이어지는 장성과 함께 삼태봉 남쪽 봉우리에 테뫼식 석성이 또 하나 있음이 지적되었다.[177] 대점성大岾城이 그것이다. 여기서 10개의 금석문이 발견되었다.

관문성은 성벽이 길게 늘어지는 장성과 그 동쪽 끝 산봉우리의 대점성으로 이루어

---

176 河日植,「新羅統一期의 貴族私領과 郡縣制-關門城 築城時의 力役 編成 事例 分析-」『東方學志』 122, 2003, 121~122쪽.
177 鄭永鎬,「新羅關門城에 대한 小考」『古文化』 15, 1997.

져 있다. 성 안에는 성문사리로 보이는 곳과 창고지리 · 건물자리 등이 군데군데 남아 있다. 잘 다듬은 돌과 자연석을 이용하여 쌓은 산성으로, 경주의 남산성과 비교해볼 때 성 쌓기 방식에서 훨씬 발달된 모습을 보여주고 있다.

외동읍 모화리는 울산에서 경주에 이르는 50km 단층의 허리 부분에 해당된다. 울산만에서 멀지 않은 곳이다. 울산만은 신라의 왕경의 외항이었다. 동해안에서 가장 규모가 크고 양호한 항만이며, 왜군의 대규모 선단이 신라에 쳐들어 왔을 때 배를 정박시킬 수 있는 곳 가운데 하나였다. 통일 신라기에 이러한 장성을 수축한 것은 6세기 이전에 울산에 상륙한 왜인들이 경주로 쳐들어 온 것을 기억하고 있기 때문일 수도 있다. 박제상은 신라의 왕자를 구하기 위해 왜국으로 향할 때도 율포栗浦를 이용했다.[178] 현재 울산광역시 울주구 강동면 지구의 포구이다.

4. 가야의 정치적 성장과 대외전쟁

1) 전기 가야의 성립과 대외전쟁

(1) 전기 가야연맹(변한)의 성립

기원전 1세기 무렵 한반도 남부 지역에서는 창원 다호리 고분군과 같은 널무덤(목관묘) 유적의 존재를 통해, 변한이나 진한의 중심 소국으로 연결되는 정치세력들이 생겨나고 있음을 알 수 있다. 그 후 1세기 무렵에 활발한 발전을 보인 것은 낙랑과의 해상 교섭을 주도하고 있던 김해 양동리 고분군 축조세력이다.

양동리 고분군은 2세기 중후반 무렵에 고분의 내부 구조가 덧널무덤(목곽묘)으로 발전하고 철기의 부장이 많아지는 등 한 단계의 발전을 보였다.[179] 그 무렵의 양동리 고분군 축조 세력은 경제적인 재력 및 정치적인 권력을 모두 갖춘 구야국狗邪國(금관가야)의 수장이었다고 해도 손색이 없다. 이렇게 성립한 소국들은 각자의 지역적 전통

---

178 『삼국사기』 권45, 열전5, 박제상.
179 東義大學校博物館, 『金海 良洞里 古墳文化』, 2000.

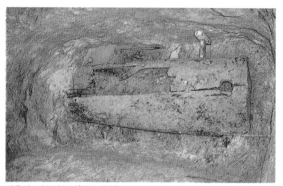
다호리 고분 널무덤(경남 창원)

및 문화권에 따라 마한, 진한, 변한, 즉 삼한으로 구분되어 성장해나갔다.

3세기 당시에 낙동강 유역의 변진 12국은 명분상 마한의 진왕辰王에 소속되었지만, 구야국의 경우에는, 이른바 '진왕辰王의 우호優呼'[180]에 들어가는 안야축지安邪踧支(또는 안야축지렴安邪踧支濂)와 구야진지렴拘邪秦支廉을 통해, 변한에서 유력한 2국 중의 하나였음을 추정할 수 있다. 그 당시 동북아시아의 교역은 낙랑·대방군을 매개로 하여 중국-한반도-일본열도가 연결되는 형세에 있었으며, 남한 지역에서 가장 활발한 교역 중계자는 낙동강 하구에 위치한 김해의 가야국(구야국, 금관가야)이었다.[181] 가야는 풍부한 철 생산과 활발한 해운 교역을 통하여 발전해나갔다.

3세기 전반의 경상남북도 해안 지대에는 사로국斯盧國, 우시산국于尸山國(=우유국優由國), 거칠산국居柒山國(=변진독로국弁辰瀆盧國), 가야국加耶國(=변진구야국弁辰狗邪國) 등이 있었다. 여기서 사로국은 경주시 외동읍 일대와 울산광역시 북구 중산동의 고분 유적, 우시산국은 울산광역시 웅촌읍 대대리 하대 유적, 거칠산국은 부산광역시 금정구 노포동 유적, 가야국은 김해시 주촌면 양동리 유적을 중심으로 존재하고 있었으며, 이들은 서로 대등한 세력들이었다. 그러므로 고고학적으로는 3세기 전반까지 구야국이나 사로국이 고대국가로 성장하지 못하고 변한 또는 진한 소국들을 통괄하는 주체로서의 면모를 보이지 못하고 있다.

그러나 『삼국지』 단계인 3세기 전반에 이미 사로국과 우유국은 진한 12국 중의 하나로 나오고, 독로국과 구야국은 변한에 소속된 것으로 나와, 이들 사이에 일정한 구

---

180 『삼국지』 권30, 위서30, 오환선비동이30, 한(마한), "辰王治目支國 臣智或加優呼臣雲遣支報安邪踧支濆臣離兒不例拘邪秦支廉之號 其官有魏率善邑君歸依侯中郎將都尉伯長".

181 『삼국지』 권30, 위서30, 오환선비동이30, 왜, "從郡至倭 循海岸水行 歷韓國 乍南乍東 到其北岸狗邪韓國 七千餘里 始度一海 千餘里至對馬國……又南渡一海千餘里 名曰瀚海 至一大國……又渡一海 千餘里至末盧國".

분이 있었음을 알 수 있나. 또한『삼국사기』신리본기의 초기 기록에 가야국(또는 금관국)이 신라의 주요 경쟁상대로 나타나는 점, 김해 지방에 1~4세기의 유물·유적이 풍부하게 출토된 점 등으로 보아 거칠산국(독로국)이나 안야국보다는 구야국이 좀 더 우월하였을 것이다. 위의 여러 가지 증거들을 적극적으로 수용한다면, 대체로 3세기 전반 당시에 변진 12국은 김해의 구야국狗邪國(가야국加耶國)을 중심으로 통합되어 완만한 형태의 변한 소국연맹弁韓小國聯盟 즉 전기 가야연맹을 이루고 있었다고 볼 수 있다.[182]

(2) 진·변한의 정치세력화 및 황산하 쟁패

3세기 후반은 낙랑군과 대방군에 대한 서진西晉 운영기(266~313)였다. 이 시기에는 한반도 남부지역의 세력들이 마한주馬韓王, 진한왕辰韓王, 신미국新彌國 연맹 등으로 나뉘어 집단적으로 교역하였으니, 이는 서진의 통제력 약화와 이를 상대한 삼한 맹주의 정치적 성장을 엿볼 수 있는 대목이다.[183] 이러한 추세가 경주와 김해 방면에서는 어떻게 진행되고 있었을까?

3세기 후반 이후의 포항 옥성리, 울산 중산리, 경주 황성동 및 조양동 고분군 중에 경주 지방 최고 위계의 대형 무덤이 4세기 초의 경주 구정동 고분,[184] 구어리 1호묘,[185] 또는 울산 중산리 IF 88호분[186]으로 나타난다. 그리하여 3세기 후반에는 신라의 팽창이 있었고, 늦어도 3세기 중엽에는 경주 동남 방면의 태화강 이북까지 직할지로 삼고 태화강 중상류역과 그 이남의 울산 지방과 동래 지방을 새로 정복하였다고 보기도 한다.[187]

그러나 2~4세기의 울산 하대 덧널무덤 유적은 그 규모나 내용면에서 울산 지방 최

---

182 金泰植,『加耶聯盟史』, 一潮閣, 1993, 66쪽.

183 尹龍九,「三韓과 樂浪의 교섭」『韓國古代史研究』34, 2004.

184 국립경주박물관,『경주구정동고분』, 2006, 112쪽.

185 金大煥,「古墳資料로 본 新羅의 國家 形成」『국가형성의 고고학』, 한국고고학회 편, 서울: 사회평론, 2008, 72~73쪽.

186 이성주,「목관묘에서 목곽묘로-울산 중산리유적과 다운동유적에 대한 검토-」『신라문화』14, 1997, 28쪽 ; 53쪽 ; 이현혜,「고고학 자료로 본 斯盧國 六村」『韓國古代史研究』52, 2008, 218쪽.

187 이희준,『신라고고학연구』, 사회평론, 2007, 200~201쪽.

오리모양 토기(김해박물관)

대의 고분 유적이며,[188] 오리모양토기 분포의 중심에 있으면서 낙동강 유역을 통한 교역의 중심지였다. 따라서 신라가 3세기 대에 울산 지방을 넘어 동래 지방까지 정복하였다고 보기는 어렵다.[189] 다만 늦어도 4세기 초까지는 경주 동남 지구(울산 중산리 포함)에 중심을 둔 신라 석씨 왕권이 포항과 울산을 포괄하는 지역의 맹주로 대두한 것을 인정할 수 있을 뿐이다.

가야 지역에서는 3세기 후반 이후 김해의 세력 중심이 서쪽의 주촌면 양동리 일대로부터 시내의 대성동 고분군 쪽으로 넘어가는 변화를 보였다.[190] 3세기 후반 가야 지역에는 부산 노포동 고분군, 고령 반운리 고분군, 함안 도항리 고분군, 창원 도계동·다호리 고분군, 고성 도전리 고분군 등이 있으나, 이 유적들은 김해의 중심 고분군의 분묘에 비해 목곽의 규모도 작고 유물의 수효도 적어서, 세력의 대소에 큰 차이가 있

---

188 울산광역시,『울산의 유적과 유물 -발굴로 드러난 울산의 역사-』, 2008, 200쪽.
189 울산 태화강 이북의 중산동이나 다운동 유적과 같은 것은 일찍부터 사로국화 되어 가는데 비해, 이남에 속하는 하대 유적은 3세기 이후까지 경주 지역의 양상과 다른 특징을 보인다고 한다(울산광역시, 앞의 책, 2008, 394쪽).
190 경성대학교박물관,『金海大成洞古墳群Ⅰ』, 부산: 경성대학교박물관, 2000, 141~153쪽.

다고 추정된다.

　사로국 중심의 진한 문화권과 구야국 중심의 변한 문화권은 원래 대동소이한 양상을 보였으나, 3세기 후반에는 울산과 부산의 경계선에서 그 차이가 두드러졌다. 예를 들어 노형토기를 비롯한 토기들이 3세기 말경에 경주-울산 지방과 부산-김해 지방으로의 양식 분화가 전개된다.[191] 또한 3세기 후반에 들어서면 영남 지역의 분묘에는 철제 무기가 대량 매납되고, 무기를 보유한 계층이 확대되며, 철제 갑주가 등장한다. 이러한 현상은 빈번한 전쟁을 반영하는 것이니, 당시 지배층이 무력에 의해 권력을 장악해나가는 모습을 짐작케 한다.[192]

　그러므로 3세기 후반에는 영남 지역에서 긴장관계가 조성되어 각 소국 상호간에 무력 사용이 증가하면서, 사로국과 구야국을 중심으로 진한 소국들과 변한 소국들이 통합되어 신라 연맹체나 가야 연맹체와 같이 정치 세력화하고 있었음을 확인할 수 있다.[193] 그렇게 본다면, 『삼국사기』 초기 기록에서 신라 탈해 이사금 21년(기원후 77)부터 지마 이사금 5년(116)까지 신라와 가야가 황산하黃山河 유역에서 대립하여 전투를 벌였다거나 하는 기사는 3세기 후반의 현상으로 해석해야 하지 않을까 한다.[194]

(3) 포상팔국 전쟁과 신라의 성장

　4세기 초 고구려에 의한 낙랑-대방군의 멸망은 한반도 동남부에서 그들과의 원거리 무역을 통해 발전하던 김해 가야국의 영도력에 큰 지장을 초래하였다. 여기서 주목해야 할 문헌 사료로서 포상팔국浦上八國 전쟁 관련 기사들이 있다.[195] 그 전개 과정을 볼 때, 처음에 가야국이 화친을 청하였고,[196] 8년 후에 보라국保羅國, 고자국古自國, 사물국史勿國 등 포상팔국이 가야국을 공격하였으며, 신라는 군대를 보내 구원하여 8

191　복천박물관, 『금관가야와 신라』, 복천박물관, 2004, 66쪽.
192　복천박물관, 앞의 책, 2004, 89쪽.
193　金泰植, 「新羅와 前期 加耶의 關係史」 『韓國古代史硏究』 57, 한국고대사학회, 2010, 295~296쪽.
194　金泰植, 「韓國 古代諸國의 對外交易 -加耶를 中心으로-」 『震檀學報』 101, 2006, 21쪽.
195　『삼국사기』에서 이 사건은 신라 나해 이사금 6년(201)부터 17년(212)까지 이어진 것으로 되어 있으나, 실제 연대는 4세기 전반으로 추정된다.
196　『삼국사기』 권2, 신라본기2, 나해이사금 6년(201) 봄 2월, "加耶國請和".

국 장군을 죽이고 포로가 되었던 6,000인을 빼앗아 돌려주었다.[197] 그 3년 후에 골포骨浦, 칠포柒浦, 고사포古史浦 등 삼국의 군대가 갈화성竭火城을 공격하자, 신라 나해왕은 친히 군대를 거느리고 이를 물리쳤으며,[198] 가야는 신라에 왕자를 보내 볼모로 삼게 했다.[199]

이로 보아, 이 전쟁은 주로 김해나 울산과 같은 해안의 거점을 둘러싸고 일어나고 있으며, 그 주변에 있던 남해안 지역의 소국들과 동해 남부 해안의 사로국이 참여하고 있다. 이는 3세기경까지 낙랑·대방에서 전기 가야연맹(변한)의 맹주인 김해의 가야국으로 이어지는 해상 수송로가 약화되자, 가야국의 우월성을 인정치 않는 해안 소국들이 동요하는 모습을 나타내고 있다.[200] 그러자 김해의 가야국은 그 해상로의 배후에 있던 낙동강 중·상류의 소국들이나 동해 남부의 소국 등을 규합해서 대응하였으며, 사로국도 그 배후 세력 중의 하나였을 가능성이 높다. 이런 사실이 신라인의 역사인식 속에서 과장된 것이다.

또한 포상팔국 2차 전쟁에서 골포국 등 3국이 갈화성을 공격했고 이를 신라 나해왕이 물리친 것은 중요하다. 갈화성은 굴아화촌屈阿火村이니, 울산광역시 중구 태화동을 포함한 범서읍의 옛 지명으로서, 우시산국于尸山國의 고지故地로 추정되는 울산광역시 웅촌읍과 인접해 있다. 그렇다면 이 전쟁의 결과로 울산 일대가 신라의 수중에 들어갔을 가능성이 높다.

4세기 전반이 되면 기존에 성세를 보이던 울산 대대리 하대 고분군이 위축되는 조짐이 나타난다. 반면에 부산 지역에서는 기존의 노포동 고분군이 약화되고 그에 인접

197『삼국사기』 권2, 신라본기2, 나해이사금 14년(209) 가을 7월, "浦上八國 謀侵加羅 加羅王子來請救 王命太子于老與伊伐湌利音 將六部兵 往救之 擊殺八國將軍 奪所虜六千人 還之";『삼국사기』 권48, 열전8 물계자, "時八浦上國同謀伐阿羅國 阿羅使來 請救 尼師今使王孫捺音 率近郡及六部軍往救 遂敗八國兵";『삼국유사』 권5, 피은8, 물계자, "第十奈解王卽位十七年壬辰 保羅國古自國[今固城]史勿國[今泗州]等八國 倂力來侵邊境 王命太子㮈音將軍一伐等 率兵拒之 八國皆降".

198『삼국사기』 권48, 열전8 물계자, "後三年 骨浦·柒浦·古史浦三國人 來攻竭火城 王率兵出救 大敗三國之師";『삼국유사』 권5, 피은8, 물계자, "十年乙未 骨浦國[今合浦也]等三國王 各率兵來攻竭火[疑屈弗也 今蔚州] 王親率禦之 三國皆敗".

199『삼국사기』 권2, 신라본기2, 나해이사금 17년 봄 3월, "加耶送王子爲質".

200 金泰植,「咸安 安羅國의 成長과 變遷」『韓國史硏究』86, 韓國史硏究會, 1994, 51~52쪽.

한 동래 복천동 고분군이 강화된다.[201] 그렇다면 4세기 전반에 신라가 우시산국을 복속했다고 볼 수는 있어도 거칠산국까지 복속했다고 보기는 어렵다.[202]

판갑옷(김해박물관)

『삼국사기』에서 이 기사 이후로 가야에 대한 서술이 200년 이상 나오지 않는 것도 신라 측의 역사 인식일 뿐이며, 이로 인하여 가야가 망한 것은 아니었다. 김해 대성동 고분군의 유적 규모로 보아, 4세기 무렵의 가야는 신라와 거의 대등한 세력이었다. 즉, 김해 가야국은 신라와 교류하면서 가야연맹 내 다른 소국들에게 우위를 지킬 수 있었던 듯하다. 이로 인하여 신라와 가야 사이에 좋은 관계가 이어졌다고 추정된다.

『삼국사기』 신라본기 파사 이사금 23년(102) 조에는 음즙벌국音汁伐國과 실직곡국悉直谷國이 강역을 다투다가 신라 파사왕을 찾아와 해결해 주기를 청하자, 파사는 금관국 수로왕을 불러 물었고, 수로가 이를 중재하여 음즙벌국에 속하게 하였으며, 이에 신라 6부 중 한기부漢祇部가 반발하니, 수로가 한기부의 연회 주관자를 죽이게 하고 돌아갔으나, 신라는 음즙벌국을 쳐서 항복시켰고, 실직국悉直國(삼척)과 압독국押督國(경산) 두 나라의 왕도 와서 항복하였다는[203] 기사가 실려 있다. 여기서 음즙벌국은 경주 안강 지방 세

---

201 申敬澈, 「金海大成洞·東萊福泉洞古墳群 點描 -金官加耶 이해의 一端-」 『釜大史學』 19, 1995.

202 신라 탈해왕 때(서기 57~80년)의 居道가 張吐 들에서 馬技, 즉 말 타는 기술을 훈련시키는 놀이를 하다가 于尸山國과 居柒山國을 불의에 쳐들어가 멸했다는 기사는 우시산국 정벌 기사에 덧붙여 신라 사람들의 교통로 인식, 즉 신라에서 가야로 갈 때 우시산국과 거칠산국을 경유해야 한다는 지식이 첨가되어 과장된 것이 아닐까 하며, 그 시기는 4세기 전반으로 늦추어 보면 좋을 듯하다. 지마 이사금 5년(116)에 신라가 大甑山城(부산진구)을 축조했다는 기사도 시기 표시가 잘못된 두찬이라고 하겠다.

203 『삼국사기』 권1, 신라본기1, 파사이사금 23년 가을 8월, "音汁伐國與悉直谷國爭疆 詣王請決 王難之 謂金官國首露王 年老多智識 召問之 首露立議 以所爭之地 屬音汁伐國 於是 王命六部 會饗首露王 五部皆以伊飡爲主 唯漢祇部 以位卑者主之 首露怒 命奴耽下里 殺漢祇部主保齊而歸 奴逃依音汁伐主 陁鄒干家 王使人索其奴 陁鄒不送 王怒 以兵伐音汁伐國 其主與衆自降 悉直押督二國王來降".

력이 아니라 포항 옥성리 고분군 축조 세력으로 보는 것이[204] 타당하다.

『삼국사기』의 파사 23년 조는 7세기 이후에 성립된 설화 기사로서 4세기 전반의 상황으로 재해석되어야 할 측면이 있으니, 이는 포상팔국 전쟁 이후 신라와 가야의 화친 관계가 계속되는 중에 나타났다고 보아야 한다. 여기 관여한 세력들은, 맨 마지막에 등장하는 압독국을 제외하고는, 모두 해안에 위치한 세력들이라는 점이 공통적이며, 그들은 금관국으로부터 사로국을 거쳐 실직곡국까지 가는 연안 항로에 얽힌 이권에 따라 이해관계를 달리 한 듯하다.

진한의 맹주로서 음즙벌국과 실직곡국 사이의 중재를 맡게 된 사로국 파사왕은, 그 분쟁이 신라 내부의 주요 세력과도 얽혀 있음을 알고 그 중재권을 변한의 맹주인 금관국에게 맡겨서, 자신이 분쟁의 당사자로 비화되는 것을 피하려고 했던 것으로 보인다. 결국 수로왕의 결정에 대한 불만이 표출되고 이로 인해 권위를 훼손당한 수로왕은 한기부에게 극단적인 처사를 가했다. 이를 기회로 삼아 신라의 파사왕은 원망을 외부로 돌림으로써 내부 단합을 공고히 하고 주변 소국들로부터 항복을 받아낼 수 있었던 것이다.

이 사건을 놓고, 김해 세력의 힘이 경주에까지 강하게 미치고 있었음을 반영하는 것이라고 이해하는 견해도[205] 있고, 반대로 경주의 사로국이 진한과 변한 소국을 통틀어 가장 강력한 힘을 가진 존재로 부상한 것이라고 이해하는 견해도[206] 있다. 그러나 이 기사만으로는 변한의 가야국(금관국)과 진한의 사로국 중에 어느 것이 더 강했다는 결론을 이끌어낼 수는 없다고 보인다.

여기서 신라와 가야는 각기 주변 소국의 문제를 중재하는 연맹장의 위치에 있었다는 점, '신라 6부'라는 존재는 중앙정부의 명령에 대하여 각기 독립적인 행위를 할 수 있었다는 점, 신라 주변의 진한 소국들에 대한 최종 권위는 이 사건을 계기로 하여 사로국 쪽으로 기울어졌다는 점 등은 확실하다.

---

204 이희준, 앞의 책, 2007, 192~194쪽.

205 백승충, 「1~3세기 가야세력의 성격과 그 추이-수로집단의 등장과 포상팔국의 난을 중심으로-」 『부대사학』 13, 1989.

206 강종훈, 『신라상고사연구』, 서울대출판부, 2000, 212쪽.

한편 『삼국사기』 신라본기 파사 29년(108) 조에는 신라가 비지국比只國, 다벌국多伐國, 초팔국草八國을 정복하였다는 기사가 나온다.[207] 이 기사에 대해서도 논란이 많지만, 대략 3세기 후반에서 4세기 전반에 걸쳐 일어난 사실로 보는 견해가 유력하다.[208] 그러나 신라의 팽창이 이처럼 반복되자 가야도 포상팔국 전쟁 이후 얼마 동안의 화친관계를 끝내고 다시 신라와 대립 국면으로 돌아서게 되었을 것이다.

(4) 가야의 반격과 고구려군의 임나가라 정벌

4세기 후반 김해 중심의 동부 가야는 기존의 대방帶方-가야加耶-왜倭의 교역로에서 이미 대방이 사라진 상태에 있었기 때문에 왜와의 교역에 몰두할 수밖에 없었다. 4세기 후반에 속하는 김해 대성동 2호분, 13호분, 23호분에서 일본계 위세품인 바람개비형 청동기[巴形銅器]가 나오는 것은 이를 반영한다. 그 시기에 왜는 고대국가의 건설 과정에서 가야의 철을 필요로 하였고 가야는 낙동강 유역을 둘러싼 신라와의 쟁패 과정에서 왜의 인력, 특히 군대가 필요하였으므로, 이들 사이에는 한동안 긴밀한 상호 교류가 이루어질 수 있었다.

한편, 경주 중심 지구에 있는 돌무지덧널무덤들의 축조 세력은 나물왕과 연결되는 김씨 족단으로 추정되는 바, 그들이 경주 지방에서 패권을 차지하기 시작한 것은 4세기 후반이다. 그 후의 역사 문화 전개 상황으로 보아,[209] 그들의 대두는 고구려와의 교류가 큰 계기를 이루었음이 틀림없다.

그런데 김해와 경주 사이에 있는 부산 복천동 고분군의 유물로 보아, 그 세력은 3세기 후반부터 4세기 중엽까지는 금관가야와 신라의 중간적인 성격을 띠고 있었으나, 4세기 후반에는 한동안 신라계 유물들이 단절되고 전형적인 금관가야계 유물들만 나

---

207 『삼국사기』 권1, 파사이사금 29년 여름 5월, "大水 民飢 發使十道 開倉賑給 遣兵伐比只國多伐國草八國幷之".

208 姜鍾薰, 「신라 상고기년의 재검토」 『한국사론』 26, 서울대학교 국사학과, 1991 ; 강종훈, 앞의 책, 2000 ; 宣石悅, 『新羅國家成立過程硏究』, 혜안, 2001 ; 이희준, 앞의 책, 2007.

209 김씨 나물왕이 왕위에 오른 4세기 후반에 이르러 고구려와 신라의 친연성이 높아졌고 고구려 세통 문물이 나타나기 시작하며, 그 후 5세기 전반까지 고구려가 김씨 왕실에 대하여 일정한 권리를 행사한 것처럼 보이는 것이 그러한 상황을 예측케 한다.

타나고 있었다.[210] 이는 금관가야의 세력 확대를 나타내는 것으로서, 4세기 중후반에 외반구연 무투창고배가 동쪽으로 기장 철마 고촌리 고분군, 서쪽으로 진해 웅천 패총, 창원 가음정동 고분군, 도계동 고분군까지 퍼져 나간 것은[211] 가야국의 패권이 미치는 영역을 나타내고 있다.

가야의 팽창에는 백제와 왜의 협력이 있었던 듯하다. 『일본서기』 신공기 49년조 기사와 흠명기欽明紀 2년조의 기사를 연결해 보면, 4세기 후반에 백제나 왜가 가야에 군대를 보내 평정하고 지배한 것이 아니라, 백제가 가야와 처음으로 친교를 트고, 이를 토대로 가야와 밀접한 교역을 이루고 있던 왜와 연결된 것임을 알 수 있다.[212] 즉, 4세기 후반에 가야는 백제 근초고왕의 사주를 받아 왜와 통하면서 신라를 공략하였고, 백제는 고구려를 밀어붙여 옛 대방 지역을 차지하였다.

그러나 반격의 전기가 고구려로부터 일어났다. 서기 391년에 고구려 광개토왕이 즉위한 후, 396년에는 고구려가 백제의 58성을 빼앗고 백제 도성을 포위 공격하였다. 백제 아신왕은 고구려에게 크게 패한 직후 397년에 태자를 왜국에 보냈으니, 이는 임나가라任那加羅 즉 금관가야의 중개에 그치지 않고 왜국과 직접 연결하여 왜군을 좀 더 동원하려는 의도였다고 하겠다.[213] 서기 399년에 고구려가 백제와 왜의 화통 정보를 듣고 사전 차단을 모색하는 중에, 신라는 왜인이 와서 국경의 성과 못을 파괴한다는 소식을 전하였으니,[214] 이는 고구려의 도움을 받아 가야에 대한 전세를 역전시키기 위한 것이었다.

---

210 복천박물관, 『금관가야와 신라』, 복천박물관, 2004, 90쪽.

211 홍보식, 「고고학으로 본 금관가야 -성립·위계·권역-」 『고고학을 통해 본 가야』(제23회 한국고고학전국대회 발표요지), 한국고고학회, 1999, 18쪽.

212 金泰植, 「廣開土王陵碑文의 任那加羅와 '安羅人戌兵'」 『韓國古代史論叢』 6, 駕洛國史蹟開發硏究院, 1994 ; 李鎔賢, 『加耶と東アジア諸國』, 國學院大學 大學院 博士論文, 1999 ; 南在祐, 『안라국사』, 혜안, 2003 ; 白承玉, 『가야 각국사 연구』, 혜안, 2003 ; 白承忠, 「日本書紀 神功紀 소재 한일관계 기사의 성격」 『광개토대왕비와 한일관계』, 한일관계사연구논집 편찬위원회편, 경인문화사, 2005.

213 이런 조치는 西晉이 3세기 말 4세기 초의 극심한 내란 중에 병력 보급을 위하여 五胡를 끌어들인 것과 마찬가지의 행위였다.

214 『광개토왕릉비문』, "九年己亥 百殘違誓 与倭和通 王巡下平穰 而新羅遣使白王云 倭人滿其國境 潰破城池 以奴客爲民 歸王請命 太王恩慈 矜其忠誠 特遣使還 告以密計".

그리하여 다음 해인 400년에, 광개토왕은 보기少騎 5만을 신라에 보냈다. 신라성新羅城과 남거성男居城 사이에 왜군이 가득 차 있다가 고구려군을 보고 물러갔는데, 고구려군은 이를 좇아 임나가라로 갔다. 여기서 왜군이 경주로부터 멀리 떨어진 김해 방면까지 도망해 갔다는 것은, 그 왜군이 원래부터 임나가라의 지원에 의존하는 세력이었음을 보인다. 광개토왕릉비문의 '왜적倭賊'이란 것도 실은 백제의 후원을 받는 가야-왜 연합군이었는데, 고구려는 왜와 섞여 있는 군대를 경멸하는 의식 아래 그렇게 지칭한 것이다.[215]

임나가라에서 합쳐진 가야-왜 연합군은, 추격해 온 고구려-신라 연합군이 성을 공략하기 시작하자 곧 항복하였고, 그들은 평정한 지역들에 순라병을 두어 지키게 하였다.[216] 이로 인하여 영남 지역의 패권 경쟁에서 신라는 가야보다 앞설 수 있게 되었으며, 백제는 가야 지역을 중계 기지로 하는 대왜對倭 교역망을 상실하게 되었다.[217]

고구려군의 남정南征은 전기 가야연맹을 해체시키면서 한반도 사국四國의 세력 판도를 고구려 위주로 바꾸어 놓았으며, 그 중에서 가장 큰 희생의 제물은 가야였다. 5세기 초에 김해 지방에서 대성동 고분군으로 상징되던 대형 고분군의 축조가 갑자기 단절된 것은 김해 가야국의 급격한 몰락을 반영한다.

2) 후기 가야의 성장과 대외전쟁

(1) 후기 가야연맹의 결성

4세기 말 5세기 초 고구려-신라 연합군의 임나가라 정벌 이후, 낙동강변의 성주, 창녕, 부산 지방 세력들은 고구려 대군의 공격에 직면하여 신라에게 저항 없이 투항하였다. 신라는 고구려의 후원 아래 그들을 지원하면서 낙동강 동안東岸 지역을 주도하고 지배하는 새로운 발전 단계를 맞이하였다.

---

215 이는 『남제서』 백제전에서 백제와 남조가 북위와 친하게 지내고 있던 고구려의 군대를 '魏虜'라고 칭한 것과 마찬가지의 어법이다(『남제서』 권58, 열전39 백제국, "是歲(490) 魏虜又發騎數十萬攻百濟 入其界 牟大遣將沙法名·贊首流·解禮昆·木干那 率衆襲擊虜軍 大破之").

216 金泰植, 앞의 논문, 1994, 99~100쪽.

217 金泰植,「4世紀의 韓日關係史 -廣開土王陵碑文의 倭軍問題를 中心으로-」 『한일역사공동연구보고서』 제1권, 한일역사공동연구위원회, 2005.

5세기 후반 고구려-백제-가야-신라의 경계

낙동강 서쪽의 나머지 가야 지역은 멸망하지 않고 지속적으로 존속하고 있었으나, 고령권, 함안-고성-진주권, 김해권의 3개 권역으로 나뉘어 서로 다른 발전 과정을 보였다. 김해를 중심으로 한 낙동강 하구 유역의 해안지대에서는 5세기에 들어와 갑자기 고분 유적의 수효가 줄어들고 규모도 소형 돌덧널무덤 정도로 위축되었다. 반면에 경남 서부의 함안 및 그 서쪽 지역에서는 별다른 동요 없이 기존의 문화 내용을 점진적으로 팽창시켜 나갔다.[218] 그에 비하여 전기 가야 시대에 후진 지역이었던 고령, 합천 등의 경상 내륙 산간지대는 5세기 전반 이후 서서히 발전하기 시작하였다.

낙동강 중류 일대의 내륙 지역이 발전하게 된 계기는 전기 가야의 토기 제작과 철 생산 등의 선진 문화가 이주민의 직접적 이주를 동반하여 파급된 것에 있다. 특히 고령 지방의 반파국伴跛國은 김해 지방으로부터 도질토기 및 제철 관련 기술자들을 수용하여, 얼마 후에 그 토기 문화를 계승하고 가야산 기슭 야로 지방의 철광산을 개발함으로써 제철 산업을 본격 가동하였다.[219] 그들은 백제 및 왜와의 교역도 주도하기 시작하였으니, 반파국 발전의 토대에는 백제 귀족 목씨와의 관계가 기여한 바도 있었다.[220]

---

218 朴升圭,「慶南 西南部地域 陶質土器에 대한 研究 -晉州式土器와 관련하여-」『慶尙史學』9, 경상대학교, 1993, 27쪽 ; 安在晧,「鐵鎌의 變化와 劃期」『伽耶考古學論叢』2, 서울: 駕洛國史蹟開發研究院, 1997, 79~88쪽 ; 朴天秀,「器臺를 통하여 본 加耶勢力의 동향」『가야의 그릇받침』, 국립김해박물관, 1999, 98쪽.

219 金泰植,「後期加耶諸國의 성장기반 고찰」『釜山史學』11, 1986;『미완의 문명 7백년 가야사 1권』, 푸른역사, 2002, 176쪽.

220 『일본서기』神功紀의 기록에는 서기 262년에 백제 장군인 木羅斤資가 왜왕의 명령을 받아 加羅의 사직을 복구해 주었다는 기록이 나온다. 이 기사들을 문장 그대로 믿을 수는 없지만, 그 편

지산동 고분(문화재청)

5세기 중엽에 반파국은 대가야로 국명을 바꾸면서 주변 세력들을 모아 후기 가야 연맹을 결성하였다. 『송서宋書』 왜인전에 나오는 왜 5왕 중 왜왕 제濟가 451년에 받은 작호에 김해의 금관국을 가리킨다고 보이는 '임나任那'와 함께 '가라加羅'가 나오는 것으로 보아 고령 반파국이 가라국加羅國으로 국호를 바꾼 것은 5세기 중엽 이전으로 올려볼 수 있다.[221]

5세기 후반에 대가야는 서부 경남에서 소백산맥을 넘어 서쪽으로 전북 남원, 임실, 전남 여수, 순천, 광양 등지의 세력들을 종속적으로 연합하면서 영역을 확장하였다. 479년에 대가야 즉 가라왕 하지荷知가 중국 남제南齊에 조공할 수 있었던 것은 대가야의 그러한 개척 덕분이라고 할 수 있다.

년을 3갑자 내려서 보고(山尾幸久,「任那に關する一試論」『古代東アジア史論集』下卷, 1978, 193·202쪽) 제한적인 사신성을 인정한다면 그 시기를 442년으로 결정하게 되어, 5세기 중엽 이후로 백제 귀족인 목씨의 활동을 매개로 하여 '加羅' 즉 고령의 伴跛國을 중심으로 한 백제-왜 교류 관계가 존재했던 것을 추정해 볼 수 있다.

221 李鎔賢, 『加耶と東アジア諸國』, 日本 國學院大學 大學院 博士學位論文, 1999.

많은 학자들은 5세기 후반을 대가야의 고대국가 형성 시기로 논하고 있으나,[222] 그러려면 적어도 왕이 각부各部의 무력을 통제할 수 있을 것과 왕 우위의 관등 서열화가 이루어졌을 것 등의 기준이 갖추어졌어야 한다.[223] 대가야가 남제南齊에 사신을 보내 작호를 받았다는 것은 연맹체의 강화 정도로도 가능한 일이다.

(2) 신라와 백제의 대(對)고구려 전쟁에 참여

신라는 고구려의 보호 및 지원을 받으며 성장하였으나 5세기 중엽에 이르러 내부로부터 고구려의 영향력을 배제하려는 사회적 요구가 높아지게 되었다. 이와 관련하여 『일본서기』 웅략기 8년(464) 조에 신라 땅에서 고구려군과 임나왕任那王이 보낸 왜군이 대적한다는 기사가 있다.[224] 여기서 '고구려가 군사 100인을 신라에 주둔시켰다'든가, '신라가 고구려군을 닭의 수컷에 비유하며 살해했다'든가, 또는 '고구려가 신라의 축족류성筑足流城을 쳐들어왔다'든가 하는 등의 사실을 드러내고 있어서, 여기에는 신라측의 원전原典에 바탕을 둔 상당한 구체성이 보인다.[225]

그런데 『삼국사기』 신라본기의 기록들로 보아, 웅략기雄略紀 8년조의 한반도 관련 기사는 464년의 1년에 그치는 편년 기사로 다룰 것이 아니라, 450년에 신라와 고구려 사이에 실직성(강원 삼척시) 즉 축족류성에서 분쟁이 벌어지고[226] 그에 이은 454년

---

222 李熙濬, 「토기로 본 대가야의 권역과 그 변천」 『가야사연구』, 1995, 경상북도 ; 朴天秀, 「大伽耶의 古代國家 形成」 『碩晤尹容鎭教授停年退任記念論叢』, 1996 ; 金世基, 「대가야 묘제의 변천」 『가야사연구』, 경상북도, 1995 ; 金世基, 「加耶의 殉葬과 王權」 『加耶諸國의 王權』, 新書苑, 1997 ; 金世基, 『고분 자료로 본 대가야 연구』, 學研文化社, 2003.

223 金泰植, 「初期 古代國家論」 『강좌 한국고대사 제2권』, 가락국사적개발연구원, 2003, 23~30쪽.

224 『일본서기』 권14, 웅략천황 8년, "春二月 自天皇卽位 至于是歲 新羅國背誕 苞苴不入 於今八年 而大懼中國之心 脩好於高麗 由是 高麗王遣精兵一百人 守新羅 有頃 高麗軍士一人 取假歸國 時以新羅人爲典馬 而顧謂之曰 汝國爲吾國所破 非久矣 其典馬聞之 陽患其腹 退而在後 遂逃入國 說其所語 於是 新羅王乃知高麗僞守 遣使馳告國人曰 人殺家内所養鷄之雄者 國人知意 盡殺國内所有高麗人 惟有遺高麗一人 乘間得脫 逃入其國 皆具爲說之 高麗王卽發軍兵 屯聚筑足流城[或本云 都久斯岐城] 遂歌儛興樂……二國之怨 自此而生[言二國者 高麗新羅也]".

225 高寛敏, 「五世紀 新羅の北邊」 『三國史記の原典的研究』, 雄山閣出版, 1996 ; 高寛敏, 『古代朝鮮諸國と倭國』, 雄山閣出版, 1997, 146쪽.

226 『삼국사기』 권3, 신라본기3, 눌지마립간 34년, "秋七月 高句麗邊將 獵於悉直之原 何瑟羅城主三直 出兵掩殺之 麗王聞之怒 使來告曰 孤與大王 修好至歡也 今出兵殺我邊將 是何義耶 乃興師侵我西邊 王卑辭謝之 乃歸".

[227]과 468년 사건[228]의 결과, 481년에 신라가 가야에 구원을 요청하여 가야군이 그에 가담한 것을 모두 가리킨다고 하겠다. 이는 『삼국사기』에 481년 고구려가 신라의 호명성狐鳴城(경북 영덕군 영덕읍) 등 7성을 빼앗고 미질부彌秩夫(경북 포항시 흥해읍)에 진군하였는데, 신라군이 백제와 가야의 구원병과 함께 이를 막았다는 기록[229]과 상당히 일치한다. 그 당시에 왜군이 가야군의 일원으로 참여했었는가의 여부는 확실치 않으나, 전통적으로 가야와 왜 사이에 이루어지던 물적·인적 자원교역 형태로 말미암아[230] 가야군대 안에 왜인 병력이 부수적인 존재로 포함되어 있었을 가능성은 높다.

이로 보아 고구려는 백제뿐만 아니라 신라 쪽으로도 영토 확장을 도모하여, 450년 이후 실직주성을 치기 시작하여 468년에 빼앗고, 481년에는 미질부까지 쳐내려갔다. 이에 대하여 백제 동성왕은 대내적으로 국력을 회복하는 한편, 대외적으로는 481년에 신라를 구원하여 고구려군의 남진을 물리치고 493년에 신라에게 청혼하여 결혼동맹을 맺음으로써[231] 안정을 도모하였다. 또한 가야도 481년에 신라를 구원하고 496년에 신라에 흰 꿩을 보냈다는[232] 것으로 보아 그들의 우호관계는 상당 기간 지속되었다. 이로 보아 5세기 후반의 한반도 정세는 고구려의 남진에 대처하여 백제–신라–가야가 군사 동맹을 맺어 방어하는 형국이라고 할 수 있다.

또 『일본서기』 현종기顯宗紀 3년(487) 조에는 고구려와 백제 및 가야의 관계를 추정케 하는 기사가 나오고 있다.[233] 이 기사는 기씨가전紀氏家傳에 근거를 둔 것으로서,

---

227 『삼국사기』 권3, 신라본기3, 눌지마립간 38년, "八月 高句麗侵北邊".
228 『삼국사기』 권3, 신라본기3, 자비마립간 11년, "春 高句麗與靺鞨 襲北邊悉直城".
229 『삼국사기』 권3, 신라본기3, 소지마립간 3년, "三月 高句麗與靺鞨入北邊 取狐鳴等七城 又進軍於彌秩夫 我軍與百濟加耶援兵 分道禦之 賊敗退 追擊破之泥河西 斬首千餘級".
230 金泰植, 「4世紀의 韓日關係史-廣開土王陵碑文의 倭軍問題를 中心으로-」 『韓日歷史共同研究報告書 제1권』, 韓日歷史共同研究委員會, 2005, 72쪽.
231 『삼국사기』 권26, 백제본기4, 동성왕 15년, "春三月 王遣使新羅請婚 羅王以伊飡比智女 歸之".
232 『삼국사기』 권3, 신라본기3, 소지마립간 18년, "春二月 加耶國送白雉 尾長五尺".
233 『일본서기』 권15, 현종천황 3년, "是歲 紀生磐宿禰 跨據任那 交通高麗 將西王三韓 整脩官府 自稱神聖 用任那左魯那奇他甲背等計 殺百濟適莫爾解於爾林[爾林 高麗地也] 築帶山城 距守東道 斷運粮津 令軍飢困 百濟王大怒 遣領軍古爾解內頭莫古解等 奉衆趣于帶山攻 於是 生磐宿禰 進軍逆擊 膽氣益壯 所向皆破 以一當百 俄而兵盡力竭 知事不濟 自任那歸 由是 百濟國殺佐魯那奇他甲背等三百餘人".

왜인 호족의 임나에서의 군사 활동을 보이는 것처럼 되어 있으나, 실은 백제 귀족 목씨木氏의 배반 및 왜국으로의 망명 과정을 왜곡 기술한 것이라고 하겠다. 여기서 기생반숙예紀生磐宿禰는 목씨 계통 백제 귀족 중의 하나이고, 나기타갑배邪奇陀甲背는 가야 재지의 군장으로서 백제와 협력해온 무관이며,[234] 이림爾林은 충북 음성으로 한정되고, 대산성帶山城은 괴산군 도안면의 도살성道薩城과 동일시할 수 있다.[235]

이를 토대로 기사를 재해석하면, 487년에 백제가 고구려 영토였던 이림을 공격하는 과정에서, 백제군의 일원으로 참가했던 목씨 세력 기생반 및 가야의 나기타갑배 일행이 고구려와 내통하여 백제의 적막이해適莫爾解를 죽였다는 것이다. 게다가 그들은 대산성을 쌓아 백제군의 보급로를 차단함으로써 백제에 대한 적대행위를 하였다. 그러나 백제군의 반격에 의하여 가야의 나기타갑배 등 300여 명이 죽임을 당했고, 나기타 집단의 일부는 가야 남부의 안라로 망명하게 되었으며 기생반은 왜국으로 망명했다고 추정된다.

이로 보아 5세기 후반에 가야군은 경우에 따라 신라를 지원하기도 하고 백제를 지원하기도 하면서 간접적으로 고구려와 적대적인 입장에 섰으나, 이는 모두 자국의 이익을 취하기 위한 행동이었다. 그리하여 신라나 백제를 지원하여 어떤 대가를 취하는 것이 기본적이었으나, 경우에 따라서는 고구려군과 내통하여 백제군을 배반하기도 하였다.

(3) 호남 동부 7국의 백제 복속 및 초기 고대국가로의 성장

6세기 초에 백제 무령왕은 왜와의 직접적인 교역을 위해서는 좋은 항구가 필요하다는 점을 명분으로 내세워,[236] 가야 세력권에 있던 호남 동부지역을 관통하는 섬진강 유역 및 그 하구를 잠식해 들어갔다. 『일본서기』 계체기繼體紀 6년(512) 조부터 10년

---

234 金泰植, 앞의 책, 1993, 244~249쪽 ; 李鎔賢, 「五世紀末における加耶の高句麗接近と挫折」 『東アジアの古代文化』 90, 1997.

235 金泰植, 「5~6세기 高句麗와 加耶의 관계」 『북방사논총』 11, 고구려역사재단, 2006, 136~140쪽.

236 『일본서기』 권17, 계체천황 23년 3월, "百濟王謂下哆唎國守穗積押山臣曰 夫朝貢使者 恒避嶋曲 [謂海中嶋曲崎岸也 俗云美佐祁] 每苦風波 因茲 濕所齎 全壞无色 請 以加羅多沙津 爲臣朝貢津路 是以 押山臣爲請聞奏".

(516) 조까지 나오는 백제의 임나 4현任那四縣 및 기문己汶·대사帶沙 공략은 이를 나타낸다. 여기서 해당 지명들의 위치는 상다리上哆唎=여수, 하다리下哆唎=돌산, 사타娑陀=순천, 모루牟婁=광양, 기문己汶=남원이며,[237] 그 기사의 성격에 대해서도 왜왕의 임나 할양이라는 측면이 아닌 백제와 대가야의 분쟁에 따른 가야연맹 영토 축소라는 관점에서 다루고 있다.[238]

계체기 6년조 기사에 의하면, 512년 12월에 백제가 왜에 조공하면서 임나국의 상다리, 하다리, 사타, 모루의 4현을 달라고 요구하자, 다리국수哆唎國守 호즈미노오미 오시야마穗積臣押山가 이에 찬성하는 의견을 왜국 조정에 내서, 결국 왜는 그 땅을 백제에게 주었다고 하였다.[239] 여기서 호즈미노오미 오시야마는 처음에 왜의 사신으로서 백제에 왔지만 다리국에 주재하면서 백제의 이익을 대변하는 것으로 보아, 이미 왜계 백제관료가 되었다고 보아도 좋을 만한 인물이다. 또한 여수·순천의 백제 산성 아래에 있는 고분들은 원래 가야계 석곽이었으나 6세기 전반에 백제의 문물에 기울면서 백제계 석곽으로 변화해 갔다.[240] 이는 해당 지역이 가야 소국이었다가 바로 백제 영토로 전환되어 간 것을 의미한다. 그러므로 왜의 '임나 4현 할양'이라는 관념은, 그 전에는 그 땅이 왜왕의 소유였다는 것이 아니라,[241] 멀리 떨어져 있는 교역대상자인 왜왕의 호응을 얻어 가야의 영토 일부를 빼앗으려는 백제의 외교적 수사修辭에 현혹되어 생긴 환상일 뿐이다.

그 이듬해에 대가야와 백제는 '기문己汶'이라는 곳을 놓고 영역을 다투게 되는데,

---

237 全榮來, 「百濟南方境域의 變遷」 『千寬宇先生還曆紀念 韓國史學論叢』, 1985, 146쪽 ; 순천대학교 박물관, 한국상고사학회, 『전남동부지역의 가야문화』(제36회 한국상고사학회 학술발표대회), 순천대학교 70주년 기념관 2층 대회의실, 2008년 11월 14일.

238 金泰植, 앞의 책 1권, 2002, 182~183쪽 ; 金泰植, 앞의 책 2권, 푸른역사, 2002, 187쪽.

239 『일본서기』권17, 계체천황 6년, "夏四月 辛酉朔丙寅 遣穗積臣押山 使於百濟 仍賜筑紫國馬卌匹 冬十二月 百濟遣使貢調 別表請任那國上哆唎下哆唎娑陀牟婁四縣 哆唎國守穗積臣押山奏曰 此四縣 近連百濟 遠隔日本 旦暮易通 鷄犬難別 今賜百濟 合爲同國 固存之策 無以過此 然縱賜合國 後世猶危 況爲異場 幾年能守 大伴大連金村 具得是言 同謨而奏……由是 改使而宣勅 付賜物幷制旨 依表賜任 那四縣".

240 李東熙, 「백제의 전남 동부 지역 진출의 고고학적 연구」 『韓國考古學報』 64집, 2007, 103쪽.

241 森公章, 『東アジアの動亂と倭國』, 吉川弘文館, 2006, 117쪽에서는 繼體紀 6년 12월조의 '임나 4현' 관련 기사에 대하여, "물론 倭國이 조선반도에 領地를 가진 적은 없었다."고 서술하였다.

이 사실은 계체기 7년조 기사에 보인다. 그에 따르면, 백제가 513년 6월에 저미문귀장군姐彌文貴將軍과 주리즉이장군州利卽爾將軍을 왜에 사신으로 보내, "반파국伴跛國이 백제 땅인 기문己汶을 공격하여 빼앗았으니, 이를 돌려 달라."고 왜왕에게 요청하였고,[242] 왜는 11월에 기문과 대사를 백제에게 주었다는 것이다.[243]

여기서 기문己汶(전북 남원, 임실, 번암)이 원래 백제 땅이었다면, 이를 반파, 즉 대가야가 빼앗았다고 하여 왜왕에게 그 환급을 요청하는 것은 비상식적이며, 왜왕이 이를 돌려줄 권한도 없는 것이다. 이 역시 왜와의 교역을 빙자하여 가야연맹 소속국을 잠식해 들어오는 백제의 외교 방식을 보여준다.[244] 왜와 기문국은 선진문물의 면에서 대가야보다 우월한 백제의 유인에 따르지 않을 수 없었을 것이다.[245] 그 결과 백제가 호남 지역을 모두 영유하게 되어, 가야와 백제는 소백산맥을 자연적 경계로 삼게 되었다.

그 후의 상황을 보이는 사료로 『양직공도梁職貢圖』가 있다. 그에 따르면, 양梁 보통普通 2년(521)에 백제왕이 수도를 고마固麻(충남 공주)에 두고 지방에는 22담로를 두어 통치하였는데, 인접한 소국으로 반파叛波, 탁卓, 다라多羅, 전라前羅, 사라斯羅, 지미止迷, 마련麻連, 상기문上己文, 하침라下枕羅 등이 그에 부속되어 있다고 하였다.[246] 여기서 사라, 즉 신라가 백제에게 부속되었다거나, 혹은 가야연맹의 유력한 소국들인 반파(경북 고령), 탁(경남 창원), 다라(합천), 전라(함안)가 백제에 부속되었다는 것은 과장된 표현이다. 다만 그 이하의 지미(전남 해남), 마련(광양), 상기문(전북 임실, 번암), 하침라(제주도) 등이 백제에 부속되었다 해도 아직까지 소국으로 존재하고 있다

---

242 『일본서기』 권17, 계체천황 7년 6월, "百濟遺姐彌文貴將軍州利卽爾將軍 副穗積臣押山[百濟本記云委意斯移麻岐彌] 貢五經博士段楊爾 別奏云 伴跛國略奪臣國己汶之地 伏願天恩 判還本屬".

243 『일본서기』 권17, 계체천황 7년 11월 신해삭 을묘, "於朝廷 引列百濟姐彌文貴將軍斯羅汶得至安羅辛已奚及賁巴委佐伴跛旣殿奚及竹汶至等 奉宣恩勅 以己汶滯沙 賜百濟國 是月 伴跛國 遣戢支 獻珍寶 乞己汶之地 而終不賜".

244 金泰植, 앞의 책 1권, 2002, 188쪽.

245 위치나 정황상의 정확한 설명은 못되나 일본의 기치다노 무라지(吉田連) 가계전승에도 이 지역이 원래는 三己汶의 넓은 지역이었고 任那에 속했었는데 결국 자발적으로 백제에게 귀속되었다는 내용이 나온다(『新撰姓氏錄』左京皇別下 吉田連條 및 『續日本後紀』卷6 仁明天皇 承和 4년 6월 壬辰朔 己未條 참조).

246 『梁職貢圖』百濟國使 圖經, "普通二年 其王餘隆 遣使奉表云 累破高麗. 所治城曰固麻 謂邑檐魯 於中國郡縣 有二十二檐魯 分子弟宗族爲之 旁小國有叛波卓多羅前羅斯羅止迷麻連上己文下枕羅等附之".

는 것은 중요하다. 지미, 마련 등이 독립을 유지할 수 있었던 것은 가야와의 인접성 때문이었을 것이다. 그렇다면 521년 단계에도 호남 동부의 몇몇 세력은 정치적으로 백제에게 복속되었으나, 아직 지방관이 파견되어 군현으로 편제된 것은 아니어서 여전히 독립성을 유지하고 있었다고 하겠다.

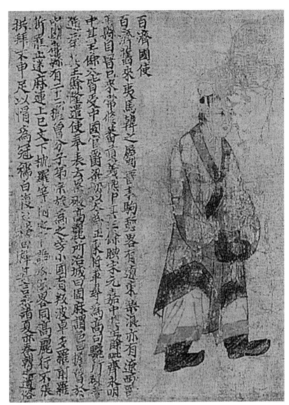

양직공도 속의 백제국 사신

대가야는 510년대에 백제에게 소백산맥 서쪽의 가야 소국들을 빼앗기자, 자신의 영도력이 미치는 사방에 성을 쌓음으로써 중앙 집권 체제를 한 단계 고조시켰다. 그런 위에서 대가야는 보다 큰 권위를 가지고 520년대에 신라와 결혼 동맹을 맺었다.

『일본서기』 계체기 8년(514) 조 기사로 보아, 반파(경북 고령의 대가야)는 자탄子呑(경남 진주)과 대사帶沙(경남 하동)에 성을 쌓아 만해滿奚(전남 광양)에 이어지게 하고, 봉수대와 저택을 설치하여 백제 및 왜국에 대비했다. 또한 이열비爾列比(경남 의령군 부림면)와 마수비(경남 창녕군 영산면)에 성을 쌓아 마차해(경남 삼랑진) 및 추봉推封(경남 밀양)에까지 뻗치고, 사졸과 병기를 모아서 신라를 핍박했다고 한다.[247]

---

247 『일본서기』 권17, 계체천황 8년 3월, "伴跛築城於子呑帶沙 而連滿奚 置烽候邸閣 以備日本 復築城 於爾列比麻須比 而絙麻且奚推封 聚士卒兵器 以逼新羅 駈略子女 剝掠村邑 凶勢所加 罕有遺類 夫暴 虐奢侈 惱害侵凌 誅殺尤多 不可詳載". 지명 고증에 대해서는 金泰植, 「百濟의 加耶地域 關係史: 交 涉과 征服」『百濟의 中央과 地方』, 忠南大學校 百濟研究所, 1997, 61~67쪽 ; 金泰植, 앞의 책 1 권, 2002, 188~192쪽 참조.

대가야토기(고령 대가야박물관)

여기서 반파가 성을 쌓은 위치가 고령에서 멀리 떨어진 점이나, 사졸과 병기를 모았다는 표현으로 보아, 대가야국은 연맹의 수도뿐만 아니라 주변의 다른 지방에서도 노동력이나 군대를 동원한 것으로 보인다. 그렇다면 이 기사는 대가야의 왕권이 강화되어 넓은 영역에 걸쳐 무력을 독점한 사실을 반영한다고 인정해도 좋다. 이는 대가야가 백제와의 영역 다툼 과정에서 가야 북부지역에 걸쳐 고대국가를 성립시켰음을 의미한다.

이 당시의 대가야 영역은 지금의 경북 고령군을 중심으로 하여 서쪽으로 경남 거창군, 함양군, 산청군, 진주시 서부, 하동군 일대를 포함하며, 남쪽으로 합천군과 의령군 동부 일부, 창녕군 남부 일부를 포함하는 지역이었다. 이런 범위는 6세기 초에 고령 양식 토기 유형이 유행하던 지역과[248] 거의 일치한다. 그러므로 가야는 늦어도 510년대에는 이 지역에 대한 통제력을 강화하여 초기 고대국가 단계에 이르렀다고 할 수 있다.[249]

다만 이 범위는 가야 소국연맹체라고 여겨지던 지역의 2분의 1 정도에 지나지 않

---

248 朴天秀, 「대가야의 역사와 유적」 『가야문화도록』, 경상북도, 1998, 14쪽.
249 필자는 사회경제적 계층이 3단계 이상 구분되는가, 왕권이 무력을 독점하였는가, 일원적인 관등제나 왕 우위의 관등 서열화가 이루어졌는가, 의사 결정 기구의 존재, 지방 지배 및 외교권 독점 여부 등을 따져 그렇게 결정한 바 있다. 金泰植, 「初期 古代國家論」 『강좌 한국고대사 제2권』, 가락국사적개발연구원, 2003, 72~86쪽. 혹은 고고학 및 인류학의 이론에 따라, 정치체의 규모(정치체에 속한 인구 수와 영역의 면적), 계급 간의 격차, 정치 조직의 정비(중앙집권화된 권력구조, 중앙과 지방간의 위계, 지역의 통치구조, 지배계층의 분화, 외부의 적에 대한 군사력과 내적 질서를 유지하는 경찰력의 존재), 외교적 역량(주변국으로부터의 공인) 등의 측면에서 대가야의 국가 단계 여부를 판별하여, 대가야는 6세기 초에 국가 단계에 도달했다고 판단한 연구가 있다. 권학수, 「가야의 社會發展 動因과 發展段階」 『가야 고고학의 새로운 조명』, 부산대학교 한국민족문화연구소 편, 혜안, 2003, 86쪽.

으므로, 나머지 의령 시부, 진주 동부, 함안, 사천, 고성, 마산, 창원, 김해 등의 세력은 대가야에 통합되지 않고 그대로 가야연맹 소국을 이루는 지위에 있었다고 하겠다. 그 지역은 토기 문화권으로 보아, 함안 양식(함안, 마산, 의령 서부),[250] 고성-진주 양식(고성, 사천, 진주, 산청),[251] 김해 양식(김해, 창원) 토기 유형 등으로 다시 구분된다.

계체기 9년(516) 조에는 왜국 사신 모노노베노무라지[物部連]와 수군 500명이 대사강帶沙江에 머무른 지 6일 만에 반파가 군대를 일으켜 와서 그들을 공격하여 쫓아 냈다는 기사가 나온다.[252] 이는 반파, 즉 고령의 대가야가 군대를 일으켜 대사강, 즉 하동 부근의 섬진강 유역까지 와서 왜국 사신 일행을 공격한 사건을 말한다. 이것은 고령 지방에 중심을 둔 대가야 왕권의 무력이 멀리 하동 지방까지 미친 것을 나타내므로, 가야 왕권의 무력 독점 사례로 추가할 수 있다.

(4) 동남부 3국의 신라 복속

그런 조건에서 대가야는 보다 큰 권위를 가지고 신라와 결혼 동맹을 맺었다. 즉, 522년에 대가야의 이뇌왕異腦王이 신라에 청혼하자 법흥왕이 이찬 비조부比助夫의 누이동생을 보내주어 결혼이 성립되었다.[253] 얼마 안 있어 대가야에 시집온 신라 왕녀는 월광태자月光太子를 낳았으며, 결혼 2년 후인 524년에는 신라국왕이 남쪽 경계를 돌아보며 땅을 개척하는데, 가야국왕이 와서 만나기도 하였다.[254] 이는 가야연맹의 대표 세력인 대가야의 왕이 신라 법흥왕과 낙동강 방면에서 만나서 영토의 경계를 상호 확인하기 위해 회담을 가졌던 사실을 기록한 것이라고 생각된다.

---

250 金正完,「신라와 가야토기의 발생 및 변화과정」『한국고대의 토기』, 국립중앙박물관, 1997, 58쪽.
251 尹貞姬,「소가야토기의 성립과 전개」, 경남대학교 대학원 석사학위논문, 1997. 다만, 晉州, 山淸 지방에는 固城-晉州 양식 토기와 高靈 양식 토기가 공존하는 면모를 보이고 있다.
252 『일본서기』권17, 계체천황 9년, "是月 到于沙都嶋 傳聞 伴跛人 懷恨銜毒 恃强縱虐 故物部連 奉舟 師五百 直詣帶沙江 文貴將軍 自新羅去 夏四月 物部連於帶沙江停住六日 伴跛興師往伐 逼脫衣裳 劫 掠所齎 盡燒帷幕 物部連等 怖畏逃遁 僅存身命 泊汶慕羅[汶慕羅 嶋名也]".
253 『삼국사기』권4, 신라본기4, 법흥왕 9년, "春三月 加耶國王遺使請婚 王以伊飡比助夫之妹送之"; 『신증동국여지승람』권29, 고령현 건치연혁 인용 釋順應傳, "大伽耶國月光太子 乃正見之|世孫 父曰異腦王 求婚于新羅 迎夷粲比枝輩之女 而生太子 則異腦王 乃惱室朱日之八世孫也 然亦不可考".
254 『삼국사기』권4, 신라본기4, 법흥왕 11년 9월, "王出巡南境拓地 加耶國王來會".

그러나 신라 법흥왕의 계획된 책동에 의하여 몇 년 후에 이 동맹은 파탄에 이르고, 그에 따라 가야연맹 내부에는 분열의 조짐이 생겨났다. 이를 포착한 신라는 529년을 전후하여 무력 공세를 통하여 탁기탄국噻己吞國(경남 창녕군 영산면)으로부터 항복을 받아냈다. 가야연맹 내의 남부제국은 그것을 저지하지 못한 대가야를 불신하게 되었다. 그들은 자구책으로 자체 내의 단결을 도모했는데 함안의 안라국이 이를 주도했다. 즉 안라安羅가 높은 건물을 지어서 새로운 정치적 합의체 맹주로서의 면모를 갖추고, 백제, 신라, 왜 등의 사신을 초빙하여 국제회의, 즉 안라회의를 개최한 것은[255] 이를 반영한다.

백제는 이러한 움직임에 반발하여 531년에 안라로 침공해 들어가서 걸탁성乞壬城을 영유하고,[256] 더 나아가 534년에 탁순국卓淳國 북방의 구례모라久禮牟羅(칠원)에 성을 쌓아 군대를 주둔시켰다.[257] 그 결과 안라 및 그 서남부의 가야 소국들은 백제의 정치적 영향력 아래 놓였다. 그러나 백제로부터 지속적인 억압을 받고 있던 창원의 탁순국왕이 538년경에 신라군을 불러들여서 반대 집단을 소탕하고 스스로 신라에 편입되었고,[258] 신라는 한 걸음 더 나아가 구례산성久禮山城에 주둔한 백제 군사를 물리쳐 쫓아냈다.[259] 이처럼 520년대 후반 이후로 가야연맹이 분열의 조짐과 함께 일부 소국들이 멸망하면서 약세를 보임에 따라, 호남 동부지역의 마지막 소국인 마련麻連과 상기문上己文 등도 백제에게 통합되어 군현으로 편제되었을 것으로 추정된다.

---

255 『일본서기』 권17, 계체천황 23년 3월, "是月 遣近江毛野臣 使于安羅 勅勸新羅 更建南加羅喙己吞 百濟遣將軍君尹貴麻那甲背麻鹵等 往赴安羅 式請詔勅 新羅恐破蕃國官家 不遣大人 而遣夫智奈麻禮 奚奈麻禮等 往赴安羅 式請詔勅 於是 安羅新起高堂 引昇勅使 國主隨後昇階 國內大人 預昇堂者一二 百濟使將軍君等 在於堂下 凡數月再三 謨謀乎堂上 將軍君等 恨在庭焉".

256 『일본서기』 권17, 계체천황 25년 12월 세주(細注)의 백제본기 인용문, "太歲辛亥三月 軍進至于 安羅 營乞壬城".

257 『일본서기』 권17, 계체천황 24년 9월, "於是 阿利斯等 知其細碎爲事 不務所期 頻勸歸朝 尙不聽還 由是 悉知行迹 心生飜背 乃遣久禮斯己母 使于新羅請兵 奴須久利 使于百濟請兵 毛野臣聞百濟兵來 迎討背評[背評地名 亦名能備己富里也] 傷死者半 百濟則捉奴須久利 杻械枷鏁 而共新羅圍城 責罵阿利斯等曰 可出毛野臣 毛野臣 嬰城自固 勢不可擒 於是 二國圖度便地 淹留弦晦 築城而還 號曰久禮牟羅城 還時觸徑 拔騰利枳牟羅布那牟羅牟雌枳牟羅阿夫羅久知波多枳五城".

258 『일본서기』 권19, 흠명천황 2년 4월, "其卓淳 上下携貳 主欲自附 內應新羅 由是見亡"; 『일본서기』 권19, 흠명천황 5년 3월, "至於卓淳 亦復然之 假使卓淳國主 不爲內應新羅招寇 豈至滅乎".

259 『일본서기』 권19, 흠명천황 5년 3월, "新羅春取喙淳 仍擯出我久禮山戌 而遂有之".

그러자 백세는 가야 지역의 최대 세력인 대가야와 그에 동조하는 가야 북부지역에 선진문물을 나누어 주면서 적극적으로 포섭하였다. 그러한 과정에서 가야 북부의 대가야측 소국들은 신라의 배반과 남부지역 소국들의 독립적 태도에 대응하기 위하여 친 백제적인 성향으로 기울어졌으니, 고령, 거창, 합천 등 대가야 문화권 일부에서 나타나는 백제계 문물 요소는 그의 반영이라 하겠다. 또한 가야 북부 소국 사이에 백제의 권위가 통용되면서 대가야의 통합력은 소국연맹체 수준으로 약화되었다.

반면에 가야 남부지역에는 안라국이 주도하는 자주적 성격의 연맹체가 형성되었다. 구례모라성을 신라가 영유하게 되면서 안라는 신라와 협조하지 않는 한 존속할 수 없는 상황으로 바뀌었다. 이에 안라는 신라 및 왜국과의 친분을 내세움으로써 백제에 대하여 좀 더 독자적인 자세를 취하게 되었고, 대외적으로 대가야에 못지않은 가야연맹 중심 세력의 하나로 대두했다. 이러한 안라의 대두로 말미암아 가야연맹은 남북으로 분열되어 대가야-안라 이원체제로 돌입했다.

(5) 신라-백제 사이의 전쟁에 참여

540년대 이후 가야연맹은 백제 및 신라의 침공에 대비하며 독립적으로 생존하기 위한 대책을 모색하였다. 당시에 백제와 신라는 고구려의 남진에 공동 대응하는 나제동맹을 맺고 있었으면서도, 가야 지역의 병합을 위해서는 서로 경쟁하고 있었다. 그러므로 가야연맹이 생존하기 위해서는 백제와 신라 사이의 경쟁관계를 적절히 이용하는 수밖에 없었다. 그리하여 후기 가야연맹은 고령 대가야국과 함안 안라국 중심의 남북 이원체제로 분열된 상태였음에도 불구하고, 7~8개국의 집사執事들로 구성된 대외교섭단체를 마련하여 백제와 신라 양측과의 외교 교섭을 도모하였다. 그러나 가야 북부지역의 맹주인 가라국(대가야)은 독립을 유지하면서도 백제에 의지하는 움직임을 보였고, 가야 남부지역의 맹주인 안라국(아라가야)은 독립을 더욱 강하게 주장하면서도 신라나 왜국을 선호하는 취향을 드러냈다.

그런 중에 안라국은 왜와 연동한 백제의 외교 공세에 밀리게 되자, 548년에 고구려와 밀통하여 백제의 독산성獨山城(예산군 예산읍)을 침공케 하였다. 그러나 신라군의 신속한 원조로 그 전투가 백제의 승리로 돌아가고 밀통 사실이 발각되자 안라국은 대

아라가야 토기(경북 고령 대가야박물관)

외적 신뢰의 상실과 함께 영도력을 잃게 되었다. 그래서 가야연맹은 550년경에 대가야의 주도에 따라 백제에게 종속적으로 연합하여 훗날을 모색하게 되었다. 백제의 성왕은 외교적으로 가야를 연합한 권위를 가지고 신라와 동맹하여 551년에 고구려의 남부를 쳐서 한강 유역을 회복하였다.

그러나 얼마 지나지 않아 120년 동안 이어져오던 나제 동맹(433~553)은 한강 하류지역을 둘러싼 백제와 신라 사이의 갈등으로 인하여 파탄에 이르렀다. 백제의 성왕은 이를 탈환하고자 554년에 가야 및 왜의 원군을 이끌고 신라를 쳐들어가 관산성(충북 옥천) 전투를 일으켰으나, 신라 신주군주新州軍主 부대의 비장에게 잡혀 뜻하지 않은 죽음을 당하였다. 그로 인하여 백제-가야-왜 연합군은 사기가 떨어져 급격히 패퇴되었다. 묘하게도 관산성을 공격하던 백제-가야 연합군을 대패시킨 사람이 금관가야 구형왕의 셋째 아들로서 신라의 신주군주가 되었던 김무력金武力이어서, 옛 가야의 왕족에 의하여 현재의 가야연맹 대군이 몰살당한 것이니, 역사의 아이러니라고 하

지 않을 수 없다.[260]

　그 결과 백제는 큰 혼란에 빠지게 되었고, 백제를 의지하던 가야연맹 제국은 신라와 결전을 치르지 않는 한 독립성의 유지가 어렵게 되었다. 그리하여 560년에 아라가야(=안라국: 함안)가 먼저 신라에게 투항하는 등 쇠퇴의 분위기가 이어지던 중, 562년에 대가야(=가라국: 고령)가 마지막 힘을 내어 신라에게 굴복하지 않는 자세를 나타냈다. 이에 신라는 대군을 내서 대가야를 정복하였으니, 이로써 대가야의 멸망을 전후하여 아라가야, 사이기국(의령군 부림면), 다라국(합천), 졸마국(함양), 소가야(=고차국: 고성), 자타국(진주), 산반하국(합천군 초계면), 걸손국(산청군 단성면), 임례국(의령) 등의 가야연맹 제국이 차지하고 있던 영역은 신라의 수중에 들어가게 되었다. 신라는 한강 유역과 낙동강 유역을 모두 차지함으로써 그 동안 고구려나 백제에게 뒤지던 세력을 일거에 만회하였다.

---

260 金泰植, 「5~6세기 高句麗와 加耶의 관계」 『북방사논총』 11호, 고구려연구재단, 2006.

제2절

고구려의 군사제도와 방어체제

고구려 군사제도와 방어체제의 변화 발전과정도 고구려 국가체제의 변화 과정에 대응하여 발전하였다. 고구려의 국가체제의 발전과정은 대체로 3시기로 나누어볼 수 있는데, 제 1기는 국가성립에서 3세기까지로 나부那部 중심의 국가체제가 운영되던 시기, 제 2기는 4~5세기로 고구려가 중앙집권체제를 갖추어 가는 시기, 제3기는 6세기 이후 전영역에 대한 일원적인 지배체제를 운영하던 시기로 나누어볼 수 있다.

군사제도나 방어체계 역시 국가체제의 가장 중요한 일부를 이루고 있기 때문에 이러한 시기 구분이 매우 유효할 것이다. 그러나 아쉽게도 현재 고구려의 군사제도에 관한 자료는 매우 소략하여 이러한 시기구분에 맞추어 그 변화상을 탐구하기가 매우 어렵다. 따라서 이 글에서는 자료 조건을 감안하여 크게 전기와 후기 2시기로 나누어 서술하도록 하겠다. 즉 4세기까지 군사제도를 확립하는 과정을 전기, 대외정복활동이 통해 확대된 영역을 운영하는 군사제도를 정비하였던 후기로 구분하도록 한다.

1. 고구려 전기의 군사제도와 방어체계

1) 군사조직

고구려가 일어난 압록강 혼강 일대의 지리적 조건은『삼국지』고구려전의 기록대로 "큰 산과 깊은 골짜기가 많고 넓은 들이 없으며, 좋은 토지가 부족하므로 부지런히 농사를 지어도 식량이 충분치 못한" 상황이었다.[261] 따라서 고구려인들은 대외정복 활동을 통하여 전쟁 포로와 전리품을 획득하거나 공납물을 수취하여 부족한 생산물을 보충하였다. 토질이 비옥하고 농업생산물이 풍부한 동옥저를 복속시켜 조세를 비롯하여 맥포貊布·어염魚鹽·해산물 등을 수취한 것이 대표적인 예이다.[262]

고구려는 이와 같은 약탈전쟁이나 복속지를 확대하기 위한 군사활동을 초기부터 활발하게 전개하였기 때문에,『삼국지』고구려전에는 "그 나라 사람들은 성질이 흉악하고 급하며 노략질하기를 좋아한다"라고 기록하고 있다.[263] 이러한 사정으로 볼 때 고구려는 일찍부터 군사 조직이나 군사 동원체계를 잘 갖추었으리라 짐작된다. 그런데 초기 고구려의 국가체제는 자치권을 갖는 나부那部의 연맹체제였기 때문에, 군사조직에 있어서도 각 나부가 군사 조직의 단위가 되었을 것이다. 태조왕대에 관나부貫那部 패자 달가와 환나부桓那部 패자 설유가 각각 주변의 소국인 조나藻那와 주나朱那를 정벌한 사실에서도 나부를 단위로 하는 군사활동이 이루어졌음을 엿볼 수 있다.[264]

나부체제는 재지수장층인 제가諸加들을 통한 간접적인 지배방식으로 이루어졌다. 당시 계루부왕권은 나부 관원의 명단을 보고받는 등 어느 정도 통제력을 발휘하였지만, 나부 내부의 일은 제가들에 의해 자치적으로 이루어졌다.[265] 그런데 나부는 그 내부에 다수의 단위집단을 포괄하고 있었다.『삼국지』고구려전에 보이 '읍락邑落'이 그

---

261 『삼국지』권30, 위서30, 오환선비동이30, 고려.
262 『삼국지』권30, 위서30, 오환선비동이30, 동옥저.
263 『삼국지』권30, 위서30, 오환선비동이30, 고려.
264 『삼국사기』권15, 고구려본기3, 태조대왕 20년·22년.
265 盧泰敦,「三國時代의 部에 관한 연구」『韓國史論』2, 1975, 13쪽.

것이다.[266] 그런데 이 읍락은 『삼국사기』 고구려본기에는 곡谷집단으로 나타난다.[267] "큰 산과 깊은 계곡이 많고 평야가 없으므로 산곡을 따라 거주한다"라는 기록처럼 압록강·동가강 유역의 지리적 조건 속에서, 곡谷은 고구려의 보편적인 취락군을 의미하였던 것이다.

이 곡집단은 고구려연맹체를 형성하기 이전부터 지역별로 성장해온 단위정치체로서, 나부체제 아래에서도 자치권을 갖는 기본적인 단위집단으로 존재하였다. 신대왕대에 국상 명림답부에게 좌원坐原·질산質山이 식읍으로 주어지고, 또 동천왕대에 관구검군과의 전투에서 큰 공을 세운 밀우와 유옥구에게 거곡巨谷·청목곡靑木谷·압록두납하원鴨淥杜納河原 등이 식읍으로 주어진 예는[268] 3세기 중엽까지도 인민·토지 등을 포함하는 곡谷집단이 지배나 수취의 기본적인 단위로 기능하였음을 보여준다.

이러한 나부 내 단위집단의 존재에서 보듯이, 나부통치체제 아래에서 지방통치는 나집단이나 곡집단을 세력기반으로 갖는 재지수장층인 제가세력의 자치권에 의해 이루어졌다. 특히 대가大加들은 휘하의 관료인 사자·조의·선인을 매개로 조세 수취 등의 자치권을 행사하였을 것이다. 따라서 아직 이들 단위집단을 일원적으로 파악하는 통치체제는 성립되지 않았다.

이러한 나부통치체제에서 각 나부와 나부 내부의 단위집단이 곧 군사동원체제의 단위가 되고, 동원된 군사조직의 하부 구성 단위가 되었을 것이다. 예를 들어 신대왕 5년에는 대가大加 우거優居와 주부主簿 연인然人이 군사를 거느리고 현도태수 공손학을 도와 부산적富山賊을 토벌한 바 있고, 또 동천왕 12년에 위나라가 공손연을 공격할 때에도 대가와 주부에게 군사 천여명을 거느리고 원조케한 바 있다.[269] 이때 대가가 거느린 군사는 곧 대가 자신이 지배하는 나부에서 동원된 군사들이었을 것이다. 다만

---

266 『삼국지』 권30, 위서30, 고려. 읍락은 『삼국지』에서 인식하는 동이족 사회의 보편적 존재로서, 고구려만이 아니라 韓·沃沮·東濊·夫餘·邑樓 등 諸社會에 나타나고 있다. 즉 『삼국지』 동이전의 읍락은 한반도나 만주 각 지역의 취락집단 일반에 대한 명칭으로서, 이는 어떤 일정 지역 내에서 혈연적 유대를 바탕으로 통일적인 기능을 행사하는 단위집단으로 이해되고 있다(李賢惠, 「三韓의 「國邑」과 그 成長에 대하여」 『歷史學報』 69, 1976, 8쪽).

267 임기환, 「고구려 초기의 지방통치체제」 『朴性鳳敎授回甲紀念論叢』, 1987, 32~37쪽.

268 『삼국사기』 권16, 고구려본기4, 신대왕 8년 ; 『삼국사기』 권17, 고구려본기5, 동천왕 20년.

269 『삼국사기』 권16, 고구려본기4, 신대왕 5년 ; 『삼국사기』 권17, 고구려본기5, 동천왕 12년.

대가와 더불어 왕의 측근세력인 주부主簿라는 관리가 출정군의 지휘부에 참여하고 있다는 사실에서, 계루부왕권이 주부를 통하여 대가들의 군사활동을 적절히 통제하고 있음을 알 수 있다. 이는 나부통치체제의 진전에 따라 계루부왕권이 대가들이 설치한 관원의 명단을 보고받는 등 나부 내의 일에도 어느 정도 통제력을 발휘했던 동향과 짝하는 것이다.

한편, 제가들은 자신의 군사력을 거느리고 고구려왕이 주도하는 군사활동에 참여함으로써, 대외전쟁에서 얻어지는 성과물을 분배받거나 군공에 대한 포상으로 식읍을 하사받는 등 그에 상응하는 반대 급부를 받았을 것이다. 예컨데 복속지인 동옥저로부터 조세 등 공납물을 징수하는 일을 대가가 주관한다거나,[270] 국상國相인 명림답부明臨答夫나 왕의 동생 달고達價로 하여금 양맥梁貊부락이나 숙신肅愼부락을 통솔케 한 사실에서 그러한 면을 엿볼 수 있다.[271] 또 군공으로 식읍을 받은 예로는 동천왕대 관구검의 침입시 동천왕을 호위한 동부 밀우와 하부 유옥구가 식읍을 하사받은 경우를 들 수 있다.[272]

이와 같이 초기에는 군사활동에 참여함으로써 일정한 경제적 대가를 얻을 수 있었기 때문에, 나부의 주민 모두가 군사활동에 참여할 수 있는 것은 아니었다. 『삼국지』 부여전을 보면, 부여에서는 집집마다 갑옷과 병장기를 소유하고 있고, 또 전쟁시에는 제가들이 스스로 싸우고 하호下戶는 식량 등을 공급하는 일종의 보급대 역할을 담당하였다고 한다.[273]

물론 일반 피지배계층인 히호도 집집마다 무기를 소유하였다고 보기는 이렵다. 부여의 각 읍락은 지배층인 호민豪民과 피지배층인 하호들로 구성되었는데, 하호와 구별되는 글자 그대로 '부호한 민'인 호민들이 어느 정도의 사회경제적 기반을 갖춘 지배층으로서 전쟁을 담당하는 특권적 전사戰士 집단을 형성하였던 것이다.

초기 고구려의 경우도 이런 사정은 마찬가지였다. 『삼국지』 고구려전에 의하면 고

270 『삼국지』권30, 위서30, 오환선비동이30, 동옥저.
271 『삼국사기』권16, 고구려본기4, 신대왕 2년 ; 『삼국사기』권17, 고구려본기5, 서천왕 11년.
272 『삼국사기』권17, 고구려본기5, 동천왕 20년.
273 『삼국지』권30, 위서30, 오환선비동이30, 부여.

구려의 대가人家는 농사를 짓지 않는 지배신분으로서 그 수가 만여 구이고, 하호는 멀리서 식량과 어염을 지고 운반 공급하는 노역을 하였다.[274] 즉 생산계층으로서 하호의 사회적 처지는 부여의 하호와 마찬가지이기 때문에, 대가 만여 구를 곧 전사戰士 집단의 구성원으로 볼 수 있다. 이 대가들은 평시에는 하호의 지배자로서 생산물을 수취하였으며, 전쟁시에는 무기를 들고 전쟁에 참여하여 전쟁의 성과물을 분배받았을 것이다.

4세기 이후 중앙집권적 국가체제가 정비되어 가면서 초기의 다원적이고 간접적인 지방지배 방식은 점차 극복되어 갔다. 자치권을 갖고 있던 단위집단들이 지방행정단위로 개편되고, 거기에 중앙에서 지방관이 파견되어 다스렸다. 나부통치체제가 해체되어가면서 재지 수장층인 제가세력들은 수도로 올라와 중앙귀족화하였다. 이러한 중앙집권화의 과정에서 과거 나부단위 단위정치체 단위로 운영되었던 군사조직도 크게 변화하였다.

즉 나부와 과거 속민지배를 받던 지역은 지방통치 단위로 새롭게 편제되었기 때문에, 이들 지방은 지방 군사조직으로 편제되었을 것이다. 그리고 유력한 세력들이 수도에 집중되면서 중앙의 귀족이나 중앙의 주민을 대상으로 하는 중앙군사조직도 새롭게 편제되었을 것이다. 즉 중앙 군사조직과 지방 군사조직의 분화가 이 시기 군사조직의 변화 과정에서 나타난 가장 큰 특징이라고 할 수 있다.

먼저 중앙 군사조직에 대해서는 자료가 거의 없기 때문에 대강의 윤곽 정도만 살펴보자. 4세기에 들어 나부체제가 해체되고 왕권에 의한 집권력이 강화되면서 대가들이 통솔하는 나부 군사들도 점차 왕권 아래의 군사조직 내로 편제되었다. 아울러 대외정복활동이 확대되면서 이제는 소국 단위의 전쟁이 아니라 중국 세력이나 백제 등과 대결하는 국가적 규모의 전쟁을 치르게 되었다. 따라서 소규모 전사집단에 의존하는 초기 군사조직 형태는 지양되고 전주민을 대상으로 하는 국가 차원의 병력 동원체제를 갖추지 않으면 안되었다.

먼저 과거 고구려를 구성하는 5나부의 주민들이 주축이 되어 고구려 중앙군사조직

---

274 『삼국지』 권30, 위서30, 오환선비동이30, 고려.

을 구성하였을 것이다. 그러나 이들 주민만으로 대규모 전쟁을 수행하기는 불가능하였을 것이다. 따라서 지방민도 징발하는 전국가 차원의 군사동원체제가 갖추어졌는데, 지방민의 동원은 지방통치조직과 연관되어 구성되었다.

나부체제의 해체에 따라 나부지역도 지방통치 단위로 재편되었다. 즉 각 단위 곡집단이 지방행정단위로서 성과 곡으로 편제되었으며, 아울러 곡 집단 내부의 소집단들은 촌村으로 편제되었다. 2세기 고국천왕대에 국상으로 임용되었던 을파소乙巴素은 서압록곡西鴨淥谷 좌물촌左勿村 출신이었다. 여기서 '곡-촌'제로 정비된 지방행정조직의 모습을 엿볼 수 있다. 또 3세기말 미천왕은 봉상왕의 박해를 피해서 압록강 일대에 숨어 지냈는데, 이 때 그의 행적을 기록한 기사에는 다수의 촌명이 보이고 있으며, 이들 다수의 촌을 다스리는 곡谷단위 지방관으로 압록재鴨淥宰가 등장하고 있다.[275] 이러한 사례들은 나부체제의 해체 과정에서 나부의 단위집단들이 점차 곡谷-촌村으로 개편되고 있음을 보여주고 있다.

한편, 공납적 지배를 하던 속민집단에 대해서도 3세기말부터는 점차 각 읍락을 성·곡으로 편제하고 지방관을 파견하여 다스려 직접적인 영역지배를 도모하였다. 봉상왕대에 동북 신성新城의 재宰라는 지방관에서 서북 신성新城의 태수太守라는 지방관을 모두 역임한 북부 출신 고노자高奴子는 대표적인 예라 할 수 있다.[276] 고노자가 파견된 동북 신성은 북옥저 지역이고, 서북 신성은 양맥을 지나 서북부 최변경의 요충지로서, 과거 속민지배가 이루어지던 곳이었다.

이들 정복지역에 대한 직접적인 영역지배는 교통로를 중심으로 이루어졌다. 즉 교통로상의 군사적 요충지에 성을 축조하고 이를 거점으로 교통로상에 위치한 여러 집단을 행정단위로 편제하여 통치하였던 것이다.[277] 광개토왕대에 활동한 모두루牟頭婁의 묘지에는 "북도성민곡민北道城民谷民"이란 구절이 보인다.[278] 여기의 '도'는 부여의 사출도四出道의 '도道', 또는 고구려 후기 지방관명의 하나인 도사道使의 '도道'와 같

---

275 『삼국사기』 권17, 고구려본기5, 미천왕 즉위년.
276 『삼국사기』 권17, 고구려본기5, 봉상왕 2년·5년.
277 余昊奎, 「3세기 후반~4세기 전반 고구려의 교통로와 지방통치조직」 『한국사연구』 91, 1995.
278 武田幸男, 「牟頭婁一族と高句麗王權」 『朝鮮學報』 99·100, 1981.

광개토대왕릉비 탁본

은 의미로, 교통로 또는 그 교통로상에 위치하는 지역을 뜻한다.[279] 이는 북도의 민民이 성과 곡이란 행정단위에 의해 통치되고 있음을 보여주는 좋은 예이다. 이러한 성·곡-촌에 입각한 중앙집권적인 지방통치제를 잘 엿볼 수 있는 자료는 광개토왕비의 수묘인연호조이다.

성과 곡이란 지방 행정단위에는 지방관이 파견되어 통치하였다. 이 시기의 지방관으로는 『삼국사기』에 재宰와 태수太守라는 관명이 보이나,[280] 이는 중국식 지방관명으로 그대로 사용되었는지는 의심스럽다. 다만 봉상왕대의 고노자가 소형으로서 동북의 신성재新城宰를 역임하고 다시 승진하여 대형으로서 서북의 신성태수新城太守를 역임하는 것을 보면, 재와 태수 사이에는 지방통치 조직상의 구분이 있음을 알 수 있다.[281]

한편, 5세기 금석문 자료에는 수사守事가 보인다.[282] 수사의 관등이 대형 이상급이라는 점에서, 태수와 동일한 성격의 지방관으로 볼 수 있다. 태수와 수사守事는 관등상으로 볼 때 6세기 이후의 처려근지處閭近支(道使)에 해당된다. 수사 아래의 지방관명은 사료에 나오지 않으나, 신성재宰 고노자의 예에서 대개 소형급이 역임하였을 것임을 추정할 수 있다. 이는 후기의 누초婁肖에 해당된다.

4·5세기에는 아직 수사보다 상위의 지방관은 마련되지 않았다. 따라서 4·5세기에

---

279 武田幸男, 앞의 논문, 1981, 160쪽.
280 『삼국사기』 권15, 고구려본기3, 태조대왕 55년 10월 ; 『삼국사기』 권17, 고구려본기5, 서천왕 19년 4월 ; 『삼국사기』 권17, 고구려본기5, 봉상왕 2년·5년 ; 『삼국사기』 권17, 고구려본기5, 미천왕 즉위년.
281 중국에서의 용례도 太守는 郡守이고, 宰는 縣令을 가르킨다.
282 「모두루묘지」의 '슈北夫餘守事'와 「중원고구려비」의 '古牟婁城守事下部大兄耶' 등 2가지 예가 있다.

는 지방관으로 볼 때 수사守事[태수太守]-누초婁肖[재宰]의 2단계 지방통치조직을 갖추었던 것으로 짐작된다.[283] 이들 지방관들은 지방통치의 중요한 역할을 수행하였을 것인데, 그 중의 하나가 병력의 동원과 군사적 지원 활동이다. 봉상왕대 고노자의 행적이 이를 잘 보여준다.

따라서 지방민은 이러한 지방 행정조직을 통해 군사로 동원되었으며, 그리고 일반민의 동원은 역役의 형태로 이루어졌을 것이다. 고구려가 본격적으로 정복활동을 전개하는 시기이기는 하지만, 고국원왕대 전연의 침입시에 5만군을 동원한 사실이나,[284] 광개토왕대에 영락 10년의 신라구원전 및 영락 17년의 전투에서 각각 보기 5만군을 동원한 사례는 이와같은 군사 동원체계가 일정하게 갖추어져 있음을 보여준다. 따라서 4세기 말에는 전국적으로 지방민을 동원하는 군사 동원체계가 확립되어 있었을 것이다.

이처럼 군사조직이 국가적 기반을 갖게 되면서 중앙권력에 의한 군사동원이나 편제조직도 일원적으로 정비되었으리라 생각되나, 자료가 없어 구체적인 내용은 알 수 없다. 다만 광개토왕비에는 보이는 '왕당王幢' '관군官軍'이란 표현에서 최고 군통수권자로서 왕의 위상이 강화되었고, 군사조직의 공적 성격이 두드러졌음을 짐작할 수 있기 때문에, 4세기 말에도 이러한 왕권의 위상을 충분히 상정할 수 있을 것이다.

고구려 군사의 병종은 크게 육군과 수군로 나뉘고, 다시 육군은 기병과 보병으로 나누어진다. 안악3호분이나 약수리고분의 행렬도를 보면, 행렬의 좌우에 기병이 서고 그 안으로 보병이 열을 짓고 있으며, 보병의 수가 기병보다 많다. 이를 통해 유추하면 실제 전투에서 기병과 보병은 합동작전을 하였을 것이고, 수적으로는 보병이 우세하나 전투의 주력은 기병이었을 것으로 짐작된다.

군사의 무장도 기병과 보병이 달랐다. 기병의 주무기는 궁시·긴창·칼이었으며, 찰갑과 투구로 온몸을 무장하였다. 또 말도 찰갑으로 무장시키기도 하였다. 보병은 궁시·칼·짧은창·도끼·갈고리 등을 주무기로 삼고 있으며, 방어무장에서 보면 투구와 단갑으로 무장한 병사 및 갑옷 없이 무기만 지닌 병사로 이루어진다. 이러한 모습은

---

283 林起煥, 『高句麗 集權體制 成立過程의 硏究』, 경희대학교박사학위논문, 1995, 154쪽.
284 『삼국사기』권18, 고구려본기6, 고국원왕 12년.

약수리고분 행렬도 모사본

고분의 출토품이나 벽화고분에서 확인된다. 이러한 기병과 보병, 그리고 보병 내에서의 무장의 차이는 곧 신분이나 사회경제적 차이에 의한 것이다.

고구려군의 주력은 육군이었으나 수군도 상당히 강력하였다. 본격적인 수군의 활동은 고구려가 낙랑군 지역을 차지한 이후로서, 아마도 이 지역의 해상세력을 기반으로 수군을 편성하였을 것으로 짐작된다.

고구려 군사 훈련의 대표적인 제도는 수렵행사였다. 초기부터 고구려왕은 잦은 수렵행사를 통하여 자신의 군사적 능력도 함양하고 군사훈련도 겸하였다. 유목 수렵문화의 전통과 대외 군사활동이 활발하였던 고구려 사회에 있어서 군사적 능력은 왕에게 요구되는 필수적인 덕목의 하나였기 때문이다. 이는 시조 주몽朱蒙의 이름이 활을 잘 쏘는 사람이라는 뜻이라는 점에서도 짐작할 수 있다. 아울러 수렵에서 잡은 동물을 희생으로 바치고 하늘과 산천의 신에 대한 제사를 행함으로써, 수렵은 종교의례적인 기능도 동시에 가졌다.[285]

2) 무기와 무장

고구려 전기의 무기와 무장에 대한 문헌자료는 매우 제한되어 있고, 고고자료 역시 그리 충분하지 않다. 따라서 이 글에서는 고구려 무기나 병종에 대해 개괄적으로 살

---

285 수렵에 대해서는 金瑛河, 「高句麗의 巡狩制」 『歷史學報』 106, 1985, 16~26쪽 참조.

펴보고자 한다.[286]

고구려 초기의 무기 구성을『삼국사기』등 문헌 자료와 고고 자료를 통해 살펴보면 다음과 같다. 가장 대표적인 무기는 공격용 무기인 궁시弓矢, 도刀, 모矛와 방어용 무기인 개鎧(갑주)를 들 수 있다. 궁시(활과 화살)는 원거리 무기로서 대표적인 것이며, 도刀는 단병기의 대표적인 무기이며, 모矛는 장병기의 대표적인 무기이다. 즉 고구려는 초기부터 원거리 무기와 장병기, 단병기 등 고대의 기본적인 무기를 모두 갖추고 있었다.

이에 대해 좀더 구체적으로 살펴보자.[287] 기원전 1세기부터 기원후 2세기 전기까지 고구려 병기로는 문헌기록에 검劍과 도刀에 관한 기록이 전하고, 실물자료로는 추형촉錐形鏃이 환인지역의 적석총에서 확인되고 있을 뿐이다. 그리고 문헌기록에 의하면 초기부터 긴창[장모長矛]을 사용하였음을 보여주고 있는데,[288] 고구려에서는 일찍부터 기마전이 성행하고 있기 때문에 기마용 창인 삭矟이 사용되었을 가능성이 높다. 원거리 병기로는 고고자료 상으로 추형촉錐形鏃이 주로 확인되는데, 출토 예는 많지 않지만 아마도 초기의 대표적인 화살촉일 것으로 판단된다.[289] 이 철촉은 중국 한漢 동촉의 영향을 받아 만들어진 철촉으로 추정되고 있다.

이렇게 보면 고구려 초기에는 도刀·검劍·창槍·궁시弓矢 등 기본적인 공격 무기를 갖추고 있었다. 아직은 중국 한대 무기의 영향이 지속되고 있어 고구려 독자의 무기 체계가 갖추어졌다고 보기는 어렵다. 그리고 이러한 무기를 고구려의 전 구성원이 소유할 정도로 일반화되었다고 보기도 어렵다. 당시 고구려의 병력 동원의 규모가 1만 내외 정도인 점으로 보아, 아마도 일부 한정된 계층만이 전쟁에 참여하면서 이런 무기들로 무장하였을 것이다.[290]

================

286 고구려의 무장에 대해서는 다음 글이 참고된다(金基雄,「武器와 馬具」『韓國史論』15, 國史編纂委員會, 1986, 39~61쪽 및 전주농,「고구려 시기의 무기과 무장」1·2,『문화유산』1958-1, 여호규,「고구려중기의 무기체계와 병종구성」『한국군사사연구』2, 국방군사연구소, 1999 ; 金性泰,「高句麗 兵器에 대한 연구」『高句麗研究』12(高句麗 遺蹟 發掘과 遺物), 2001 ; 김길식,「고구려의 무기체계의 변화」『한국고대의 글로벌 프라이드 고구려』, 고려대학교박물관, 2005.

287 아래의 서술은 여호규(1999), 金性泰(2001), 김길식(2005)의 위 논문을 참고하여 서술하였다.

288 『삼국사기』권14, 고구려본기2, 대무신왕 4년,"臣亦谷人 麻蘆 請以長矛爲導".

289 출토유적은 환인 大甸子 석관묘, 大夾板沟 고분군, 五道河子 적석총, 集安 果樹鄉 유적 등이다.

290 김길식, 앞의 논문, 2005, 230쪽.

환두대도

이후 2세기~3세기 중엽의 고고유적 자료에서는 환두대도環頭大刀로 대표되는 도검류가 확대되고, 직기형直基形 철모鐵鉾와 유경식有莖式 철촉이 다수 출토되고 있다.[291] 검劍은 완전히 사라지고 점차 도刀의 사용이 증가하면서 고구려 개인 병기의 중심을 이루고 있다고 판단된다. 이 시기의 도刀는 길이 30~40cm 정도의 환두대도와 철단도가 특징이다. 그 중에서도 실용적인 도는 철단도였을 것으로 보인다. 단도의 발달은 갑주 등의 방어 장구가 발달하지 못한 단계의 무기로서 근접전에서 베는 기능이 중요시되었기 때문으로 보인다.

궁시를 보면, 고구려에서는 맥궁貊弓이라고 하는 좋은 활이 생산된다는[292] 기록이 남을 정도이기 때문에 고구려의 궁시는 상당히 우수한 무장이었음을 짐작할 수 있다. 다만 아직까지 실물자료가 나오지 않았기 때문에 그 실상은 알기 어렵다.

이후 3세기 후엽부터 4세기 말까지는 기마와 관련된 무장이 확대되는 점이 특징이라고 할 수 있다. 마구는 등자鐙子의 사용이 가장 특징이라 할 수 있으며, 갑주甲冑는 기병전騎兵戰에 적합한 찰갑札甲이 중심을 이루고 있다.[293] 마구에 관한 자료가 없으나, 고구려 지역이 북방 유목민족의 마구문화를 신라·가야로 전하는 전달자의 역할을 담당하였던 사실로 미루어 보면, 신라·가야의 마구와 비슷한 양상이었을 것으로 판단된다. 따라서 철제행엽鐵製杏葉과 같은 장신구, 고삐[비轡], 등자鐙子와 같은 기마용 마구류馬具類를 갖추었을 것으로 일단 추측된다.

철촉은 유경식有莖式에서 점차 긴 목이 있는 장경촉長頸鏃이 일반적으로 사용되었

---

291 실물자료로는 集安 下活龍 8호와 20호분에서 출토된 소환두대도, 桓仁縣 高力墓子村 15호분에서 출토된 二葉文環頭大刀, 19호분에서 출토된 鐵刀와 鐵鉾가 있다. 철촉은 자강도 시중군 노남리 유적에서 출토된 것들이 대표적이다.
292 『삼국지』권30, 위서30, 오환선비동이, 고구려, "出好弓 所謂貊弓是也".
293 출토 예는 집안 集錫公路古墳群에서 확인된 甲片이 있다.

으며, 고구려 철촉의 전형인 삼익형三翼形, 착두형鑿頭形, 그리고 검신형劍身形으로 불리는 단경유엽형短頸柳葉形촉이 주로 사용되었다. 철모는 모신의 폭이 좁고 연미형燕尾形의 철모가 중심이 되었다. 이는 곧 철모가 베는 기능은 사라지고 주로 찌르는 기능 전용의 바뀐 결과로서, 철제 갑주의 등장에 맞추어 이에 대응하기 위해 개발된 것이다.

그리고 4세기 이후 창은 개마鎧馬 기병의 주력 무기로 이용되면서 고구려 무장 체계에 큰 변화를 일으켰을 것으로 추정된다. 기병들은 장병기로서 삭矟을 주로 사용하였을 것이고, 반대로 극戟은 중장기병에 대항하는 보병의 방어용 무기로 활용되었을 것이다. 이러한 창의 기능 분화는 '삭'과 '극'으로 상징되는 중장기병의 증강을 계기로 이루어졌을 것이다. 그리고 고구려의 무장체계의 변화에 따라 단병기인 도刀·검劍 등은 보조 무기로 사용되었을 것이다. 고구려의 무장체계는 중기 이후에 창 중심의 무기 체계로 재편되었던 것이다.[294] 이러한 창 중심의 무기체계는 중장기병을 중핵으로 하는 새로운 병종 구성을 바탕으로 성립되었다.

이러한 새로운 무기의 개편과 중장기병 중심의 병종의 변화는 4세기 전반 이후에 진행되었을 것이다. 따라서 최초로 5만 대군을 동원하였던 전연과의 전쟁에는 고구려에서도 중장기병이 동원되었을 것이며, 안악3호분의 행렬도에서도 당시 고구려 중장기병의 실상을 엿볼 수 있다.

이러한 무기체계의 재편은 중장기병의 도입이라는 외부 영향과 아울러 고구려 사회 내부의 군사적 변화와 맞물려 진행되었다. 즉 고구려는 4세기 이후 일반 민에 대한 징병을 근간으로 하는 새로운 군사 동원체제를 구축하였고, 또 국경지대에서 수도에 이르는 입체적 군사 방어체계를 구축하였다. 이러한 변화 속에서 병력의 증가와 전투 규모가 대형화하면서 개인 전술 중심의 무기 운용은 그 효력을 잃어가게 되었다. 이에 따라 개인 단병기인 칼 등 무기는 독자적인 위상을 잃고 보조적인 무기로 그 성격이 변화하게 되었다.

즉 근거리 무기 가운데 살상력이 뛰어나고 대규모 전술 운영에 효과적인 창을 주력 무기로 삼는 한편, 근접전이나 개인전술 운용에 효과적인 칼은 최후의 육박전에 대비한 보조 무기로 사용되었다. 특히 공민에 대한 징병을 근간으로 하는 병력 동원체계 속에서 군사적인 훈련이 부족한 일반민을 군사로 동원하는 상황에서 이러한 무기체계의 변화가 요구되었던 것이다.

3) 성곽과 방어체계

(1) 고구려 성곽의 특성

고구려의 성곽 문화는 성곽 그 자체만이 아니라 고구려 지방통치와 영역지배의 양상을 보여준다는 점에서 더욱 귀중한 가치를 가지고 있다. 왜냐하면 고구려의 지방통치는 성을 단위로 이루어졌기 때문이다.[295] 그런데 국내에서 고구려 성곽에 대한 연구

---

294 여호규, 앞의 논문, 1999, 57쪽.
295 林起煥, 앞의 논문, 1995, 132~157쪽 ; 盧泰敦, 「5~7세기 고구려의 지방제도」『韓國古代史論

는 근래에 들어 주목을 받기 시작하였다. 왜냐하면 현존하는 산성에 대한 현지 조사가 선행되어야 하는 특성을 갖고 있는데, 고구려 성곽이 대부분 위치하고 있는 중국과 북한 지역에 대해서한 한국 학계의 직접적인 조사의 손길이 미치기 어려운 실정이기 때문이다. 더구나 아직 북한이나 중국에서의 현지 조사·연구도 아직 전면적이고 체계적인 단계가 아니기 때문에, 고구려 산성에 대한 본격적인 연구는 좀 더 후일을 기다려야 할 것으로 보인다.

현재 고구려 성으로 파악된 성의 총수는 정확하게 확인되지는 않지만, 중국내의 고구려성은 대략 200 여개가 넘는 것으로 파악되었고, 북한 내의 고구려성을 포함하여 압록강 이남 지역이 40여 개 정도로 조사되었다. 그리고 남한지역에도 임진강과 한강유역 일대에 성곽과 보루성 등 수십여 유적이 확인되었다. 지금까지의 조사에서 누락된 성도 적지 않을 것이기 때문에, 현재 남아 있는 고구려 산성은 적어도 300 개에

叢』8, 1996.

가까운 유적이 남아있는 것으로 볼 수 있다.

고구려의 성곽은 입지조건에 따라 크게 평지성과 산성으로 나누어볼 수 있다. 산성과 평지성을 결합한 경우는 평산성平山城으로 분류하기도 한다. 예컨대 평양에 있는 고구려 장안성長安城이 대표적인 평산성에 해당한다. 평지성은 평지에 축조되어 평상시에 지배층이나 주민이 거주하는 공간으로 기능하였으며, 산성은 험준한 지세를 이용하여 축조되어 외적의 침입시에 주위의 주민이 입거하여 항쟁하는 방어성으로서의 기능이 위주였다. 이외에 교통로의 요충지에 해당하는 협곡에 쌓은 차단성이나 높은 산정에 설치되어 군사적 조망과 봉수대의 기능을 하는 성보城堡도 산성의 일종이라고 할 수 있다.

현재까지 조사된 바로는 고구려의 평지성은 그다지 많지 않다. 대체로 주민들이 집중된 도성 지역에 평지성이 존재하는데, 환인의 하고성자고성, 집안의 국내성(집안현성), 평양의 안악궁성 등이 대표적이다. 지방성으로는 요동성이 대표적이다. 이외에 고구려의 대부분의 성은 산성이다. 따라서 고구려의 성곽은 산성으로 특징지울 수 있다. 즉 고구려 지방통치 단위인 성은 구체적으로는 산성을 의미한다. 따라서 지방통치상 일정한 역할을 담당하였던 산성은 고구려의 영역 전체에 분포되어 있다. 이러한 산성의 축조는 초기에는 수도인 집안·환인 부근과 고구려가 본래 흥기하였던 압록강과 혼강 일대에서 시작되어, 영역의 확대에 따라 외부로 확장되었다. 산성 축조의 확대 과정은 고구려의 영역 팽창과 일치하고 있다.

고구려인이 산성을 널리 축조한 이유는 절벽과 가파른 산등성이 등 험준한 지세를 이용하여 성벽을 축조함으로써 공력을 적게 들이고도 성벽이 갖는 방어력을 보다 효과적으로 증대시킬 수 있기 때문이다. 고구려의 산성은 험준한 자연 지세를 이용하여 축조되었기 때문에 지형에 따라 그 형태가 일정치 않으나, 크게 포곡식包谷式 산성과 테메식[산정식山頂式] 산성, 그리고 양자를 혼합한 복합식 산성으로 구분할 수 있다.

포곡식 산성은 계곡을 성안에 끼고 산능선을 따라 성벽을 쌓아 3면은 높고 한면이 낮은 형태가 많으며 대체로 대형 산성의 경우 이러한 지세를 이용한다. 성안의 평탄면을 이용하여 거주성을 확보하기가 용이하기 때문에, 환도산성을 비롯하여 고구려 산성의 상당수가 이런 유형에 해당한다. 테메식 산성은 산정상부를 둘러싸고 성벽을 두른 것으로 규모가 작고 주로 군사적인 목적으로 축조되었다. 녜녜식 산성은 집안·환인 일대에 분포하고 있는 초기에 축조된 산성에서 많이 찾아진다. 오녀산성을 비롯하여 흑구산성·전수호산성·패왕조산성 등이 대표적인 예이다. 그리고 이 양자를 혼합한 형태도 있다.

다음 성곽의 기능에 따라서는 왕이 거주하는 왕궁성, 수도에 위치한 도성, 지방 통치의 중심지인 치소성治所城, 그리고 교통로상의 협곡을 가로지르며 축조된 차단성遮斷城, 변경지역 등에 길게 축조된 장성長城, 교통로상의 요충지에 설치되는 군사적인 성보城堡나 소규모 군사요새인 보루성堡壘城 등으로 나누어볼 수 있다. 그 중에서도 치소성이라고 할 수 있는 고구려의 지방 성은 그 영역의 확대 과정에 짝하여 축조되었다. 그런데 고구려 산성은 대개가 험준한 지형을 이용한 산성이라는 점에서, 주민들의 평상시 거주 공간으로서는 그리 적절한 공간이라고는 할 수 없다. 그럼에도 불구하고 산성이 지방통치의 단위로 기능하게 된 데에는 고구려 영역지배의 특성과 산성 축조의 역사적 변천과정이 그 배경이 되었던 것으로 이해된다.

고구려의 왕궁성으로는 평양에 있는 안학궁성이 알려져 있고, 차단성으로는 초기 수도인 국내성 일대를 방어하고 있는 석호차단성, 망파령차단성, 관마장산성이 대표적이다. 장성의 예로서는 영류왕때 천리장성을 축조하였다는 기록이 전하고 있으며, 보루성은 한강과 임진강 유역 일대에 다수의 유지가 확인되고 있다.

다음 고구려의 성곽은 성곽을 축조하는 재료에 따라 토성土城, 석성石城, 토석혼축성土石混築城 등으로 나누어 볼 수 있다. 이러한 축성 재료는 성이 위치한 주변에서 쉽게 구할 수 있는 재료나 성벽의 입지조건 또는 방어상의 기능에 의해 정해지게 되는데, 따라서 하나의 성곽에도 다양한 축성 재료와 방식을 구사하기도 한다. 특히 요동 일대에 분포한 성곽의 경우는 대체로 여러가지 축성법을 이용하여 성벽을 축조하였다.

토축인 경우에도 단순히 흙을 쌓아올린 방식도 있지만, 대체로 흙 등의 재료를 다져서 층층이 쌓아 올리는 판축방식을 적용하여 견고한 성벽을 구축한다. 토석혼축법도 흙과 돌을 섞어 쌓은 순수한 혼축법, 가운데 토축을 하고 외면을 석축으로 마무리한 방식, 반대로 석축을 하고 그 위를 흙으로 덮는 형태 등 다양하다. 이런 토석혼축법은 대체로 석축법보다는 뒤늦게 등장하는 축조 방식이었다.

이러한 여러 가지 축성법 중에서도 고구려 산성은 대부분 석축법을 사용하는데, 돌의 형태는 쐐기형이나 장방형으로 가공하여 사용한다. 석축의 축성법은 내탁식內托式과 협축식夾築式으로 나누어지는데, 내탁식은 산비탈을 깎아 바깥면에 석축을 하고 안쪽은 흙이나 돌로 채워넣은 축성법이며, 협축식은 내외의 성벽을 모두 돌로 쌓는 방식을 말한다. 고구려 산성은 험준한 산비탈을 이용하기 때문에 내탁식이 많지만 상대적으로 평탄한 지형이나 계곡 등 지형에는 협축식으로 쌓았다. 그리고 성벽이나 각대角臺와 망대望臺 기단부에서 층마다 안으로 들여 쌓는 계단식 축성법도 초기 산성부터 등장하여 이후 고구려 석축법의 전통이 되었다.

그 외에 규모에 따라 대형·중형·소형으로 나누어보기도 하는데, 지방의 중요 거점성들은 대개 대형산성으로 축조된다. 대형산성 주위의 위성산성은 중형급이 많으며, 소형산성은 주로 군사적 목적으로 축조된다. 또 성곽의 수에 따라 단곽식 산성과 복곽식 산성으로 나누기도 한다. 복곽식 산성은 방어상의 측면이나 주민들의 입거성을 고려하여 축조되었다.

다음 성곽시설에 대하여 살펴보자. 고구려의 성은 상당히 뛰어난 방어력을 보여준다. 이러한 점은 고구려와 수·당과의 전쟁시에 충분히 증명되었다. 이러한 방어력은 고구려 산성이 험준한 지세를 잘 이용하였다는 점은 물론 견고한 성벽을 만든 축성법과도 관련되며, 고구려 성이 갖고 있는 다양한 성곽시설, 방어시설에 힘입은 바도 적지 않다. 고구려성의 성곽시설로는 성벽을 비롯하여 성문, 장대, 치雉와 성가퀴[女墻], 수원水源시설, 수구문과 배수구, 봉수대, 기타 건물지 등을 들 수 있다.

성문은 외부와 출입하는 통로로 적의 공격이 집중되기 마련이다. 따라서 성문 주위의 성벽은 높고 견고하게 성벽을 구축하였으며, 성문의 바깥에는 성문의 방어력을 높이기 위해 별도의 옹성甕城을 설치하거나 이중 성벽을 쌓기도 하고, 혹은 성문 주위의 성벽을 어긋나게 하여 축조하기도 한다. 옹성도 일자형, 장방형, 반원형, 지그재그식으로 그 형태가 다양하다. 또 성문 주위의 성벽을 U자형으로 들여 쌓기도 하고, 성문 주의에는 치성을 두어 방어력을 높이기도 한다. 오녀산성이나 국내성은 성벽을 어긋나게 하여 옹성의 기능을 갖추도록한 형태이고, 흑구산성은 10m 거리로 이중의 성벽을 쌓아 옹성을 구축하였다. 보다 많이 사용된 옹성은 성벽을 성문 부근에서 방형 또는 반원형으로 성안으로 오므라들게 쌓은 형태로서, 산성자산성의 남문 옹성이 대표적이다. 중·후기의 성에서는 성문 밖을 반원형으로 감싼 옹성을 많이 볼 수 있다. 또 산능선의 구석진 곳에는 소규모 암문을 설치하여 비밀리에 출입할 수 있도록 하였다.

장대는 전투 지휘소로서 성안의 가장 높은 곳이나 정문 근처에 설치되며, 성벽 곳곳의 전망이 좋은 곳에는 성밖을 감시하는 초소로서 망대가 설치된다. 장대와 망대에는 군사 등이 거주하는 건물지와 여러 시설물들이 발견되고 있으며, 때로는 가장 높은 곳에는 봉화대가 설치되기도 한다.

치雉는 적의 공격으로부터 방어력을 높이기 위해 설치한 시설물이다. 주로 경사가 완만한 지형에 성벽을 앞으로 돌출시켜 쌓음으로써 성벽에 기어오르는 적을 측면에서 공격할 수 있는 기능을 한다. 성벽에는 여장女墻[성가퀴]을 설치하기도 하는데, 여장은 병사들이 몸을 숨기고 성에 접근하는 적들을 사격할 때 쓰는 시설이다. 현재는 제대로 남아있는 곳이 드물지만, 여러 형태의 예가 남아있다. 특히 요동성총의 성곽도에 성가퀴의 다양한 모양이 그려져 있어 참고된다. 또 평지성의 경우에는 성벽 밖에 큰 도랑인 해자를 파고 물을 채우기도 하였다.

산성에서 중요한 것은 수원의 확보이다. 포곡식 산성의 경우에는 수원으로 풍부한 계곡을 끼고 있는 경우가 일반적이며, 그 외에도 저수지나 우물, 혹은 빗물 저장시설을 통해 수원을 확보한다. 또한 포곡식 산성의 경우에는 계곡물이 빠지는 곳에 수구문을 시설하며, 그 외 성벽이나 성문 아래에는 성안의 물을 내보내기 위한 소형 배수구가 설치되기도 한다.

고구려 성은 지방통치의 중심지 기능을 하기 때문에 성안에는 단지 군사적 시설물이외에 관청이나 일부 주민들의 일상적 거주를 위한 공간이 마련되어 있다. 산성이기 때문에 주로 평탄면이나 혹은 완만한 산비탈의 경사면을 깎아 계단 형태의 대지를 조성하여 건물을 축조하였다. 그리하여 고구려 산성 유지에서는 상당수의 기와나 건물초석, 건물터들이 발견되는 게 일반적이다. 성안의 건물들은 대체로 지방행정관청이나 지방관의 치소로 사용되는 건물 시설 등이었을 것이다. 특히 대규모 포곡식 산성의 경우에는 이외에도 상당히 많은 주민들이 입거할 수 있기 때문에, 장기간 성곽을 지키는 방어 전술이 가능했던 것이다.

이와 같이 고구려의 산성은 험준한 지세를 이용하고 다양한 방어 시설물을 갖추고 있기 때문에 공략이 쉽지 않아, 당의 침략시에 "고구려는 산에 의지하여 성을 쌓고, 성을 잘 지키기 때문에 쉽게 항복시킬 수 없다"고[296] 실토하고 있다.

(2) 전기의 성곽과 방어체계

고구려 산성은 대체로 큰 하천과 강을 끼고 위치하고 있다. 이는 고대의 교통로가 대체로 강을 따라 만들어지고 있고, 또 천변의 농경지를 중심으로 취락이 발달하고 있기 때문이다. 주민들의 취락을 통제한다는 점에서 지방통치의 중심지적 역할, 그리고 교통로의 통제한다는 점에서 군사적 방어 성격을 띠고 있음을 그 입지에서도 확인할 수 있다. 그러면 고구려 전기에 산성의 분포 및 교통로를 중심으로 고구려의 방어체계에 대해 살펴보자.[297]

고구려 초기인 2~3세기 경에 축조된 고검지산성高儉地山城·성장립자산성城墻砬子山城·와방구산성瓦房溝山城, 신빈의 흑구산성黑溝山城·전수호산성轉水湖山城, 통화의 자안산성自安山城 등이 이 시기 대표적인 중형산성들이다. 이들 중형산성은 대개 초기 고구려 영역의 외곽선에 분포하고 있는 군사적인 거점이며 최전선의 방어시설로 구축된 산성들이었다.[298] 고검지산성은 소자하蘇子河나 태자하에서 환인으로 들어오는 길목을 제압하는 위치에, 흑구산성·전수호산성은 소자하에서 부이강富爾江으로 따라 내려오는 경로상에 위치한다. 이들 산성을 지나면 부이강과 혼강이 만나는 지점에 패왕조산성이 위치하여 다시 신개하로 빠지는 길목을 지키고 있다. 자안산성은 혼하渾河와 류하柳河 상류에서 지금의 통화를 거쳐 국내지역으로 들어오는 경로에 위치한 최북단의 산성이다. 그리고 성장립자산성·와방구산성은 환인에서 혼강을 따라 압록강이나 국내성으로 이어지는 경로 중간에 위치한 산성이며, 한편으로는 애하靉河 상

---

296 『삼국사기』 권22, 고구려본기10, 보장왕 6년.

297 아래의 서술은 임기환, 「고구려 전기 산성 연구」, 『국사관논총』 82, 1998 참조.

298 方起東, 「吉林輯安 高句麗 覇王朝山城」 『考古』, 1962-11, 1962 ; 撫順市博物館 新賓縣文化局, 「遼寧省新賓縣 黑溝高句麗早期山城」 『文物』, 1985-2, 1985 ; 吉林省文物工作隊, 「高句麗羅通山城調査簡報」 『文物』, 1985-2, 1985 ; 崔茂藏 譯, 『高句麗·渤海文化』, 집문당, 1985 ; 李殿福, 『中國内의 高句麗遺蹟』(車勇杰·金仁經 譯), 1994.

태자하

류를 통해 단동(서안평)으로 이어지는 경로를 방어하는 최서남단의 산성들이다.

이들 산성 이외에도 이들 외곽 성곽에서 수도인 국내지역으로 이어지는 교통로에는 이를 방어하는 성보와 차단성이 겹겹이 축조되어 있다. 구체적으로 살펴본다면 마안산산성馬鞍山山城·건설산성建設山城·영벌포산성英戈布山城 등 소형 성보는 고검지산성·흑구산성·자안산성 등 외곽 산성의 배후에 위치하고 있으며, 중간 방어선인 오녀산성·패왕조산성에서 국내성에 이르는 4개의 교통로에는 이도구문관애二道溝門關隘와 석호관애石湖關隘, 관마장관애關馬墻關隘와 대천초소大川哨所, 패왕조산성覇王朝山城과 망파령관애望波嶺關隘, 북구관애北溝關隘 등 차단성이 위치하고 있다. 그리고 압록강을 따라 올라오는 교통로에는 칠개정자관애七個頂子關隘와 노변장관애老邊墻關隘가 길목을 지키고 있다. 즉 국내성의 방어선은 최전선에서 2중, 3중으로 구축되어 있는 것이다.

이들 초기 산성은 그 위치가 대체로 산정상부에 자리잡음으로써 유사시에 군사적 방어력은 뛰어나지만 평상시의 거주성을 확보하고 있지 못하며, 그 규모가 중형산성 정도로서 주민들의 입거성入居性을 충분히 확보하지 못하고 있다. 즉 초기 산성은 지방통치의 중심지로서의 기능보다는 군사적인 거점으로서의 성격이 두드러진다. 이는 초기 지방지배의 특성과 관련이 있다.

이후 고구려에서 요동지역으로 나가는 출입구라고 할 수 있는 신성新城을 확보한 4세기 이후에는, 환인 일대에서 요동으로 이어지는 2개의 교통로에 고이산성高爾山城·철배산성鐵背山城·오룡산성五龍山城·구로성舊老城·태자성太子城·삼송산성杉松山城·나통산성羅通山城 등을 축조하여 종심이 깊은 방어망을 구축하였다. 이들 중기의 산성은 3세기말에서 4세기 중엽에 걸쳐 축조되었는데, 규모가 대형화되고, 산성의 위치나 구조가 평지에서의 접근이 용이한 형태를 띠게 있다. 이는 산성 내에 관청이나 중요 시설물들이 설치됨으로써, 산성이 평상시에도 정치적·행정적 중심지로서 기능하였을 가능성을 보여주는 것이다.

이러한 방어망의 최종 중심지는 바로 도성이었다. 그런데 특기할 것은 고구려의 도성은 초기부터 평지성과 산성이 하나의 세트로 이루어져 있다는 점이다.[299] 고구려 전기의 도성으로는 최초의 수도인 졸본(지금의 중국 요녕성 환인시)에는 평지성인 하고성자성河古城子城과 산성인 오녀산성이 남아있고, 두번째 수도인 국내(지금의 중국 길림성 집안시)에는 평지성인 집안현성[국내성]과 산성인 산성자산성[환도산성]이 자리잡고 있다. 이와같이 평지성과 산성의 구성을 택한 이유는 평상시에는 거주성이 좋은 평지성에 거주하다가, 전란 등 위급할 때에는 왕과 귀족들이 주민과 더불어 산성으로 들어가 외적을 방어하기 용이하였기 때문이다.

환인현의 동북쪽 혼강 북안에 자리잡은 오녀산성은 서쪽과 남쪽은 천연의 절벽이고 산의 정상은 동서로 긴 장방형으로 평탄하며 동쪽과 동북쪽의 경사면 산허리에 돌로 축성이 되어 있다. 성의 둘레는 약 2,600m에 달한다. 축성의 형태로 보아 가장 이

---

299 閔德植, 「高句麗의 都城考」『史學硏究』36, 1983 ; 閔德植, 「高句麗의 中期都城」·「고구려의 後期 都城」『韓國史論』19, 國史編纂委員會, 1989 ; 車勇杰, 「高句麗 前期의 都城」『國史館論叢』48, 1993.

오녀산성 서문 석벽

른 시기에 축조된 성이다. 오녀산성은 해발 820m의 험준한 산정상에 위치하고 있고 3면이 수직절벽으로 이루어져 있기에 방어에는 적당할 지 모르나, 일상생활의 거주지로서는 불편한 점이 많았을 것이다.

따라서 이곳에서 서쪽으로 십여리 쯤에 위치한 하고성자 고성이 평지성으로서 역할하였을 것으로 추정하는 견해가 있다. 하고성자 고성은 혼강 가의 평지에 축조된 토성으로 동벽은 강물에 의해 유실되어 현재 600여m가 남아있다. 이 성은 한대에 축조된 것으로 고구려 건국 후에 계속해서 도성으로 사용하였던 것으로 보인다.[300] 그런데 「광개토왕비」에는 "추모鄒牟는 홀본[졸본] 서쪽 산 위에 성을 쌓고 도읍을 세웠다"고 한다. 즉 홀본(졸본)은 주몽이 도읍을 세운 중심지이고 이곳에서 서쪽에 성을

300 魏存成,「高句麗 初·中期的都城」『北方文物』1985-2, 29쪽.

국내성 성벽

쌓았다고 해석할 수 있기 때문에, 하고성자성과는 방향이 맞지 않는다. 따라서 당시
고구려의 평지성이 있는 졸본은 오녀산 동쪽 환인댐 수몰지구 일대로 추정되는데, 현
재로서는 정확하게 비정할 수 없다. 어쨌든 졸본시대에도 고구려는 평지성과 산성으
로 이루어진 도성 방어체계가 마련되었다는 사실을 확인할 수 있다.

집안의 고구려 도성은 평지성인 집안현성과 산성인 산성자산성으로 구성되어 있
다.『삼국사기』고구려본기에는 국내시대의 도성으로 국내성國內城과 환도성丸都城이
나타나는데,[301] 이 중 집안현성이 국내성에, 산성자산성이 환도성에 비정되고 있다.[302]

301『삼국사기』권16, 고구려본기4, 산상왕 2년 2월(丸都城) ;『삼국사기』권18, 고구려본기6, 고국
원왕 12년 2월(國內城).

302 국내성과 환도성의 위치 비정에 대해서는 그동안 다양한 견해가 있었으나, 최근 중국에서의 조
사를 바탕으로 국내성=집안현성, 환도성=산성자산성으로 보는 견해가 주류이다(吉林省考古硏究
室·集安縣博物館,「集安高句麗考古的新收穫」『文物』1984-1).

고구려 전기 성곽의 분포와 방어체계

집안현성은 장방형의 석성으로 성의 둘레는 2800여m이고, 성의 모서리에는 각루가 있으며 성벽에 일정한 거리를 두고 군데군데 치성이 설치되었다. 성문은 8개로 옹성을 갖추고 있다. 산성자산성은 집안현성에서 북서쪽으로 2.5km 정도 떨어진 곳에 위치하며, 산성의 앞에는 통구하가 흐르고 있다. 북쪽은 높고 남쪽은 낮은 지형으로 병풍을 두른 듯한 험준한 산세를 이용하여 군데 군데 돌로 성벽을 쌓은 전형적인 포곡식 산성이다. 성의 둘레는 약 7Km에 달하며 남쪽의 성문은 옹성으로 되어있다. 성안에는 궁전터와 점장대와 병사들의 건물지가 남아 있다. 그리고 궁전터가 있는 것으로 보아, 이 산성은 때로는 임시 도성都城으로도 사용되었다고 추정된다.

이처럼 1~4세기 군사 방어체계는 평지성·산성의 도성 방어체계, 도성 외곽에 변경에서 국내성으로 이어지는 교통로상에는 다수의 차단성을 설치하는 방어체계, 그 외곽에는 대략 3세기까지 구축한 것으로 추정되는 외곽 방어체계, 그리고 4세기 이후에는 소자하와 혼하 및 태자하 일대에 구축한 종심이 깊은 최전선 방어체계 등으로 이루어져, 상호 유기적으로 결합되어 입체적 군사방어체계를 구성하고 있다.

시기별로 차례로 구축한 이러한 방어체계는 고구려 전기에 실제로 중국 세력과의 전쟁 과정에서 이 방어체계의 양상이 드러나고 있다.

1~2세기 경 중국 군현의 군대가 침공하였을 때 주된 방어전이 벌어진 전투지역은 도성 지역으로서 도성의 방어용 산성을 이용한 수성전守城戰이 주요 방어 전술로 채택되었다. 따라서 평지성과 산성의 조합으로 이루어진 도성 방어체계는 초기부터 구축되었을 것으로 추정된다. 그러다가 3세기 중반 관구검이 침공하였을 때 처음 전투지역은 비류수인 부이강과 소자하 일대였다. 즉 부이강 일대의 전수호산성이나 흑구산성 등 국경 일대 외곽의 산성은 아마도 3세기 중반까지는 구축되었을 것이다. 그리고 이후 고구려가 소자하를 따라 요동지역의 입구인 혼하 일대까지 진출하면서 4세기 경에는 혼하·소자하 일대의 최전선의 성곽 방어체계가 구축되었을 것으로 추정된다. 이와 같이 늦어도 4세기 중반 경에는 국경에서 국내성에 이르는 교통로를 중심으로 구축된 다중 방어체계는 고구려의 영역의 팽창과정과 함께 방어 종심을 깊게하는 방향으로 단계적으로 구축되었을 것이다.

2. 고구려 후기의 군사제도와 방어체계

1) 군사조직

고구려의 후기의 군사조직의 경우 문헌자료에서 6세기 이후의 모습에 대해서만 약간의 자료를 전하고 있으며, 이를 통해 대략의 윤곽만을 짐작할 수 있을 뿐이다.

고구려 후기의 군사조직은 중앙 군사조직과 지방 군사조직으로 나누어볼 수 있다. 중앙 군사조직으로는 수도의 5부 조직을 들 수 있다. 본래 수도의 5부는 행정조직이나 군관구적 성격을 동시에 지니고 있어, 각 부에는 일정 수의 군사가 배치되어 중앙군으로서 수도의 방위 임무를 담당하였을 것으로 추정된다. 온달이 소속되어 수렵에 참가한 5부병이나,[303] 연개소문이 정변을 일으킬 때 동원한 부병部兵이 이에 해당한다.[304]

---

303 『삼국사기』권45, 열전5, 온달.
304 『삼국사기』권49, 열전9, 개소문.

중앙군의 무관직을 보면, 최고위급 무관으로는 위두대형位頭大兄 이상의 관등이 임명되는 대모달大模達이 있는데 일명 대당주大幢主 또는 막하라수지莫何邏繡支라고 하였다. 대모달은 당의 위장군에 비견되는 것으로 보아 궁중숙위를 담당하였을 것이다. 대모달 아래는 대형 이상의 관등이 임명되는 말객末客이 있어 병사 천명을 통솔하였다.[305] 그리고 말객 아래에는 당주幢主가 있어 군사 1백명을 거느렸던 것으로 추측된다.[306] 이를 5부조직과 관련시켜 보면, 각 부에는 1천명의 군사가 배치되어 말객이 지휘하고 이들 5부의 중앙군을 대모달이 총괄 지휘한 것으로 여겨진다.[307]

한편, 천남생묘지泉男産墓誌를 보면 남산은 21세에 대형으로서 중리대활中裏大活을 역임하고 23세에 위두대형에 올랐다가 다시 중군주활中軍主活이 되었다. 중군주활은 무관직임이 분명하고, 중리대활도 주활 휘하의 무관직일 것이다. 아마도 주활主活─대활大活은 대모달─말객과 동일한 관직이거나 그에 비견되는 무관직으로 추정된다.[308]

지방 군사조직은 지방통치 조직과 맞물려 구성되었다. 특히, 고구려에서는 6세기 이후에는 지방행정조직이 새롭게 정비되었다. 우선 도성제로서는 3경제가 마련되었다. 수도인 평양성과 국내성·한성을 3경이라 하였는데,[309] 이들 도성의 행정구역은 상부(동부)·하부(서부)·전부(남부)·후부(북부)·중부(내부) 등 5부로 나뉘었다.[310] 이들 3경에는 지배층들이 주로 거주하였으며, 3경의 주민은 일반 평민이라 하더라도 지방

---

305 『翰苑』고려.

306 중원고구려비에는 "新羅土內幢主 下部 拔位使者"의 존재가 보이는데, 명칭상으로 大模達(大幢主)와 연결된다. 이 幢主의 관등은 拔位使者로서 7세기의 관등조직에서는 大兄 아래의 관등이기 때문에, 幢主를 大兄 이상의 관등이 취임하는 末若보다 하위의 무관으로 인정해도 무리는 없다. 또 당주가 대략 100인을 거느렸을 것이라는 점은 『위서』권103, 蠕蠕전의 "처음으로 軍法을 세우는 데 1천인을 軍이라 하여 將 1인을 두고, 1백인을 幢이라하여 帥 1인을 둔다."라는 기사가 참고가 된다.

307 참고로 백제의 5부병을 보면 각 부에 500명의 군사가 배치되어 달솔의 관등을 갖는 자가 지휘하였다(『주서』권49, 열전41, 이역 상, 백제).

308 林起煥, 앞의 논문, 1995, 107쪽.

309 漢城은 황해도 신원군 아양리 일대로 비정된다. 이 일대에서는 고구려시대의 대규모 건축지와 고분군이 확인되고 있다. 또 북쪽 1.5km 떨어진 곳에는 장수산성이 있다(손영종,『고구려사』, 과학백과사전종합출판사, 1990, 175~187쪽).

310 평양성석각문에 '漢城下後部'가 보임으로써, 한성과 국내성에도 평양성과 마찬가지로 5부의 행정구역제를 실시하였음을 확인할 수 있다.

민 보다는 우대 받았을 것이다. 3경의 평민들은 지방민과 마찬가지로 조세의 부담을 졌으며, 5부병의 군사조직으로 편제되었다.

지방은 역시 5부로 나누었을 것으로 짐작되나,[311] 구체적인 통치구역은 알 수 없다. 고구려 멸망기에 전국에는 176개의 성이 있었는데, 지방 행정조직은 이들 성을 단위로 하여 중층적으로 편제하여 구성하였다. 구체적인 행정단위는 자료가 없어 알 수 없으나, 지방관을 중심으로 볼 때에는 욕살褥薩-처려근지處閭近支[도사道使]-가라달可邏達·루초婁肖의 3단계로 구성되었다.[312]

지방통치의 중심지인 대성에는 최고 지방관인 욕살이 파견되었다. 욕살은 당의 지방관인 도독에 비견되는데, 고자묘지高慈墓誌에 고량高量이 '삼품책성도독위두대형三品柵城都督位頭大兄'을 역임하였다는 것으로 보아, 고구려에서 도독으로 부르기도 하였음을 알 수 있다.[313] 이 욕살에 임명될 수 있는 관등은 대체로 제5위인 위두대형 이상이었다.[314]

욕살은 5세기의 사료에는 보이지 않고, 『주서』 고려전에 최하위 관등명으로 처음 나타나고 있으나, 이는 지방관명을 잘못 기록한 것이다. 『수서』 고려전에는 내평과 외평의 5부에 욕살을 두었다고 하였다. 이처럼 6세기의 사정을 전하는 사서에 욕살의 명칭이 처음 등장함을 보면, 욕살의 설치는 6세기 무렵으로 짐작된다. 최고위 지방관인 욕살의 등장은 광역의 행정구역이 설정되었음을 의미하는 것으로, 6세기 들어 지방통치제가 보다 체계적으로 정비된 결과이다. 욕살은 하위 행정단위에 중앙의 명령

---

311 지방통치구역으로서의 5部의 존재에 대해서는 아직 논란이 있으나, 『구당서』 권199상, 열전149 상, 고려전의 "高麗國은 5部로 나누어 176城과 69만 7천戶가 있다."라는 기록을 통해서 5부를 지방통치구역으로 볼 수 있다.

312 『翰苑』에 인용된 高麗記에는 다음과 같은 기사가 있다. "그 諸大城에는 傉薩을 두는데 都督에 비견되고, 諸城에는 處閭(近支)를 두는데 刺史에 비견되며 道使라고도 한다. 諸小城에는 可邏達을 두는데 長史에 비견되며, 또 城에는 婁肖를 두는데 縣令에 비견된다." 위 기사에 의한 지방통치구조는 傉薩-道使-可邏達-婁肖의 4단계로 파악되기도 하고(盧重國, 「高句麗律令에 關한 一試論」 『東方學志』 21, 1979, 147~149쪽), 傉薩(司邏達)-道使(可邏達)-婁肖의 3단계로 파악되기도 한다(武田幸男, 「朝鮮三國の國家形成」 『朝鮮史研究會論文集』 17, 1980, 41~43쪽).

313 덕흥리고분 묵서명에도 '中裏都督'이란 명칭이 보인다.

314 『책부원귀』 권170, 帝王部來遠조에 "高麗位頭大兄里大夫後部軍主高延壽 大兄前部軍主高惠眞"이라는 기사에서 욕살인 高延壽의 관등이 位頭大兄임을 알 수 있다.

을 받아 전달하고 봉송하는 역할을 하였을 것이다.

욕살 아래의 지방관은 처려근지로 일명 도사道使라고도 하였다. 5세기의 지방관인 수사守事에 해당하며, 7위인 대형 이상의 관등이 임명되었다. 당의 지방관인 자사刺史에 비견되는 존재로, 휘하에 여러 소성들을 거느렸다. 당과의 전쟁시에 전략상 중요한 역할을 하였던 안시성·백암성·개모성·건안성·부여성·비사성 등의 성주가 바로 처려근지에 해당될 것이다. 그리고 처려근지의 치소는 '비備'라고 불리었다.

최하위의 지방관은 가라달可邏達과 루초婁肖였다. 당의 장사長史에 비견되는 가라달은 욕살이나 처려근지의 직할지를 관장하는 막료나 혹은 군사적 성격이 두드러진 성에 피견된 지방관으로 보는 것이 타당하다.[315] 그리고 루초는 일반 최하위 소성小城에 파견된 지방관이었다. 즉 가라달과 루초는 동급의 지방관으로, 대개 소형 이상의 관등이 역임하였을 것이다.[316]

지방관이 파견되는 최하위 행정단위는 성城이었으나, 성 내부에는 4·5세기와 마찬가지로 촌村이라는 말단 행정단위가 편제되어 있었을 것이다. 촌은 대체로 호구의 파악이나 조세와 노동력의 징발 등 수취 부담와 관련된 업무를 수행하는 단위였을 것으로 생각된다.

이상과 같이 6·7세기의 지방조직은 욕살·처려근지·루초를 지방관으로 하는 3단계 구조였다. 먼저 욕살이 관장하는 통치구역은 5부로 추정되는데, 사료상으로는 욕살이 파견된 성으로 책성과 오골성이 확인된다. 책성은 두만강 하구지역인 훈춘琿春 일대로서 고구려 초기부터 동북방의 요충지로 중시되었으며, 오골성은 오늘날의 요동 봉황성으로서 요동 일대에서 가장 규모가 큰 성이며 요동지역 최후의 방어선이었다. 이들 책성과 오골성은 5부의 치소였을 것으로 짐작된다. 그러나 욕살이 파견된 성이 반드시 다섯이었는지는 확인할 수 없다.

한편 『신당서』 고려전에는 고구려의 주현을 60성이라 하였는데, 『구당서』 고려전

---

315 長史는 '遼東城長史'의 한가지 예가 보이는데(『삼국사기』 권21, 고구려본기9, 보장왕 4년), 요동성은 요동지역의 요충지로서, 褥薩이나 적어도 道使급 이상의 지방관이 파견되었을 것이다. 따라서 요동성 長史는 遼東城主가 아니라 그의 막료일 것이다.
316 平壤城石刻에 보이는 축성책임자가 上位使者나 小兄임에서 추론할 수 있다.

에 의하면 멸망후 고구려 지방 성의 총수는 176성이었다. 따라서 60여 성은 고구려 지방 행정단위 전체를 의미하는 것은 아니고 대략 처려근지가 파견되는 행정단위 이상의 성으로 짐작되며, 나머지 110여성이 루초급이 관장하는 성이 될 것이다. 그러면 성과 소성의 비율은 대략 1:2가 되는데, 이는『삼국사기』지리지에 보이는 고구려의 군과 현의 비율과도 일치하고 있다.[317] 따라서 지방행정의 통속 관계를 보면, 욕살은 휘하에 처려근지가 다스리는 10여 성을 거느리고, 처려근지는 루초가 파견된 2~3개 소성을 통솔하였음을 알 수 있다. 다만 현재로서는 지방 행정단위의 명칭은 알 수 없다.[318]

그런데 상하 지방 행정단위는 모두 독자적인 통치영역을 갖고 있었다.[319] 상위 행정단위라 하더라도 관할구역을 모두 직접 관장한 것은 아니고, 명령 수수계통에 있어서만 하위 행정단위를 통솔하고, 행정·군사적으로는 직할지만을 관장한 것으로 짐작된다.

한편 지방관은 행정조직을 담당하였을 뿐만아니라 관할 지방군의 지휘관의 역할도 겸하였다. 당태종의 침입시에 안시성을 구원하기 위해 북부 욕살 고연수와 남부 욕살 고혜진이 15만 고구려군을 이끌고 출정한 사실이나,[320] 수·당과의 전쟁에서 성주가 곧 군지휘관으로 활동한 점에서도 알 수 있다.

---

317 『삼국사기』 권35, 잡지4, 지리2의 漢州·朔州·溟州조에서 고구려 영역이었던 지역의 郡은 51개(州포함), 縣은 95개로서 대략 1:2의 비율을 보이고 있다. 이러한 비율은 地理志에 나타난 통일신라시대 전영역의 군현 비율과 별반 차이가 없다. 통일신라시대 州郡의 총수는 129개, 縣은 304개로 대략 1:2.3의 비율이다.

318 처려근지와 루초가 파견된 성을 郡·縣으로 칭하였을 가능성은 있다. 『삼국사기』 권35, 잡지2, 지리2에는 고구려의 지방행정명을 郡과 縣으로 기록하고 있는데, 이러한 군·현의 칭호를 단순히 후대 신라의 군현조직이 소급 부가된 기록이라고만 볼 수는 없다. 또 고구려 무관명인 末客은 '郡頭'라고도 불리었는데, 지방행정조직과 지방군사조직이 동일체계로 편제되었음을 고려하면 郡頭는 일종의 郡단위 지방관명으로도 볼 수 있겠다. 또 고구려의 율령제의 영향을 강하게 받은 신라에서 郡이라는 지방행정단위가 시행된 점과 백제에서 郡(郡長)의 행정단위가 설정된 점도 고구려에서 최소한 郡이란 행정단위가 설정되었을 개연성을 높여준다.

319 이는 「광개토왕비」 수묘인 연호조에서 상위의 성이나 하위의 성 구분없이 모두 수취체제의 단위가 되고 있다는 점에서 유추할 수 있다(林起煥, 앞의 논문, 1995, 146쪽). 통일신라의 州郡縣制에서도 州·郡은 '소영역'으로서의 독자적인 지배영역이 설정되어 있었다(姜鳳龍,『新羅 地方統治體制 研究』, 서울대 박사학위논문, 1994, 207~209쪽).

320 『삼국사기』 권21, 고구려본기9, 보장왕 4년.

즉 지방 군사조직은 지방 행정조직과 하나의 체계로 짜여졌다. 즉 지방관은 해당 지역 지방군을 통솔하는 역할을 동시에 가졌다. 당과의 전쟁에서 고구려군을 지휘하였던 고연수高延壽와 고혜진高惠眞의 관직은 최상위 지방관인 욕살이었다.[321] 또 무관명인 말객의 다른 이름은 군두郡頭인데, 이는 군郡의 지방관이라는 뜻을 지니고 있고, 최하위 지방관인 루초婁肖와 백두百頭도 무관직인 당주幢主와 대응시켜 볼 수 있다.[322] 즉 고구려 후기의 지방 행정조직은 그대로 지방군의 편제 조직으로 기능하였음을 알 수 있다.

본래 성은 군사적 방위시설물로서 이러한 성을 행정단위로 편제하게 되면, 지방 통치제에서 군사적 성격이 두드러질 수 밖에 없을 것이다. 더욱 수·당과의 전쟁 과정에서 보듯이, 고구려가 성단위의 개별 방어망을 구축하는 전략을 고수하기 때문에, 지방 행정조직이 군사조직과 일치하는 것은 당연하다고 하겠다. 그런데 지방관이 군사권까지 장악함으로써 갖게되는 강대한 권한으로 인해, 중앙의 통제력이 약화될 경우 독립적인 지방세력으로 성장할 가능성을 갖게 된다. 연개소문의 정변 초에 이에 반발한 안시성주와 연개소문의 타협이 그 좋은 예라고 하겠다.[323] 고구려 멸망의 한 요인으로는 지방세력의 이탈에 따른 군사력의 약화를 들 수 있는데, 이는 결국 고구려 지방통치제가 갖는 군사적 성격에서 기인하는 것이다.

한편 군사훈련으로서는 전기부터 수렵이 널리 행해졌는데, 평양천도 후에는 국가적 수렵행사가 봄·가을로 정례화되었다.[324] 봄에는 매년 3월 3일에 수렵행사가 열려 중앙군인 5부병들의 군사훈련을 겸하였다. 또 수렵행사는 온달의 예에서 보듯이 무예가 뛰어난 자를 선발하는 인재 등용의 통로로도 기능하였다.[325] 이러한 국가적 행사 이외에도 고구려 귀족들은 평소 수렵을 즐겨 이를 통해 말타기와 활쏘기를 연마하였

---

321 『책부원귀』에는 高延壽 등의 관직을 軍主로 기록하고 있는데, 褥薩과 軍主가 동일 관직이든가, 욕살이 군주를 겸직한 것으로 짐작된다.
322 百頭는 어의상 백명을 거느리는 우두머리라는 뜻인데, 幢主도 100인 단위의 幢을 지휘한 무관이라는 점에서 공통점을 찾을 수 있다.
323 『신당서』 권220, 열전145, 동이, 고려.
324 『수서』 권81, 열전46, 고려.
325 『삼국사기』 권45, 열전5, 온달.

다. 이는 벽화고분에 많이 보이는 수렵도에서 엿볼 수 있다.

미성년자의 교육기관인 경당扃堂도 군사훈련의 중요한 장이었다. 평민들의 자제들은 이곳에서 독서와 활쏘기를 익혔다.[326] 또 매년 초에는 대동강에서 왕의 관전 아래에 두 패로 나뉘어 석전 행사를 벌이기도 하였다.[327] 그리고 고구려 고분벽화에 수렵도를 비롯하여 씨름도와 수박도·궁사도·전투도 등이 자주 그려지는 것으로 보아 전반적으로 상무적 기풍이 융성하였음을 알 수 있다.

본격적인 군사 훈련으로는 열병과 행렬을 실시하였다. 열병이 일상적으로 시행되었음은 연개소문이 정변을 일으키기 위해 대신으로 불러모아 놓고 평양성 남쪽에서 사열을 한 사실에서 짐작할 수 있다.[328]

2) 무기와 무장

6세기 이후 고구려의 무기에 대한 정보를 전하는 문헌자료는 『주서』 고려전으로서, 고구려의 무기로서 "갑甲·노弩·궁전弓箭·극戟·삭矟·모矛·연鋋"을 사용하였음을 기록하고 있다.[329] 즉 방어용 무기인 갑주는 이전 시기와 그리 큰 차이가 없지만, 공격용 무기에서는 그 이전과는 다른 양상을 드러낸다.[330]

먼저 원거리 무기인 궁시는 쇠뇌[노弩]와 활[궁전弓箭]로 분화되었다. 쇠뇌는 활에 발사장치를 장착하여 사거리와 관통력을 높인 것으로 중국에서는 춘추시대 말에 등장하여 전한대에 북방의 흉노를 방어하는 데 가장 중요한 무기로 널리 사용되었다. 한반도에는 낙랑지역 일대에서 다수 출토되고 있다. 즉 쇠뇌는 이미 고조선과 한군현 시대에 들어온 것임을 알 수 있다. 그러나 고구려에서는 아직 고고자료로 확인되지는 않았는데, 늦어도 5세기 이후에는 쇠뇌가 사용되었을 것으로 추정된다.

장병기인 모矛는 극戟·삭矟·모矛·연鋋 등으로 다양하게 분화되어 있음을 알 수 있

---

326 『구당서』 권199상, 열전149상, 고려.
327 『수서』 권81, 열전46, 고려.
328 『삼국사기』 권49, 열전9, 개소문.
329 『주서』 권49, 열전41, 이역 상, 고려.
330 아래의 서술은 여호규(1999), 金性泰(2001)의 앞의 논문을 주로 참고하였다.

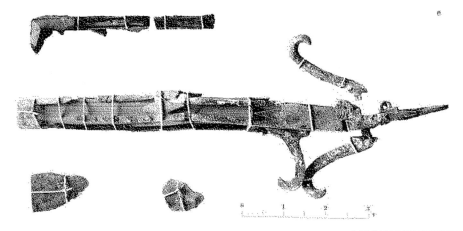

다. 이러한 장병기인 창의 종류는 전차병·기병·보병 등 병종의 분화나 공격과 수비의 전술에 따라 다양하게 분화되었던 것이다.

극戟은 모矛와 과戈를 조합한 것으로, 찌르는 기능과 끌어당겨서 베는 기능을 동시에 지녔다. 중국에서는 진한대에 중요한 병기였으나, 고구려에서는 사용 예가 보이지 않는다. 그러나 중장기병이 등장하면서 이들에 대한 보병들의 방어용 무기로 활용된 것으로 보인다. 삭矟은 기병용 장창으로 대체로 길이가 4~6m에 이르기 때문에 한손으로 고정한 채 말의 추진력을 이용하여 돌격하면서 사용하였다. 중국에서는 3세기에 등장하여 4세기에 개마기병의 주력 무기로 사용되었다. 모矛는 찌르는 무기의 가장 기본적인 형태이다. 앞서 살펴본 바와 같이 고구려에서도 가장 이른 시기부터 주요 공격무기로 사용되었던 무기이다. 연鋋은 창의 일종이나 단병기로 분류될 정도로 길이가 짧아서, 보병이나 기병의 주요 무기로 사용되지는 않았지만, 특수용도에 사용되었을 것이다.

이와 같이 고구려에서는 6세기에는 용도에 기능에 따라 다양한 장병기가 사용되었음을 알 수 있다. 『주서』의 기록이 6세기의 상황을 전하고 있지만, 앞서 언급한 바와 같이 이러한 무기의 양상은 이미 4세기부터 고구려의 무장의 구성요소로 나타났을 것이다. 왜냐하면 극戟·삭矟·모矛가 모두 중국 위진남북조 시대의 대표적인 장병기로 사용되었기 때문에 이들과 활발하게 접촉한 고구려에서도 이들 무기를 모두 사용하였을 것이다.

그러면 벽화자료 및 고고자료의 출토 현황을 통하여 고구려의 후기의 무기 무장에

통구 12호분 전투도(집안 12호분 벽화)
말에서 내린 고구려 무사가 적병의 무기를 밟고 환두대도를 높이 치켜들고 있다.

대해 좀더 구체적으로 살펴보도록 하자.

먼저 단병기로서는 환두대도가 보편적으로 사용되었으며, 무장의 기본이 되었던 점을 알 수 있다. 고고자료에서도 소환두대도가 가장 많이 출토되고, 벽화고분에도 환두대도가 많이 등장하고 있다. 이러한 도刀에는 소형과 중형, 그리고 대형이 있었는데, 소형은 중무장 기마병이 비상시에 대비하여 패용하였던 것으로 추정된다.

이는 중국 길림성 집안시에 있는 벽화고분인 통구12호분의 전투도를 통해서도 살펴볼 수 있다.[331] 이 전투도에는 갑주무사가 적장으로 추정되는 갑주무사를 소도小刀로 참살하려는 장면이 표현되어 있다. 이를 통하여 소도小刀는 전투 시 위급한 상황에 대비하기 위하여 몸에 지니고 다니거나 아니면 장수들이 지니고 있다가 적의 목을 베는데 사용한 것으로 추측된다. 중무장 기마전이 널리 유행했던 고구려 지역에서 소도小刀가 많이 확인되는 점도 이와 무관하지 않을 것이다. 한편, 중형과 대형의 환두대

---

331 王承禮·韓淑筆, 「吉林集安通溝 第十二號 高句麗壁畵墓」『考古』1964-2.

도는 벽화그림에서 행렬노의 호위무사나 무덤문을 지키는 문지기들이 패용하고 있어서, 중형대도는 호위용으로 사용되었을 가능성이 높다.

무용총 수렵도

장병기인 창에 대해 살펴보자.[332] 우선 기병용인 장창長槍은 적어도 길이 250cm를 넘었던 것으로 보이다.[333] 보병용 창의 길이는 2m 정도로 짧은 것이 일반적이었다고 생각된다.[334] 고구려 고분벽화에서 창은 대부분 행렬도에서 호위를 맡은 무사들이나 전투도에서 개마 갑주무사들이 사용하는 것으로 그려져 있으나, 개마를 타지 않은 갑주무사가 들고 있기도 하고 무장을 갖추지 않은 기마무사가 들고 있다. 이를 통해 장창은 중무장 기마병의 가장 기본적인 병기였던 점을 알 수 있다. 뿐만 아니라 보병이나 경무장 기병들도 보병용의 창이나 장창을 사용하였음을 알 수 있다. 요컨대 고구려의 가장 기본적인 장병기가 창이었음을 고분벽화를 통하여 확인할 수 있다.

활은 이전 단계에 사용되던 각궁角弓인 단궁短弓이 계속적으로 널리 사용되었다.[335] 벽화에 보이는 활 중에서 활의 전체적인 모습을 실감있게 보여주는 좋은 예로서 각저총[씨름무덤] 벽화 속의 활을 들 수 있다. 활의 정확한 크기를 알기는 어렵지만 대략 100cm 정도였을 것으로 추정된다. 활을 당겼을 때 모습을 생생하게 보여주는 그림

---

332 金性泰,「高句麗의 武器(2)-철모, 극, 노, 도끼-」『文化財』27집, 文化財管理局, 1994.

333 고구려 벽화고분 중에서 기병이 들고 있는 창은 대안리 1호분, 안악 3호분 전실 남벽, 약수리 벽화고분 전실 동벽, 쌍영총 연도동벽, 삼실총 공성도, 장천 1호분 전실천정 등에서 확인되는 데 그 크기를 무사의 신체크기와 비교하여 추정해 볼 때 적어도 250cm가 넘는다.

334 보병용의 창은 안악2호분 연도 양측 및 현실남벽, 삼실총 제2실 서벽, 장천 1호분 전실 북벽, 수산리 벽화고분 연도 동벽, 통구 사신총 연도, 덕흥리 벽화고분 연도 서벽, 팔청리 벽화고분 전실 동벽 등 고구려 벽화고분에 그려져 있다. 여기서의 창들은 무사의 신체크기와의 비교를 통해 볼 때 대략 200cm전후로 파악되고 있다.

335 이런 角弓의 형태와 구조를 알 수 있는 현존하는 유물로는 平壤 永和9年銘 塼築墳에서 출토된 骨製의 활 2개체 분이 유일하다.

창을 든 기병(무용총)

은 무용총[춤무덤]의 수렵도 그림이다. 여기에서 활은 단궁短弓의 각궁角弓일 가능성
이 높고 그림에 표현된 마디의 숫자로 보아 5개의 골재를 연결시켜 만든 활로 추정된
다. 화살대는 실물자료가 확인된 것은 없지만, 각저총 벽화에서 완전한 형태로 표현된
화살대의 예를 찾아볼 수 있다. 주인공이 앉아 있는 의자 뒷편 탁자 위에 활과 함께 두
개의 화살이 놓여져 있는데, 화살의 전체 길이는 착두형 철촉의 평균 길이로 추정해서
비교해 볼 때, 65cm 정도였을 것으로 추정된다. 화살촉은 도끼날형, 넓적촉계통의 릉
형, 세날개형, 버들잎형 등 다양하며, 실물자료 및 고분벽화에서 모두 확인된다.

　무장과 마구을 살펴보면, 갑옷은 찰갑札甲과 가죽갑옷이 있었고 그 중에서 찰갑이 압
도적으로 많았다. 그리고 보병용의 갑옷과 기병용의 갑옷으로 기능분화가 이루어져, 보
병용은 목도리가 없고 소매가 없거나 또는 팔꿈치까지 오는 갑옷저고리만 있다. 기병용
은 높은 목도리가 있고 소매가 손목까지 오는 갑옷저고리와 발등까지 오는 긴 갑옷바지
를 갖추고 있다. 마구는 등자와 재갈, 안장 등이 한 벌의 갖춤새이다. 그리고 말에도 갑옷

을 입혀 네 다리를 제외한 몸통전체에 마갑馬甲을 입히고 머리에는 마면갑馬面甲를 씌었다. 이를 통해 고구려의 중무장 기마병은 사람과 말이 찰갑으로 완전히 무장한 상태로 전투에 참여하였음을 알 수 있다. 이렇듯 고구려의 무장과 마구는 개마 갑주무사로 대변할 수 있으며, 그 대표적인 실례로 쌍영총[두기둥무덤]의 개마 갑주무사도를 들 수 있다.

6세기 이후 고구려의 무기와 무장에 대한 구체적인 실물 자료는 구이동 고구려요새,[336] 서울 아차산 제4보루,[337] 중국 요녕성 무순 고이산성,[338] 심양 석대자산성[339] 등 관방유적에서 다수 확인되고 있다. 이시기에는 벽화자료는 전무하고 오히려 이들 실물자료를 통해서 구체적인 실상을 어느 정도 파악할 수 있다.

도검 역시 여전히 주요한 보조무기로 사용되고 있었고, 도검과 함께 단병기로 분류되는 전투용 도끼도 다수 확인되고 있다.[340] 이들 철부가 농공구류로도 사용되었을 개연성은 충분히 있지만, 농공구류의 철부와는 확연히 구분되는 특징을 지니고 있는 점으로 미루어 전투용 도끼로 보는 것이 타당하다고 판단된다. 특히 백제 무왕武王이 신라에 침범하였을 때, 신라 장군 눌최訥催가 백제 병사가 휘두른 도끼에 맞아 죽었다는 기사는 전투용 도끼의 존재를 문헌자료상에서 확인시켜 준다.[341] 물론 전투용 도끼는 기본 병기라기보다는 보조 병기였던 것으로 추정된다. 다만 전투용 도끼가 증가하는 점은 이 시기에 근접전이 새로운 전투방식으로 성행하였을 가능성을 제시한다.

철촉의 출토 사례는 매우 많아서 구의동 고구려 요새에서 1,300여 점이나 출토되었는데, 주로 길이가 23~25cm에 달하는 버들잎형 화살촉이 주류를 이룬다. 이 철촉은 현재까지 그 출토품이 산성에 한정되어 있으므로 공수성용에 적합한 활에 사용된 것으로 추정할 수 있으며, 주로 장궁에 적합한 화살촉이었다고 판단된다.

한편, 고구려 토기가 다량으로 수습되어 6~7세기 대 고구려의 군사유적으로 보고

---

336 최종택, 「v.출토유물」『한강유역의 고구려요새-구의동유적 발굴조사 종합보고서-』, 1997 ; 崔鍾澤, 「九宜洞遺蹟出土 鐵器에 對하여」『서울대학교박물관 연보』 3, 서울대학교박물관, 1991.
337 임효재 외, 『아차산 제4보루 발굴조사 종합보고서』, 서울대학교박물관·서울대학교 인문학연구소, 2000.
338 徐家國·孫力, 「遼寧撫順古爾山城發掘簡報」『遼海文物學刊』, 1987-2.
339 李曉種 外, 「沈陽石台子高句麗山城試掘報告」『遼海文物學刊』 93-1, 1993.
340 아차산 제 4보루 6점, 구의동 군사요새 4점, 고이산성 1점 등 총 11점이 확인되었다.
341 『삼국사기』 권47, 열전7, 눌최, "有一賊出後 以斧擊訥催 乃仆 奴反與鬪俱死".

된 경기도 연천의 무등리 2보루에서 대형 철촉이 한 점 출토되었다. 그 크기는 전체 길이는 21cm이고 촉신부의 길이는 15.5cm이며 무게는 75g에 달한다. 이 철촉은 무게로 볼 때 아마도 1,000보를 날릴 수 있는 쇠뇌용로 추정된다.[342]

무장에서는 기존의 몽고발형갑주蒙古鉢形胄와 소찰갑小札甲을 발전시킨 형태가 여전히 사용되었으며,[343] 한편으로는 명광개明光鎧라는 특징적인 형태의 갑옷도 일반적으로 사용되었다.[344] 그러나 아쉽게도 현재까지 명광개라 단정할 수 있는 실물자료는 없다.

마구에서는 주조품 등자鐙子의 등장이 특기할 만한데, 현수부가 방향을 90 로 돌린 형태이며 답수부踏受部가 버들잎 모양을 띠고 있는 등자가 출토되었다.[345] 당시의 기마병이 이전 단계의 중무장 기마병에서 경무장 기마병으로 바뀐 사실을 고려하면, 이러한 등자 형태의 변화는 기마전술의 변화와 관련이 있으리라 추측된다.

한편 이시기에는 고구려 병기체계에서 공성용, 수성용 병기의 발달을 주목할 필요가 있다. 이는 포차抛車와 노弩의 사용에서 확인된다. 포차의 실물 자료는 없지만,『삼국사기』에는 661년에 고구려 장군 뇌음신惱音信이 신라의 북한산성을 공격하는데 포차를 벌려 놓고 돌을 쏘아대니 돌에 맞는 대로 성가퀴와 집이 무너져 내렸다는 기사가 있다. 이 기사를 통하여 고구려가 공성용 병기로 투석기인 포차를 사용하였음을 알 수 있다. 포뇌砲弩의 존재는 고구려 관련 기사에는 없지만, 신라에서 성을 지킬 때에 포뇌를 설치하고 있었다는 기록에서 고구려의 경우에도 포뇌가 있었을 것으로 추정할 수 있다.

다음 쇠뇌는 6세기 중반 이후 군사 편제의 주요 무기로 보급되었다.[346] 6세기 중반 이후 중국에서는 쇠뇌가 개발되며 중장기병 전술이 변화하고 있었는데, 이에 고구려 역시 이전까지의 중장기병 전술을 수정하고 쇠뇌를 보급하였던 것이다. 이러한 고구

---

342 한국토지공사 토지박물관,『연천군의 역사와 문화유적』, 2000, 476~478쪽.
343 몽고발형주와 소찰갑의 사용은 무순 고이산성과 아차산 제4보루에서 출토되었다.
344 『삼국사기』권21, 고구려본기9, 보장왕 상, "獲馬五萬匹 牛五萬頭 明光鎧萬領 它器械稱是".
345 중국 집안시 冷歆石西院遺址와 무순시 古爾山城에서 출토되었다.
346 이하 弩에 대한 서술은 이정빈,「6~7세기 고구려 弩의 운용과 군사적 변화」『군사』77, 2010을 참고하였다.

려 쇠뇌의 보급은 백제와 신라 나아가 왜를 비롯한 동북아시아 여러 나라의 쇠뇌 보급으로 이어졌다. 그리하여 7세기 동북아시아 여러 나라 사이의 전쟁에서 쇠뇌는 주요 무기의 하나로 부각되었다.

고구려에서는 크게 두 종류의 쇠뇌가 운용되었다. 우선 소노가 있었다. 소노는 보병 노수의 주력무기로 궁수의 활보다 원거리에서 적을 제압할 수 있었다. 그런데 쇠뇌는 연사가 어려웠다. 그렇기 때문에 노수의 운용에는 진법에 바탕을 둔 체계적인 군사훈련이 요구되었다. 이 점에서 소노는 주로 상비군에 편제되어 있었다. 다음으로 강노가 있었다. 강노는 성곽전을 목적으로 하였는데, 크고 무거웠으므로 이동이 어려웠지만, 사정거리와 파괴력이 강했으므로 성곽전에서 중시되었다. 소노가 개인 무기였다면, 강노는 여러 명이 함께 운용하는 공용의 무기였다. 따라서 강노는 소노처럼 체계적인 군사훈련이 요구되지 않았다. 이 점에서 강노는 상비군만 아니라 지방의 예비 병력도 운용할 수 있었는데, 이러한 강노의 운용 병종도 보병으로 분류할 수 있다.

3) 성곽과 방어체계

고구려는 4세기말 5세기초 무렵에 요동 지역을 완전 확보하였다고 보인다. 이후 요동 지역 곳곳의 행정적 거점과 교통로상의 요충지에 수많은 성을 구축하고 이를 중심으로 영역 지배를 전개하였다. 특히 요하 평원과 산악지대의 접경지대에는 각 교통로의 초입에 주요한 거점성을 다수 축조하여 길목을 제압하였다. 특히 평양으로 천도한 뒤에는 요동지역에서 압록강을 거쳐 평양으로 이어지는 교통로에 다수의 산성을 축조하여 겹겹이 방어망을 구축하였다. 또 군사상 중요한 요충성의 주위에는 소규모 성을 배치하여 서로 긴밀한 연결 속에 방어 능력을 최대화할 수 있도록 하였다. 예컨데 요동지역을 관장하는 욕살이 파견된 오골성(지금의 봉성현 봉황성)은 주위에 10여성 이상의 소성이 배치된 위성 방어체계를 갖추고 있다.[347] 이러한 방어망들이 효과적으로 기능하면서 수의 많이 대규모 친공을 요동지역에서 격퇴할 수 있었던 것이다.

---

347 손영종, 앞의 책, 1990, 341쪽. 그런데 북한학계에서는 봉황성을 북평양으로 보고, 오골성은 수 암일대에 비정하고 있다.

요동지역의 자연 지리적 형세를 보면 서쪽으로 요하遼河와 혼하渾河가 남북으로 흐르며 요동만遼東灣으로 흘러들고, 요하와 혼하의 중류 지역에는 길림합달령吉林合達嶺 산맥이 지나면서 요하와 혼하를 나누고 있다. 또 요동반도 한가운데에는 천산天山산맥이 자리잡고 있어 요동반도를 남북으로 나누고 있다. 이들 산맥에서 발원한 수많은 지류가 요하와 혼하 및 바다로 흘러가며 곳곳에 평야가 발달하고 있다. 이들 하천은 곧 당시의 주요 교통로로 기능하였으며, 고구려는 이러한 평야 지대 곳곳에 형성된 주민 거주지를 통치하고 방어하기 위한 성곽을 요동 지역에 광범위하게 구축하였다.

현재 남아있는 고구려 성곽의 분포를 보면, 크게 요하遼河 하류에서 천산산맥 사이 지역, 혼하와 태자하太子河 중상류 지역, 요하 중상류에서 길림합달령 산맥 사이 지역으로 나누어 볼 수 있다. 고구려와 수·당의 전쟁에서 고구려 방어체계의 핵심적 역할을 한 산성山城은 주로 요하 하류에서 천산산맥 사이 지역, 혼하와 태자하太子河의 중상류 지역에 위치한 산성이다. 특히 고구려가 수와 당과의 전쟁에서 고구려의 주요 방어거점으로 기능한 고구려 성을 현재 남아있는 고구려 성과 유적에 대응시킨 결과는 다음 〈표 2-7〉과 같다.

〈표 2-7〉 고구려 성의 위치 비정 표

고구려 성 이름	현재(중국)의 위치 비정
신성(新城)	요녕성(遼寧省) 무순시(撫順市) 고이산성(高爾山城)
현도성(玄菟城)	요녕성 무순시 노동공원성(勞動公園城)
요동성(遼東城)	요녕성 요양시(遼陽市)
개모성(蓋牟城)	요녕성 심양시(瀋陽市) 탑산산성(塔山山城)
안시성(安市城)	요녕성 해성시(海城市) 영성자산성(英城子山城)
건안성(建安城)	요녕성 개주시(蓋州市) 고려성산산성(高麗城山山城)
비사성(卑沙城)	요녕성 대련시(大連市) 대흑산산성(大黑山山城)
백암성(白巖城)	요녕성 등탑시(燈塔市) 연주성(燕州城)
오골성(烏骨城)	요녕성 봉성시(鳳城市) 봉황산성(鳳凰山城)
박작성(泊汋城)	요녕성 단동시(丹東市) 호산산성(虎山山城)
석성(石城)	요녕성 장하현(庄河縣) 성산산성(城山山城)

당시 요하 일대에서 요동지역을 통과하여 압록강으로 이어지는 교통로는 4가지 길

이 있었다.

먼저 수와 당의 군대가 요하를 건널 수 있는 루트는 3곳이었다. 요하 하류는 늪지대가 많아 건너기 불가능하였고, 따라서 첫째 회원진에서 요하 중류를 건너거나, 둘째 이보다 북쪽의 통정진에서 신성이나 개모성蓋牟城 쪽으로 우회하거나, 셋째 발해만을 건너 건안성建安城을 제압하는 길 뿐이었다. 수의 양제는 첫째 루트를 고집하였고, 645년의 당군은 이 세 루트를 모두 이용하여 요하를 도하하였다. 이외에 당의 군대는 산동반도에서 바다를 건너 요동반도의 비사성으로 진공하는 루트도 이용하였다.

요하를 건넌 수와 당의 군대가 천산산맥을 지나 압록강 일대로 진격하는 공격로는 다음 4가지 길이 있었다. 첫째는 지금의 요양遼陽에서 태자하太子河를 따라가다가 본계本溪·봉성鳳城을 거쳐 남하하는 길, 둘째 지금의 해성海城에서 수암岫岩을 거치는 길, 셋째 요하遼河 하구의 개주蓋州에서 장하庄河를 거치는 길, 네째 요동반도의 서남단인 대련大連에서 해안길을 따라 가는 길 등이다.

고구려는 이러한 주요 교통로의 각 길목마다 주요 거점 성을 구축하였다. 먼저 요하의 동쪽 평원지대에서 천산산맥이 산간지대로 이어지는 접경지역에 다수의 거점성을 축성하였다. 그 중심이 요동성遼東城이며 그 북쪽으로 개모성蓋牟城·신성이 배치되어 있으며, 요동성 남쪽으로는 안시성·건안성·비사성이 배치되어 있다. 이들이 요동지역 방어체계의 최전선에 위치한 성들이었다. 따라서 당의 군대가 요하를 건너 처음으로 공격한 목표들이 바로 이들 거점성이었다.

이들 성이 함락되면, 잎서 언급한 요동반도 내의 네 교통로가 모두 열리게 된다. 고구려는 그래서 각 교통로의 중간에 또다시 주요 거점성을 구축하였다. 요동성의 배후에는 태자하를 따라 이어지는 교통로에 백암성을, 안시성의 후방에는 낭낭산성娘娘山城을, 건안성建安城의 배후에는 적산산성赤山山城과 석성石城을, 비사성卑沙城의 후방에는 위패산성魏覇山城을 구축하였다. 그리고 이들 성곽이 돌파되어 이 세 교통로가 모이는 최후의 지점에 오골성을 구축하였다. 오골성에서 압록강을 건너는 지점에는 박작성泊汋城을 축소하였다. 이와 같이 고구려는 요동반도 지역의 여러 교통로를 따라 1차, 2차, 3차의 방어망을 구축한 것이다.

그리고 각 교통로를 따라 중첩되어 있는 방어체계를 이루는 주요 거점 성들은 개별

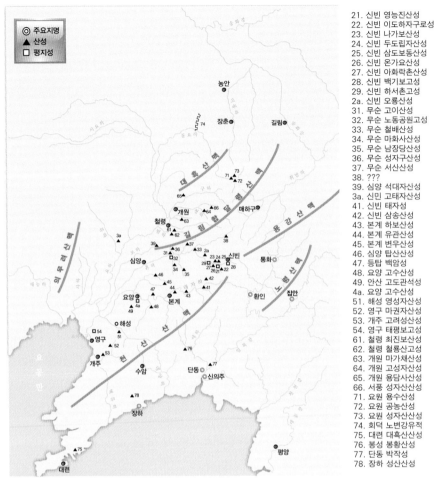

요하지역의 지형과 고구려성 분포

적으로 방어력을 갖추고 있으면서도, 한편으로는 주변의 성들이 서로 유기적으로 연계되어 방어망을 구축하고 있다. 645년에 요동성 방어 전투시에 신성과 국내성國內城의 군사력이 지원한 경우가 대표적인 예라고 할 수 있다.

그리고 645년에 당의 군대가 요동성과 백암성을 함락하여 오골성으로 이어지는 교통로를 확보하였음에도 불구하고 압록강으로 진공하지 못하고 다시 안시성을 공격한 것도 요동지역의 유기적인 방어체계의 특성을 잘 보여준다. 즉 만약 당의 군대가 오골성으로 진격할 경우 안시성이나 건안성의 군대가 요동성을 공격하여 당군의 후방

보급로나 퇴각로를 차단할 경우 큰 위기에 처할 가능성이 있기 때문이다. 따라서 수와 당의 군대는 요동지역의 최전방에 배치되어 있는 주요 거점성을 모두 확보하지 않으면, 더 이상의 진격이 불가능한 상황이었다.

당시 수와 당의 군대가 갖고 있던 가장 취약한 점은 거리가 긴 병참선이었다. 요동에 이르기까지의 보급로도 길었지만, 요동지역 내에서도 안정적인 보급로를 확보하지 못하면 압록강 지역으로 진공이 어려웠다. 따라서 고구려는 각 교통로에 위치한 거점성 단위로 군사력을 분산 배치함으로써, 이러한 수와 당의 군대의 취약점을 위협하였던 것이다. 더욱 고구려는 이러한 수와 당의 군대의 병참선의 취약점을 이용하여, 주민과 식량을 모두 성안으로 거두어들이고 성을 방어하는 전술을 구사하여 그 효과를 더욱 높였던 것이다.

그리고 수와 당의 군대가 갖는 또다른 취약점은 요동 지역에서 군사활동을 전개할 수 있는 시한이 한정되었다는 점이다. 대개 3, 4월에 군대를 동원해 요동지역에서 군사작전을 시작하여 날씨가 추워지는 9월까지 약 4~5개월 기간 정도만이 군사활동이 가능하였다. 실제로 수와 당의 군대가 이 기간 내에 요동지역 곳곳에 배치되어 있는 고구려의 거점 성들을 모두 함락시키면서 진격하는 것은 불가능하였다. 이에 고구려군은 수와 당의 군대와 정면 승부를 겨루기 보다는 험준한 성을 지키면서 기다리는 장기간 지구 전략을 구사하였던 것이다.

더욱 고구려 거점성들은 평지에 축조한 평지성이 아니라, 험준한 산세를 이용하여 축조하는 산성山城이 대부분이었다. 산성이라고 하더라도 산과 평지와 만나는 지형을 이용하여 평상시에도 상당수의 주민이 거주할 수 있는 형태였다. 따라서 수와 당의 군대가 최신식 공성무기를 동원하고 압도적인 군사력을 갖고 있었다고 하더라도, 험준한 지형에 자리잡고 있는 고구려 산성을 함락시키기는 쉽지 않았다. 그리고 이들 요동 지역 일대에 널리 산재하고 있는 산성들은 지역별로 독립된 방어망을 구축하는 동시에 한편으로는 다른 지역의 성들과 유기적으로 연관하여 요동일대에 침공한 적들을 효과적으로 방어하였다.

한편, 미천왕대 낙랑군과 대방군을 축출하고 한반도 서북부 일대를 장악한 후에는 이 지역에도 성의 축조가 활발하였다. 4세기 초중엽에는 황해남도 신원군의 장수산성

백암성(요령성 등탑)

이 축조되었고,[348] 점차 이 지역에 대한 지배력이 강화되면서 광개토왕대에는 국남國南에 7성, 국동國東에 6성을 축성하였다.[349] 그 후 장수왕대의 평양천도에 따라 수도를 방어하기 위해 남포의 동진성과 황룡산성, 청룡산성, 서흥의 대현산성, 평산의 태백산성, 봉산의 휴류산성·태봉산성 등 십수성이 축조되어 위성 방어망을 구축하였다.[350]

그리고 이들 후기 산성은 지역 중심지로서의 기능을 잘 보여준다. 중기산성 이후 많은 산성에서 보이는 계단상대지階段狀垈地나 복곽식산성複郭式山城의 출현도 성 내부의 거주공간의 확대로 주민들의 입거성入居性이 높아진다는 점에서, 산성의 지역 중심지로서의 성격이 강화되는 조건이 된다. 따라서 이제 산성은 순수 군사적인 기능만이 아니라 지방통치의 중심지로서 기능하면서, 그 역사적 성격이 부각되게 된다.

그리고 장수왕대에 천도한 평양에도 도성의 방어망을 구축하였다. 특히 대성산성과 안학궁성은 전기 이래 도성의 성곽 구조인 산성과 평지성의 대응관계를 이루고 있다.[351] 그리고 평원왕대에 축조한 평양의 장안성長安城은 아예 산성과 평지성을 결합한

348 안병찬, 「장수산일대의 고구려 유적 유물에 대하여」 『조선고고연구』, 1990-2 ; 최승택, 「장수산성의 축조연대에 대하여」 『조선고고연구』, 1991-3.
349 『삼국사기』 권18, 고구려본기6, 광개토왕 3년 8월 및 18년 7월.
350 손영종, 앞의 책, 1990, 332~334쪽.
351 車勇杰, 앞의 논문, 1993, 6~7쪽.

평산성의 형태로 축조되었다.

현재에도 평양에는 고구려시대에 축조한 다수의 성터가 남아 있어 고구려 도성의 모습을 어느 정도 파악할 수 있다. 그 중 청암동토성은 고국원왕대의 평양성으로 추정되며,[352] 장수왕 15년(427)년에 천도한 평양성은 대성산성과 안학궁성이다. 대성산성은 둘레가 7km가 넘는 대규모 포곡식 산성으로, 성벽은 주로 안팎으로 돌을 쌓고 그 안에 흙과 돌을 다져 넣은 내외 겹축방식으로 축조되었다. 남문은 성벽에서 20m 정도 돌출시켜 설치한 독특한 구조이며, 소문봉의 성문은 성벽을 어긋나게하여 옹성의 형태를 취하였다. 65개의 치성의 흔적과 3개의 각루터가 확인되었으며, 성안에는 20개의 기와건물지와 창고와 병영시설도 확인되었다.[353]

안학궁성은 둘레가 2,488m의 방형 토성으로 넓이는 38만㎡에 달한다. 성벽은 돌

---

352 閔德植, 「故國原王代 平壤城의 位置에 관한 試考」『車文燮博士華甲紀念論叢』, 1989, 127쪽.

353 閔德植, 「高句麗의 中期都城」『한국사론』 19, 국사편찬위원회, 1989, 112~131쪽 ; 『대성산의 고구려유적』, 김일성종합대학출판사, 1973.

과 흙을 섞어서 쌓았고, 성벽 밑부분은 일정 높이까지 돌로 쌓고 흙과 돌을 다져 넣었다. 성벽의 네 모서리에는 각루를 설치하였고, 동서쪽 성벽 밖에는 해자를 둘렀다. 궁성안에는 52채의 궁전터와 31채의 회랑터가 확인되는데 5개의 건축군으로 구성되었으며, 그외 동산과 연못이 인공적으로 축조되었다.

평원왕 28년(586)에 이거한 장안성은 둘레가 23km, 성안의 면적이 12㎢에 이르는 고구려 최대의 성으로 산성과 평지성을 결합한 형태이다. 내성·북성·중성·외성으로 구성되어 있으며, 성벽은 지형에 따라 외벽쌓기와 내외겹쌓기 방식을 혼용하였고, 옹성은 반원형으로 축조되었다. 일부 구간에는 치성이 설치되었고, 대동강을 천연의 해자로 이용하였다. 평지성인 외성은 일정한 구획을 갖춘 계획적인 시가지를 형성하였으며, 내성은 궁성으로 이용되었다.[354]

354 閔德植, 「高句麗의 後期都城」, 1989, 159~206쪽.

제3절

백제의 군사제도와 방어체계

　백제는 한강유역의 작은 소국에서 출발하여 점차 그 영역을 확대하여 한반도 중서부 일원을 지배하는 탄탄한 집권체제를 갖춘 영역국가로 발전하였다. 4세기에는 한때 한반도의 패권 경쟁에서 주도권을 행사하기도 했지만, 7세기대에 본격화된 동아시아의 국제전쟁에서 패배하여 역사 속으로 사라졌다. 약 700년의 역사를 꾸려오는 동안 백제는 성장·발전·패망의 과정을 경험하였지만, 그 역사는 곧 끊임없는 전쟁의 연속이었다. 역사 기록에는 전쟁과 평화의 시대가 교차했던 것으로 기술되어 있지만, 비록 평화의 시기라고 할지라도 그것은 머지않아 다시 전개될 주변 국가와의 전쟁에 대비하는 이른바 무장평화에 지나지 않았기 때문이다.

　그러므로 백제의 경우도 군사제도가 국가기구의 하나로서 매우 정연하게 정비되어 있어, 침략에 대응하여 국가 보위의 중심적 역할을 수행하고, 국가 존립의 토대를 확장하는 정복전쟁에서도 가장 중요한 제도적 기반이 되었다. 뿐만 아니라 군사제도를 통해 구축된 물리적 강제력은 대내적인 권력기구로서 권력의 향배를 결정하는 역할도 수행했을 것임이 분명하다. 이런 의미에서 백제 군사제도 혹은 그러한 제도를 통해 상정되는 군사조직과 그 변화의 양상을 올바르게 이해하는 것은 백제 국가 자체의 성장·발달 및 변화 과정을 파악하고, 그 원동력을 살피는데 있어서도 핵심적인 주제가 된다.

　이러한 중요성에도 불구하고 백제의 군사제도는 그 전모는 커녕 편린조차 제대로 파악되어 있지 못한 실정이다. 왜냐하면 백제사상百濟史上의 여러 군사조직 가운데서 어느 하나의 명칭도 사료에 남아있지 않을 정도로, 관련 사료가 매우 부족하기 때문이다. 이러한 사료적 제약을 극복하기 위하여 그동안 다양한 접근 방법을 시도해 왔는데, 연구의 흐름을 개관하면 대략 네 가지 방향에서의 접근이 시도된 것으로 생각된다.

첫째, 비록 백제의 군사제도나 조직을 직접적으로 전하는 사료는 절대적으로 부족하지만, 백제 역시 국가기구의 하나로 군사제도를 설치·운용했을 것이라는 관점에서 산발적인 관련 사료를 종합하여 백제 군제의 전모를 그려보려는 시도가 있었다. 전쟁 기사의 분석을 통해 그 배후에 흐릿하게 모습을 드러내는 군사조직의 실체를 유추해 보거나, 중앙과 지방통치조직을 매개로 군사조직을 복원하려는 연구들이 이에 해당한다.[355] 이와 같은 시도는 방법론의 측면에서는 타당하다고 생각되지만, 그나마 사료적 제약이 덜한 사비시대만으로 검토시기를 한정하거나, 한성시대를 포함하여 백제 군제의 대략적인 전개 상황을 개괄적으로 유추하는 수준에 그치고 있다.

둘째, 왕도王都와 지방에 대한 백제의 영역 통치제도를 다루면서 그것에 포함된 군사적 성격을 주목하여 그것을 군사조직과 등치시켜 보는 방향에서 연구가 이루어졌다. 특히 사비 도읍기의 왕도 오부제五部制나 지방의 오방제五方制 및 그 아래에 딸린 예하 지방제도인 군·성제郡·城制 등의 영역 통치 방식을 검토한 연구 성과에서 이러한 경향이 강하였다.[356] 그리하여 왕도와 지방행정구역이 각각 군관구軍管區로 기능하였고, 『주서周書』 백제전을 비롯한 중국 사료에서 왕도 5부의 지배자로 기록된 달솔達

---

355 李文基, 「泗沘時代 百濟의 軍事組織과 그 運用」 『百濟研究』 28, 1998 ; 朴賢淑, 「百濟 軍事組織의 整備와 그 性格-泗沘時代를 중심으로-」 『史叢』 47, 1998 ; 金鍾洙, 「백제 軍制의 성립과 정비」 『歷史敎育』 103, 2007.

356 백제의 영역통치제도가 지닌 군사적 성격을 주목한 대표적인 연구성과를 들면 다음과 같다. 今西龍, 「百濟五方五部考」 『藝文』 12-8·11, 1921 ; 『百濟史研究』(近澤書店), 1934 ; 山尾幸久, 「朝鮮三國의 軍區組織」 『古代朝鮮と日本』(龍溪書舍), 1974 ; 武田行男, 「六世紀における朝鮮三國の國家體制」 『東アジアにおける日本古代史講座』(學生社), 1980 ; 盧重國, 『百濟政治史研究』(一潮閣), 1988 ; 金周成, 「百濟 地方統治組織의 변화와 地方社會의 再編」 『國史館論叢』 35, 1992 ; 鄭載潤, 「熊津·泗沘時代의 지방통치체제」 『韓國上古史學報』 10, 1992 ; 忠南大 百濟研究所, 『百濟의 中央과 地方』, 1996 ; 金英心, 「百濟 地方統治體制 研究-5~7세기를 중심으로」(서울대 박사학위논문), 1997 ; 賢淑, 「百濟 地方統治體制 研究」(고려대 박사학위논문), 1997.

率이나 지방관으로 나오는 방령方領과 군장郡將이 군사지휘관의 성격을 겸비하고 있었던 점 등을 지적함으로써 백제가 총체적으로 병영국가의 면모를 가졌음을 부각시키는 성과를 이루었다. 그러나 대부분의 경우 군사조직에 대한 서술이 단편적·산발적이거나 혹은 지방제도에 대한 설명 과정에서 부수적으로 언급되었기 때문에, 군사조직의 전모와 그 운용 문제에까지 관심이 미치지 못했던 문제점을 남겼다.

셋째, 고고학적인 자료를 바탕으로 하여 백제의 군사제도에 대해 접근하고 있는 연구 흐름이 있다. 무기·무구류에 대한 검토[357]나 도성의 방어체계 및 개별 산성에 대한 조사 및 연구[358] 등이 이에 해당된다. 이러한 연구는 근래 고고학적인 조사의 확대 과정에서 적지 않은 성과를 거둔 것이 사실이며, 백제 군사조직의 올바른 복원을 위해서는 빠트릴 수 없는 기초적인 연구임에 분명하다. 그러나 전국가적인 규모의 군사조직에 대한 고려가 결여된 상태에서 진행된 연구라는 점에서 한계가 뚜렷하며, 아직은 백제 군사조직에 대한 총체적인 조망을 얻는 데는 이르지 못한 것으로 판단된다.

넷째, 근래 백제사에 대한 개설적 서술이 이루어지면서 통치체제의 일부분으로 군사제도가 다루어지는 경우이다.[359] 이러한 연구에서는 사료 부족을 극복하기 위해 고구려·신라 등 동시기 다른 국가의 군사제도를 참조하면서 백제 군사조직의 전모를 복원하려고 시도하고 있다. 이들 연구는 지금까지 개별 연구자들에 의해 부분적으로 언급되어 왔던 단편적인 사실을 종합하여 백제 군사조직의 전체상을 그려내려는 점에서 유익한 점이 없지 않으나, 개설적 서술이라는 점에서 소략하거나 실증성이 부족한 한계를 남기고 있다.

---

357 박진욱, 「3국 무기의 특성과 그것을 통하여 본 병종 및 전투형식」 『고고민속론문집』 2, 1970 ; 金基雄, 「武器와 馬具;백제」 『韓國史論』 15(국사편찬위원회), 1985 ; 金性泰, 「百濟의 兵器-칼, 창, 촉의 기초적 분석-」 『百濟硏究』 26, 1996 ; 김성태, 「고대의 무기와 무예」 『나라를 지켜낸 우리 무기와 무예』(국사편찬위원회 편), 2007 ; 김성태, 「무기와 무구」 『百濟의 政治制度와 軍事』(충청남도 역사문화연구원), 2007.
358 이와 관련된 성과는 매우 많다. 모두를 열거하는 것은 피하고, 논지 전개 과정에서 필요할 경우 그 성과는 바로 인용하기로 한다.
359 國史編纂委員會, 『한국사 6』(삼국의 정치와 사회 Ⅱ-백제), 1995 ; 俞元載 編著, 『百濟의 歷史와 文化』(學硏文化社), 1995 ; 이문기, 「군사조직과 그 운용」 『百濟의 政治制度와 軍事』(충청남도 역사문화연구원), 2007.

이상에서 살펴본 바와 같이 백제의 군사제도에 관한 종래의 연구는 다양한 갈래의 접근 방법과 연구에도 불구하고 만족할만한 성과를 이룬 것으로 보기는 어렵다. 본절의 서술 역시 사료의 제약에서 자유스러울 수가 없으므로, 백제의 군사제도를 제대로 복원하기는 어렵다. 사료의 부족을 극복하기 위해 상대적으로 다양한 기록이 남아 있는 군사활동 사례를 분석함으로써, 군사조직의 존재양태를 파악해 보고자 한다. 백제의 다양한 군사활동 관련 기록에는 그 배후에 존재했음이 분명한 군사조직의 일면이 담겨 있을 것이고, 비록 구체적인 군사조직의 실체는 발견할 수 없다고 하더라도 군사력의 범주적 성격-예컨대 국왕 시위군이나 혹은 중앙군 아니면 지방군 등-은 충분히 드러날 수 있을 것이다.

다음으로는 백제의 국가적 성격의 변화에 유의하여 군사조직의 변화상을 살펴보고자 한다. 군사조직에는 당연히 국가권력의 집중도나 왕권의 성장 정도가 반영되어 있어, 양자의 변화는 궤를 같이 하는 것이기 때문이다. 그런데 백제는 소국 단계→연맹체 단계(5부체제 단계)→집권국가 단계로 발전하였으며, 집권국가 단계에 해당하는 시기에는 대내외적인 이유로 국가의 복심腹心인 도읍이 세차례나 변천하였다. 이러한 국가적 성격의 변화와 도읍의 변천은 군사조직의 변화와도 긴밀한 관련이 있다. 이에 우선 도읍지를 기준으로 삼고, 다시 국가적 성격 변화를 고려하면서, 백제 군사조직과 그 운용에 보이는 변화상을 추적해 보고자 한다.

1. 한성도읍기의 군사제도와 운용

1) 소국 단계의 군사조직

『삼국지』 한전의 기록을 따르면, 백제는 3세기 중엽까지는 백제국伯濟國이라는 이름의 소국 단계에 머물러 있었다. 그러나 『삼국사기』 백제본기의 초기 기사를 보면, 백제는 이미 온조왕대부터 주변의 소국들을 정복 병합하여 영역국가로서의 모습을 갖추어 가고 있었다. 이러한 초기 백제의 상황을 전하는 기본 사료가 서로 판이하게 달라 어느 쪽 자료를 중시하느냐가 오랫동안 논란거리가 되어 왔다. 여기서는 양자를 절충하는 입장에서 백제 소국 단계의 군사조직에 대해 정리하고자 한다.

국가 형성기의 백제가 소국단계로부터 출발했음은 의심의 여지가 없다. 그리고 백제소국은 곧 읍락 연맹체로서 중심 읍락인 국읍과 거의 병렬적 수준에 있었던 복수의 읍락으로 구성되어 있었다. 백제 건국설화에 백제라는 국명을 칭하기에 앞서 '십제十濟'를 국명으로 삼은 단계가 있었다는 기록도 결국 백제가 소국단계에서 출발했음을 의미하는 것으로 여겨진다.

이렇게 소국이라는 낮은 수준의 국가라고 할지라도 주변 세력의 침략으로부터 국가와 주민의 안전을 보장하기 위해서는 일정한 군사력이 필요하였다. 그것은 비록 제도화된 군사조직이라고 규정되기는 어려울지라도, 장차 국가적 성장과정에서 제도화되어 군사조직의 골간으로 변화·발전하게 되므로 그 시원적 형태로서 검토해 볼 가치가 있다.

『삼국사기』 백제본기 온조왕 조에는 북방의 낙랑을 배후에 둔 말갈 및 남쪽의 마한과 전쟁을 벌였던 기사가 나오고 있다. 이를 개관하면 첫째, 대부분의 전쟁이 온조왕의 친솔親率에 의해 이루어지고 있으며, 둘째, 군사력의 규모가 많을 경우에도 1천명을 넘지 못하고, 셋째, 온조왕 말기의 마한 정벌 기사를 제외하면 대부분이 방어전으로 일관하고 있다는 점 등이 특징이다. 이를 종합하면, 『삼국사기』 온조왕 조의 전쟁기사는 곧 백제소국 단계의 군사활동으로 보아도 큰 무리는 없다.

이를 통해 백제소국 단계의 군사조직을 유추해 보면 다음과 같다. 1천명 이하 규모로 나오고 있는 군사력은 국읍과 읍락의 주민들을 징발·편성한 것이다. 다만 국읍과 읍락 내부에는 이미 계층 분화가 이루어져 있었을 것이므로, 모든 주민이 징발되었다기 보다는 그 가운데서 지배 계층인 거수층과 호민층이 주력을 형성하고 여기에 일부 상층 하호층도 포함되었던 것으로 생각된다. 군사력의 규모가 크지 않았던 것은 이 때문이다. 이들은 평소 생업에 종사하는 존재였지만, 부여의 사례를 참조하면 집집마다 개별적으로 무장·무구를 갖추고 있었으며, 전쟁에 참여하는 자체가 의무이자 권리이기도 했던 일종의 '명망군名望軍'으로 볼 수 있다. 참전의 대가로 노획물이나 포로 등을 분배받을 수 있었기 때문이다. 이들은 외침이 있을 경우 읍락 거수에 의해 인

숭열전(경기 광주 남한산성)
백제시조 온조왕과 남한산성 축성에 공을 세운 이서를 모신 사당이다.

솔되어 국읍 주수이자 백제 소국의 왕의 통제와 지휘를 받으며, 하나의 단위 군사력
으로 군사활동을 전개했던 것으로 보인다. 거의 모든 전쟁이 온조왕의 친솔에 의해
치루어진 것으로 기록된 『삼국사기』 온조왕대의 기사는 이 점이 반영된 것으로 여겨
진다.

　이와 같이 백제소국 단계의 군사조직은 외침과 같은 특수한 상황에 대응하여 읍락
의 거수층과 호민층, 그리고 약간의 상층 하호층이 국읍의 주수인 백제소국의 왕의
지휘 아래 편성되어 주로 방어 전쟁에 투입되는 임시적인 것이었고, 그 군사력의 성
격은 전쟁에 참여하는 자체가 의무이자 권리이기도 했던 일종의 명망군으로 규정할
수 있다.

　다만 이러한 군사조직은 주민의 숫자가 늘어나고 사회적 성장이 이루어지는 한편,
백제 국가 자체가 성장하게 되면서 주변 세력에 대한 정복 전쟁이 필요했을 경우, 군

사력의 규모가 커지기도 했던 것으로 보인다. 온조왕 34년(16)에 미한의 장군인 주근周勤이 우곡성牛谷城에서 반란을 일으키자 온조왕이 5천의 군사를 이끌고 토벌했다는 기사는 이와 같은 이례적인 상황을 전하는 것으로 생각된다. 그럼에도 불구하고 이 경우에도 군사조직으로서의 기본적인 성격은 다르지 않았다고 생각된다.

2) 연맹왕국 단계의 군사조직과 운용

(가) 오부병(五部兵)의 성립과 초기의 부 단위 군사 운용

백제소국은 그 성장의 과정에서 주변의 다른 정치체(소국)와 연맹을 맺어 연맹체로 발전하였다. 건국설화에 전하는 미추홀의 비류세력의 존재는 백제소국이 이와 연맹하여 연맹체 국가로 발전했음을 보여주는 좋은 사례이다. 그러나 비류세력 하나만이 아니라 백제 연맹체는 또 다른 정치체와도 연맹관계를 수립했을 것임에 틀림없다. 그러나 아쉽게도 사료상으로는 백제 연맹체에 포섭된 다른 정치체나 소국의 명칭을 찾아볼 수 없다.

그런데 아래 기사는 백제 연맹체의 성립과 관련하여 주목할 필요가 있다.

> ① 온조왕 31년(서기 13) 봄 정월에 나라 안의 민가들을 나누어서 남부南部와 북부北部로 삼았다.[360]
> ② 온조왕 33년(서기 15) 가을 8월에 동부東部와 서부西部의 2부部를 더 설치하였다.[361]

위와 같이 『삼국사기』에는 온조왕 시대에 백제소국이 남·북·동·서부의 4개 부로 나뉘어진 것으로 나오고 있다. 비록 사료에는 나타나지 않지만, 4부의 설치에 대응하여 국가적 중심 지역을 중부로 편제했다고 보면, 곧 백제는 5부로 구성된 셈이 된다. 그러나 비교적 자세한 사정을 알 수 있는 고구려의 나부那部의 성립과정에 비추어

---

360 『삼국사기』 권23, 백제본기1, 온조왕 31년.
361 『삼국사기』 권23, 백제본기1, 온조왕 33년.

보면 이를 그대로 믿기는 어렵다. 우선 시기적 측면에서 백제가 5부로 편제되는 것은 온조왕대가 아니라 고이왕대에 이르기까지 점진적인 과정을 거친 것으로 생각되고 있고, 부의 설치도 백제의 지배 영역을 단순 구분하여 이루어진 것이 아니라, 원래 백제 연맹체에 포섭된 소국들의 독립성 내지 자치성을 약화시키면서 부로 재편한 것으로 보아야 한다. 또 이렇게 편제된 부의 명칭도 원래는 사료와 같은 방위명이 아닌 고유한 명칭이었을 것이다. 요컨대 백제 초기에 등장하는 부는 백제 연맹체에 포섭된 상대적으로 유력한 소국을 재편한 것이었으며, 동시에 연맹장을 배출하는 백제소국도 하나의 부로 재편된 것으로 생각된다. 이를 소위 5부체제로 부를 수 있을 것이다.

이와 같이 고구려의 나부와 마찬가지로 백제의 5부가 소국을 재편하여 성립된 것으로 본다면, 비록 소국 단계보다는 약화되었을 것이지만, 부 내부의 통치에서는 자치성을 인정받는 단위정치체로 파악될 수 있다. 이 단위정치체로서의 백제 5부에는 소국 단계 이래의 자체 방어를 위한 무장력을 갖추고 있었을 것은 의심할 바 없다. 이러한 소국 단계의 무장력을 부 단위로 재편한 것이 곧 부병部兵이며, 백제의 5부에는 모두 부병이 있었으므로 이를 5부병으로 통칭할 수 있겠다. 이 5부병의 성립은 곧 소국이 5부로 재편하는 과정과 궤를 같이 하였을 것이다.

5부병은 소국의 군사력을 재편하여 성립되었으므로, 성립 초기에는 그 운용에 있어 각 부별 자율성이 상당히 강하였다. 우선 각 부의 지배자들이 소속 부민部民들을 군사로 징발·동원하였으며, 징발된 부민들은 부部 단위로 편제되어 5부가 각각 1개씩의 부병, 도합 5개의 부병을 형성하였다. 그렇지만 이러한 5개의 부병部兵은 형식적으로는 백제국왕의 지휘권 내에 포섭되어 있었으므로, 5부병으로 통칭되어도 큰 문제는 아니다.

그러나 성립 초기의 부병의 운용에서는 국왕보다는 각 부의 지배자들의 영향력이 매우 높았으며, 부 단위로 운용된 듯하다. 몇 가지 사례만 들어보자.

① 다루왕 3년(30) 겨울 10월에 동부의 흘우屹于가 말갈과 마수산馬首山 서쪽에서 싸워 이겼는데 죽이고 사로잡은 것이 매우 많았다. 왕이 기뻐하여 흘우에게 말 10필

과 조租 500석을 상으로 주었다.[362]

② 다루왕 4년(31) 가을 8월에 고목성高木城의 곤우昆優가 말갈과 싸워 크게 이기고 200여 명의 머리를 베었다.[363]

③ 초고왕 49년(168)(214) 가을 9월에 북부北部의 진과眞果에게 명하여 군사 1천 명을 거느리고 말갈의 석문성石門城을 습격하여 빼앗았다.[364]

④ 구수왕 3년(216) 가을 8월에 말갈이 와서 적현성赤峴城을 포위하였다. 성주가 굳게 막으니 적이 퇴각하여 돌아갔다. 왕이 굳센 기병 800명을 거느리고 추격하였는데, 사도성沙道城 아래에서 싸워 이를 격파하여 죽이거나 사로잡은 것이 매우 많았다.[365]

위의 사료 ①에서 흘우가 이끈 병력은 동부병, ③의 진과가 인솔한 1천명의 병력은 북부병으로 부를 수 있다. 이들은 각각 동부와 북부의 지배자로 보이는 흘우와 진과에 의해 통솔되어 부 단위로 군사활동을 전개하고 있다. ②의 고목성을 근거로 한 곤우가 이끈 병력도, 초고왕 45년(210)에 적현성赤峴城과 사도성沙道城을 쌓고 동부의 민호民戶들을 옮겼던 사실에서 보면, 역시 부병의 범주에 포함될 수 있다. 그리고 ④에서 구수왕이 친솔한 기병 8백명은 아마 백제소국의 군사력을 재편한 중부병으로 추정해 볼 수 있다.

이와 같은 5부병의 운용방식은 부여와 고구려의 경우에도 확인된다. 부여에는 "적이 있으면 제가가 스스로 싸운다[有敵諸加自戰]"라고 하여 국왕의 통솔 하에 이루어지는 전국가적 규모의 군사 운용과는 구별되는 형태로, 제가諸加 단위의 군사활동이 이루어졌음을 추정할 수 있다. 그리고 고구려의 경우에도 각 부의 대가大加들이 대외정복 활동에서 부병部兵을 이끌고 참여하였고, 따라서 대가들이 대외적인 지배에 참여할 수는 대가를 얻었다. 요컨대 부여와 고구려의 경우 각 부의 대가들이 부병의 지휘

---

362 『삼국사기』 권23, 백제본기1, 다루왕 3년.
363 『삼국사기』 권23, 백제본기1, 다루왕 4년.
364 『삼국사기』 권23, 백제본기1, 초고왕 49년.
365 『삼국사기』 권24, 백제본기2, 구수왕 3년.

에 깊이 관여하는 자율적인 부병 운용방식이 유추되는 바, 이런 형태의 부병 운용방식은 성립 초기 백제 5부병의 운용에서도 거의 흡사했던 것이다.

백제 연맹체의 5부병은 소국 단계의 개별 소국의 자체 방어를 위한 무장력을 부의 성립과 함께 재편하여 성립된 것이었다. 성립 초기의 5부병 조직은 각 부의 지배세력이 부별로 부민部民을 징발하여 부 단위로 편제한 형태의 조직을 갖추고 있었다. 그리고 이 부병은 5부병이라는 이름으로 외형상 국왕의 지휘권 내에 포섭되어 있었지만, 그 운용방식에서는 백제 국왕보다는 각 부의 지배자의 영향력이 강하게 관철되어 부 단위로 운용되었던 초기 백제 연맹체의 군사조직이었던 것이다.

2) 고이왕대 좌장(左將)의 설치와 국왕의 오부병 지휘권의 강화

백제의 5부체제가 고이왕대에 이르러 완성되었다는 견해를 참조하면, 5부병 역시 비슷한 시기에 완성되었을 것이다. 5부병으로의 조직의 정비 과정에서 운용의 측면에서도 일정한 변화가 있었던 것으로 보인다. 5부병의 지휘 및 운용과 관련하여 먼저 유의되는 것이 우보와 좌보라는 관직이다.

① 온조왕 2년(서기전 17) 3월에 왕은 족부族父 을음乙音이 지식과 담력이 있으므로 우보右輔로 삼고 병마兵馬의 업무를 맡겼다.

② 온조왕 41년(23) 봄 정월에 우보右輔 을음乙音이 죽자 북부의 해루解婁를 우보로 삼았다. 해루는 본래 부여 사람으로 신직神識이 깊었고, 나이가 70세를 넘었으나 기력이 쇠하지 않았으므로 등용한 것이었다.

③ 다루왕 7년(34) 봄 2월에 우보 해루解婁가 죽으니 나이가 90세였다. 동부의 흘우屹于를 우보로 삼았다.

④ 다루왕 10년(37) 겨울 10월에 우보 흘우를 좌보左輔로 삼고, 북부의 진회眞會를 우보로 삼았다.

우보는 나중에 좌보와 더불어 국정을 책임지는 수상격의 관직으로 기능하기도 했지만, 사료 ①에서 보듯이 본래 "병마지사兵馬之事"를 관장하는 관직으로 설치되었다. 우보가 관장했다는 병마의 업무란 곧 당시의 군사력이 5부병이었으므로, 5부병의 지휘 및 운용과 관련된 업무일 수밖에 없다. 그런데 여기에는 온조왕의 족부인 을음이 임명되기도 했지만, 북부의 해루·동부의 흘우·북부의 진회와 같은 각 부의 유력자가 임명되기도 했다. 이는 곧 5부병의 지휘권이 궁극적으로는 연맹장인 백제 국왕에게 귀속되어 있었지만, 실제적인 운용이 각 부의 지배세력에게 위임되기도 했던 상황이 반영된 것으로 여겨진다. 말하자면 5부병의 지휘와 운용에 있어 백제 국왕의 독점적 위상이 보장되지 않았던 것이다.

그런데 5부병에 대한 지휘 및 통솔과 관련하여 고이왕 7년에 좌장이라는 관직이 설치된 사실이 주목된다.

① 고이왕 7년(240) 여름 4월에 진충眞忠을 좌장左將으로 삼고 내외內外의 군사 업무를 맡겼다.
② 고이왕 14년(247) 2월에 진충眞忠을 우보右輔로 삼고, 진물眞勿을 좌장으로 삼아 군사 업무를 맡겼다.
③ 아신왕 2년(393) 진무眞武를 좌장左將으로 삼고 군사 업무를 맡겼다. 무武는 왕의 외삼촌으로 침착하고 굳세며 큰 지략이 있어 당시 사람들이 복종하였다.

위에서 보듯이 좌장左將은 내외의 군사업무를 맡은 관직이었고, 그 군사업무란 곧 군대에 대한 지휘와 관련된 군령권을 장악한 것으로 이해된다. 이 때 좌장이 장악한 군령권이란 곧 5부병에 대한 지휘권일 것이다. 즉 고이왕대에 이르러 상시적으로 5부병의 지휘권을 장악하고 있는 좌장이라는 관직이 설치된 것이다.

좌장은 실제로 최고의 지휘권을 가진 총사령관으로서 이끌고 전쟁에 참전하였다. 역시 약간의 사례만 살펴본다.

① 고이왕 13년(246) 가을 8월에 위魏의 유주자사幽州刺史 관구검毌丘儉이 낙랑태수 유무劉茂와 대방태수 왕준王遵과 더불어 고구려를 쳤다. 왕은 그 틈을 타서 좌장 진

충眞忠을 보내 낙랑의 변민邊民들을 습격하여 빼앗았다. 유무가 이를 듣고 노하자 왕은 침공을 받을까 염려하여 그 民口들을 돌려 주었다.

② 아신왕 2년(393) 진무眞武를 좌장左將으로 삼고 군사 업무를 맡겼다. 무武는 왕의 외삼촌으로 침착하고 굳세며 큰 지략이 있어 당시 사람들이 복종하였다. 가을 8월에 왕이 무武에게 "관미성關彌城은 우리 북쪽 변경의 요해지要害地이다. 지금 고구려의 소유가 되었으니 이는 과인이 분하고 애석하게 여기는 바이다. 경은 마땅히 마음을 써서 설욕하라." 라고 하니, 무가 드디어 병사 1만 명을 거느리고 고구려의 남쪽 변경을 칠 것을 도모하였다. 무가 몸소 사졸보다 앞장서서 화살과 돌을 무릅쓰면서 석현성石峴城 등 다섯 성을 회복하려고 먼저 관미성을 포위하였으나, 고구려 사람들은 성문을 닫고 굳게 지켰다. 무는 군량 수송이 이어지지 못하므로 군사를 이끌고 돌아왔다.

③ 아신왕 4년 (395) 가을 8월에 왕이 좌장 진무眞武 등에게 명령하여 고구려를 치게 하였다. 고구려 왕 담덕談德이 친히 군사 7천 명을 거느리고 패수浿水가에 진을 치고 막아 싸우니 우리 군사가 크게 패하여 죽은 자가 8천 명이었다.

위의 사료 가운데 ①은 고이왕대의 경우이고, ②·③은 집권국가체제 단계로 발전 이후의 사례이지만, 좌장이 군령권을 장악한 최고 사령관으로 기능했음을 잘 보여주는 자료이다.

이러한 좌장의 설치가 가진 정치적 의미는 두 가지 측면으로 나누어 살필 수 있다. 하나는 국왕의 위상 강화에 기여한 점이다. 소국 단계 이래의 백제의 대외전쟁에서의 지휘 유형을 보면 국왕 친솔親率의 경우가 많았다. 이는 백제국왕이 야전 사령관으로서 전쟁에서 최전선에 나서야 했음을 의미한다. 그런 만큼 상당한 위험을 감수해야 했을 것이다. 그러나 이제 군령권을 위임받은 좌장이 설치되었으므로, 좌장의 지휘 아래 대외전쟁이 치러지는 경우가 많아졌다. 물론 국왕 친솔의 전쟁이 완전히 사라진 것은 아니었지만, 그것은 특별한 상황에서의 일이었을 뿐이다. 즉 좌장의 설치로 백제국왕은 야전 사령관적 성격을 탈피하게 되어 상대적으로 정치적 위상이 높아지게 되었던 것이다. 이점 역시 고이왕대에 왕권 강화를 위한 각종 제도적 기초가 구축되었던 사실과 동일한 맥락에서 파악될 수 있다.

다른 하나는 당시 백제의 군사조직인 5부병에 대한 통솔권이 강화되었다는 점이다. 좌장이 국왕으로부터 군령권을 위임받아 지휘·통솔하였던 군사력은 곧 5부병이었다. 종래 부의 지배자에 의해 부 단위로 운용되어 왔던 5부병은 이제 좌장이 설치됨으로써 단일한 지휘·통솔권 아래 포섭되었다. 물론 좌장의 설치만으로 5부병이 획일적인 지휘·통제 아래 놓여졌다고 보기는 어렵지만, 5부병의 운용에서 좌장을 통한 백제국왕의 통솔권이 강화되었음은 분명한 사실이다. 이로써 5부병은 점점 부 단위의 독자적 운동성이 약화되면서, 궁극적으로는 국왕의 통제를 받는 군사조직으로 변질되기 시작했던 것이다. 좌장의 설치 이후 개별 부병의 군사활동이 사료에 등장하지 않는 점이나, 외침에 대한 방어전이나 주변 세력에 대한 정복전에서 군사력의 규모가 커지고 있는 사실은 국왕으로부터 군령권을 위임받은 좌장이 5부병을 지휘·통제하게 된 데서 나타난 현상으로 볼 수 있다.

이상과 같이 연맹체 단계의 백제의 군사조직은 소국에서 재편된 동·서·남·북·중부의 군사력인 5부병이었다. 성립 초기의 5부병은 각 부의 지배자가 지휘하여 부 단위로 운용되는 독자적 운동성을 갖고 있었다. 그러나 고이왕대에 이르러 군령권을 위임받은 관직으로서 좌장이 설치되면서, 5부병에 대한 단일한 지휘·통솔체계가 수립되어 점차적으로 개별 부 단위의 운용 양상이 사라지는 등 5부병에 대한 국왕의 통솔권이 강화되어 전국가적 규모의 군사조직으로 전화轉化될 수 있는 조건을 갖추어 가고 있었다. 이와 같은 5부병의 운용상의 변화는 곧 백제 국가의 집권력의 성장과 발전을 반영하는 것이기도 하였다. 그러나 5부병은 여전히 소속 부민을 징발하여 부 단위로 편성되는 군사조직이었으므로, 원래의 독자적 운동성이 완전히 소멸될 수 없었으며, 상당 부분 잔존되고 있었다. 이러한 한계는 집권체제국가 단계로 진입하면서 군사조직에 대한 전면적인 재편을 통해 극복될 수 있었다.

3) 집권국가로의 전환과 군사조직의 개편

4세기 중엽 근초고왕대에 이르면 백제는 집권체제국가의 틀을 갖추게 되었다. 그와 더불어 주변지역에 대한 활발한 정복활동을 전개하는 한편 북방의 강국 고구려와의 전쟁에서도 거듭 승리를 거두었다. 백제는 집권국가 체제를 갖추어 가는 과정에서 적극적이고 활발한 군사활동을 전개하였던 것이다. 그런데 이러한 군사활동 양상의 변화는 종래의 5부병과는 크게 달라진 새로운 군사조직의 출현과 그것의 효율적인 운용이 뒷받침되어야 가능한 일이다. 여기에서 근초고왕대에 각종의 집권체제의 정비와 더불어 군사조직에 있어서도 커다란 변화가 있었음을 예상해 볼 수 있다. 그러나 아쉽게도 사료의 부족으로 그 구체적 변화상을 파악하기란 불가능하다. 다만 고구려·신라 등 동시대 주변국가에서 전개된 전체적인 군사조직의 변화·발전 방향을 참조하면, 근초고왕대에 추진되었을 군사조직 개편 작업의 방향 정도는 추론해 볼 수 있다.

첫째, 전국가적 규모에서의 군사조직이 설치되었을 가능성이 크다. 이를 방증하는 것이 정복전쟁에 참전하는 병력의 규모가 확대된 점이다. 고구려 고국원왕과의 전쟁에 동원된 병력의 규모를 예로 들 수 있다. 369년에 고국원왕이 보기 2만명을 거느리고 치양 지역을 약탈하자 태자 근구수가 이를 격파하고 고구려 병사 5천여 명을 죽이거나 사로잡았다. 당시 참전한 백제군의 규모가 기록되어 있지 않지만, 적어도 고구려군과 대등한 2만명 정도의 병력은 출전했을 것이다. 그리고 2년 후인 371년에는 근초고왕이 태자와 함께 평양성을 공격하여 고국원왕을 전사케 하였는데, 당시에 동원된 병력은 3만명이었다. 이후 이와 같은 규모의 병력동원은 백제의 주요 전쟁에서 흔히 발견되고 있다. 이러한 대규모의 병력 동원은 전국가적 규모에서 편제된 새로운 군사조직이 성립되어 있지 않았다면 불가능한 일이다. 이를 통해 근초고왕대에 군사조직에 대한 전면적인 개편이 추진되었음을 짐작할 수 있다.

둘째, 전국가적 규모에서 군사조직을 편제하면서, 그것을 범주화하여 구분하는 방향으로 개편이 추진되었을 가능성이 크다. 근초고왕 시대에 이르기까지 백제는 마한 목지국을 병합하는 등 한반도 중부지역을 영역으로 하는 영도적 정치세력으로 성장하였다. 그와 더불어 부의 유력 세력들을 관등·관직체계 속으로 흡수하고, 특정 부의 유력 세력을 왕비족으로 삼는 등의 다양한 방식으로 국왕의 지배하에 편제하였고, 동시에 부의 유력자들도 왕도로 집주集住하게 되어 백제 영역은 크게 왕도와 지방으로 구분되었다. 이를 바탕으로 왕도의 주민을 주축으로 하는 군사조직과 지방의 주민을 징발·편성한 군사조직을 구분·편제했던 것으로 보인다. 즉 중앙군과 지방군의 범주화가 이루어졌던 것으로 생각되는 것이다. 그러나 구체적인 편제 양상은 더 이상 알 수가 없다.

셋째, 범주화된 군사조직에 대한 지휘·지원체계가 정비되었을 것이다. 이를 시사하는 것으로 우선 복수의 장군이 등장한 사실을 들 수 있다. 『일본서기』 신공기 49년조의 가라 칠국 평정기사와 침미다례 정복 및 비리·벽중·포미지·반고 등 4읍 내항기사는 근초고왕대에 백제가 가야 및 전남지역 으로 진출한 사실을 보여주는 자료로 이해되는데, 이 기사에는 백제 장군인 목라근자이 등장한다. 즉 당시 친정親征에 나선 근초고왕과 근구수 태자 휘하에 장군이 존재하여 군사활동을 지휘했던 것이다. 또 369년의 고구려와의 전쟁에서는 총사령관인 근구수태자의 휘하에 장군 막고해가 있어, 태자의 군사활동에 대한 조언을 했음을 전하는 기사가 있다. 이러한 사례에 등장하는 장군은 전국가적 차원에서 조직되어 중앙군과 지방군으로 구분·편제된 새로운 군사조직을 지휘하기 위해 제도화된 무관직으로 볼 수 있고, 군사조직의 구분·편제에 비추어 보면 아마 복수제의 관직이었을 것이다. 이로써 국왕으로부터 군령권을 위임받은 좌장의 아래에 복수의 장군직이 설치되어 새로 편제된 중앙군과 지방군을 지휘하게 되었을 것이다.

다음으로 새로운 군사조직의 지원체계와 관련하여 주목되는 것이 군정업무를 전담하는 병관좌평으로 기록된 관직의 설치이다. 『삼국사기』에 의하면 병관좌평은 고이왕 27년(260)에 고유한 직장職掌이 있는 6좌평의 하나로 설치되어 이듬해에 유기惟己라는 인물이 이에 임명되었다고 하였고, 비류왕 9년(312)에는 해구가 병관좌평에 임명되었다는 기사도 있다. 그러나 고이왕 27년의 6좌평 기사는 사비도읍기의 상황이 소급 투영된 것으로 파악하는 견해가 유력하므로, 고이왕에서 비류왕대에 병관좌평이라는 관직이 설치되어 있었다고 볼 수는 없다. 병관좌평의 임무는 "장외병마사掌外兵馬事"로 기록하고 있는데, 이는 궁궐 숙위를 맡은 위사좌평의 "내병마사內兵馬事"에 대응하는 표현으로, 국왕 시위군 업무를 제외한 일반적인 군사업무를 맡았다는 의미이며, 병관좌평이 담당한 일반적 군사업무는 대체로 군사조직의 원활한 운용을 보장하는 군정업무에 국한되었던 것으로 파악된다.

이와 같은 병관좌평의 임무에서 보면 그 설치 시기로는 전국가적 규모에서 새로이 군사조직을 편제했던 근초고왕대가 가장 유력하다. 새로운 군사조직을 뒷받침하는 군정업무도 역시 크게 늘어났을 것이기 때문이다. 다만 근초고왕대에 병관좌평이라는 직명의 관직이 설치되었다고 보기는 어렵고, 좌평 가운데 특정 인물이 군정업무를 고정적으로 맡게 되었을 것이다. 요컨대 근초고왕대에는 군사조직을 지휘하는 복수의 장군직이 설치되어 좌장의 예하에 지휘부를 형성하였고, 군정업무를 담당하는 좌평이 취임하는 별도의 관직을 설치하여 군사조직의 원활한 운용을 보장하였던 것으로 생각된다.

넷째, 군사조직을 구성하는 병졸집단을 충원하기 위한 제도가 확립되었을 것이다. 군사조직의 편제란 병졸집단을 징발·편성하여 훈련을 통해 군사력을 증대시키고, 유사시에 필요한 군사활동을 이끌어내기 위한 제도적 틀을 구축하는 것이다. 그러므로 새로운 군사조직의 편제에는 지속적인 병력의 충원이 전제되어야 한다. 이런 관점에서 볼 때, 근초고왕대에는 병력의 지속적이고 안정적인 충원을 위한 제도가 마련되었던 것으로 볼 수 있다. 정남丁男을 중심으로 한 일정 연령층의 백성들에게 군역의 의무를 부과하고, 의무를 진 자들을 징발하여 군사조직의 병졸집단으로 편성했을 것이다. 이로써 국민개병제에 입각한 병졸집단의 충원을 위한 제도적 장치가 마련되었을 가능성이 크다.

이상과 같은 근초고왕대의 새로운 군사조직으로의 개편 작업은 대략 동왕 24년(369) 무렵에는 완결되었던 것이 아닐까 한다.

> 근초고왕 24년(369) 겨울 11월에 한수漢水 남쪽에서 대열大閱하였는 데 기치旗幟는 모두 황색黃色을 사용하였다.[366]

근초고왕 24년의 한수 남쪽에서 행해진 대대적인 열병은 여러 가지 목적을 가진

---

366 『삼국사기』 권24, 백제본기2, 근초고왕 24년.

행사로 생각된다. 우선 그 해 9월에 있었던 고구려의 전쟁에서의 전승을 기념하기 위한 것으로 보이고, 또 음양오행설에서 중앙을 상징하는 황색 깃발을 사용하고 있는 점에서 근초고왕 자신이 천하의 중심에서 군림하는 존재임을 과시할 목적도 있었을 것이다. 그와 더불어 열병이 국왕이 군을 직접 지휘·통솔하는 최고의 군령권자임을 재확인하고 과시하는 목적을 가진 상징적인 행사라는 점에 유의할 때, 종래의 5부병과는 질적 혹은 규모면에서도 완전히 다른 새로운 군사조직으로의 개편을 주도해 왔던 근초고왕이 개편 작업이 마무리되었음을 포고하는 행사로서 대대적인 열병식를 거행했을 가능성이 크다. 특히 한 가지 색깔로 통일된 황색 기치를 사용했던 것은 국왕의 통솔 아래에 있는 하나의 군사조직임을 과시하려는 의도도 있었던 것으로 보인다.

이상에서 근초고왕대에 추진된 집권체제국가 단계의 군사조직 개편작업의 내용을 추론하였다. 이를 정리하면 종래의 독자적 운동성을 잔존하고 있는 5부병 조직을 대신하는 전국가적 차원의 새로운 군사조직으로서 중앙군과 지방군으로 범주화하여 구분·편제하고, 그것의 효율적인 운용을 위해 지휘체계로서 복수의 장군직을 두었고, 군사조직을 지원하기 위하여 군정업무를 담당하는 좌평이 취임하는 관직을 설치하였던 것으로 보인다. 그리고 군사조직의 존립기반인 병졸집단을 지속적이고 안정적으로 충원하기 위하여 정남을 중심으로 하는 일정 연령층의 백성들에게 병역 의무를 부과하고, 의무 부담자를 징발·편성하는 제도적 장치도 마련했던 것으로 추측된다. 근초고왕 24년에 거행된 대대적인 열병 행사는 이와 같은 군사조직의 개편작업이 마무리되었음을 알리는 의미도 갖고 있었던 것 같다.

근초고왕대에 골격이 짜여진 백제의 집권국가체제 단계의 군사조직은 이후의 역사 전개과정에서 조금씩 보완되거나 정비가 거듭되었다. 특히 고구려와의 전면전이 전개된 4세기 말~5세기 초에는 군사조직의 정비가 현저하게 진행된 것으로 생각된다.

> ① 아신왕 7년(398) 봄 2월에 진무眞武를 병관좌평으로 삼고, 사두沙豆를 좌장左將으
> 고 (나갔기.
> ② 아신왕 8년(399) 가을 8월에 왕이 고구려를 치고자 하여 군사와 말들을 크게 징발

하였다. 백성들이 전역戰役에 시달려 신라로 많이 도망하니 호구가 줄었다.[367]

사료 ①은 군정업무를 맡은 병관좌평과 군령권을 장악한 좌장이 동시에 임명된 사례이다. 이러한 병관좌평과 좌장의 동시 임명은 군사업무가 전문화되고, 군정업무와 군령체계의 운용이 한층 세련되기에 이르렀음을 시사한다. 병관좌평이 된 진무는 아신왕 2년(393)에 좌장에 임명되어 고구려 광개토왕과의 전쟁을 총 지휘한 인물인데, 이렇게 좌장으로서 군사 지휘의 경험을 가진 인물이 다시 군정업무를 담당하게 되었다는 것은 원활한 군사조직의 운용을 위한 배려였을 것이기 때문이다.

한편, 사료 ②는 고구려 광개토왕의 남진에 시달려왔던 아신왕이 지방민에 대하여 군역 징발을 가혹하게 하자, 백성들이 견디지 못해 호구가 감소할 정도로 다수가 신라로 도망하였다는 일화이다. 이는 아신왕대에 이르면 지방민을 군사로 징발하여 군사조직에 편제하는 시스템이 일층 정교해졌음을 암시한다. 이러한 일화를 통해서도 백제의 군사조직이 근초고왕대 이후의 역사적 전개과정에서 더욱 정교해지고, 정비되어 갔음을 짐작할 수 있다.

2. 웅진 천도 이후 군사제도의 재정비

1) 천도 초기 군사제도의 부재와 혼란

근초고왕대에 기본적인 골격이 짜여지고, 이후의 고구려와의 전쟁과정에서 지속적으로 보완·정비되어 왔던 백제의 군사조직은 개로왕 21년(475)에 고구려 장수왕의 공격을 받아 한성이 함락되고, 개로왕이 전사하는 참패를 겪으면서 거의 붕괴되었을 것으로 생각된다. 특히 왕도인 한성민漢城民을 중심으로 편성된 백제의 주력인 중앙군은 거의 괴멸 상태에 이르렀던 것 같다. 관련 기록이 전하지 않아 자세한 사정을 알

---

367 『삼국사기』 권25, 백제본기3, 아신왕 8년.

한성 백제 모형도(한성백제박물관)

수 없지만, 7일간의 공격으로 북성北城이 함락당하고 남성南城까지 포위되자, 위기에 빠진 개로왕이 시위군으로 여겨지는 기병 수십 명만을 이끌고 성을 탈출하는 정경을 통해서 중앙군의 괴멸 상황은 어느 정도 짐작될 수 있다. 뿐만 아니라 당시의 전쟁으로 상당한 영역까지 상실했으므로 지방군도 상당한 손실을 입었을 것이며, 비록 백제 영역으로 남아 있었던 지역의 지방군도 통치체제의 혼란과 더불어 거의 제 기능을 발휘하지 못하게 되었을 것이다.

　문주왕이 475년 10월에 웅진으로 도읍을 옮겼지만, 직후의 사정은 붕괴된 군사조직이 재건될 수 있는 형편이 아니었다. 물론 문주왕이 대두산성을 수리하고 한강 이북 지역의 주민들을 옮겼다는 기사가 보여주듯이 군사조직을 재건하려는 노력이 시도되기도 했지만, 큰 성과는 얻지 못했던 것으로 보인다. 웅진천도 초기의 군사조직의 부재 상황은 다음과 같은 사례에서 잘 드러나고 있다.

　먼저 문주왕 2년에 병관좌평에 임명된 해구의 전횡했다는 사실이다. 병관좌평은 근초고왕대에 군정업무를 담당하는 관직으로 설치된 것으로, 군사조직이 건재하고 그것이 원활하게 운용되고 있는 시점에는 군을 지휘·통제하는 군령권의 행사와는 거리가 있는 관직이었다. 그러나 군사조직 자체가 붕괴된 상황에서는 군사업무를 맡은 병관좌평이 많지 않은 군사력을 장악한다면 권세를 휘두를 수 있는 조건이 만들어 질 수 있다. 해구가 문주왕을 살해하고 삼근왕이 즉위한 후에도 군무와 정사를 장악했던 것은 군사조직이 부재한 상황이었기에 가능했을 것이다.

다음으로 삼근왕 2년(478)에 병관좌평 해구와 은솔 연신이 대두성에서 반란을 일으켰을 때, 진압을 위해 투입된 병력의 규모를 통해서도 당시 군사조직의 부재를 짐작할 수 있다. 일차적으로 반란을 진압하기 위해 투입된 좌평 진남은 2천명의 병력을 이끌고 있으며, 결국 해구의 반란을 진압하는데 성공한 덕솔 진로는 정예병 500명을 인솔하고 있다. 이 진남과 진로가 인솔한 병력은 국가적 공병이라기보다는 한성도읍기의 북부 주민으로서 웅진으로 천도 과정에서 북부의 유력세력인 진씨를 따라 남하한 주민들로 편성된 혼란기의 사병적 성격의 군사력일 가능성이 크다.

이와 같이 한성함락의 여파로 백제의 군사조직은 붕괴하였고, 웅진 천도 초기에는 군사조직 자체가 부재한 상황에서 불안한 정정政情이 이어졌던 것이다.

2) 동성왕대의 군사조직의 재정비

(1) 군사조직의 복원·재정비와 그 효과

국가가 존속되기 위해서는 반드시 무장력을 갖추어야 하며, 이 국가적 무장력을 발휘될 수 있도록 만들어진 제도가 바로 군사조직이다. 그러므로 웅진 천도 초기와 같은 군사조직의 부재 상황은 국가가 존속하는 한 시급히 극복되어야 할 과제였다. 웅진으로 천도한 후 붕괴된 군사조직의 복원이 추진되었던 시기가 동성왕대이다. 해구의 반란을 진압한 진씨 세력의 도움을 얻어 즉위한 동성왕은 금강유역의 신진세력을 기용하여 정치를 안정시키는 한편 한성 함락과 웅진 천도로 크게 동요하였던 통치체제를 복원하기 위해 노력하였다. 군사조직의 복원도 그와 같은 통치체제의 복원작업과 맞물려서 추진되었다.

동성왕이 군사조직의 복원을 위해 시행한 정책은 몇 가지 양상으로 나누어 살필 수 있다. 첫째, 동성왕이 빈번하게 전렵을 나가고 있는 사실이 주목된다.

① 동성왕 5년 (483) 봄에 왕이 사냥을 나가 한산성漢山城에 이르러 군사와 백성을 위문하고 10일 만에 돌아왔다. 여름 4월에 웅진熊津 북쪽에서 사냥하여 신록神鹿을 잡았다.[368]

② 동 12년(490) 9월에 왕은 나라 서쪽의 사비 벌판에서 사냥하였다.[369]

③ 동 14년(492) 겨울 10월에 왕은 우명곡牛鳴谷에서 사냥하여 손수 사슴을 쏘아 맞혔다.[370]

④ 동 23년(501) 겨울 10월에 왕이 사비의 동쪽 벌판에서 사냥하였다. 11월에 웅천熊川의 북쪽 벌판에서 사냥하였고, 또 사비의 서쪽 벌판에서 사냥하였는데 큰 눈에 막혀 마포촌馬浦村에서 묵었다.[371]

동성왕은 재위 23년간 6회의 전렵을 실시하였다. 이러한 빈번한 전렵에는 여러 가지 목적이 있었던 것 같다. 예컨대 사비지역을 전렵의 장소로 삼은 것은 장차 사비로의 천도를 염두에 둔 사전 정지작업의 성격을 갖고 있었다. 그러나 빈번한 전렵의 기본적인 목적은 사료 1에서 보듯이 지방민을 안정시키고 군사력을 확보하려는 것이 아닐까 짐작한다. 사비지역의 경우도 안정적인 지배가 선행되어야만 천도가 가능할 수 있었을 것이므로, 사비에 대한 전렵의 목적도 이와 크게 다르다고 할 수 없다. 동성왕은 전렵을 명분으로 여러 지방을 순회하며 안정적인 지방 통치를 도모하는 한편, 지방군의 복원도 추진했던 것으로 생각된다.

둘째, 여러 지역에서 축성이 이루어지고 있다. 동성왕 8년에 우두성을 쌓았고, 동 12년에는 15세 이상의 북부인을 징발하여 사현성과 이산성을 축성하였으며, 동 20년

---

368 『삼국사기』 권26, 백제본기4, 동성왕 5년.
369 『삼국사기』 권26, 백제본기4, 동성왕 12년.
370 『삼국사기』 권26, 백제본기4, 동성왕 14년.
371 『삼국사기』 권26, 백제본기4, 동성왕 23년.

좌평 복식(한성백제박물관)

에는 사정성을 쌓아 한솔 비타로 하여금 진수하게 하였다. 그리고 동 23년에는 탄현에 목책을 쌓아 신라에 대비하는 한편, 가림성을 쌓기도 하였다. 이러한 축성은 웅진도성을 방어하기 위한 방어선 구축을 위한 목적도 있었지만, 사정성의 사례에서 보듯이 성을 쌓고 진수병을 주둔시키거나 탄현의 목책 설치에서 알 수 있듯이 변경 요해지에 방어시설을 구축하는 등 전체적으로 지방군의 재건과 무관할 수 없고, 그것은 또한 지방지배체제인 담로제의 복원과도 깊은 관련을 가지고 있었다.

셋째, 새로운 중앙군의 복원도 추진되었던 것으로 보인다. 한성 함락과 더불어 한성민을 주력으로 하는 백제의 중앙군이 괴멸 상태에 이르렀을 것임은 앞에서 지적하였다. 그러므로 동성왕은 새로운 왕도인 웅진 지역민을 근간으로 하여 새로운 중앙군을 복원할 필요가 있었다. 따라서 웅진지역 토착민과 한성 출신 귀족과 더불어 남래南來하여 웅진도성에 정착한 신주민新住民, 그리고 금강유역권의 토착세력을 자원으로 하는 새로운 중앙군이 편성된 것으로 보인다. 금강유역의 신진귀족들이 동성왕에 의해 대거 기용된 배경에는 이러한 중앙군 복원의 필요성과 연관된 것으로 생각된다. 이는 병관좌평으로 기록된 군사업무를 담당하는 관직에 한성 출신 귀족인 진로가 죽자 이를 대신하여 신진귀족인 연돌을 기용하고 있는 점에서 방증된다.

이와 같은 동성왕의 노력으로 백제의 군사조직은 상당한 수준으로 복원되었을 것이다. 구체적인 복원 양상은 알 수 없으나, 신라와 군사동맹을 체결하고 고구려에 대항하는 과정에서 군사적 원조를 주고받았던 사실이나, 동성왕 20년(480)에 탐라를 정벌하기 위해 무진주까지 친히 군대를 이끌고 행군해 갔던 사실은 동성왕대에 백제의 군사조직이 복원되었음을 잘 보여주고 있다.

이러한 군사조직의 재정비는 무령왕에 이르러 실질적인 효과를 얻게 되었다. 3천에서 5천에 이를 정도로 규모가 커진 군사력을 바탕으로 무령왕이 고구려와의 전쟁에서 승리를 거두면서, 다시 백제가 강국이 되었다고 자부할 수 있었던 것은 동성왕의 군사조직의 복원과 재정비가 가져다 준 열매로 평가할 수 있다.

(2) 국왕 시위군의 강화

동성왕의 군사조직의 복원과 재정비 양상 중에 특징적인 현상으로 국왕 시위군이 제도적으로 정착되고 강화되었던 사실을 들 수 있다. 국왕과 궁실을 숙위하고 호종하는 기본 임무를 가진 군사력인 시위군의 시원적 형태는 왕자로서의 위상이 확립되는 초기 단계에서부터 발견된다. 그러나 그것을 하나의 군사제도로서 설치·운영되기 위해서는 일정 수준 왕권의 성장이 뒷받침되어야 한다. 신라의 경우 진평왕대에 이르러서야 비로소 시위부가 설치·정비되기 시작하고 있는 점에서 이를 짐작할 수 있다.

백제의 국왕 시위군의 제도적 설치와 관련하여 주목되는 것이 '장숙위병사掌宿衛兵事'의 임무를 맡은 위사좌평이라는 관직이다. 『삼국사기』에는 이 위사좌평이 고이왕 27년(259)에 6좌평의 하나로 설치되었고, 이듬해에는 고수高壽라는 인물이 위사좌평에 임명되었다는 기록이 나온다. 그러나 이미 밝혀져 있듯이 고이왕 27년의 기사는 사비도읍기의 상황이 소급 기록된 것이므로 그대로 신뢰하기는 어렵다. 그렇다면 고수의 위사좌평 임명 기록도 사실이 아닌 것으로 보아야 한다.

그런데 동성왕대에 이르러 위사좌평에 대한 기사가 다시 등장하고 있다.

> ① 동성왕 8년(486) 봄 2월에 백가苩加를 위사좌평衛士佐平으로 삼았다.[372]
> ② 동성왕 23년(501) 8월에 가림성加林城을 쌓고 위사좌평 백가로 지키게 하였다. 겨
>   울 10월에 왕이 사비의 동쪽 벌판에서 사냥하였다. 11월에 웅천熊川의 북쪽 벌판에
>   서 사냥하였고, 또 사비의 서쪽 벌판에서 사냥하였는데 큰 눈에 막혀 마포촌馬浦村

---

372 『삼국사기』 권26, 백제본기4, 동성왕 8년.

에서 묵었다. 이보다 앞서 왕이 백가로 가림성을 지키게 하였다. 백가는 가지 않으려고 병을 핑계 삼아 사양하였으나 왕이 허락하지 않았다. 이로 말미암아 백가는 왕을 원망하였는데 이때에 사람을 시켜 왕을 칼로 찔렀다. 12월에 이르러 왕이 죽었다. 시호諡號를 동성왕東城王이라 하였다.[373]

위에서 보듯이 동성왕은 금강유역의 신진귀족 출신 백가를 위사좌평에 임명하였으며, 동왕 23년에 위사좌평 백가를 지방인 가림성으로 퇴출시켰다가 그것이 빌미가 되어 그에게 살해당하였다는 기록이 나온다. 백가가 왕에게 불만을 가졌던 이유는 국왕 측근 신료인 자신을 지방인 가림성으로 퇴출시켰기 때문이었다. 여기서 위사좌평으로 기록된 백가가 국왕 측근에서 복무하는 존재였음을 알 수 있으며, 위사좌평이 곧 국왕 시위군을 지휘하는 임무를 가졌음을 추론할 수 있다.

그렇다면 동성왕대 기록에 재등장하고 있는 위사좌평을 어떻게 이해하는지가 문제이다. 6좌평의 하나인 위사좌평이 사비도읍기의 상황을 전하는 것으로 보아, 이 역시 신빙하기 어려운 자료로 생각할 수도 있지만, 동성왕대에만 특정한 직장職掌을 가진 좌평인 내신좌평, 내법좌평 등이 보이고 있기 때문에, 이에 대한 합리적인 해석이 시도되어야 할 것이다. 이에 동성왕대의 위사좌평 관련 기록을, 그 관직의 직명職名이 반드시 위사좌평인지는 단언하기 어렵지만, 국왕 시위군을 지휘하는 관직이 설치되었고, 그와 더불어 국왕 시위군이 제도적으로 설치·운영된 사실이 반영된 것으로 이해함이 타당하다. 즉 동성왕대에 이례적으로 위사좌평의 임명기사가 남은 것은 우연의 결과나 후대의 사실이 소급 기록된 것이 아니라, 이 시기에 국왕 시위군에 대한 모종의 개혁이 있었음을 시사하는 것으로 생각된다.

아마 웅진 천도 초기의 동요하던 왕권을 안정시키고, 강력한 왕권 확립을 추진하려는 동성왕에게는 친위 군사력인 시위군에 대한 개혁이 필요했을 것이다. 그래서 유력 귀족인 백가苩加를 기용하여 국왕 시위군을 관장하게 하였으며, 그 과정에서 시위군의 규모도 확대되었을 것으로 추측된다. 즉 국왕 시위군 제도를 정착·정비하였던 것

---

[373] 『삼국사기』 권26, 백제본기4, 동성왕 23년.

이다.

그리고 시위군을 관장하는 위사좌평으로 기록된 관직은 요직으로 인정되었을 것이다. 우선 국왕 가까이 수행할 수 있었을 뿐만 아니라, 국왕 친위 군사력을 관장하고 있었기 때문이다. 그러나 귀족적 성격의 인물이 이런 관직을 장악하게 되면, 그는 국왕의 친위 군사력으로서의 성격을 훼손시킬 가능성을 항상 갖고 있었다.

한편, 동성왕대의 국왕 시위군의 제도적 정착과 강화는 다음 기록을 통해서도 엿볼 수 있다.

> 기생반숙례紀生磐宿禰는 임나를 점거하고 고려高麗와 교통하였으며, 장차 서쪽에서 삼한의 왕 노릇을 하려고 관부를 정비하고 스스로 신성神聖이라고 칭하였다. 임나의 좌로左魯·나기타갑배那奇他甲背 등이 계책을 써서 백제의 적막이해適莫爾解를 이림爾林(주:이림은 고려 땅이다)에서 죽이고, 대산성帶山城을 쌓아 동쪽 길을 막고 지켰으며, 군량을 운반하는 나루를 끊어 군대를 굶주려 고생하도록 하였다. 백제왕百濟王이 대노大怒하여 영군領軍 고이해古爾解와 내두內頭 막고해莫古解 등을 보내어 무리를 이끌고 대산성에 나아가 공격하게 하였다. 이에 생반숙례生磐宿禰는 군대를 보내 맞아 싸웠는데, 담력이 더욱 왕성하여 향하는 곳마다 모두 깨트리니 일당백一當百이었다. 얼마 후 군대의 힘이 다하니 일이 이루어지지 못할 것임을 알고 임나로부터 돌아왔다. 이로 말미암아 백제국이 좌로左魯·나기타갑배那奇他甲背 등 3백인을 죽였다.[374]

위의 기사는 여러 가지 측면에서 사료적 한계를 가지고 있으며, 특히 그 원전이 왜의 기생반숙녜紀生磐宿禰 계통의 씨족전승氏族傳承으로서 상당한 왜곡이 가해져 있어, 동성왕 9년(487)으로 편년되는 시기나 일부 표현은 그대로 믿기 어렵다. 그러나 일반적으로 웅진도읍기 후기인 동성왕대에 어떤 귀족세력이 지방세력과 연합하여 모반謀反을 일으켰다가 토벌된 이야기를 전하는 것으로 보고 있으며, 인명이나 관명은 당대의 사실에 일정하게 부합할 가능성이 높다고 본다. 즉 위의 기사에서 반란군을 진압

---

374 『일본서기』 권15, 현종천황 3년 是歲.

하기 위해 백제왕이 파견한 군대를 이끌고 있는 영군領軍과 내두內頭라는 관명은 사실로 볼 수 있겠다. 그리고 위 사료에 보이는 바와 같이 중앙귀족과 지방세력이 연결된 반란이 일어났던 시점은 동성왕대의 정국 동향에 비추어 보면 동성왕대 말기 무렵의 사건으로 생각된다. 이를 종합하면 동성왕 말기의 백제에는 영군과 내두라는 관직이 설치되어 있었던 것으로 볼 수 있다.

여기서 내두는 근시신료의 장에 비정된다. 그리고 영군은 중국 위진남북조기에 황제 금위군을 통솔하던 관직이었으므로, 백제의 영군도 국왕 시위군을 지휘하는 근시 무관직으로 추측해 볼 수 있다. 즉 위 사료에 서 보이는 동성왕 말기의 모종의 모반이 근시 무관직인 영군과 근시 신료의 장인 내두가 지휘하던 동성왕의 친위군사력에 의해 진압되었음을 전하고 있는데, 이를 통해 동성왕대에 국왕 시위군이 제도적으로 정착·정비되었음을 알 수 있다.

3. 사비도읍기 군사조직의 전면적 재편

1) 주요 전쟁기사의 검토

사비도읍기에 백제 군사조직의 면모를 알려주는 관련 사료가 거의 남아 있지 못함은 앞에서도 지적한 바 있다. 다만 약간의 중국 정사의 백제전과 『한원』에 인용된 「괄지지」에 왕도인 사비도성의 행정구역과 5방으로 구획된 전국적인 지방제도를 서술한 가운데서 개별 행정구획에 주둔하는 군사력의 규모와 그 지휘권을 가진 신료 및 지방관을 언급하고 있는 사료가 있다. 그러므로 사비도읍기의 군사조직의 존재양태를 파악하기 위해서는 다른 접근 시각이 필요하다. 그 하나가 상대적으로 풍부한 기록이 남아 있는 구체적인 군사활동의 사례를 이용하는 방법이다.

백제의 군사활동을 전하는 사료는 원래 군사조직의 실태를 알려주기 위한 사료는 아니다. 그러나 군사활동의 주체와 단위가 곧 군사조직이었으므로, 접근 방법에 따라서는 배후에 숨어 있는 군사조직과 관련된 약간의 정보를 얻을 수도 있다. 그래서 전국가적인 규모의 병력동원이 이루어진 것으로 판단되는 몇 가지 구체적인 군사활동 사례를 분석하여 사비시대 백제의 군사조직의 존재양태에 접근하는 단서로 삼고자 한다.

(1) 성왕(聖王) 32년(554)의 관산성(管山城) 전투

재위 16년(538)에 사비로 도읍을 옮긴 성왕은 다양한 제도 개혁을 통하여 강력한 왕권 중심 체제를 구축하여, 백제 국가의 집권적 성격을 더욱 강화하였다. 그리고 활발한 외교활동을 통해 백제-가야-왜-신라의 연합전선을 형성하여 동왕 29년(551)에 오랜 숙원이었던 한강유역을 탈환하였다. 그 결과 백제는 한강 하류의 6군을 차지하였고, 상류의 10군은 신라가 장악하게 되었다.

그런데 신흥 강국으로 발돋움하고 있던 신라 진흥왕이 553년에 한강 하류의 백제 영역을 기습적으로 탈취하여 신주新州를 설치하고 지방관인 군주를 파견하였다. 이에 성왕은 신라에 대한 공격을 단행하여 결국 양국 사이에는 일대 전면전이 전개되었는데, 그것이 554년 관산성전투로 대표되는 백제와 신라의 전쟁이었다.

관산성전투에 관한 사료는 세 계통이 남아 있다. 『삼국사기』 백제본기, 성왕 32년조의 기사, 『삼국사기』 신라본기, 진흥왕 15년조의 기사, 그리고 『일본서기』 흠명기 15년조의 기사가 그것이다. 세 계통의 사료 가운데서 전투의 경과에 대한 서술로 가장 소략한 것이 성왕 32년조 기사이고, 다음이 진흥왕 15년조 기사이며, 그리고 의외로 『일본서기』 흠명기 15년조에서 자세한 내용을 접할 수 있다.

『삼국사기』에서 소재 편목에 따라 상략이나 서술내용상의 미묘한 차이가 발생한 이유는, 편찬 과정에서 편목에 따라 입장이 다른 저본 사료에 근거하여 서술했기 때문일 것이다. 곧 성왕 32년조 기사는 백제국왕의 전사와 대패를 숨기려는 백제 계통의 저본 사료를, 진흥왕 15년조 기사는 대승을 자랑하려는 신라 계통의 저본 사료에 근거했기 때문일 것이다. 따라서 양자는 근본적으로 축소와 과장이라는 혐의를 벗을 수 없지만, 백제와 신라 양측의 입장이 각각 반영된 것이므로 모두 일정한 사실을 기록하고 있는 것으로 보아야 한다. 한편 『일본서기』 흠명기 15년조 기사는 비록 백제의 관점에 동조하는 부분이 있지만, 제3자의 입장에서 객관적으로 기록하려 했으므로, 관련 내용이 가장 자세하게 남게 된 것으로 여겨진다. 따라서 관산성 전투의 경과나 내용은 흠명기 15년조 기사를 기초자료로 삼고 『삼국사기』의 기록을 보완하여 살필 필요가 있다.

이러한 입장에서 양국의 전쟁 상황을 복원하면 다음과 같다. 성왕은 554년 신라에 대한 전면적인 공격에 앞서 그 전해에 고구려를 공격하였다. 신라 진흥왕이 한강 하류유역 장악 이전에 이미 고구려와 밀약을 체결한 상태였으므로, 백제로서는 신라에 대한 공격을 본격화하기 전에 고구려를 견제해 둘 필요가 있었기 때문이다. 그래서 성왕의 태자 위덕(=여창餘昌)은 전국가적인 규모로 군대를 동원하여[悉發國中兵], 고구려로 침입하여 백합야새百合野塞를 쌓고 고구려군과 일전을 벌였다. 이 전투는 위덕 태자가 백제군을 지휘하였고, 고구려왕이 친히 참전하고 있는 등 매우 큰 비중을 지닌 전쟁으로 여겨지는데, 결국 백제군은 고구려군을 격파함으로써 이후 본격적인 신라 공격에서 후고後顧를 덜 수 있었다.

이렇게 고구려군의 활동을 견제하는 데 성공한 백제는 이듬해에 본격적으로 신라 공격에 나섰다. 먼저 백제는 동방령東方領으로 하여금 동방의 군사를 이끌고 관산성(=함산성)을 선제 공격하여 점령하는데 성공하였다. 그리고 위덕태자가 이끄는 주력군과 대가야군이 신라로 진격하여 구타모라새久陀牟羅塞를 쌓는 등 본격적인 공격을 개시하였다. 이때의 군사력도 비록 기록에는 없지만 고구려 공격 당시와 마찬가지로 전국가적 차원에서 조직한 병력이었을 것이다.

이러한 백제의 본격적인 공격에 대응하여 신라는 각간角干 우덕于德과 이찬伊湌 탐지耽知가 인솔하는 중앙군인 대당大幢을 급거 관산성 지역으로 파견하였다. 그리하여 양국 사이에 본격적인 전쟁이 시작되었는데, 초반 전투에서 위덕 태자가 이끄는 백제군은 신라의 대당군을 격파하였다. 신라 측 사료에는 각간 우덕과 이찬 탐지가 맞서 싸웠으나 전세가 불리했던 것으로 기록고 있다. 다만 초반 전투에서 백제군이 승리를 얻을 때까지 성왕은 참전하지 않고 있었다.

개전 초반의 승리에 크게 고무된 성왕은 친히 전장에 참여하였다. 이것이 『삼국사기』에서 관산성전투를 성왕의 친정으로 기록하게 된 이유이다. 한편 성왕의 참전 정보에 접한 신라 역시 위기 상황임을 깨닫고, 국내의 병력을 모두 내어 성왕의 친정에 맞섰으며, 신주군주 김무력金武力도 신주병을 이끌고 참전하게 되었다.

한편, 이러한 전쟁의 경과와 관련하여 백제측 사료에는 성왕이 겨우 보기步騎 50명을 거느리고 구천狗川에 이르렀다가 신라의 매복에 걸려 난병亂兵에 의해 죽음을 맞았다는 쉽게 이해되기 어려운 기술이 보이고 있다. 이는 앞의 전쟁의 경과에 비추어 보면 설명이 가능하다. 즉 동방령의 군대가 관산성을 함락시키고, 이어 위덕태자가 거느린 백제의 주력군이 초반 전투에서 신라군을 격파하자 성왕은 이에 고무되어 친히 전장에 참여하게 되었으며, 승리에 도취되어 약간의 측근 신료와 그리 많지 않은 호위병을 거느리고 전장으로 향하다가 김무력이 이끈 신주병의 매복에 걸려 삼년산군 출신 고간 도도(고도)에 의해 최후를 맞았던 것이다.

성왕의 갑작스러운 전사는 위덕태자가 이끈 주력군의 사기를 극도로 저하시켰으며, 신라는 이를 계기로 대대적인 공격을 단행하여 백제군을 섬멸하였다. 여창餘昌과 제장諸將들이 포위망에 갇혔다가 겨우 탈출했다거나 좌평佐平 4인과 사졸士卒 29,600명을 참살했다는 내용을 통해 백제군의 괴멸 상황을 충분히 짐작할 수 있다.

이상에서 정리한 관산성전투를 전후한 시기의 백제군의 군사활동 속에는 당시 백제 군사조직의 존재양태와 관련한 몇 가지 시사점을 찾아 볼 수 있다.

첫째, 개전 초반에 관산성을 함락시킨 백제의 군사력이 동방령東方領이 이끈 동방의 군사라는 점이다. 관산성 함락 당시 백제 병력의 규모나 그 지휘체계 등 보다 자세한 내용은 보이지 않지만, 이것만으로도 사비도읍기에 전국을 5개의 광역의 지방행정 구획으로 나눈 방方을 단위로 하는 지방군이 존재했음을 짐작할 수 있다. 더구나 이 동방군이 독자적으로 군사활동을 전개하여 당일에 관산성을 함락시키는 전과를 올리고 있음을 보면, 그것이 하나의 단위 군사조직과 같은 성격을 지녔다고 보겠다. 여기서 유추하면 백제에는 하나의 방을 단위로 하는 5개의 지방군 부대가 존재했음을 짐작할 수 있다. 이러한 지방군은 방군 혹은 방령군으로 불리기도 했는데, 방을 단위로 조직된 부대로서 최고 지휘권자는 방의 장관인 방령이었다. 방군의 병졸집단 역시 그 방에 거주하는 지방민으로 구성되었을 것이다.

둘째, 위덕태자가 인솔한 주력군의 규모가 줄잡아 3만명 이상이었음이 확인되는 점이 주목된다. 여기에는 가야와 왜의 군사 등 약간의 외부 군사력도 포함되어 있었

대야성(경남 합천)
낮으막한 산성이다.

지만, "실발국중병悉發國中兵"이란 표현에서 짐작되듯이 그 대부분은 백제의 군사력이었다. 이러한 규모의 군사력에는 동방령이 이끈 방령군(=동방군)과 같은 지방군은 물론 핵심적 군사력인 중앙군도 포함되어 있다고 보아야 한다. 국내의 모든 병력을 징발하면서 중앙군이 제외될 수는 없으며, 최고 지휘권자가 위덕 태자라는 사실도 그것이 지방군과는 다른 군사력 즉 중앙군이었음을 시사한다. 오히려 태자 여창이 이끈 3만의 군사력 가운데 핵심적인 주력은 중앙군으로 보아야 옳을 것 같다.

그리고 이러한 병력을 통솔함에 있어 총사령관 휘하에 지휘체계가 성립되어 있었던 사실도 주목된다. "여창과 여러 장수들이 사잇길로 도망쳐 돌아올 수 있었다"는 표현에서 총사령관 위덕태자 휘하에 병력을 지휘하는 여러 지휘관들이 편제되어 있었음을 알 수 있다. 따라서 전사한 것으로 기록된 4명의 좌평도 각각 단위 부대를 이끌던 지휘관으로 추정되며, 이들 부대들이 곧 위덕태자가 통솔하는 백제의 원정군을 구성했을 것으로 생각된다.

셋째, 이상과 같은 전투부대와는 달리 성왕을 호위하는 소규모의 군사력이 유의된다. 비록 백제측 사료에는 이를 보기 50으로 표현했지만, 이는 백제측 입장이 반영된 의도적인 축소로 보이며, 아마 그 보다는 많은 규모였을 것이다. 규모는 어떠하든 이 자료는 전투부대와는 일정한 거리가 있는 국왕을 호위하는 군대, 곧 시위군의 존재를 시사하는 점에서 유의할 만하다.

이상 관산성전투에 반영된 백제군의 군사활동을 분석하여 군사조직의 존재양태에 접근해 보았다. 태자 혹은 좌평, 그리고 장수들에 의해 지휘되는 중앙군과 방령에 의해 통솔되는 지방군(=방령군), 그리고 국왕을 호위하는 시위군의 존재가 검출되고 있는 점은 사비도읍기 백제의 군사조직의 실태 파악과 관련하여 좋은 단서를 던져 주고 있다.

(2) 의자왕 9년(649) 신라와의 공방전

무왕의 뒤를 이어 왕위에 즉위한 의자왕은, 무왕대의 외교정책의 기조를 이어 받아 즉위 직후부터 대신라 공격을 감행하였다. 즉위 이듬해 7월에는 친히 군사를 이끌고 신라의 미후성彌猴城 등 40여 성을 함락시켰으며, 동년 8월에는 장군 윤충이 대야성을 함락시키고, 신라의 새로운 실력자로 부상하고 있던 김춘추의 사위인 대야성 도독(=하주군주) 김품석金品釋과 그 처자를 죽이는 큰 승리를 거두었다. 특히 대야성은 신라의 서방 진출의 교두보이자 요충이었으므로, 신라는 심대한 타격을 입게 되었다. 이에 신라는 김춘추를 전면에 내세워 적극적인 외교활동을 통해 백제를 견제하는 한편, 김유신을 앞세워 백제와의 무력적인 대결을 시도하였다.

그리하여 양국은 밀고 밀리는 접전을 거듭하게 되거니와, 의자왕은 동왕 7년부터 다시 대신라 공격을 강화하였다. 그러나 이러한 공격전의 결과는 극히 미미하거나 패배로 끝나는 경우가 많았다. 곧 동왕 7년 장군 의직義直이 보기步騎 3,000을 거느리고 신라의 무산성 아래에 진공하여 감물성과 동잠성 등 2성을 공격했다가 김유신의 반격을 받아 크게 패배하여 의직이 필마로 돌아오는 수모를 겪었으며, 이어 동왕 8년에도 장군 의직이 신라 서쪽 변경의 요거성腰車城 등 11여성을 습취하고 옥문곡玉門谷까지 진격했지만, 오히려 압량주군주 김유신이 이끄는 하주정 군사력의 역습을 받아 대야성을 다시 빼앗기고, 나아가 백제 경내의 악성嶽城을 비롯한 20여성을 공취당하는 등 대패를 당하고 말았다.

이러한 거듭되는 패전을 일거에 회복하기 위해 의자왕은 다시 신라에 대한 공격을 시도하였다. 그것이 동왕 9년(649)에 좌장左將 은상殷相을 총사령관으로 삼아 시도된 석토성 등 7성에 대한 공격이었다.

① 의자왕 9년(649) 가을 8월에 왕은 좌장左將 은상殷相을 보내 정병 7천 명을 거느리고 신라의 석토성石吐城 등 일곱 성을 공격하여 빼앗았다. 신라 장군 유신庾信·진춘陳春·천존天存·죽지竹旨 등이 이를 맞아 공격하자, 은상은 불리하여 흩어진 군사들을 수습하여 도살성道薩城 아래에 진을 치고 다시 싸웠으나 우리 군사가 패배하였다.[375]

② 진덕여왕 3년(649) 가을 8월에 백제 장군 은상殷相이 무리를 거느리고 와서 석토성石吐城 등 일곱 성을 공격하여 함락시켰다. 왕이 대장군 유신庾信과 장군 진춘陳春·죽지竹旨·천존天存 등에게 명하여 나아가 막게 하였다. 이곳저곳으로 이동하며 10여일 동안 싸웠으나 해결나지 않았으므로 도살성道薩城 아래 나아가 주둔하였다. …… 첩자가 듣고 돌아가 은상에게 보고하니, 은상 등은 군사가 증원될 것이라 하면서 두려워하지 않을 수 없었다. 이에 유신 등이 진격하여 크게 이겨 장사將士 100명을 죽이거나 사로잡고 군졸 8,980명을 목베었으며, 전마戰馬 1만 필을 획득하였고 병기와 같은 것은 이루 헤아릴 수 없었다.[376]

③ 가을 8월 백제 장군 은상殷相이 석토성石吐城 등 일곱 성을 공격하여 왔다. 왕은 유신과 죽지竹旨·진춘陳春·천존天存 등의 장군에게 명하여 나가 막게 하였다. 3군軍을 나누어 5도道로 삼아 공격했으나, 서로의 승부가 열흘이 지나도록 나지 않았다. 죽어 넘어진 시체가 들에 가득하고 흐르는 피가 내를 이루어 공이를 띄울 정도에 이르렀다. 이에 도살성道薩城 아래에 진을 쳐서 말을 쉬게 하고 군사를 잘 먹여 다시 공격을 시도하였다. …… 간첩이 듣고 돌아가 은상에게 보고하니 은상 등이 군대가 증원되는 줄 알고 두려워하지 않을 수 없었다. 이에 유신 등이 일시에 용감히 공격

---

375 『삼국사기』 권28, 백제본기6, 의자왕 9년.
376 『삼국사기』 권5, 신라본기5, 진덕왕 3년.

하여 크게 이겼다. 장군 달솔正仲과 병사 100명을 생포하고 좌평 은상, 달솔 자견自堅 등 10명과 병사 8,980명을 목베고 말 1만 마리와 투구 1천8백 벌, 기타 이와 비슷한 숫자의 기계를 노획하였다. 돌아오다가 길에서 항복해 오는 백제의 좌평 정복正福과 병사 1천 명을 만나자 모두 석방하여 각자 가고 싶은 대로 맡겼다.[377]

위의 사료는 모두 백제의 석토성 등 7성에 대한 공격과 함락, 반격에 나선 신라군과의 도살성 전투에서의 참패 등 649년의 나제간의 공방전 상황을 기록한 것이지만, 그 내용에서는 상당한 차이가 나타나고 있다. ②·③은 자세하고 소략한 차이는 있지만 동일한 맥락의 내용을 전하고 있음에 비해, ①은 이와 상당한 차이가 있다. 『삼국사기』 편찬 당시에 이용된 저본 자료가 백제 계통과 신라계통으로 서로 달랐기 때문이다. 즉 패전한 백제측은 출전 지휘관의 숫자나 병력의 규모 등을 사실보다 축소하여 기록하였고, 최고 사령관과 주요 지휘관의 전사까지 은폐하는 한편 전쟁과정도 간략하게 서술했기 때문에 수많은 전과를 열거하고 있는 신라 측의 기록과 상당한 괴리가 생기게 되었던 것이다. 말하자면 양 계통의 사료에는 각각 패전한 백제와 승전한 신라의 입장이 그대로 반영되어 있는 셈이다. 그러므로 양 계통의 사료 가운데 어느 하나만이 전적으로 옳다고 보기 어렵다. 백제측 사료에는 사실의 축소, 신라측 사료에는 사실의 과장이라는 측면이 포함되어 있다고 보아야 한다. 이러한 사료적 성격을 고려하면서 위의 사료들을 통해 백제의 군사조직과 관련된 몇 가지 사실을 유추해 보기로 하겠다.

먼저 백제군을 이끌었던 지휘관부터 살펴보기로 하자. 백제군을 지휘한 지휘관에 대해 먼저 백제측 사료인 ①에서는 좌장 은상 1명만이 기록되어 있다. 그러나 신라측의 사료인 3에서는 복수의 장군이 지휘부를 구성했음이 확인된다. 즉 최고 지휘자로 장군인 좌평 은상 외에도 포로로 잡힌 장군 달솔 정중, 은상과 더불어 참수된 것으로 기록된 달솔 자견, 그리고 김유신이 귀로에서 마주친 좌평 정복 등이 보이고 있다. 즉 당시 백제군에는 적어도 4명 이상의 장군이 출정했음을 짐작할 수 있다.

---

[377] 『삼국사기』 권42, 열전2, 김유신 중.

이 중 신빙성이 큰 사료는 신라측 기록이다. 반격에 나선 신라군의 지휘부가 대장군 김유신과 진춘·죽지·천존 등 3명의 장군 등 도합 4명의 장군으로 구성되어 있는 점을 볼 때, 백제의 지휘부 역시 이와 비슷한 수준이었을 것이기 때문이다. 다만 최고 사령관인 은상의 관직명은 좌장이 옳다고 생각된다. 좌장은 고이왕대에 설치된 백제의 군령체계상 최상위의 관직명이지만 당시까지 잔존하고 있었을지는 의문이 든다. 그러나 당시의 행군 편성에서 최고의 군령권을 가진 은상을 백제측 사료가 관행적으로 좌장으로 기록했을 가능성도 배제할 수 없다. 그렇다면 석토성 등 7성 공격전과 도살성 전투에서는 좌장 좌평 은상을 총사령관으로 하여, 장군인 좌평 정복·달솔 정중·달솔 자견 등이 백제군의 지휘부를 형성하였던 것이다.

다음은 백제의 출전병력을 검토해 보자. 백제측 사료인 1에는 7천명으로 기록되어 있다. 그러나 신라측 사료인 2·3에서는 포로로 잡힌 자와 전사자의 합계만으로도 9천명이 넘으며, 3에서 항복한 좌평 정복이 이끈 1,000명을 더하면 적어도 10,000명 이상이 출전했던 것으로 볼 수 있다. 물론 신라측의 과장을 고려할 필요가 있지만, 획득한 전마의 숫자를 1만필이라고 기록하고 있는 것도 출전 병력의 기록이 어느 정도 사실에 근접함을 방증하고 있다. 따라서 출전 병력의 규모에 대한 기록도 신라측 자료가 사실에 가깝다고 판단된다. 신라는 이듬해 당에 사신을 파견하여 백제에 대한 승리를 고하는 한편 유명한 「오언태평송」을 바치기도 했는데, 그것은 이때의 승리가 신라로서는 큰 의미를 지녔기 때문일 것이며, 자연히 관련 기록도 상대적으로 자세하게 남겼으리라 짐작된다. 다만 백제측 사료인 1에서 출전 병력을 7천으로 기록한 것도 단지 내용을 축소한 결과라기 보다는, 출전병력 가운데 좌장 은상이 직접 지휘했던 부대의 병력만을 기록한 것으로 여겨진다.

이상의 검토를 토대로 석토성 등 7성 공격을 전후한 시기의 백제의 군사조직에 관해 몇 가지 사실을 유추하면 다음과 같다.

첫째 백제군은 좌장인 좌평 은상을 최고 사령관으로 하여, 장군인 좌평 정복과 달솔 정중 그리고 달솔 자견이 그 지휘부를 형성하였다.

둘째 그러나 이는 단일한 부대조직은 아니었으며, 몇 개의 단위부대들이 복합된 일종의 군단 규모의 정벌군이었다. 즉 최고 사령관인 좌장 은상은 7,000명으로 구성된 직속 부대를 거느리고 있었다. 그리고 김유신의 귀로에 항복해 온 좌평 정복도 1천명의 병력을 거느리고 있는 것으로 보아, 적어도 그 이상의 병력으로 구성된 별도의 단위부대를 거느렸다고 할 수 있다. 또 사졸 10여명과 같이 생포된 장군인 달솔 정중역시 별도의 단위부대를 통솔했을 가능성이 크다. 달솔의 경우 단위부대를 이끌고 출전하는 사례가 종종 발견되고 있기 때문이다. 그렇다면 달솔 정중 역시 적어도 1,000명 이상의 병력으로 구성된 별개의 부대를 지휘했다고 할 수 있다. 전사한 달솔 자견의 경우는 달솔이라는 관등에서 보면 별개의 부대를 거느린 장군일 수도 있지만, 총사령관인 은상과 함께 전사하고 있어 은상과 더불어 7천명의 핵심부대를 지휘했던 장군이었을 가능성이 크다. 신라군의 행군 편성이 삼군이었던 것은 백제 측이 3개의 개별 부대로 구성되어 방어선을 구축한 데 대한 대응으로 보이기 때문이다.

요컨대 석토성 등 7성을 공격할 당시의 백제의 군사조직은 일단 3개 정도의 단위부대로 구성된 일종의 군단 규모의 군사조직이었다고 할 수 있다. 가장 핵심적인 부대는 총사령관인 좌장 좌평 은상에 직속된 7천명 규모의 병력으로 구성된 부대였으며, 여기에는 장군인 달솔 자견도 소속되어 은상과 더불어 지휘권을 행사하였다. 또 하나의 부대는 장군인 좌평 정복이 지휘한 약 1,000명 가량의 것이었으며, 장군인 달솔 정중이 지휘한 약 2,000명 규모의 별도의 단위부대도 존재하였다.

셋째 위에서 추론한 석토성 전투에서 백제의 군사조직 가운데 좌장이 지휘하는 7천명으로 구성된 부대는 백제의 중앙군에 비정될 수 있다. 김유신에게 항복한 좌평 정복이 거느린 부대와 비교할 때 정예의 상비병으로 보이기 때문이다. 병력의 규모도 그러하거니와 군령체계상 최고의 지위에 있었던 좌장이 통솔하고 있는 점에서도 그리 무리한 추정은 아닐 것이다.

넷째 김유신의 귀환 길에 항복한 좌평 정복이 거느린 약 1천명 규모의 별도 부대의 특이한 성격이 주목된다. 김유신은 좌평 정복과 1천명의 병력이 항복해 오자, 이들을 포로로 삼지 않고 그대로 방기해 버렸다. 이는 백제 신라 양국의 전쟁 상황이나 전투과 깅읕 그러한 때, 실로 이례적인 일이라고 하지 않을 수 없다. 왜 김유신은 항복해 온 1천 병력을 방치했던 것일까?

고대국가의 전투에 동원된 군사력은 효용驍勇과 의병疑兵, 예병銳兵과 소약少弱, 강건정병强健精兵과 노약老弱 등으로 나누어 기록한 사례에서 볼 수 있듯이 병력의 질적 차이가 있었다. 물론 백제의 단위 부대 중에도 전투력을 제대로 갖추지 못한 의병·소약·노약자로 구성된 부대가 존재했을 것이다. 더구나 의자왕 즉위 이후의 연속적인 대신라전쟁과 동왕 6년·7년의 연이은 대패를 감안하면 백제는 소약少弱·노약老弱으로 표현될 만한, 백성을 임시로 징발하여 편성한 의병疑兵으로 구성된 부대를 출전시켰을 가능성이 크다. 좌평 정복이 거느린 부대는 바로 이와 같은 임시로 징발된 의병 혹은 노약의 부대가 아니었을까 한다. 그래서 스스로 항복해 온 1천명의 군사력을 김유신도 방기해 버렸을 것이다. 다만 이 부대는 그 지휘관이 좌평이라는 점에서 보면 이 역시 중앙군의 범주에 넣을 수 있다고 본다. 여하튼 이를 통해 우리는 백제의 군사조직 가운데는 때로는 임시 징발병을 편성한 부대가 존재했던 사실을 유추할 수 있다.

다섯째 장군인 달솔 정중이 별도로 거느렸던 약 2,000명 규모의 부대가 주목된다. 사실 이 부대의 성격을 알려주는 직접적인 단서는 어디에도 찾을 수 없다. 그러나 『주서』백제전의 광역의 지방행정구획인 5방의 방령은 달솔이 임명되며, 또 방에 주둔한 1천 2백~7백명 정도의 병력을 통솔했다는 기록을 참조하면, 달솔 정중은 방령이었으며, 그가 지휘했던 부대도 지방군(=방군·방령군)일 가능성도 없지 않지만, 방령이 아니라 장군으로 기록된 점에서 아무래도 중앙군의 단위부대로 파악하는 것이 순리일 듯 싶다.

이상 649년의 석토성 등 7성 전투의 사례를 통해 우리는 백제의 군사조직과 관련하여 좌장이 이끄는 정예 중앙군의 존재와 임시 징발병으로 편성한 의병의 중앙군, 그리고 중앙군 내부의 개별 단위부대의 존재를 유추할 수 있다.

(3) 의자왕 20년(660)의 황산벌 전투

의자왕 20년은 백제가 나당연합군에 맞서 국가의 존망을 걸고 전면적인 방어전을 전개했던 시점이었다. 그러므로 당시의 전투에 대한 기록 가운데에는 백제의 군사조직에 대한 상당한 정보가 남아 있을 것으로 기대해 볼 수 있다. 그러나 관련 사료를 검토하면 오히려 앞의 두 사례보다 백제측의 사정을 알 수 있는 내용이 더욱 소략하게 된다. 아마 최후의 전면전에 대한 백제측의 기록이 남아 있지 못했기 때문일 것이다.

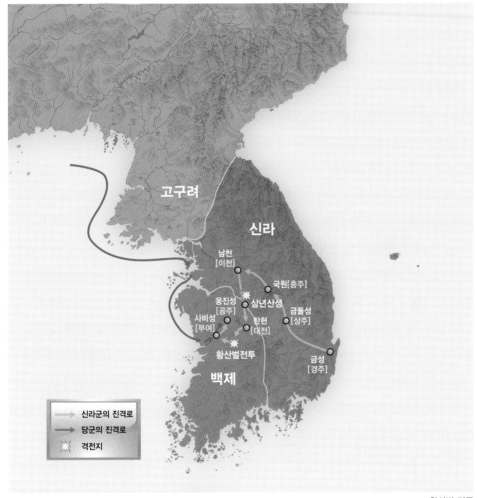

황산벌 전투

　부족한 사료이지만, 이들을 종합하여 황산벌 전투에 동원된 백제의 군사조직을 유추해 보자. 황산벌로 상징되는 백제의 동부 방어선은 백제의 주력군이 포진한 주방어선이라고 보기는 어렵다. 나당연합군의 침입이 시작되자 백제의 방어 방식은 백강을 통해 공격해 오는 소정방이 거느린 당군을 방어하고 또한 탄현을 거쳐 황산벌로 진격해 온 김유신이 거느린 신라군을 방어하는 양상이었다. 하지만 주력군은 최후로 사비도성의 방어에 투입되었다가 패사한 1만명의 병력이 포함된 군사력으로 보인다. 그리고 사비도성 함락 직전 웅진성으로 도피했던 의장왕의 항복 과정에 대한 기록에서 웅진 방령군의 존재가 확인된다. 즉 660년의 백제 최후의 방어전선의 형성과 전투 및 이후의 사태 진전 과정에 대한 자료를 통해서 백제의 중앙군과 지방군의 존재양태에 대한 약간의 시사를 얻을 수 있다.

황산벌 전투에 관한 기록을 종합하면, 장군인 달솔 계백이 5천명의 사사死士를 간 선簡選하여 황산벌로 나가 3영을 설치했다는 사실이 확인된다. 이렇듯 황산벌에서의 백제 방어군은 장군 달솔 계백이 영솔하는 5천명의 병사로 구성된 단일부대인 것으 로 보이는데, 3개의 병영을 설치했다고 하여 의문을 남긴다. 그러나 다른 자료를 통해 볼 때, 황산벌 전투에 참전한 백제의 군사조직이 단일부대가 아니었음을 알 수 있다. 우선 지휘권자인 장군이 계백 외에도 적어도 2명이 더 있었다. 황산벌전투에서 포로 로 잡힌 좌평 충상과 상영이라는 인물이 바로 그들이다. 이들은 관등이 달솔인 계백 보다 상위인 좌평이었으며, 신라로부터 장군직에 임명되고 있는 데서 이를 짐작할 수 있다.

요컨대 황산벌전투에 참전한 백제의 장군은 계백 외에도 좌평인 충상과 상영 2명 이 더 있었던 셈이다. 이와 같이 3명의 장군이 존재했던 것은 참전한 단위부대가 3 개였음을 말하는 것이다. 백제군이 3영三營을 설치했던 것은 곧 이들 3개의 부대가 각각 하나씩 군영을 세웠기 때문이었다. 그렇다면 참전 병력도 계백이 거느린 병사 5,000명뿐이었다고는 단정할 수 없다. 병사 5,000명으로 구성된 단위부대는 장군 계 백이 이끄는 하나의 부대였다. 나머지 2개의 부대 병력이 얼마였는지는 확인되지 않 지만, 이들 부대의 장군이 계백보다 높은 관등을 가진 점이나, 후술하듯이 좌평 충상 이 총사령관으로 추정되는 점에서 보면 이들 부대의 병력 규모도 5,000에 가까운 것 으로 추정하는 것이 합리적이다.

이상의 검토를 근거로 삼아 황산벌전투에 참전한 백제 군사조직의 존재 양태를 추 론해 보기로 하자.

첫째 황산벌전투에 참전한 백제의 군사조직은 3개의 부대로 구성되어 있었다. 그 러나 이들은 고립분산적인 개별 부대가 아니라 하나의 군단적 성격을 가진 군사조직 이었다. 최고 사령관은 아마 좌평 충상이었을 것이다.

둘째, 계백이 이끈 5,000명의 병사로 조직된 하나의 개별 부대가 인정된다. 이들은 비록 출전에 즈음하여 계백에 의해 소모(召募)된 것으로 나오지만, 임시적인 징발병이라고 볼 수는 없다. 초반 전투에서 신라군을 네 차례나 물리칠 수 있었던 것은 이들이 평상시에도 군사훈련을 받아왔음을 시사하고 있기 때문이다. 아마 상비병인 중앙군 가운데서 특별히 선발된 말 그대로의 결사대였을 것이다.

셋째 좌평인 충상과 좌평인 상영에 의해 지휘되는 또 다른 2개 부대의 존재를 유추할 수 있다. 이들의 관등이 좌평인 점에서 보면 이들이 거느린 부대 역시 중앙군으로 보아야 한다. 다만 그것이 상비병인지 여부는 단언할 수 없다. 당시의 급박한 상황을 감안하면 왕도와 그 주위의 백성을 임시로 징발 편성한 부대였을 가능성이 크다.

넷째 개별 부대는 좌평 혹은 달솔의 관등을 가진 장군이 지휘권을 행사하였으며, 그 아래에는 차상급의 지휘체계가 형성되어 있었을 것이다.

이상 황산벌전투에 대한 분석을 통하여 유추될 수 있는 백제 군사조직에 대한 몇 가지 사실은 다음과 같이 정리된다. 백제군 출정시의 군사조직은 복수의 개별부대를 묶은 군단적 성격을 갖고 있었다. 그리고 개별 부대의 지휘권은 장군이라는 칭호를 가진 좌평 혹은 달솔의 관등 소지자였으며, 이들의 휘하에는 은솔 등의 관등 소지자가 차상급의 지휘체계를 형성하였다. 또 백제의 중앙군을 구성하는 병졸집단은 상비병과 출전에 즈음하여 임시로 징발 편성되는 병사로 이루어졌다. 다만 후자는 비상시의 특수한 경우로 생각된다.

2) 전쟁기사로 본 군사조직의 존재양태와 운용

앞에서 군사활동 사례를 분석하여 사비시대 백제의 군사조직의 존재양태를 살펴보았다. 그 결과 백제의 군사조직을 일단 국왕 시위군과 중앙군 및 지방군으로 나눠어져 있음을 확인하였고, 지휘권자와 전쟁에 동원된 병졸집단의 구성 등에 대해서도 약간의 실마리를 얻을 수 있었다.

이러한 군사조직의 어렴풋한 모습은 대략 성왕 16년(538)에 사비로 천도한 후 추진된 전반적인 개혁의 일환이었던 군사조직의 재편 작업 결과임은 말할 필요도 없다. 이제 아래에서는 사비도읍기 백제의 군사조직과 운용문제를 검토해보기로 하겠다.

(1) 국왕 시위군과 그 운용

성왕 32년의 관산성 전투를 분석하면서 국왕을 지근至近거리에서 호위하고 있는 그리 많지 않은 군사력이 존재함을 확인하였다. 이들은 일단 본격적인 전투부대와는 성격상 일정한 거리가 있는 존재들이었고, 군사력의 규모 역시 야전부대와는 차이가 있었던 것으로 나타나고 있다. 이를 국왕 시위군으로 규정할 수 있겠다.

이 국왕 시위군은 국왕의 직접적인 통제하에 놓인 친위 군사력이었으며, 국왕이 거주하는 궁성을 숙위하고 국왕이나 왕실세력의 행차 시에 호종하는 기능을 수행함으로써 국왕을 보호하는 한편 국왕과 왕실의 위엄을 과시하는 상징적 기능까지 행사하였을 것이다.

물론 백제에서 국왕 시위군이 사비 도읍기에 이르러 비로소 설치된 것이 아니었다. 이미 고이왕 27년에 '숙위병사宿衛兵事'를 관장한 위사좌평衛士佐平이 설치되었으며, 이듬해에는 고수高壽를 그 직책에 임명했던 기사가 보이고 있다. 이 위사좌평이 맡은 '숙위병사'란 곧 국왕 시위군을 관장하여 궁성을 지키고, 국왕의 행차를 호종하는 등의 군사적 기능을 의미한다. 따라서 위사좌평의 설치란 곧 국왕 시위군의 제도적 성립을 의미하는 것으로 볼 여지가 있다. 그러나 고이왕 27년의 6좌평 설치 기사는 그 신빙성 여부를 놓고 상당한 논란이 있으며, 국가체제의 정비라는 대세적 측면에서 보면 이를 그대로 따르기에는 곤란한 점이 있다. 그러므로 위의 사료는 일단 유보해 두는 것이 옳다고 생각한다.

고이왕 27년의 위사좌평 설치 기사를 유보한다고 하더라도, 개로왕 21년(472)에 한성 함락 직전의 상황을 보여주는 기록에서 궁성을 탈출하여 서쪽으로 도망치는 개로왕이 수십명의 기병을 거느리고 있음이 보인다. 이들의 성격은 최후까지 개로왕을 호위했던 측근의 군사력으로 국왕에 대한 충성도가 상대적으로 높은 존재들로서, 평소부터 측근에서 국왕을 시위하던 시위군으로 추정할 수 있다. 요컨대 한성도읍기 후기에는 이미 국왕 시위군이 존재했음을 짐작할 수 있다. 이러한 국왕 시위군은 앞서 언급한 바와 같이 동성왕대에 제도적인 정착·정비를 통해 강화되었다. 시위군의 지휘권자에 최고 관등인 좌평이 임명되는 등 위상이 높아져 강화된 왕권을 뒷받침하였던 것이다.

이러한 국왕 시위군의 제도적 틀은 사비도읍기에도 계승되었을 것이지만, 일정한 변화도 있었을 것으로 예상된다. 동성왕 말년에 위사좌평 백가가 국왕을 시해하고 반란을 일으켰다가 무령왕에 의해 진압되는 과정에서 시위군에 대한 개혁이 단행되었을 것이며, 사비 천도 또한 시위군 개편의 또 다른 계기가 되었을 것이다.

사비도읍기의 국왕 시위군과 관련하여 주목되는 것이 왕도 5부에 상주했다는 2천5백명의 군사력이다. 『주서』 백제전이나 『한원』이 이용한 괄지지 등에는 사비도읍기 백제의 왕도가 5부로 나누어져 있었고, 부마다 5백명의 병사가 존재했으며, 이들을 각각 달솔이 통솔하였다고 기록되어 있다. 기왕에는 이를 백제의 중앙군사조직으로 보면서, 이들이 왕

백제의 영역 변천

도의 수비와 치안 확보를 그 임무로 하고 있었다고 이해하였다.

그러나 이 5명의 달솔이 지휘하는 왕도 5부의 2천 5백명의 군사력을 막연히 백제의 중앙 군사조직(중앙군)으로 비정해서는 곤란하다. 이들이 왕도에 주둔하고 있는 점에서는 중앙 군사조직이라고 할 수도 있지만, 그 임무가 외적의 방어와 공격전의 수행 등 전투를 목적으로 하는 핵심적 군사력으로서의 중앙군과는 일정한 거리가 있으므로, 범주를 달리하는 군사력으로 보아야 하기 때문이다. 백제 군사활동의 사례를 보면, 대외 전쟁에 출전하는 백제의 군사력 가운데는 좌장 혹은 장군에 의해 통솔되는 핵심적인 군사력으로서의 중앙군의 존재가 상정될 수 있기 때문이다. 요컨대 왕도에 주둔하고 있는 2천 5백명 규모의 군사력은 외침의 방어와 공격전에 동원되는 핵심 전투부대로서의 중앙군과 구별되는 존재인 것이다.

이 때 참고가 되는 사례가 통일기 신라의 국왕이 거주하는 금성을 수비하는 부대인 3천명의 위병으로 구성된 사자대獅子隊이다. 이 사자대는 국왕 측근의 군사력인 시위부의 규모가 커지면서 숙위와 호종이라는 본연의 기능을 넘어 왕도의 수비와 치안의 확보 임무까지 갖게 된 이후의 시위부에 대한 별칭이다. 신라의 시위부는 3도 즉 3개의 부대로 구성되었으며, 여기에 6명의 장군이 배속되어 있었다. 그런데 시위부 장군의 관등 규정을 보면 진골귀족보다는 6두품을 위한 관직이라는 성격이 짙다. 또 그 정원을 6명의 복수제로 하고 있는 점도 지휘권자의 상호 견제를 통해 시위부 군사력에 대한 독점적 지배를 막기 위한 장치 가운데 하나였다. 그것은 시위부가 국왕의 친위 군사력이었기 때문이었다. 이러한 시위부가 통일기에는 사자대로 확대되었던 것이다.

이와 같은 신라 시위부의 사례를 보면, 백제의 왕도 5부에 주둔하는 군사력과 상당한 공통점을 갖고 있음을 알 수 있다. 첫째, 5명의 달솔이 각각 500명의 병력을 통솔하고 있는 점이다. 말하자면 5개의 소부대로 이루어진 셈인데, 이 점 3개의 소부대로 이루어진 신라의 시위부와 흡사하다. 둘째, 지휘권자가 좌평이 아니라 달솔이라는 점이나, 정원이 5명인 복수제라는 사실도 신라 시위부의 지휘부와 흡사하다. 이는 신라 시위부와 마찬가지로, 왕도 내의 군사력에 대한 유력 귀족의 영향을 가능한 한 차단하려는 국왕의 의도가 반영된 결과일 것이다. 셋째, 임무 면에서도 시위부의 후신인 사자대와 흡사하다. 비록 명시되지는 않았지만, 이들 왕도의 5부에 주둔하고 있는 군사력은 궁성의 숙위와 국왕의 호종이라는 시위군 본연의 기능과 함께 왕도의 수비와 치안의 확보라는 임무도 수행했을 것이다. 넷째, 병졸집단의 구성에서도 유사성이 발견된다. 우선 백제의 왕도 5부에 각각 존재하는 5백명의 병사들은 대체로 소속 부 출신자들이었을 것이다. 「괄지지」에 의하면 1개 부는 2천가 내외로 추산되는데, 그 가운데서 특히 효용한 인물을 선발·소모하여 구성되었을 것이다. 이점 왕경인 가운데 효용자를 모집하여 구성된 신라의 시위부 병졸과 비슷한 점이 있다. 이들은 왕도에 주둔하고 있다는 점에서, 변방의 산성 등에 주둔하면서 국토를 방어하고, 유사시에는 전투에 참전해야 하는 야전의 여타 병사들 보다는 특권적인 존재이기도 하였다.

이상에서 살핀 바처럼 5명의 달솔에 의해 5백명씩 각각 통솔되는 2천 5백명의 백제 왕도의 군사력은 국왕 시위군의 성격이 강한 것으로 생각된다. 비록 그 임무에 왕도 수비 및 치안의 확보와 같은 국왕 시위군 본연의 기능을 넘어서는 확대된 면이 포함되어 있지만, 그것은 신라의 경우에 비추어 보더라도 그리 이상한 일은 아니라고 할 수 있다.

사비시대의 왕도에 존재하는 2천 5백명의 군사력이 국왕 시위군이라면, 이전 단계와는 일정한 차이를 엿볼 수 있다. 첫째 병력의 규모가 커졌고, 그 임무도 크게 확대되었다. 둘째, 위사좌평이라는 일급 귀족이 국왕 시위군을 장악했던 데서 벗어나 달솔이 시위군을 지휘하게 되었다. 시위군에 대한 유력귀족의 영향력이 배제되면서, 국왕의 시위군에 대한 장악력이 높아졌을 것이고, 말 그대로 국왕의 친위 군사력으로 기능하게 되었을 것이다.

이러한 국왕 시위군의 개편은 사비천도 이후의 왕도 조식의 정비 과정과 궤를 같이하여 추진되었을 것이다. 5부에서 각각 5백명의 병졸을 내는 획일성이나, 5명의 달솔이 이를 지휘한다는 점에서 짐작이 가능하다. 그렇다면 이와 같은 국왕 시위군의 확대와 개편은 성왕의 왕권강화를 위한 개혁정치의 한 줄기를 이룬다고 할 수 있겠다.

(2) 중앙군과 그 운용

『주서』백제전이나 『한원』이 인용한 「괄지지」 등의 기록에 보이는 왕도 5부에 주둔하고 있는 2천 5백명의 군사력이 국왕 시위군이라면, 외침의 방어와 공격전 등 백제군의 구체적인 군사활동에서 핵심적인 군사력으로 기능했던 중앙군이 따로 존재하였다. 그러나 아쉽게도 백제 중앙군의 존재양태나 지휘체계를 보여주는 명확한 사료는 현재 찾아볼 수 없다. 이에 단편적이고 간접적인 기록들을 종합하여 이 문제에 접근할 수밖에 없다.

먼저 살펴보아야 할 점이 전시의 출전 상황에서의 지휘관과 병력에 기록들이다. 여기에는 중앙군의 지휘관으로 비정될 수 있는 관직명이 보이고 있기 때문이다. 사비도 읍기를 대상으로 대외 전쟁에 출전하는 부대의 지휘관과 병력규모 및 관련 기록을 모아 정리하면 아래의 〈표 2-8〉과 같다.

<표 2-8> 사비도읍기 출전상황의 지휘관과 병력규모

시기	지휘관		병력규모	전쟁유형	비고
	직명·관등	이름			
성왕 1년 (523)	좌장(左將)	지충(志忠)	보기(步騎) 1만	대고구려 방어전	
동 7년 (529)	좌평(佐平)	연모(燕謨)	보기(步騎) 3만	상동	사자 2천여인
동 18년 (540)	장군(將軍)	연회(燕會)	?	대고구려 공격전	
동 28년 (550)	장군(將軍)	달이(達已)	병 1만	상동	
동 32년 (554)	태자(太子)[한솔(扞率)] 동방령(東方領) 제장(諸將)	위덕(威德) 물부막기무련 (物部莫奇武連) ?	3만 이상*	대신라 공격전	관산성 전투
위덕 6년 (559)	?	?	?	상동	사자 1천여인
무왕 2년 (601)	좌평(佐平)	해수(解讎)	보기(步騎) 4만	상동	
동 17년 (616)	달솔(達率)	백기(苩奇)	병 8천	상동	
동 28년 (627)	장군(將軍)	사걸(沙乞)	?	상동	
동 37년 (636)	장군(將軍)	우소(于召)	갑사(甲士) 5백	상동	
의자 2년 (642)	국왕 친솔(國王 親率)		?	상동	
동 2년 (642)	장군(將軍)	윤충(允忠)	병 1만	상동	
동 7년 (647)	장군(將軍)	의직(義直)	보기(步騎) 3천	상동	전사 3천여인
동 8년 (648)	[장군(將軍)]	의직(義直)	?	상동	포로 비장 8인·전사 1천여인
동 9년 (649)	좌장 좌평(左將 佐平) [장군 달솔(將軍 達率)*] [장군 좌평(將軍 佐平)*] [장군 달솔(將軍 達率)*]	은상(殷相) [정중(正仲)] [정복(正福)] [자견(自堅)]	정병(精兵) 7천 (1만 이상*)	상동	포로장군1명 사졸980인·항복 장군 1인·졸 1천인·전사 장군 2인 등 10인 및 사졸 8,980인

| 동 20년
(660) | 장군 달솔(將軍 達率)
[장군 좌평(將軍 佐平)*]
[장군 좌평(將軍 佐平)*]
[장군 달솔(將軍 達率)*] | 계백(堦白)
[충상(忠常)]
[상영(常永)]
[자간(自簡)] | 사사(死士) 5천
(1만 5천*) | 대신라
방어전 | 황산벌 전투 |

* 는 추정

위의 〈표 2-8〉은 서술의 편의상 성왕 즉위 이후 멸망에 이르기까지 백제가 군대를 출동시킨 기록을 정리해 본 것이다. 여기서 우선 주목할 것은 출전 지휘관의 직명이다. 〈표 2-8〉에 의하면 출전 지휘관은 국왕이나 태자와 같은 '친솔형親率形'의 경우, 좌장左將인 경우(2명), 장군인 경우(14명), 방령인 경우(1명), 관등 소지자인 경우(좌평佐平 2명, 달솔達率 1명) 등 다섯 유형으로 구분된다.

이 중 지방장관인 방령이 거느린 군사는 지방군이 분명하므로, 중앙군과는 명백하게 구별되는 군사력이다. 이를 제외한 나머지의 경우는 지휘하는 군사력이 중앙군인지 지방군인지 여부가 확연하게 드러나지 않는다. 그래서 이 문제부터 정리해 두기로 하겠다.

국왕이나 태자가 최고 지휘관으로 출전한 '친솔형'의 경우, 휘하 군사력으로 국왕을 호위하기 위한 약간의 국왕 시위군도 포함되어 있었겠지만, 주력은 역시 중앙군이었을 것이다. 그러나 〈표 2-8〉에서 보듯이 성왕 32년에 벌어진 관산성 전투의 경우 중앙군은 물론 지방군까지 동원한 상황이므로, 중앙군만을 분별해 내기가 어렵고, 의자왕 2년의 경우에도 병력에 대한 기록이 빠져 있어 지휘병력의 실태 파악이 불가능하다.

나머지 사례 가운데 중앙군의 지휘관이었음이 분명한 것으로는 좌장을 들 수 있다. 좌장은 비교적 이른 시기부터 등장하는 무관직으로, 설치 초기의 경우에는 병마권을 장악한 군사업무를 총괄하는 관직이었다. 그러나 병관좌평으로 표현된 군정업무를 총괄하는 좌평직이 설치되면서 좌장은 국왕으로부터 군령권을 위임받은 최고 군령권자, 즉 총사령관으로서의 위상을 갖게 되었던 것으로 생각된다. 좌장이 종종 총사령관으로서 직접 군사를 거느리고 군사활동을 벌인 사실에서 방증을 얻을 수 있다. 최고의 군령권자인 좌장이 지휘한 군사력은 중앙군으로 보는 것이 합리적이다. 이러한 병력은 흔히 '정병精兵'으로 표기되기도 하는데, 아마 정예의 중앙군이었기 때문일 것이다. 위의 「표」에 의하면 좌장은 보통 1만 명 정도의 병력을 인솔하고 출정했던 것으로 보인다. 다만 이를 백제 중앙군의 전체적인 숫자라고 할 수는 없고, 중앙군의 일부로 보아야 할 것이다.

백제 지휘관에 대한 또 다른 칭호가 장군이다. 장군은 원래 "군사를 거느린다"는 뜻으로, 왕명을 받아 부대를 거느리고 출정하는 자에 대한 일반적인 칭호이다. 그러나 국왕으로부터 군령권을 위임받아, 군사를 지휘하는 업무를 지속적으로 장악하게 됨에 따라 관직 명칭으로 자리잡게 되었다.

사비도읍기 백제의 장군도 마찬가지였다. 여타 관직자가 출정 부대의 지휘권자로 임명될 경우에도 장군 칭호가 부여되고 있어 임시적인 칭호로 볼 여지가 없지 않지만, 사비도읍기에는 전문적인 군사지휘관인 무관직명으로 정착된 것으로 보인다. 554년에 왜에 파견된 백제 사신인 삼귀三貴가 장군이라는 관직을 보유하고 있음이 이를 입증하고 있다. 요컨대 사비도읍기의 장군은 평상시에도 설치되어 있던 군령권을 위임받은 관직이었으며, 복수의 인물이 취임했던 복수제의 관직이었고, 내부에 서열상의 분화도 이루어져 있었다.

이들이 인솔했던 병력의 규모는 자료에 따라 다양하지만, 병력의 성격은 역시 중앙군일 가능성이 크다. 장군 계백이 거느린 군사 5천은 중앙군 가운데서 선발한 결사대로 추론되는 점에서 짐작할 수 있다. 다만 장군의 지휘 병력이 좌장의 그것보다는 대체로 규모가 작은 점에서 보면, 중앙군의 총사령관은 좌장이며, 그 아래에 복수의 장군이 존재하여 필요에 따라 단위부대를 인솔하고 군사활동을 전개하는 방식으로 중앙군이 운용된 것으로 짐작된다. 〈표 2-8〉에서 장군 의직이 지휘한 보기 3천의 병력이나 장군 우소가 거느린 갑사 5백은 곧 중앙군의 일부인 개별 부대가 출전한 사실을 보여주는 사례로 판단된다.

지휘관 유형으로 관등소지자가 있다. 〈표 2-6〉에 의하면 좌평이 지휘관인 경우 지휘 병력이 보기 3만과 4만으로 나오고 있다. 자세한 기록은 없지만, 병력규모로 보아 전국가적 규모의 행군 편성으로 생각된다. 따라서 중앙군과 지방군이 모두 여기에 포함되었을 것이고, 중앙군의 규모를 추산하기는 불가능하다. 다음 달솔이 지휘관인 경우 지휘 병력의 규모가 8천명으로 나오고 있지만, 군사력의 성격은 파악되지 않는다. 역시 병력 규모에서 중앙군으로 보는 것이 옳을 것 같다.

이상에서 출전 상황의 지휘관과 병력 규모에 대한 검토를 통하여 백제의 중앙군이 좌장이나 장군에 의해 지휘된다는 점, 병력의 규모가 1만 명 정도를 상한으로 하고 있다는 점 등을 추론하였다. 그러나 이는 전시의 출전상황에 대한 기록이기에 이들이 과연 상비병이었는지를 검토해 볼 필요가 있다. 직접적인 관련 자료가 없지만, 좌장 은상이 거느렸던 정병 7천은 그 표현상 상비병으로 본다면, 좌장 혹은 장군에 의해 인솔되는 1만명 정도를 단위로 하는 중앙군도 상비병으로 볼 수 있을 것이나.

이럴 경우 중앙군을 구성하는 병졸들의 출신, 평상시 존재 양태와 주둔지 등의 문제가 해명되어야 한다. 이에 대해서는 다음과 같은 가능성만을 제시하는 것으로 그친다. 중앙군을 구성하는 병졸집단은 주로 왕경 거주자 중에서 군역의무자들이 징발·편성되었을 것이다. 이에 더하여 변경 요충지가 아닌 지방 내지內地의 방·군·성의 군역의무자들 중에서도 왕도로 차출되어 중앙군의 일부를 구성했을 것으로 본다. 평상시 중앙군의 일부는 청마산성·청산성 등 사비도성 주위의 산성에 배치되어 왕도의 외곽수비를 맡았으며, 또 일부는 왕도 주위에 설치된 병영에 속하여 군사훈련을 받는 등 분산적으로 주둔하였을 것이다. 그래서 전시 출동상황에서는 부분적으로 동원되거나, 전체가 출전하여 백제의 핵심적인 군사력으로 기능했을 것이다.

요컨대 사비도읍기 백제의 중앙군은 왕도 주민과 일부 지방민을 징발 편성하여 평상시에는 도성 주위의 산성이나 병영에 개별 부대 단위로 주둔해 있던 상비군이었다. 그러나 전시 출정의 상황에서는 좌장이나 장군의 인솔 아래 부분적으로 때로는 전체가 출정하여 국가의 보위와 정복활동을 수행했던 핵심적인 군사력이었다. 이런 의미에서 평상시와 출정시의 존재 양태가 변화하는 군사조직이었다고 할 수 있다.

그리고 전국가적인 규모의 행군 편성이 이루어질 때는 왕도의 주민 가운데 대부분의 군역의무자들이 임시로 징발되어 전투에 동원되기도 했던 것으로 보인다. 앞에서 지적한 좌평 정복이 이끈 단위부대를 통해 이를 추지할 수 있고, 그렇기 때문에 평상시에 왕도의 주민들은 군사훈련을 받기도 했다. 이렇게 편성되는 부대 역시 넓은 의미의 중앙군으로 범주화해도 좋지 않을까 한다.

(3) 지방군과 그 운용

사비도읍기의 지방군사조직에 대해서는 지금까지 지방통치체제를 검토하는 과정에서 연구가 진행된 결과 어느 정도 윤곽을 파악할 수 있게 되었다. 이와 관련된 기본 사료는 『주서』·『북사』·『수서』 백제전과 『한원』에 인용된 「괄지지」이다. 이를 사료를 토대로 복원된 사비도읍기의 지방군사조직의 개요는 다음과 같이 정리된다.

첫째 전국을 5개의 광역으로 구분한 5방의 방성에는 달솔인 방령의 지휘를 받는 병력이 배치되어 있었다. 그 규모는 많을 경우 1,200~1,000명, 적을 경우 800~700명 정도였으며, 이들이 바로 방군(=방령군)이었다. 둘째, 오방에는 각각 10개 내지 6~7개의 군이 속해 있었으며, 군에는 덕솔(혹은 은솔)로 보임되는 군장 3인이 배치되어 있었다. 군장은 그 명칭이 보여주듯이 군사적 성격이 강한 지방관이었고, 방과 군은 각각 군관구로 기능하였다. 이를 종합하면 방령이 거느린 방성에 주둔하는 1,200~700명의 병사력과 군장이라는 지방관 및 지방행정구역이 가진 군관구적 성격을 주목하여 이를 사비도읍기의 지방군사조직으로 치환해 보았던 것이다.

고대국가의 지방행정구역과 지방관이 군사적 성격을 농후하게 갖고 있었고, 그 자체가 군사조직적 성격을 지니기도 했던 면은 부인할 수 없다. 그러나 그것은 국지적인 방어전이나 병졸집단의 편성에서 지방 행정 단위가 하나의 단위부대적 성격을 가진다는 의미로 한정해 보는 것이 옳다. 하나의 방성에 주둔한 것으로 기록된 1,200~700명의 병력, 오방의 경우를 모두 합치더라도 6,000~3,500명에 불과한 병력을 전체 지방군으로 이해해서는 곤란하다. 방군·방령군의 경우 공격전에 동원된 사례가 확인되는데, 그 때 방령이 1,200~700명의 병력만을 이끌고 참전한 것으로 볼 수는 없다. 왜냐하면 사비도읍기에 대외전쟁에 출전한 백제 병력의 규모가 흔히 1만 명을 넘고 있기 때문이다. 그렇다면 방성에 주둔하는 병력에 대한 기록은 평상시의 상황을 보여주는 것이고, 전시 출정의 상황에서는 따로 편성되는 군사조직을 상정할 필요가 있겠다. 요컨대 백제 지방군도 평상시의 존재양태와 출전상황에서의 그것이 서로 달랐던 군사조직으로 이해된다.

평상시에 지방에 존재했던 지방군의 경우부터 살펴보자. 평상시에도 지방에 주둔하고 있는 군사력이라면 곧 상비군을 의미한다. 지방의 상비군으로 먼저 주목되는 것이 방성에 주둔하고 있는 군사력이다. 이들 1천2백~7백명의 병력은 방의 치소인 방성에 주둔하고 있으면서 방령의 지휘를 받으며, 치안의 확보와 국지적인 방어 임무를 수행했던 것으로 보인다. 병졸집단은 방령의 직할 통치지역인 방성方城이 포함된 행정단위에서 징발되어 현역으로 복무하고 있는 병력들일 것이다. 말하자면 평상시에도 상비되어 있는 방령의 직할부대라고 할 수 있다.

이 밖에 평상시의 지방 상비군으로 주요 거점에 진수한 진수병을 들 수 있다. 백제는 일찍부터 지방의 주요 거점에 상비병인 진수병을 두었고, 지방관과는 성격을 달리하는 존재를 파견하여 이들을 지휘했다. 이와 비슷한 성격의 존재로 변경 요충지의 수병戍兵을 들 수 있다. 진수병과 수병은 진성과 변경요충지의 병농일치적인 둔전병적 존재인 토착 주민들과 왕도 혹은 내지의 군·성의 군역의무자들이 진성의 진수군이나 변경 요충지의 방수군으로 징발된 존재로 구성되어 있었다.

『고려사』악지, 백제속악조에는 정역征役에 나간 장사인長沙人이 기한이 넘어도 돌아오지 않자 그 아내가 남편을 생각하며 선운산에 올라 부른 노래로서 선운산가禪雲山歌를 소개하고 있는데, 이를 통해 백제의 지방민도 일정기간 동안 방수에 나갔던 사실을 추측할 수 있다. 여기에 보이는 정역의 의미가 마치 전쟁에 동원된 듯한 느낌을 주지만, 기한이 정해져 있다는 점에서 역시 변경 요충지로 방수를 나갔던 것으로 풀이할 수 있다. 이와 같이 여타 지역에서 진성이나 변경 요충지로 부방한 자들은 일정기간 동안 상비병으로 복무하지 않을 수 없었을 것이며, 이러한 방수군으로의 차출은 번을 정하여 순서에 따라 이루어졌을 것이다. 바로 이들이 지방에 주둔하고 있는 또 다른 상비병이라고 할 수 있다.

한편, 백제 내지內地의 방方·군郡·성城 등의 단위 행정구역에도 군사적 성격을 지닌 존재들이 있었던 것으로 보인다. 곧 성병城兵이 그것이다. 앞서 살핀 군사활동 사례 가운데는 "실발국중병"이라는 표현이 보이고 있다. 이는 곧 전시출동의 상황에서 국내의 병력을 최대한 징발했다는 의미일 것이다. 여기서 그 대상을 '국중國中'으로 표현한 것은 내지에도 징발할만한 군사력이 존재했음을 전제로 한 것인데, 이들이 곧 성병이 아닐까 한다.

백제 내지의 방·군·성의 군역의무를 지고 있는 정남들은 몇 가지 유형으로 군역을 수행했을 것으로 보인다. 그 가운데 일부는 앞에서 살핀 바처럼 번에 따라 진성이나 변경 요충지의 방수군으로 차출되었으며, 또 일부는 성병으로 차출되어 거주지역에서 복무했던 것으로 보인다. 이들은 복무 방식이 비교적 느슨하여, 생업을 영위하면서 군인으로의 복무 의무를 수행할 수 있었다. 이러한 내지의 성병은 비록 복부 방식이 느슨했지만, 일반 주민과는 구별되는 점에서 상비병적 성격을 가진 것으로 이해될 수 있다. 성병은 국지적인 방어전이나 소규모 전투에서는 군을 단위로 군장의 지휘 하에 하나의 단위 군사조직으로 기능했으며, 전시 출동의 상황에서는 군장의 지휘 하에 징발·편성되어 전장으로 동원되기도 하였다.

이상에서 백제 지방군들의 평상시 존재 양태를 살펴보았다. 방성에는 1천2백~7백 명 정도의 상비병이 배치되어 있었고, 주요 거점인 진성이나 변경 요충지에도 둔전병적 성격을 지닌 토착 주민들과 왕도 및 내지에서 부방한 진수군과 방수군이 상비병으로 존재하였다. 그리고 내지 군·성에는 이들과는 성격을 달리하는 성병들이 군을 단위로 하여 비교적 느슨한 형태로 실제 군인으로 복무하고 있었다.

이러한 지방군들은 전시 출동의 상황에서는 다른 양상을 보인다. 방령이 인솔하는 방령군은 전시 출정의 상황에서는 평상시보다 군사조직의 규모가 확대되었을 것으로 생각되기 때문이다. 전시 출정의 상황이 되면 평상시 방성의 주둔 병력과 방 관내의 성병들이 군을 단위로 하여 방령군에 합쳐졌다. 이럴 경우 방령이 최고의 지휘권을 장악하였으며, 군장은 군의 성병으로 이루어진 단위 소부대의 지휘자로 참전했을 것이다. 그래서 방령은 때로는 장군으로 인식되기도 하였다. 그것은 방령의 성격이 평상시에도 군사적 성격이 강했기 때문이기도 하지만, 전시출동의 상황에서 방을 군관구로 하는 방군을 지휘하는 최고 지휘권자였기 때문이다.

지금까지 살펴 본 바처럼 백제의 지방군은 평상시와 전시 출동의 상황에서 군단상이 달라지는 군사조직이었던 점에 특징이 있다고 하겠다. 평상시에 방성과 진성 및 변경 요충지에 분산적으로 존재했던 상비병과 내지의 군을 단위로 한 성병이 전시 출전상황에서는 방을 군관구로 결집되어 방령군을 형성했기 때문이다. 그리고 전국가적인 규모의 행군 편성이 이루어지는 경우에는 이들 외에 군역의무자를 임시로 징발 편성한 대규모의 군사조직으로 출전하기도 하였다.

제4절

신라의 군사제도와 방어체계

1. 연맹왕국기 6부병(六部兵)의 성격과 활동[378]

1) 문제의 제기

신라가 경주 분지 중심의 사로소국斯盧小國에서 출발하여 넓은 영역을 보유한 왕국으로 성장하였다. 이러한 신라의 왕국으로의 성장 과정은 곧 주변 세력과의 부단한 각축 과정의 결과였다. 신라는 소국 단계 이래 주변 세력을 정복 병합하고, 침입해 온 외적을 격퇴하기 위한 군사활동을 활발히 전개하였으며, 왕국으로의 전환은 곧 이러한 군사활동이 성공적이었음을 말해준다.

신라의 성장과정에서 확인되는 활발한 군사활동을 통해 모종의 군사조직이 존재했음을 유추해 볼 수 있다. 그러나 신라 군제에 대한 일괄자료인 『삼국사기』 직관지 무관조(이하 무관조로 줄임)의 범군호凡軍號 부분에는 진흥왕 5년(544)에 이르러서야 처음으로 대당大幢과 십정十停 등의 군사조직을 설치했던 것으로 기록되어 있을 뿐이고[379] 그 이전 시기의 군사조직에 대한 언급은 발견할 수 없다. 다만 무관조의 제군관諸

---

[378] 李文基, 「신라의 6부병과 그 성격」 『역사교육논집』 27, 2001.

[379] 그러나 이러한 군사조직 창설 기사도 반드시 옳다고는 보기 어렵다. 10정군단의 경우 빨라도 신라의 삼국통합 이후에야 설치될 수 있는 군사조직이므로, 10정이 설치된 것으로 기록된 진흥왕 5년은 기실 그 전신이라 할 수 있는 삼천당의 창설 연대이기 때문이다(井上秀雄, 「新羅兵制考」 『新羅史基礎研究』. 東出版, 1974, 191~192쪽 ; 李文基, 「三千幢의 成立과 그 性格」 『新羅兵制史

軍官 부분에서 감사지監舍知·군사당주軍師幢主 등의 군관직軍官職이 법흥왕대에 두어진 것으로 나오고 있어[380] 6세기 초 법흥왕대에 이들 군관들을 포섭하는 군사조직이 존재했음을 유추할 수 있지만, 과연 그것이 어떤 군사조직인지는 분명하지 않다.

그러나 이와 같이 6세기 중엽 이전의 군사조직의 존재가 무관조武官條에 보이지 않고 있는 것은 사료적 성격에서 기인한 것으로,[381] 그 자체가 이전 단계에 신라의 군사조직이 존재하지 않았음을 뜻하는 것은 아니다. 신라 초기의 사정을 전하는 사료에서 6부병 혹은 6부군으로 칭해지는 군사력이 간혹 확인되기 때문이다. 『삼국사기』 초기 기사에는 산발적이기는 하지만 비교적 이른 시기부터 5세기말에 이르기까지 6부병의 활동상을 엿볼 수 있어, 이것이 곧 초기 신라의 성장을 주도했던 주력군이 아니었을까 라는 의문을 던져주고 있다. 그러므로 6부병에 대한 올바른 이해는 신라 군사조직의 총체적인 인식체계 수립을 위해서는 빠트릴 수 없는 긴요한 과제라고 할 수 있으며, 나아가 초기 신라의 국가적 성장의 원동력을 파악하는 데도 기여할 수 있을 것으로 생각된다.

지금까지 6부병의 존재에 대해서는 단편적이지만 약간의 연구가 있었다.[382] 그 결과 6부병은 명칭 자체가 말하고 있듯이 육부의 부원을 인적 자원으로 하여 각 부별로 편성한 군사조직이라는 점, 따라서 부 단위의 운용 방식이 일반적이었을 것이라는 점, 기원은 사로소국을 구성한 읍락 단위의 군사력에서 찾을 수 있으며, 부족군 혹은 명망군名望軍의 성격을 지닌 점 등이 지적되었고, 특히 이것이 부 단위의 자율적 운동성을 그대로 보여준다는 점에서 '부체제'적 정치운영을 반영하고 있는 것이라는 사실이 강조되기도 하였다.[383]

研究』, 一潮閣, 1997, 124~129쪽).

380 『삼국사기』 권 40, 잡지9, 직관 하, "監舍知 共十九人 法興王十年置" 및 "軍師幢主 法興王十一年置"

381 무관조의 史料的 性格에 대해서는 李文基, 「『삼국사기』職官志 武官條의 內容과 性格」, 앞의 책, 1997 참조.

382 李基白, 「韓國 傳統社會와 兵制」『韓國學報』 6, 1977 ; 『韓國史學의 方向』, 一潮閣, 1978, 191~194쪽 ; 李賢惠, 『三韓社會 形成過程 研究』, 一潮閣, 1984, 159쪽 ; 김기흥, 『삼국 및 통일신라 세제의 연구』, 역사비평사 1991 100쪽 ; 全德在, 『新羅六部體制研究』, 一潮閣, 1996, 50쪽 ; 李文基, 『앞의 책』, 1997, 86~88쪽 ; 姜鳳龍, 「三國 및 統一新羅 軍事參與層의 顧化와 軍役制」, 『百濟研究』 32, 2000, 179쪽.

383 全德在, 앞의 책, 1996, 50쪽.

이러한 연구를 통해 6부병의 실체를 어렴풋하게 그려볼 수 있게 되었지만, 지극히 단편적인 검토에 그치고 있어 보다 세부적인 측면에서는 좀더 밝혀져야 할 문제들이 남아 있다. 예컨대 6부병의 성립과 전개 및 해체 등 제도적인 측면과 구체적인 운용 방식 등의 문제가 그것이다. 거기에다가 종래의 연구에는 동태적인 변화의 관점이 미흡했던 한계도 보이고 있다. 6부병의 존속시기는 이사금기尼師今期 말에서 진흥왕대 초에 이르는, 아무리 줄여 잡아도 거의 2세기에 걸친 기간이 되는데, 이 기간 동안 6부병의 성격이 고정불변의 상태로 유지되었다고 생각할 수는 없다. 더구나 이 시기가 단위정치체적인 부의 자율성의 약화를 둘러싸고 왕권과 부 세력 사이에 끊임없는 갈등이 지속되었던 사실을 염두에 둔다면, 6부병의 성격도 지속적인 변화를 겪었다고 보는 것이 옳을 것이다.[384]

2) 6부병의 군사활동 양상

신라 초기의 사료 가운데는 6부병이라는 군사력의 존재가 다음과 같이 보이고 있다.

①①-1. 왜인이 병선 100여척을 보내 해변의 민호를 약탈했다. 6부의 강병을 보내 막았다. 낙랑이 (이 소식을 듣고) 서라벌의 안이 비었다고 말하고, 쳐들어오니 금성이 매우 위급했다. 밤에 유성이 적군의 진영으로 쳐들어와 공격하니 무리가 두려워 퇴각하여 알천 위쪽에 머무르다가 돌무더기 20개를 쌓고 퇴각했다. 6부병 1천인을 보내 추격했다. 토함산으로부터 알천까지 이르러 돌무더기를 보고 적병이 많다고 보고 추격을 중지했다.[385]

2. 가을 7월 포상8국이 모의하여 가라를 침공했다. 가라왕자가 와서 구원을 요청

---

384 4~5세기대에 뚜렷한 활약상을 보여주는 6부병의 실체 파악을 위해서는 경주지역에서 출토된 이 시기 고고자료의 활용이 절실히 요청된다. 그러나 최근 들어 고고학적 성과가 상당히 축적되고 있음에도 불구하고, 분석과 정리에는 많은 시간이 소요되며, 아직 획기적인 자료의 발굴을 이루어지지 않고 있다. 고고자료를 통한 보완은 장차의 과제로 남기고, 본고에서는 문헌자료를 중심으로 고찰하는데 그치고자 한다.

385 『삼국사기』권1, 신라본기1, 남해차차웅 11년.

했다. 왕이 태자와 우로에게 명하여 이벌찬 이음과 함께 6부병을 거느리고 가서 구원하게 했다.[386]

3. 물계자는 내해이사금 때의 사람이다. 집안이 대체로 미미했으나 사람이 기개가 커서 어려서부터 장대한 뜻을 가졌다. 그때 포상浦上의 8개국이 아라국을 치기로 모의하자 아라국에서 사신을 보내 구원을 청했다. 이사금이 왕손 나음으로 하여금 근방의 군과 6부의 군사를 거느리고 가서 구해주게 하여 드디어 8국의 군대를 패배시켰다.[387]

4. 가을 7월에 군사를 내어 신라의 요거성을 공격하여 함락시키고 성주 설부를 죽였다. 신라왕 나해가 노하여 이벌찬 이음을 장수로 삼아 6부의 정예군사를 거느리고 와서 우리의 사현성을 공격했다.[388]

위의 사료 ①에는, 그 연대의 신빙성 여부를 일단 접어 둔다면, 상당히 이른 시기부터 신라에는 6부병·6부군·6부경병勁兵·6부정병精兵 등으로 표현된 군사력이 존재했음이 확인된다. 이는 그 명칭에서 저절로 드러나고 있지만 육부인으로 구성된 부대였다. 그런데 육부인은 곧 왕경에 거주하는 주민들을 지칭하므로 6부병이란 왕경인으로 구성된 중앙군이었다고 보여진다. 이 점 ①-3에서 왕손 나음捺音이 인솔하여 포상팔국浦上八國의 군대를 물리쳤던 군대를 근군近郡의 군사력과 6부군으로 구별하고 있는 데서 확인될 수 있다. 여기서 근군의 군사력이란 곧 왕경에 가까운 지방의 주민으로 편성한 군대를 지칭한 것이며, 이에 대응되는 6부군은 왕경에 거주하는 주민으로 구성된 부대를 의미하기 때문이다.

6부병은 사료 A에 보이듯이 신라를 침략한 낙랑·왜 등 외적의 격퇴와 가야의 구원, 백제와의 전쟁에 동원되었다. 이러한 활동상에서 보면 6부병은 신라 초기의 국가적 성장 과정에서 대외적인 팽창의 주역이었으며, 국가 보위의 핵심적인 군사력으로 기능했다고 하겠다.

---

386 『삼국사기』 권2, 신라본기2, 나해이사금 14년.
387 『삼국사기』 권48, 열전8, 물계자.
388 『삼국사기』 권23, 백제본기1, 초고왕 39년.

그런데 6부병 혹은 6부군이라는 이름으로 그 구체적인 활동상을 보여주는 사례는 위의 사료를 제외하면 더 이상 찾을 수 없다. 그러나 그 명칭이 구체적으로 적시되지는 않았지만, 그것이 6부병의 군사활동임을 짐작할 수 있는 자료는 종종 발견된다. 다음의 사료를 보자.

> ①-5. 백제가 쳐들어와 나라 서쪽에 있는 요거성을 공격, 성주인 설부를 죽였다. 왕이 이벌찬 이음에게 명령하여 정병 6천을 거느리고 백제를 쳐서 사현성을 격파했다.(『삼국사기』 권2, 신라본기2, 나해이사금 19년)

사료 ①-5는 백제본기와 신라본기라는 소재 편목에 따라 초고왕 39년(204)과 나해니사금 19년(214)으로 연대상 10년의 차이가 나고 있지만, 사건의 전개나 활동의 주인공 등에서 미루어 보면 앞의 사료 ①-4와 동일한 사건을 기록한 것이 분명하다.[389] 그런데 ①-4에서 '6부정병'으로 명기되어 있는 부대를 ①-5에서는 '정병'으로만 표현하고 있다. 말하자면 백제본기의 6부정병을 신라본기에서는 정병으로 줄여서 기록한 셈인데, 후자와 같은 용례는 6부병이 당시로서는 가장 정예한 부대라는 인식이 투영되어 이를 축약하여 표기한 것으로 볼 수 있겠다. 이와 같은 사례는 사료에서 반드시 6부병으로 적시한 경우가 아니더라도, 사료상 빈번하게 등장하는 신라군의 군사활동 내용을 세심하게 검토한다면 보다 많은 6부병의 활동상을 찾을 수 있음을 시사한다.

몇 가지의 경우를 뽑아보면 다음과 같다.

> ②-1. 가야인이 남쪽 변방을 습격했다. 가성주 장세를 보내 막게했으나 적국에게 죽임을 당했다. 왕이 분노하여 용맹한 군사 5천명을 거느리고 나가서 싸워 그들을 깨트렸다. 노획한 자가 매우 많았다.(『삼국사기』 권1, 신라본기1, 파사이사금 17년)
> 2. 왜병이 대거 이르렀다. 왕이 듣고 대적할 수 없을까 두려워 풀로 허수아비 수천

---

389 李康來, 『三國史記 典據論』, 民族社, 1996, 101~103쪽에 의하면 10년의 차이는 갑신(204년)과 갑오(214년)라는 간지를 혼동했기 때문일 가능성이 높다고 한다.

개를 만들어 옷을 입히고 무기를 들려서 토함산 아래에 나란히 세워두었다. 그리고 용맹한 군사 1천명을 부현의 동쪽 들판에 숨겨놓았다. 왜인이 자기 무리가 많음을 믿고 곧바로 나가자 숨어 있던 군사가 일어나 불의에 공격하였다. 왜군이 크게 패하여 달아나므로 추격하여 그들을 거의 다 죽였다.(『삼국사기』 권3, 신라본기3, 내물이사금 9년)

3. 일길찬 흥선에게 명하여 군사 2만 명을 이끌고 그들을 치게 하고, 왕도 또한 기병 8천명을 거느리고 한수로부터 그곳에 도착했다. 백제가 크게 두려워하여 잡아왔던 남녀들을 돌려 보내고 화친을 청하였다.(『삼국사기』 권2, 신라본기2, 아달라이사금 14년)

4. 백제가 서쪽 국경에 있는 원산향을 습격했다. 또 진군하여 부곡성을 에워쌌으므로 구도가 굳센 기병 500명을 거느리고 그들을 공격하니 백제의 군사가 거짓으로 달아났다. 구도가 뒤 아가 와산에 이르렀다가 백제에게 패했다.(『삼국사기』 권2, 신라본기2, 벌휴이사금 7년)

5. 왜인이 갑자기 쳐들어와 금성을 포위했다. 왕이 직접 출전하여 싸우니 적이 궤멸하여 달아났다. 경기를 보내 추격하여 격멸했다.(『삼국사기』 권2, 신라본기2, 조분이사금 3년)

먼저 ②-1·2에는 용사로 표현된 군사력이 나오고 있다. 그런데 이 용사는 ②-1에서는 가성주加城主 장세長世가 지휘했던 군사력과는 구별되는 것으로, 국왕이 친솔하고 있고, ②-2에서는 국왕의 명에 따라 왕경에 침입한 왜병을 격퇴하는 활동상을 보여주고 있다. 이와 같이 국왕이 친히 인솔하거나, 왕경 방어에 동원되고 있는 용사는 곧 6부병을 의미하는 것으로 보아도 좋을 것 같다. ②-2에 보이는 용사로 표현된 군사력의 활동상이 앞의 ①-1의 육부경병의 그것과 동일하기 때문이다. 이렇게 6부병을 용사라고 한 것은 정병의 경우와 마찬가지로 6부병의 용맹성을 강조한 표현으로 생각된다.[390]

다음 ②-3·4·5의 기騎·경기勁騎·경기輕騎의 경우도 활동상에서 보면 6부병으로

---

[390] 李文基,「大幢 및 停制의 成立과 展開」앞의 책, 1997, 85쪽.

비정해 볼 수 있다. ②-3에서 보면 국왕이 친솔한 8,000기는 일길찬 흥선興宣이 지휘한 20,000 병력과 대조적으로 정예병이었음을 알 수 있으며, ②-5에서 왕이 친솔한 경기는 금성에 침입한 왜적을 격퇴하고 있는데, 이러한 활동상은 앞에서 본 6부병의 그것과 크게 다르지 않기 때문이다. 한편 ②-4에는 구도仇道가 인솔한 500명 규모의 경기勁騎가 보이는데, 이 역시 앞의 6부경병六部勁兵과 마찬가지의 표현으로 생각된다. 그렇다면 ②-3·4·5의 기騎경기·勁騎·경기輕騎도 곧 6부병을 의미하는 것으로 볼 수 있겠다. 다만 이들은 6부병 가운데서도 특히 기병이었을 것이다.

이상과 같은 몇 가지의 예를 통해 우리는 신라 초기의 사료에 빈번하게 등장하는 군사활동 기록을 면밀하게 검토한다면, 보다 풍부한 6부병의 활동상을 검출해 낼 수 있음을 알 수 있다. 이러한 시각에서 4~5세기대의 6부병의 활동상을 추적해 보기로 하겠다.

이미 제시한 몇몇 사료에서도 드러났지만, 6부병의 주요한 군사활동으로는 왕경의 방어를 들 수 있다. 6부병을 제외한 별도의 중앙군이 없었던 상황임을 감안하면 이는 6부병의 가장 기본적인 임무이자 존립의 이유였을 것이다.

③-1. 왜의 군사가 갑자기 풍도에 이르러 변방의 민가를 노략질했다. 또 진군하여 금성을 에워싸고 급하게 공격했다. 왕이 군사를 내어 상대하여 싸우고자 했으나 이벌찬 강세가 말했다. 적이 멀리서 왔으므로 그 칼날을 당해낼 수가 없으니 그것을 늦추었다가 군사가 피로해 지기를 기다리는 것만 못합니다. 왕이 그렇다고 여겨 문을 닫고 나가지 않으니 적은 식량이 떨어져 장차 물러가려고 했다. 왕이 강세에게 명하여 날쌘 기병[勁騎]를 이끌고 추격하여 쫓아버렸다(『삼국사기』 권2, 신라본기2, 흘해이사금 37년)

2. 4월에 왜병이 대거 이르렀다. 왕이 듣고 대적할 수 없을까 두려워 풀로 허수아비 수천개를 만들어 옷을 입히고 무기를 들려서 토함산 아래에 나란히 세워두었다. 그리고 용맹한 군사 1천명을 부현의 동쪽 들판에 숨겨놓았다. 왜인이 자기 무리가 많음을 믿고 곧바로 나가자 숨어 있던 군사가 일어나 불의에 공격하였다. 왜군이 크게 패하여 달아나므로 추격하여 그들을 거의 다 죽였다.(『삼국사기』 권3, 신라본기3, 내물이사금 9년)

3. 여름 5월에 왜인이 금성을 포위하고 5일이 지나도록 풀지 않았다. 장사들이 모두 출전할 것을 청하니 왕이 말하기를 지금 적이 배를 버리고 깊이 들어와 사지에 있으니 그들의 예봉을 당하기 어려울 것이다라고 하고 성문을 닫고 버렸다. 적이 얻은 것이 없이 물러가자 왕이 먼저 용감한 기병 200을 보내 그들의 퇴로를 막고 또 보졸 1000명을 보냈다. 독산 아래까지 추격했을 때 와서 공격하여 대패시켰다. 죽이고 노획한 자들이 몹시 많았다.(『삼국사기』 권3, 신라본기3, 내물이사금 38년)

4. 여름 4월 왜병이 와서 명활성을 공격했으나 이기지 못하고 돌아갔다. 왕이 몸소 기병을 인솔하고 독산 남쪽에서 적을 요격하여 두 번 싸워 적을 격파했다. 죽이고 노획한 자가 300여급이었다.(『삼국사기』 권3, 신라본기3, 실성이사금 4년)

5. 여름 4월 왜병이 금성을 10일 간 포위했다가 식량이 떨어져 돌아갔다. 왕이 병사를 내어 추격하고자 하자 좌우가 병가의실에 궁한 적은 쫓지 말라고 했다고 말했으나 왕은 그 말을 듣지 않고 몸소 천여기를 이끌고 추격하여 독산의 동쪽에 이르러 싸웠으나 패배했다. 장사 중 죽은 자가 반이 넘었다. 왕은 경황 중에 말을 버리고 산에 오르니 적이 수 겹으로 포위했다. 홀연히 안개가 끼어 지척을 구분하지 못하게 되자 적이 이것은 음덕의 조화라고 하여 병사를 거두어 물러갔다.(『삼국사기』 권3, 신라본기3, 눌지마립간 28년)

6. 여름 4월 왜인이 병선 100여척으로 동쪽 해변을 습격하고 계속 진격하여 월성을 포위했다. 4면에서 활과 돌이 비오듯 쏟아졌으나 왕이 성을 지켰다. 적이 장차 물러가려고 하자 병사를 내어 격파했다. 적을 북쪽의 해구까지 추격하니 적의 익사자가 과반이었다.(『삼국사기』 권3, 신라본기3, 자비마립간 2년)

위의 사료는 4세기 중엽~5세기 중엽 왜병이 금성·월성·명활성 등의 왕경 지역을 침입해 오자 신라의 군대가 이들을 격퇴한 사실을 전하는 것이다. 이 시기 왜병의 실체에 대해서는 논란이 있지만, 왜의 신라에 대한 공격은 당시의 국제관계 속에서 충분히 있을 법한 사건으로 여겨진다.[391] 따라서 이에 대응한 신라군의 활동도 사실로

---

391 李熙眞, 『加耶政治史研究』, 學研文化社, 1998, 96~108쪽.

인정될 수 있겠다. 그런데 위의 사료에는 경기勁騎·용사勇士, 용기勇騎, 기병騎兵 등으로 표현된 군사들의 활동상이 나와 있을 뿐이며, 이들을 포섭하는 군사조직의 명칭은 어디에도 찾아볼 수 없다. 그러나 이미 앞에서 보았듯이 그 실체는 표기된 용례를 보거나, 국왕이 친솔하고 있는 점, 주된 활동지역이 왕경과 그 부근이라는 점 등에서 6부병으로 보는 것이 타당하다. 따라서 6부병은 4~5세기대 신라의 중앙군으로 왕경방어를 주된 임무로 하고 있었던 군사력이라고 할 수 있다.

그렇다고 하여 6부병이 반드시 왕경의 방어 임무만을 수행했던 것은 아니었다. 국가의 필요에 따라 왕경을 떠나 대외전쟁에 참전하여 주력군으로 기능하기도 하였다. 다음의 사료가 참조된다.

④-1. 일길찬 흥선에게 명하여 병사 20,000을 거느리고 정벌하게 했다. 왕이 또 기병 8,000을 인솔하고 한수로부터 그곳에 도착했다. 백제가 크게 놀라 잡아간 남녀를 돌려주고 화친을 청했다.(『삼국사기』 권2, 신라본기2, 아달라이사금 14년)

2. 백제가 서쪽 국경에 있는 원산향을 습격했다. 또 진군하여 부곡성을 에워쌌으므로 구도가 굳센 기병 500명을 거느리고 그들을 공격하니 백제의 군사가 거짓으로 달아났다. 구도가 뒤 아가 와산에 이르렀다가 백제에게 패했다.(『삼국사기』 권2, 신라본기2, 벌휴이사금 7년)

3. 봄 2월 왜인이 삽양성을 침공했으나 이기지 못하고 돌아갔다. 왕이 벌지와 덕지에게 명하여 병사를 이끌고 귀로에 매복하여 엿보다가 요격하여 대패시켰다. 왕이 왜인이 여러 번 침공하므로 변경에 2성을 쌓았다.(『삼국사기』 권3, 신라본기3, 자비마립간 6년)

먼저 ④-1에서 국왕이 친솔한 팔천의 기병은, 규모 자체를 그대로 신빙할 수 있을지는 의문이지만, 6부병이 그 주력을 이루고 있었던 것으로 보아도 무리는 없다. 그런데 이들은 백제와의 전쟁을 위해 한수 유역까지 출정하고 있다. 또 ④-2의 구도가 인솔하여 백제군에 대한 반격전을 편 경기勁騎 500도 전술한 용례를 참조하면 6부병으로 볼 수 있으며, ④-3에서 벌지伐智와 덕지德智가 인솔한 군사력도 왕경과 양산 사이의 요충지에서 활동하고 있는 점에서 역시 6부병으로 추정된다. 이들을 6부병으로 비정할 수 있다면, 6부병은 전투력을 갖춘 야전부대로서 왕경을 떠나 백제·왜 등의 침입을 격퇴하기도 했고 때로는 정복전쟁에 동원되기도 했음을 알 수 있다. 말하자면 6부병은 초기 신라의 성장 과정에서 국가 팽창의 주력군으로도 기능했던 것이다.

6부병은 이상과 같은 실질적인 군사력으로서의 기능과 더불어 대내적인 측면에서 최고 지배자인 국왕의 권위를 뒷받침하는 상징적 기능도 갖고 있었던 것으로 보인다.

⑤-1. 가을 8월 알천에서 열병했다.(『삼국사기』 권1, 신라본기1, 파사이사금 15년)

2. 가을 7월 알천 서쪽에서 대열했다.(『삼국사기』 권1, 신라본기1, 일성이사금 5년)

3. 9월 알천에서 대열했다.(『삼국사기』 권2, 신라본기1, 나해이사금 5년)

4. 가을7월 양산 서쪽에서 대열했다.(『삼국사기』 권2, 신라본기2, 나해니사금 25년)

5. 가을9월 양산 서쪽에서 대열했다.(『삼국사기』 권2, 신라본기2, 미추이사금 20년)

6. 가을7월 혈성 벌판에서 대열했다. 또 금성 남문에서 활쏘기를 관람했다.(『삼국사기』 권3, 신라본기3, 실성이사금 14년)

7. 가을 7월 대열하다.(『삼국사기』 권3, 신라본기3, 자비마립간 6년)

8. 가을 8월 낭산의 남쪽에서 대열했다.(『삼국사기』 권3, 신라본기3, 소지마립간 8년)

위의 사료 ⑤는 『삼국사기』에 보이는 진흥왕 5년(544)의 대당大幢 설치 이전 시기의 열병관계 기사를 모두 뽑은 것인데 여기에 동원된 군사력이 무엇인지 명기되어 있지는 않다. 그러나 당시까지의 군사조직의 설치상황을 고려하면 왕도지역에서 열병에 동원할 수 있는 병력은 곧 6부병일 것이다. 따라서 사료 E는 6부병이 열병에 동원된 사실을 보여주는 것으로 인정될 수 있다고 본다.

신라 국왕에 의해 행해진 열병은 대체로 늦가을에 왕도의 근교에서 실시된 통치규범의 일환이었으며, 군사훈련을 통한 군사통수권의 확인 또는 군사통수의 기능을 수행하였고,[392] 전후의 대책이나 외침의 대비 및 정책확인의 수단으로 기능하기도 하였다.[393] 이

---

392 金瑛河, 「三國時代 王의 統治形態 研究」(高麗大 博士學位論文), 1988, 61~72쪽.

393 申瀅植, 「三國時代 戰爭의 政治的 意味」『韓國古代史의 新研究』, 一潮閣, 1984, 298쪽.

가운데서 열병의 일차적인 목적과 기능은 국왕이 군을 직접 지휘·통솔한다는, 즉 국왕의 군령권 장악과 군령체계상 최고의 지위에 있음을 과시하는 상징성이 매우 큰 의식이라는 데서 찾을 수 있다.[394] 그렇다면 6부병은 열병이라는 상징적인 의식에 동원됨으로써 대내적인 측면에서 신라왕조 초기의 왕권 성장이나 안정에 기여하였을 것이다.

여기에서 미루어 보면 6부병의 군사활동에는 대내적으로 왕권에 도전하는 세력을 견제하고 진압하는, 왕권 보위 활동도 포함되었을 가능성이 매우 높다.

> ⑥-1. 실직국에서 반란을 일으켰다. 병사를 내어 토벌하고 그 남은 백성을 남쪽 교외로 옮겼다.(『삼국사기』 권1, 신라본기1, 파사이사금 25년)
> 2. 압독군이 반란했다. 병사를 내어 토벌하고 남은 백성은 남쪽의 땅으로 옮겼다.(『삼국사기』 권1, 신라본기1, 일성이사금 13년)

위의 사료 ⑥의 내용은 원래 신라의 주변 소국이었다가 항복해 온 압독과 실직 세력[395]이 반란을 일으키자, 군대를 내어 토평한 사실이다. 물론 이 기사의 연대를 그대로 취신하기에는 문제가 많지만, 압독과 실직의 지방세력이 반기를 들자 신라가 이를 토평했음은 사실로 인정될 수 있을 것이다. 이 때 이들을 토평한 군사력 역시 6부병으로 볼 수 있다. 그렇다면 6부병은 신라 초기 사회에서 왕권을 보위하는 활동을 전개했던 것으로 추론해 볼 수 있다.

이상 살핀 바와 같이 6부병은 왕경의 6부인들로 구성된 군사력으로서 다양한 활동 양상을 보여주고 있다. 외부세력의 침략에 대한 왕경 방어활동을 주된 임무로 했지만, 때로는 국가적 필요에 의해 전투력을 갖춘 야전군으로 출정하기도 하였다. 뿐만 아니라 대내적으로도 왕권에 도전하는 세력을 진압하고, 국왕의 권위를 앙양하는 의식인 열병에 참여하는 등 왕권의 보위를 위한 군사활동을 전개하기도 했던 것이다.

---

394 李文基, 앞의 책, 1997, 287쪽.
395 실직국과 압독국이 항복해 온 시기를 『삼국사기』에서는 파사이사금 23년으로 기록하고 있다.

3) 6부병의 성립과 초기의 운용방식

6부병은 그 명칭에서 저절로 드러나듯이 왕경 6부인을 부별로 편성한 군사조직이다. 이는 6부병의 지역적 존립기반이 왕경 육부임을 의미하며, 나아가 6부병의 제도적 성립은 곧 6부 자체의 성립과 무관할 수 없음을 말하는 것이다. 그런데 주지하듯이 신라 6부의 성립 과정이나 시기 문제는 학자마다 상당한 견해 차이를 보이고 있고 [396] 지금도 논쟁이 지속되고 있다.[397]

지금까지 나온 견해들을 정리해 보면, 먼저 성립 과정에 대해서는 사로육촌斯盧六村이 6부六部로 확대 발전되었다고 보는 견해와 육촌은 육부를 근거로 한 후대의 부회일 뿐이므로 육부의 성립을 육촌과 무관한 것으로 보는 견해가 대립되고 있다. 그리고 성립시기 문제와 관련해서도 '특정시기 성립설'과 '축차성립설'로 나누어 볼 수 있는데, 각각의 갈래에서도 세부적으로는 논자마다 상당한 견해 차이가 있다. 따라서 현재의 수준에서 이 문제들에 대해 어떤 단안을 내리기가 쉽지 않다.

그래서 필자는 일단 육부의 성립과정에 대해서는 사로소국을 구성한 읍락적 성격의 6촌이 확대 발전하여 6부로 개편되었다는 견해를 따르기로 하고, 6부의 성립시기와 관련해서는 '특정시기 성립설'을 따르기로 한다. 그리고 6촌에서 6부로의 변화 시점, 곧 6부의 성립시기는 잠정적으로 니사금기 말기로 보는 견해를 수용하기로 한다.[398] 다시 말하면 필자는 사로소국을 구성한 읍락적 성격의 6촌六村이 특정한 시기에 일률적으로 6부로 재편되었으며, 그 변화의 시기를 이사금시대 말기로 보는 입장

---

396 新羅의 六部에 대한 硏究史 정리는 다음의 글들을 참조하라. 李基東, 「新羅 骨品制硏究의 現況과 課題」『歷史學報』74, 1977 ; 『新羅骨品制社會와 花郎徒』, 一潮閣, 1984, 13~20쪽 ; 崔在錫, 「新羅의 六村·六部」『東洋學』16, 1986 ; 『韓國古代社會史硏究』, 一志社, 1987, 348~375쪽 ; 李文基, 「蔚珍鳳坪新羅碑와 中古期의 六部問題」『韓國古代史硏究』2, 1989, 152~163쪽 ; 全德在, 「序論」『新羅六部體制硏究』, 一潮閣, 1996, 1~7쪽.

397 이는 근래 韓國古代史學會가 주관하여 "古代社會의 部"라는 주제의 학술발표회를 개최하고, 그 결과를 『韓國古代史硏究』17집(2000년 3월 간행)으로 묶어 낸 데서 잘 드러나고 있다.

398 사실 육부의 성립시기에 대해서는 필자 자신 아직 확고한 견해를 갖고 있지 못함을 고백해 둔다. 그래서 육부의 성립 문제에 대해 필자와는 상당한 시각 차이가 있지만, 성립시기를 이사금시대 말기로 보는 全德在의 견해(앞의 책, 27~37쪽)를 받아드리기로 한다.

에 있다.[399]

이상과 같은 6부의 성립과정 및 시기에 대한 필자의 입장에서 보면, 6부병 역시 읍락 단계에 의 군사력에 기원을 둔 것으로 부가 성립하는 이사금기 말에 역시 제도적으로 정비되었던 것으로 여겨진다. 다만 이 문제와 관련하여 한국 고대사회의 부에 대해 한가지 첨언해 둘 점이 있다. 고구려·백제·신라 삼국은 모두 부라는 동일한 용어로 초기의 정치사회조직체를 표현하고 있다. 그러나 기원의 측면에서 보자면 고구려·백제와 신라 사이에는 상이한 면이 있는 것으로 여겨진다. 즉 고구려나 백제의 부가 나국邪國 혹은 나집단邪集團, 읍락국가 등으로 표현되기도 하는 소국적 성격의 정치체를 재편성한 것이라면, 신라 육부는 이들과는 달리 소국을 구성하는 단위인 읍락을 재편한 것으로 보이는 것이다. 그렇다면 6부병 역시 원래 읍락의 군사력을 재편한 데서 그 기원을 찾아 볼 수 있을 것이다.

한국 초기국가의 기본 구성단위가 된 읍락은 그 자체가 배타적인 하나의 단위정치체로 이해될 수 있거니와,[400] 그런 만큼 자체 방어를 위한 무장력을 갖추고 있었을 것은 의심할 바 없다. 그리고 읍락의 무장력이란 그 내부에 거수층渠帥層·호민층·하호층·노비층 등의 계층분화가 이루어져 있었던 상황을 고려하면, 거수층이 주도하여 호민층과 하호층을 포괄하는 것이었다고 생각된다. 그렇다면 신라 6부병의 전신이라고 할 수 있는 읍락의 무장력도 여기에 준하여 생각할 수 있다. 한편 부여사회에는 "활과 화살, 칼과 창을 병기로 하고 집집마다 갑옷과 장비를 장만하였다"[401]라 하여 개별 가호별로 병장기를 갖추고 있었던 사실이 엿보이고 있다. 여기서 가家는 물론 사회경제력을 가진 일정 수준 이상의 가家를 의미하지만,[402] 신라 6부병의 제도적 성립에도 시사하는 바가 있다. 즉 사로국을 구성하는 읍락 내부에도 병장기를 갖추고

---

399 이러한 신라 六部에 대한 필자의 소견은 장차 다른 기회를 기다려 정리해 볼 예정이다.

400 邑落에 대한 대표적인 연구성과를 들면 다음과 같다. 李賢惠,「三韓의 國邑과 그 成長에 대하여」『歷史學報』69, 1976 ; 金杜珍,「三韓時代의 邑落」『韓國學論叢』7, 1985 ; 盧重國,「韓國 古代의 邑落의 構造와 機能」『大丘史學』38, 1989 ; 權五榮,「三韓 '國'의 構成에 대한 考察」『韓國古代史研究』10, 1995 ; 文昌魯,『三韓時代의 邑落과 그 社會』, 신서원, 2000.

401『삼국지』권30, 오환선비동이30, 부여.

402 姜鳳龍,「三國 및 統一新羅 軍事參與層의 擴大와 軍役制」, 177쪽.

있었던 개별 가호들이 존재했을 것이며, 이러한 무장력을 갖춘 읍락민들을 중심으로 하여 부 단위로 재편한 것이 6부병으로 생각되는 것이다.

6부병은 이와 같이 읍락 단계의 군사력을 재편하여 성립되었으므로, 성립 초기에는 그 운용에 있어 각 부별 자율성이 상당히 강하였을 것이다. 우선 각 부의 지배자들이 소속 부인들을 군사로 징발·동원하였을 것이며,[403] 징발된 부인들은 부 단위로 편제되어 육부가 각각 1개씩의 부병, 도합 6개의 부병을 형성하였다. 이러한 6개의 부병은 물론 신라국왕의 지휘권 내에 포섭되어 있었으므로, 6부병으로 통칭되었던 것으로 보인다. 그러나 성립 초기에는 이러한 외형적인 편제에도 불구하고 실제적인 부병의 운용에서는 국왕보다는 각 부의 지배자들의 영향력이 매우 높았던 것으로 추측된다.

신라 6부병의 이러한 운용방식을 직접적으로 보여주는 사료는 찾을 수 없지만, 부여와 고구려의 사례는 좋은 참고가 된다. 부여에는 "흩어져 있는 여러 제가들이 스스로 싸운다"[404]이라 하여 국왕의 통솔 하에 이루어지는 전국가적 규모의 군사운용과는 구별되는 형태로 제가 단위의 군사활동이 이루어졌음을 추정할 수 있다. 그리고 고구려의 경우에도 각 부의 대가들이 대외정복 활동에서 부병을 이끌고 참여하였으므로, 그 대가로 대가들이 대외적인 지배에 참여할 수 있었다는 견해[405]는 충분한 설득력이 있다. 요컨대 부여와 고구려의 경우 각 부의 대가들이 부병의 지휘에 깊이 관여하는 자율적인 부병 운용방식이 유추되는 바, 이런 형태의 부병 운용방식은 성립 초기 신라 6부병의 운용에서도 거의 흡사했던 것으로 여겨진다.

그리고 비록 우회적이지만 아래의 사례도 이러한 성립 초기 6부병의 운용방식과 관련하여 유의할만하다.

⑦-1. 낙랑병이 이르러 금성을 여러 겹으로 포위했다. 왕이 좌우에게 말하기를 2성인이 돌아가시고 내가 나라 사람의 추대를 받아 그릇되게 왕위에 거하고 있으니 위태롭기가 하천을 건너는 것과 같다. 지금 이웃나라가 침범해왔으니 이는 나의

---

403 全德在, 앞의 책, 1996, 50쪽.
404 『삼국지』 권30, 오환선비동이30, 부여.
405 余昊奎, 「高句麗 初期 那部政治體制의 成立과 變化」『韓國史論』 27, 1992.

부덕함의 소치이다라고 했다. 좌우가 대답하여 말하기를 적이 우리가 국상을 당한 것을 다행으로 여겨 망녕되게 군사를 이끌고 왔으니 반드시 하늘이 돕지 않을 것입니다 두려워할 필요가 없습니다라고 했다. 적이 갑자기 퇴각해서 돌아갔다.(『삼국사기』 권1, 신라본기1, 남해차차웅 원년)

2. 여러 공들을 모아 말갈을 정벌할 것으로 의논했다. 이벌찬 웅선이 불가하다고 상언하여 중지했다.(『삼국사기』 권1, 신라본기1, 일성이사금 9년)

3. 왕이 신하에게 말했다. 왜인이 여러 번 우리의 성읍을 범하니 백성들이 편안하게 살 수가 없다. 내가 백제와 모의해서 일거에 바다를 건너 그 나라를 습격하고자 하는데, 이 생각이 어떤가? 서불한 홍권이 대답했다. 우리는 수전에 익숙하지 않아 위험을 무릅쓰고 멀리 원정하는 것은 예측하지 못한 위험이 있을까 우려됩니다. 하물며 백제는 여러 번 우리를 속이고 항상 약속을 어겨 우리 국민들이 백제와 공모하는 것은 힘들고 위험하다고 생각할 것입니다라고 하니 왕이 옳게 여겼다(『삼국사기』 권2, 신라본기2, 유례이사금 12년)

4. 왜병이 갑자기 풍도에 이르러 변방의 민가를 노략질했다. 또 진군하여 금성을 에워싸고 급하게 공격했다. 왕이 군사를 내어 상대하여 싸우고자 했으나 이벌찬 강세가 말했다. 적이 멀리서 왔으므로 그 칼날을 당해낼 수가 없으니 그것을 늦추었다가 군사가 피로해 지기를 기다리는 것만 못합니다. 왕이 그렇다고 여겨 문을 닫고 나가지 않으니 적은 식량이 떨어져 장차 물러가려고 했다. 왕이 강세에게 명하여 날쌘 기병[勁騎]를 이끌고 추격하여 쫓아버렸다.(『삼국사기』 권2, 신라본기2, 흘해이사금 37년)

사료 ⑦은 사료의 신뢰도에 따라 문제가 될 수 있는 내용도 포함되어 있지만, 전체적으로 국왕의 군령권 행사가 휘하 신료들에 의해 견제 당하고 있는 사례들이 보이고 있다. 이 때 군령권 행사의 대상이 된 군사력은 주로 왕경의 방어와 관련된 점에서 보면 6부병이 그 중심이었을 것이다. 여기서 ⑦-2·3·4에서 국왕의 군령권 행사에 견제의 발언을 하고 있는 이찬 웅선·서불감 홍권·이벌찬 강세 등은 당대 최고의 신료로 나타나고 있으며, '내외의 병마사를 겸하여 담당하거나 국가업무를 위임받는' 등

의 임무가 부여되어 있었던 존재였다.[406]

이러한 최고 신료들의 소속 부를 알기는 어렵지만, 위와 같은 견제의 발언은 국왕의 군대에 대한 군령권 행사가 자유롭지 못하였고, 부를 달리하는 신료들에 의해 제약당하고 있었던 당대의 상황이 반영되어 있는 것으로 볼 수 있다. 즉 6부병에 대한 국왕의 지휘가 각 부의 지배세력에 의해 견제당하고 있는 상황을 짐작할 수 있다. 그렇다면 역으로 6부병 성립 초기에는 병력의 운용에서 각 부별 자율성이 보다 강하게 보장되어 있었음을 짐작할 수 있다.

요컨대 6부병은 사로소국을 구성하는 개별 읍락의 자체 방어를 위한 무장력을 부의 성립과 함께 재편하여 성립된 것으로, 성립 초기의 6부병 조직은 각 부의 지배세력이 부별로 부인部人을 징발하여 부 단위로 편제한 형태의 조직을 갖추고 있었다. 그리고 이 부병은 6부병이라는 이름으로 외형상 신라국왕의 지휘권 내에 포섭되어 있었지만, 그 운용방식에서는 신라국왕보다는 각 부의 지배자의 영향력이 강하게 관철되고 있었던 군사조직이었던 것이다.

4) 장군직의 설치와 육부병 지휘체계의 정비

각 부별 자율성이 보장된 6부병의 운용방식은 왕권의 성장 및 집권력의 강화와 더불어 점차 국왕의 지휘력이 관철되는 방향으로 변화해 갔다. 이와 관련하여 우선 주목되는 것이 대외전쟁의 지휘유형에서 '친솔형'의 사례가 증가하고 있거나, 군령권의 행사에서 국왕의 의지가 관철되는 사례가 사료에 종종 등장하고 있는 사실이다.

③-5는 눌지마립간이 직접 기병을 인솔하고 왜군을 추격하다가 패전한 기사이다. 다음의 사례도 왕이 직접 군대를 인솔한 사례이다.

⑧. 왜병이 와서 명활성을 공격했으나 이기지 못하고 물러갔다. 왕이 기병을 인솔하고 독산 남쪽의 요충에서 재차 싸워 적을 격파했다. 죽이고 노획한 것이 300여급이었

---

406 "拜雄宣爲伊飡 兼知內外兵馬事"(『삼국사기』 권1, 신라본기1, 일성이사금 3년), "拜伊飡弘權爲舒弗邯 委以機務"(『삼국사기』 권2, 신라본기2, 유례이사금 2년)

다.(『삼국사기』 권3, 신라본기3, 실성이사금 4년).

　　신라 상대의 전쟁에서 지휘유형을 검토하면 '친솔형'과 '교견형'으로 대별될 수 있다. 전쟁의 지휘유형에서 보이는 국왕의 친솔은 자신이 전국 군대의 총사령관임을 과시하는 것이며, 야전에서 군을 지휘·통솔하는 군령권을 국왕 자신이 직접 행사했음을 의미한다.[407] 그러므로 '친솔형'의 대외전쟁이 성행하는 시기와 그것이 소멸된 시기 사이에는 군령권의 집행방식에서 일정한 차이가 있기 마련인 것이다. 신라 상대上代로 시기를 한정해 보면, 전쟁에서의 지휘유형 가운데서 '친솔형'의 빈도가 그리 높게 나타나지는 않는다. 그러나 전체적인 흐름에서 대략 5세기대의 나물니사금·실성니사금·눌지마립간 시기가 하나의 절정을 이루는데,[408] 위의 사료 H는 그 대표적인 사례이다. 이 시기를 끝으로 '친솔형'은 지휘 유형의 대세에서 큰 의미를 갖지 못하는 것으로 나타난다.

　　이렇게 5세기로 접어들면서 친솔형의 지휘가 늘어나고 있는 사실은 당시의 중핵적 군사력이었던 6부병의 운용방식의 변화와 관련해서도 중요한 의미를 지니고 있다. 위의 사료 H에 보이는 군사력은 전술했듯이 6부병이 분명한데, 이를 국왕이 직접 지휘하고 있다는 것은 6부병의 운용에 있어 국왕의 영향력이 강화되고 있음을 잘 보여주고 있기 때문이다. 다시 말하면 5세기대 이후의 신라국왕은 6부병에 대한 친솔을 통하여 이를 직접 지배하려는 의도를 드러내고 있는 것이다.

　　앞서 제시한 사료 ③-3과 ③-5는 '친솔형'의 대외전쟁이 존재하는 최후의 시기에 해당하는 사료이다. 이 두 기록은 왕도와 그 부근 지역에까지 침투한 왜병과의 전쟁 기사인데, 국왕의 군령권의 집행에서 그 영향력이 확대되고 있음을 잘 보여주는 사료이다. 여기에는 국왕이 장사·좌우로 표현된 휘하 신료들의 요청이나 혹은 제지에도 불구하고 군의 지휘와 통솔에서 스스로의 의사를 관철해 나가고 있었던 사실이 보이고 있다. 즉 ③-3에는 국왕이 예하 장사들의 요청을 구체적인 전술 제시를 통하여 묵살하고 직접 군사활동을 지휘하고 있으며, ③-5에서는 신료들의 반론에도 불구하고

---

407 李基白, 앞의 논문, 196쪽.
408 李文基, 앞의 책, 1997, 279~280쪽.

군대를 친솔하여 군사활동을 빌이고 있다. 이 때 국왕이 지휘했던 군사력이 6부병이었음은 왕경 방어를 주된 임무로 하고 있는 점에서 저절로 드러나고 있다. 말하자면 내물왕과 눌지왕은 6부병의 지휘에 있어 거의 독점적인 위상을 견지하고 있었던 것으로 나타나고 있어, 앞에서 살핀 사료 ⑦의 6부병 성립 초기의 운용방식과는 현격한 차이를 보여주고 있다.

이상에서 살핀 바처럼 5세기대로 접어들면서 신라 국왕은 앞 시기의 외형적인 측면에서만 유지하고 있었던 6부병의 총사령관이란 위상을 뛰어넘어 실제 야전에서 지휘권을 직접 행사하는 총사령관으로 기능하고 있을 뿐만 아니라, 최고의 군령권자에 걸맞을 정도로 6부병에 대한 지휘에 있어서도 스스로의 의지를 관철할 수 있기에 이른 것이다. 이는 6부병의 운용에 있어 국왕의 영향력이 점차 확대되어 부 단위로 운용되는 초기적 방식을 벗어나 국왕의 일원적인 지휘권의 확립이 추구되는 형태로 변화해 가게 되었음을 시사한 다.

이와 같은 6부병에 대한 국왕의 통제 시도는 장군직의 설치를 통해 제도적인 뒷받침을 얻게 되었다.

> ⑨-1. 아찬 벌지 급찬 덕지를 좌우장군으로 삼았다.(『삼국사기』 권3, 신라본기3, 자비마립간 16년)
>
> 　2. 왜인이 동쪽 해변을 침입했다. 왕이 장군 덕지에게 명하여 격퇴하여 패주시켰다.(『삼국사기』 권3, 신라본기3, 자비마립간 19년)

위의 사료는 자비마립간 16년(473)에 좌우장군이라는 관직에 특정 인물이 임명되었음을 전하고 있고, ⑨-2에 보듯이 덕지가 지속적으로 장군이라는 동일한 직명을 띤 채 군사활동을 전개하고 있어, 군사지휘관으로서의 장군이라는 관직이 제도적으로 설치되었음을 알려주고 있다.[409] 이러한 장군의 설치는 국왕이 제도를 통하여 군사력

---

409 井上秀雄, 앞의 논문, 140쪽에서는 장군이 一定 時代에 제도화된 것이 아니라 관습적으로 성립되었다고 하였고, 鄭敬淑, 「新羅時代의 將軍의 成立과 變遷」『韓國史研究』48, 1985, 4쪽에서는 자비·소지마립간대에 장군직이 설치된 것으로 보았다. 그러나 金翰奎, 「南北朝時代의 中國的 世界

에 대한 직접 지배를 강화하려는 의도가 반영된 것이며, 나아가 군을 지휘·통솔하는 군령체계가 제도적으로 정착되기 시작했음을 말하는 것이다.

그러면 이 때 설치된 장군이 지휘·통솔했던 군사력의 실체는 무엇일까. 다시 말하면 신라국왕은 장군직의 설치를 통하여 어떤 군사력을 직접 지배하려 했던 것일까. 이를 직접 알려주는 명확한 기록은 찾아 볼 수 없지만, 이 시기의 장군직을 보유한 인물들의 군사활동을 통해 이 문제에 접근해 보기로 하자.

⑩-1. 이찬 실죽을 장군으로 임명했다. 일선군 경계의 정부 3천명을 징발해 삼년산성과 굴산성 2성을 개축했다.(『삼국사기』 권3, 신라본기3, 소지마립간 8년)

2. 장군 실죽 등이 고구려와 살수의 벌판에서 싸웠으나 이기지 못했다. 퇴각하여 견아성을 지켰다.(『삼국사기』 권3, 신라본기3, 소지마립간 16년)

3. 고구려가 백제 치양성을 포위했다. 백제가 와서 구원을 청했다. 왕이 장군 덕지에게 병사를 이끌고 가서 구원하게 했다.(『삼국사기』 권3, 신라본기3, 소지마립간 17년)

4. 고구려가 와서 우산성을 공격했다. 장군 실죽이 출전하여 이하 상류에서 요격하여 격파했다.(『삼국사기』 권3, 신라본기3, 소지마립간 18년)

위에 보이는 사료에서는 장군의 군사활동으로는 대고구려 전쟁과 백제 구원, 지방민을 징발하여 축성한 내용이 발견될 뿐이다. 더구나 ⑩-1에는 장군 실죽實竹이 일선一善 지방의 정부丁夫를 동원하여 삼년산성과 굴산성을 축성한 사실이 보이고 있어, 장군이 통솔하는 군사력의 핵심이 마치 지방민으로 구성되었던 것처럼 보이기도 한다. 그러나 이 경우는 축성과 같은 대규모 노동력을 필요로 하는 특수한 예로 보여지며, 역시 장군이 통솔하고 있었던 주력부대는 왕경인으로 구성된 것으로 보아야 할 것이다. 왜냐하면 우선 중앙 군사조직의 지휘체계가 정비되지 못한 상태에서 지방군의 그것이 갖추어졌을 것이라는 것은 상정 자체가 불가능할 뿐만 아니라, 무엇보다

秩序와 古代韓國의 幕府制」『韓國古代의 國家와 社會』, 一潮閣, 1985, 162쪽에서는 좌우장군의 직명이 등장하는 시기를 장군의 제도적 성립시기로 보았다. 필자는 金翰奎의 주장을 따른다.

⑩-2·3·4와 같은 대외전쟁에서 주력군으로 기능했던 것은, 중고기의 전쟁에서 대당이 주력군이었던 것처럼, 역시 왕경인으로 구성된 군사력으로 보아야 하기 때문이다. 이 시기 왕경인으로 구성된 군사력은 곧 6부병을 제외하고는 찾아 볼 수 없으므로, 결국 신라국왕이 장군직의 설치를 통해 직접 지배하려 했던 군사력은 6부병이었음을 알 수 있다.

이와 같이 자비마립간 16년에 설치된 장군직이 6부병을 지휘·통솔하는 최고의 군관직이라면 6부병에 대한 국왕의 통제는 상당히 강화된 셈이며, 이에 따라 6부병의 운용방식이나 성격상의 변화도 뒤따랐을 것이다. 장군은 국왕에 의하여 군령권을 제도적으로 위임받고 있는 군관직이므로, 이의 설치를 통하여 종래 각 부별 운용의 전통이 강하게 남아있었던 6부병은 이제 외형상 장군에 의해 지휘되며 국왕의 지배력이 보다 강화된 군대가 되었을 것이기 때문이다. 이러한 6부병에 대한 통제 시도와 성격상의 변화는 자비마립간 12년 왕도에 방리명을 정하여[410] 6부를 통제하려고 했던 조치[411]와 상응하는 것이기도 하다.

다만 장군직의 설치만으로 6부병이 실질적으로 국왕의 직접적인 통제에 놓인 단일한 군사조직으로 변화되었다고는 보기 어렵다. 강인한 부별 운용의 전통을 고려하면 장군의 6부병에 대한 지휘와 통솔에는 엄연한 한계가 주어져 있었기 때문이다. 장군직과 더불어 이를 직접 지휘할 수 있는 군관조직이 성립되지 않고 있는 사실이 이를 방증한다. 그렇다면 장군 설치 이후의 6부병의 성격도 일단 국왕과 그 대행자인 장군에 의해 외형적으로 단일한 통제를 받는 군사조직의 모습을 갖추었으나, 그 내부에는 전통적인 각 부별 편제와 운용 방식이 잔존하고 있었다고 할 수 있다.

이로 말미암아 신라국왕은 6부병에 대한 직접적인 통제를 보다 강화하기 위하여

---

410 "定京都坊里名"(『삼국사기』 권3, 신라본기3, 자비마립간 12년) 한편 이를 둘러싼 자세한 논의는 申瀅錫, 「新羅 慈悲王代 坊里名의 設定과 그 意味」『慶北史學』23, 2000 참조.

411 다만 이러한 육부에 대한 통제정책이 과연 얼마나 큰 실효가 있었는지는 의문이다. 일부 논자들은 이를 계기로 六部가 행정구역화되었을 것으로 보기도 하나(李丙燾, 「新羅의 起源問題」『韓國古代史研究』, 1976, 602쪽), 이것만으로 육부가 완전한 王京의 행정구역으로 변화되었다고는 생각되지 않는다. 전 단계의 육부가 지닌 정치 사회적 성격이 이 조치 이후에도 잔존하고 있으므로, 이는 국왕측의 六部에 대한 통제의 시도 정도로 보아야 할 것으로 생각된다(李文基, 「新羅 中古의 六部와 王統」『新羅文化祭學術會議論文集』8, 1987, 71~73쪽).

삼년산성(충북 보은)

지휘체계의 정비를 추진했던 것으로 여겨진다.

    ⑪-1. 감사지는 모두 19명이다. 법흥왕10년에 설치했다.[412]
        2. 군사당주 법흥왕 11년에 설치했다.[413]

    위의 사료에는 아직 신라의 군사조직이 본격적으로 편성되기 이전 시기인 법흥왕 10년(523)과 11년(524)에 감사지監舍知와 군사당주軍師幢主라는 군관직이 설치되었음을 전하고 있다. 이러한 시기적인 괴리로 인하여 지금까지 이들 군관직을 법당法幢의 군관직으로 보기도 했고,[414] 법흥왕 5년에 설치된 병부 소속의 관직에 비의하는 경

412 『삼국사기』 권40, 잡지9, 직관 하.
413 위와 같음.
414 武田幸男, 「中古新羅の軍事的基盤-法幢軍團とその展開-」『東アジアにおける國家と農民』, 1984 참조.

우도 있었다. 그러나 필자는 이를 6부병을 지휘하는 장군 예하의 군관직으로 보고자 한다. 비록 시기적으로 조금 후대의 자료이지만, 다음 기록을 살펴보자.

⑫. 김흠운 ……영휘6년 태종대왕이 백제가 고구려와 더불어 변방을 막자 이를 치고자 하여 군사를 출동할 때 흠운을 낭당대감으로 삼았다. 이에 그는 집안에서 자지 않고 비바람을 맞으며 병졸과 더불어 고락을 함께 하였다. 백제 땅 양산 아래에 군영을 설치하여 조천성을 공격하고자 했는데, 백제인들이 밤을 틈타서 민첩하게 달려와 새벽녘에 성루를 따라 들어오니 우리 군사가 놀라 잃어지고 자빠져 진정시킬 수가 없었다. 적들이 혼란을 틈 타 급하게 공격하니 날라오는 화살이 비오듯 하였다. 흠운이 말을 비껴타고 창을 잡고 대적하니 대사大舍 전지詮知가 달래어 말했다. 지금 적이 어둠 속에서 일어나 지척을 구별할 수 없는 상황이니 공이 비록 죽는다고 해도 알아줄 사람이 없습니다. 하물며 공은 신라의 귀한 신분으로서 대왕의 사위인데, 만약 적군의 손에 죽으면 백제의 자랑하는 바가 될 것이고, 우리들의 깊은 수치가 될 것입니다. 흠운이 말하기를 대장부가 이미 몸을 나라에 바치겠다고 하였으면 사람이 알아주고 모르고는 한가지이다. 어찌 감히 이름을 구하랴 하고는 꿋꿋하게 서서 움직이지 않았다. 따르던 자들이 말고삐를 잡고 돌아가기를 권하였으나 흠운이 칼을 뽑아 휘두르며 적과 싸워 몇사람을 죽이고 그도 죽었다.[415]

사료 ⑫에는 낭당대감郎幢大監 김흠운金歆運의 측근에서 그를 호종하는 대사大舍 전지詮知라는 인물이 등장하고 있다. 전지가 띠고 있는 대사는 12등급의 관등으로서, 그의 무관직이 무엇인지는 기록되어 있지 않지만, 그가 사료 후반부에 김흠운에게 귀환할 것을 종용하고 있는 '종자'에 포함됨은 분명하다. 이를 통해 우리는 특정 단위부대의 지휘관급 무관에는 종자로 표현되는 그를 호종하는 군관직이 존재했음을 알 수 있는 것이다. 감사지는 바로 이와 같은 최고위급 무관직을 호종하는 직책으로 생각된다.[416] 이 점 감사지의 취임 관등이 사지에서 대사까지로 규정되어 있는 점도 하나의

---

415 『삼국사기』 권47, 열전7, 김흠운.
416 井上秀雄, 「新羅兵制考」, 149~151쪽에서는 監舍知의 語義를 분석하여 그 성격을 장군의 비서관

방증이 될 것이다. 요컨대 법흥왕 10년에 설치된 감사지는 6부병을 지휘하는 장군을 호종하는 군관직으로 비정할 수 있겠다. 이에 비해 이듬해에 설치된 군사당주는 중고기 이후의 여러 당주들의 기능이 단위 소부대의 지휘관이었던 점을 참조하면 장군 휘하에서 6부병을 지휘하는 실병지휘관이었을 것으로 추정된다.

이상 살펴 본 바와 같이 적어도 5세기 중엽경에 이르면 6부병의 운용방식에 일정한 변화가 일어나게 되었다. 전체적인 변화의 방향은 6부병에 대한 국왕의 독점적인 지휘권의 확립이었으며, 신라국왕은 6부병에 대한 국왕의 친솔 비중의 증가와 운용에 있어서의 국왕 자신의 직접적인 군령권 행사, 장군직의 설치와 감사지·군사당주 등 지휘체계의 정비를 통해 관철하려 하였던 것이다.

5) 6부병의 군사적 성격

지금까지 6부병의 군사적 활동 양상과 성립과 전개 및 해체에 이르는 변화 과정을 개관하였다. 그 결과 6부병이 신라 초기의 성장과정에서 주력군으로 기능했으며, 성격적 측면에서 성립 초기와 5세기 중엽 이후 사이에는 약간의 변화가 있었음을 알게 되었다. 이제 지금까지 언급한 바를 정리하여 6부병의 군사적 성격을 가늠해 보고자 한다.

첫째, 6부병은 왕경 육부인을 부별로 징발하여 부 단위로 편제한 군사조직이었다. 이는 외적의 침투에 대한 왕경의 방어를 기본적인 임무로 하고 있었지만, 국가적 성장 과정에서 실제 야전군으로 참전하여 대외전쟁의 주력군으로 기능하기도 했다. 뿐만 아니라 대내적으로는 왕권을 보위하는 군사력으로서 왕권에 저항하는 세력의 진압과 왕권을 과시하는 상징적 행사인 열병에도 동원되었다.

둘째, 6부병의 군사적 성격을 그 구성 분자의 측면에서 보면, 부족군 혹은 전쟁에의 참여가 특권이자 명예로 인식되었던 명망군으로[417] 일률적으로 규정하는 것은 문제가 있다고 본다. 6부병의 구성분자가 된 왕경인의 범주는 시대의 흐름에 따라 확대

적 존재로 본 바 있어 참조할 만하다.
417 李基白, 앞의 논문 참조.

되어 왔다. 원래의 왕경인이란 사로소국을 구성한 읍락민이었겠지만, 신라 국가적 성장과정에서 내투來投해 왔거나 투항해온 세력들을 6부에 나누어 살게 했으므로 점차 그 범위는 확대되어 갔다고 보아야 한다. 다음과 같은 예를 들 수 있다.

⑬. 백제의 독산성 성주가 300명을 인솔하고 투항했다. 왕이 그들을 받아들이고 육부에 나누어 살게 했다.[418]

위의 사료에는 내물왕 18년에 백제에서 내투한 삼백명의 주민을 6부에 분거했다고 하였는데, 이는 주변 소국의 지배층을 일종의 포상과 회유의 방편으로 왕경에 사거했던 것과는 차원이 다를 뿐만 아니라 6부병에 대한 국왕의 직접적인 통제 시도가 이루어지던 시점에 일어났던 일이라는 점에서 눈길을 끈다. 이렇게 특별한 공로가 없는 독산성의 주민 300명을 6부민으로 편제했던 데에는 이들을 6부병의 군사력으로 활용하려는 목적이 있었기 때문이 아닐까 한다. 따라서 6부병의 구성분자는 사로소국을 구성한 유력한 읍락민에 기원을 두고 있었지만, 시기의 변화에 따라 6부민으로 편입된 주민들까지 군사력으로 활용하게 되었으며, 여기에서 보면 일반 부인들 역시 6부병의 자원이 되었음을 의미한다. 그렇다면 새로 편입된 6부인이나 일반 6부인들은, 비록 지방민에 비해서는 특권을 향유했겠지만, 역시 고역에 해당하는 군역의무를 수행했던 존재였을 것이다. 따라서 이들이 주된 인적 자원이었던 6부병을 일률적으로 명망군으로 규정할 수는 없을 것이다.

셋째, 6부병의 운용방식은 대체로 5세기 중엽을 전환점으로 하여 일정한 변화가 일어났다. 이사금기 말에 6부가 성립됨과 동시에 제도적으로 성립한 6부병 단계에는 징발과 편제가 부의 지배자에 의해 각 부 단위로 이루어졌을 뿐만 아니라 실제의 운용에 있어서도 각 부의 지배자들이 부병의 지휘에 강한 영향력을 행사하였다. 신라국왕은 6개 부병을 묶은 6부병을 지휘권 안에 포섭하고 있는 총사령관이었지만, 실제적인 운용과정에서는 전통적인 부 단위의 운동력이 강하게 작용하고 있었던 것이다. 그러

---

418 『삼국사기』 권3, 신라본기3, 내물이사금 18년.

나 5세기대에는 징발과 실제 야전에서 국왕이 6부병을 친솔하는 빈도가 높아지면서 6부병에 대한 영향력을 높여나갔고, 군령권의 행사에 있어서도 국왕의 의지가 관철되는 경우가 많아졌다. 이러한 추세 속에서 5세기 후반 대에 이르러 신라국왕은 6부병을 지휘할 수 있는 관직인 장군직을 설치하였으며, 6세기 초에는 그 예하에 감사지·군사당주 등 지휘계통을 정비해 나갔다. 이러한 6부병의 운용방식의 변화는 결국 진흥왕 5년에 6부병의 해체와 대당의 설치로 귀결되었다.

마지막으로 6부병의 병종으로는 문헌에서는 보병과 기병이 확인되고 있다. 특히 기병의 존재는 경주지역에서 발굴된 고분의 마구류의 부장 양상에서 일단 그 가능성을 엿볼 수 있다. 그리고 6부병의 무장의 실체도 4~5세기 고분 출토 무기·무구류의 분석을 바탕으로 할 때 뚜렷한 모습을 드러내게 될 것이다. 그러나 이 문제는 별도의 정리가 필요하므로 앞으로의 과제로 남길 수밖에 없다.

요컨대 6부병은 비교적 이른 시기부터 5세기 후반까지 문헌사료를 통해 구체적인 활동상을 보여주고 있다. 그러나 이러한 6부병이 성립 초기부터 해체에 이르는 진흥왕 5년까지 일관되게 동일한 성격을 유지했던 것은 아니었다. 왕권의 성장과 중앙집권력의 강화, 이에 따르는 6부의 성격 변화와 궤를 같이 하면서 역시 변화를 거듭해 왔던 것이다. 성립 초기의 6부병은 부 단위의 자율성이 강한 읍락연맹군邑落聯盟軍[419]적 성격의 군사조직이었다. 그러나 왕권이 성장하고 6부에 대한 국왕의 통제력이 강화되는 한편, 6부병 지휘체계의 정비가 이루어지면서 점차 전통적 성격은 지양되고, 국왕의 독점적 지배력이 관철되는 단일한 군사조직으로 변화해 갔다. 이 같은 변화를 제도적으로 수렴한 조치가 진흥왕 5년의 6부병의 해체와 대당의 설치였던 것이다. 이러한 의미에서 6부병은 군사적으로 읍락연맹군에서 대당과 같은 전국가적 규모의 정비된 군사조직으로 변화해 가는 과도기적인 위상을 가졌던 것으로 결론지을 수 있겠다.

---

419 李賢惠, 『三韓社會形成過程研究』, 159쪽.

2. 중고기 중앙 군사조직 대당의 성립과 활동

1) 문제의 제기 ; 군호 육정(六停)에 대한 기존 견해 비판

신라가 중앙집권적 국가체제를 형성하고 본격적인 정복전쟁을 수행하게 된 중고기 (법흥왕~진덕여왕)에, 국가를 보위하고 영토 확장을 주도한 대표적인 군사조직이 육정이라는 견해는 중고등학교 국사 교과서에 수록될 정도로 통설적 지위를 누려 왔다. 이러한 견해는『삼국사기』직관지 무관조의 기사를 토대로 한 일인학자들의 연구에서 비롯되었다.

『삼국사기』직관지 무관조에는 육정에 관한 비교적 자세한 두 계열의 기사가 남아 있다. 즉 범군호凡軍號 부분에는 23개 군호의 첫째로 육정을 거론하며 육정을 구성하는 여섯 개 단위부대의 간략한 연혁과 금색衿色 규정 등이 기록된 육정 연혁기사가 있다. 그리고 제군관諸軍官 부분에는 이들 여섯 개 부대에 소속된 장군을 비롯한 14종의 각급 군관의 인원·관등규정·착금着衿여부 등이 적혀 있는 육정군관 기사가 있다.

이러한 무관조의 두 계열의 육정관계기사를 토대로 중고기 신라의 지방제도와 병제, 즉 주제와 정제가 긴밀하게 연결된 육정의 모습과 변화과정을 자세하게 고증한 연구가 있고,[420] 이를 계승하여 무관조의 군관조직을 세밀하게 분석하여 육정의 성격을 전통적인 귀족의 사병적 성격이 가장 강하게 잔존한 군사조직이라고 규정한 견해가 있다.[421] 이러한 견해는 이후 많은 연구자에 의해 수용되어 통설로 인정되기에 이르렀다.[422]

이러한 연구를 통해서 육정에 대한 이해는 대략 다음과 같이 정리해 볼 수 있다. 첫째, 육정은 신라가 정복왕조로서 비약적인 대외팽창을 시작하는 진흥왕 5년 대당을 설치한 이후, 지방의 주에 정을 증치하여 여섯 개 부대로 완결되었다. 둘째, 대당은

---

420 末松保和,「新羅幢停考」『新羅史の諸問題』, 1954, 323~347쪽.
421 井上秀雄, 앞의 논문, 1974, 187~190쪽.
422 예컨대 근래 기존 연구성과를 가장 잘 정리한 것으로 평가되는 고대사 개설서인 이기백·이기동, 『한국사강좌』(고대편), 일조각, 1982, 226~227쪽의 신라 군사조직에 대한 서술도 거의 양씨의 견해를 토대로 서술되고 있다.

왕경에 설치되었고, 정은 지방의 '주치州治'에 설치된 것으로 '광역주'[423]를 군관구로 하고 있었다. 셋째, 지방의 정은 주치의 변화와 더불어 빈번히 그 소재지가 이동되었으며, 그것은 곧 신라의 영역팽창을 의미하는 것이었다. 넷째, 이러한 전국적인 군사조직으로서의 육정은 신라 중고기 이래의 대외적 팽창과 삼국통합과정에서 중핵적인 역할을 수행하였다.

이와 같이 육정을 중고기 신라의 대표적인 군사조직으로 파악하는 인식체계는 매우 정연한 듯이 보이지만, 재검토되어야 할 문제점도 적지 않게 남아 있다. 이미 지방부대인 정의 군단상이나 소속 군관의 운용실태 등에 대해서는 다른 시각에서의 검토가 진행된 바 있었고,[424] 또 군호 육정의 성립시기나 구성부대의 비정과 관련된 문제 혹은 대당의 구체적인 성립과정의 문제 및 지방 정제의 구조와 성립과정 등 제도적인 성립과 변천을 이해하는 데 매우 긴요한 문제도 반드시 만족할 만한 결론에 도달했다고 볼 수는 없다.

예컨대 육정의 성립에 대한 기왕의 견해는 진흥왕 5년 대당의 설치에서 시작하여 증치 과정을 거쳐 여섯 개 부대로 완결되었던 것으로 생각해 왔다.[425] 이를 육정이 축차적으로 성립하였다는 의미에서 '육정축차성립설六停逐次成立說'이라 부를 수 있겠다. 그러나 '육정축차성립설'을 따르고 있는 논자들 사이에도 여섯 개 부대로의 완결된 시기나 여섯 개의 구성부대 비정에 있어 일치된 견해를 찾아보기 어렵다.[426] 그 이

---

423 중고기의 주라는 용어가 가진 이원적 의미에 대해서는 이미 많은 논자들이 다양한 호칭을 제시한 바 있다. 今西龍은 '지리적 칭호의 주'·'정치적 칭호의 주'라고 불렀고(「新羅上州下州考」『新羅史硏究』, 1933, 287~290쪽), 末松保和는 '군관구의 중추'·'군관구'로 개념을 규정했으며(앞의 논문, 328~347쪽), 山尾幸久는 '주치·주정'·'군구'로 구분하고 있다(「朝鮮三國の軍區組織」『古代朝鮮と日本』, 1975, 174쪽). 한편 이성시는 '협의의 주'·'광의의 주'라고 부르고 있으며(「新羅六停の再檢討」『조선학보』 92, 1979, 40쪽), 강봉룡은 '소주(정)'·'광역주'라고 하였고(「6~7세기 신라의 병제와 지방통치조직의 재편」『역사와 현실』 4, 1990, 56쪽), 이수훈은 '군사적 거점=지배 거점'·'감찰구역'으로 규정하고 있다(「신라 중고기 주의 구조와 성격」『부대사학』 12, 1988). 이러한 다양한 견해는 비단 용어상의 문제만이 아니라 중고기 주제의 성격을 여하히 규정하는가라는 의견 차이에서 비롯된 것이다. 필자는 이러한 견해 가운데서 나름대로 '주치'와 '광역주'라는 용어를 선택하여 사용하고자 한다.

424 李成市, 앞의 논문 참조 ; 李文基, 「新羅 6停軍團의 運用」『大丘史學』 29, 1986.

425 末松保和, 앞의 논문, 323~347쪽. 이후 대부분의 논자들이 이를 추종하고 있다.

426 '육정축차성립설'을 따르는 논자들의 육정의 성립시기나 구성부대에 대한 견해 차이는 조금 뒤에

유는 사료 자체에 약간의 혼란이 개입되어 있기 때문이기도 하지만, '육정축차성립설'이라는 입론에 문제가 있음을 시사하는 것이다.

이에 육정의 성립에 대해 전혀 새로운 시각에서 접근하고 있는 견해도 나왔다. 즉 신라 중고기의 병제가 지방제와는 불가분의 관계에 있음을 전제로 지방제의 입장에서 병제의 변화를 동태적으로 파악하려는 시각에서, 신라의 지방제도는 '광역주체제'에서 '육정체제'의 과도기를 거쳐 '군현제'로 개편되어 갔으며, 각각의 단계에 부응하는 병제로서 '광역주체제'에서는 군주에 의해 통수되는 '소주=정'제였고, 이것이 중고기말·중대초에 '광역주'를 단위로 하는 지방민의 총동원체제로서의 '육정체제'로 변화했다고 보는 견해이다.[427] 이러한 새로운 견해는 사료의 조작이나 지방제를 바라보는 시각 등에 대해서는 비판적인 지적이 나와 있지만,[428] 육정의 성립 문제에 한정해 본다면, '육정축차성립설'과는 전혀 다르게 육정이 거의 동시에 성립된 것으로 이해하고 있는 점이 유의된다.[429]

사실 육정은 그것이 지닌 말의 뜻이나 무관조의 23군호에서 보이는 군호 구성의 일반성[430]에 비추어 보면 여섯 개의 정(부대)으로 이루어진 군호임이 자명하다. 그리고 그것도 일정한 기준에 입각한 동질적 성격과 횡적인 연대성을 담보하고 있는 여섯 개 부대를 포괄하는 보다 상위의 군호인 것이다.[431] 그러므로 육정이라는 군호는 우선 그 구성부대가 여섯 개가 아니면 사용될 수 없으며, 또 비록 6개 부대라고 할지라도 각각의 부대가 횡적인 연계성을 갖지 못하여, 보다 상위의 조직체계로 묶여져 있지 않은 상태에서는 사용될 수 없는 칭호이다.

그렇다면 군호 육정을 반드시 하나에서 점차 증치되어 6개 부대로 완결된 것으로

서술된다.

427 강봉룡, 「신라 중고기 주제의 형성과 운영」『한국사론』16, 1987 ; 강봉룡, 앞의 논문, 1990.

428 예컨대, 이수훈, 앞의 논문, 8~10쪽 참조.

429 단 필자는 강봉룡의 육정의 성립시기에 대한 견해나 '육정체제'에 대한 개념규정 등에 대해서는 의견을 달리하고 있지만, 그 성립을 바라보는 시각에는 찬동한다.

430 23군호의 대부분은 구성부대의 숫자를 나타내는 명칭을 사용하고 있다. 즉 구서당이 9개의 서당, 십정이 10개의 정, 오주서가 5개의 수서로 이루어진 것과 같은 경우를 말한다.

431 이러한 의미에서 육정을 군단으로, 이에 포함된 여섯 개 군사조직을 부대로 불러도 무방하겠지만, 이는 여섯 개 부대가 육정이라는 군호로 묶여진 이후 시기에만 걸맞는 칭호이다.

보아야 할 필요는 없다. 중고기 이래 산발적으로 설치되어 왔던 여러 군사조직 가운데 여섯 개의 부대를 후대의 특정시기에 '육정'이라는 군호로 묶음으로써 성립될 수도 있기 때문이다. 만약 후자와 같이 육정이라는 군호가 성립된 것이라면 중고기의 대표적 군사조직으로 육정을 드는 것은 잘못이며, 후일 군호 육정의 구성부대로 묶여지는 군사조직의 '선행부대'[432]들이 상호 연계를 갖지 않은 독립적 성격의 부대로 존재하던 단계의 그것들을 육정으로 통칭할 수도 없을 것이다. 그러므로 '육정축차성립설'을 비판하는 입장에서 군호 육정의 성립문제에 접근해 볼 필요가 제기된다.

2) 군호 육정의 구성부대와 성립시기

군호 육정은 여섯 개의 부대로 이루어진 군사조직임은 자명하다. 그러면 여섯 개의 구성부대는 무엇일까? 구성부대를 파악하는데 근거자료가 되는 무관조 육정 관련 기사에서부터 군호 육정의 구성부대가 서로 다르게 기록되어 있음이 주목된다.

①-1. 6정六停은, 첫째는 대당大幢이었다. 진흥왕 5년(544)에 처음으로 설치하였다. 금衿의 색깔은 자백紫白이었다. 둘째는 상주정上州停이었다. 진흥왕 13년(552)에 설치하였는데, 문무왕 13년(673)에 귀당貴幢으로 고쳤다. 금의 색깔은 청적靑赤이었다. 셋째는 한산정漢山停이었다. 본래는 신주정新州停이었는데, 진흥왕 29년(568)에 신주정을 혁파하고 남천정南川停을 설치하였다가, 진평왕 26년(604)에 남천정을 혁파하고 한산정을 두었다. 금의 색깔은 황청黃靑이었다. 넷째는 우수정牛首停이었다. 본래는 비열홀정比烈忽停이었는데, 문무왕 13년(673)에 비열홀정을 혁파하고 우수정을 두었다. 금의 색깔은 녹백綠白이었다. 다섯째는 하서정河西停이었다. 본래는 실직정悉直停이었는데, 태종왕 5년(658)

---

432 논지 전개과정에서 밝혀질 것이지만, 필자는 군호 육정이 후대의 특정시기에 여섯 개 부대를 묶음으로써 성립된 것으로 생각한다. 그래서 육정으로 묶이기 이전에 존재했으며, 육정연혁기사에서 육정 구성부대의 연혁으로 기록된 군사조직을 '육정 선행부대' 혹은 '선행부대'로 부르기로 한다.

에 실직정을 혁파하고 히서정을 두었다. 금의 색깔은 녹백綠白이었다. 여섯째는 완산정完山停이었다. 본래는 하주정下州停이었는데, 신문왕 5년(685)에 하주정을 혁파하고 완산정을 두었다. 금의 색깔은 백자白紫였다.(『삼국사기』 권40, 잡지9, 직관 하)

2. 소감少監은 진흥왕 23년(562)에 설치하였다. 대당에 15명, 귀당에 15명, 한산정에 15명, 하서정에 12명, 우수정에 13명, 완산정에 13명이었다.……모두 372명이었다. 6정六停에는 금이 없었고, 그 밖에는 모두 금을 붙였다. 관등이 대사 이하인 자로 임용하였다.(『삼국사기』 권40, 잡지9, 직관 하)

3. 감사지監舍知는 모두 19명이었는데 법흥왕 10년(523)에 설치하였다. 대당에 1명, 상주정에 1명, 한산정에 1명, 우수정에 1명, 하서정에 1명, 완산정에 1명이었다.……(『삼국사기』 권40, 잡지9, 직관 하)

육정의 구성부대에 대한 기준사료라고 할 수 있는 ①-1을 보면, 표제로 열거한 부대는 대당·상주정·한산정·우수정·하서정·완산정 등 여섯 개 부대이다. 그러나 좀 더 자세히 살펴보면 자체 논리 모순이 엿보인다. 즉 한산정·우수정·하서정·완산정처럼 변화를 거듭한 뒤에 나타나는 최종적인 부대 이름을 구성부대 명칭으로 삼는다면, 상주정의 경우에는 귀당이라고 해야 옳을 것이다.[433]

한편, ①-2의 말미 부분에도 육정이라는 군호가 기록되어 있는데, 이는 전후의 문맥에서 보아 대당·귀당·한산정·하서정·우수정·완산정 등 여섯 개 부대를 지칭하고 있음이 자명하다. 이에 대해 같은 육정 군관 기사인 ①-3은 육정이라는 군호를 명기하고 있지는 않으나, 육정임이 누구에게나 인정되는 군사조직을 열거하면서 귀당 대신 상주정을 지목하고 있다.[434]

이와 같이 육정이라는 군호가 명기되고 있거나 혹은 그렇지 않더라도 전후 서술로

---

433 "둘째는 上州停이다. 云云" 부분은 "둘째는 貴幢이다. 본래 上州停으로 眞興王 13년에 설치했다. 文武王 13년에 貴幢으로 고쳤다. 금의 색깔은 靑赤이다."와 같이 기록되어야 한다.

434 이 監舍知 외에 軍師幢主·大匠尺幢主·軍師監·大匠尺監도 貴幢이 아닌 上州停을 六停의 구성부대로 꼽고 있다.

보아 분명히 육정을 의미하는 내용을 담고 있는 무관조의 서술 중에서도 그 구성부대로 대당·한산정·우수정·하서정·완산정 등 다섯 개 부대를 지목하는 데는 일치하고 있으나, 상주정과 귀당의 경우에는 어느 하나를 선택하여 기록하고 있는 등 혼란을 보여주고 있다.

이러한 상주정과 귀당 사이에 나타나는 혼란에 의해 연구자들도 육정의 구성부대 비정에 견해 차이를 보이고 있다. 육정의 구성부대에 대한 견해를 보면 대략 다음 두 가지로 나뉘어 있다. 첫째는 문무왕 13년(673) 이전의 육정은 대당과 지방의 다섯 개의 정으로 구성되었으며, 문무왕 13년 이후의 육정은 상주정 대신 귀당이 포함되는 것으로 보는 것이다. 이 견해는 문무왕 13년 이전의 귀당은 육정과는 다른 성격의 군사조직이므로 제외하고, 문무왕 13년에 상주정과 귀당을 병합한 군사조직을 귀당으로 호칭했으며, 이것이 이후 상주정을 대신하여 육정의 구성부대로 되었다고 주장한다.[435] 둘째는 중고기의 귀당을 상주에 설치된 지방부대로 비정하는 한편, 이것과 대당 및 지방의 다섯 개 정 등 일곱 개 부대를 육정으로 통칭하는 것이다.[436]

이 가운데서 일곱 개 부대를 육정으로 통칭하는 후자의 주장은 육정이 여섯 개 부대로 구성되었다는 점에서 볼 때 설득력이 없다. 이에 대해 전자는 상주정과 귀당의 관계를 합리적으로 해석하여 문무왕 13년을 전후한 시기에 각각 여섯개 부대로 구성된 육정을 상정하고 있기에 어느 정도 설득력을 얻고 있고, 또한 상주정→귀당이라는 구성부대의 변화를 실마리로 삼아 여타 각 부대의 변천상을 고증함으로써 육정에 대한 연혁기사인 사료 ①-1에 기록된 선행부대들이 존재하던 단계까지 군호 육정이 존재했다고 인식하고 있다.

그러나 전자의 견해에도 문제는 남아 있다고 생각된다. 우선 육정의 성립시기에 대한 견해가 명확하지 않다. '육정축차성립설'을 체계화한 스에마츠末松保和는 육정의 여섯 개 구성부대(필자의 '선행부대') 가운데 실직정을 가장 늦은 시기에 설치된 것으

---

435 末松保和, 앞의 논문, 328~333쪽 과 井上秀雄, 앞의 논문, 187~190쪽에서는 약간의 견해 차이는 있지만 중고기의 귀당을 육정에서 제외하고 있는 점에서 이 견해를 대표하고 있으며, 이후 대부분의 논자가 이에 준하여 육정의 구성부대를 비정하고 있어 통설적 견해라고 할 수 있다.

436 山尾幸久, 앞의 논문, 174쪽. 한편 이기백·이기동, 앞의 책, 226~227쪽에서는 뚜렷한 이유를 명기하지 않은 채 대당·귀당과 지방의 다섯 개 정을 합쳐 육정이라고 통칭하고 있다.

로 보고, 그 설치연대를 선덕왕 8년(639)으로 추정하였다.[437] 이를 그대로 따른다면 639년 이전은 5개 부대로 이루어져 있어 이들을 육정으로 통칭할 수는 없으며, 639년에 비로소 6개 부대로 이루어진 군호 육정이 성립된 셈이다. 그러나 '육정축차성립설'을 따르는 논자들은 대부분 육정을 그 이전 시기의 대표적 군사조직으로 들고 있고,[438] 그래서 실직정의 설치시기에 의문을 제기하는 견해까지 찾아볼 수 있다.[439]

다음으로 육정 연혁기사인 ①-1 중 "둘째는 상주정上州停이다. …… 문무왕 13년 (673)에 귀당貴幢으로 고쳤다."라는 기사에서, 이전부터 병존하고 있었던 육정의 한 구성부대인 상주정과 이와는 다른 성격의 귀당이 문무왕 13년에 병합되어 귀당이라는 칭호를 갖게 되고, 이것이 상주정을 대신하여 육정의 한 구성부대가 된 것으로 풀이한 점도 문제이다. 이 기사를 문장 그대로 본다면 상주정이 귀당으로 개칭되었다고 했을 뿐이며, 문무왕 13년에 상주정과 귀당이 병합되었다는 사실은 이 기사는 물론 다른 어떤 기록에서도 확인되지 않는다.

따라서 문무왕 13년 상주정을 귀당으로 개명했다고 기록한 위의 사료는 분명한 잘못이므로 이를 인정하고, 이러한 잘못된 내용이 사료로서 남게 된 이유를 밝힐 필요가 있다고 생각한다.

위의 사료를 보면 ①-1 기사와 ①-3 기사는 이미 기사 자체 내에서 논리적 모순을 범하고 있다. 즉 육정의 구성부대로 상주정을 들면서, 한편으로는 완산정을 또 하나의 구성부대로 꼽고 있기 때문이다. 사료에 의하면 상주정은 문무왕 13년 귀당으로 개칭되었고, 완산정은 신문왕 5년에 하주정을 파罷한 뒤 비로소 설치된 것이므로 양

---

437 末松保和, 앞의 논문, 338~340쪽. 그러면서 그는 신문왕 5년의 완산정의 성립 시기를 六停의 최종 완성기라 하였는데, 이는 지방의 停이 州治에 주둔한 것으로 보고 있어 더 이상 州治의 이동에 따르는 停의 변화가 없게 된다는 의미로 풀이된다.

438 대부분의 논자가 그러한데, 우선 필자 자신도 진흥왕 5년(대당 설치)에서 문무왕 13년(상주정의 변화) 까지를 육정의 성립과정이라고 보아, 진흥왕 5년 이후부터 육정이라는 용어를 사용한 바 있다(앞의 논문, 1986, 1쪽). 그러나 후술되듯이 군호 육정의 성립은 신문왕대의 일이었으므로 이러한 용어의 사용은 잘못이다.

439 예컨대 李種旭, 「南山新城碑를 통하여 본 新羅의 地方統治體制」『歷史學報』 64, 1974, 30~31쪽에서는 실직정의 설치연대를 최초로 주가 설치되고 군주가 파견된 시기인 지증왕 6년(505)으로 보고 있다.

자는 동시에 육정의 구성부대가 될 수 없다. 만약 상주정이 옳다면 완산정은 하주정으로 기록되어야 하고, 완산정이 옳다면 상주정은 귀당으로 기록되어야 마땅하기 때문이다.

이와 같이 상주정과 완산정 모두를 육정의 구성부대로 동시에 지목하는 것은 자체 논리 모순이며 양자 가운데 어느 하나는 분명히 잘못 포함된 것이다. 이 점과 관련하여 우리가 주목할 점은 무관조에서 상주정과 귀당 사이의 혼란을 제외하면 어느 경우에도 육정의 구성부대로 그 선행부대를 거론한 사실이 없다는 점이다. 즉 신주정·남천정이 아닌 한산정을, 비열홀정이 아닌 우수정을, 실직정이 아닌 하서정을, 하주정이 아닌 완산정을 육정의 구성부대로 비정하고 있어 최종적으로 완결된 부대명을 구성부대로 들고 있을 뿐이다. 특히 육정연혁기사에서 선행부대로 가장 늦은 시기인 신문왕 5년까지 존속된 것으로 기록된[440] 하주정이 어떤 기록에도 완산정을 대신하여 육정의 구성부대로 거론된 경우가 없다는 점을 유의할 필요가 있다. 이에 필자는 상주정을 육정의 구성부대로 비정하는 것은 잘못된 것이며, 상주정 대신 귀당이 육정의 구성부대로 포함되는 것이 옳다고 본다.

그러면 무관조의 육정 관계기사에서 귀당 대신 상주정이 육정의 구성부대로 기록된 이유는 무엇일까. 이 점에 대한 검토는 군호 육정의 성립시기와 밀접한 관계가 있다. 이에 대한 실마리가 되는 것은 무관조 육정 관계기사의 사료적 성격이다.[441] 그래서 전술한 바를 기초로 육정 관계기사의 사료적 성격에 대해 재론하고자 한다.

무관조 육정관계기사 중 육정 군관기사의 사료적 성격을 보여주는 것은 제군관 첫머리의 장군에 대한 기록이다.

②. 제군관: 장군은 모두 36명이다. 대당을 맡은 장군이 4명, 귀당을 맡은 장군이 4명, 한산정[신라 사람은 군영을 정이라 하였다.]에 3명, 완산정에 3명, 하서정에 2명, 우수정에 2명이다. 관등은 진골 상당으로부터 상신까지이다. 녹금당에 2명, 자금당에 2명, 백금당에 2명, 비금당에 2명, 황금당에 2명, 흑금당에 2명, 벽금당에 2명,

---

440 그러나 이것 역시 사실과 다르다. 이러한 기록이 남게 된 이유는 후술된다.
441 李文基, 「三國史記 職官志 武官條의 史料的 檢討」『歷史敎育論集』15, 1990.

석금당에 2명, 청금당에 2명이다. 관등은 진골 급찬으로부터 각간까지이다. 경덕왕 때에 웅천주정에 3명을 더 두었다.(『삼국사기』 권40, 잡지9, 직관 하)

이 장군에 대한 기록은 『삼국사기』 편찬 당시에 육정과 구서당 장군의 인원 기록인 주자료와 경덕왕대의 웅천주정 장군에 대한 기록인 추가 자료를 그대로 전재한 것이며, 여기에 보이는 육정과 구서당 장군의 인원규정은 7세기 후반대의 군사조직 재편 과정에서 통일전쟁을 거치면서 확대된 전시 동원체제에서의 군관조직을 모델로 하여 최종적으로 정리된 것이다.[442] 이와같은 장군의 인원규정이 무열왕·문무왕대의 출정 당시의 인원과 흡사한 것은 이로 말미암은 것이다. 그리고 이러한 장군 부분의 찬술방식과는 달리 여타 군관의 경우 『삼국사기』의 찬자에 의해 재정리·서술된 경우도 있지만, 육정군관에 대한 기록은 육정장군의 사료적 성격과 마찬가지로 7세기 후반대에 정리된 인원규정을 토대로 한 것으로 볼 수 있다.[443]

이와 같이 7세기 후반 대에 규정된 육정군관의 인원기록 가운데 이미 소멸된 상주정[444]에 관한 기록이 귀당을 대신하여 기록되고 있는 이유가 궁금하다. 그것은 상주정에 대한 기록을 남기고 있는 군관이 감사지·군사당주·군사감·대장척당주·대장척감 등 5종류에 한정되고 있는 데서 약간의 추측이 가능하다.

육정군관기사를 정리해 보면 이들 군관직은 귀당으로 기록된 여타 군관직과는 다른 특징이 엿보인다. 첫째, 그 인원이 1명(군사감은 2명)으로 매우 단촐하다. 둘째, 감사지·군사당주의 경우 그 설치 연대가 법흥왕 10년(523)·11년(524)으로 기록되어 있어 비교적 이른 시기에 설치된 군관직임이 드러난다. 이러한 특징에서 볼 때 이들은 육정의 선행부대 단계의 군관직이었던 것으로 볼 수 있고,[445] 이들은 여타의 군관직과는 달리, 7세기 후반대의 군제재편과 인원규정의 정리 과정에서 선행부대 단계의 인원구성이 그대로 육정 각 부대의 군관직으로 계승 정리된 것으로 보인다. 이 과

---

442 李文基, 앞의 논문, 1990, 37쪽 및 54~56쪽.
443 李文基, 앞의 논문, 1990, 55쪽.
444 上州停의 소멸은 늦어도 귀당으로 개칭되었다는 문무왕 13년의 일로 보인다.
445 육정 선행부대 단계의 군관직 체계는 시기에 따라 변화해 왔던 것으로 보이는데, 이들은 특히 연원이 오랜 것으로 추측된다.

정에서 상주정 소속 인원규정이 귀당의 그것으로 계승되었으며, 이로 인하여 귀당의 군관으로 기록되어야 할 것이 상주정 소속으로 잘못 기록된 것으로 추측된다. 따라서 이들 군관의 상주정 인원규정은 귀당의 그것으로 고쳐 보아야 옳다고 본다.

다음은 육정연혁기사에 대해서 살펴보자. 이것이 포함된 무관조 범군호 부분의 사료적 성격은 신라시대에 작성된 저본자료를 그대로 전재한 것이며, 그 내용인 23군호는 대략 7세기 후반대의 군제 재편의 결과를 전하는 것으로 판단된다.[446] 그런데 여기에는 상당한 오류와 소략함이 포함된 특징을 보여주고 있다.

②-1. 셋째는 한산정으로서 원래의 신주정이다. 진흥왕 29년에 신주정을 폐지하여 남천정을 설치하였다가 진평왕 26년에 남천정을 폐지하여 한산정을 설치하였는데 띠의 색깔은 황청색이다.(『삼국사기』 권40, 잡지9, 직관 하)

2. 해론은 모량 사람이다. 그의 부친 찬덕은 용감한 뜻과 영특한 절개가 있어 한 때 명망이 높았다. 건복 27년 을축에 진평대왕이 그를 선발하여 가잠성 현령으로 삼았다. 이듬해인 병인년 겨울 10월에 백제가 크게 군사를 일으켜 백여 일 동안 가잠성을 공격하자 진평왕이 장수들에게 명령하여 상주, 하주, 신주의 군사로 하여금 그를 구원하게 하였다. 그리하여 마침내 그들이 가서 백제인과 싸웠으나 승리하지 못한 채 군사를 이끌고 돌아왔다.(『삼국사기』 권47, 열전7, 해론)

3. 백제의 잔적이 사비성을 공격하였다. 〈중략〉 잡찬 문충을 상주 장군으로 임명하고, 아찬 진왕으로 하여금 그를 돕게 하였으며, 아찬 의복을 하주 장군, 무훌·욱천 등을 남천 대감, 문품을 서당 장군, 의광을 낭당 장군으로 임명하여 사비성을 구원하게 하였다. (『삼국사기』 권5, 신라본기5, 무열왕 8년)

4. 가을 7월 17일, 김 유신을 대장군, 인문·진주·흠돌을 대당 장군, 천존·죽지·천품을 귀당 총관, 품일·충상·의복을 상주 총관, 진흠·중신·자간을 하주 총관, 군관·수세·고순을 남천주 총관, 술실·달관·문영을 수약주 총관, 문훈·진순을 하서주 총관, 진복을 서당 총관, 의광을 낭당 총관, 위지를 계금 대감으로 임명하

446 李文基, 앞의 논문, 1990, 31~34쪽 및 50~52쪽 참조.

였다.(『삼국사기』 권6, 신라본기6, 문무왕 원년)

②-1은 한산정의 연혁에 대한 기록이다. 이에 의하면 원래는 신주정이었는데, 진흥왕 29년(568) 신주정을 파하고 남천정을 설치했으며, 다시 진평왕 26년(604)에는 남천정을 파하고 한산정을 두었다. 그러나 실제 활동상을 전하는 ②-2·3·4에는 이와는 전혀 다른 사실이 보인다. 먼저 ②-2에 보이는 상주·하주·신주는 그 전후의 문맥에서 보아 상주정·하주정·신주정임이 인정된다. 그러므로 신주정은 건복建福 28년, 즉 진평왕 33년(611)까지 존속된 것이다. 또 ②-3에 보이는 남천대감은 그 앞의 상주정·하주정의 장군 임명의 예에서 보아 남천정의 대감임이 분명하다. 그렇다면 무열왕 8년(661)에는 남천정이 존재했음을 알 수 있다. 그리고 ②-4는 문무왕 원년(661)의 고구려 정벌군 편성기사인데, 여기에 보이는 남천주 총관은 남천정 장군이다.[447] 그러므로 문무왕 원년(661)에도 남천정은 존재하고 있다.

이와 같은 육정연혁기사와 신라본기 및 열전에 보이는 한산정의 변화에 대한 서로 다른 기록 가운데, 실제의 활동 사실을 전하는 ②-2·3·4 기록이 옳다는 점은 의심의 여지가 없다.[448] 그렇다면 ②-1의 한산정 연혁기사에서 신주정→남천정→한산정이라는 변화의 과정은 올바르게 파악하고 있지만, 그 변화의 시점에 대해서는 많은 잘못을 범하고 있는 셈이다. 이외에도 육정연혁기사는 신주정·비열홀정·실직정·하주정의 설치시기를 기록하지 않고 있고, 상주정과 귀당은 병존한 군사조직임에도 불구하고 상호 계승관계에 있는 것처럼 기록한 잘못을 범하고 있다.

그러면 7세기 후반대의 군제 재편 결과를 기록한 범군호의 한 부분인 육정연혁기사의 소략함과 오류는 어디에서 기인된 것일까. 필자는 이것이 사료의 작성과 밀접한 관련이 있다고 본다. 곧 후대에 여섯 개 부대를 군호 육정으로 묶으면서, 각각의 부대의 연혁을 소급·정리했으므로 이러한 소략함과 오류가 발생한 것으로 생각된다. 특

---

447 이때의 총관이 장군을 말하는 것임은 村上四男,「新羅の摠管と都督」『朝鮮古代史研究』, 1978, 157~162쪽에서 논증된 바 있다.

448 그런데 末松保和는 육정연혁기사를 존중하여 漢山停의 변화를 고증하고 있다(앞의 논문, 334~335쪽).

히 상주정과 귀당은 늦어도 진흥왕 23년 이래 병존한 군사조직이었지만, 육정의 구성부대로 편제된 귀당의 연혁을 소급·정리하는 과정에서 상주정이 개명되어 성립된, 상호 계승관계에 있는 군사조직인 것처럼 기록된 것으로 생각한다.[449]

이상과 같은 무관조 육정관계기사의 성격에 대한 필자의 추론이 잘못이 아니라면, 우리는 군호 육정이 후대에 대당·귀당·한산정·우수정·하서정·완산정을 묶어 성립된 것이며, 육정연혁기사에 나오는 육정의 선행부대들이 존재하던 단계에는 군호 육정이 성립되어 있지 않았음을 알 수 있다.

나아가 군호 육정의 구성부대를 보면 그것의 성립시기를 짐작할 수 있다. 그 성립시기는 아무래도 가장 늦게 두어진 완산정의 설치시기보다 빠를 수가 없기 때문이다. 육정연혁기사에 의하면 완산정은 신문왕 5년에 두어졌다고 한다. 이는 광역주인 완산주의 설치시기가 동왕 5년인 것으로 보아 믿을 수 있다고 본다. 그렇다면 군호 육정의 성립시기는 신문왕 5년의 완산정 설치와 동시이거나 그 이후가 되어야 한다. 필자는 이 시기가 군제가 재편되는 와중이라는 점에서 군호 육정은 신문왕 5년 완산정의 설치와 더불어 성립된 것으로 추측한다.

신라는 7세기 후반 통일전쟁을 전후하여 확대되었거나 변화한 다양한 군사조직에 대해 대대적인 재편을 단행하였으며, 이 개혁의 하나는 복수의 군사조직을 군단체계로서의 군호로 묶는 것이었다.[450] 이 과정에서 진흥왕 5년 이래 산발적으로 설치하여 변화를 거듭한 군사조직 가운데 여섯 개 부대를 군호 육정으로 묶어 정리하였던 것으로 판단된다. 그리고 앞서 언급하였듯이 군호 육정으로 묶여진 여섯 개 구성부대의 연혁을 소급·정리하여 육정연혁기사를 구성했던 것이다.

지금까지 살핀 바처럼 여섯 개의 구성부대를 가진 보다 상위의 육정이라는 군호의 성립시기는 신문왕 5년에 완산정 설치와 동시의 일로 짐작된다. 그러므로 육정이라는 군호의 구성부대도 신문왕 5년 이후의 대당·귀당·한산정·우수정·하서정·완산정 등 여섯 개 부대로 한정하여 보아야 한다. 요컨대 육정이라는 군호의 존재를 중고

---

449 그러나 양자는 군관조직의 측면에서는 계승관계에 있었던 것으로 볼 수 있고, 이것이 이와 같은 기록으로 정리된 요인이었을 수도 있다.

450 李文基, 앞의 논문, 1990, 53쪽.

기까지 소급하여 사용할 수는 없으며, 중고기의 군사조직 가운데 여섯 개를 골라 육정으로 비정하는 것도 잘못이다. 육정연혁기사에 보이는 육정 선행부대들(예컨대 상주정·하주정·신주정(남천정)·실직정 등)이 존재하던 단계에 군호 육정이 존재했던 것은 아니기 때문이다. 따라서 중고기의 군사조직을 육정으로 통칭할 수는 없으며, 이들을 지칭하는 용어는 왕경에 두어진 대당과 지방의 정제를 그대로 병렬적으로 사용하는 것이 옳다고 본다.

3) 육부병의 해체와 대당의 성립 및 그 배경

지금까지 살펴보았듯이 대당·귀당·한산정·우수정·하서정·완산정 등 여섯 개 구성부대를 포괄하는 육정이라는 군호는 7세기 후반의 군사조직의 재편과정에서 하나의 군단체계로 정리, 편제함으로써 성립되었다. 그러므로 육정 연혁기사에서 보이는 6개 구성부대의 선행부대가 존재하던 단계에까지 그것들을 군호 육정으로 통칭해서는 곤란하다.

육정의 선행부대는 명칭에서 보면 대당과 주명州名을 띠고 있는 정제停制로 나누어진다. 이 중 대당은 왕경, 정제는 지방의 광역주가 지역적 존립기반이 되었다. 여기서 지역적 존립기반이란 각 부대 군사력의 출신지역은 물론 주둔지역도 왕경 혹은 해당 광역주라는 의미이다.

먼저 왕경을 지역적 존립 기반으로 하는 대당의 성립에 대해 살펴보기로 한다. 『삼국사기』 직관지 무관조의 육정 연혁기사에는 다음과 같이 대당大幢의 설치를 전하고 있다.

> 첫 번째 대당이라고 한다. 진흥왕 5년에 처음으로 설치했다. 옷색은 자주색과 흰색이다.(『삼국사기』 권 40, 잡지9, 직관 하)

이에 의하면 대당은 진흥왕 5년(544)에 설치되었다고 한다. 그런데 사료에서 대낭의 구체적인 활동상이 확인되는 것은 7세기 중엽의 통일전쟁기에 이르러서이다.[451] 그래서 무관조의 대당의 성립시기 자체를 의심하거나,[452] 중고기 말 즉 7세기 후반으로 보려는 견해[453]가 있다. 하지만 진흥왕 5년은 신라 군사조직의 정비에 있어서 하나의 획기가 될 만한 시기로서,[454] 이 해에 병부령兵部令 1인이 증치되고 있고,[455] 소모병召募兵으로 이루어진 삼천당이 설치되고 있으며,[456] 그보다 10년 뒤인 진흥왕 15년의 기사에서 지방 군사조직인 신주정新州停의 구체적인 활동상이 확인되고 있는 등의 정황으로 보아, 진흥왕 5년(544)에 대당이 설치되었다는 기사를 의심할 필요는 없다고 생각된다.

대당은 왕경인을 그 구성분자로 하여 왕경을 지역적 존립기반으로 삼고 있었던 군사조직이었으며, 이후 신라왕조의 대외적 팽창과정에서 주력군으로 기능하였다.[457] 이는 대당의 인적 구성과 지역적 존립기반이 6부병의 그것과 동일했음을 말하는 것이다. 따라서 기존의 연구들이 양자의 깊은 관련성에 주목했음은 당연하다. 다만 6부병에서 대당으로의 전환 과정을, 6부병이 6세기 초에 왕경 주위의 육탁평 혹은 육기정으로 확대 배치되었다가 진흥왕 5년에 이르러 이들 6개 부대를 통합하여 대당을 편성했던 것으로 보는 견해가 있어[458] 이를 검토해 보자.

기왕의 견해는 6부병→육탁평(혹은 육기정)→대당의 성립과정을 거친 것으로 정리될 수 있다. 대당의 기원을 육부병에서 찾는 것은 양자가 모두 왕경인을 구성분자로 한다는 점에서 수긍이 간다. 그러나 그 과도기적인 형태로 왕경 주위에 배치된 육기정이나 육탁평을 설정하는 데는 문제가 없지 않다고 본다.

---

451 대당의 구체적인 군사활동상을 보여주는 초견 기사는 무열왕 8년 백제 부흥군의 토벌을 위한 부대별 장군 임명기사이다(『삼국사기』 권5, 무열왕 8년조 참조).

452 末松保和, 앞의 논문, 1954, 327쪽에서는 대당의 설치연대로 기록된 진흥왕 5년이 신라 兵制 개혁의 해로 후대에 기억되어 대당의 설치연대로 까지 기록된 것인지도 모른다고 하여 설치연대에 대한 의심을 버리지 않고 있다.

453 姜鳳龍, 앞의 논문, 75쪽.

454 井上秀雄,「『三國史記』にあらわれた新羅の中央行政官制について」『新羅兵制史研究』, 205쪽.

455 "兵部 令一人 法興王三年始置 眞興王五年加一人"(『삼국사기』 권38, 잡지7, 직관 상)

456 李文基,「三千幢의 成立과 그 性格」, 앞의 책, 1996, 124~129쪽.

457 대표적으로 末松保和, 앞의 논문, 1954, 327쪽 참조.

458 李基白 · 李基東, 앞의 책, 1982, 226쪽.

먼저 기왕의 견해에서는 왕도 주위의 6개 정을『양서』신라전에 기록된 육탁평과 같다고 보고, 이들의 성격을 6세기 초에 6부병이 확대되면서 왕도 주위에 배치된 여섯 개의 부대라고 규정하고 있다.[459] 여기에는 두 가지 의문이 있다. 하나는 왕도 주위의 6개 정을 육탁평과 동일한 것으로 볼 수 있느냐 하는 점이며, 다른 하나는 이에 근거하여 왕도 주위의 6개 정의 성립시기를 6세기 초로 비정할 수 있느냐 하는 점이다.

먼저 육탁평이 6개 정과 동일한 실체인지 여부에 대해 살펴보기로 하자.

> 그 풍속에 성을 건모라라고 부른다. 그 읍 중 재내에 있는 것을 탁평啄評이라고 하고, 재외에 있는 것을 읍륵邑勒이라고 한다. 중국의 군현과 같다. 나라에 6탁평이 있으며, 52개의 읍륵이 있다.[460]

위 기사를 보면 육탁평은 중국의 지방행정구획인 군현에 비견되고 있다. 다만 재내의 읍으로서 재외의 읍인 52읍륵에 대응되는 존재일 뿐이다. 말하자면『양서』의 찬자는 육탁평을 신라의 왕경에 존재하는 6개 행정구역으로 인식했던 셈이다. 따라서 육탁평은 곧 왕경의 6부를 의미하는 것으로 보아야 한다.[461] 즉 육탁평과 왕도 주위의 6개 정은 엄연히 그 실체를 달리 하는 것이었다.

그렇다면 육탁평=왕도 주위 6개 정이라는 가설에 근거하여 왕도 주위 6개 정의 설치시기를 파악한 종래의 견해는 그 논거를 상실했다고 할 수 있다. 왕도 주위의 6개 정에 대한 기록은 다음과 같다.

> 대성군大城郡……동기정東畿停은 본래 모지정毛只停이었는데, 경덕왕이 이름을 고쳤다. 지금[고려]은 경주에 합쳐져 속하였다. …… 남기정南畿停은 본래 도품혜정道品兮停이었는데, 경덕왕이 이름을 고쳤다. 지금[고려]은 경주에 합쳐져 속하였다. 중기정

---

459 李基白·李基東, 앞의 책, 1982, 226쪽.
460 其俗呼城曰建牟羅 其邑在內曰啄評 在外曰邑勒 亦中國之言郡縣也 國有六啄評 五十二邑勒(『양서』 권54, 열전48, 제이, 신라)
461 六啄評의 성격이 六部인지 혹은 六畿停인지를 둘러싼 논란의 요령있는 研究史的 정리는 木村誠, 「三國期新羅の王畿と六部」『人文學報』167, 132~134쪽 참조.

中畿停은 본래 근내정根乃停이었는데, 경덕왕이 이름을 고쳤다. 지금[고려]은 경주에 합쳐져 속하였다. 서기정西畿停은 본래 두량미지정豆良彌知停이었는데, 경덕왕이 이름을 고쳤다. 지금[고려]은 경주에 합쳐져 속하였다. 북기정北畿停은 본래 우곡정雨谷停이었는데, 경덕왕이 이름을 고쳤다. 지금[고려]은 경주에 합쳐져 속하였다. 막야정莫耶停은 본래 관아량지정官阿良支停〈또는 북아량(北阿良)이라고도 하였다.〉이었는데, 경덕왕이 이름을 고쳤다. 지금[고려]은 경주에 합쳐져 속하였다.(『삼국사기』 권34, 잡지3, 지리1, 양주)

위에서 먼저 주목할 것은 경덕왕대에 개명되어 동서남북북기정東·南·中·西·北畿停 및 막야정莫耶停 등 소위 6기정으로 재편되는 왕도 주위의 6개 정(毛只停·道品分停·根乃停·豆良彌知停·雨谷停·官阿良支停) 관련 기사가 무관조가 아니라 지리지에 수록되어 있는 점이다. 이는 왕도 주위 6개 정이, 신라에서 흔히 군사조직을 의미하는 용어인 '정'으로 표현되었음에도 불구하고, 군사조직이 아니었음을 시사한다. 그러면 이들의 성격은 무엇이었을까. 이들이 현과 같은 위상의 일정한 행정단위로 기록되어 있는 데서 짐작되듯이 특수한 성격의 지방 단위였음을 알 수 있고, 특히 '정'이라는 칭호를 띠고 있는 데서 그 성격이 군사 주둔지역이었음을 파악할 수 있다.[462]

그러면 군사주둔지역으로서 모지정毛只停 등 왕도 주위의 6개 정은 언제 설치되었을까? 일단 경덕왕 대에 육기정으로 개명된 사실이 보이므로 그 이전에 이미 왕도 주위에 모지정 등 6개 정이 존재했음은 자명하다. 그런데 비록 후대의 자료이지만 『동사강목』의 다음과 같은 기록이 눈길을 끈다.

신라가 군당軍幢 등의 호號를 두었다. 당幢은 군호軍號이다. 신라가 이때에 이르러 비로소 군호를 세우니, 대당에는 진골로 장군, 대감을 삼고 또 제감弟監·감사지監舍知·소감小監 등 관원으로 관상케 하였다. 또한 십정十停에 당幢을 두었는데, 정停은 군영

---

462 이와 관련하여 毛只停 등 개명 이전의 왕도 주위의 6개 정은 왕경 주위에 군사력을 집중 배치한 것으로 왕경의 특수지대 곧 방위지대를 형성했다는 木村誠의 견해는 참조할만 하다.(木村誠,「三國期新羅の王畿と六部」『人文學報』167, 1984)

軍營을 일컫는다. 10정停은, 음리화정(音里火停; 지금의 상주 청리현이다)……이화혜
정(伊火兮停; 지금의 안덕현으로 청송에 속한다) 등인데, 각각 대대감隊大監·소감小
監·대척大尺 등 관리를 두고 기병과 보병을 통솔케 하였다. 또한 도기都畿 안에 구력
(仇力; 후에 대성군이라 일컬었다)·서형산(西兄山; 뒤에 상성商城이라 하였다) 2군을
두고 육정六停을 나누어 두었는데, 모지정(毛只停; 뒤에 동기東畿라 칭하였다)·도품
혜정(道品兮停; 뒤에 남기南畿라 칭하였다)·두량미지정(豆良彌知停; 뒤에 서기西畿라
하였다)·우곡정(雨谷停; 뒤에 북기北畿라 하였다)·근내정(根乃停; 뒤에 중기中畿라 하
였다)·관아량지정(官阿良只停; 뒤에 막야莫邪라 하였다) 등으로서, 모두 왕성王城을
지켰다. 이 이후로 그 군호軍號를 가설加設한 것이 23가지이다.……[463]

위의 자료에는 왕도 주위의 6개 정의 설치 시기를 대당과 같은 진흥왕 5년으로 파
악하고 있다. 안정복이 이와 같이 본 논거가 어디에 있었는지는 알 길이 없지만, 아래
에서 논급하듯이 필자는 설치 시기에 대한 위의 기록이 믿을 만하다고 본다.

왕경 주위의 6개 정의 설치 시기는 곧 거기에 주둔했던 군사력의 실체가 드러난다
면 파악이 가능하다. 이에 대해서는 특수병기를 제작하는 사설당四設幢-노당弩幢·운
제당雲梯幢·충당衝幢·석투당石投幢-의 주둔지역으로 보는 견해도 있고,[464] 법당 중 경
여갑당의 군사력이 주둔하고 있었다는 주장도 있지만,[465] 필자는 6개 정에는 대당의
군사력이 주둔했던 것으로 보고 있다. 왕도 주위의 6개 정은 곧 대당 군사력의 6개
주둔지역으로 보는 근거는 다음과 같다.[466]

---

463 新羅置軍幢等號 幢軍號也 新羅至此 始立軍號 日大幢 置將軍·大監 以眞骨爲之 又有弟監·監舍知·
小監等官 以掌之 又於十停置幢停軍營之稱 十停日 音里火停(今尙州 靑里縣)〈中略〉日伊火兮停(今
安德縣 屬靑松) 各置隊大監·小監·大尺等官 統騎步兵 又於都畿之內 置仇力(後稱 大城郡)·西兄山
(後稱 商城)二郡 分置六停 日毛只停(後稱 東畿) 日道品兮停(後稱 南畿) 日豆良彌知停(後稱 西畿)
日雨谷停(後稱 北畿) 日根乃停(後稱 中畿) 日官阿良只停(後稱 莫耶) 皆鎭衛王城也 自是以後 其軍
號之加設者 有二十三……(『동사강목』 2하, 갑자(진흥왕 5년)조)
464 武田幸男,「中古新羅の軍事的基盤-法幢軍團とその展開-」, 241쪽.
465 李仁哲,『앞의 책』, 302쪽 및 391~392쪽.
466 아래의 서술은 李文基,「新羅 6停軍團의 運用」『大丘史學』29, 1986 ;「大幢 및 停制의 運用實
態」, 앞의 책, 1996 에 의거하였다.

대당은 왕경인 가운데 3년간의 복무의무를 가진 병역의무자들을 징발하여 편성한 상비군이었다. 따라서 대당 소속 군인들은, 모두가 그러했다고 단언할 수는 없지만, 적어도 그 일부는 일정 지역에 주둔하면서 병영 생활을 했을 것이다. 이를 뒷받침하는 것이 왕경지역에 주둔하고 있던 군사력이 변경지역의 전쟁에 동원되는 사례나, 때로는 왕경 주둔 군사력 가운데 일부만이 단위가 되어 활동을 전개한 사례이다. 이러한 사례를 통해 우리는 대당의 군사력이 왕경지역에 분산하여 주둔하고 있었던 것을 추론할 수 있다. 즉 대당의 군사력은 왕경의 여러 지역의 병영에 분산 주둔하고 있었으며, 병영 별로 전장에 동원되기도 했다. 바로 이 왕경지역에 설치되어 있었던 대당의 군사력이 분산 주둔하고 있었던 복수의 병영이 왕경 주위의 6개 정이었을 것으로 추측된다. 이러한 추론이 허용된다면 왕도 주위의 6개 정의 설치 시기는 안정복의 지적처럼 대당이 설치된 진흥왕 5년과 동시기였다고 볼 수 있겠다.

이상에서 보았듯이 6부병에서 대당으로의 전환과정을 6부병이 6세기 초 왕도 주위의 6개 정(혹은 육탁평)의 단계를 거쳐 대당으로 재편되었다고 본 기왕의 견해는 따르기 어렵다. 앞에서 언급했듯이 성립 초기에 부별 조직과 부 단위 운용이라는 읍락연맹군적 성격이 강했던 6부병은 5세기로 접어들면서 야전에서 국왕의 친솔이 늘어나고, 군령권의 행사를 통해서도 국왕의 직접적인 지배력이 강화되어 갔으며, 5세기 후반에 이르러 장군직이 설치되고 6세기 초에는 그 예하의 지휘체계가 정비되면서 그 전통적인 성격은 더욱 약화되어 갔다. 이러한 추세는 진흥왕대에 이르러 더욱 심화되어 6부병은 형해화되어 갔고, 드디어 진흥왕 5년에 6부병을 해체하고 왕경을 하나의 군관구로 하는 대당이 설치되기에 이르렀던 것이다. 이러한 의미에서 대당의 설치는 신라 왕조에서 새로운 유형의 군사조직이 등장하여 장차 가열한 정복전쟁을 주도하는 하나의 획기로 평가할 수 있다.[467]

이렇듯 진흥왕 5년의 6부병의 해체와 대당의 설치는 신라 군사조직의 변화에 있어 하나의 획기가 될만한 사건으로 평가된다. 이러한 변화의 배경에는 그럴만한 몇 가지의 정치 사회적 요인이 숨어 있었을 것으로 보인다.

---

[467] 『삼국사기』 무관조 범군호 부분에서 6부병 관련 기록이 없는 대신 대당의 설치를 기록한 것은 이러한 인식과도 일정 관련이 있지 않을까 한다.

첫째 군사관련 제도의 정비가 주목된다. 이미 언급되었듯이 5세기 후반 이래 장군의 설치와 법흥왕대의 감사지·군사당주 등의 예하 지휘체계의 정비를 통해 6부병은 전통적인 읍락연맹군적 성격이 약화되어 갔다. 외형적으로 6부병이라는 이름이 존속되고 있는 데서 알 수 있듯이 여전히 부별 편제가 지속되고 있었지만, 실제적인 운용과정에서는 마치 단일부대처럼 기능하게 되었던 것이다. 이러한 6부병이 지닌 군사조직으로서의 모순과 한계는 6세기 대에 추진된 일련의 왕권강화 과정[468]에서 극복되어야 할 과제의 하나였을 것이다. 유력한 권력기구의 하나인 군사조직에 대한 직접적 지배와 효율적인 운용은 왕권강화에 필수적인 요건이기 때문이다. 이 과정에서 특히 주목되는 것이 법흥왕 3년(516)·4년(517)의 병부령과 병부의 설치이다. 이 병부령 및 병부의 설치는 군정업무를 전담하는 관직과 관부가 성립되었음을 의미한다.[469] 이로써 군사조직의 인적기반이 되는 병력자원에 대한 파악이 가능해지게 되었을 것이다. 그리고 동왕 7년의 율령반포로 왕경인 군역 의무자의 규정 및 징발에 관한 제반 규정이 정비되었을 가능성도 배제할 수 없다. 이러한 군사관련 제도의 정비가 6부병을 해체하고 대당을 설치하는 하나의 배경이 되었을 것으로 본다.

둘째, 지증왕·법흥왕대 이래 정복전쟁이 본격화되고, 진흥왕대에 이르러 백제·고구려와의 전쟁이 빈번해졌던 외부적 상황도 6부병 해체의 또 하나의 배경이 되었다. 빈번한 대외전쟁을 효율적으로 수행하기 위해서는 국왕의 의도가 효과적으로 관철되는, 즉 효율적인 운용이 담보된 새로운 유형의 군사조직이 요청되었을 것임이 틀림없다. 여전히 부별 편제 방식이 유지되고 있는 6부병은 이러한 점에서 뚜렷한 한계를 지닌 군사조직이었다. 이에 진흥왕 5년에 6부병이 해체되고, 대당人幢으로 일대 재편이 단행되었던 것이다. 이 대당의 성립은 이름에서 알 수 있듯이 부별 편제를 기조로 하는 6부병적 성격을 탈피하여, 지역적 존립기반으로 왕경을 단위로 삼는 본격적인 왕경인 군사조직의 성립을 의미하는 것이다. 따라서 새로운 왕경인 부대인 대당에 대해서는 국왕의 통제력이 일층 강화되었으며, 지휘와 통제를 위한 새로운 체계적인 군

---

468 6세기대의 왕권강화과정에 대해서는 매거하기 어려울 정도의 연구성과가 누적되어 있다. 이에 여기에서는 구체적인 논저의 인용은 생략하기로 한다.

469 李文基, 「中古期 軍政機構의 成立과 그 機能」, 앞의 책, 1996 참조.

관조직의 정비가 시작되었다.[470] 대당이 이후 중고기의 중핵적 군사조직으로서 신라의 대외적 성장을 선도하게 되었던 것은 당연한 결과라고 할 수 있다.

셋째, 자치적 운동력을 가진 단위정치체적 성격이 약화되면서 왕경의 행정구역적 성격이 강화되고 있었던 육부의 성격 변화 역시 6부병 해체의 또 하나의 배경이 되었다. 육부의 단위정치체적 성격의 약화란 각 부의 지배자들이 부인部人들에 대한 지배 강도가 떨어졌음을 의미하며, 나아가 왕경이 그 자체 지방에 대비되는 하나의 지역단위로 정착되어 갔음을 말하는 것이다. 신라 왕조는 이러한 육부의 변화를 토대로 왕경을 하나의 군관구로 묶은 대당을 설치하는 대신 6부병을 해체하였으며, 이는 역으로 육부의 단위정치체적 성격의 약화를 더욱 추동했을 것으로 생각된다.

4) 대당의 활동과 군사적 성격

사료를 통해 대당이라는 이름을 가진 군사조직의 구체적인 구체적인 활동상을 확인할 수 있는 처음 보이는 기사는 다음과 같다.

> 태종무열왕 8년(661) 봄 2월에 백제의 잔적들이 사비성을 공격해 왔으므로, 왕이 이찬 품일을 대당 장군大幢將軍으로 삼고 잡찬 문왕, 대아찬 양도良圖, 아찬 충상 등으로 그를 보좌케 하였으며, 잡찬 문충을 상주 장군上州將軍으로 삼고 아찬 진왕眞王(250)으로 그를 보좌케 하였다. 아찬 의복義服을 하주 장군下州將軍으로, 무훌武欻과 욱천旭川을 남천 대감南川大監으로, 문품文品을 서당 장군誓幢將軍으로, 의광義光을 낭당 장군郞幢將軍로 삼아 가서 구원하게 하였다. 3월 5일에 도중에 이르러 품일이 휘하의 군사를 나누어 먼저 가서 두량윤성豆良尹城 남쪽에서 군영 만들 땅을 살펴보게 하였다. 백제인이 진영이 정돈되지 않았음을 바라보고 갑자기 나와 생각지도 않게 치니 우리 군사는 놀라서 흩어져 달아났다. 12일에 대군이 고사비성古沙比城 밖에 와서 주둔하면서 두량윤성으로 나아가 공격하였다. 그러나 한 달 엿새가 되도록 이기지 못하고 여름

---

470 李文基,「大幢 및 停制의 運用實態」, 앞의 책, 1996 참조.

4월 19일에 군사를 돌이켰다. 대당大幢과 서당誓幢이 먼저 가고 하주下州의 군사는 맨 뒤에 가게 되었는데, 빈골양賓骨壤에 이르러 백제군을 만나 싸워 패하여 물러났다.(『삼국사기』권6, 신라본기6, 태종무열왕 8년)

위의 사료에는 661년에 백제 부흥군을 토벌하기 위해 출동하는 군사조직으로 대당이 첫머리에 등장하고 있다. 대당장군에 임명된 흠순은 대당을 이끌고 여러 부대들의 선두로 두량윤성 남쪽까지 진격했다가 백제부흥군의 기습을 받아 대패하였고, 그 후에도 큰 전과를 올리지 못하고 퇴각하고 말았다. 이를 통해 우리는 장군 흠순과 부장군인 잡찬 문왕, 대아찬 양도良圖, 아찬 충상 등으로 구성된 대당의 지휘부를 엿볼 수 있고, 그들에 의해 통솔되고 있는 대당이라는 군사조직의 활동상을 넉넉하게 짐작할 수 있다.

이러한 사례가 보인 이후, 문무왕 원년(661) 7월의 고구려 원정군 편성이나, 동 8년(668)의 고구려 공격을 위한 대규모 원정군의 편성에서 대당은 총사령관인 대장군 혹은 대총관이 직접 지휘하며, 가장 많은 수의 장군들이 지휘부를 구성하는 가장 중핵적인 군사조직으로 등장하고 있다.

그러나 유의할 점은 비록 사료상에는 661년에 이르러서야 대당의 명칭이 보인다고 하더라도, 그 이전에 대당이 없었다거나 대당이 군사활동을 하지 않았다고 보아서는 안 된다는 사실이다. 진흥왕 5년에 설치된 대당은 그 이후 빈번하게 전개된 치열한 정복전쟁에서 신라의 주력군으로서 기능했음이 분명하기 때문이다. 예컨대 다음의 몇 가지 사례를 들 수 있겠다.

③-1. 진흥왕 15년(554) 백제 왕 명농明襛이 가량加良과 함께 관산성管山城을 공격해 왔다. 군주 각간 우덕于德과 이찬 탐지耽知 등이 맞서 싸웠으나 전세가 불리하였다. 신주新州 군주 김무력이 주의 군사를 이끌고 나아가 교전함에, 비장裨將 삼년산군三年山郡의 고간高干 도도都刀가 급히 쳐서 백제 왕을 죽였다. 이에 모든 군사가 승세를 타고 크게 이겨, 좌평佐平 네 명과 군사 2만 9천6백 명을 목베었고 한 마리의 말도 돌아간 것이 없었다.

2. 진지왕 2년 (577) 겨울 10월에 백제가 서쪽 변방의 주와 군에 침입하였으므로 이찬 세종世宗에게 명하여 군사를 내어 일선군 북쪽에서 쳐서 깨뜨리고 3천7백 여 명을 목베었다.

3. 진평왕 건복建福 19년 임술(진평왕 24년: 602) 8월에 백제가 크게 군사를 일으켜 아막성阿莫城을 포위하니, 왕이 장군 파진간 건품乾品·무리굴武梨屈·이리벌 伊梨伐, 급간 무은武殷·비리야比梨耶 등으로 하여금 군사를 거느리고 막게 하였는데, 귀산과 추항도 함께 소감직少監職으로 전선에 나갔다. 백제가 패하여 천산 泉山의 못가로 물러가 군대를 숨겨 기다리고 있었다.

③-1에는 신주군주 김무력이 전선에 투입되기 전, 관산성에서 백제군에 맞서 싸운 군주 각간 우덕于德과 이찬 탐지耽知라는 인물이 보인다. 이들은 보유한 관직이 군주라는 사실에 끌려 당시 상주나 하주의 군주로 생각하기 쉽다. 그러나 우선 그들이 보유한 각간과 이찬이라는 관등이 군주로서는 너무 높으며, 또 당시 관산성을 공격했던 백제군이 '국내의 모든 병력을 징발했다'고 표현될 정도로 국력을 기울여 편성된 병력이라는 점을 고려하면, 이에 대항하는 신라군을 지방군으로 보는 것은 문제가 있다. 아마 중앙에서 파견된 정예 병력이었을 것이다. 따라서 각간 우덕과 이찬 탐지는 군주가 아니라 장군으로 보는 것이 옳다고 본다. 요컨대 관산성에서 백제군을 맞아 싸운 신라의 병력은 장군인 각간 우덕과 이찬 탐지에 의해 영솔된 중앙의 정예병 대당의 군사력으로 파악된다.

그러면 ③-2에서 이찬 세종이 인솔하여 백제군을 격파한 군대의 실체는 무엇일까? 백제군의 전사자가 3,700여 명에 달할 정도였으므로, 신라군의 병력도 거의 1만명 이상이었을 것이다. 그렇다면 이 역시 대당의 활동상을 전하는 것으로 봄이 옳겠다. ③-3에서 진평왕의 명을 받아 아막성 방어에 투입된 파진찬 건품을 총사령관으로 하는 병력의 성격도, 국왕의 명에 의해 편성된 원정군이라는 점, 복수의 장군이 존재하고 있는 점, 왕경의 청년인 귀산과 추항이 소감직에 편입되어 전장으로 나간 점 등에서 역시 왕경을 기반으로 하는 대당으로 추측된다.

이와 같이 대당은 비록 사료상에 명기되지 않았다고 해도 진흥왕 5년에 창설된 이후 통일전쟁에 이르기까지 신라의 주력군으로서 기능했다고 할 수 있다.

이어서 대당의 군단상에 대해서 살펴보자. 종래의 통설은 대당은 장군 이하의 제군관과 그 예하에 병졸집단을 갖추고 왕경 혹은 그 부근에 주둔하고 있던 상비군이었으며, 외침의 방어나 공격 전쟁의 필요에 따라 전장으로 출동한다는 것이었다. 이는 경청할 부분이 없지 않지만, 장군을 비롯한 제군관의 운용 실태나 병졸집단의 구성에 대한 구체적인 검증이 결여되어 이에 대한 보완이 필요하다고 생각된다. 이에 아래에서는 대당의 군단상을 파악하기 위하여 이들이 실제로 어떻게 운용되고 있는지를 살펴보고자 한다. 그런데 운용의 실태는 군사조직을 구성하는 인적 구성분자, 즉 장군을 비롯한 제군관과 일반 병졸집단이 어떻게 편제되어 운용되고 있었는가를 밝힐 때 그 이해가 가능해질 것이다.

먼저 대당의 지휘체계인 군관조직에 대해 정리해보자. 중고기 대당의 군관조직의 전모가 구체적인 활동 상황에서 드러나는 경우를 기대하기는 어렵다. 비록 완성된 이후의 군관조직으로 여겨지지만, 『삼국사기』 무관조의 제군관 부분의 육정군단 군관직에 대한 기록을 참조할 수 있다. 이를 정리하면 아래 〈표 2-9〉과 같다.

아래의 〈표 2-9〉는 분명히 군호 육정 성립 이후의 대당의 군관조직의 실태를 보여준다. 특히 그 인원규정은 신문왕 5년 군호 육정의 성립과 더불어 7세기대의 전시 출동상황에서 보다 확대되었던 조직을 전범으로 새로 정리한 것으로 판단된다. 여기에 규정된 장군의 숫자가 무열왕·문무왕대의 전시 출정 당시에 보여지는 것과 흡사함이 이를 방증한다.

〈표 2-9〉 대당의 소속 군관

순서	부대명 군관직명	대당	설치연대	관등규정
1	장군(將軍)	4	-	진골상신(眞骨上臣) ~상당(上堂)
2	대관대감(大官大監) 영기병(領騎兵)	5	549	진골(眞骨)(6)~(13) 차품(次品)(6)~(11)
3	대대감(大隊監) 영보병(領步兵)	3	-	(6)~(11)

4	제감(弟監)		5	562	(10)~(13)
5	감사지(監舍知)		1	523	(12)~(13)
6	소감(少監)	속대관(屬大官)	15	562	(12)~(17)
		영보병(領步兵)	6		
7	화척(火尺)	속대관(屬大官)	15	-	(12)~(17)
		영보병(領步兵)	6		
8	군사당주(軍師幢主)		1	524	(7)~(11)
9	대장척당주(大匠尺幢主)		1	-	(7)~(11)
10	보기당주(步騎幢主)		6	-	(8)~(13)
11	흑의장창(黑衣長槍) 말보당주(末步幢主)		30	-	(9)~(13)
12	군사감(軍師監)		2	-	(11)~(13)
13	대장척감(大匠尺監)		1	-	(10)~(13)
14	보기감(步騎監)		6	-	(11)~(13)

〈표 2-9〉에서 보듯이 대당의 군관조직 가운데 설치연대가 기록된 것은 감사지(법흥왕 10년; 523) · 군사당주(법흥왕 11년 ; 524) · 대관대감(진흥왕 10년 ; 549) · 제감(진흥왕 23년 ; 562) · 소감(진흥왕 23년 ; 562)의 다섯 종류인데, 모두 6세기 초중반에 설치되고 있다. 그렇다면 대당 군관조직의 기본 골격도 중고기에 갖추어졌던 것으로 파악할 수 있겠다. 대략적인 군관조직의 정비과정을 정리하면 다음과 같다.

대당과 군관직 가운데 일부는 군사조직이 성립되기 이전에 이미 설치되어 있었던 것으로 보인다. 먼저 장군이 그러하다. 장군은 육부병 단계에서 군대를 지휘하는 최고 관직으로 상설되어 좌·우장군으로 분화되기도 하였다.[471] 다음으로 법흥왕대에 감

---

471 將軍의 성립과 관직적 성격에 대해서는 井上秀雄, 앞의 논문, 139~142쪽 ; 鄭敬淑,「新羅時代의 將軍의 成立과 變遷」『韓國史研究』48, 1985 ; 金翰奎,「남북조시대의 중국적 세계질서와 고대 한국의 막부제」『한국고대의 국가와 사회(일조각)』, 1985, 158~162쪽 등에서 자세하게 다루고 있어 참고 된다.

사지와 군사당주가 설치되었으며, 이외에도 감사지·군사당주와의 인원규정의 동일성과 무관조 기록의 연결성 등으로 보아 군사감·대장척당주·대장척감도 이미 그 이전에 성립되어 있었던 군관직으로 볼 수 있다.[472] 이러한 군관직은 대당의 성립에 따라 소속 군관조직으로 정착되었다.

진흥왕대에 이르면 동왕 10년에 대감이, 동왕 23년에 제감과 소감이 두어져 대당의 군관조직이 확대되었다. 그런데 이상의 군관직을 제외하면 여타 군관직의 경우 더 이상 그 설치 연대를 알 수 없다. 그러나 무열왕 2년(655)의 전투기록에서 낭당의 보기당주가 보이고 있어,[473] 보기당주는 늦어도 655년 이전에 설치되었음을 알 수 있고, 이를 기준으로 할 때 나머지의 성립연대가 불명인 군관직들도 7세기 중엽 이전에는 이미 설치되었던 것으로 보아도 무리는 없다.

이러한 군관조직을 가진 대당은 장군을 비롯한 제군관의 운용실태와 일반병종집단의 성격을 통하여 그 군사적 성격을 가늠해 볼 수 있다.

사료를 검토하면 대당의 지휘권을 가진 장군직에는 평상시 특정 인물이 임명되어 취임해 있지 않았다. 각 부대가 출동하게 되는 상황에서 대체로 복수의 인물이 각 부대 장군직에 임명·배속되었는데, 그들은 평소 '장군'이라는 관직을 지닌 자들이었다. 이'장군'은 군사권을 장악하는 연원이 오랜 관직으로 진골만이 취임할 수 있었으며, 6세기 이래 정복활동이 빈번해지면서 그 직과가 늘어나 통일전쟁기에는 적어도 30과 이상의 복수제로 되었다. 그리고 상대등·중시·병부령 등 중앙의 고위 관직자나 군주 등의 지방관이 겸직할 수도 있었던'겸직허용관직'이었다.

신라왕조는 이러한 복수의 장군을 그때그때 필요성에 따라 전시출동의 상황에서 대당의 장군직에 임명·배속시켰다. 이러한 중고기 대당 장군의 운용방식은 진골귀족의 연합적인 병권지배를 반영하고 있으며, 동시에 진골귀족과 특정부대와의 밀착을 견제하려는 왕권의 의도가 개제되어 성립된 것으로 생각된다. 따라서 장군의 운용방식은 병권 지배를 둘러싼 진골귀족과 왕권과의 타협의 산물이라고 할 수 있다. 그래서 전시 출동의 상황에서도 대당과 정의 각 부대와 장군으로 임명된 진골귀족의 지

---

472 盧瑾錫, 앞의 논문에서도 이들을 법흥왕대에 설치된 것으로 보았다.
473 『삼국사기』 권47, 열전7, 김흠운전에 '步騎幢主 寶用那'가 보이고 있다.

휘·통솔관계는 고착되어 있지 않았고 매우 유동적인 경향을 나타내고 있었다.

장군 예하 제군관직의 운용방식도 장군직의 그것과 동일한 것임을 알 수 있었다. 즉 대당의 각급 군관직에 항상 어떤 인물이 임명되어 있었던 것이 아니었다. 평상시에는 특정부대와 무관한 채 대감·제감·소감 등의 군관직을 보유하고 다양한 업무에 동원되다가 부대가 출동하는 상황에서 각 부대에 임명·배속되었던 것이다. 그리고 군사당주-군사감·대장척당주-대장척감 등의 군관은 평상시에는 군사당·대장척당 등의 부대조직을 형성하고 있었을 것으로 보인다. 그러므로 대당의 군관조직은 평상시에는 일종의 편제상의 관직이었다고 할 수 있다. 다만 제군관들은 평소부터 사적인 유대관계를 맺고 있었던 장군이 대당에 배속될 경우 같이 임명·배속되는 경우가 많았던 것 같다. 이는 대당의 제군관 운용방식에 공동체적 잔영이 남아 있었기 때문일 것이다.

이러한 장군 등 군관직의 운용방식과는 달리 대당의 일반 병졸집단은 왕경의 백성층 가운데서 3년을 1기로 징발되어 왕경 주위의 6개 정에 주둔하고 있었던 상비군이었다. 이들은 신라의 핵심적 군사력으로서, 모든 병졸집단이 동시에 출전하는 경우보다 부분적인 출전이 많았으며, 때로는 지방의 군사적 요충지에 파견되어 진술한 경우도 있었다.

요컨대 대당의 일반 병졸집단은 상비되어 있었지만 최소한의 실병 지휘관들이 평소 훈련과 관리를 담당하였으며, 장군을 비롯한 제군관의 대부분은 대당에 소속되어 있는 것이 아니었다. 전시 출동에 즈음하여 국왕의 명령으로 배속되는 방식으로 운용되었다.

이와 같이 중고기의 대당은 왕경인을 징발 편성한 부대였지만, 평상시의 존재형태와 전시출동의 상황에서의 그것이 조금 달랐던 군사조직이었다. 즉 그 일반 병졸집단이 평상시에는 왕경 주위의 6개 정에 분산되어 존재하다가 전시출동의 상황에서는 왕경을 지역적 범위로 하여 6개 정에서 상비적 태세를 갖추고 있던 병력을 결집하고 거기에 장군과 제군관이 배속되어 조직체계를 완결하는, 정복전쟁을 수행하기 위한 군단의 모습을 가졌던 것이다.

3. 중고기 소모병(召募兵) 부대 삼천당(三千幢)의 성립과 활동

1) 문제의 제기

『삼국사기』권 40, 직관(하), 무관조에는 '범군호凡軍號'라 하여 23개의 군사조직의 명칭이 열거되고 있는데, 이는 7세기 후반대에 이루어진 신라 군사 조직의 재편의 결과를 수록한 것이다.[474] 이러한 사료 성격으로 인하여 중고기에는 분명한 하나의 군사조직으로 성립되어 기능한 것이라고 할지라도, 재편과정에서 이미 소멸되어 버렸거나 새로운 것으로 변화된 군사조직의 경우는 23군호에 포함되지 않고 있다. 이미 상당한 연구가 진행된 법당法幢군단의 경우[475]가 좋은 예이다.

삼천당은 법당군단과 마찬가지로 중고기에는 군사조직의 하나로 기능했지만, 23 군호의 하나로 열거되어 있지는 않으며, 10정停 군단의 이칭으로 기록되어 있을 뿐이다. 그러나 10정 군단은 각 부대의 소재지로 볼 때 9주가 완비된 통일 이후 시기의 군사조직이며,[476] 삼천당은 적어도 무열왕대까지 군사조직의 하나로 기능하고 있었음을 확인할 수 있는 기록이 있으므로,[477] 이것이 10정과는 구별되는 중고기의 군사조직임을 알 수 있다. 여기에서는 이러한 중고기 군사조직의 하나인 삼천당의 실체를 파악하여 중고기 군사조직체계에서의 위상을 규정해 보고자 한다.

중고기의 삼천당에 대해서는 지금까지 산발적인 언급이 없지 않았다. 10정군단과

---

474 이문기, 「삼국사기 직관지 무관조의 사료적 검토」『역사교육논집』15, 1990, 47~54쪽.

475 법당군단에 관한 지금까지의 연구성과를 열거하면 아래와 같다. 井上秀雄, 「新羅兵制考」『新羅史 基礎研究』, 1974, 163~172쪽 ; 京俊彦, 「新羅の法幢について」『朝鮮史研究會會報』55, 1979 ; 武田幸男, 「中古新羅의 軍事的基盤」『民族文化論叢』1, 1981 ; 武田幸男, 「中古新羅の軍事的基盤 -法幢軍團の展開」『西嶋定生還暦紀念アジア史における國家と農民』, 1984 ; 노근석, 「신라 중고기의 군사조직과 지휘체제」『한국고대사연구』5, 1992 ; 노중국, 「법흥왕대의 국가체제강화」 『통일기의 신라사회연구』, 1987, 53~57쪽 ; 이인철, 「신라 법당군단과 그 성격」『한국사연구』 61·62합, 1988. 그런데 법당의 군사조직으로서의 성격이나 존속의 시기에 대해서는 의견의 일치를 보지 못하고 있어 재검토가 요청되고 있다.

476 『동사강목』권3, 상, 집지(진흥왕 5년)고 및 末松保和, 「新羅幢停考」『新羅史の諸問題』, 1954, 359~367쪽.

477 『삼국사기』권47, 열전7, 취도.

는 구별되는 군사조직으로서 삼천당의 존재를 최초로 언급한 논자는 이노우에井上秀
雄이다. 그는 무관조에서 10정의 설치연대로 기록된 진흥왕 5년이 사실은 삼천당의
창립연대이며, 삼천당은 보병중심의 6정군단을 보완하는 기병부대였다는 점 등을 간
략히 지적하였다.[478] 그리고 노근석은 무관조의 23군호의 하나로 보이고 있는 신삼천
당이 우수주牛首州 등 지방에 두어진 점을 주목하여 이에 대응되는 중고기의 삼천당
을 중앙군단으로 이해한 바 있다.[479] 이에 대해 강봉룡은 사료상 귀족의 군사 인솔규
모가 삼천명으로 종종 보이고 있는 점에 착안하여 삼천당을 귀족 휘하의 병단으로 추
측하고, 이들 제삼천당諸三千幢을 통괄하는 중앙 군사조직으로 대당大幢을 상정함으로
써 삼천당을 대당을 구성하는 예하 소부대로 보았다.[480] 한편 주보돈은 중고기의 6정
이 통일 신라기에 10정군단으로 계승된다는 입장에 서서 중고기의 삼천당은 6정 그
자체인 것으로 이해하였고,[481] 또 이인철은 삼천당을 10정의 지원부대라고 하면서 승
병으로 구성되는 부대로 규정하는 한편, 그 창설 시기를 중고말 무렵으로 추정하고
통일기 이후까지 존속된 것이라는 독특한 주장을 펴고 있다.[482]

그러나 이러한 중고기 삼천당에 대한 견해는 단편적이며 산발적인 데 그치고 있을
뿐만 아니라 면밀한 검토 끝에 내려진 결론이 아니었다. 그리고 극히 빈약한 사료의
제약에서 비롯된 것이기는 하지만 필자의 생각과는 전혀 다른 결론을 도출한 경우도
찾아볼 수 있다.[483] 따라서 삼천당의 실체나 구체적인 성격에 대해서 잘못 이해한 경
우가 없지 않다고 생각되며, 좀더 새롭게 검토되어야 할 부분도 여전히 남아 있다고
판단된다. 본절에서는 관련사료를 보다 자세하게 검색하여 삼천당의 성립과 전개 및
그 행방 문제, 중고기 군사조직 가운데서의 삼천당의 위상과 성격에 관해 살펴보고자
한다.

---

478 井上秀雄, 앞의 논문, 1974, 191~192쪽. 한편 그 이전에 스에마츠(末松保和)는 10정을 열 개의
삼천당으로 보아 양자를 동일하게 생각하였다(末松保和, 앞의 논문, 359~367쪽 및 동, 「朝鮮 三
國‥高麗의 軍事組織」『靑丘史草』1, 76쪽).

479 노근석, 앞의 논문, 1992.

480 강봉룡, 「신라 중고기 '주'제의 형성과 운용」『한국사론』16, 1987, 74~75쪽.

481 주보돈, 「신라 중고기 6정에 대한 몇 가지 문제」『신라문화』3・4합, 1987, 16쪽.

482 이인철, 「신라골품체제사회의 병제」『한국학보』54, 1989, 181~186쪽.

483 이인철, 앞의 논문, 1989, 181~186쪽 참조.

2) 삼천당의 성립과 전개

삼천당이 적어도 무열왕대까지 하나의 군사조직으로 기능했던 사실은 다음의 사료에서 확인된다.

> ①. 취도驟徒는 사량 사람으로 나마 취복聚福의 아들이다. 기록에 그의 성이 전하지 않는다. 형제가 셋이었는데 맏이는 부과夫果, 가운데가 취도, 막내는 핍실逼實이 었다. 취도는 일찍이 출가하여 도옥道玉이라는 이름으로 실제사實際寺에 머물고 있었다. 태종대왕 때 백제가 조천성에 쳐들어 오자 대왕이 군사를 일으켜 출전하였으나 결판이 나지 않았다. 이에 도옥은 그 무리에게 말하였다. "내가 들으니 승려가 된 자로서 상등은 학업[道]에 정진하여 본성을 회복하는 것이고, 그 다음은 도를 실천하여 남을 이롭게 하는데, 나는 모습만 승려일 뿐이고 취할만한 한 가지 착한 일도 없으니 차라리 종군하여 죽음으로써 나라에 보답함이 낫겠다!" 승복[法衣]를 벗어 던지고, 군복을 입고 이름을 취도로 고쳤다. 생각컨대 이는 달려가서 보병[徒]이 되었다는 뜻인 듯하다. 이에 병부에 나아가 삼천당에 속하기를 청하여 드디어 군대를 따라 전선에 나갔다. 깃발과 북소리의 진격 명령에 따라 창과 긴 칼을 가지고 돌진하여 힘껏 싸워 적 몇 사람을 죽이고 죽었다. (『삼국사기』 권 47, 열전7, 취도)

위의 사료 ①에 의하면 취도는 태종 무열왕 때에 백제와의 조천성 전투에서 삼천당에 속하여 출전했다가 전사했음을 알 수 있다. 그런데 이 취도가 전사한 조천성 전투는 『삼국사기』 권 47, 김흠운전에 의하면,[484] 영휘 6년 곧 무열왕 2년(655)의 일이었다고 생각된다. 왜냐하면 양자가 모두 나당연합군에 의한 본격적인 백제 침공 이전

---

484 "金歆運 奈密王八世孫也 父達福 迊湌…永徽六年 太宗大王憤百濟與高句麗梗邊謀伐之 及出師 以歆運爲郎幢大監 於是不宿於家 風梳雨沐 與士卒同甘苦 抵百濟之地 營陽山下 欲進攻助川城"(『삼국사기』 권47, 열전7, 김흠운) 위의 기록과 사료 A는 모두 무열왕 때의 조천성을 둘러싼 백제와의 공방전에 대한 기록이다. 이는 양자가 동일한 전투에 대한 서로 다른 기록으로 추정할 근거가 된다.

무열왕대의 조천성을 둘러싼 백제와의 공방전과 관련된 기록이기 때문이다. 그렇다면 삼천당은 655년 백제와의 조천성을 둘러싼 공방전에 김흠운이 대감으로 출전한 낭당郎幢 등 여타 군사조직과 더불어 하나의 군사조직으로 출정했던 것으로 이해된다. 이로 보아 삼천당은 적어도 무열왕 2년(655) 무렵에는 낭당 등의 군사조직과 마찬가지로 실제로 대외 전쟁에 동원되기도 했던 뚜렷한 하나의 군사조직으로 기능하고 있었다.

그러면 7세기 중엽 무렵에 구체적인 활동상이 보이고 있는 이 삼천당의 성립 시기는 언제일까? 이미 이노우에에 의해 지적된 바 있지만,[485] 다음의 사료가 해명의 실마리를 주고 있다.

> 10정[혹은 삼천당이라고도 하였다]은, 첫째는 음리화정音里火停이었다. 둘째는 고량부리정古良夫里停이었다. 〈중략〉 열째는 이화혜정伊火兮停이었다. 금衿의 색깔은 녹색이었다. 모두 진흥왕 5년(544)에 설치하였다.(『삼국사기』권40, 잡지9, 직관 하, 무관)

이 사료에서 우리가 주목할 것은 10정의 설치 연대로 기록된 진흥왕 5년(544)이다. 이 진흥왕 5년이 사료 B의 문면 그대로 10정 군단을 구성하는 열 개의 부대 모두의 설치연대가 될 수 없음은 두말할 필요가 없다. 앞에서도 언급한 바 있듯이 10정 군단을 구성하는 열 개 부대의 소재지를 보면 9주에 각각 하나씩(한산주의 경우만 두개) 설치되었음을 알 수 있어 빨라도 신라의 9주 설치 이후에야 두어질 수 있는 부대를 포함하고 있기 때문이다.[486]

그렇다면 이 진흥왕 5년(455)은 어떤 군사조직의 설치 시기일까? 지금까지 이에 대해서는 두 가지의 가능성이 검토되어 왔다. 하나는 10정의 열 개 부대 가운데 어느 하나의 부대가 설치된 연대로 보는 것이고, 다른 하나는 10정의 이칭으로 기록된, 그러나 10정과는 구별되는 별개의 군사조직인 삼천당의 설치연대로 보는 것이

---

485 井上秀雄, 앞의 논문, 1974, 191쪽.
486 末松保和, 앞의 논문, 1954, 359~367쪽.

다. 이러한 견해 차이는 단순히 설치 연대에 대한 이견으로 그치는 것이 아니라 10 정 군단의 성립과정이 하나의 부대에서 점차 증치되어 10개의 부대를 갖춘 군단으로 완결된 것인가, 아니면 기존의 삼천당과는 별도로 통일기 이후 군제 개편과정에서 거의 획일적으로 성립된 것인가라는 10정군단의 성립과정과 관련한 문제에까지 이어진다.

먼저 전자의 견해부터 살펴보기로 하자. 스에마츠末松保和는 구체적인 부대명을 거론하지 않았지만 이 진흥왕 5년을 10정 중의 1정 내지 수개의 정이 설치된 해라고 하면서 10정의 완성은 통일시대의 초기로 보았다.[487] 즉 그는 이 해를 10정군단이 성립되기 시작한 해로 간주한 셈이다. 김륜우는 한걸음 더 나아가 각 부대의 위치 비정을 토대로 음리화정·삼량화정·소삼정·이화혜정 등 4개의 정이 진흥왕 5년경의 신라영역에 포함된다는 점을 근거로 진흥왕 5년에 이 4개의 정이 설치되었다고 주장하였으며,[488] 이인철도 역시 같은 논거 위에서 김륜우가 이미 지적한 4개의 정이 설치된 연대로 이해하였다.[489] 이러한 견해와 관련하여 다음의 기록을 주목할 필요가 있다.

音里火三千幢主高金口鐫(「고선사서당화상비」)

사료 C에 보이는 인물은 9세기 초인 애장왕대(800~808)에 건립된 것으로 추정되는[490] 「서당화상비」를 새긴 인물인데, '음리화삼천당주音里火三千幢主'라는 그의 관직

487 末松保和, 앞의 논문, 1954, 366~367쪽.
488 김윤우, 「신라 10정과 소재지명 변천고」『경주사학』 7, 1988, 21쪽.
489 이인철, 앞의 논문, 1989, 182~183쪽. 그는 신라의 영토확정의 과정을 10정 설치의 논거로 제시하는 한편, 10정 가운데 음리화정의 존재를 진흥왕 23년경에 확인할 수 있다고 하며, 귀당(貴幢) 관련 사료를 제시하고 귀당이 음리화정의 별칭이라고 추측하였다. 그러한 근거로서 귀당이 기병부대라는 점, 후일 문무왕 13년 상주정과 병합되는 점을 들고 있지만, 이상의 논거로 귀당이 음리화정의 별칭이라고 추측하는 것은 무리가 많다.
490 황수영, 「신라 서당화상비의 신편-건립연대와 명칭에 대하여-」『고고미술』 108, 1970. 한편 葛城末治, 「新羅誓幢和上塔碑に就いて」『朝鮮金石攷』(亞細亞文化社 影印版), 1978, 640쪽에서는 이 비의 건립시기를 원효의 100주기에 해당하는 宣德王 6년으로 추정한 바 있지만 따르지 않는다.

명이 주의를 끈다. 이 관직은 해석하기에 따라 몇 가지로 서로 다르게 풀이해 볼 수 있다. 우선 10정의 하나인 '음리화정 소속의 삼천당주'라는 의미로 이해하는 것이 가능하다. 무관조에는 음리화정의 군관 가운데 삼천당주가 포함되어 있었음이 명기되고 있기 때문이다(뒤의 〈표 2-10〉 참조). 다만 이를 '음리화정 삼천당주'라고 기록하고 있지 않는 점이 약간 이상하나, 이러한 표기 방법은 『삼국사기』에서 흔히 산견되듯이 '상주정장군上州停將軍'을 '상주장군上州將軍'으로 표기한 용례[491]와 동일한 방식으로 볼 수도 있다.

다른 하나는 '음리화삼천당의 당주'로 볼 수도 있다. 이는 곧 음리화정이 음리화삼천당으로 불리기도 했다는 것이 된다. 다시 말하면 무관조에 10정의 별칭으로 기록된 삼천당이 10정군단 전체의 별칭이 아니라 그 예하부대들 각각의 별칭으로 볼 수도 있으므로,[492] 이렇게 해석될 수 있는 가능성을 완전히 배제할 수는 없다.[493] 마지막 하나는 이 두 가지의 경우를 모두 포함하는 해석으로 '음리화삼천당의 삼천당주'로 풀이하는 것이다. 이럴 경우 삼천당이 중복되므로 하나를 생략한 것으로 볼 수도 있기 때문이다. 이와 같은 세 가지의 해석 가운데 보다 개연성이 큰 것은 세 번째의 경우로 생각되지만, 만약 두 번째의 추정이 가능하다면 진흥왕 5년(544)은 후일 10개의 부대로 완결되는 10정 중의 어느 정, 즉 모 삼천당의 설치 연대가 될 수도 있다.

---

491 예컨대 백제 부흥군 토벌을 위한 무열왕 8년의 출정기사를 보면 대당장군에 이어 상주장군이 임명되고 있는데, 이는 곧 상주정 장군임이 인정된다(삼국사기』 권5, 신라본기5, 태종무열왕 8년조 참조).

492 후술되듯이 무관조에 10정의 별칭으로 삼천당이 기록되어 있는 것은 중고기의 삼천당이 확대 발전되면서 지방의 열 개 지역에 주둔하게 되었기 때문이다. 따라서 10정군단 전체를 삼천당으로 별칭했을 가능성보다는 예하부대들의 경우'某某停'대신에 '某某삼천당'으로 불렀을 가능성이 크다. 末松保和, 앞의 논문, 1954, 366쪽에서도 10정을10개의 삼천당으로 불렀다고 추측하였다.

493 李仁哲, 앞의 논문, 1989, 182쪽 및 198쪽에서는 이를 '음리화삼천당의 당주'로 풀이하면서 10정은 소멸되고 그 지원부대인 삼천당은 통일기까지 존속된 증거로 삼았다. 이러한 주장 가운데 삼천당을 10정의 '지원부대'로 상정한 근거도 극히 박약하거니와, 상술했듯이 이를 반드시 '음리화삼천당의 당주'라고만 풀이할 이유도 없다. 또 이 자료를 근거로 10정과는 구별되는 삼천당이라는 군사조직이 9세기초까지 존속한 것으로 보는 점도 쉽게 납득할 수 없다. 위의 「서당화상비」전자가 지닌 관직은 10정의 한 부대가 9세기 초까지 존속된 것을 알려주는 것이지, '10정의 지원부대'인 삼천당의 존속을 보여주는 것은 아니기 때문이다.

그러나 사료 ①에서 분명히 드러나 있듯이 무열왕대에 구체적인 활동상이 보이는 삼천당에는 특정 지방의 지명이 덧붙여져 있지 않다. 따라서 이는 10정 군단의 예하 부대로서의 음리화삼천당처럼 지명과 결합된 삼천당과는 구별할 필요가 있으며, 특정 지명이 덧붙여진 것과는 그 성격이 달랐을 것으로 추측된다. 그리고 진흥왕 5년은 왕경을 군관구로 하는 대당이 비로소 설치된 시기이며, 신라에서 군사조직의 정비가 시작되고 있던 시기였다.[494] 뿐만 아니라 이 무렵 지방의 경우, 각 지방에 파견된 지방관 자체가 행정관적 성격보다는 군사지휘관의 성격을 지니고 있었던 것으로 이해되고 있다.[495] 그러므로 이 시기에 지방통치구역과 성격상 확연히 구별되는 또 다른 지방 군사조직이 한 개 혹은 여러 개가 별도로 두어졌다고는 보기 어렵다. 그리고 진흥왕 13년부터 '광역주廣域州'를 존립 기반으로 하는 본격적인 지방군단인 정제停制가 속속 갖추게 되는 점을 고려하면, 이러한 지방군단과 중복되는 여타의 지방부대의 존재를 상정하기는 곤란하다고 본다.

따라서 10정의 설치 연대로 기록된 진흥왕 5년은 정상수응의 견해처럼,[496] 10정군단과는 구별되는 삼천당의 설치연대로 보는 것이 옳다고 생각된다. 후술되듯이 삼천당은 문무왕대를 전후한 시기에 성격 변화가 일어나고 확대 발전되어 10곳의 지방에 주둔하게 되면서 10정 군단으로 재편되지만, 삼천당의 단계와 10정군 단의 단계는 명확히 구별되기 때문이다.

이상에서 살핀 삼천당의 성립시기 문제에 대해 또 다른 방증이 되는 것이 다음의 사료이다.

---

494 井上秀雄, 「三國史記にあらわれた新羅の中央行政官制について」『新羅史基礎研究』, 1974, 265쪽에서는 이 시기를 법흥왕대의 병제 정비의 제1기에 이은 제2기로 규정하였지만, 무관조에 기록된 군호의 설치 시기를 보면 이 시기에 이르러 비로소 본격적인 군사조직의 설치가 이루어지고 있음이 나타난다.
495 중고기의 지방관의 경우 대체로 군사지휘관의 성격이 강하다는 것은 보편화된 학계의 통설이다. 필자 역시 통설을 지지하며, 특히 진흥왕 13년의 광역의 주를 단위로 하는 정의 성립 이전까지는 군사적 주요 거점에 파견된 군사지휘관 그 자체가 곧 지방관에 다름아니었다고 본다.
496 井上秀雄, 앞의 논문, 1974, 191~192쪽.

②-1. 무릇 군부대軍部隊의 칭호 23개. 첫째는 6정六停이었다.……여덟째는 사천당
四千幢이었다.……스물 세째는 신삼천당新三千幢이었다.(『삼국사기』 권 40, 잡
지9, 직관 하, 무관)

　2. 사천당四千幢은 진평왕 13년(591)에 설치하였다. 금衿의 색깔은 황흑黃黑이었
다.(『삼국사기』 권 40, 잡지9, 직관 하, 무관)

②-1·2에는 진평왕 14년(591)에 설치되어 23군호 가운데 여덟 번째로 채록된
'사천당'이라는 군사조직이 보이고 있다. 이 사천당은 그 군호가 군사력의 규모를 의
미하는 것으로 생각된다.

그런데 삼천당 역시 병단의 규모에서 유래된 군호임이 분명하다.[497] 그러므로 사천
당이라는 군호는 같은 성격의 군호인 삼천당과의 상호 관련성을 암시하고 있다. 즉
사천당은 삼천당을 의식하여 이보다 큰 규모의 새로운 군사조직이라는 의미에서 명
명된 군호로 생각된다.[498] 이러한 추측이 허용된다면 591년에도 삼천당은 사천당 성
립의 전범이 되는 군사조직으로 존재했으며, 따라서 이미 그 이전에 설치되어 있었음
을 짐작할 수 있다.

지금까지 살펴보았듯이 삼천당은 신라의 군사조직으로서는 비교적 이른 시기인 진
흥왕 5년(565)에 설치되어 진평왕 13년(591) 사천당 성립의 전범이 되기도 하였고,
적어도 사료에서 무열왕 2년(655)까지 외적과의 전투에 참전하는 등 구체적인 활동
상을 보여 주고 있는 신라 중고기의 군사조직 가운데 하나였다.

3) 삼천당의 성격

비교적 이른 시기에 설치된 중고기 군사조직의 하나였던 삼천당은 어떤 성격의 군

---

497 강봉룡, 앞의 논문, 1987, 75쪽. 그런데 이인철은 이를 불교에서 유래된 군호일 것으로 생각했다
(앞의 논문, 1989, 184쪽).
498 삼천당과 사천당이라는 군호에서 이렇게 추측해 볼 수 있다. 다만 이들 군사조직의 군사력이 반드
시 3,000명이나 4,000명의 규모였기 때문에 이러한 군호가 부여된 것이라고는 생각하지 않는다.

사조직이었으며, 이것이 성립된 배경은 무엇이었을까? 또 중고기 군사조직 가운데 그것이 차지하는 위상은 어떠했을까? 이러한 문제들을 제대로 파악하자면 그 인적 구성 분자인 제군관과 일반 병졸집단의 조직체계나 운용의 실태를 살펴보는 것이 매우 긴요하다. 그러나 아쉽게도 삼천당과 관련된 사료는 그 내용이 극히 빈약하여 이러한 문제들을 해명하는 데 어려움이 많다. 그러므로 주변의 정황 및 유관한 군사조직과의 대비를 통해 유추해 볼 수밖에 없다.

삼천당의 군관조직이나 병졸집단의 성격, 혹은 그 운용의 문제 등은 무관조에서 완전히 몰각되어 있다. 그러나 후술되는 바처럼 삼천당은 문무왕대에 변화를 일으켜 10정군단으로 확대·재편성되고, 또 이를 계승한 신삼천당이라는 새로운 군사조직이 설치되고 있으므로 이들의 군관 구성[499]을 통해 삼천당의 군관조직을 유추해 보기로 하겠다. 『삼국사기』 직관지 무관조에 비교적 자세하게 나타나고 있는 10정의 소속 군관을 정리하면 〈표 2-10〉과 같다.[500]

〈표 2-10〉에서 우리는 10정 군단의 군관 구성의 전모를 살필 수 있다. 여기에서 보이는 첫 번째 특징은 열 개의 부대에 획일적으로 군관 배치가 이루어져 있는 점이다. 이는 무관조의 제군관 부분의 내용이 주로 7세기 후반대의 군제 재편과정에서 이루어진 획일적인 정원규정을 기록한 것이기 때문인데,[501] 이 점을 통해서도 10정이 7세기 후반을 전후한 시기에 등장한 군사조직임을 알 수 있다.

〈표 2-10〉 10정군단의 소속 군관

	대대감	소감	화척	삼천당주	삼천감	삼천졸
음리화정	1	2	2	6	6	15

---

499 단, 신삼천당의 경우 무관조의 제군관 부분에서는 소속군관이 하나도 기록되어 있지 않다. 그렇다고 소속 군관이 전무한 군사조직이 존재할 수 없음은 자명한 사실이다. 이는 곧 무관조가 불비한 일괄사료임을 그대로 보여주는 것이다. 무관조의 사료적 성격에 대해서는 본서 제1장에서 다루었다.

500 삼천졸은 무관조에 10정군단 소속인지가 명기되지 않고, 그 인원수와 상당위계만 기록되어 있을 뿐이다. 그러나 직명에서 삼천당주-삼천감 예하의 군관(혹은 병졸)임은 쉽게 알 수 있다. 그래서 총인원 150명을 열 개의 부대로 나누어 〈표 2-10〉을 작성했다.

501 이문기, 「삼국사기 직관지 무관조의 史料的 검토」 『역사교육논집』 15, 1990.

고량부리정	1	2	2	6	6	15
거사물정	1	2	2	6	6	15
삼량화정	1	2	2	6	6	15
소삼정	1	2	2	6	6	15
미다부리정	1	2	2	6	6	15
남천정	1	2	2	6	6	15
골내근정	1	2	2	6	6	15
벌력천정	1	2	2	6	6	15
이화혜정	1	2	2	6	6	15
비　고	영마병(領馬兵) 착금(着衿)	영기병(領騎兵) 착금(着衿)	영기병(領騎兵)	착금(着衿)	착금(着衿)	

둘째로 군관구성에서 그 지휘자로서 장군이 보임되지 않고 비슷한 관등규정을 보여주는 군관직으로 이루어져 있는 사실이 주목된다. 이들의 관등규정을 정리한 것이 〈표 2-11〉이다.

〈표 2-11〉 10정 소속 군관의 관등규정

관직 \ 관등	(6) 아 찬	(7) 일 길 찬	(8) 사 찬	(9) 급 찬	(10) 대 나 마	(11) 나 마	(12) 대 사	(13) 사 지	(14) 길 사	(15) 대 오	(16) 소 오	(17) 조 위
대대감	○	○	○	○	○	○						
소감							○	○	○	○	○	○
화척							○	○	○	○	○	○
삼천당주			○	○		○	○	○				
삼천감						○	○	○	○			
삼천졸			○	○	○	○	○	○	○	○	○	○

10정의 각 부대에 비슷한 관등의 군관이 임명되고 장군이 없는 것은 최고지휘권이 소재한 주의 장관인 도독에게 포섭되기도 했기 때문으로 생각되지만,[502] 어쨌든 이 관

---

502 흔히 중대 이후 지방관들의 경우 군사적 성격이 약화되고 행정적인 존재로 변화했다고 이해되어 왔지만, 근래 중대 이후의 지방관들도 여전히 군사적 성격을 보유하고 있었음을 지적하고 지방통

등규정에 의하면 대대감隊大監은 삼천당주·삼천감·삼천졸과 상호 관등이 교차할 가능성이 있다. 그러나 소감·화척과는 교차하지 않는다. 그리고 삼천당주·삼천감·삼천졸과 소감·화척의 경우 상호 관등이 교차할 수 있다. 이러한 군관직 상호 간 관등 규정상의 혼란은 10정 소속의 군관이 대대감-소감-화척 계열과 삼천당주-삼천감-삼천졸의 두 계열로 이루어져 있음을 암시하는 것이다. 이는 앞의 〈표 2-10〉에서 대대감-소감-화척 계열은 기병을 영솔하는 군관이며, 삼천당주-삼천감-삼천졸 계열은 기병·보병의 구별이 명기되지 않았고, 삼천당 계열의 경우 그 직명이 삼천당과의 관련을 보여주고 있는 데서도 쉽게 확인되고 있다.

10정 군단의 군관구성에서 확인되는 두 계열의 군관조직은 삼천당으로부터 10정으로 변화·발전하는 과정에서 이질적인 두 개의 군관직 체계가 하나로 합쳐진 데 기인하는 것으로 추측된다. 그러므로 10정군단의 군단구성에서 삼천당 단계의 그것을 복원할 가능성을 찾아볼 수 있다.

이러한 두 계열의 군관조직에서 10정군단으로 변화·발전하기 이전의 삼천당 단계의 군관조직은 직명에서 뚜렷이 나타나듯이 물론 삼천당주-삼천감-삼천졸이었을 것이다. 이 점은 진평왕대에 삼천당을 전범으로 하여 창치된 사천당의 군관구성이 저금기당주著衿騎幢主-저금감著衿監으로 무관조에 기록되어 있어, 역시 당주-감 체제로 이루어져 있던 사실에서도 방증을 얻을 수 있다. 뿐만 아니라 대대감은 원래의 대감에서 분화된 군관직으로 문무왕 2년에 대관대감과 구별되었다는 견해[503]를 참조하면, 대대감의 계열은 삼천당이 10정군단으로 확대·발전되면서 새로이 첨가된 군관직으로 판단된다. 따라서 삼천당 단계의 군관구성은 삼천당주-삼천감-삼천졸이었다고 정리된다.[504]

치조직의 군사조직과의 연관성을 검토해야 한다는 제안이 나오고 있다. 주보돈, 「통일기 신라 지방통치체제의 정비와 村落構造의 변화」『대구사학』 37, 1989 ; 노중국, 「국사학 연구의 현황과 과제-통일신라의 지방통치조직의 편제를 중심으로-」『한국학논집』 17 참조.

503 井上秀雄, 앞의 논문, 1974, 142쪽.

504 다만 군관직으로서의 원래의 대감(대관대감과 대대감으로 분화하기 이전의 것)의 설치연대가 진흥왕 10년(549)이므로(井上秀雄, 앞의 논문, 1974, 142쪽), 삼천당에도 후일 설치된 낭당이나 서당처럼 그 지휘자로 대감이 소속되었을 가능성이 있다. 그러나 사료의 불비로 확인되지는 않는다.

이처럼 삼천당의 군관구성을 복원해 볼 때 진흥왕 5년에 설치된 삼천당의 성격을 보병 중심의 대당을 보완하는 기병 부대로 본 견해[505]는 설득력이 없다. 왜냐하면 삼천당주-삼천감-삼천졸의 경우는 기병을 영솔한다는 단서가 없으며, 따라서 이러한 군관으로 구성된 삼천당을 기병부대로 볼 수 없기 때문이다. 오히려 아무런 단서가 없다는 점이 삼천당이 보병부대였음을 시사한다. 그러므로 삼천당은 대당과 보완관계에 있는 군단임에는 틀림없지만, 그것이 보병군단으로서의 대당을 보완하는 성격은 아니었다.

이러한 삼천당의 군관직 체계를 염두에 두면서 삼천당의 일반 병졸집단에 대해 살펴보기로 하자. 일반 병졸들의 성격이나 충원방법, 운용의 실태 등에 대한 이해는 삼천당의 성격을 살피는 데 꼭 필요하지만, 이와 관련된 사료 역시 단편적이며 빈약하기 짝이 없다. 다만 앞서 본 사료 A에서 약간의 단서를 얻을 수 있을 뿐이다.

사료 A에서 삼천당에 속하여 출전했다가 전사한 취도는 신문왕대에 사찬에 추증되고 있는 점이나 그의 가계에 대한 간략한 기록에서 볼 때 신분이 6두품으로 추정되지만, 그가 삼천당의 군관이었을 가능성은 희박하다. 우선 승려였다가 스스로 삼천당에 자원하여 소속되고 있으며, 특히 "군대를 따라 적과의 전장에 나갔다遂隨軍赴敵場"는 표현은 그가 군관이 아니라 삼천당의 병졸임을 암시한다. 취도가 삼천당의 일반 병졸이라고 할 때 그가 왕경인이라는 사실에서 곧 삼천당이 왕경인들로 구성된 군사조직이었음을 추정할 수 있다. 다음의 사료도 또 다른 방증 자료이다.

신삼천당新三千幢[또는 외삼천外三千이라고도 하였다]은, 첫째는 우수주삼천당牛首州三千幢이었다. 둘째는 나토군삼천당奈吐郡三千幢이었다. 문무왕 12년(672에 설치하였다. 셋째는 나생군삼천당奈生郡三千幢이었다. [문무왕] 16년(676)에 설치하였다. 금衿의 색깔은 자세히 알 수 없었다.(『삼국사기』 권40, 잡지9, 직관 하, 무관조)

사료 E에는 문무왕대에 설치된 신삼천당이라는 군사조직의 별칭으로 '외삼천外

505 井上秀雄, 앞의 논문, 1974, 190~191쪽.

三千'이라는 군호가 보인다. 이 신삼천당은 원래의 삼천당이 10정군단으로 확대·발전한 이후에 그 명칭을 계승하여 새로이 설치된 군사조직인데,[506] 우수주·나토군·나생군 등 지방에 두어진 군단이었다. 그런데 이것이 '외삼천'이라는 별칭을 갖고 있는 것은 신삼천당에 대응되는 구舊삼천당이 '내內삼천당'이었음을 암시하고 있다.

이와 같은 내외라는 구분의 표현은 신라 중고기에 왕경과 지방, 혹은 왕경인과 지방민을 구별하기 위해 종종 사용되었다. 「창녕비」에 보이는 외촌주라는 표기나 「마운령비」의 외객外客이라는 표현에서 이를 확인할 수 있다.[507] 따라서 삼천당은 신삼천당 곧 외삼천당에 대응하는 '내삼천당'이었으며, 적어도 왕경에 설치된 부대, 혹은 왕경인으로 구성된 부대로 추정할 수 있다.[508] 요컨대 삼천당의 일반 병졸로 출전하여 전사한 취도가 왕경인이라는 사실에서나, 후일 삼천당의 명칭을 계승한 '신삼천당' 즉 '외外삼천당'의 존재로 미루어 삼천당은 왕경에 설치되고, 왕경인을 그 구성분자로 하는 중앙 군사조직의 하나로 생각된다.

삼천당의 성격과 관련하여 사료 ①에서 또 하나 주목되는 점은 취도가 스스로 병부에 나아가 "삼천당에 속하기를 청했다"는 구절이다. 여기에서 취도가 하필 삼천당을 지목하여 이에 속하기를 스스로 요청한 데는 그럴 만한 이유가 있었다고 생각된다. 그것은 삼천당이 자원자로 충원되는 군사조직임을 알고 있었기 때문일 것이다. 다시 말하면 삼천당은 자원자와 같이 소모召募에 응한 존재들로 구성되는 군사조직이었으며, 취도는 이 사실을 알고 승려 생활을 청산한 뒤[509] 스스로 삼천당의 일반 병졸이 되기를 자원했다고 생각된다.

이와 같이 삼천당의 성격을 자원자를 포함하는 소모병으로 구성된 군사조직으로

---

506 군호 자체에서 드러나고 있다. 이에 대해서는 곧 상론된다.

507 이문기, 「신라 중고의 국왕근시집단」 『역사교육논집』 5, 1983, 75쪽.

508 노근석, 앞의 논문, 1992 에서도 신삼천당을 주목하면서 이에 대응되는 삼천당을 중앙군단으로 보고 있다. 그러나 구성분자나 주둔지역에 대한 언급을 빠뜨리고 있다.

509 이인철, 앞의 논문, 1989, 184~185쪽에는 취도의 예와 삼천당이라는 군호의 유래 등을 토대로 '삼천당 승병부대설'을 주장하고 있다. 그러나 삼천당의 군호는 앞에서 보았듯이 불교에서 나온 것이라기보다는 병단의 규모에서 유래한 것이며, 취도의 사례를 보더라도 삼천당이 승병부대라는 증거는 전혀 찾을 수 없다. 취도는 사료 A에 명기되어 있듯이 분명히 승복을 벗고, 즉 승려생활을 청산한 뒤 삼천당의 병졸이 되어 출전했다가 전사하였다.

규정할 수 있다면 그 소모의 주체는 누구였을까? 이기백은 이 취도의 경우를 한 예로 들면서 당주와 관계가 있는 자(예컨대 화랑과 낭도와의 관계 등)가 소모병의 주체를 이루고 있다고 하여 마치 취도가 족적인 관계를 가지고 있거나 혹은 공동체 의식을 가진 귀족무장인 삼천당 당주에 의해 소모된 것으로 해석하였다.[510]

그런데 사료 ①에 의하면 취도는 병부에 나아가 삼천당에 속하기를 자원하였다. 주지하듯이 병부는 신라에서 최초로 두어진 중앙관부로서 국왕의 군정권을 대행하는 군정기구였다.[511] 그러므로 취도를 귀족무장 개인으로서의 삼천당주에 의해 소모된 존재였다고 보기는 어렵다. 어떤 귀족무장의 개인적인 소모에 병부가 관여했을 리는 없기 때문이다. 오히려 병부가 삼천당의 일반 병졸집단의 소모에 관여하고 있다는 것은 소모의 주체가 국왕이었음을 의미하는 것이다. 병부는 국왕을 대리하여 삼천당의 일반 병졸을 소모하는 업무를 수행했다고 보아야 한다.

이러한 국왕에 의한 소모병으로 구성된 삼천당의 성격은 소속 군관 가운데 '삼천졸'의 존재를 통해서도 짐작될 수 있다. 〈표 2-10〉에서 10정 군단 소속의 군관으로 보이고 있는 '삼천졸三千卒'은 그 숫자가 150명이며, 특히 대나마 이하의 관등 소지자가 임명되는 것으로 규정되어 있어 주목을 끈다. 이 '삼천졸'이라는 직명은 원래 삼천당의 일반 병졸집단에서 유래된 것이 분명하다. 다만 삼천당의 일반 병졸로서의 '삼천졸'이 10정군단 단계에서처럼 그 인원이 150명이었으며, 또 모두가 대나마 이하의 관등소지자였는지는 의문이다. 〈표 2-10〉은 10정군단의 실태를 전하는 것이기 때문이다.

삼천당의 병졸로서의 '삼천졸'은 우선 숫자면에서 150명보다 훨씬 많았을 것이다. 군호 자체가 암시하는 바도 그러하거니와, 사료 A에서처럼 실제 외적과의 전투에 참전하는 군사조직의 군사력이 150명이라는 것은 도저히 생각할 수 없기 때문이다. 그리고 이 삼천졸이 모두 대나마 이하의 관등소지자였다고도 보기 어렵다. 신라에서 관등수여의 범위는 상당히 광범한 것으로 판단되지만,[512] 다수였을 삼천당의 일반 병졸

---

510 이기백, 「한국의 전통사회와 병제」 『한국사학의 방향』, 1978, 196쪽.
511 군정기구로서의 신라 병부에 대해서는 본서 제4장 Ⅱ 중고기 군정기구의 성립과 그 기능 참조.
512 지금까지 발견된 9기의 「남산신성비」에서 지방의 성(촌)의 상황을 보여주는 내용 가운데 1개 성

들 모두에게 관등이 수여된 것으로 볼 수는 없겠다. 그러나 '삼천졸' 가운데 관등 소지자가 포함되었을 것은 확실하다고 생각된다.[513]

이는 국왕에 의한 소모병인 '삼천졸'들이 여타의 3년을 1기로 하여 실제 군인으로 징발된 일반 백성 출신 군역 의무자들보다는 모종의 특혜를 누렸음을 말해 준다. 결국 이러한 특혜가 제도화되어 10정 군단 소속 '삼천졸'은 관등을 소지하게 되었을 것이며, 10정군단의 단계에서는 일종의 군관직과 같은 성격의 것으로 변질된 것으로 추측된다. 요컨대 삼천당의 일반 병졸집단은 군역 의무자들 가운데서 실제 군인으로 징발되어 복무했던 존재들과는 구별되는 국왕의 소모에 응하여 자원한 존재들이었으며, 전자들과는 달리 관등을 수여받는 등의 모종의 특권을 누리고 있었다고 생각되는 것이다.

이러한 추측을 뒷받침하는 것이 시위부의 경우이다. 시위부의 군관직에서도 원래 일반 병졸이라는 의미를 지니고 있으면서 관등을 소유한 경우가 발견되기 때문이다.

> 시위부侍衛府는 3도三徒가 있었는데 진덕왕 5년(651)에 설치하였다. 장군將軍은 6명이었는데 신문왕 원년(681)에 감監을 혁파하고 장군을 두었다. 관등이 급찬級에서 아찬阿까지인 자로 임용하였다. 대감大監은 6명이었는데 관등이 나마奈麻에서 아찬까지인 자로 임용하였다. 대두隊頭는 15명이었는데 관등이 사지舍知에서 사찬까지인 자로 임용하였다. 항項은 36명이었는데 관등이 사지에서 대나마大奈麻까지인 자로 임용하였다. 졸卒은 117명이었는데 관등이 선저지先沮知에서 대사大舍까지인 자로 임용하였다.(『삼국사기』 권40, 잡지9, 직관 하, 무관조)

(촌)에서 관등(외위)을 소지한 인물들이 9~10명까지 등장하고 있다. 「남산신성비」에 기록된 이들의 직명은 성의 축조와 관련된 임시적인 것이지만, 그들이 소지한 외위는 일단 국가로부터 공인되어 그 이전에 이미 소지하고 있었던 것일 것이다. 여기에서 우리는 신라사회에서 관등의 수여범위가 광범위했음을 짐작할 수 있다.

513 『삼국사기』 권 5, 태종무열왕 7년조에는 백제 멸망 후의 논공행상에서 '關衿卒宣服'이라는 인물에게 급찬의 관등을 수여하고 있다. 이는 宣服의 공로에 대한 파격적인 포상으로도 볼 수 있지만 그보다는 선복이 이미 관등을 소지하고 있었기 때문이었을 가능성이 크다. 만약 계금당의 졸인 선복이 이미 관등을 소지했다면 삼천당의 '三千卒' 가운데에도 관등 소지자가 있었을 것으로 생각된다.

이 시위부의 졸은 그 인원 규정이나 관등을 소지하고 있는 점에서 '삼천졸'과 흡사하다. 다만 이 무관조의 시위부 졸이 시위부의 기본 군사력으로서 일반 병졸집단의 전부라고 생각할 수는 없다. 그 예하에는 보다 다수의 병졸집단이 존재하고 있었을 것이다.[514] 따라서 일종의 군관직으로 볼 수 있다. 그러나 그 기원은 시위부의 일반 병졸이었을 것이다.

그런데 시위부의 병졸집단에서 기원된 이 시위부의 '졸'이 관등을 소지하고 있는 이유는 시위부의 고유한 성격에서 기인된 것으로 볼 수밖에 없다. 즉 시위부는 국왕의 측근세력으로서 그 군사력은 국왕에 의해 직접 소모된 존재로 보여진다.[515] 그래서 이들은 관등을 소지하는 등의 특권을 누릴 수 있었을 것이다.[516] '삼천졸'도 이와 마찬가지로 국왕에 의해 소모된 데 대한 반대급부로서 관등을 수여받는 특혜를 누렸고, 이것이 후일 10정군단으로 변화·발전하면서 '삼천졸'이라는 군관직적 성격의 것으로 정착되고 관등의 수여도 제도화되었을 것으로 생각된다.

이상 언급한 바처럼 삼천당은 국왕에 의해 소모된 왕경인 출신 병졸집단으로 구성된 중앙 군사조직의 하나였다. 일찍이 이기백은 소모병으로 구성된 새로운 성격의 군사조직으로 진평왕 5년(583)에 설치된 서당誓幢을 지목한 바 있으나,[517] 이미 진흥왕 5년에 설치된 삼천당이 국왕의 소모에 의한 군사조직임이 확인된다.

이러한 삼천당의 성격에서 우리는 삼천당이라는 군사조직이 대당과 더불어 진흥왕 5년이라는 비교적 이른 시기에 설치된 정치·사회적 배경에 대해 살펴보자. 먼저 새로운 군사조직의 설치는 지증왕-법흥왕-진흥왕대에 걸쳐 추진된 일련의 왕권강화와 국가체제의 정비를 위한 개혁[518]의 일환이었다는 점이다. 군사조직은 그 자체 핵심적

---

514 이문기, 「신라 시위부의 성립과 성격」『역사교육논집』 9, 1986, 35쪽. 이에 대해 시위부의 군사력을 졸의 규모인 117명 그대로 보는 견해도 있다(이기백·이기동, 『한국사강좌』 고대편, 1982, 340쪽 ; 신형식, 『신라사』, 1985, 125쪽).

515 이문기, 앞의 논문, 1986, 45쪽.

516 『조선전사』 5, 201쪽 에서는 시위부의 졸이 관등을 소지한 사실을 주목하면서 이들은 문벌이 높은 귀족출신의 정병이라고 말하고 있는데, 이는 삼천졸이나 계금당의 卒도 관등을 소지하고 있어 그대로 따르기 어렵다.

517 이기백, 『한국사신론』(개정판), 일조각, 1977, 73쪽 ; 이기백, 앞의 논문, 1978, 196쪽. 단 씨의 소모병은 그 소모의 주체를 귀족무장으로 이해한 듯하다.

518 이와 관련된 연구는 이미 많이 이루어져 있다. 예컨대 『통일기의 신라사회연구』(경상북도·동국대 신라문화연구소 편)의 「제2장 6세기 신라의 발전」은 이를 집중적으로 다루고 있다.

인 권력기구의 하나로서 왕권의 강화와 국가체제의 정비에 필수적인 것이기 때문이다. 그리고 간과할 수 없는 점은 고구려·백제·가야 등과 본격적인 정복전쟁이 전개되고 있었던 신라의 현실적 필요성이다. 당시 신라는 국가적인 규모에서 군사력을 결집하고, 이를 효율적으로 운용하기 위하여 다양한 군사조직이 요구되고 있었던 것이다.

그러나 더욱 주목해야 할 것은 왕경인 출신 소모병으로 구성된 삼천당이 대당과 더불어 같은 시기에 설치된 직접적인 배경이다. 이와 관련하여 대당의 성격과 운용상의 한계가 주의를 끈다. 대당은 왕경을 지역적 존립 기반으로 하는 군사조직으로서[519] 기본적인 군사력이 되는 일반 병졸집단의 성격이 3년을 1기로 징발된 왕경인 군역 의무자들이었다.[520] 그리고 이러한 왕경인들의 징발방식에는 6부의 '부사部司'[혹은 '감전監典']가 징발업무에 주체로 기능하는 등 전통적인 공동체적 운용의 원리가 비록 잔존형태이긴 하지만 투영되고 있었음이 확인되고 있다.[521] 뿐만 아니라 대당의 장군은 진골귀족으로 구성된 '장군단將軍團' 가운데서 출정에 즈음하여 임명되었으며,[522] 이들이 군령체계상 핵심적인 지위를 점하고 있었던 것으로 보여진다. 그러므로 대당의 경우 6부 귀족의 영향력을 완전히 배제할 수는 없었을 것으로 추측된다.[523] 이는 대당이 대외전쟁에서는 국왕과 귀족세력 등 지배층의 공동이익을 위해 중요한 역할을 행사하는 군사조직이었지만, 이와는 또 다른 측면인 군사조직이 대내적인 권력기구이기도 했던 점을 본다면 국왕의 입장에서는 일정한 한계가 있었음을 암시하는 것이다. 진흥왕은 이러한 대당이 가진 한계성을 보완하기 위해 소모병으로 구성되는 군사조직인 삼천당을 대당이 설치된 동왕 5년에 동시에 창치했던 것으로 추측된다.[524]

---

519 末松保和, 앞의 논문, 1954, 327쪽.
520 이문기, 「신라 6정군단의 운용」 『대구사학』 29, 1986, 39~40쪽.
521 이문기, 「신라 중고기 왕경인의 군사적 운용」 『신라문화』 5, 1989 참조.
522 이문기, 앞의 논문, 1986, 5~19쪽.
523 그러나 이는 대당이 곧 6부 귀족들의 사병적 성격을 가진 군사조직이라는 의미는 아니다. 왕권이 일정한 수준으로 고양된 신라 중고기에 귀족들이 개별적으로 사병집단을 보유하고 있었다고는 생각할 수 없다. 그러나 중고기까지 각 部의 성격이 아직 단위 정치체로서의 기능을 미약하게나마 잔존한 지역공동체적 요소를 보여주고 있으므로, 이러한 6부의 '部司'가 대당의 일반 병졸집단의 선발에 관여하고 있다는 점에서 6부 귀족의 영향력이 완전히 배제되지는 못하고 있다는 의미이다.
524 이러한 삼천당의 성립 배경에 대한 필자의 견해는 설치시점이 대당과 같은 해라는 점에서 의문이

그렇다면 삼천당은 대당과는 다른 유형의 군사조직으로서 일종의 국왕에게 직속된 군사력을 목표로 설치되었다고 하겠다.

다음으로 문제가 되는 것은 공동체적 운용원리가 남아 있는 대당과는 또 다른 운용 방식을 보여주는 삼천당이 성립되기 위해서는 이를 뒷받침하는 사회적 변화와 그 기반이 조성되어 있어야 한다는 점이다. 다시 말하면 국왕의 소모에 응하여 삼천당의 일반 병졸로 될 수 있는 인적 기반이 존재하고 있어야만 삼천당의 성립이 가능하게 될 것이다. 이는 장차 문무왕대에 삼천당이 10정군단으로 확대·발전되는 요인과도 긴밀한 관계가 있다고 생각된다.

신라 중고기 왕경인의 경우 일반적으로 국가의 공권력과 소속부의 공동체적인 관행에 이중으로 귀속되어 있었다고 생각되고 있다.[525] 이러한 두가지의 사회질서 가운데 보다 강화 일로를 걷고 있었던 것은 전자이지만, 후자의 경우도 여전히 잔존하고 있었음도 확인된다.[526] 대당은 그 군사징발과 운용에서 후자의 운용원리가 잔존하고 있었던 군사조직이었다.

이에 대해 삼천당은 공동체에서 일탈된 존재를 국왕이 소모하여 조직한, 말하자면 국가의 공권력적 질서가 우월한 군사조직이었다고 판단된다. 따라서 공동체적 질서에서 일탈된 왕경인들이 삼천당 성립의 인적 기반이 될 수 있는 것이다.

그러면 진흥왕 5년 무렵의 신라 왕경인 가운데 소속 부의 전통적인 공동체적 규제에서 일탈된 존재들이 실재할 수 있었을까? 이와 관련하여 주목되는 것이 이기동의 화랑도의 기원에 관한 연구이다. 그는 화랑도의 기원문제를 검토하면서 혈족집단의 구조를 중심으로 6세기대에 전개된 신라 사회구조의 변화, 즉 촌락공동체의 변질에 대해 언급한 바 있다.[527] 이에 의하면 삼한 이래의 촌락공동체적 청년조직은 6세기대

제기될 수도 있다. 그러나 필자는 신라 진흥왕이 대당의 운용에 대한 한계를 이미 파악하고 있었을 것으로 보는 입장에서 일단 하나의 시론으로 제기해 둔다.

525 노태돈, 「삼국시대의 부에 관한 연구」『한국사론』2, 1975 ; 이문기, 「신라 중고의 6부에 관한 일고찰」『역사교육논집』1, 1980, 61~72쪽. 이러한 중고기 신라의 6부의 성격에 대한 연구사적 검토는 이문기, 「울진봉평신라비와 중고기의 6부문제」『한국고대사연구』2, 1989 참조.

526 노태돈, 앞의 논문, 1975 ; 이문기, 앞의 논문, 1980, 61~72쪽.

527 이기동, 「신라 화랑도의 기원에 대한 일고찰」『신라골품제사회와 화랑도』, 1984, 228~237쪽.

의 정치적·사회적 변화 – 우경의 보급·군현제의 실시·지방 군제의 정비 등 –에서 오는 제약으로 말미암아 더 이상 성장이 정지되고 마침내 국가적인 화랑도로 개편되었다는 것이다.

이러한 6세기대에 전개된 신라 사회구조의 변화, 즉 촌락공동체적 성격의 변질이라는 지적은 시사하는 바 크다. 6세기대의 왕경인의 경우에도 단위정치체로서의 기능이 잔존한 지역 공동체로서의 육부가 완전한 행정구역으로 변화되어 가는 과도기적 상황을 경험하고 있었다.[528] 이러한 6부의 점진적인 변질과정에서 공동체적인 질서에서 일탈된 왕경인의 존재는 충분히 상정될 수 있다. 국왕의 경우 그러한 존재를 직접 소모하여 친위군사력으로 편성하려 했음은 충분히 짐작할 수 있다. 삼천당은 곧 이러한 사회구조의 변화를 기반으로 성립된 새로운 군사조직이었다.

이상에서 언급하였듯이 삼천당은 6세기대의 왕경내부의 사회구조의 변화를 기반으로 국왕에 의해 소모된 왕경인 출신으로 구성된 중앙 군사조직의 하나였으며, 공동체적 운용원리가 남아 있는 대당의 한계성을 보완하기 위하여 설치된 국왕의 친위 군사력을 목표로 한 군사조직이었다.

4) 삼천당의 변화와 그 행방

삼천당은 앞에서 살핀 바처럼 진평왕대의 사천당 성립의 전범이 되었고, 적어도 무열왕대까지 백제와의 전투에 참전하는 등 뚜렷한 하나의 군사조직으로 기능하고 있었다. 그러나 무관조에는 23군호의 하나로 채록되지 않고 있으며, 다만 10정군단의 별칭으로 그 이름을 남기고 있고, 신삼천당이라는 새로운 군사조직의 이름에서 그 잔흔을 발견할 수 있을 뿐이다. 이는 삼천당이 무열왕대 이후 변질되었으며, 결국은 소멸되었음을 의미한다. 그래서 다음으로 삼천당의 변질, 그 행방과 관련된 문제를 검토하기로 하겠다.

삼천당의 행방과 관련하여 하나의 하한시점을 보여주는 것이 문무왕대의 신삼천당

---

528 이문기, 앞의 논문, 1989, 164~166쪽.

의 창치이다. 신삼천당에 관한 사료를 인용하기로 한다.

> ③-1. 무릇 군부대軍部隊의 칭호 23개. 첫째는 6정六停이었다. 둘째는 9서당九誓幢이
>   었다.……스물 세째는 신삼천당新三千幢이었다.(『삼국사기』 권40, 잡지9, 직관
>   하, 무관조)
>
> 2. 신삼천당新三千幢[또는 외삼천外三千이라고도 하였다]은, 첫째는 우수주삼천
>   당牛首州三千幢이었다. 둘째는 나토군삼천당奈吐郡三千幢이었다. 문무왕 12년
>   (672)에 설치하였다. 셋째는 나생군삼천당奈生郡三千幢이었다. [문무왕] 16년
>   (676)에 설치하였다. 금衿의 색깔은 자세히 알 수 없었다.(『삼국사기』 권40, 잡
>   지9, 직관 하, 무관조)

사료 ③-1에서는 신삼천당이 23군호 가운데 가장 마지막으로 기록되고 있고, ③
-2에서는 문무왕 12년과 16년에 삼천당과 모종의 관련을 가진 새로운 군사조직이
우수주牛首州·나토군奈吐郡·나생군奈生郡 등의 지방에 창치되어 신삼천당이라는 군
단이 성립되었음을 전하고 있다.[529] 그러면 신新삼천당은 삼천당과는 구체적으로 어떻
게 관련되어 있을까? 이 점에 대한 해명은 삼천당의 행방을 살피는 데에 중요한 실마
리가 될 것이다.

신삼천당은 삼천당이라는 군사조직을 염두에 두지 않고는 명명될 수 없는 군호이
다. 그러므로 기존의 삼천당, 즉 구삼천당과 신삼천당과의 상호관계에 대해 두 가지
의 가능성을 상정해 볼 수 있다. 하나는 기존의 삼천당이 여전히 존속되고 있었지만,
이와는 구별되는 새로운 군사조직으로서의 신삼천당이 설치되었을 가능성이다. 다른
하나는 구삼천당이 변화 내지 소멸되면서 이를 계승한 신삼천당을 새로 창치했을 가
능성이다.

사료의 부족으로 어느 것이 옳은지를 쉽게 판단하기는 어려우나, 이 가운데서 가능

---

529 신삼천당이라는 군호 성립은 7세기 후반의 군제 개편과정에서 이루어진 것으로 추측되는데, 그
   상한 시점은 물론 나생군삼천당이 설치된 문무왕 16년이다. 그러나 이미 동왕 12년에 우수주삼
   천당과 나토군삼천당이 설치되고 있어 원래의 삼천당이 변화했음을 알려주고 있다.

성이 높은 것은 후자라고 본다. 왜냐하면 만약 삼천당이 신삼천당과 더불어 병존하고 있었다면 이와 마찬가지로 무관조에 채록되었을 것이다. 그런데 무관조에는 삼천당의 존재가 전혀 발견되지 않고 있다. 따라서 삼천당은 신삼천당이 창치된 문무왕 12년경에는 적어도 소멸되거나 다른 군사조직으로 변화되었으며, 그 후 삼천당의 성격과 명칭을 계승한 새로운 군사조직이 우수주와 나토군에 설치되고, 동왕 16년에 다시 나생군에 두어짐으로써 신삼천당으로 완결된 것으로 추측할 수 있다.[530]

삼천당의 소멸과 변질 등을 포함하는 행방 문제와 관련하여 앞서 누차 언급한 바처럼 10정군단의 별칭으로 삼천당이라는 칭호가 보이고 있는 점을 주목할 필요가 있다. 이는 10정군단이 중고기의 삼천당과 상호 밀접한 관련이 있음을 암시하고 있기 때문이다.

이러한 양자의 상호 관련성에 대하여 삼천당이 실제로 붕괴한 이후 무언가의 이유-기병부대의 필요성-에 의해 신설된 군단인 10정에 구칭인 삼천당을 붙인 것으로 이해하여, 양자는 성격상 기병부대라는 동질성이 있을 뿐, 실제로는 전혀 관련이 없는 것으로 추정하는 견해가 있다.[531] 그러나 앞에서 본 바처럼 삼천당은 기병부대가 아니었으므로 이러한 견해는 수긍하기 어렵고, 또 설령 기병부대라고 할지라도 그 명칭만을 새로이 창설한 군단에 붙였을 것이라는 추측도 납득하기 어렵다. 오히려 신삼천당이라는 새로운 군사조직이 설치되고 있는 것을 보면, 10정과 삼천당 양자간의 관련성을 찾아보는 것이 순리일 것이다.

이와 관련하여 다시 음미할 필요가 있는 것이 「고선사 서당화상비」의 전자鐫者가 띤 관직이다. 그의 관직인 '음리화삼천당주'를 앞에서 '음리화삼천당의 삼천당주'로 풀이될 가능성이 가장 높음을 지적한 바 있다. 이는 10정의 예하부대인 음리화정이 음리화삼천당으로 불리기도 했음을 말한다. 좀더 유추해 본다면 나머지 9개 부대들도 각각 거사물삼천당·삼량화삼천당 등으로 불리었을 것임을 짐작할 수 있다. 그렇다면

---

530 이인철, 앞의 논문, 1989 198쪽에서는 삼천당과 신삼천당을 구별하지 않고 있다. 그러나 '우수주삼천당'·'나토군삼천당'·'나생군삼천당'을 신삼천당이라는 하나의 군단으로 파악하고 있는 것은 이들 3개의 부대가 상호 공통적인 성격을 지니고 있으며, 기존의 삼천당과는 구별되는 점이 있었기 때문일 것이다.

531 井上秀雄, 앞의 논문, 1974, 190~191쪽.

10정군단이란 10곳의 지방에 주둔하게 된 10개의 삼천당을 총칭하는 군호에 다름아니었던 셈이다.

그런데 왕경인 출신 소모병으로 구성된 중앙 군사조직으로서 중고기의 삼천당이 증가하여 10곳의 지방에 확대 배치되는 변화를 겪으면서 그 성격이 그대로 유지된 것은 아니었다고 생각된다. 다시 말하면 이러한 삼천당의 확대는 단순한 양적 증가를 의미하는 것이 아니라 성격상의 변화도 수반되었던 것이다. 그 변화의 내용을 다시 한번 정리하기로 하자. 앞에서도 언급하였듯이 변질된 이후의 10개의 삼천당, 곧 10정군단은 기병부대의 성격을 갖게 되었다. 앞의 〈표 2-10〉에서 보이듯이 10정의 군관조직에는 대대감-소감-화척의 기병을 영솔하는 군관체계가 중고기의 삼천당 단계보다 덧붙여져 있으며, 이는 10정군단이 기병부대의 성격을 지녔음을 말하는 것이다.[532] 그런데 이러한 기병 영솔 군관직들은 중고기의 삼천당이 10정군단으로 확대되면서 일어난 변화로 보인다.

또 10정군단으로 변화한 이후의 예하부대들은 반드시 왕경인만으로 구성된 군사조직으로 볼 수는 없겠다. 물론 〈표 2-12〉에 보이는 군관조직은 관등 규정이 경위로 되어 있고, 신라사회에 엄존했던 왕경인과 지방민의 차별대우를 감안하면 왕경인으로 충당되었을 것이다. 그러나 10정군단, 곧 10개의 삼천당은 각각 〈표 2-10〉에 나타난 군관들로만 이루어진 군사조직이 아니었다.[533] 그 예하에는 기본 군사력이 되는 일반 병졸 집단이 존재했을 것이다. 이 일반 병졸집단은 비록 그 규모가 어떠했는지는 알 수 없지만 적어도 일정한 수준의 전투력을 발휘할 수는 있었을 것이다. 이와 같이 10정군단의 군관조직 예하에 일반 병졸집단의 존재가 인정된다면, 이들은 중고기 삼천당처럼 왕경인만으로 구성된 군사조직이었다고 단정할 수는 없다. 특히 이 점은 10정의 소재지를 검토하면 그 방증을 얻을 수 있다.

---

532 末松保和, 앞의 논문, 1954, 365~367쪽.

533 10정군단의 예하부대들이 〈표 2-10〉과 같은 군관들로만 구성된 군사조직이라면 그것의 전투력은 정말 보잘것없을 것이다. 그렇다면 이를 기병부대로 성격을 규정하는 것 자체도 의미가 없다. 그래서 〈표 2-4〉의 군관들 예하에 보다 다수의 일반 병졸집단이 존재했을 것으로 생각된다. 그러나 이러한 10정군단과 직접 관련된 문제들은 본절의 관심과는 일정한 거리가 있으므로 다른 기회에 재론될 필요가 있겠다.

〈표 2-12〉 10정 군단의 소재지

	부대명	고명(古名)	경덕왕대 개명	현 지명
1	음리화정	음리화현	상주 청효현	경북 상주군 청리면
2	고량부리정	(백제)고량부리현	웅주 임성군 청무현	충남 청양군 청양면
3	거사물정	(백제)거사물현	전주 임실군 청웅현	전북 남원군 산동면
4	삼량화정	추(삼)량화현	량주 화왕군 현효현	경북 달성군 현풍면
5	소삼정	소삼현	강주 함안군 현무현	경남 함안군 죽남면
6	미다부리정	(백제)미동부리현	무주 현웅현	전남 나주군 남평면
7	남천정	(고구려)남천현	한주 황무현	경기 이천군 이천면
8	골내근정	(고구려)골내근현	한주 기천군 황효현	경기 여주군 여주면
9	벌력천정	(고구려)벌력천현	삭주 녹효현	강원 홍천군 홍천면
10	이화혜정	(고구려)이화혜현	명주 곡성군 록무현	경북 청송군 안덕면

위의 〈표 2-12〉에서[534] 10정의 소재지를 보면 이미 지적된 바처럼[535] 9주에 각각 하나의 부대씩(한산주의 경우는 두 개) 배치되어 있어, 부대 배치의 의도성이 엿보인다. 이는 10정의 각 부대가 9주의 무력장치로서 기능할 목적을 가진 것으로 해석되지만, 해당지역의 지방민을 군사력으로 충당하기 위한 목적도 있었던 것으로 추측된다. 그렇다면 10정의 각 부대는 그 지역 출신의 지방민이 기본적인 군사력으로 되었을 것이다. 이러한 추측이 성립된다면 중고기의 삼천당에서 10정군단으로의 변화는 왕경인으로 이루어진 중앙 군사조직에서 지방에 주둔하는, 그러면서도 지방민을 그 구성분자로 포함하는 군사조직으로의 변화였던 셈이다.

그러면 이와 같이 삼천당이 지방에 주둔하는 10개의 삼천당, 곧 10정군단으로 확대·발전된 이유는 어디에 있을까? 먼저 신라의 삼국통일에 따르는 새로운 군사조직의 필요성을 고려할 수 있다. 보다 넓어진 영역과 다수의 백성을 통치하기 위한 조치

---

534 위의 〈표 2-12〉는 안정복, 『동사강목』권3(상), 갑자조 및 末松保和, 앞의 논문, 1954, 360쪽 ; 김윤우, 앞의 논문 등을 참조하여 작성하였다.

535 末松保和, 앞의 논문, 1954, 359~367쪽.

의 하나로서 7세기 후반대에는 일련의 군제개편이 시도되었다.[536] 이러한 군제의 개편 과정에서 삼천당은 10정으로 개편이 요구되었을 것으로 생각된다. 이는 특히 10정이 9주를 의식하여 설치된 기병부대로서 일종의 경찰과 같은 기능을 수행했던 군단[537]이라는 사실에서 짐작이 가능하다.

그러나 보다 궁금한 것은 왕경인 가운데 공동체적 규제에서 일탈된 존재들을 소모하여 조직한 군사조직인 삼천당이 10개의 삼천당, 곧 10정군단으로 확대·발전되는 배경이 되었던 사회적 기반의 변화이다. 삼천당의 확대는 곧 공동체적 규제에서 풀려난 보다 다수의 인간집단이 존재했음을 암시하고 있기 때문이다.

이러한 사회적 변화와 관련하여 주의를 끄는 것이 왕경인 사회에서 진행되었던 일련의 변화이다. 중고기 왕경인들의 경우 6부의 성격이 점차 행정구획화되면서 공동체적인 규제에서 점차 풀려나고 있었다. 다시 말하면 전통적인 소속부의 공동체적인 규제가 약화되어 가면서 국가의 공적인 지배질서가 우위를 확보해 가고 있었던 것이다.

이를 방증하고 있는 것이 왕경인의 인명 표기에서 전통적으로 지켜져 왔던 부명部名의 기재가 이루어지지 않게 되었던 사실이다. 지금까지 알려진 신라의 중고기 금석문 자료에는 왕경인의 경우 하나의 원칙으로 소속부명을 기록하고 있다.[538] 이러한 인명 기록방식은 중고기까지 왕경인들이 소속부의 공동체적 규제에 의해 제약을 받고 있었음을 뜻한다.[539]

그런데 이와 같이 하나의 원칙으로 준수되어 왔던 인명 표기방식은 통일기 이후 더

---

536 7세기 후반의 군사조직의 재편성에 대해서 필자는 산발적으로 논급한 바 있는데, 이에 대한 자세한 검토는 다른 기회로 미룬다.

537 末松保和, 앞의 논문, 1954, 365~367쪽.

538 여기에는 최근 발견된 「영일 냉수리 신라비」의 경우도 포함된다. 단 이 비의 건립 연대는 443년설과 503년설이 팽팽하게 대립되고 있는데(한국고대사연구회편, 『한국고대사연구』 2, 영일냉수리신라비 특집호, 1990 참조), 어느 것을 따르더라도 '중고기'는 해당되지 않는다. 이로써 보면 상고기에 이미 왕경인의 인명표기에서 부명의 기재가 이루어진 사실을 짐작할 수 있다. 그러나 여기에서는 그러한 표기방식의 변질을 다루고 있으므로 일단 중고기 금석문자료로 편의상 통칭해 둔다.

539 이문기, 「금석문자료를 통하여 본 신라의 6부」『역사교육논집』 2, 1981, 104~116쪽에는 부명 표기의 의의를 단위정치체적인 전통이 잔존한 6부에 대한 소속감의 표현으로 본 바 있는데, 이는 곧 위의 서술과 동일한 의미를 내포한 표현상의 차이일 뿐이다.

이상 지켜지지 않게 되었다.[540] 비록 그 이후에도 부분적으로 부명이 기록된 예가 전혀 발견되지 않은 것은 아니나,[541] 이는 중고기의 인명 표기방식의 잔존 형태일 뿐, 더 이상 사회적인 의미를 지니는 것은 아니라고 본다. 다수의 금석문자료에서 인명을 기록하면서도 부명의 기재는 이루어지지 않고 있기 때문이다.

금석문 자료에 보이는 인명표기에 부명의 기재가 소멸된 이유는 6부의 성격이 변화한 데 있었다. 즉 6부가 단위정치체로서의 기능이 잔존되어 있는 지역공동체적인 성격이 더 이상 지속되지 못하고 완전한 왕경의 행정구역으로 변질되었으므로, 왕경인들도 소속부의 공동체적 규제에서 풀려나게 되었고, 이로 인해 인명표기에서 부명의 기재가 필요하지 않게 되었던 것이다. 이러한 6부의 성격변화는 물론 중고기 이래의 점진적인 변화의 결과였지만, 왕경인들이 공동체적 규제에서 점차 풀려남에 따라 군사조직 자체에도 적지 않은 변화가 일어나게 된 것으로 보인다. 삼천당의 인적 기반과 같은 부류인 공동체에서 일탈된 다수의 인간 집단이 존재하게 되자, 이들을 포괄하는 새로운 군사조직이 증치된 것으로 보이기 때문이다.

이상 살펴본 왕경사회의 변화는 지방사회에서도 진행되었을 것으로 생각된다. 특히 통일전쟁 과정에서 전쟁에 휩쓸린 지역의 경우 지역공동체적 성격의 붕괴는 더욱 촉진되었을 것이다. 통일전쟁과 관련된 공동체적 성격의 변질 문제는 보다 자세한 실증을 필요로 하는 것이지만 어쨌든 이와 같은 사회구조의 변화는 공동체적 운용원리에 입각한 군사조직의 존립 기반을 붕괴시키고, 대신 삼천당과 같이 공동체적 질서에서 일탈된 존재들을 기반으로 하는 군사조직의 확대를 가져 오게 하였다.[542] 중고기의

---

540 이문기, 위의 논문, 108~109쪽에서는 이러한 부명 표기원칙의 소멸시기를 문무왕의 유조와 관련하여 681년 전후에서 찾았다. 그러나 이는 반드시 그 이전에는 표기되고 이후는 완전히 소멸된다는 의미가 아니라 그 이전부터 점진적으로 진행되어 온 왕경인 사회의 변화를 수용한 국가적인 조치라는 의미에서 시기를 설정한 것이다.

541 김창호, 「영천 청제비 정원십사명의 재검토」『한국사연구』43, 1983, 124~129쪽에서는 필자의 부명표기의 소멸시기 설정에 대해 비판하면서 681년 이전과 그 이후의 부명표기 용례를 들고 있다. 그러나 그는 단편적인 예를 들었을 뿐, 부명표기가 전체적인 대세면에서 변화하고 있는 사실은 간과하고 있다. 나아가 부명표기의 소멸배경을 중국식 기록방식의 수용이라는 측면에서 찾고 있는 듯한데 이는 신라 사회 내부의 변화를 무시한 견해로서, 필자는 받아들일 수가 없다.

542 7세기 후반에 진행된 신라 군사조직의 재편과 이로써 성립된 신군제의 성격에 대해서는 차후의 과제로 남겨 둔다.

삼천당이 10정군단, 즉 10개의 삼천당으로 확대된 것도 이러한 사회변화를 배경으로 하고 있었다고 생각된다.

삼천당의 10정군단으로서의 변화와 더불어 신라는 삼천당의 성격을 계승한 새로운 군사조직을 우수주·나토군·나생군에 설치하고 이를 '신삼천당'으로 명명하였다. 신삼천당의 경우 현재 설치 지역과 설치 연대만을 보여주는 자료로서는 더 이상 성격 규정이 어려우나, 일단 이 세 지방에 설치된 소모병으로 조직된 군사조직으로 볼 수 있다.

상술한 바처럼 중고기의 삼천당은 통일전쟁 이후 문무왕대를 전후하여 10정군단으로 확대·발전되었고, 또 이를 계승한 '신삼천당'이 새로 설치되기도 하였다. 그리고 문무왕대의 군제 재편성 과정에서는 삼천당의 성격과 흡사한 공동체적 질서에서 일탈된 존재를 소모한 군사조직이 더욱 증가하고 있었다. 이러한 의미에서 중고기의 삼천당은 통일기 군사조직 성립의 한 모태가 되었던 셈이다.

이상에서 우리는 신라 중고기의 군사조직 가운데 하나였던 삼천당의 창치 시기와 그 설치의 배경, 군사조직으로서의 성격, 통일기를 전후한 변화와 그 사회적 배경 등을 살펴보았다.

첫째, 삼천당은 신라 군사조직으로서는 비교적 이른 시기에 속하는 진흥왕 5년(544)에 설치되어 진평왕대는 사천당 성립의 전범이 되었고, 무열왕대는 낭당 등과 더불어 백제와의 전투에 참전하는 등 군사조직으로서의 본연의 기능을 발휘하기도 했던 중고기의 군단이었다.

둘째, 삼천당의 군관직은 삼천당주-삼천감-삼천졸의 체제를 갖추고 있었으며, 이는 삼천당이 보병부대였음을 말해준다. 그리고 이러한 군관직 체계의 예하에는 다수의 일반 병졸집단이 존재했음이 병단의 규모에서 유래된 군호 자체에서 짐작되거니와 이들의 성격은 국왕에 의해 소모된 왕경인들이었다. 그러므로 삼천당은 왕경인 출신 소모병으로 구성된 보병부대인 중앙 군사조직의 하나로서, 국왕의 친위군사력을 목표로 설치된 것이라고 하겠다.

셋째, 이러한 삼천당이 설치된 것은 6세기 초부터 추진되어 온 일련의 왕권강화와 국가 체제정비를 위한 개혁의 일환이었지만, 같은 해에 설치된 왕경을 군관구로 하고 공동체적 운용원리에 입각한 최대의 군단인 대당의 한계를 보완하려는 의도가 그 직접적인 배경이 되었다. 즉 대당은 6부 귀족의 영향력이 잔존하고 있어 국왕의 친위군 사력으로서는 일정한 한계를 지녔으므로 이를 보완하기 위해 국왕에 의한 소모병으로 구성된 삼천당을 설치했던 것이다. 그리고 이와 같은 삼천당의 성립이 가능했던 것은 6부의 단위정치체적인 지역공동체로서의 성격이 약화되어 가면서 공동체에서 일탈된 존재가 나타나고 있었던 왕경사회 내부의 구조적 변화가 진행되고 있었기 때문이다. 이러한 의미에서 삼천당은 대당 및 정제와는 범주를 달리하는 유형의 군사조직이었다.

넷째, 삼천당은 통일전쟁 이후 문무왕대를 전후한 시기의 대대적인 군제 재편성 과정에서 10개의 삼천당, 곧 10정 군단으로 확대·발전되었다. 이는 단순한 양적 증가만이 아니라 질적인 변화도 수반한 것이다. 우선 10곳의 지방에 주둔하게 되었고, 대대감-소감-화척의 군관직계열이 부가되어 기병부대의 성격이 더해졌으며, 일반 병졸집단 가운데는 지방민이 포함되는 등의 변화가 일어났다. 그리고 문무왕 12~16년에는 원래의 성격이 계승된, 그러나 우수주·나토군·나생군 등 지방에 설치된 새로운 군사조직으로서 신삼천당이 설치되었다. 그러므로 삼천당은 통일기의 새로운 군제 재편성의 주요한 모태가 되었던 셈이다.

다섯째, 이와 같은 삼천당의 변질은 그 이전부터 진행되고 있었던 공동체적 사회구조의 이완이라는 변화가 통일전쟁을 거치면서 더욱 촉진되었고, 그에 따라 공동체에서 일탈된 사람의 숫자가 급격히 증대되어 삼천당의 인적 기반이 크게 확대되었던 상황에 기인하였다.

4. 지방군 정제의 성립과 변화

1) 정제(停制)의 구조

무관조의 6정 연혁 기사에 의하면, 6정과 그 선행부대들이 대당人幢을 제외하면 모두가 지방 행정단위로서의 주명州名을 띤 정停이라는 칭호로 나오고 있다. 이는 군사 제도로서의 정제와 지방제도로서의 주제州制가 밀접한 관련을 가지고 있음을 암시하고 있다. 이 점에 착안하여, 『삼국사기』 신라본기와 지리지 등에 보이는 주의 치폐 기사로 6정 연혁 기사를 보완하여 각 정들의 설치시기와 변화의 모습을 치밀하게 고증한 연구가 있으며,[543] 이러한 접근방법은 매우 유효한 것으로 평가되어 이후 연구자들의 지지를 얻었고 필자 역시 이러한 접근방법에 대해서는 별다른 이견이 없다.

그러나 『삼국사기』 신라본기나 지리지에 기록된 주의 설치 및 폐지 기사로 정제의 성립과 전개과정을 고증하기 위해서는 반드시 유의해야 할 점이 있다. 첫째, 정제와 주제는 매우 밀접한 관련성을 지니고 있지만, 엄연히 범주를 달리하는 병제와 지방제라는 두 가지의 제도로서 병존해 온 것이다. 그러므로 병제의 특수성이 고려되어야만 한다는 점이다. 둘째, 정제의 구조에 대한 올바른 이해가 선행되어야 함을 지적하고 싶다. 후술되듯이 기왕의 연구에서 이 점에 대한 이해가 미흡하여 정제의 제도적 성립과 변천에 대한 인식에 잘못을 범한 경우가 찾아지기 때문이다.

그래서 일반적인 정의 의미와 정제의 구조가 주와 어떤 관련성을 가지고 있는지를 먼저 논하여, 중고기 정제의 성립과 전개에 대한 이해의 실마리를 얻고자 한다. 신라의 군호에서 자주 발견되는 정은 흔히 무관조에 기록된 『삼국사기』 찬자의 "신라 사람들은 영營을 정停이라고 하였다"라는 주기[544]가 의미 파악에 있어 하나의 기준이 되었다. 이에 따르면 정은 군영, 곧 군대의 주둔지를 의미하는 것이 된다. 이러한 군영의 의미를 가진 정의 용례는 현존사료에서는 통일전쟁기의 상황 속에서 산견될 뿐이지만,[545] 정이 가진 본래의 의미로 보아도 좋지 않을까 한다.

이와 같은 군대 주둔지로서의 군영이라는 본래적 의미의 정은 군대주둔지(군영)가

---

543 末松保和, 앞의 논문, 1954, 323~347쪽.

544 "諸軍官 將軍共三十六人 〈中略〉 漢山停(原註 ; 羅人謂營爲停) 三人(『삼국사기』 권40, 잡지9, 직관하)"

545 예컨대 南川停(무열왕 7년)·始飴谷停·熊峴停(문무왕 원년)·舌利停(문무왕 원년)·漢城停(문무왕 7년) 등이 그것이다. 이는 모두 국왕의 親征時에 일시적으로 駐次地로 기록되고 있지만, 정벌군의 중앙지휘부가 주둔하는 지역으로 보는 것이 옳다. 그러므로 이때의 停은 곧 軍營 그 자체에 다름아닌 셈이다.

포함된 일정한 영역범위를 의미하는 경우로 확대·사용되었던 경우도 발견된다. 예컨대 왕도 주위에 두어졌던 육기정 —혹은 그 전신으로서의 여섯 개 정—이 이런 경우에 해당될 것이다. 왕도 주위의 6개 정은 『삼국사기』 지리지에 의하면 양주良州 관내의 대성군大城郡과 상성군商城郡 예하의 현과 동일한 위상을 가진 하나의 행정단위로 기록되고 있어 일정한 영역적 범주를 가진 것으로 나타나 있다.[546] 그런데 이 영역 범위가 모두 군사주둔지로서의 군영이라고는 볼 수 없다. 따라서 이 육기정의 정은 곧 군사 주둔지역인 군영이 포함된 일정한 영역범위를 의미하고 있음을 알 수 있다. 그리고 이러한 정의 의미는 다시 군호, 곧 군사조직 자체의 칭호로도 사용되면서 군사조직의 의미를 지니게 되었다. 예를 들면 10정의 구성부대의 칭호를 이런 용례로 지적해 볼 수 있다. 즉 음리화정音里火停과 같은 경우 『삼국사기』 지리지 상주조尙州條의 "청효현靑驍縣은 본래 음리화현音里火縣이었는데, 경덕왕이 이름을 고쳤다"라는 기록에서 보면 음리화현에 설치된 군사조직이라는 의미를 갖고 있다. 그러므로 여기서의 정은 군사조직 자체를 의미하고 있다. 이와 같은 세 종류의 정의 용례는 물론 상호 연관된 의미를 갖고는 있지만, 구체적인 의미에서는 약간씩의 차이를 보이고 있다.

이러한 세 유형의 정의 의미를 염두에 두면서 중고기 정제의 칭호를 살펴보자. 정제에는 서로 범주를 달리하는 주명을 칭호로 사용하고 있음이 눈에 띈다. 곧, 상주정上州停·하주정下州停·신주정新州停 등과 같이 분명히 '광역주'명을 띠고 있는 것이 있는가 하면, 일차 자료인 「창녕비」에는 '비자벌정比子伐停'이라는 정의 존재가 보이고 있어 '주치州治'명을 띤 정의 칭호가 진흥왕대에 실제로 사용되었음을 증명해 주고 있다. 그리고 한편에서는 '광역주'명인지 '주치州治'명인지가 모호한 정의 존재도 보인다.

이와 같이 사료에서부터 서로 다른 범주의 주명을 띤 정의 칭호가 보이고 있어 정제에 대해서는 다양한 의견이 제시되고 있으나, 대략 다음과 같은 두 가지의 견해로

---

546 이를 스에마츠(末松保和)는 『양서』 신라전의 六喙評과 같은 것으로 보면서, 軍縣으로 표현한 바 있는데(「양서 신라전고」, 앞의 책, 1954, 395쪽), 이 여섯 개의 停을 六喙評으로 보는 데는 동의하지 않지만, 軍縣이라는 표현은 음미할 만하다. 곧 군사적 성격이 강한, 縣과 같은 위상의 지역단위라는 의미로 풀이할 수 있기 때문이다.

창녕비 탁본(성균관대학교박물관)

집약된다. 하나는 주치는 곧 정의 소재지이자 군관구의 중심지이며, 광역주는 주치에 설치된 정이 군사적 활동을 전개하는 범위로서의 군관구로 이해한다.[547] 이는 군사조직의 측면에서 보면 주치정과 광역정[548]의 군사조직으로서의 실체를 동일한 것으로 인정하는 견해이다. 다른 하나는 서로 범주를 달리하는 정의 칭호를 시간적인 변화과정과 연관시켜 파악한다. 곧, 광역정의 성립시기를 중고기 말에서 중대초로 생각하고,

---

547 이를 대표하는 것이 스에마츠(末松保和)의 견해인데, 상당수의 논자들이 이 설을 지지하고 있다.
548 편의상 '州治'名을 띤 停을 '州治停', '廣域州'名을 띤 停을 '廣域停'이라 부른다.

그 이전의 정은 곧 군주의 파견지역인 군사적 전진 및 방어기지로서의 소주小州이며 이는 '주치'와는 무관하다고 이해하는 것이다.[549] 이를 따른다면 소주=정과 '광역정'은 시기를 달리하는 군사조직인 셈이다.

이러한 두 가지의 견해는 참고되는 바가 없지 않지만, 정제의 구조를 올바르게 이해했다고는 생각되지 않는다. 그래서 이들의 논지를 개략적으로 소개하고 약간의 문제점을 지적하고자 한다. 먼저 후자의 견해[550]는 지방제의 변화·발전의 추세 가운데에서 정제를 바라보고 있는데, 지방제의 변화의 추세를 3단계로 구분하면서 정제의 변화를 설명하고 있다. 제1단계는 6세기대의 주군제 단계로서 이 시기는 광역주의 운영과는 별도로 군주軍主가 파견된 소주는 곧 군주 중심의 군사적 전진 및 방어기지로서 정을 그 본질로 한다는 것이다. 제2단계는 6정체제 단계로서 중고기 말에 이르러 신라의 영역이 6개의 광역권으로 구분되고 이 6개의 광역권(주)을 단위로 하여 지방민을 재편성한 군사 총동원체제인 6정체제가 성립되는데, 이 단계는 곧 주군제에서 군현제로 변화하는 과도기의 의미를 갖고 있다고 한다. 제3단계는 관료체제의 성숙과 더불어 6정체제를 실질적인 지방 통치조직으로 전환시킨 군현제 단계로서 6정의 군대조직은 9서당으로 재편된다는 것이다. 이러한 견해는 일단 정의 의미와 성격변화를 동태적으로 파악하려는 시도로서 참고된다.

그러나 위의 논리는 「창녕비」에 보이는 정의 칭호만이 당대의 사실을 그대로 전하는 것이며, 『삼국사기』는 이 정을 주로 잘못 기록한 것이라는 가설 위에서 이루어진 것이다. 그래서 『삼국사기』에 보이는 6세기대의 빈번한 주의 설치 및 폐지 기사를 정(혹은 소주)으로 치환하여 이해하게 되었고, 제1단계에는 광역정은 성립되지 않았던 것으로 보게 되었다. 그러나 제1단계에 해당하는 시기에 『삼국사기』 무관조에는 비록 한계가 많지만 광역정의 설치기록이 남아 있고, 또 광역정의 구체적인 군사 활동을 알려주는 다른 자료도 발견된다.[551] 따라서 「창녕비」에 보이는 주치정과 『삼국사기』에

---

549 姜鳳龍의 견해가 이에 해당된다.
550 姜鳳龍, 앞의 논문, 1987 참조.
551 『삼국사기』 권4, 신라본기4, 진흥왕 15년조에 新州停의 활동이 보인다. 이에 대해서는 뒤에 재론한다.

서 확인되는 광역정 가운데 전자만을 전적으로 옳다고 인정하여 『삼국사기』의 기사를 부인하거나 고쳐보는 것은 설득력이 없으며, 따라서 이러한 사료의 이해를 토대로 정제의 변화를 파악하는 것은 무리가 있다고 생각한다.

한편, 정의 칭호가 범주를 달리하는 주명을 띠고 나타나지만, 군사조직으로서의 실체는 동일하다고 파악한 전자와 같은 견해[552]에서도 역시 문제점은 발견된다. 이 견해대로 정은 주치에 주둔한 군사조직이며, 광역주는 정의 군사적 활동범위로서의 군관구를 의미한다고 볼 때, 실체가 전적으로 동일한 군사조직이 왜 사료에서 주치정과 광역정으로 다르게 기록되어 있는지에 대해 만족할 만한 설명이 이루어지지 않았다. 그리고 평상시 주치에 주둔하고 있는 군사조직의 실체가 인정되지 않는다는 점에서 정의 군단상을 전혀 다르게 보는 견해도 있다.[553] 사료에서 주치정과 광역정이 각각 발견되고 있는 것은 결국 양자가 군사조직으로서의 실체가 서로 달랐음을 시사하는 것이다.[554]

---

552 末松保和, 앞의 논문, 1954 참조.
553 李成市, 앞의 논문, 1979, 32~47쪽.
554 이 견해를 체계화한 스에마츠(末松保和)의 경우 이와 같이 停制의 구조를 일원화시켜 보았으므로 논지 전개과정에서 자체 논리적 모순을 범한 경우도 발견된다. 다음과 같은 漢山停의 변화에 대한 고증결과를 예로 들어볼 수 있다(末松保和, 앞의 논문, 1954, 334~338쪽).
진흥 14(553) - 新州 설치 : 新州停 설치
진흥 18(557) - 新州 폐지, 北漢山州 설치 : 新州停을 北漢山으로 옮김
진흥 29(568) - 北漢山州 폐지, 南川州 설치 : 新州停을 파하고 南川停을 설치
진평 26(604) - 南川州 폐지, 北漢山州 還置 : 南川停을 파하고 漢山停을 설치
그가 漢山停의 변화를 고증한 위의 견해를 보면 논리적으로 일관성을 갖고 있지 못함을 알 수 있다. 먼저 진흥왕 14년의 경우는 광역주인 新州의 설치에 근거하여 新州停도 두어진 것으로 보았다. 다음 동왕 18년의 변화는 『三國史記』 신라본기에 新州를 폐지하고 北漢山州를 두었다는 기록을 토대로 한 추론인데, 이 기사를 新州停을 北漢山으로 옮긴 것으로 풀이하였다. 그리고 동왕 29년의 경우는 신라본기의 北漢山州를 폐지하고 南川州를 두었다는 기록과 무관조 6정 연혁 기사의 新州停을 파하고 南川停을 설치했다는 기록을 모두 존중하여 新州停을 파하고 南川停을 설치했다고 하였다. 또 진평왕 26년에는 역시 진흥왕 29년과 같은 자료를 바탕으로 南川停을 파하고 漢山停을 설치한 것으로 고증하였다. 필자는 앞에서 6정 연혁 기사에 보이는 漢山停의 변화시기가 신라본기의 실제 활동기사와 괴리가 있음을 지적하였거니와, 이를 차치하더라도 漢山停의 변화를 만약 일관된 논리에 입각하여 파악한다면 위의 고증은 달리 이루어져야만 한다. 곧 진흥왕 18년의 사실을 新州停의 이동이 아니라 新州停을 파하고 北漢山停을 설치했다고 수정하거나, 아니면 진흥왕 29년의 사실을 南川停을 설치한 것이 아니라 新州停을 南川으로 옮겼다고 고쳐야 하는 것이다. 그럼에도 불구하고 그가 이러한 논리적 모순을 범하고 있는 것은 두 가지의 이유가 있다고

이상에서 보았듯이 기존의 연구에서는 범주를 달리하는 주명이 포함된 정의 서로 다른 칭호에 대한 인식과 정제의 구조에 대한 이해에서 일정한 한계를 나타내고 있다. 그런데 이러한 한계의 상당 부분의 책임은 사료의 혼란에 있다.『삼국사기2』신라 본기·지리지 및 무관조 6정 관계 기사에는 주제 및 정제에 대한 상당한 양의 기록이 남아 있지만 서로 모순된 내용을 전하기도 하고, 주제와 정제가 복잡하게 얽혀 있어 해결의 실마리를 찾기가 어렵기 때문이다. 이럴 때 하나의 기준 자료가 되는 것이 「창녕비」의 '수가인명隨駕人名' 부분이다. 이를 정리한 것이 〈표 2-13〉이다.[555]

진흥왕 22년(561)에 건립된 「창녕비」의 수가인명 부분은 6세기대의 신라 지방제도 내지 지방통치조직과 정제에 관한 중요한 사실들을 전하고 있어 많은 주목을 받아 왔다.[556] 기왕의 연구[557]에 힘입어 주제 및 정제와 관련하여, 특히 아래의 몇 가지 측면을 주목하고자 한다.

생각한다. 하나는 계통을 달리하고 있고, 상호 모순된 내용을 전하기도 하는 사료인 6정 연혁 기사와 新羅本紀 및 地理志의 기사를 모두 존중하여 합리적인 논리 설정을 위하여 무리하게 해석하려 했기 때문이며, 다른 하나는 停制의 구조에 대한 이해가 미흡했기 때문으로 보인다.

555 「昌寧碑」의 경우도 중고기 여타 금석문 자료와 마찬가지로 판독을 둘러싼 약간의 견해 차이는 있다. 〈표 2-13〉은 기왕의 판독문과 한국고대사연구회의 공동 판독문(노중국 정리,「창녕 진흥왕 순수비의 조사와 판독」『한국고대사연구회 회보』20, 1991)에 의거해 작성하였다.

556 신라 중고기의 지방제도 내지 지방통치조직에 대해 살핀 대부분의 논고들이 「창녕비」의 隨駕人名 부분과 "大等與軍主幢主道使與外村主"라는 구절의 이해를 둘러싸고 논의가 진행되어 왔음은 주지의 사실이다.

557 중고기 지방제도 및 지방통치조직에 대한 연구는 매우 많이 이루어졌다. 이 가운데서 필자는「昌寧碑」에 보이는 州制와 停制의 이해에 아래의 논문들의 도움을 받았다. 그래서 이하의 서술에서는 특별한 경우가 아니면 註記를 생략한다.
今西龍, 앞의 논문, 1933 ; 末松保和, 앞의 논문, 1954 ; 藤田亮策,「新羅九州五京攷」『朝鮮學報』 5, 1953 ; 藤田亮策,『朝鮮學論考』, 1963 ; 申瀅植,「新羅軍主考」『白山學報』19, 1975 ;「新羅地方制度의 發展과 軍主」『韓國古代史의 新研究』, 1984 ; 李鍾旭,「南山新城碑를 통하여 본 新羅의 地方統治體制」『歷史學報』64, 1974 ; 山尾幸久,「朝鮮三國의 軍區組織－에호리의 ミヤケ硏究序說」『古代朝鮮と日本』, 1974 ; 木村誠,「新羅郡縣制의 確立過程과 村主制」『朝鮮史研究會論文集』 13, 1976 ; 朱甫暾,「新羅中古의 地方統治組織에 대하여」『韓國史研究』23, 1979 ; 朱甫暾, 앞의 논문, 1987 ; 姜鳳龍, 앞의 논문, 1987 ; 姜鳳龍, 앞의 논문, 1990 ; 崔在寬,「新羅 中古期 地方統治制度」『慶熙史學 朴性鳳回甲紀念論集』, 1988 ; 李鉄勳, 앞의 논문, 1988 ; 李仁哲,「新羅 中古期의 地方統治體系」『한국학보』56, 1989.

〈표 2-13〉 창녕비의 수가인명(부분)

직 명	출신지	인 명	관 등	등급
사(四) 비자벌군주(比子伐軍主)	사탁(沙喙)	등△△지(登△△智)	사척간(沙尺干)	8
방(方) 한성군주(漢城軍主)	탁(喙)	죽부지(竹夫智)	사척간(沙尺干)	8
군(軍) 비리성군주(碑利城軍主)	탁(喙)	복등지(福登智)	사척간(沙尺干)	8
주(主) 감문군주(甘文軍主)	사탁(沙喙)	심맥부지(心麥夫智)	급척간(及尺干)	9
상주행사대등(上州行使大等)	사탁(沙喙)	숙흔지(宿欣智)	급척간(及尺干)	9
	탁(喙)	차질지(次叱智)	나말(奈末)	11
하주행사대등(下州行使大等)	사탁(沙喙)	춘부지(春夫智)	대나말(大奈末)	10
	탁(喙)	취순지(就舜智)	대사(大舍)	12
우추실직하서하군사대등 (于抽悉直河西阿郡使大等)	탁(喙)	북시지(北尸智)	대나말(大奈末)	10
	사탁(沙喙)	수정부지(須仃夫智)	나말(奈末)	11
지위인(旨爲人)	탁(喙)	덕문형(德文兄)	나말(奈末)	11
비자벌정조인(比子伐停助人)	탁(喙)	멱살지(覓薩智)	대나말(大奈末)	10
서인(書人)	사탁(沙喙)	도지(導智)	대사(大舍)	12
촌주(村主)		혁총지(奕聰智)	술간(述干)	(2)
		마질지(麻叱智)	술간(述干)	(2)

　첫째, 이를 통해 이원적인 주제의 구조가 파악되고 있다. 상주행사대등上州行使大等 ・ 하주행사대등下州行使大等과 사방군주四方軍主를 통해 이 점이 드러난다. 여기에 보이는 상주와 하주의 성격에 관해서는 의견이 분분하지만, 동일한 직명의 (행)사대등(行)使大等이 파견된 3개 군으로 이루어진 우추실직하서아군于抽悉直河西阿郡[558]과 대응되고 있는 점에서 통설과 같이 복수의 군으로 이루어진 광역적 지역구분으로서의 광역주로 보아도 좋겠다. 그리고 사방군주 가운데 상주・하주의 광역주와 대응되는 감문군주甘文軍主와 비자벌군주比子伐軍主가 존재하고 있어 상주의 주치 감문주와 하주의 주치 비자벌주를 상정할 수 있다. 이로써 이 시기의 주제가 군주가 주재駐在하는 정치적・군사적 거점(주치)으로서의 주와 주치 및 복수의 군을 포괄하는 영역범위로서의

---

558 이를 하나의 郡으로 보는 견해도 있다(주보돈, 앞의 논문, 1979, 3~10쪽).

광역주라는 이원적 구조를 가졌음을 확인할 수 있다.

다만 여기서 한 가지 유의하고 싶은 것은 이러한 상주·하주에서 확인되는 이원적인 주제의 구조를 나머지의 사방군주, 곧 한성군주漢城軍主와 비리성군주碑利城軍主에게도 일반화시킬 수 있을지의 여부이다. 이 점에 대한 이해의 실마리는 아래의 사료에서 찾을 수 있다.

① 이 해(551; 진흥왕 12년)에 백제 성명왕聖明王이 친히 무리와 2국의 병사를(2국은 신라와 임라이다) 이끌고 고려를 치고 한성의 땅을 얻었다. 또 진군하여 평양을 쳐서 무릇 6군의 옛 땅을 드디어 수복하였다.[559]

② (진흥왕 12년) 신미에 왕이 거칠부와 대각찬 구진仇珍, 각찬 비태比台, 잡찬 탐지耽知, 잡찬 비서非西, 파진찬 노부奴夫, 파진찬 서력부西力夫, 대아찬 비차부比次夫, 아찬 미진부未珍夫 등 여덟 장군에게 명하여 백제와 더불어 고구려를 침공하게 하였다. 백제 사람들이 먼저 평양을 격파하고 거칠부 등은 승리의 기세를 타서 죽령 바깥, 고현高峴 이내의 10군을 취하였다.[560]

③ 이 해(552; 진흥왕 13년)에 백제가 백제가 한성과 평양을 버리니, 신라가 이로 인하여 한성에 입거하였다. 지금의 신라의 우두방과 니미방이다.[561]

④ 가을 7월에 백제의 동북쪽 변두리를 빼앗아 신주新州를 설치하고 아찬 무력武力을 군주로 삼았다.[562]

⑤ 비열홀주比列忽州를 설치하고 사찬 성종成宗을 군주로 삼았다.[563]

이 기사들은 신라의 한강 상하류 유역으로의 진출과 주의 설치를 보여주는 것인데, 이 기사를 연대순으로 재구성하면 아래와 같이 정리할 수 있다. 진흥왕 12년(551) 백제의 성왕은 고구려로부터 한성과 평양이라는 주요 거점을 포함한 6군의 땅을 수복

---

559 『일본서기』 권19, 흠명천황 12년.
560 『삼국사기』 권44, 열전4, 거칠부.
561 『일본서기』 권19, 흠명천황 13년.
562 『삼국사기』 권4, 신라본기4, 진흥왕 14년.
563 『삼국사기』 권4, 신라본기4, 진흥왕 17년.

했으며, 신라는 죽령 이외 고현 이내 10군의 땅을 확보하였다. 그런데 이듬해 진흥왕은 백제가 수복했던 주요 거점인 한성을 차지하였으며, 이어 그 이듬해 7월 백제의 동북변경까지 취하여 이곳에 신주를 설치하였다. 이때 신주의 주치는 ③에서 볼 때 한성이었을 것이며, 그 지역적 범위는 대체로 백제가 수복했다는 한강 하류유역의 6군과 백제의 동북 변경지역을 합친 것으로 볼 수 있을 것이다. 그리고 진흥왕 17년에는 동왕 12년에 확보한 한강 중상류의 10군을 지역적 범주로 하여 광역주로서 비열홀주를 설치하고 비열홀성을 주치로 설정했던 것으로 보인다(⑨-5).

이상의 문헌자료에서 확인되는 광역주로서의 신주, 비열홀주와 「창녕비」의 한성군주와 비리성군주를 통해 보면, 비록 비문에 등장하고 있지는 않으나, 광역주와 주치라는 이원적 주제의 구조가 파악되는 것이다. 요컨대 「창녕비」에서 상주 – 감문주, 하주 – 비자벌주, 신주 – 한성주, 비열홀주 – 비리성주라는 이원적 구조의 주제를 확인할 수 있다.

둘째, '비자벌정조인比子伐停助人'의 존재를 통해 정제에 대한 시사를 얻을 수 있다. 이 비자벌정은 정의 의미를 고려할 때 하주의 주치인 비자벌에 두어진 군사조직으로 볼 수 있다. 그리고 이 비자벌정조인은 비자벌군주의 하급관직으로 보이므로 비자벌정은 군주—조인의 지휘체제를 갖추고 있었다고 하겠다.[564] 조인의 성격이 군주의 속관이라는 데에는 의견의 일치를 보고 있기 때문이다. 여기에서 유추할 때 사방군주가 파견된 나머지의 한성·감문·비리성에도 각각 한성정·감문정·비리성정이 설치되었을 것이며, 모두 군주—조인의 지휘체제를 갖추고 있었을 것이다.

그런데 정제에 대해, 이들 주치에 두어진 주치정만 존재했다고 보거나, 주치정을 상주정·하주정·신주정 등 광역주명을 지닌 정, 즉 광역정과 동일한 것으로 보는 데는 찬동할 수 없다. 이미 「창녕비」에서 상주·하주의 광역주를 확인할 수 있고, 신주·비열홀주의 존재를 상정할 수 있으며, 문헌자료에서 이미 광역주를 존립기반으로

---

564 이 점에 대해 착안하고 논증한 대표적인 논고가 朱甫暾, 앞의 논문, 1979이다. 그러나 그는 정제의 구조를 필자와 같이 州治停과 廣域停의 이원적인 것으로 나누어 보지 않고, 양자의 실체를 동일한 것으로 보아 이러한 軍主 – 助人의 지휘체제를 광역정에도 그대로 적용하고 있어, 필자와는 견해 차이가 있다.

하는 다른 군사조직인 광역정이 설치된 사실이 확인되고 있기 때문이다.

셋째, '우추실직하서아군사대등于抽悉直河西阿郡使大等'이라는 직명을 통하여 주제 및 정제의 성립과정을 유추할 수 있다. 이 우추실직하서아군于抽悉直河西阿郡은 우추(울진)·실직(삼척)·하서군(강릉) 등 3개 군의 연칭인데, 상주·하주와 마찬가지로 (행)사대등(行)使大等이라는 같은 직명의 신료가 파견되고 있어 광역주인 상주·하주에 대응된다. 그래서 이를 준주準州라고 표현한 견해도 있거니와,[565] 그 실체는 동등한 위상을 가진 복수의 군이 평행상태로 묶여져 있는 광역적 지역구분의 하나이다. 이것과 광역주의 같은 점은 복수의 군이 묶여져 광역적 지역구분을 이루고 있다는 것이고, 다른 점은 그 범위 내에 군주가 파견된 주치가 설정되지 않고 있는 것이다. 이러한 우추실직하서아군의 상황은 곧 광역주가 설치되기 이전 단계가 아닐까 생각된다. 이러한 광역적 지역구분에 주치가 설정되고, 군주가 파견되어 주치—광역주라는 이원적 주제가 성립되며, 동시에 주치에는 주치정이 설치되고, 광역주를 지역적 범주로 하여 광역정이 설치되는 것으로 여겨지기 때문이다.

이러한 주제와 정제의 성립과정에 대한 추론이 맞다면, 위에서 살핀 신주와 비열홀주의 경우도 같은 과정을 거쳤다고 할 수 있다. 신주의 경우 진흥왕 13년(552) 한성 입거에서 이듬해 신주 설치 시기까지, 비열홀주의 경우 진흥왕 12년(551) 10군 장악에서부터 동왕 17년(556) 비열홀주 설치에 이르기까지 복수의 군이 평행상태로 묶여져 일정한 광역의 지역적 구분으로서 존재했을 것이다.[566] 이러한 광역주의 성립과정을 보면 광역주의 성립이 결국 군사조직인 광역정의 설치 그 자체이기도 했다고 생각된다.

이상 「창녕비」에서 확인되는 주제 및 정제와 관련된 사실을 토대로 하고, 앞서 언급한 세 유형의 정의 의미를 고려하여 필자는 중고기 정제의 구조에 대해 다음과 같은 의견을 제시하고자 한다.

정제에서의 정은 그 명칭에서 주명을 띠고 있다. 이것은 이때의 정이 앞에서 살핀

---

565 山尾幸久, 앞의 논문, 1975, 175쪽.

566 이는 下州의 경우에도 유추될 수 있다. 후술되듯이 신라는 진흥왕 13년 구래의 신라 영역을 나누어 上州를 실치하였다. 그런데 下州는 이보다 3년 후인 진흥왕 16년에 설치된다. 상주의 설치 이후 하주가 설치되기까지 3년 간 후일 하주의 영역이 되는 지역의 존재양태도 복수의 군을 평행상태로 묶어 놓은 것이었다고 생각된다.

세번째의 의미, 곧 명칭으로 띠고 있는 주에 설치된 군사조직이라는 의미를 갖고 있었음을 말한다. 따라서 일단 주치정은 주치에 두어진 군사조직이며, 광역정은 광역주를 지역적 존립기반으로 하는 군사조직으로 구별해 보아야 한다. 이는 양자의 군사조직으로서의 실체가 달랐음을 시사하는 것이다.

그리고 「창녕비」에서 확인되듯이 이미 561년(진흥왕 22)에는 이원적 구조의 주제가 확인되며 그것은 정제와도 긴밀한 관련성을 가지고 있었다. 이를 기본 자료로 한 중고기의 주제에 대한 많은 연구를 보면 대체로 다음과 같은 사실에는 의견의 일치를 보고 있는 듯하다. 첫째, 중고기의 주는 이원적인 의미를 지닌 용어라는 점이다. 즉 군과 같은 구조를 가지고 있지만 군주가 파견된 정치·군사적 거점으로서의 '주치'와 주치 및 복수의 군을 포괄하는 광역의 지역적 범위로서의 '광역주'라는 서로 다른 실체를 모두 주라는 동일한 용어로 표현하고 있는 것이다. 둘째, 양자의 성립을 보면 정치·군사적 거점으로서의 주는 지증왕 6년(505)에서 그 기원이 발견되며, 광역주는 진흥왕 13년(552) 상주의 획정에서 비롯되었다. 따라서 지증왕 6년에서 진흥왕 13년까지의 기간에 보이는 주는 주치의 의미는 없었으며,[567] 진흥왕 13년 광역주의 획정 이후 주치와 광역주의 이원적인 의미로 정착된다.

이와 같은 중고기 주제의 구조는 정제의 구조에 그대로 적용할 수 있다고 생각한다. 누차 언급했듯이 정의 경우도 주치정과 광역정의 이름이 공존하고 있기 때문이다. 주치정은 군과 같은 구조이면서 정치적·군사적으로 보다 중요한 행정단위인 '주치'에 두어진 군사조직이었다. 그리고 정제의 운용실태를 다루면서 재론되지만, 이는 군주의 직접적인 지휘 아래에 놓여 있었던 군주 직할 군사조직이었으며, 「창녕비」에 의하면 적어도 군주-조인의 지휘체제가 인정될 수 있다.[568]

---

567 이 기간 동안 우리는 悉直州·何瑟羅州·沙伐州 등 3개의 州를 확인할 수 있다. 『삼국사기』 권34, 상주조에는 법흥왕 11년(524)에 上州의 설치를 기록하고 있지만 이는 후대의 관념이 투영된 것이며, 沙伐州의 착오로 보아야 한다. 이러한 州制는 4세기대 이래 지방지배의 단위로서 파악되어 온 동질의 邑勒을 주와 군 혹은 성(촌)으로 차별화하는 지증왕 6년(505)의 개혁에 의해 성립된 것으로, 이때 설치된 州는 지방관으로서의 군주가 파견된 정치적·군사적 주요 거점일 뿐이었다. 이러한 주는 진흥왕 13년(552) 광역주로서의 상주가 설치되면서 주치로서의 성격을 갖게 된다.

568 「黃草嶺碑」와 「磨雲嶺碑」에도 隨駕人名의 마지막 부분에 助人이라는 직명을 가진 인물이 기록되어 있으며, 그 바로 앞에 기록된 인물은 破失되어 판독이 불가능하지만 軍主로 복원이 가능하다

예컨대 「창녕비」에 기록된 비자벌정은 비자벌군주가 주재하고 있는 하주의 주치인 비자벌의 군주 직할 군사조직을 지칭하는 것이었으며 지휘체계로서 군주-조인이 갖추어져 있었던 것이다. 다만 이러한 주치정은 정치적·군사적 중요도에 의한 군사력의 규모나 지휘체계 등을 제외하면, 그 기본적 성격이나 구조가 정이라 칭해지지 않았던 군郡의 지방관[569]에 의해 통솔되는 군 단위의 군사력과 크게 다르지 않았다고 생각된다. 이는 주치정이 원래 군사조직과 지방통치조직이라는 복합적인 성격을 가졌음을 말하는 것이다. 이러한 성격으로 말미암아 주치정은 점차 군사조직으로서보다 지방통치조직의 거점인 주치로 고정되기에 이르렀으며, 더 이상 군사조직으로서의 위상을 유지할 수 없었던 것으로 생각된다. 이러한 변화는 광역정의 명칭이 주치 이동에 따라 변화하여 주치명 = 광역주명 = 광역정명의 일체화 현상이 나타나는 선덕왕 6년(637)에서 문무왕 4년(664)에 걸친 시기에 이루어지는 것으로 생각된다.

이에 대해 광역정은 광역주를 지역적 존립기반으로 하여 성립된 군사조직으로서, 광역주 내부의 모든 지역단위의 군사력을 결집한 것이었다. 예컨대 하주정의 경우, 하주라는 광역의 지역범위에 포함되는 일반 병졸집단을 주병으로 결집한 상태의 군사조직을 지칭하는 의미를 갖고 있는 것이다. 이 하주정에는 주치정인 위의 비자벌정도 한 구성부분으로 포함되고 있음은 물론이며, 주치정 이외에 하주의 영역범위에 포괄되는 복수의 군의 군사력까지 결집된 상태의 군사조직이었다. 그리고 정제의 운용실태를 검토할 때 자세히 논하겠지만, 이러한 '광역정'의 경우 반드시 군주만이 최고의 지휘관인 장군으로 되는 것은 아니었으며, 그 군단상도 일반 병졸집단이나 지휘부로서의 군관들이 항상 상비적으로 결집되어 주치와 같은 특정지역에 함께 주둔하고 있는 군사조직이 아니라, 전시 출정의 상황에서만 결집되는 비상시의 군사조직이었다. 이로 인하여 광역정의 실제 활동모습은 비교적 대규모의 전시 출정 상황에서 확인될 수밖에 없다. 이러한 광역정은 삼국간의 항쟁이 치열해질수록 더욱 빈번히 결집

(이문기, 「新羅 眞興王代 臣僚組織에 대한 一考察」『大丘史學』 20·21合, 1982, 7~8쪽 및 김창호,「新羅中古 金石文의 人名表記(I)」『大丘史學』 22, 1983, 16~23쪽). 그러므로 「黃草嶺碑」와 「磨雲嶺碑」에서도 軍主－助人의 존재를 확인할 수 있다.

569 군에 파견된 지방관의 명칭이 무엇이었는지에 대해서도 異見이 적지 않으나, 여기서는 幢主 → 郡太守의 변화를 상정한 견해를 따른다.

되어 신라의 팽창에 중핵적 기능을 수행하게 된다.

요컨대 중고기의 정제는 주치정과 광역정이라는 이원적 구조를 가지고 있었다. 따라서 중고기 정제의 제도적 성립과 전개문제는 이러한 이원적 구조의 정제를 고려한 가운데 검토되지 않으면 안 된다. 이에 대해서는 항을 바꾸어 살펴보겠다.

2) 정제의 성립과정

중고기 정제의 구조를 고려할 때, 정제의 성립과 전개에 대한 기왕의 견해는 약간의 수정이 불가피하다고 생각된다. 이미 언급하였듯이 주치정과 광역정을 동일한 실체의 군사조직으로 인정하는 견해는 주치의 이동과 변화를 정의 변화로 대입시켜 고증함으로써 광역정의 실체를 포착하는 데 미진한 느낌을 주고 있으며, 주치정과 광역정을 시간적 선후관계로 파악하는 견해도 역시 이원적 구조인 정제에 대한 이해가 미흡하여 성립문제를 올바르게 논증하고 있다고는 할 수 없다. 그렇지만 한 가지 분명히 해 둘 것은 지금까지의 연구가 결코 무용하다는 의미는 아니라는 점이다. 기왕의 연구에서 이루어진 치밀한 고증작업은 역시 정제의 성립과 변화를 추적하는 데 커다란 도움을 주고 있다. 그래서 필자는 기왕의 연구를 크게 참조하는 한편, 정제의 구조를 고려하여 정제의 성립과 전개과정을 재정리하고 약간의 수정된 견해를 덧붙이려고 한다.

앞에서 『삼국사기』 신라본기, 지리지 무관조의 6정 연혁 기사에서 광역주의 설치와 개명, 주치의 설치와 이동에 따르는 주명의 변화, 이와 관련된 정명의 변화 등 주제 및 정제에 관한 상당한 양의 기록을 찾아볼 수 있지만, 이들은 상호 모순된 내용을 담고 있기도 하며, 또 주제와 정제가 복잡하게 얽혀 있어 구분의 실마리를 찾기도 쉽지 않다는 사실을 지적하였다. 그러나 정제의 구조를 주치정과 광역정의 이원적인 것으로 볼 때, 어느 정도 실마리를 찾을 수 있다고 생각한다. 곧 혼란한 기록인 주제의 변화에 집착하기보다, 분명하게 확인되는 『삼국사기』 신라본기와 열전 자료의 광역정의 구체적인 활동상을 기준으로 삼아 이들 자료를 정리하면, 어느 정도 정제의 성립과 전개에 대한 이해가 가능하다고 본다. 이에 필자는 정제의 구조와 광역정의 구체적 활동상을 보여주는 기록을 토대로 필자가 생각하는 정제의 성립과 전개에 대한 결론을 먼저 〈표 2-14〉로 제시하여 서술의 편의를 꾀하려고 한다.

정의 이름	변 천 과 정	육정
상주정	진흥13　　진평33　　진평46　　선덕14　　무열8　　문무원　　　동4 ○상주정——→상주정—□상주정—□상주정—□상주정—□상주정——일선정——×상주정(일선정) · 귀당——	귀당
주치정	진흥13　　진흥18　　진평36 ○사벌정——→감문정——일선정———————————————————————	
신주정	진흥14　　동15　　진평33　　　　　무열8　　　　　　문무원　　동2　　동4　　동8 ○신주정—□신주정—□신주정————남천정—□남천정—□남천정—남천정—한산정—□한산정	한산정
주치정	진흥14　　동18　　동29　　진평26　　무열8　　　　　　문무4 ○한성정——북한산정—남천정—북한산정———남천정——————한산정—————	
하주정	진흥16　　　　진평33　　진평46　　무열8　　문무원　　　　동5 ○하주정————□하주정—□하주정—□하주정—□하주정————×하주정	완산정
주치정	진흥16　　동26　　선덕11　　무열8　　　　　　문무5 ○비사벌정—대야정——압량정———대야정—————거열정 · 삽량정	
비열흘정	진흥17　　　　선덕6　　　　　　문무원　　　동8　　　　　동13 ○비열흘정——수약(우수)정———□수약정——비열흘정 · □비열성정—우수정	우수정
주치정	진흥17　　동29　　선덕6　　　　　　　　문무8　　동13 ○비열흘정—달흘정—우수정————————비열흘정——우수정	
실직정	진흥22　　　　(?)　　　무열5　　문무원　　　　동8 (우추실직하서아군) ○실직정——하서정—□하서정———□하서정	하서정
주치정	(?)　　　(?)　　　선덕8　무열5 ○실직정—하슬라정—실직정—하서정	

※ 범례 : ─ 설치, → 변화, □ 존재 확인, × 폐지

〈표 2-14〉는 『삼국사기』 신라본기와 열전에서 확인되는 광역정의 활동상황(□로 표시함)과 전술한 정제의 이원적 구조를 토대로 정제의 성립과 변화에 대한 필자의 의견을 정리한 것이다. 표를 참조하면서 각 정별로 나누어 이하 약간의 설명을 덧붙이겠다.

상주정

상주정 上州停의 구체적 활동상은 611년(진평왕 33)에서 661년(문무왕 원년)에 걸쳐 5회가 확인되며, 문무왕 4년(664)에는 일선정 一善停이라는 이름으로 활동상이 보이고 있다. 그러므로 611~661년에는 상주정이라는 이름으로 분명히 존재하고 있으며, 661~664년에는 일선정으로 개명된 사실을 짐작할 수 있다. 따라서 그 성립시기는 611년 이전으로 소급되어야 한다. 이럴 경우 주목되는 것이 무관조 6정 여혁 기사에서 전하는 진흥왕 13년의 상주정 설치 기사이다. 이 기사는 진흥왕 22년에 건립된

「창녕비」에서 광역주로서의 상주의 존재가 확인되고 있어 신빙성이 있는 것으로 볼 수 있으며, 이에 근거하여 진흥왕 13년은 광역주인 상주의 성립시기이자 상주정의 성립시기로 논증된 바 있다.[570] 필자도 이에 동의한다.

그러나 이 상주정을 주치에 소재한 것으로 보아 성립 이후의 변화과정을 주치의 변화에 입각하여 사벌주 → 감문주 → 일선주 → 사벌주로 소재지가 변화했다고 파악하는 데는[571] 찬동할 수 없다. 상주정 소재지의 변화과정으로 고증된 것은 〈표 2-14〉에 정리하여 두었듯이 주치정의 변화이지 광역정인 상주정의 변화로 볼 수는 없기 때문이다.[572] 상주라는 광역주를 지역적 존립기반으로 하는 상주정은 빈번한 변화를 보이는 주치정과는 엄연히 구별되는 군사조직으로서 진흥왕 13년에 성립된 이래 문무왕 원년까지 군사적 활동상을 보여주고 있으며, 그 이후 문무왕 4년 사이에 일선정으로 명칭이 변화했던 것이다. 이와 같은 광역정으로서의 상주정(→ 일선정)은 다음에서 살피듯이 문무왕 5년 삽량주歃良州의 설치에 따라 지역적 존립기반에 일대 변동이 일어나 이전과 같은 군사조직으로서의 기능을 잃게 되었으며, 문무왕 13년 폐지된 것으로 생각된다.

신주정(남천정·한산정)

신주정新州停(남천정南川停·한산정漢山停)의 구체적인 활동상을 〈표 2-14〉〉에서 보면 진흥왕 15년·진평왕 33년에는 신주정으로, 무열왕 8년·문무왕 원년·문무왕 2년에는 남천정으로, 문무왕 8년에는 한산정으로 나오고 있다. 이는 이 지역에 설치된 광역정이 신주정 → 남천정 → 한산정으로 개명되었음과,[573] 늦어도 진흥왕 15년에는 스

---

570 末松保和, 앞의 논문, 1954, 328~333쪽에서 논증된 이후 대부분의 논자가 이를 따르고 있다. 단 姜鳳龍, 앞의 논문, 1978, 84쪽에서는 지증왕대에 소백산맥 이남 지역에 상주가 설치되었다고 보고 있다.

571 末松保和, 앞의 논문, 1954, 328~333쪽. 이를 그대로 추종한 경우로는 山尾幸久, 앞의 논문, 1975, 174~175쪽 ; 李成市, 앞의 논문, 1979, 20쪽 등을 들 수 있다.

572 末松保和, 앞의 논문, 1954, 331쪽에는 上州停이 소재지를 변동하고 있음에도 불구하고 그 명칭이 上州停으로 일관된 이유를 나름대로 설명하고는 있으나, 「창녕비」의 比子伐停에서 충분히 유추되는 上州停과는 명백히 구별되는 州治停인 甘文停의 존재를 간과한 점에서 따르기 어렵다.

573 이러한 新州停 → 南川停 → 漢山停의 변화의 대세는 무관조 6정 연혁 기사에도 보이고 있는데, 스

이미 광역정인 신주정이 설치되었음을 알려준다. 그러면 신주정의 성립과 변화는 어떻게 정리할 수 있을까?

신주정의 지역적 존립기반인 광역주로서의 신주 설치에 대해서는 앞에서 언급한 바 있다. 551년 백제의 성왕이 고구려로부터 수복한 한성과 평양이라는 주요 거점을 포함한 6군의 땅 가운데 진흥왕은 552년 주요 거점인 한성을 차지하였으며, 이어 그 이듬해 칠월까지 백제의 동북변경을 취하여 6군의 땅과 아울러 광역주로서 신주를 설치했다. 이 신주의 주치는 한성으로 볼 수 있었다. 그리고 한성을 차지한 후부터 신주가 설치되기까지는 「창녕비」의 우추실직하서아군과 같은 형태의 동등한 위상을 지닌 복수의 군이 평행상태로 묶여져 광역적 지역구분으로 기능했을 것으로 추측하였다.

이러한 광역주로서의 신주의 설치는 곧 이를 지역적 존립기반으로 하는 신주정의 성립을 의미하는 것이다. 그리고 그 내부의 주치정으로 한성정이 두어졌음은 물론이다. 광역정인 신주정은 구체적 활동기록에서 볼 때 진평왕 33년까지 존속했음이 확인된다. 그러나 주치정의 경우는 이 기간 동안에도 빈번한 이동을 거듭하였다. 『삼국사기』의 관련기록을 정리하면 〈표 2-14〉와 같이 한성정 → 북한산정 → 남천정 → 북한산정으로 변화를 거듭했음을 알 수 있다.

그런데 이 신주정은 활동기록에서 볼 때 진평왕 33년에서 무열왕 8년 사이에 남천정으로 개명되었던 것으로 보인다. 그러면 상주정에서 보이지 않는 광역정으로서의 신주정의 개명은 주치명과 광역주명의 일치현상과 표리관계를 이루는 것인데,[574] 그 개명의 배경에는 정제 가운데 주치정이 더 이상 군사조직의 기능을 발휘하지 않게 됨으로써 광역정과 주치정의 칭호를 구분할 필요성이 없어지게 된 사실이 숨어 있다고

에마츠(末松保和)는 6정 연혁 기사의 그 변화시기에 대한 기록까지 신빙하여 고증하고 있지만(앞의 논문, 1954, 334~335쪽), 註 69)에서 언급했듯이 이는 잘못이며 구체적인 활동상에서 보여지는 停의 이름에서 보아 변화시기에 대한 기록은 신빙성이 없다.

574 이미 진흥왕 17년(556)에 설치된 比列忽州에서 州治名과 廣域州名의 일치현상이 보인다. 이는 上州·下州·新州와 같은 관념적인 구분만으로는 수적 증가를 보인 廣域州를 더 이상 구별할 수 없었던 데서 나온 불가피한 조치였을 것이다. 그러나 이때 광역주명으로 선택된 比列忽州는 후술하듯이 州治가 達忽州로 이동했음에도 불구하고 선덕왕 6년(637)까지 광역주의 명칭으로 사용된 것으로 보인다. 따라서 이 比列忽州는 선덕왕 6년 이후부터 주치의 이동에 따르는 주치명과 광역주명의 일치현상과는 구별되어야 하겠다.

판단된다.

그렇다면 신주정의 남천정으로의 개명은 주치가 북한산주에서 남천주로 이동한 것에 의한 것으로 생각된다. 이러한 관점에서 남천정으로의 개명 시기를 살펴보자. 604년(진평왕 26) 신주의 주치로 설정된 북한산주는 진평왕 40년에 그 존재가 확인되고 있다.[575] 이 북한산주는 660년(무열왕 7)까지 신주의 주치로 존속되고 있었다고 생각된다. 그것은 북한산주에 이어 주치가 되는 남천주의 경우에서 아래와 같은 기록이 찾아지기 때문이다.

> ②-1 여름 5월 26일에 왕이 유신庾信, 진주眞珠, 천존天存 등과 함께 군사를 거느리고 서울을 출발하여 6월 18일에 남천정南川停에 다다랐다.[576]
>
> 2 태종대왕 7년 경신(660) 여름 6월에 대왕은 태자 법민法敏과 더불어 백제를 치기 위하여 대군을 동원하여 남천南川에 와서 주둔하고 있었다.[577]
>
> 3 이에 문무대왕은 유신庾信, 인문仁問, 문훈文訓 등을 인솔하여 많은 병사를 출동시켜 고구려로 향하였다. 행군이 남천주南川州에 이르렀을 때 주둔하고 있던 유인원劉仁願이 거느린 군사를 사비로부터 배를 태워 혜포鞋浦에 이르러 하륙시켜 또한 남천주에 주둔하고 있었다.[578]

②-1에 의하면 무열왕 7년에 남천정이 존재한 것으로 보기 쉬우나, 여기서의 정이 군사조직의 의미를 지닌 것이 아니라 국왕을 비롯한 정벌군 지휘부의 임시적인 주차지駐次地의 의미를 지닌 것임은 ②-2의 "남천에 와서 주둔하고 있었다"라는 구절에서 쉽게 확인된다. 그런데 역시 국왕의 주차지였던 이 남천을 ②-3에서는 남천주라고 기록하고 있어, 문무왕 원년(661)에는 남천주가 주치였음이 분명하게 나타난다.

---

575 "北漢山軍主邊品 謀復椵岑城 發兵與百濟戰"(『삼국사기』 권5, 신라본기5, 진평왕 40년). 단 이병도는 이 북한산주가 한산주의 잘못이라고 하였으나 따르지 않는다(「(僞) 北漢山州의 置廢問題」 『韓國古代史研究』, 博英社, 1976, 704~709쪽).

576 『삼국사기』 권5, 신라본기5, 무열왕 7년.

577 『삼국사기』 권42, 열전2, 김유신 중.

578 『삼국사기』 권42, 열전2, 김유신 중.

이러한 ②-3의 용례에서 보면 남천은 무열왕 7년까지는 주치가 아니었으며, 무열왕 8년에 북한산주로부터 주치가 옮겨져 남천주가 된 것으로 믿어진다.[579] 이와 같은 주치의 이동은 곧 광역주의 명칭과 광역정의 개명으로 이어지게 되었던 것이다. 그러므로 신주정에서 남천정으로의 개명은 무열왕 8년의 일이었다고 하겠다.

이렇게 무열왕 8년 주치의 이동에 따라 개명된 남천정은 문무왕 4년(664) 다시 주치가 한산주로 이동됨에 따라 한산정으로 개명되었다. 〈표 2-14〉에 보이는 남천정과 한산정의 활동연대와 아래의 사료를 통해 이를 짐작할 수 있다.

③-1 남천주에서 흰 까치를 바쳤다.[580]

　　2 아찬 군관軍官을 한산주 도독으로 삼았다.[581]

〈표 2-14〉에서는 문무왕 2년(662)에 남천정의 활동상이 확인되며, 문무왕 8년에는 한산정의 활동모습이 보인다. 따라서 문무왕 2년과 8년(668) 사이에 남천정에서 한산정으로 개명되었음을 알 수 있다. 그런데 ③-1·2를 보면 문무왕 2년에 남천주가 보이고 있고 동왕 4년에 한산주 도독의 임명기사가 있다. 이로써 이 사이에 남천주에서 한산주로의 주치 변화가 있었음을 알 수 있으며, 그 변화의 정확한 시기는 동왕 4년(664) 한산주 도독 임명과 함께 주치도 이동한 것으로 여겨진다. 이러한 주치의 이동에 수반하여 남천정에서 한산정으로 개명되었던 것이다. 개명된 한산정은 그대로 존속되다가 신문왕 5년(685) 군호 6정의 한 구성부대로 묶이게 되었다.

하주정

〈표 2-14〉에 의하면 하주정下州停의 활동상은 진평왕 33년(611)에서 문무왕 원년

---

[579] 北漢山 → 南川으로 州治의 변화는 武烈王 8년조에 州가 아닌 北漢山城을 高句麗·靺鞨 연합군이 공격한 기록이 보이는 점이나 이를 방어하는 책임자로서 軍主나 都督이 아닌 城主가 기록되어 있는 사실 및 〈표 2-14〉로 정리한 南川停의 활동이 기록된 일련의 기사에서도 방증을 얻을 수 있다(『삼국사기』 권5, 신라본기5, 무열왕 8년).

[580] 『삼국사기』 권6, 신라본기6, 문무왕 2년.

[581] 『삼국사기』 권6, 신라본기6, 문무왕 4년.

(661) 사이에 4차례에 걸쳐 확인되고 있다. 이는 하주정이 이미 진평왕 33년 이전에 성립되어 있었음을 알려준다. 이러한 하주정의 성립시기와 관련하여 주목되는 것이 광역주로서 하주의 성립을 전하는 아래의 기사이다.

> ④-1 화왕군火王郡은 본래 비자화군比自火郡(또는 비사벌比斯伐이라고도 하였다)이었
> 다. 진흥왕 16년(555)에 주州를 설치하고 이름을 하주下州라고 하였다.[582]
> 2 봄 정월에 비사벌比斯伐에 완산주完山州를 설치하였다.[583]

위의 사료 ④-1·2는 완산주라는 후대의 주명이 개입되어 약간의 혼란을 보여주고 있지만,[584] 광역주로서의 하주와 그 주치 비사벌주의 설치를 전하는 기사로 보는 것이 타당하다.[585] 왜냐하면 「창녕비」에서 광역주로서의 하주와 주치로서의 비자벌주가 확인되고 있기 때문이다. 그리고 이 기사는 광역정으로서의 하주정과 주치정인 비자벌정의 성립을 보여주는 것이기도 하다.

이렇게 성립된 하주정은 하주라는 광역의 지역적 존립기반을 가진 군사조직으로서 〈표 2-14〉에서 보이듯이 적어도 문무왕 원년까지 본연의 기능을 발휘하였다. 다만 주치정의 경우 〈표 2-14〉에서 정리하여 두었듯이 비사벌정 → 대야정 → 압량정 → 대야정의 변천을 거듭하였으며, 이를 하주정의 소재지 이동으로 파악할 수 없음은 상 주의 경우와 마찬가지이다. 이러한 하주정은 무관조 6정 연혁 기사에 의하면 685년 (신문왕 5)에 파해지고 완산정이 설치된 것으로 나타난다. 그러나 이는 6정 연혁 기사의 성격이 신문왕 5년에 정리된 군호 6정의 구성부대의 연혁을 소급 정리한 데서 기인된 것이므로 사실로 인정될 수 없다. 하주정은 665년(문무왕 5) 삽량주와 거열주의

---

582 『삼국사기』 권34, 잡지3, 지리1, 양주.
583 『삼국사기』 권4, 신라본기4, 진흥왕 16년.
584 비사벌주와 완산주 사이에서 보이는 혼란은 일찍이 鮎貝房之進, 「全北全州及慶南昌寧の古名に就
   きて」『靑丘學叢』 4, 1931 이래 오랫동안 검토의 대상이 되어왔다. 이에 대한 본격적인 논의는
   이 글의 논지전개와는 상관없으므로 생략하고, 여기서는 完山州의 개입이 후대의 주명으로 인한
   오류라는 지적을 따른다.
585 末松保和, 앞의 논문, 1954, 341~342쪽.

설치에 따라 지역적 존립기반인 하주가 없어졌고, 이로 인하여 폐지되고 말았기 때문이다.

비열홀정(우수정=수약정)

〈표 2-14〉에는 문무왕 원년과 동왕 8년에 비열홀정比列忽停(우수정牛首停=수약정首若停)의 활동모습이 확인되고 있다. 이러한 활동상에서 우리는 문무왕 원년에는 우수정이 성립되어 있었으며, 이것이 문무왕 8년에는 비열홀정으로 변화했음을 알 수 있다. 그러면 이 비열홀정의 성립과 변화는 어떠했을까? 이에 대한 고증은 그리 간단한 문제가 아니다.[586] 아래의 사료를 보자.

⑤-1 비열홀주比列忽州(109)를 설치하고 사찬 성종成宗을 군주로 삼았다.[587]

　2 (진흥왕 22년) 비리성 군주 ....[588]

　3 비열홀주를 폐하고 달홀주達忽州를 설치하였다.[589]

　4 선덕왕 6년, 당나라 정관貞觀 11년(637)에 우수주牛首州로 삼고 군주軍主를 두었다(또는 '문무왕 13년, 당나라 함형咸亨 4년(673)에 수약주首若州를 설치하였다'라고도 하였다).[590]

　5 비열홀주比列忽州를 설치하고 파진찬 용문龍文을 총관으로 삼았다.[591]

　6 넷째는 우수정牛首停이었다. 본래는 비열홀정比烈忽停이었다. 문무왕 13년(673)에 비열홀정을 혁파하고 우수정牛首停을 두었다.[592]

　7 비열성卑列城은 본래 신라 땅이었는데 고구려가 쳐서 빼앗은 지 30여 년 만에 신라가 다시 이 성을 되찾아 백성을 옮겨 살게 하고 관리를 두어 수비하였습니다.

---

586 末松保和, 앞의 논문, 1954, 336~338쪽.
587 『삼국사기』 권4, 신라본기4, 진흥왕 17년.
588 「창녕비」.
589 『삼국사기』 권4, 신라본기4, 진흥왕 29년.
590 『삼국사기』 권35, 잡지4, 지리2, 삭주.
591 『삼국사기』 권6, 신라본기6, 문무왕 8년.
592 『삼국사기』 권40, 잡지9, 직관 하 무관.

그런데 당나라가 이 성을 가져다 고구려에 주었습니다.[593]

위의 사료는 비열홀주(우수주=수약주)의 성립과 변화상황을 파악하는 데 유효하다고 생각되는 것만을 뽑은 것이다. 먼저 ⑤-1에 의하면 556년(진흥왕 17) 비열홀주가 설치되었다고 한다. 이는 전술했듯이 진흥왕 12년 신라가 고구려로부터 획득한 10군의 땅을 지역적 범주로 한 광역주로서의 비열홀주가 성립되었음을 전하는 것이다. 이 때 주치로서 역시 비열홀주가 설정되었으며, 진흥왕 22년에 비열홀주에 군주가 주재하고 있었음은 ⑤-2의 「창녕비」 기록에서 알 수 있다. 이러한 비열홀주의 설치는 광역정 및 주치정으로서의 비열홀정의 성립을 의미하는 것이다.

그런데 ⑤-3에 의하면 진흥왕 29년(568)에 비열홀주가 폐지되고 달홀주가 설치되었다고 전하고 있다. 이것은 주치(주치정)의 이동을 보여주는 것은 분명하나, 광역정의 개명으로 이어졌는지는 불확실하다. ⑤-6의 무관조 6정 연혁 기사를 살펴보기로 하자. 6정 연혁 기사는 변화의 대세를 비교적 바르게 기록하고 있음을 앞서 지적한 바 있다. 그런데 여기에는 673년(문무왕 13)의 비열홀정 → 우수정의 변화만을 기록하고 있다. 그러나 〈표 2-14〉로 정리하였듯이 이미 그 이전인 문무왕 8년 우수정 → 비열홀정의 변화가 확인되고 있다. 그래서 6정 연혁 기사의 우수정에 대한 기록을 최종적인 변화만을 전하는 것으로 본 견해도 있으나,[594] 필자는 이 지역에 설치된 광역정이 비열홀정 → 우수정 → 비열홀정 → 우수정의 변화를 겪었고, 6정 연혁 기사는 이 가운데 중간과정을 생략하고, 최초의 비열홀정과 문무왕 13년의 우수정으로의 변화만을 기록한 것으로 보고 싶다. 이러한 이해가 성립된다면, 진흥왕 17년에 설치된 비열홀정은 637년(선덕왕 6) 우수정(=수약정)으로 변화하기까지, 달홀주로 주치가 이동했음에도 불구하고 광역정의 이름으로 존속되어 온 셈이다.

이 비열홀정은 늦어도 문무왕 원년 이전에 우수정(=수약정)으로 개명되었다. 그 개명 시기로 주목되는 것이 사료 ⑤-4이다. 곧 선덕왕 6년 주치가 우수주로 이동하면서 광역주·광역정의 명칭도 우수주·우수정으로 개명되었던 것이다. 그런데 668년

---

593 『삼국사기』 권7, 신라본기7, 문무왕 11년.
594 末松保和, 앞의 논문, 1954, 337쪽.

(문무왕 8)에는 다시 비열홀정의 활동상이 보이기 때문에, 어느 시기엔가 우수정에서 다시 비열홀정으로의 개명이 있었음을 알 수 있다. 사료 ⑤-5가 이를 뒷받침한다. 문무왕 8년 주치가 비열홀정으로 옮겨져 광역정의 명칭도 비열홀정이 되었다. 주치로서의 비열홀주는 다시 문무왕 13년 우수주로 이동함으로써 광역주명과 광역정명도 우수주·우수정으로 되었다. ⑤-4의 '일운一云' 기사와 ⑤-6의 기사가 이를 보여준다.

이와 같은 저간의 사정은 ⑤-7에서 비열홀의 내력에 대한 포괄적인 기록에서 다시 확인된다. ⑤-7은 이른바 '답설인귀서答薛仁貴書'의 한 부분으로 신라가 비열홀성에 대한 부당한 당의 처리방식을 비난하고 있다. 이에 의하면 비열성(=비열홀성)은 원래 신라의 영역이었지만, 고구려에게 약 30년간 빼앗겼다가 다시 되찾아 관리를 두어 수비했었는데, 당이 이를 도로 고구려에게 주었다고 말하고 있다. 이 기사에는 이런 일들이 벌어진 정확한 시기에 대한 기록이 보이지 않지만, 대략 671년(문무왕 11) 이전의 상황을 보여주고 있어, "신라가 다시 이 성을 되찾아 백성을 옮겨 살게 하고 관리를 두어 수비하였습니다"라는 구절은 사료 ⑤-5의 문무왕 8년의 비열홀주 설치에 대응되는 것으로 보아 무리가 없다. 그렇다면 그 이전 약 30여 년간 고구려가 비열홀을 장악했다고 하므로, 30여 년을 소급해 보면 ⑤-3에 기록된 우수주 설치가 이에 대응되고 있음을 알 수 있다. 즉 637년(선덕왕 6)의 우수주 설치는 비열홀의 상실에 따른 주치 이동의 결과였음을 알 수 있다.

그리고 문무왕 8년에 다시 주치가 비열홀로 옮겨져 비열홀주가 되었지만, 비열홀은 671년에 이르기까지 당의 압력으로 신라의 영역에서 벗어났고, 주치는 우수주로 다시 옮겨졌다.[595] 이러한 ⑤-7의 기사에서 보이는 주의 변화에 입각하더라도, 광역정 명칭은 비열홀정 → 우수정 → 비열홀정 → 우수정의 변화를 겪었음을 유추할 수 있다. 이러한 변화 끝에 다시 개명된 우수정은 신문왕 5년(685)에 군호 6정의 한 구성 부대로 정리되게 된다.

---

595 그 후 문무왕 21(681)에 비열홀은 다시 신라의 영역으로 되었다. 이는 ① 沙湌武仙率精兵三千以戍比列忽(『삼국사기』 권7, 신라본기7, 문무왕 21년)에서 짐작할 수 있으며, 비열홀과 근접한 泉井郡이 ② 井泉郡 本高句麗泉井郡 文武王二十一年取之(『삼국사기』 권35, 잡지4, 지리2, 명주)라 하여 역시 문무왕 21년에 신라영역이 되었다는 기사에서 방증을 얻을 수 있다.

실직정(하서정)

실직정悉直停(하서정河西停)은 문무왕 원년과 동왕 8년에 하서정이라는 이름으로 구체적인 활동상을 보여주고 있다. 그리고 6정 연혁 기사에 의하면 하서정은 658(무열왕 5)에 실직정을 폐하고 설치한 것이라고 한다. 이러한 6정 연혁 기사 내용은 대체로 신빙할 수 있다.[596] 다음 기록이 보이고 있기 때문이다.

⑥-1 왕은 하슬라何瑟羅의 땅이 말갈과 맞닿아 있으므로 사람들이 편안치 못하다고 여겨 경京을 폐지하여 주州로 삼고 도독을 두어 지키게 하였다. 또 실직悉直을 북진北鎭으로 삼았다.[597]

⑥-1에 의하면 하슬라는 무열왕 5년에 소경小京에서 주치로 변했음을 알 수 있고, 이에 따라 광역주(정) 명칭도 하서주(정)으로 변화했다고 생각된다. 그래서 문무왕 원년 기사에서 하서정의 활약상을 찾아볼 수 있는 것이다. 그리고 ⑥-1에 하서주 설치기록에 덧붙여 실직을 북진으로 삼았다는 내용이 보이는 것은 그 이전의 주치가 실직이었음을 시사하고 있다. 그러면 주치가 실직에 두어진 시기는 언제일까?

⑥-2. 하슬라주何瑟羅州를 북소경北小京으로 삼고 사찬 진주眞珠에게 명하여 그 곳을 지키게 하였다.[598]

⑥-2에는 하슬라주를 북소경으로 삼았다고 기록되어 있을 뿐이다. 그러나 그 배후에는 주치를 하슬라에서 실직으로 옮겼다는 사실이 숨어 있다고 보아야 한다.[599] 따라서 주치가 실직에 두어진 시기는 639(선덕왕 8)임을 알 수 있다. 그런데 여기에서 하

---

596 이하 悉直停(河西停)에 대한 서술은 末松保和, 앞의 논문, 1954, 339~340쪽을 크게 참조하였다. 그러나 정제의 구조에 대한 의견이 다르므로 실직정의 성립 시기나 변화의 과정 등에 대한 견해도 다를 수밖에 없다.
597 『삼국사기』 권5, 신라본기5, 무열왕 5년.
598 『삼국사기』 권5, 신라본기5, 선덕왕 8년.
599 末松保和, 앞의 논문, 1954, 340쪽.

나 더 알 수 있는 사실은 실직에 앞서 선덕왕 8년까지 주치였던 곳은 하슬라라는 점이다. 이 하슬라에 주치가 두어진 시기는 언제이며, 이것이 실직과 하슬라 등 신라의 동해안 일대를 포괄하는 영역의 주치로서는 최초로 두어진 것일까? 이 문제는 주치 하슬라주의 배후에 존재하는 광역주의 설치시기, 처음 두어진 광역주의 명칭, 이를 기반으로 하는 주치정과 광역정의 설치시기와 명칭 등 여러 가지 의문과 관련이 있다. 그러나 이러한 여러 의문점에 대해 현존 사료를 통해서는 다음과 같은 막연한 이해에 머물 수밖에 없다.

「장녕비」에 우추실직하서아군이라는 3개 군이 평행상태로 묶여진 준주가 보이므로 광역주의 설정시기와 하슬라에 주치를 둔 시기는 561(진흥왕 22) 이후의 일이었다.[600] 그리고 앞의 ⑥-2에서 선덕왕 8년 이전 이미 주치로서 하슬라주가 보이므로, 이의 배후에 광역주의 존재가 인정될 수 있어, 늦어도 선덕왕 8년 이전에는 하서주를 주치로 하는 광역주가 설치되어 있었다.

그런데 6정 연혁 기사 중 하서정 관계기록은 이러한 막연한 이해에서 벗어날 수 있는 자료로서 주목된다.

> 다섯째는 하서정河西停이었다. 본래는 실직정悉直停이었다. 태종왕 5년(658)에 실직정을 혁파하고 하서정을 두었다. 금衿의 색깔은 녹백綠白이었다.[601]

위의 기록에 따르면 본래 실직정이었는데 658년(무열왕 5) 이를 파하고 하서정을 설치했다고 한다. 이는 앞서 살펴본 주치의 변화와 관련하여 보면 무열왕 5년에 주치가 실직주에서 하서주로 이동하면서 광역정의 명칭이 개명된 사실을 전하는 것이다. 그런데 주치는 이미 선덕왕 8년에 하슬라주에서 실직주로 변화했음이 보이고 있기 때문에, 이때 실직정이 성립된 것으로 보기도 한다.[602] 그러나 선덕왕 8년 이전의 하

---

600 이미 지증왕대에 悉直州와 何瑟羅州, 법흥왕대에 悉直州의 존재가 확인되지만, 이들이 廣域州가 아니었음은 이미 논한 바 있다.
601 『삼국사기』 권40, 잡지9, 직관 하 무관.
602 末松保和, 앞의 논문, 1954, ?쪽.

슬라주 단계에도 주치와 광역주라는 이원적 구조의 주제州制가 인정되며, 이를 기반으로 하는 주치정과 광역정의 존재도 상정할 수 있기 때문에 이러한 견해에는 동의할 수 없다.

그래서 필자는 위의 6정연혁 기사에 보이는 '본래는 실직정이었다'라는 구절과 비열홀정(우수정)의 경우를 참조하여, 성립 시기는 미상이지만, 이 지역에 최초로 두어진 광역주는 실직주였으며, 주치 역시 실직에 설치되었다고 본다. 이후 주치는 다시 하서주로 이동하였다가, 선덕왕 8년에 실직으로 다시 옮겨지고, 무열왕 8년에 하서주로 되었다고 생각된다. 요컨대 주치 혹은 주치정은 실직정(성립연대 미상) → 하서정(이동시기 미상) → 실직정(선덕왕 8년) → 하서정(무열왕 5년)이란 변화를 거듭했던 것이다. 그러나 이러한 주치정의 이동에도 불구하고 광역주(정)의 명칭은 실직주(정)가 지속되어 온 것으로 생각된다. 위의 6정 연혁 기사의 내용이 이를 보여주고 있다.

이상의 내용을 정제停制를 중심으로 정리하자면 다음과 같다. 561년(진흥왕 22) 이후 실직을 주치로 하는 광역주로서의 실직주가 성립되었으며, 이때 주치정인 실직정과 광역정으로서의 실직정도 두어졌다. 그 후 주치정은 하슬라정으로 이동하였지만 광역정명은 여전히 실직정이었다. 639년(선덕왕 8)에 주치정이 실직정으로 바뀌었다가, 658년(무열왕 5)에 하서주로 주치가 이동하면서 광역정인 실직정이 하서정으로 개명되었던 것이다. 무열왕 5년에 하서정으로 개명된 광역정은 드디어 685년(신문왕 5)에 6정의 한 구성부대로 정리되기에 이르렀다.

3) 정제의 변화와 군호 6정의 성립

이상에서 중고기 광역의 지역적 기반을 가진 군사조직으로서 왕경을 지역적 존립기반으로 하는 대당과 지방의 광역주廣域州를 존립기반으로 하는 정제의 성립에 대해 살펴보았다. 특히 정제는 주치정과 광역정의 이원적 구조를 가졌음을 지적하고, 이 점에 유의하여 정제의 성립과 변화에 대해 검토하였다. 그런데 그 과정에서 주치정이 군사조직으로서의 위상을 상실하게 됨에 따라 정제의 변화가 있었음을 간략하게 언급하였다. 이러한 정제의 변화는 7세기대의 사회변동에 따라 더욱 가속화되어 드디어

7세기 후반에 광범위하게 진행된 신라 군사조직의 개편과정에서 무관조에 보이는 군호 6정으로 개편되기에 이른 것으로 생각된다. 여기에서는 이러한 정제의 변화와 군호 6정으로의 개편을 좀 더 자세히 살펴보고자 한다.

정제의 변화를 알려주는 것으로는 대략 세 가지 현상이 발견된다. 첫째, 주치의 이동에 따라 광역정의 명칭도 빈번하게 변화하고 있는 점이다. 이는 단순한 개명이 아니라 정제의 구조가 변화한 데서 기인한 것으로 판단된다. 둘째, 중고기 이래 중핵적인 군사조직으로 기능해 온 광역정이 지역적 존립기반의 변화에 따라 기능을 상실하거나 폐지되고 있는 점이다. 이러한 기존 광역정의 기능 상실 내지 폐지는 정제의 변질을 단적으로 보여준다. 셋째, 새로운 광역주가 설정됨에 따라 그 광역주를 기반으로 하는 새로운 정의 출현이 엿보이고 있는 점이다. 새로운 정은 과도기적 현상의 하나로 생각되지만, 역시 정제의 변화를 보여주는 것임에 틀림없다. 그러면 이상의 정제의 변화를 보여주는 세 가지 현상에 대해 좀 더 자세하게 살피기로 하겠다.

먼저 주치의 이동에 따라 광역주(정)의 명칭이 주치명과 일치되어 빈번하게 변화하는 현상과 그 배경에 대해 알아보기로 하자. 앞의 〈표 2-14〉에 의하면 주치명 = 광역주명 = 광역정명의 일치 현상은 이미 556(진흥왕 17)에 설치된 비열홀주, 진흥왕 22년 이후의 실직주의 경우에서 확인되고 있다. 그러나 이들은 전술한 바처럼 처음 설치될 당시에는 그러했지만, 이후 주치의 이동에도 불구하고 광역주명 = 광역정명이 그대로 지속되고 있어 주치명과 광역주(정)명이 다른 시기도 있었다. 따라서 이들은 주치명과 광역주(정)명이 서로 달랐던 상주(정)·하주(정)·신주(정)과 같은 성격이고, 보다 늦은 시기에 주치의 이동에 따라 주치명·광역주명·광역정명의 변화가 일어나며, 명칭이 일치되는 시기의 것과는 구별할 필요가 있다.

앞서 언급한 필자의 고증에 입각할 때 하주정의 경우는 광역정의 칭호가 개명된 흔적을 발견할 수 없지만,[603] 나머지 네개 정의 경우 상주정(→일선정)은 문무왕 원년(661) 이후, 신주정(→남천정→한산정)은 무열왕 8년(661) 이후, 비열홀주정(→우수정→비열홀정→우수정)의 경우는 637년(선덕왕 6) 이후, 실직정(→하서정)의 경우는 무열

---

603 비록 사료에서 확인되는 것은 아니나, 下州停의 명칭도 문무왕 원년(661) 이후 州治名과 같이 되었을 가능성이 높다고 본다.

왕 5년(658) 이후 각각 주치의 이동에 따라 주치명·광역주명·광역정명의 변화가 일어나며, 그 명칭이 일치되어 나타나고 있다. 이러한 경향은 더욱 확대되어 이후 신설되는 광역주의 명칭 성립의 원칙이 되었고, 나아가 9주체제에까지 지속되거니와, 이러한 변화를 단순한 명칭의 변화만으로 한정해서는 안 될 것이다.

필자는 이러한 변화와 관련하여 정제의 이원적 구조가 변질되는 사실을 주목하고 싶다. 이미 언급하였듯이 「창녕비」에서 주치정과 광역정의 이원적 구조를 확인할 수 있다. 그리고 이러한 이원적 구조의 정제는 군사조직으로서의 실체를 달리한다. 그런데 주치정은 지방통치조직과 군사조직의 복합적인 성격을 가지고 있었으며, 또 기본 구조면에서 군郡의 군사력과 다르지 않았다. 이로 말미암아 주치정은 점차 군사조직으로서 성격보다는 지방 통치조직의 위상을 갖게 되었고, 주치정도 군사조직으로서의 정이 아니라 지방통치의 거점인 주치로서의 성격으로 정착되어 갔다고 생각된다. 이러한 이원적 구조의 정제가 해체되는 것이 광역정의 명칭이 주치의 그것과 일치되는 배경이 되었던 것이 아닐까 생각된다. 이에 따라 주치의 이동에 따르는 주치명·광역주명·광역정명이 변화하고 일체화되는 현상이 발생했던 것이다.

다음으로 광역정의 기능 상실 및 폐지에 대해 살펴보자. 중고기 이래 활동상을 보이던 광역정 가운데 이러한 변화를 보여주는 것으로 상주정과 하주정이 주목된다. 무관조 6정 연혁 기사에 의하면 상주정은 673년(문무왕 13)에 귀당貴幢으로 개칭되었으며, 하주정은 685년(신문왕 5)에 폐지되고 이를 대신하여 완산정完山停이 설치되었다. 그러나 그것이 두찬杜撰이라는 점은 이미 누차 지적되었다. 이러한 잘못된 기록이 남은 이유는 6정 연혁 기사의 성격이 신문왕 5년에 여섯 개 부대를 묶어 군호 6정으로 정리하고 각 부대의 연혁을 소급 정리했기 때문이다. 이러한 사료적 성격에서 보자면 상주정과 하주정은 구체적인 활동상을 보여주는 문무왕 원년 이후 군호 6정이 성립되는 신문왕 5년 사이에 6정 군호에서 제외되는 요인이 된 모종의 변화가 일어났음을 추측할 수 있다.

이러한 변화와 관련하여 문무왕 원년에서 신문왕 5년 사이의 실제적인 활동상을 보여주는 군사조직을 다시 살펴보기로 한다. 이를 정리한 것이 아래의 〈표 2-15〉이다.

〈표 2-15〉에 보이는 군사조직들은 신라본기 및 열전에서 장군 등 소속 무관이 기

록되거나 실제적인 활동상을 보여주는 사례들을 정리한 것이다. 표에 의하면 하주정은 문무왕 원년까지, 상주정(→일선정)은 문무왕 4년까지 주요 전투에 핵심 군사조직의 하나로 출전하였다.

〈표 2-15〉 661~685년 활동한 신라 군사조직

시기	군사조직
무열왕 8년(661)	대당(大幢)·상주정(上州停)·하주정(下州停)·남천정(南川停)·서당(誓幢)·랑당(郎幢)
문무왕 원년(661)	대당(大幢)·귀당(貴幢)·상주정(上州停)·하주정(下州停)·남천정(南川停)·수약정(首若停)·하서정(河西停)·서당(誓幢)·랑당(郎幢)·금당(衿幢)
문무왕 2년(662)	귀당(貴幢)·대당(大幢)·남천정(南川停)
문무왕 4년(664)	일선정(一善停)·한산정(漢山停)
문무왕 8년(668)	대당(大幢)·경정(京停)·귀당(貴幢)·한산정(漢山停)·비열성정(卑列城停)·하서정(河西停)·서당(誓幢)·금당(衿幢)
문무왕 12년(672)	장창당(長槍幢)·거열주정(居烈州停)
신문왕 4년(684)	귀당(貴幢)

그런데 주의를 끄는 것은 문무왕 8년(668) 고구려 정벌군으로 참전한 군사조직들이다. 여기에는 그 이전 활동상을 보인 군사조직 가운데 상주정·하주정·낭당 등이 그 모습을 드러내지 않고 있기 때문이다. 문무왕 8년의 출정은 장군의 임명 규모나 임시 편성군단으로 생각되는 경정京停의 참전 등에서 미루어 보면 신라의 모든 국력을 기울인 것으로 생각되는데,[604] 이들 군사조직들이 출전하지 않고 있는 점은 의아하다.

그러면 상주정·하주정·낭당이 참전하지 않는 이유는 무엇일까? 낭당의 경우는 분명한 이유를 알 수 없으나, 상주정과 하주정에는 그 사이에 모종의 변화가 있었기 때문이다. 다음의 사료를 보자.

⑦-1a. 문무왕 5년, 인덕麟德 2년(665)에 상주上州·하주下州의 땅을 분할하여 삽량

---

604 이때 임명된 장군의 숫자에서 짐작이 가능하다(『삼국사기』 권6, 신라본기6, 문무왕 8년).

주献良州를 설치한 것이었다. 신문왕 7년(687)에 성을 쌓았는데 둘레가 1,260
보였다.(191) 경덕왕이 이름을 양주良州로 고쳤다.[605]

　　b. 국원성國原城 …… 삽량주献良州의 골쟁현성骨爭峴城을 쌓았다.[606]

2a. 완산주를 다시 설치하고 용원龍元을 총관으로 삼았다. 거열주居列州에 청주菁州
　　를 설치하여 비로소 9주九州가 갖추어졌는데, 대아찬 복세福世를 총관으로 삼
　　았다.[607]

　　b. 신문왕 5년, 당나라 수공垂拱 원년(685)에 거타주居陁州를 나누어 청주菁州 를
　　설치한 것이었다. 경덕왕이 이름을 고쳤다.[608]

　　c. 일선주一善州와 거열주居列州 두 주의 백성들로 하여금 군대에 쓸 물건을 하서
　　주河西州에 운반하게 하였다.[609]

　　위의 사료는 삽량주와 거열주의 설치에 대한 기록이다. 삽량주는 N-1에 보이듯이
665년(문무왕 5)에 상주와 하주의 땅을 쪼개어 설치했다고 하므로 일정한 영역범위를
지닌 광역주가 분명하며, 설치 시기도 문무왕 13년 용례가 확인되고 있어(⑦-1b) 사
실로 믿을 수 있다. 다음 거열주 역시 광역주로 볼 수 있는데, 신문왕 5년 청주로 바
뀐 사실은 보이지만 그 설치시기는 명확하지 않다(⑦-2a, b). 그러나 신라가 기열성
을 확보한 때가 문무왕 3년으로 추정되고,[610] 문무왕 5년에 그 존재가 확인되므로(⑦
-2c), 삽량주와 마찬가지로 문무왕 5년에 설치된 것으로 생각된다.[611]

---

605 『삼국사기』권34, 잡지3, 지리2 양주.
606 『삼국사기』권7, 신라본기7, 문무왕 13년.
607 『삼국사기』권8, 신라본기8, 신문왕 5년.
608 『삼국사기』권34, 잡지3, 지리2 강주.
609 『삼국사기』권6, 신라본기6, 문무왕 5년.
610 村上四男, 「新羅の献良州(良州)について」 『朝鮮古代史研究』, 1978, 193쪽.
611 李文基, 「統一新羅의 地方官制 硏究」 『國史館論叢』 20, 1990, 6~7쪽. 한편 『세종실록지리지』 진
　　주목조(晉州牧條)에는 거열주(居烈州)의 설치시기를 문무왕 2년(662)으로 기록하고 있지만, 『삼
　　국사기』권6, 문무왕 3년(663)조의 "欽純天存領兵 攻取百濟居烈城"이라는 기록에서 볼 때 신라
　　가 거열성을 장악한 시기가 문무왕 3년이므로 사실과 다름을 알 수 있다(村上四男, 앞의 논문,
　　1978, 193쪽).

앞의 사료에 보이는 바와 같이 삽량주와 거열주라는 새로운 두 개의 광역주가 설치된 것은 상주정과 하주정의 변화에 커다란 영향을 끼쳤을 것으로 생각된다. 왜냐하면 새로운 광역주의 설치로 인해 상주정과 하주정의 지역적 존립기반인 상주와 하주의 축소 내지 변화가 예상되기 때문이다. 즉 삽량주는 곧 상주 영역의 일부와 하주 영역의 일부를 합하여 그 영역으로 설정하였으므로 상주와 하주 영역의 축소는 필연적이며, 또 거열주의 설치로 인해 하주의 영역에도 커다란 변화가 있었을 것이다. 거열주는 685년(신문왕 5) 청주(강주)로 주치가 이동되어 주명도 청주가 되지만 영역상에는 큰 변화가 없었다고 생각되는데, 이는 곧 삽량주의 영역을 제외한 기존의 하주 영역을 대부분 포괄했다고 생각된다. 다시 말하면 삽량주와 거열주의 설치는 하주의 소멸을 뜻하는 것이다.[612] 요컨대 삽량주와 거열주의 설치로 인해 상주는 영역이 크게 축소되었고, 하주는 삽량주와 거열주의 영역으로 나누어져 소멸되었다고 생각된다.

이러한 지역적 존립기반의 변화는 광역정인 상주정과 하주정의 변화로 이어졌을 것이니, 하주정은 하주의 소멸에 따라 군사조직으로서의 실체를 잃게 되었을 것이다. 이점이 문무왕 8년(668) 고구려 원정과 같은 국력을 기울인 전시 출정의 상황에서도 하주정이 모습을 보이지 않는 이유였던 것이다. 그리고 상주정도 지역적 존립기반의 축소로 군사조직으로서의 기능이 크게 약화된 것으로 보인다. 다음을 보자.

> 인문·천존·도유 등은 일선주 등 일곱 군 및 한성주의 병마를 이끌고 당나라 군영으로 나아갔다.[613]

위의 사료는 문무왕 8년 6월 21일에 고구려 원정을 위한 출정에 앞서 여러 군사조직의 장군을 임명하고 그 다음날 있었던 일이다. 6월 21일에 대당장군大幢將軍으로 임명된 인문·천존과 한산정장군漢山停將軍으로 임명된 도유가 일선주 등 7군의 병마

---

612 村上四男, 앞의 논문, 1978, 189~193쪽에서는 삽량주의 설치는 하주 영역의 축소를 의미한다고 강조한 후, 居烈州의 설치 의미를 삽량주의 설치에 동반하여 大耶州(필자의 下州)의 나머지 지역을 관한하기 위한 조치가 아니었을까라는 조심스러운 추측을 하고 있어 삽량주와 거열주의 설치가 하주의 소멸을 의미하는 것으로 보고 있음을 알 수 있다.
613 『삼국사기』 권6, 신라본기6, 문무왕 8년.

와 한성주의 병마를 이끌고 당나라 군영으로 갔다고 한다. 여기서 한성주 병마를 이끈 것은 도유일 것이며, 일선주 등 7군의 병마를 이끈 것은 대당장군인 인문과 천존일 것이다. 그런데 인문과 천존이 이끈 일선주 등 7군의 병마는 광역정인 상주정(→일선정)의 군사력이다.

그런데 앞의 〈표 2-15〉에 정리하였듯이 이때 상주정 장군은 임명되지 않았으며, 이를 대당장군이 지휘하고 있다. 이는 상주정이 군사조직으로서 제대로 기능을 발휘하지 못했음을 잘 보여준다. 상주정은 이렇게 군사적 기능을 상실하게 되어 문무왕 13년(673)에 폐지되기에 이른 것으로 생각된다. 무관조 6정 연혁 기사에서 상주정이 귀당으로 개칭되었다는 기록은 곧 상주정의 폐지를 의미하는 것으로 추측되기 때문이다. 이상 검토한 상주정·하주정의 폐지는 중고기 이래의 정제가 변화하고 있음을 분명히 보여주고 있다.

마지막으로 정제의 변화를 보여주는 현상인 새로운 광역주의 설치에 수반된 새로운 정의 출현에 대해 검토하겠다. 새로운 정의 출현은 무관조에서는 전혀 확인되지 않은 것이지만 아래의 사료에서 짐작이 가능하다.

> 이에 여러 당幢에서 함께 말하기를 "장창당長槍幢이 홀로 진을 쳤다가 성공하였으니 반드시 후한 상을 얻을 것이다. 우리들이 모여 있는 것은 한갓 수고로울 뿐이다."라고 하면서 드디어 각각 자기 군대를 갈라 분산하였다. 당나라 군사가 말갈과 함께 [우리 군사들이] 미처 진을 치지 아니한 틈을 타서 공격하니 우리 군사가 크게 패하여 장군 효천曉川 과 의문義文 등이 죽었다.……당나라 군대가 뒤를 추격하였다. 거열주居烈州 대감大監 일길간一吉干 아진함阿珍含이 상장군에게 말하기를 "공 등은 힘을 다하여 빨리 떠나가라! 내 나이 이미 70이니 얼마나 더 살 수 있으랴? 이때야말로 나의 죽을 날이다." 하며 창을 비껴 들고 적진 가운데로 돌입하여 전사하였는데, 그 아들도 따라 죽었다. 대장군 등은 슬며시 서울로 들어왔다.[614]

---

614 『삼국사기』 권43, 열전3, 김유신 하.

위의 기사는 문무왕 5년(665)에 설치된 거열주가 청주로 개명되기 전인 문무왕 12년(672)의 나당전쟁에 대한 것이다. 여기에서 우리는 70세의 노령으로 분선하나 전사한 아진함 일길간의 직명으로 거열주대감居烈州大監이 명기된 사실을 주목할 필요가 있다. 주에 파견된 지방관으로 대감은 없으므로, 이 거열주대감은 거열주의 행정조직과 관련된 관원은 아닐 것이다. 대감은 『삼국사기』 직관지에 의하면 병부와 군사조직에만 두어진 관직이다. 그러므로 이 거열주대감은 『삼국사기』에 흔히 보이는 정의 군관들의 용례[615]에 준한다면 거열정의 대감으로 보아야 한다. 따라서 거열정의 대감이 문무왕 12년의 나당전에서 분전하고 있는 것은 곧 거열정이라는 군사조직이 참전한 사실을 뜻한다.

그러면 거열정은 어떤 군사조직이었을까? 사료 P를 제외하면 다른 기록은 없지만, 중고기의 정제와 마찬가지로 주명을 띠고 있는 점을 중시하면 광역주인 거열주를 지역기반으로 한 군사조직으로 보아도 무리는 없다. 그렇다면 새로운 광역주의 설치는 곧 이를 기반으로 한 새로운 군사조직의 성립과 직결되어 있었다고 하겠다. 따라서 거열정의 존재에서 미루어볼 때 거열주와 같은 해에 설치된 새로운 광역주인 삽량주에도 이를 지역기반으로 한 삽량(주)정歃良(州)停이 설치되었을 것으로 추측된다.

그런데 이러한 새로운 광역주는 문무왕에서 685년(신문왕 5)에 이르기까지 백제와 고구려의 고지에 계속 설치되었다. 예컨대 671년(문무왕 11)에 설치된 소부리주所夫里州,[616] 탕정주湯井州,[617] 동왕 18년에 설치된 발라주發羅州,[618] 신문왕 5년에 설치된 완산주完山州[619] 등이 그것이다. 이러한 새로 설치된 광역주[620]에도 거열정·삽량정처럼 새로운 광역정이 설치되었을 것이다.[621] 이러한 광역정의 확대는 이 시기에 중고기 이래의 정제가 크게 변화했음을 보여주고 있다.

---

615 예컨대 上州停將軍을 上州將軍, 漢山停少監을 漢山州少監으로 기록한 경우를 말한다.
616 『삼국사기』 권7, 신라본기7, 문무왕 11년.
617 『삼국사기』 권36, 잡지5, 지리4 웅주.
618 『삼국사기』 권7, 신라본기7, 문무왕 18년 및 『삼국사기』 권8, 신라본기8, 신문왕 6년. 發羅州의 설치시기에 대해서는 李文基, 「統一新羅의 地方官制 硏究」 『國史館論叢』 20, 1990, 8쪽 참조.
619 『삼국사기』 권7, 신라본기7, 신문왕 5년.
620 이들이 광역주였음은 李文基, 앞의 논문, 1990, 4~9쪽 참조.
621 6정 연혁 기사에서 신문왕 5년(685)에 完山停을 설치했다는 기사는 이를 방증한다.

신라왕조는 통일전쟁이 마무리된 시점인 신문왕 5년에 전국의 지방통치제도를 9주 체제로 개편함[622]과 아울러 이상과 같은 정제의 변화에 따라 새롭게 설치된 광역정을 정리하는 일대 군제개편을 단행하여 군호 '6정'을 설치하였다. 곧 기존의 왕경을 기반으로 하고 있는 대당과 지방의 광역주를 기반으로 한 기존의 한산정·우수정·하서정 등 4개의 부대를 구성부대로 하였고, 신문왕 5년에 신설된 광역정인 완산정을 포함시켰으며, 그리고 그 이전부터 존재해 왔던 귀당을 또 다른 하나의 구성부대로 한 도합 여섯 개 부대를 묶어 군호 6정으로 정리했던 것이다. 이와 아울러 각각 차별성을 보이고 있었던 각 구성부대의 군관조직을 어느 정도 통일성을 갖도록 인원을 규정하였다. 이때 주요한 전범이 되었던 것은 통일전쟁기에 빈번하게 행해졌던 전시 동원 체제의 그것이었다. 이러한 군관조직의 인원규정 과정에서, 특히 귀당은 이미 소멸된 상주정의 조직 일부를 포함하게 되었던 것이다. 무관조의 6정관계기사는 이렇게 묶여진 여섯 개 부대의 연혁을 소급 정리한 것이며, 인원규정도 이를 수록하고 있는 것이다.

이러한 군호 6정의 성립되면서, 이들을 제외한 신설된 광역주를 기반으로 하는 광역정들은 소멸되었기 때문에 무관조에서 그 흔적을 발견할 수 없게 되었던 것이다. 그러나 군호 6정으로 정리된 군사조직들은 이후 군사조직 본연의 기능을 발휘하지 못하였던 것으로 생각된다. 광범한 군제 재편과정에서 새로이 등장한 군사조직이 이들을 대신하여 중추적인 역할을 수행하게 되었기 때문이었다. 따라서 군호 6정은 일종의 도상에서 계획된 군사조직이었다고 하겠다.

---

622 중고기의 州制에서 신문왕 5년(685) 구주체제의 완성에 이르기까지의 과도기적인 주제의 형태에 대해서는 李文基, 앞의 논문, 1990, 4~9쪽 참조.

제5절

가야의 군사체계

1. 가야의 성(城)과 방어체계

1) 전기 가야의 성(城)과 방어체계

『삼국지』에 의하면, 마한에는 성곽이 없다고 하였으나 관가에서 건장한 자들을 모아 성곽을 쌓게 할 때 노동하는 모습이 묘사되어 있고,[623] 진한에는 성책이 있다고 하였으며,[624] 변진에도 성곽이 있다고 하였다.[625] 그렇다면 3세기 중엽 이전의 삼한에 모두 성곽 또는 성책이라는 것이 있었다고 할 수 있다.

또한 『삼국사기』에 전하는 신라와 가야의 전쟁 기사에 따르면, 파사이사금 15년(서기 94)에 가야 도적이 마두성을 둘러쌌다고 하여[626] 신라에도 성이 있는 것처럼 나오고, 지마이사금 5년(116)에 신라가 가야를 침범하니 가야가 성문을 닫고 굳게 지켰다

---

623 『삼국지』 권30, 위서30 오환선비동이30, 마한, "馬韓在西……散在山海間 無城郭……其國中有所爲 及官家使築城郭 諸年少勇健者 皆鑿脊皮 以大繩貫之 又以丈許木鍤之 通日嚾呼作力 不以爲痛 既以勸作 且以爲健".

624 『삼국지』 권30, 위서30 오환선비동이30, 진한, "辰韓 在馬韓之東……有城柵".

625 『삼국지』 권30, 위서30 오환선비동이30, 변한, "弁辰 與辰韓雜居 亦有城郭".

626 『삼국사기』 권1, 신라본기1, 파사이사금 15년, "春二月 加耶賊圍馬頭城 遣阿湌吉元 將騎一千擊走之".

고 하여[627] 가야에도 성이 있는 것으로 기술되어 있다. 『삼국사기』 신라본기 초기 기록에 보이는 이러한 신라-가야 전쟁 기사는 실제로는 3세기 후반에서 4세기 전반 경에 일어난 사실로 보는 것이 타당하다. 그렇다면 사료에 보이는 것처럼, 3~4세기에 신라와 가야는 서로 성을 쌓고 이를 거점으로 전투하는 양상을 보였을까?

『삼국유사』에는 수로왕 2년(서기 43) 정월에 임시 궁궐 남쪽의 신답평新畓坪에 1천 5백 보 둘레의 나성과 궁궐의 전각, 일반 관서의 건물, 무기고와 창고를 지을 땅을 정하고, 그 달 20일부터 견고한 성곽을 축조하기 시작하여 3월 10일에 이르러 공사를 마쳤으며 궁궐 건물들은 이듬 해 2월에 완공했다고 하였다.[628] 만일 이것이 사실이라면 평지에 성을 쌓았고 그 전체 공사 기한이 두 달 정도에 불과했다는 것을 알 수 있으나, 이 기사는 전체적으로 설화나 소설 같은 측면이 강해서 사실 여부를 짐작하기 어렵다.

『광개토왕릉비문』 영락 10년 경자년(400)조 기사에도 신라의 요청을 받은 고구려 군이 왜군을 추격하여 가야의 성들을 함락시키는 대목이 나오는데,[629] 가야와 신라 변경에서 임나가라任那加羅의 종발성從拔城, 신라新羅의 □농성農城, □□성城의 적어도 3개의 성이 함락되고 있다. 여기서 신라 □농성은 신라의 성이었다가 가야에게 복속된 성이라고 보이나, 그를 포함하여 종발성 등의 성도 모두 4세기 또는 그 이전의 전기 가야시대 성이라고 할 수 있다.

그렇다면 4세기의 전기 가야에는 위의 기사들처럼 성이 있었을까? 성이 있었다면,

---

627 『삼국사기』 권1, 신라본기1, 지마이사금 4년, "秋八月 遣將侵加耶 王帥精兵一萬以繼之 加耶嬰城 固守 會久雨 乃還".

628 『삼국유사』 권2, 기이2, 가락국기 수로왕 2년, "春正月 王若曰 朕欲定置京都 仍駕幸假宮之南新畓 坪[是古來閑田 新耕作故云也 畓乃俗文也] 四望山嶽 顧左右曰 此地狹小如蓼葉 然而秀異 可爲十六 羅漢住地 何況自一成三 自三成七 七聖住地 固合于是 托土開疆 終然允臧歟 築置一千五百步周廻羅 城宮禁殿宇及諸有司屋宇虎庫倉廩之地 事訖還宮 徧徵國內丁壯人夫工匠 以其月二十日資始金陽 暨三 月十日役畢 其宮闕屋舍 候農隙而作之 經始于厥年十月 逮甲辰二月而成".

629 『광개토왕릉비문』 영락10년 경자, "敎遣步騎五萬 往救新羅 從男居城 至新羅城 倭滿其中 官軍方至 倭賊退卻 乘背急追 至任那加羅從拔城 城卽歸服 安羅人戍兵 拔新羅 □城城 倭寇委潰 城夫十九 盡煞 抑徒 安羅人戍兵 師□□□其□□□□□言□□□□□□□□ □□□□□□□辭□□□□□□□□□□□殘□潰□□城 安羅人戍兵 昔新羅寐錦 未有身來服 事□□□廣開土境好太王□□□□寐錦□僕勾□□□朝貢".

요시노가리 전경(일본 구주, 국립중앙박물관)

이는 성곽일까, 성책일까, 또는 토성과 같은 것이었을까? 이에 대해서는 가야연맹의 중심지였던 김해 지방의 발굴 성과를 토대로 한 실증적인 논의들이 있다.

우선 2~3세기 김해 구야국의 도읍지는 김해 대성동 구릉의 환호環濠 취락이었고, 3세기 말 이후에 대성동 구릉은 폐기되어 공동묘지로 되고 도읍지는 남으로 600~700m 떨어져 있는 김해 봉황대 구릉을 둘러싼 고지성高地性 환호 취락으로 이동하였다는 견해가 있다.[630] 이 견해는 4세기 말까지의 전기 가야시대에 3세기 말을 기점으로 하여 중심지의 이동은 있으나, 이동 전후를 막론하고 당시의 성은 환호로 둘러싸인 구릉 위의 취락이었다고 보고 있다. 그러나 서기 2~3세기에는 김해 지방의 가장 큰 고분군이 김해시 중심부가 아닌 김해시 서쪽 주촌면에 있던 양동리 고분군이었기 때문에 왕궁이 있었다면 그 양동리 고분군 주변에 있었을 가능성이 높다. 즉 3

630 申敬澈,「金海禮安里 160號墳에 對하여 −古墳의 發生과 관련하여−」『伽耶考古學論叢』1, 駕洛國 史蹟開發研究院, 1992, 165~166쪽 ; 洪潽植,「金官加耶의 성립과 발전 −참고자료를 중심으로−」 『加耶文化遺蹟調査 및 整備計劃』, 경상북도·가야대학교 부설 가야문화연구소, 1998.

세기 말 이후의 봉황대 환호 취락을 금관가야 또는 구야국 왕궁으로 본 점은 유효하나, 2~3세기의 그것이 대성동 구릉에 있었다는 견해는 무리하다.

이에 비하여 좀 더 전문적으로 김해 지방의 성의 존재를 추구한 논문에서는, 무문토기시대부터 삼한 시기까지의 중요 취락은 모두 구릉부를 환호와 목책으로 둘러싼 방어취락이었으며, 봉황대 유적의 목책과 환호 주변에서 토루의 존재는 확인하지 못하였으나 삼한 시기에 해당하는 일본 요시노가리 유적이 환호 바깥쪽으로 토루를 쌓고 그 위에 목책을 돌린 것으로 보아, 진한의 성책과 변진의 성곽은 무문토기시대 목책·환호의 전통 위에 낙랑·대방 지역에 있던 판축 토성에 대한 지식이 결합되어 앞 시대에 비해 규모와 기능이 일부 향상된 형태의 취락 방어시설이었다고 추정하였다.[631] 그리고 왕성의 방어력 강화를 위해 왕성과 가까운 거리에 산성을 축조했다면 테뫼식 산성인 현재의 분산성盆山城이 금관국 왕성의 배후 산성이었을 가능성이 높다고 하였다.[632]

이 견해는 결국 전기 가야시대의 중심지가 목책을 세운 환호 취락이었다고 보면서도, 주변적인 정황을 토대로 하여 토루와 배후 산성의 존재를 추정한 것이다. 충분히 일리가 있는 주장이나 이를 입증할 만한 증거가 나타나지 않은 점이 아쉽다.

한편, 당해 시기의 김해 봉황대 유적을 발굴 조사한 연구자는 봉황대 구릉을 부분적으로 둘러싼 환호(보고서에서는 '구溝'로 표현)가 2세기부터 5세기 사이에 조성되었으나, 그 내부의 면적이 청동기시대의 검단리 마을보다 작은 규모이기 때문에 금관국의 도읍지라기보다 종교시설로 추정되고, 봉황대 구릉 동편 일대의 환호 바깥쪽 평지에서 특수한 바닥시설을 갖춘 대형 주거지와 대형 기둥구멍들이 다수 확인되므로 이 지역이 구야국 또는 금관국의 중심 읍락 유적일 가능성이 높다고 보았다.[633] 이 견해는 충분한 타당성이 있지만, 봉황대 동쪽의 평지를 둘러싼 다른 성곽 시설을 발견하지 못한 상태에서 내린 결론이라 의문의 여지를 남긴다.

그 후 봉황대 구릉과 동쪽 평지를 넓게 둘러싼 토성이 발굴되었는데, 그 토성의 축

---

631 李賢惠, 「金海地域의 古代 聚落과 城」 『韓國古代史論叢』 8, 韓國古代社會研究所 編, 駕洛國史蹟開發研究院, 1996, 162~163쪽.

632 李賢惠, 앞의 논문, 1996, 178쪽.

633 徐姶男, 「봉황대 유적의 성격」 『金海鳳凰臺遺蹟』, 釜山大學校博物館, 1998, 168~171쪽.

조 시기는 5세기 후반으로 추정되었다.[634] 이 토성은 후기 가야시대에 축조된 것이므로, 전기 가야시대의 방어시설로는 봉황대 구릉을 둘러싼 환호밖에 없었다고 하겠다. 그렇다면 전기 가야시대 금관가야의 궁성을 비롯한 중심 시설은 봉황대 구릉에 인접한 동쪽 평지에 설치되어 있었고, 그들은 위급할 때 목책과 환호로 둘러싼 봉황대로 올라가 대피하였다고 볼 수밖에 없다.

경상도 지역의 토성 유적을 종합적으로 조사한 연구자에 의하면, 영남 지역의 초기 토성은 인접 고분군을 통해서 대체로 4세기 이후에 축조되었다는 것을 알 수 있는데, 낙동강 이동 지역에서는 경주와 경주로 통하는 교통로 상에 분포하며, 이서 지역에서는 5세기 이후 김해, 함안, 고성 등과 같은 가야연맹의 중심 지역에 토성이 축조되었다고 하였다.[635] 현재까지 영남 지역에서 조사된 삼한 시기의 환호 유적으로는 양산 다방리 유적, 창원 남산 유적, 양산 평산리 유적, 김해 봉황대 유적 등이 있다. 이 중 평산리 유적은 비고比高가 얼마 높지 않은 구릉에 위치하며, 등고선을 따라 환호, 그 내측에 목책열이 정연하게 확인되었다. 이 유적은 환호와 목책을 갖춘 취락으로 삼한의 읍, 혹은 국읍에 해당하는 것으로 보인다고도 한다.[636]

위의 견해에서는 신라=진한 지역에서는 성벽이나 영정주永定柱 주공柱孔에서 출토된 토기로 보아 경주 월성, 대구 달성, 경산 임당토성 등이 4세기 전반 내지 중엽에 축조되었고 가야=변한 지역에서는 김해 봉황토성 영정주 부근에서 출토된 토기로 보아 5세기 후반에야 토성이 축조되었다고 보았다. 또한 백제에서도 4세기 후반 이후 지방 통치를 위하여 교통의 분기점과 전략상 요충지에 토성을 쌓았다는 견해가 있다.[637] 이는 가야의 토성 축조가 백제나 신라에 비하여 1세기 이상 늦었다는 것을 의미한다. 지금까지의 발굴 결과가 이렇다면 이를 수용할 수밖에 없어서, 백제나 신라와

---

634 慶南考古學研究所, 『鳳凰土城 -金海 會峴洞事務所~盆城路間 消防道路 開設區間 發掘調査 報告書-』, (社)慶南考古學研究所, 2005, 125쪽.

635 박성현, 「4세기 전후 신라의 토성 축조와 그 목적-영남 지역 초기 토성의 성격-」『韓國史研究』139, 2007, 21쪽.

636 박성현, 앞의 논문, 2007, 24쪽.

637 이남석, 「경기·충청지역 분구묘의 검토」『분구묘의 신지평』, 전북대학교BK21사업단·전북대학교박물관, 2011, 120쪽.

달리 가야 지역은 신라에 비하여 국읍의 방어체계가 매우 취약했다고 볼 수 있다. 그러나 영남 지역의 초기 토성들에 고분군들이 인접해 있고 그 고분군에서 출토되는 토기들이 대개 4세기부터 시작된다고 할 때, 전기 가야의 토성 유적들도 4세기에는 축조되었을 가능성이 높다. 이 문제에 대해서는 추후의 발굴 성과들을 기다릴 수밖에 없다.

2) 후기 가야의 성(城)과 방어체계

가야는 자체 문헌기록이 없기 때문에, 후기 가야시대에 대해서도 축성 기록을 찾기 어렵다. 다만 거의 유일하다고 볼 수 있는 것이 『일본서기』 계체기에 나온다. 그에 따르면, 514년에 반파는 자탄(진주)과 대사(하동)에 성을 쌓아 만해(광양)에 이어지게 하고 봉후烽候와 저각邸閣을 설치하여 일본에 대비했다. 또한 이열비爾列比(부림)와 마수비(영산)에 성을 쌓아 마차해(삼랑진)·추봉(밀양)에까지 뻗치고 사졸과 병기를 모아서 신라를 핍박했다고 하였다.[638] 이로 보아 반파, 즉 대가야는 6세기 초에 소백산맥 남단과 낙동강 유역에 성을 쌓아 백제, 왜, 신라 등의 공격에 대비한 것을 알 수 있다.

이 기록은 가야의 축성 기록으로서 『삼국유사』 가락국기의 수로 신화에 나오는 것을 제외하고는 최초의 것이고 또 유일한 것이기도 하다. 기사에 따르면 이 성들을 쌓은 주체가 해당 지역의 각 소국이 아니라 반파, 즉 대가야이므로, 이번의 축성은 각 지역별 읍성이나 궁성이라기보다 대가야 영역을 모두 아우르는 국경 수비성과 같은 성격을 띤다고 할 수 있다. 다만 여기서 유의할 것은 그 성들의 위치로 보아, 대가야는 후기 가야연맹 전체의 경역을 둘러싸는 성을 쌓은 것이 아니라는 것이다. 즉 덕유산과 가야산 이남, 낙동강 서쪽, 소백산맥 동쪽을 경계로 하는 후기 가야의 경역 내에서 낙동강 하류 서쪽, 남강 중하류 이남의 함안, 창원, 김해 일대가 빠져 있다. 그러므로 대가야는 후기 가야연맹 중에서도 자신의 강한 영향력이 미치는 북부지역의 방어를 위해서만 축성한 것이다.

계체기의 이어지는 기록으로 보아, 529년에 신라가 가야연맹의 도가刀伽, 고파古

---

638 『일본서기』 권17, 계체천황 8년 3월, "伴跛築城於子呑帶沙 而連滿奚 置烽候邸閣 以備日本 復築城 於爾列比麻須比 而絙麻且奚推封 聚士卒兵器 以逼新羅 駈略子女 剝掠村邑 凶勢所加 罕有遺類 夫暴虐奢侈 惱害侵凌 誅殺尤多 不可詳載".

跋, 포나모라布那牟羅의 세 성城과 탁순국 북쪽 경계 지역의 다섯 성을 함락시켰다 하고,[639] 530년에는 백제가 구례모라성久禮牟羅城을 쌓고 등리지모라騰利枳牟羅, 포나모라, 모자지모라牟雌枳牟羅, 아부라阿夫羅, 구지파다지久知波多枳의 다섯 성을 함락시켰다고도 하였다.[640] 이 기사들은 가야 남부 탁기탄국 및 탁순국의 멸망과 관련 있는 기록들인데 여러 개의 성들이 나오는 것으로 보아, 그 당시 가야 남부지역 소국들도 이미 다수의 외곽 성들을 보유한 상태였음을 알 수 있다.

그러나 『일본서기』 흠명기의 기록으로 보아, 가야연맹이 창녕 남부의 탁기탄(영산), 낙동강 하류의 남가라(김해), 마산만 연안의 탁순(창원)을 신라에게 빼앗기고 나서 그에 대한 대책을 백제에게 요구하자, 백제는 구례산 5성(칠원)을 빼앗기 위하여 6성을 남강과 낙동강 합류지점의 동남쪽에 쌓으려고 획책하였다.[641] 그러므로 앞서 지적한 대가야의 축성 지역을 제외한 가야 남부지역에는 529년 이후 안라국(함안) 중심의 별도 지역연맹체가 구성되어 있었으나, 국경 방어 개념의 축성은 없었기 때문에 백제가 그 축성을 제안하였던 것이다. 다만 백제의 6성 축조는 그 의도를 의심한 가야연맹 제국의 거부로 이루어지지 못했다.

또한 『삼국사기』 신라본기에 의하면, 562년에 대가야가 멸망할 때, 신라 화랑 사다함이 5천의 기병을 거느리고 앞장서 전단문栴檀門으로 달려 들어가 백기를 꽂으니 성 안의 사람들이 두려워 어찌 할 바를 몰랐다고 하고,[642] 같은 책 열전에는 '전단문'을 '전단량栴檀梁'으로 표기하고 여기에 이것은 '성문'의 이름이라고 주석을 달았다.[643]

---

639 『일본서기』 권17, 계체천황 23년 3월, "新羅大羞 翩欲還女曰 前承汝聘 吾便許婚 今旣若斯 請還王女 加羅己富利知伽[未詳]報云 配合夫婦 安得更離 亦有兒息 棄之何往 遂於所經 拔刀伽古跛布那牟羅三城 亦拔北境五城".

640 『일본서기』 권17, 계체천황 24년 9월, "百濟則捉奴須久利 枷械枷鏁 而共新羅圍城 責罵阿利斯等曰 可出毛野臣 毛野臣嬰城自固 勢不可擒 於是 二國圖度便地 淹留弦晦 築城而還 號曰久禮牟羅城 還時 觸路 拔騰利枳牟羅布那牟羅牟雌枳牟羅阿夫羅久知波多枳五城".

641 『일본서기』 권19, 흠명천황 5년 11월, "百濟遣使 召日本府臣任那執事曰……竊聞 新羅安羅兩國之境 有大江水 要害之地也 吾欲據此 修繕六城 謹請天皇三千兵士 每城充以五百 并我兵士 勿使作田 而逼惱者 久禮山之五城 庶自投兵降首 卓淳之國 亦復當興 所請兵士 吾給衣粮 欲奏天皇 其策一也".

642 『삼국사기』 권4, 신라본기4, 진흥왕 23년 9월, "加耶叛 王命異斯夫討之 斯多含副之 斯多含領五千騎 先馳入栴檀門 立白旗 城中恐懼 不知所爲 異斯夫引兵臨之 一時盡降".

643 『삼국사기』 권44, 열전4, 사다함, "眞興王命伊湌異斯夫襲加羅[一作加耶]國 時斯多含年十五六 請從軍 王以幼少不許 其請勤而志確 遂命爲貴幢裨將 其徒從之者亦衆 及抵其國界 請於元帥 領麾下兵

그러므로 마지막 시기의 대가야에는 성문과 성벽 등이 있었던 것으로 추정된다.

그러면 후기 가야의 성곽은 어떠한 것이었을까? 발굴 성과가 있는 김해 봉황토성을 보면, 안쪽과 바깥쪽의 바닥 부위에 3단의 계단상 석렬石列이 돌아가고 그 가운데를 흙으로 쌓은 것으로서, 확인된 토성의 규모는 상단너비 16.5m, 하단너비 22m, 높이 약 2.8m, 둘레 1,200m였다.[644] 그리하여 발굴자들은 『삼국유사』 가락국기에서 '지형이 여뀌잎처럼 협소한 신답평'은 북협남광형北狹南廣形의 저습지로서 대성동 고분에서 봉황대 구릉 일대의 지형을 지칭하는 것으로 추정되며, 1,500보 둘레의 나성은 발굴 조사에서 확인된 토성일 가능성이 높다고 하였다.[645] 검출된 동서 주향의 장벽은 토성으로 판단되며 고정주固定株 뿌리 부분에서 전기奠基와 관련되어 출토된 토기로 볼 때 토성 축조 시기는 5세기 후반이고 삼국시대 고상건물지 10기, 수혈주거지 11기, 지면식건물지 3기 등의 유구들은 모두 북쪽 성벽의 남쪽 편에 입지하고 있는데, 이들은 토성과 같은 시기 내지 토성 존속 시기의 유구들로 생각된다고 한다.[646]

발굴자는 성벽의 축조 시기를 가늠할 수 있는 유물은 성체 중심부의 트렌치(그 중에서도 뻘층)에서 출토된 유물만으로 한정된다고 하였다. 그 유물 중에 눈에 띄는 것은 4호 성체城體Tr뻘층 3.8m(도면14-2, 도판29-1-3) 위치에서 출토된 고배 대각편으로서 나팔상으로 벌어지는 대각부 하위에 돌대가 1줄 돌아가고 그 위로 일단장방형투창이 길게 뚫린 형태의 것으로서 5세기 후반으로 추정된다. 그러나 거의 비슷한 위치인 4호 성체城體Tr뻘층 3.4m(도면14-7, 도판30-11)에서 출토된 고배 배신편은 구연에서 꺾여 밖으로 벌어지는 무개형 고배로서 좀 더 올려볼 수 있는 것이다.[647]

그 외에 4호 외벽석축 내 채집(도면19-1, 도판33-1)의 단각고배는[648] 장방형의 투창이 엇갈려 배치된 신라 양식의 것으로 6세기 전반에 해당한다고 보이며, 15호 수혈주

先入旃檀梁[旃檀梁城門名 加羅語謂門爲梁云] 其國人不意兵猝至 驚動不能禦 大兵乘之 遂滅其國".

644 慶南考古學硏究所, 『鳳凰土城-金海 會峴洞事務所~盆城路間 消防道路 開設區間 發掘調査 報告書-』, (社)慶南考古學硏究所, 2005, 32쪽.

645 慶南考古學硏究所, 앞의 책, 2005, 13쪽.

646 慶南考古學硏究所, 앞의 책, 2005, 125쪽.

647 토기의 세부 설명은 慶南考古學硏究所, 앞의 책, 2005, 47쪽 참조.

648 慶南考古學硏究所, 앞의 책, 2005, 57쪽.

거지-3(도면38-3, 도판51-4)에서 출토된 고배는[649] 배신의 뚜껑받이턱이 없고 대각부에 투창도 없는 '무개무투창 고배'로서 4세기대의 것으로 보인다. 이렇게 볼 때 이 토성 내부의 사용 연대는 4세기부터 6세기까지로 추정되나 토성의 축조 시기는 5세기 후반으로 추정된다.

그렇다면 5세기 후반에 가야연맹의 복구 움직임에 따라 금관가야, 즉 남가야에서도 왕성 주변에 토성을 축조하여 방어체계를 구축한 것일까? 현재까지의 증거로 보아 일단은 그렇게 추정하지만, 주거지의 시기가 올라가는 토기들의 존재로 보아 토성의 축조 연대가 4세기 후반까지 올라갈 가능성은 충분히 있다. 왜냐하면 김해의 금관가야의 경우에 5세기 이후로는 그다지 강한 면모가 상정되지 않고, 반면에 권력이나 무력도 강하고 전쟁의 위기가 고조되었던 시기는 그 이전의 4세기 후반이었기 때문이다. 김해 봉황토성에 대한 발굴 조사 성과로 보아 후기 가야연맹의 약소국이었던 남가야국도 늦어도 5세기 후반까지는 토성을 축조한 것이 확인되므로, 이 시기의 다른 가야 소국들도 방어를 위하여 토성을 축조하였음은 충분히 상정된다.

정식으로 발굴 조사된 것은 아니지만, 후기 가야시대 낙동강 유역의 성들에 대한 연구 성과가 있다. 그에 따르면, 5세기에 가야산을 경계로 하여 그 북쪽에는 성주군 금수면 할미산성, 문경 고모산성, 김천 개령면 감문산성, 보은의 삼년산성 등의 신라 산성이 있고, 그 남쪽에는 고령군의 노고산성, 예리산성, 운라산성, 옥산리성지 등의 가야 산성이 대응하고 있었다고 한다. 또한 낙동강 중류역에는 낙동강을 경계로 하여 그 동쪽에는 달성 위천리성지와 석문성, 창녕 성산성과 고곡산성 등의 신라 산성이 있고, 그 서쪽에는 고령 봉화산성과 도진리성지, 합천 양진리성지, 의령 운곡리성지 등의 가야 산성이 대응하고 있었다고 한다.[650] 이런 연구 성과는 이미 5세기에 신라와 가야는 국읍이나 도읍 중심지에 토성을 쌓는 것을 넘어 그 주변에 산성을 축조하여 중심지에 대한 방어체계를 구축해 나가고 있었다는 의미가 된다.

---

649 慶南考古學硏究所, 앞의 책, 2005, 88쪽.
650 조효식, 「낙동강 중류역 삼국시대 성곽의 분류와 특징」 『古文化』 67, 한국대학박물관협회, 2006 ; 「5세기 말 가야와 신라의 국경선」 『한국 고대 사국의 국경선』, 김태식 외, 서경문화사, 2008, 183~184쪽.

다만 이 연구자는 낙동강 하류역에는 그 동쪽의 밀양 추화산성과 서쪽의 김해 봉황토성, 분산성, 양동산성과 진해 구산성 등이 있으나, 그 중에서 금관가야의 왕성으로 보아온 봉황토성에서만 금관가야의 사용 흔적이 확인되고, 나머지 성곽들은 대부분 6세기 중반 이후에 축조된 신라 성곽이라고 하였다. 오히려 낙동강 하류역 이서지역 내에서 다수의 성곽이 축조되고, 성곽 간에 대치 양상이 확인되는 곳은 함안의 칠원 지방으로서, 여기에는 광로천[匡盧川]을 기준으로 좌측에 함안 용성리산성, 안국산성, 칠원산성, 토덕산성의 1군의 성곽이 축조되어 있고, 우측에 함안 성지봉산성, 검단산성, 무릉산성이 마주 보며 분포한다고 보았다.[651] 만약에 그것이 흠명기에 나오는 '구례산[久禮山] 5성'과 관련된 유적이라면 이는 가야인들이 쌓은 것이라고 해도 각기 백제나 신라의 기술 또는 영향력이 작용한 산성이라고 하겠으나, 구체적인 발굴 조사가 이루어지지 않았으므로 더 이상의 억측을 삼간다.

한편, 전북 동부지역에서는 대체로 내륙 교통로가 통과하는 교통의 중심지와 전략상 요충지에 산성이 밀집되어 있고 그 중 상당수가 5~6세기 후기 가야시대의 것이라는 견해가 있다.[652] 전북 동부지역에는 일정한 간격을 유지하면서 80여 개소의 봉수가 배치되어 있는데, 그 중에 산봉우리 정상부를 평탄하게 다듬고 나서 만든 장방형의 토단과 산봉우리 정상부를 한 바퀴 두른 성벽은 유구의 외형적인 속성상 정형화된 조선시대의 봉수와는 큰 차이를 보인다고 한다. 특히 100여 기의 가야계 고총이 밀집된 진안고원의 장수권에 집중적으로 밀집되어 있으면서 그곳을 방사상으로 에워싸고 있다는 점도 증거로 들고 있다.[653] 무엇보다 삼국시대 회청색 경질토기편보다 시기가 늦은 청자나 백자 등의 자기류가 봉수에서 수습되지 않는 것은, 봉수의 설치 시기와 설치 주체를 파악하는 데 결정적인 기준이 된다는 것이다.[654]

---

651 조효식, 앞의 논문, 2008, 190~192쪽.
652 곽장근, 「호남 동부지역 산성 및 봉수의 분포양상」『영남학』 제13호, 경북대학교 영남문화연구원, 2008, 211~261쪽.
653 조명일, 「전북 동부지역 봉수의 분포양상」『호남지역 문화유적 발굴성과』, 호남고고학회, 2004, 175~182쪽.
654 곽장근, 「삼국시대 교통로의 조직망과 재편과정-전북지역을 중심으로-」『동아시아 고대의 길: 제24회 한국고대사학회 합동토론회 발표요지』, 한국고대사학회, 2011.

그러나 전라북도 동부지역의 산성과 봉수 유적들은 대개 지표조사 결과뿐이고 정식 발굴된 것은 극소수라는 점이 문제이다. 그 주변에 가야계 고총이 밀집되어 있거나 산성이나 봉수 부근에서 회청색 경질토기가 나온다는 것만으로, 그 산성이나 봉수가 가야인들이 축조한 것이라는 증거가 되지는 않는다. 발굴이 이루어진 진안 와정토성에서 나온 토기류는 삼족토기를 비롯한 백제토기가 절대량을 차지하고 소량의 가야토기가 포함되어 있다고 하므로,[655] 그 토성이 가야 멸망 직후의 백제시대에 만들어졌을 가능성도 고려해야 한다. 남원 성리산성, 장교리산성, 장수 대성리 합미성, 침곡리산성, 거령성, 신안 월계리신성 등은 모두 정연한 석축으로 이루어져 있어서[656] 가야시대의 것으로 추정되지는 않는다.

진안 태평봉수와 장수 장안산봉수, 봉화산봉수와 같은 것도 석축으로 이루어져 있다. 이것들은 6~7세기 백제와 신라가 대치하고 있던 시대 또는 그 이후의 것들일 가능성이 더 높지 않을까 하나, 그 주변의 가야 고분들을 축조한 세력들의 존재는 분명하므로 그들도 어떤 방어체계를 가지고 있었다고 상정할 필요성이 있다. 다만 이들을 가야의 방어체계와 관련하여 설명하기 위해서는 추후 정밀 발굴조사 결과를 기다려야 할 것이다.

2. 가야의 무기, 무장체계

1) 가야의 무기(武器)체계

가야가 되기 전 영남 지역에는 서력 기원전 7세기 이후 정교한 간석기磨製石器로 만든 무기가 출현하여 성행하고 있었다. 그러한 것으로는 간돌검磨製石劍과 간돌화살촉磨製石鏃이 있다. 그 중에서 간돌검은 청동기시대 영남 지역의 고인돌 유적에서 대개 1자루씩 나오는데, 이는 실제로 무기로 쓰이기보다는 피장자의 권위를 상징하는 물품이다.

그러나 기원전 3세기 초기 철기시대 이후의 것으로 보이는 마산 진동리 유적, 창원

---

655 군산대학교박물관, 『전북동부지역 가야유물』, 군산대학교박물관, 2005, 153쪽.
656 군산대학교박물관, 앞의 책, 2005, 156~209쪽.

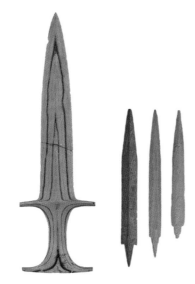

간돌검과 간돌화살촉(육군박물관)

덕천리 31호 돌널무덤, 김해 무계리 고인돌, 합천 영창리 유적 등에는 청동으로 만든 검과 화살촉 등의 무기가 부장되기도 하였다. 이는 그들이 생산한 것은 아니고 서북한이나 충남 지역 등에서 비싼 값을 치르고 구입한 것이며, 실제 전쟁에서는 돌로 만든 무기가 사용되었을 것이다.

이러한 상황은 가야 문화 기반이 형성되는 기원전 1세기 이후에 들어서면 다른 차원으로 바뀌게 된다. 기원전 1세기 후반의 널무덤인 창원 다호리 1호분에서는 철기 유물이 다량 출토되었는데, 철기 구성은 납작도끼, 쇠따비 등의 농공구가 7종 31점이고, 무기는 3종 9점이어서, 쇠단검鐵短劍 3점, 쇠투겁창鐵鉾 4점, 쇠꺽창鐵戈 1점이 출토되었다. 그에 더하여 세형동검細形銅劍 2점, 청동투겁창銅鉾 1점의 청동제 무기가 있었다. 여기서 철제 무기의 형태와 종류는 서북한의 세형동검 문화기와 유사하고, 철검은 손잡이와 손잡이 끝장식을 청동으로 만들어 이전의 전통을 계승하고 있다. 특히 쇠투겁창은 봉부鋒部의 단면이 납작한 육각형으로 생겨서, 대동강 유역 위만조선의 단조 철기 문화와 연관성이 인정된다.[657] 다호리 1호분의 무기 구성은 서북한 낙랑 지역 무기의 쇠장검鐵製長劍, 쇠단검, 큰 쇠칼鐵製大刀, 작은 쇠칼, 쇠투겁창, 쇠가지창戟, 쇠슴베를 가진 청동화살촉鐵莖銅鏃, 청동단검, 청동투겁창, 청동꺽창, 청동쇠뇌銅弩 등의 구성과 비교할 때 장검과 큰칼이 없어서, 철제 무기 제작기술 측면의 일정한 한계성을 보인다.

그러나 여기서 출토되는 청동 및 철제 무기들은 유입품이 아니고 자체적 생산기반에 의하여 제조된 것일 뿐만 아니라, 꺽창과 같이 독자적 형태의 것도 제조할 수 있었다는 점에서 중요한 의미가 있다. 게다가 이러한 무기 구성은 남한 지역에서 2세기

---

657 송계현, 「낙동강 하류역의 고대 철생산」『가야 제국의 철』, 인제대학교 가야문화연구소 편, 신서원, 1995, 131~133쪽.

말까지의 한강 유역, 금강 유역이나 호남 지역에는 거의 보이지 않고, 낙동강 유역에서 가장 왕성한 모습을 보이고 있음을 유의해야 한다. 다만 이때의 병기는 근접전 용도의 단검과 투겁창이 주류를 이루므로, 무기의 보유 양상에서 보아 조직적인 전술 구사나 집단 간의 대규모 전투는 없었다고 보인다.[658] 다호리 유적의 철제 무기 구성은 기원후 1세기로 넘어가면서 청동제 무기류와 쇠꺽창이 소멸되고, 그에 대신하여 슴베가 없고 양 날개가 뒤로 뻗친 형태의 쇠화살촉無莖逆刺式鐵鏃이 등장하는 등의 작은 변화를 보이나, 기본적인 철제 무기 체제는 그대로 유지되고 있다.

쇠창

　가야 지역의 철제 무기는 2세기 후반의 대형 덧널무덤이 나타나는 시기에 한 번 더 변혁을 겪는다. 김해 양동리 162호분에서는 쇠단검 6자루, 단면 렌즈형의 대형 쇠투겁창 1점, 중형 쇠투겁창 10여점, 쇠화살촉 60여점 등의 철제 무기가 출토되었다.[659] 이처럼 철제 무기가 발전하는 모습은 계속 이어져 양동리의 3세기 유적에서는 쇠장검鐵製長劍, 고리자루 큰칼環頭大刀과 슴베 있는 쇠화살촉有莖式鐵鏃이 나타나게 된다. 이처럼 2세기 후반부터 3세기에 걸쳐 새로이 장검과 큰칼이 나타나는 것은 그 소유자의 의장용儀仗用 필요에 의한 것으로서 군사적 지배자로서의 권위의 강화를 나타낸다. 대형 쇠투겁창도 몸체의 길이가 장대해지는 반면 자루의 길이는 왜소화하여 창의 본래 기능인 찌르는 용도로는 합당치 않은 형태를 띠고 오히려 외형을 강조한 부장용 또는 권위를 과시하기 위한 요소가 보인다.[660] 그러나 더 중요한 것은 실전에 쓰이는 쇠투겁창과 쇠화살촉의 출토량이 상대적으로 많고 형태가 다양해진다는 점이다. 이로 보아 무기 소유에서 원거리 전투와 집단간 전투가 인정되니, 이는 소국 병합 과정에

658 송계현, 「전쟁의 양상과 사회의 변화」『고대의 전쟁과 무기』, 부산복천박물관, 2001, 9~10쪽.

659 임효택, 「김해 양동리 제162호 토광목곽묘 발굴조사개요」(발굴지도위원회 현장보고자료), 1991.

660 李在賢, 「Ⅴ. 考察」『蔚山下垈遺蹟-古墳Ⅰ』, 釜山大學校博物館, 1997; 「弁韓社會의 形成과 發展」『가야 고고학의 새로운 조명』, 부산대학교 한국민족문화연구소 편, 혜안, 2003, 30쪽.

고리자루칼(김해박물관)

있어 상호간의 전쟁이 늘어났기 때문이라고 하겠다.

가야의 무기는 3세기 후반부터 4세기 전반에 걸쳐 한 차례 더 진화하였다. 김해 대성동 고분군과 부산 복천동 고분군과 같은 4세기 위주의 고분군에서 출토된 것을 보면, 철제 무기의 구성은 고리자루 큰칼, 쇠투겁창, 쇠화살촉 등으로서, 검이 사라지고 무기의 가장 많은 비중을 차지하는 것이 쇠투겁창으로 바뀌었다. 이 창은 기병의 충격무기로 사용하기에 매우 적합한 형태로서 이 단계에 수용된 실용 마구와 함께 북방 기마문화의 영향으로 일괄 유입되었다고 보인다.[661] 그 쇠투겁창은 전에 비해 창 날의 폭이 좁고 단면이 마름모꼴이 되어 주로 찌르는 용도로 공격력이 향상된 단면 마름모꼴 쇠투겁창斷面稜形鐵鉾이다. 쇠화살촉도 촉의 뒷부분에 짧은 쇠기둥을 첨가하여 촉의 무게를 증대시킴으로써 날아가는 거리와 관통력이 향상된 목 있는 쇠화살촉有頸式鐵鏃이다.[662] 이는 4세기에 들어 가야 지역 내부 소국 사이, 또는 신라와 가야 사이에 전쟁이 치열하게 일어났고 이에 대응하여 지배층들도 전투 능력을 강화하기 위해서 치명적인 무기 개발에 주력했다는 사실을 보여준다.

5세기 이후 6세기 중엽까지의 고령 지산동 고분군이나 합천 옥전 고분군 등에서는 다른 지역에 비해 많은 철제 무기들이 집중된 모습을 보여준다. 공격용 무기로서는 쇠화살촉의 촉 뒷부분이 더욱 길어져서 좀 더 공격력이 강화된 목 긴 쇠화살촉長頸式鐵鏃이 나타난다. 이때에는 무력에 의한 권력 집중과 동시에 전문 전사 집단이 나타나며 기마전과 원거리 공

---

661 金斗喆, 「무기·무구 및 마구를 통해 본 가야의 전쟁」 『가야고고학의 새로운 조명』, 한국민족문화연구소 편, 혜안, 2003, 145쪽.
662 金泰植·宋桂鉉, 『韓國의 騎馬民族論』, 한국마사회 마사박물관, 279쪽.

격이 주요한 전술로서 자리 잡았다.[663] 또한 이 시기에는 철제 무기에 장식적인 요소가 많아졌다. 함안 마갑총 출토 금판장식 고리자루 큰칼, 고령 지산동 34S⑤-3호 석곽 출토 금동제 화살통 장식 일괄, (전)고령 출토 은상감 세잎무늬 고리자루 큰칼, 합천 옥전 M3호분 출토 봉황무늬 고리자루 큰칼 등이 그 유례이다. 이는 가야 지배층의 부富와 권력이 증대되면서 자기 과시 욕구가 발로된 결과라고 하겠다. 이 단계에서 특히 주목되는 것은 고리자루 큰칼의 부장이다. 큰칼은 신분의 상징으로도 사용되었는데, 가야에서 용이나 봉황무늬 고리자루 큰칼 - 세잎무늬 고리자루 큰칼 - 무늬 없는 고리자루 큰칼 - 고리자루 없는 큰칼의 위계가 성립한 것은 군사 편제와 명령체계가 보다 정교하게 갖춰져 갔음을 보여준다.[664]

2) 가야의 무장(武裝)체계

무장체계와 직접적인 관련을 가지는 것은 갑주와 마구라고 하겠다. 이는 무기를 다루는 무사들의 공격력 향상 및 방호를 위한 보조적인 도구들이기 때문이다. 그런데 3세기 이전까지는 갑주와 관련된 유물이 출토되지 않고 마구만 출토되기 때문에 우선 초기의 마구부터 설명하고자 한다.

한반도 남부에서 출토되는 초기 마구는 청동제 또는 철제 봉상棒狀 재갈멈추개가 달린 재갈鑣轡로서,[665] 이는 중국 전국시대 또는 한사군 계통의 것이다. 여기서 일부 수레 부속구가 철제 재갈과 함께 나타나므로, 말의 이용에 대한 인식은 있으나 말을 직접 타는 기마용이 아닌 마차용이었다고 할 수 있다. 또한 2세기 중후반의 김해 양동리 162호분 덧널무덤에서 출토된 철제 S자형 봉상 재갈멈추개의 양쪽 끝에 고사리 무늬를 넣는 것으로 보아, 당시의 마구는 실용적이거나 전투적인 면보다는 의기儀器

---

663 송계현, 「전쟁의 양상과 사회의 변화」『고대의 전쟁과 무기』, 부산복천박물관, 2001.
664 金斗喆, 앞의 논문, 2003, 147쪽.
665 최초의 것은 1974년에 대구 평리동 와룡산 일대에서 세형동검, 청동꺽창, 중국 거울, 청동말종방울 등과 함께 발견된 기원 전후한 시기의 청동제 봉상 재갈멈추개 및 철제 재갈쇠이며, 창원에서는 1세기경의 다호리 널무덤에서 수레부속구로 보이는 청동기들과 철제 S자형 봉상 재갈멈추개가 달린 재갈[鐵製S字形鑣轡]이 출토되었다.

철제 종장판 정결 판갑옷과 복발형 투구(김해박물관)

로서의 장식적 측면이 강하다고 할 수 있다.

한편, 3세기 이전 가야 지역의 갑옷과 투구, 즉 갑주는 나무 혹은 가죽 등으로 제작되었을 것으로 추측되나, 현재까지 실물로 출토된 것은 없다. 그런데 4세기 전반에 북방계 마구 문화가 도입됨에 미쳐 갑주가 철제로 전환되어, 김해·부산 지방과 울산·경주 지방을 중심으로 다량으로 출토되고 있다. 가야 지역에서 확인되는 4세기대의 철제 갑주는 몽고발형 투구 또는 복발형 투구라고도 불리는 철제 종장판 혁철 투구鐵製縱長板革綴冑, 세로로 기다란 철판을 잇대어 못으로 박아 연결한 종장판 정결 판갑옷鐵製縱長板釘結板甲, 조그마한 쇠조각 즉 쇠미늘을 가죽 끈으로 엮어 만들어서 착용했을 때 몸의 움직임이 자유스러운 미늘갑옷挂甲=札甲 등이다.[666]

가야 지역에서 철제 갑옷과 투구가 만들어지게 된 이유는 3세기 후반부터 4세기 전반에 걸쳐서 원거리 공격용 무기인 창과 화살촉의 증대된 관통력에 대응하기 위한 것이다. 4세기의 가야 갑옷과 투구는 주로 김해 대성동 고분군과 부산 복천동 고분군과 같은 중심 고분군에서 나타나며, 4세기 전반에는 그 소유층의 범위가 최상층에 한정되다가, 4세기 후반에는 그 보유층이 확산된다.

가야 판갑옷의 사례로는 부산 복천동 57호분 출토의 철제 종장판 정결 판갑옷, 김해 양동리 78호분 출토의 철제 투구와 판갑옷, (전)김해 퇴래리 출토의 철제 종장판

---

666 송계현, 「우리나라 甲冑의 變化」 『고대 전사와 무기』, 부산복천박물관, 1999, 105~107쪽.

발걸이, 말띠드리개, 사행상 철기(김해박물관)

정결 판갑옷 등이 있다. 종장판 판갑옷은 중국 및 중국 북방을 비롯한 어떠한 지역에서도 유례가 확인되지 않는 영남 지역 특유의 갑옷 형식으로서, 북방으로부터 유입된 철제 갑옷의 자극에 의해 나타난 것이다.[667]

미늘갑옷은 4세기 전반 부산 복천동 38호분 출토품이 가장 이른 것으로 요찰腰札과 동찰胴札이 존재하는 배자갑背子甲만 부장되어[668] 몸체만 가릴 수 있는 형태를 띠니, 이는 미늘갑옷의 아이디어만 도입된 것이다. 중장 기마전술에 적합한 미늘갑옷은 4세기 후반 김해 대성동 고분군의 3·39·47·57호분에 비로소 도입되나, 이는 요찰腰札과 경갑頸甲 만이 철제이고, 그 외의 부분은 유기질이었을 것으로 추정된다. 대성동 2호분에서는 그것보다 조금 더 발전하여 몸통 부위와 기타 부분이 모두 철제로 된 완전한 형태의 미늘갑옷이 등장하였다.[669]

4세기대의 가야 갑옷과 투구에서 유의해야 할 점은 그 형식이 지역별 차이 없이 정형화되어 있고 다량으로 제작되었다는 사실이다. 이는 그것이 전문적인 공인 집단에 의해서 제작된 것이며, 그것을 착용한 군사들이 적지 않았음을 말해 준다. 함께 출토되고 있는 무기 및 마구로 보아 그들은 중장기병이었다. 즉 중국의 중원을 침입한 북방 기마민족이 중장 기마전술을 채택함에 따라 고구려도 4세기 전반에 이를 채택하였으며, 그 파급이 가야 지역에도 미친 것이다. 그런 중장 기마전술을 활용하기 위해

---

667 申敬澈,「加耶 初期馬具에 대하여」『釜大史學』18, 1994.
668 黃秀鎭,「三國時代 嶺南 出土 札甲의 研究」『한국고고학보』78, 한국고고학회, 2011, 83쪽.
669 黃秀鎭,「三國時代 嶺南 出土 札甲의 研究」『한국고고학보』78, 한국고고학회, 2011, 83쪽.

서는 마구의 개량이 필수적이다.

당시의 대표적인 재갈은 4세기 전반 부산 복천동 38호분의 주곽에서 출토된 f자형 봉상 재갈멈추개가 달린 재갈이다. 이 재갈은 재갈쇠의 양 끝에 바로 고삐를 매던 기존 것과 달리 재갈쇠와 고삐 사이에 두 가닥의 철봉으로 만든 길다란 고삐이음새가 달려 있는 것이었다. 이로 보아 가야 지역의 마구 기술자들은 긴 고삐이음쇠를 가진 기승용 마구의 효용을 알게 되어 중국 동북 지방의 마구 문화를 수용하였으며, 자체적으로 다양한 요소를 결합시켜 개량한 것이다.[670] 이는 4세기 후반의 부산 복천동 60호분이나 김해 대성동 2호분에서 출토된 f자형 봉상 재갈멈추개가 달린 재갈f字形鑣轡, 부산 복천동 23호분에서 출토된 f자형 판상 재갈멈추개가 달린 재갈f字形鏡板轡, 김해 대성동 2호분이나 20호분에서 출토된 원형 판상 재갈멈추개가 달린 재갈圓形鏡板轡, 부산 복천동 54호분과 95호분 등에서 출토된 사다리꼴 판상 재갈멈추개가 달린 재갈梯形鏡板轡도 마찬가지이다.

또한 부산 복천동 48호분에서는 가야 지역에서 가장 빠른 시기의 목심철판 발걸이木心鐵板鐙子가 나타난다. 발걸이는 승마에 익숙하지 않은 사람들이 말에 오를 때나 말을 타고 자세를 잡을 때 도움이 되는 발받침이다. 고삐이음쇠가 긴 재갈과 목심철판 발걸이는 중장 기마전술을 구사할 수 있게 하는 기승용 마구의 핵심 부품인데, 4세기의 가야 지역 마구는 그를 위한 개량이 이루어진 것이었다. 긴 고삐이음새에 비하여 목심철판 발걸이는 시기적으로 약간 뒤에 나오는 경향이 있는데, 그 이전에는 철판을 덧씌우지 않은 목제 발걸이를 사용했을 가능성이 높다.

5세기가 되면 가야의 갑주에 일대 변혁이 나타난다. 즉 4세기 철제 갑옷의 주류를 이루었던 판갑옷이 현저하게 줄고 그 대신 미늘갑옷이 급속히 확산된다. 이와 같은 갑옷의 변화는 5세기 초에 고구려가 가야 지역에서 행한 중장기병을 중핵으로 한 기마전과 원거리 공격이 주요한 군사 전술로서 자리 잡게 된 때문이라고 보인다.[671] 말 투구와 말갑옷이 출토되는 것도 같은 현상의 일환이다. 미늘갑옷의 증가와 함께 갑주

---

670 金泰植·宋桂鉉, 『韓國의 騎馬民族論』, 한국마사회 마사박물관, 2003, 251~254쪽.

671 宋桂鉉, 「전쟁의 양상과 사회의 변화」『고대의 전쟁과 무기』, 제5회 부산복천박물관 학술발표대회, 2001.

의 부장 양상노 변화한다. 즉 소형 고분이 갑주 부장이 확산되고, 한편으로는 최고 계층에의 갑주 집중화 현상도 동시에 나타난다. 비교적 소형 고분에서는 이른바 '칠단구성 판갑옷'[672]이 출토되나, 그것이 대형 고분에서 출토될 경우에는 미늘갑옷과 함께 출토된다.[673] 이는 군사력의 장악을 통해 무력에 의한 권력 집중이 이루어지면서 전문 전사 집단이 나타난 것을 반영한다.

5세기 미늘갑옷의 전형적 사례로는 부산 복천동 10·11호분 출토의 철제 종세장판 혁철 복발형 투구, 목가리개, 종장판 정결 판갑옷, 미늘갑옷, 정강이가리개, 말투구 세트가 있다. 복천동 10·11호분은 5세기 이후의 것으로서 당시의 피장자는 이미 신라측에 동조하고 있었을 가능성이 높으나, 그 출토 유물들은 아직까지 가야의 문화를 혼용하고 있었다고 볼 수 있다. 고령 지산동 32호분에서는 요찰腰札, 동찰胴札, 상박찰上膊札, 합천 옥전 M1호분과 28호분에서는 요찰腰札, 동찰胴札, 경갑頸甲, 비갑臂甲 등으로 구성된 미늘갑옷이 출토되었다.[674] 또한 5세기 이후 가야의 판갑옷 계통 유물로는 함양 상백리 고분 출토의 철제 삼각판 정결 판갑옷, 고령 지산동 32호분 석실 출토의 횡장판 정결 판갑옷과 투구, 합천 옥전 28호분 출토의 횡장판 정결 판갑옷과 투구, 고령 지산동 ⑨-3호분 출토 챙 달린 투구 등이 있다.

한편 가야의 실용적인 기승용 마구 문화는 5세기 전반에 함안 지방이나 합천 지방으로 확산되고, 5세기 후반에는 가야 전역으로 확산되면서 중장기병용 갑옷과 투구도 확산되었다. 이때의 마구에는 새로운 요소가 추가되는데, 재갈, 발걸이, 안장 등의 기본 장구 외에 각종 금동제의 말띠꾸미개와 말띠드리개 등이 출현하며, 기본 장구에도 장식성이 강하게 나타난다. 이때 가야에서는 고령의 대가야를 중심으로 신라와 다른 독자적인 마장馬裝이 만들어졌으나,[675] 상위 신분자라고 하여도 장식이 매우 제한

---

672 칠단구성 판갑옷[七段構成板甲]이란, 삼각형의 철판을 가죽 끈으로 묶거나 못으로 박아 만든 삼각판 판갑옷[三角板板甲], 가로로 긴 철판을 못으로 박아 만든 횡장판 정결 판갑옷[橫長板釘結板甲] 등을 말한다.

673 송계현, 앞의 논문, 1999, 108~109쪽.

674 黃秀鎭, 앞의 논문, 2011, 98쪽.

675 신라는 이 시기에 고구려의 馬裝制를 적극 수용하여 상위 신분사를 중심으로 매우 호화로운 말장식 풍습이 확산되며, 그 중심적인 마구는 입주부 말띠꾸미개[立柱附雲珠]와 무각 소반구형 말띠꾸미개[無脚小半球形雲珠] 및 편원어미형 말띠드리개[扁圓魚尾形杏葉]이다.

된 실용 마장을 계속 채택하여 장식 마구의 보급은 그리 활발하지 않았다.

대가야 양식의 대표적인 마구는 장식성 높은 내만타원형 판상 재갈멈추개內彎楕圓形鏡板, f자형 판상 재갈멈추개f字形鏡板, 검릉형 말띠드리개劍菱形杏葉 등이었는데, 이는 오히려 일본에서 더욱 보급되고 발전해간 양상을 보였다. 그와 같은 대가야 양식 마구의 유례로는 고령 지산동 44호, 45호분 출토의 금동제 마구 장식, 고령 지산동 44호분 25호 석곽 출토 내만타원형 판상 재갈멈추개, 합천 옥전 M3호분 출토 말투구, 목심철판 발걸이, 철제 발걸이, 검릉형 말띠드리개, 사행상 철기, 말방울 등이 있다. 6세기 전반의 단계에 재갈·등자 등의 가야 마구가 신라에 비하여 장식성이 강한 것보다는 실용적인 것을 선호하고 있음을 지적한 견해가 있는데,[676] 이는 가야에게는 신라와 같은 체제의 안정이나 과시보다는 생존을 건 전쟁이 더욱 긴박했기 때문이거나, 혹은 6세기 이후 가야가 신라에 비하여 왕권의 성장 및 중앙집권 정도가 상대적으로 뒤쳐졌기 때문일 것이다.

3. 가야의 군사조직과 병력 동원체계

1) 가야의 군사조직

가야의 군사조직을 보이는 구체적인 사료는 존재하지 않는다. 그러나 가야가 소국연맹체 또는 초기 고대국가의 성격을 띠고 있었던 사실을 생각한다면, 그들의 군사조직은 각 소국 사이의 역학관계에 의하여 조성되었다고 볼 수 있다.

그렇게 볼 때 3세기 전반에 변진 12국은 김해의 가야국(=구야국=금관가야)을 중심으로 완만하게 통합되어 변한 소국연맹체, 즉 전기 가야연맹을 이루고 있었고,[677] 3세기 후반 이후로는 영남 지역 내에서 사회 전반적으로 무장적武裝的인 분위기가 조성

---

676 金斗喆, 앞의 논문, 2003, 148쪽.
677 김태식, 『미완의 문명 7백년 가야사 2권』, 푸른역사, 2002, 17~21쪽.

되면서 그러한 연합 관계가 좀 더 강화되어 정치 세력화하고 있었다.[678] 그러나 각 소국 사이의 분명한 상하관계나 초기 고대국가의 존재 여부는 주로 5세기 이후의 후기 가야시대를 중심으로 논의되고 있다.[679]

가야 지역의 군사조직 상황은 다음과 같은 고고학적 연구를 통하여 간접적으로 확인된다. 이 연구에서는 가야의 각 지역 고분별로 출토된 무기, 무구와 마구의 보유 상황을 정리하여 해당 고분들의 등급을 다섯 단계로 나누었다.[680]

      ① 무구武具와 마구馬具가 일괄 출토된 고분
      ② 무구나 마구의 어느 한 쪽이라도 출토된 고분
      ③ 무구나 마구는 출토되지 않고 원거리 병기인 투겁창이 기본적으로 포함된 고분
      ④ 무구, 마구, 장병은 출토되지 않고 단거리 병기인 검이나 칼이 기본적으로 포함된
         고분
      ⑤ 쏘는 병기인 화살촉만이 출토된 고분

그렇게 구분한 고분들의 분포를 종합한 결과를 볼 때, 최상급 유적은 ①형과 ②형과 같이 무장을 독점하며 개인적인 무장의 집중화도 현저한 고분들이 모여 있는 중심 유적으로서, 김해 대성동, 합천 옥전, 고령 지산동의 세 유적이 있다. 유적의 중심연대는 대성동이 4세기대, 옥전은 5세기대, 지산동은 5세기 후반~6세기 전반대로 약간씩 차이를 나타낸다.

상급 유적은 극소수의 ①형과 ②형 고분이 중심이 되거나 ③형과 ④형 고분이라고 해도 개인의 무장이 복수 부장되거나 다종 부장되어서 소수의 유력자에게 집중된 경우로서, 김해 양동리, 예안리 유적, 합천 반계제 유적, 고령 본관동 유적을 들 수 있다. 중급 유적은 ③형과 ④형 고분이 핵심이 되며 소수의 ②형 고분이 포함되어, 전사층

---

678 金泰植, 「新羅와 前期 加耶의 關係史」 『韓國古代史研究』 57, 한국고대사학회, 2010, 295~296쪽.
679 金泰植, 「初期 古代國家論」 『강좌 한국고대사』 제2권, 가락국사적개발연구원, 2003, 70~86쪽.
680 김두철, 「무기·무구 및 마구를 통해 본 가야의 전쟁」 『가야 고고학의 새로운 조명』, 부산대학교 한국민족문화연구소 편, 혜안, 2003, 131쪽.

이 그 집단구성에 있어서 공동체를 영위하기 위한 핵심적 역할을 맡았다고 생각되는 유적으로서, 김해 능동, 가달 유적, 김해 칠산동, 퇴래리 유적, 합천 봉계리, 저포리 유적이 해당된다. 하급 유적은 ⑤형 고분만이 존재하여, 무장을 거의 갖추지 않고 구성원들이 생업에 종사하는 유적으로서, 합천 삼가, 중반계 유적, 고령 쾌빈동 유적이 해당된다.[681]

위에서 하나의 지역단위 내에서 최상급, 상급, 중급의 무장을 보유한 유적이 혼재하는 것으로 보아, 중급 유적에서의 무장 보유자들의 역할은 지역 내의 경찰 의무에만 머물고 있던 것이 아니라, 비상시에는 최상급 유적에 예속하여 군사력을 제공하는 상비군으로서의 의무까지도 담당하였다.[682]

그리하여 가야에서는 이미 4세기 후반에 소수의 전업적이고 특권적인 전사 집단이 무장을 통해서 지배계층으로 등장했다고 한다.[683] 혹은 4세기의 김해 대성동 유적은 영남 지역에서 가장 이른 단계에 갑주와 마구를 갖추고 공격용 무기의 다종·복수 부장을 통하나 개인집중화를 이루어, '무장의 최상급 유적이 등장'한 상태임을 보이고, 그 인근의 상급 및 중급 유적에서도 무장 보유자들, 즉 반전업적 상비군이 존재하여, 가야의 지배세력은 이미 상당한 수준의 군사조직을 갖추고 있었다고도 한다.[684] 그러나 이러한 상황은 늘 일정했던 것이 아니라 5세기 이후로 일변하여 그 후 6세기 전반까지는 고령 지산동 고분군이 그 지위를 계승하게 된다. 다만 위의 연구에서는 함안 도항리, 말산리 고분군에 대한 분석이 결락되어 약간의 한계성이 보인다. 만일 그에 대한 분석이 포함된다면, 함안 세력의 군사조직도 고령 세력에 버금갈 정도라고 볼 수 있을 것이다.

5세기 이후의 후기 가야시대는 시기별로 상당히 다른 연맹 조직을 갖추고 있었다. 우선 5세기 전반에는 가야 지역의 여러 소국 중에서 국제교역 입지 조건이 가장 좋은

---

681 김두철, 앞의 논문, 2003, 137~139쪽.

682 김두철, 앞의 논문, 2003, 140쪽.

683 李賢珠, 「福泉洞古墳群의 武器副葬樣相을 통해 본 軍事組織의 形態」『博物館研究論集』 9, 부산박물관, 2002.

684 金斗喆, 「4세기 후반~5세기 초 고구려·가야·왜의 무기·무장체계 비교」『광개토대왕비와 한일관계』, 한일관계사연구논집 편찬위원회 편, 景仁文化社, 2005, 299~300쪽.

김해, 창원 일대의 세력은 극도로 쇠락한 채 어느 정도 신라의 영향력 아래 들어 있었고, 나머지 경남 서남부 지역이나 경상 내륙 산간 지역의 소국들은 독립성을 유지하고 있었으나, 국제 관계에서 고립되고 신라의 견제를 받으며 분산된 채로 존재하고 있었다.[685] 그러나 5세기 중엽에는 고령의 대가야를 중심으로 소국연맹체가 다시 결성되었으며, 특히 대가야가 단독으로 국제무대에 등장하여 작호를 받는 479년부터 고대국가로 성립하였고 530년대 신라의 팽창 정책으로 대가야가 다시 분열될 때까지 50여 년간 고대국가로 존재하였다는 견해가 있다.[686]

혹은 이런 추세를 인정하더라도, 가야는 5세기 후반 하지왕荷知王 때 후기 가야 소국연맹체 내에서 크게 대두한 것이고, 510년대에 초기 고대국가를 형성하여 529년까지 단독 왕권을 누렸다고 보기도 한다.[687] 함안 지방의 안라국에서 국제회의가 열린 529년 이후로는 가야 제국이 대가야-안라 이원체제에 놓여, 541년 및 544년의 사비회의에 참석한 인원 구성에서 추정되듯이 대가야(고령)를 중심으로 한 졸마국(함양), 산반해국(초계), 다라국(합천), 사이기국(부림) 등의 북부 가야연맹과 안라국(함안)을 중심으로 한 자타국(진주), 구차국(고성) 등의 남부 가야연맹으로 나뉘어 존속하였다.[688] 550년경에 대가야와 안라국을 중심으로 한 가야연맹은 독립성을 일부 상실하고 백제에 복속되었으나, 554년 관산성 전투에서 백제가 패배한 이후로는 가야 소국들이 각자 생존을 도모하는 수준이었다고 판단된다.

이렇게 볼 때, 5~6세기의 후기 가야에서 적어도 5세기 중엽 이후부터 6세기 중엽까지 고령에 중심을 둔 대가야가 연맹 전체의 군사조직을 주도하고 나머지 가야 소국들이 일정한 독립성을 유지한 채로 유사시에 회의를 거쳐 연맹 전체의 군사력 행사에 참여하는 형태였을 것이다. 그 중에서도 고령의 대가야가 가야 북부지역 일대에 고대국가를 성립시켰다고 보이는 510년 및 520년대에는 대가야의 명령이 해당 지역 내에서 좀 더 강압적이고 유기적으로 작용하였을 것이다. 문헌상의 이러한 결론은 고고

---

685 김태식, 『미완의 문명 7백년 가야사 1권』, 푸른역사, 2002, 172~173쪽.
686 김세기, 『고분 자료로 본 대가야 연구』, 학연문화사, 2003, 270쪽.
687 金泰植, 「初期 古代國家論」 『강좌 한국고대사 제2권』, 가락국사적개발연구원, 2003, 72~85쪽.
688 金泰植, 앞의 논문, 2003, 83~84쪽.

옥전고분군 출토 환두대도 자루

학적으로 5세기 후반부터 6세기 전반까지 고령 지산동 유적을 축조한 세력의 군사조직 능력이 최고급이었다는 결론과 일치한다. 또한 529년 이후로는 안라국 및 가야 남부지역의 일부 세력들이 별도의 지역연맹을 이루고 있었다고 본 것에서 알 수 있듯이, 6세기의 안라국은 대가야에 버금가는 군사조직을 갖추고 있으면서 상당한 독립성을 유지하였다고 추정된다.

한편, 산반해국 또는 다라국 지배자의 무덤이었다고 추정되는 합천 옥전 고분군은 5세기에 고고학적으로 최고급의 가야 군사 유적이라는 점에서 부연 설명이 필요하다. 옥전 고분군에서 출토된 고리자루 큰칼環頭大刀을 분석한 연구에 의하면, 옥전 고분군 중에서 가장 오랜 왕묘로 상정되고 있는 23호분과 5세기 3/4분기의 1호분의 단계에서는 가야에서 제작된 한식漢式 고리자루 큰칼 내지는 신라계 고리자루 큰칼, 백제계 B형 고리자루 큰칼을 왕권의 상징으로서 쓰고 있었으나, 5세기 4/4분기에 매장된 3호분의 피장자는 처음에는 백제에서 제작된 가야계 고리자루 큰칼을 왕권의 상징으로 삼다가 후기에는 가야에서 만든 가야계 고리자루 큰칼을 소지하게 되었으며, 6세기의 4·6호분의 피장자들도 가야에서 만든 가야계 고리자루 큰칼을 가졌다고 한다. 그러므로 고리자루 큰칼이 본래 책봉의례로서의 요소를 가지고 있다면, 고령의 대가야를 맹주로 한 연합관계를 상정하는 것이 가능하게 된다.[689] 그렇다면 5세기 중엽 이후로 합천 옥전 고분군 축조 세력은 군사능력이 우수한 상태에서도 고령 대가야에 연합되어 있었고, 그 관계는 5세기 4/4분기 이후 6세기 전반에 좀 더 분명해졌다고 하겠다.

---

689 町田章, 「加耶の環頭大刀と王權」 『加耶諸國의 王權』, 仁濟大 加耶文化硏究所 編, 1997, 146쪽.

2) 가야의 병력 동원체계

본서의 제2장 제1절 '라' 항목에서 가야의 정치적 성장과 대외전쟁에 대해서 개략적으로 설명한 바 있는데, 여기서는 그 대외전쟁 기사들을 토대로 하여 가야의 병력 동원체계를 가능한 데까지 추정해 보려고 한다.

우선『삼국사기』초기 기록에서 신라 탈해 이사금 21년(기원후 77)부터 지마 이사금 5년(116)까지 신라와 가야가 황산하黃山河 유역에서 대립하여 전투를 벌였다거나 하는 기사에서는 신라와 가야의 양자 대결로만 나오기 때문에 가야군이 어떤 병력 동원체계를 가지고 있었는지 알 수 없다. 그런데 그에 이어지는 포상팔국浦上八國 전쟁 기사에서는 보라국保羅國, 고자국古自國, 사물국史勿國 등 포상팔국이 가야국을 공격하였으며,[690] 그 3년 후에 골포骨浦, 칠포柒浦, 고사포古史浦 등 삼국의 군대가 갈화성竭火城을 공격하였다.[691] 보라국 등의 포상팔국은 여기서 가야국을 공격하는 주체로 나오고 있으나 원래는 전기 가야연맹을 이루는 소국들이었다고 추정된다. 이로 보아 전기 가야연맹은 소국들이 각자 병력을 동원하는 체계를 가지고 있었으며, 그들은 연맹 전체의 이익을 위하여 맹주국인 가야국의 동원 명령에 따르기도 하나, 사정이 맞지 않으면 독자 행동을 하기도 하고 심지어는 몇몇 소국이 뭉쳐서 맹주국인 가야국을 공격하기도 하였다.

그러므로 전기 가야연맹의 병력 동원체계는 일정한 제도가 이루어지지 않은 상태에서 각 소국의 이해관계에 따라 이루어지고 있었다. 그 이해관계는 인접국 사이의 영토 인정 문제, 평상시의 교역-교류 관계에 따라 수시로 변하였다고 보인다. 신라, 즉 진한 소국연맹의 일이긴 하나, 파사왕이 음즙벌국과 실직곡국의 영토 분쟁을 중재

---

690 『삼국사기』권2, 신라본기2, 나해이사금 14년(209) 가을 7월, "浦上八國 謀侵加羅 加羅王子來請 救 王命太子于老與伊伐飡利音 將六部兵 往救之 擊殺八國將軍 奪所虜六千人 還之";『삼국사기』권 48, 열전8, 물계자, "時八浦上國同謀伐阿羅國 阿羅使來請救 尼師今使王孫捺音 率近郡及六部軍往 救 遂敗八國兵";『삼국유사』권5, 피은8, 물계자, "第十奈解王卽位十七年壬辰 保羅國古自國[今固 城]史勿國[今泗州]等八 倂力來侵邊境 王命太子㮈音將軍一伐等 率兵拒之 八國皆降".

691 『삼국사기』권48, 열선8, 물세사, "後三年 骨浦柒浦古史浦三國人 來攻竭火城 工率兵出救 大敗三國 之師";『삼국유사』권5, 피은8, 물계자, "十年乙未 骨浦國[今合浦也]等三國王 各奉兵來攻竭火[疑 屈弗也 今蔚州] 王親率禦之 三國皆敗".

하였다는 점은, 전기 가야연맹, 즉 변한 소국연맹도 마찬가지였다고 보인다.

그런데 신라 파사왕은 자신의 조정능력을 과시하기 위하여 가야 수로왕을 초청하여 중재를 짐짓 요청하기도 하였다. 소국연맹체를 주도하는 맹주국들이 자신의 능력을 소속된 소국들에게 과시하기 위해서는 주변에 있는 강국들과의 연관성을 보이거나 혹은 그 국가들의 병력을 동원하기도 하는 것이 중요하였기 때문이다. 가야도 유사시에 신라나 왜의 병력을 동원하기도 하였다. 그러나 이런 형태의 병력 동원에는 상당한 대가가 요구되어, 가야는 포상팔국 전쟁 때 신라의 병력을 요청한 대가로 왕자를 신라에 볼모로 보내기도 하였다. 가야는 자신의 힘을 외부적으로 또는 내부적으로 과시할 때 신라군보다는 왜군을 동원하는 것이 더욱 빈번하였다. 문헌적으로 확실한 가야의 병력 동원체계는 『광개토왕릉비』 경자년(400) 조에 나오는 왜군의 움직임에서 찾을 수 있다. 그에 따르면 왜군은 신라성 주변에 있다가 고구려군을 보고 도망하여 임나가라 종발성으로 들어가고 있다. 이로 보아 왜군은 임나가라에 의하여 동원된 병력이었음을 짐작할 수 있다. 비문에 '왜적倭賊'이라고 표현된 이 군대는 왜인으로만 구성된 단독 군대라기보다는 가야와 왜의 연합군일 가능성이 더욱 크다.

이러한 상황은 『일본서기』 웅략기 8년(464) 조에 신라 땅에서 고구려군과 임나왕任那王이 보낸 왜군이 대적한다는 기사에서[692] 더욱 분명하게 확인할 수 있다. 이는 『삼국사기』에서 481년 고구려가 신라의 미질부彌秩夫(경북 포항시 흥해읍)에 진군하였는데, 백제와 가야의 구원병이 이를 막았다는 기록을[693] 반영하고 있다. 『일본서기』에는 임나왕이 보낸 왜군으로, 『삼국사기』에는 가야군으로 표시된 군대의 실체는 같은 것으로서, 실제는 가야군대 안에 왜인 병력이 어느 정도 포함된 것을 가리킨다고 할 수 있다.

위와 같이 한반도의 복잡한 국제관계 속에서 가야인과 왜인으로 이루어진 군대가

---

692 『일본서기』 권14, 웅략천황 8년, "春二月 自天皇卽位 至于是歲 新羅國背誕 苞苴不入 於今八年 而大懼中國之心 脩好於高麗 由是 高麗王遺精兵一百人 守新羅 有頃 高麗軍士一人 取假歸國 時以新羅人爲典馬 而顧謂之曰 汝國爲吾國所破 非久矣 其典馬聞之 陽患其腹 退而在後 遂逃入國 說其所語 於是 新羅王乃知高麗僞守 遣使馳告國人曰 人殺家內所養鷄之雄者 國人知意 盡殺國內所有高麗人 惟有遺高麗一人 乘間得脫 逃入其國 皆具爲說之 高麗王卽發軍兵 屯聚筑足流城[或本云 都久斯岐城] 遂歌儛興樂……二國之怨 自此而生[言二國者 高麗新羅也]".

693 『삼국사기』 권3, 신라본기3, 소지마립간 3년, "三月 高句麗與靺鞨入北邊 取狐鳴等七城 又進軍於彌秩夫 我軍與百濟加耶援兵 分道禦之 賊敗退 追擊破之泥河西 斬首千餘級".

출동할 때에는 그 배후에 백제의 존재가 드리워져 있다. 가야-왜 연합군은 400년에 는 신라를 공격하였고, 464년 또는 481년에는 신라를 구원하여, 때에 따라 상반된 행동을 보이고 있으나, 이는 당시의 국제관계에서 백제의 이해관계를 지원하는 행위였다고 보인다. 즉 4세기 후반 및 5세기 초에는 백제가 가야 제국과 형제관계를 맺었다거나 백제가 왜와 화통하였다고 하여, 백제-가야-왜의 삼국 동맹이 고구려-신라의 양국 동맹을 공격하는 태세를 반영하고 있다. 반면에 5세기 후반에는 백제와 신라의 나제 동맹이 고구려의 남하정책에 대항하는 과정에서 가야의 군대가 백제와 함께 신라를 구원하고 있는 것이다. 그렇다면 왜군이 가야를 위해 동원되는 군대였던 것처럼 가야군은 백제를 위해 동원되는 군대였다고도 할 수 있다.

그러나 『일본서기』 현종기 3년(487) 조에는[694] 백제가 고구려 영토였던 이림爾林(충북 음성)을 공격하는 과정에서, 백제군의 일원으로 참가했던 목씨 세력 기생반紀生磐 및 가야의 나기타갑배 일행이 고구려와 내통하여 백제의 적막이해를 죽였다고 하였다. 게다가 그들은 대산성帶山城(충북 괴산군 도안면)을 쌓아 백제군의 보급로를 차단함으로써 백제에 대한 적대행위를 하기도 하였다. 이로 보아 가야군은 어떤 이해관계 속에서 대가를 받고 백제를 위한 행동을 해왔으나, 그 이해관계가 맞지 않으면 언제든지 백제가 아닌 다른 세력과도 손을 잡을 수 있는 독립적인 군대였다.

이는 백제와 가야가 적대관계를 맺게 되는 『일본서기』 계체기繼體紀 6년(512) 조부터 10년(516) 조까지 나오는 백제의 임나사현任那四縣 및 기문己汶·대사帶沙 공략 사건을 보면 좀 더 분명하다. 그에 따르면 512년 4월에 백제가 왜국에게 임나국의 상다리上哆唎, 하다리下哆唎, 사타娑陀, 모루牟婁의 4현을 달라고 하고, 513년에는 반파국伴跛國이 약탈한 기문 땅을 달라고 하자, 왜국이 그 모두와 함께 대사를 백제에게 주었다고 하였다. 이는 백제가 왜와의 교역을 빙자하여 그의 동의 아래 소백산맥 서쪽의 가야 소국들을 빼앗은 것을 의미한다.[695] 이에 대하여, 앞의 성곽 축조 기사에서 언

---

694 『일본서기』 권15, 현종천황 3년, "是歲 紀生磐宿禰 跨據任那 交通高麗 將西王三韓 整脩官府 自稱神聖 用任那左魯那奇他甲背等計 殺百濟適莫爾解於爾林[爾林 高麗地也] 築帶山城 距守東道 斷運粮津 令軍飢困 百濟王大怒 遣領軍古爾解内頭莫古解等 率衆趣于帶山攻 於是 生磐宿禰 進軍逆擊 膽氣益壯 所向皆破 以一當百 俄而兵盡力竭 知事不濟 自任那歸 由是 百濟國殺左魯那奇他甲背等三百餘人".

695 김태식, 앞의 책 1권, 2002, 188쪽.

급한 바와 같이, 514년에 반파는 자탄(진주)과 대사(하동)에 성을 쌓아 만해(광양)에 이어지게 하고 봉후와 저각을 설치하여 일본에 대비했으며, 또한 이열비爾列比(부림)와 마수비(영산)에 성을 쌓아 마차해(삼랑진)·추봉(밀양)에까지 뻗치고 사졸과 병기를 모아서 신라를 핍박했다.[696]

여기서 군대를 동원한 주체는 반파국, 즉 고령의 대가야인데 성과 봉수 등을 설치한 곳은 진주, 하동, 부림, 영산 등과 같이 상당히 먼 곳이고, 군사 활동을 벌였다는 광양과 삼랑진, 밀양 등은 더욱 먼 곳들이다. 그렇다면 여기서 대가야는 어떻게 병력을 동원하여 이런 군사적 행위를 하였을까? 여기서 대가야의 축성 행위는 후기 가야 연맹의 북부지역을 전체 영역으로 상정한 후의 국경에 대한 방어체계 구축이라고 할 수 있다. 이는 신라가 자비 마립간 때인 서기 463년부터 471년에 걸쳐 삽량성歃良城 주변, 이하泥河(강릉), 삼년산성三年山城(보은), 모로성芼老城(군위 효령 또는 포항 기계)과 같은 먼 곳에 성을 쌓았다는 기사에[697] 대비된다. 그런데 신라에서는 하슬라 사람으로서 15세 이상인 자를 징발하여 이하에 성을 쌓았다는 기록이 있어서 그 방법이 지방민에 대한 동원이었음을 알 수 있다. 가야의 사회발전단계가 30~40년 전의 신라보다 늦지는 않았다고 볼 때, 가야의 축성을 위한 병력 동원도 이와 같은 방식을 취하였다고 볼 수밖에 없다. 그렇다면 고령의 대가야도 가야 영역 전체를 방어한다는 목적 아래 지방민들을 동원하여 변경의 성을 쌓게 하였다고 보인다.

또한 대가야는 이를 기반으로 하여 백제에 대한 광양으로의 군사 행동, 신라에 대한 삼랑진, 밀양으로의 군사 행동을 벌였다. 그런 군사 행동에는 대가야의 판단이 부수되어야 하기 때문에 대가야의 중앙군대와의 합동 편제와 대가야 장군의 통솔이 필수적이었다고 추정된다. 계체기 9년조에는 516년에 왜국 사신 모노노베노무라지物部連와 수군 500명이 대사강에 머무른 지 6일 만에 반파가 군대를 일으켜 와서 그들을 공격하여 쫓아냈다는 기사가 나오는 바,[698] 왜군이 대사강, 즉 섬진강 하류의 하동 방

---

696 『일본서기』 권17, 계체천황 8년 3월, "伴跛築城於子吞帶沙 而連滿奚 置烽候邸閣 以備日本 復築城 於爾列比麻須比 而絙麻且奚推封 聚士卒兵器 以逼新羅 駈略子女 剝掠村邑 凶勢所加 罕有遺類 夫暴 虐奢侈 惱害侵凌 誅殺尤多 不可詳載".

697 『삼국사기』 권3, 신라본기3, 자비마립간 6·11·13·14년조 참조.

698 『일본서기』 권17, 계체천황 9년, "是月 到于沙都嶋 傳聞 伴跛人 懷恨銜毒 恃强縱虐 故物部連 率舟

면에 정박한 지 6일 만에 그를 쫓아낼 정도의 군대가 동원되어 왔고 사료상으로 엄연히 그 주체를 반파, 즉 대가야로 지목하고 있음으로 보아, 병력 동원은 고령의 대가야가 지휘하고 있었고 그 군대에는 대사(하동) 지방의 군대도 있었겠지만 거기에는 대가야의 중앙군이 주축을 이루고 있었다고 할 수 있다.

그 당시 가야의 병력 동원 규모가 어느 정도였는지는 분명치 않다. 554년의 관산성 전투에서 백제-가야-왜 연합군은 사졸 29,600명이 살해당하고 한 필의 말도 돌아가지 못하는 대패를 당했다고 하는데,[699] 『일본서기』 자료에 의하면 백제군은 1만 명,[700] 왜군은 1천 명[701] 수준이었다고 한다. 관산성 전투의 전체 피해 인원에서 백제군과 왜군의 숫자를 제외하면 그에 참여한 가야군의 규모는 적어도 18,600명 이상이라고 볼 수 있다. 신라나 백제가 전력을 기울여 외국을 칠 때의 군사 숫자가 2만 내지 5만 규모였다고 볼 때, 여기에 동원된 가야군의 병력은 대가야 1국만의 병력이라고 보기는 어렵고 적어도 10개 소국 이상의 전체 가야연맹 소국들에서 동원된 것이라고 볼 수 있다. 이는 백제가 당시 가야연맹의 2대 강국인 가라국(=대가야)과 안라국(=아라가야) 왕의[702] 휘하 소국들에 대한 병력 동원체계를 활용한 것이라고 하겠다.

대가야-안라 이원체제를 이루고 있던 540년 및 550년대 가야연맹의 병력 동원체계는 제한기회의諸旱岐會議를 활용하였다고 추정된다. 제한기회의의 존재는 541년과 544년 두 차례의 사비회의에 참가한 가야연맹 집사執事들을 통해 짐작할 수 있다. 이

師五百 直詣帶沙江 文貴將軍 自新羅去 夏四月 物部連於帶沙江停住六日 伴跛興師往伐 逼脫衣裳 劫掠所齎 盡燒帷幕 物部連等 怖畏逃遁 僅存身命 泊汶慕羅[汶慕羅 嶋名也]".

699 『삼국사기』 권4, 신라본기4, 진흥왕 15년, "秋七月 修築明活城 百濟王明襛與加良 來攻管山城 軍主角干于德伊湌耽知等 逆戰失利 新州軍主金武力 以州兵赴之 及交戰 裨將三年山郡高干都刀 急擊殺百濟王 於是 諸軍乘勝大克之 斬佐平四人士卒二萬九千六百人 匹馬無反者".

700 『일본서기』 권19, 흠명천황 15년 12월, "百濟遣下部杆率汶斯干奴 上表曰 (중략) 又奏 臣別遣軍士萬人 助任那".

701 『일본서기』 권19, 흠명천황 15년 정월, "別諮 方聞 奉可畏天皇之詔 來詣筑紫 看送賜軍 聞之歡喜 無能比者 此年之役 甚危於前 願遣賜軍 使逮正月 於是 內臣奉勅而答報曰 即令遣助軍數一千馬一百匹船卅隻".

702 『일본서기』 권19, 흠명천황 13년 5월, "戊辰朔乙亥 百濟加羅安羅 遣中部德率木刕今敦河內部阿斯比多等 奏曰 高麗與新羅 通和并勢 謀滅臣國與任那 故謹求請救兵 先攻不意 軍之多少 隨天皇勅 詔曰 今百濟王安羅王加羅王 與日本府臣等 俱遣使奏狀聞訖 亦宜供任那 并心一力 猶尚若茲 必蒙上天擁護之福 亦賴可畏天皇之靈也".

들은 가야연맹 전체에 대한 외교나 군사 문제의 논의와 결정을 이루는 자들로서, 각 소국들로부터 파견된 대표자들이었다. 1차 사비회의 때에는 안라국安羅國, 가라국加羅國, 졸마국卒麻國, 산반해국散半奚國, 다라국多羅國, 사이기국斯二岐國, 자타국子他國의 7개국에서 9인의 집사들이 참석했고,[703] 2차 사비회의 때에는 그에 구차국久嗟國을 포함한 8개국에서 9인의 집사들이 참석하였다.[704] 거기서 대부분의 집사들은 각 소국의 지배자인 한기旱岐 또는 한기의 아들 1인이었으나, 안라국은 차한기次旱岐 또는 하한기下旱岐 2~3인, 가라국은 상수위上首位, 다라국은 하한기下旱岐 또는 이수위二首位가 참석하여 다른 소국들보다 한기층旱岐層의 분화가 좀 더 세분되었음을 알 수 있다. 그리고 가야연맹의 두 맹주국인 가라국과 안라국에는 그 회의에 참석하지 않은 왕이 존재하여, 그 회의체의 결정사항을 최종 승인 또는 거부했던 것으로 보인다. 가야연맹의 병력 동원은 이와 같이 제한기회의諸旱岐會議에서 국력이나 발전과정이 서로 다른 각 소국 사이의 복잡한 이해관계를 조정한 후에 결정되고 실행되었던 것이다.

[補論] 이 글은 2011년 5월 초에 제출되었던 것이다. 그런데 2012년에 가야의 성곽 방어체계와 관련된 중요한 발굴조사 성과가 발표되었기 때문에 글의 내용을 일부 보충한다. 고령군과 대동문화재연구원(원장 조영현)은 2012년 3월 24일에 현장 공개 설명회를 열어 고령 주산성의 발굴조사 성과를 공표하였다. 그에 따르면 고령 주산성은 처음 축조 시기가 6세기 전반대인 대가야의 석축 산성으로 확인되었다고 하였다. 성벽의 원래 높이는 골짜기 부분에서 최대 7개 내외이고 대개 4m 내외로 계측되며, 너비는 4~6m라고 하였다.

---

703 『일본서기』 권19, 흠명천황 2년 4월, "安羅次旱岐夷呑奚 大不孫久取柔利 加羅上首位古殿奚 卒麻旱岐 散半奚旱岐兒 多羅下旱岐夷他 斯二岐旱岐兒 子他旱岐等 與任那日本府吉備臣[闕名字] 往赴百濟 俱聽詔書".

704 『일본서기』 권19, 흠명천황 5년 11월, "百濟遣使 召日本府臣任那執事曰 遣朝天皇 奈率得文許勢奈率奇麻物部奈率奇非等 還自日本 今日本府臣及任那國執事 宜來聽勅 同議任那 日本吉備臣 安羅下旱岐大不孫久取柔利 加羅上首位古殿奚 卒麻君 斯二岐君 散半奚君兒 多羅二首位訖乾智 子他旱岐 久嗟旱岐 仍赴百濟".

제6절

고구려의 요동 진출과 백제의 성장

1. 고구려의 요동 진출과 고구려-전연 전쟁

1) 4세기 초 국제정세의 변동

4세기 전반기에 고구려는 국가 발전의 기반으로서 대외팽창의 성과가 적지 않았다. 그 결과를 놓고 본다면, 313~314년에 낙랑군과 대방군을 병합하여 한반도 서북부를 차지하였고, 이어서 요동으로 진출을 지속적으로 꾀하였다. 즉 고구려 영역 팽창의 측면에서 볼 때에, 4세기는 한반도 서북부와 요동 지역으로 진출하면서 이를 확보해 가는 과정이라고 할 수 있다.

고구려의 진출 방향이나 교통로의 관점에서 보면, 요동 지역과 한반도 서북부는 분리되어 있지만,[705] 고구려의 영역 기반의 운영상에서 볼 때에는 양 지역은 밀접히 연

---

[705] 고구려의 수도 국내성에서 요동 지역으로 진출하는 주요 교통로는 졸본(환인)을 거쳐 蘇子河를 따라 북진하다가 新城(무순)에서 요동으로 나아가는 북로와 졸본에서 太子河를 따라 서진하면서 襄平(요양)으로 나아가는 남로 등 두 교통로가 있다(임기환, 「高句麗 前期 山城 硏究」 『국사관논총』 82, 국사편찬위원회, 1998). 그리고 국내성에서 한반도 서북부로 진출하는 길은 압록강을 따라 남하하다가 西安平(단동, 의주)을 장악하고 이를 근거지로 평안도 일대로 진출하거나, 혹은 강계-희천으로 이어지는 내륙로를 이용함이 보통이었을 것이다. 이렇게 국내성에 도읍을 눈 고구려의 입장에서는 요동 지역과 한반도 서북부는 지리적으로 서로 다른 영역이다.

관되어 있다. 즉 요동 지역의 확보없이는 한반도 서북부의 안정적인 운영이 어렵고, 마찬가지로 한반도 서북부를 차지하지 않고서는 요동으로 진출할 수 있는 기반을 확보할 수 없게 된다. 이처럼 요동과 한반도 서북부 지역의 연관성은 고조선 이래의 역사적 경험이며, 중국 군현의 운영 방식에서도 그러한 성격은 두드러지게 나타나고 있다.[706]

고구려가 평양으로 천도한 시기는 장수왕 때이지만, 실제로 고구려가 평양 일대를 국가 발전의 중심지로 설정하고 천도를 예상, 준비하였던 것은 훨씬 이전인 4세기부터라고 할 수 있겠다. 4세기 이래 동아시아의 국제질서 변동이 급격히 진행되면서, 고구려가 여기에 능동적으로 참여하려고 시도할 때 당연히 한반도 서북부로 진출하여 해양을 통한 대외 외교활동과 진출을 모색하는 것이 최선의 방책임을 모를 리 없었던 것이다.

그런데 평양 일대에서 수도 등 국가의 중심부를 안정적으로 정하기 위해서는 일차적으로 요동 지역의 확보가 필수적이다. 요동 지역에 방어망이 구축되지 않은 상태에서 평양 지역은 적의 공격에 쉽게 노출되는 방어상 취약지대일 뿐이다. 압록강은 결코 믿을만한 장애물이 되지 못하였다. 사실은 이러한 지리적 조건으로 인해 중국 군현의 운영에서도 요동군과 낙랑군이 긴밀하게 연관되어 운영되고 있으며, 요동군이 낙랑군의 배후의 역할을 하였던 것이다. 따라서 고구려가 4세기 초에 낙랑군·대방군 일대를 차지한 이후 요동 장악에 나선 것은 지극히 당연하였다.

그런데 고구려의 요동 진출에는 당대의 국제정세가 중요한 배경을 이루고 있다. 이를 중심으로 당시 고구려와 중국 세력과의 정세를 살펴보자.[707]

---

706 후한대에는 요동군이 낙랑군의 운영의 배후기지로서의 역할을 수행하였고(권오중, 『樂浪郡을 통해 본 古代 中國 內屬郡의 성격』, 서강대 박사학위논문, 1987, 87~101쪽), 요동에 공손씨 정권이 들어서 있을 때에나, 이후 서진에 의해 장악되어 있을 때에도 여전히 요동군이나 幽州 및 平州가 낙랑군 운영의 배후로 기능하였다(임기환, 「3세기~4세기초 魏·晉의 東方政策」 『역사와 현실』 32, 한국역사연구회, 2000, 3~33쪽).

707 지배선, 『中世東北亞史硏究-慕容王國史』, 일조각, 1986 ; 공석구, 『高句麗領域擴張史硏究』, 서경문화사, 1998 ; 田中俊明, 「高句麗 前期·中期의 遼東進出路」 『朝鮮社會의 史的展開와 東アジア』, 山川出版社, 1997 ; 김영주, 「高句麗 故國原王代의 對前燕關係」 『北岳史論』 4, 국민대학교 국사학과, 1997 ; 李基東, 「高句麗史발전의 劃期로서의 4世紀」 『高句麗·渤海硏究』 Ⅰ(미술사강좌

291년에 8왕의 난으로 시작된 서진西晉 중앙의 혼란이 지방은 물론 주변 이민족의 동향에도 상당한 영향을 미치면서, 서진과 주변 제국과의 대외관계도 크게 변동하기 시작하였다. 특히 북방의 흉노匈奴·선비鮮卑가 침입하고, 관중關中지역의 저족氐族·강족羌族의 반란이 잇따르면서 서진 중앙정부의 지배력은 급격히 약화되었다. 한중漢中 지역의 이특李特은 전촉前蜀을 세우고, 관중의 유연劉淵이 전조前趙를 세우면서 각지에서 독립세력이 할거하기 시작하였다. 화북지역에서도 석륵石勒이 후조後趙를 세웠으며, 유주자사 왕준王浚도 선비·오환 등과 긴밀한 관계를 유지하면서 독자세력화를 꾀하였다.

이에 309년 동이교위 이진李臻이 유주자사를 토벌하기 위해 군사를 일으키고, 요동태수 방본龐本은 이진을 주살하고, 신임 동이교위인 봉석封釋은 방본을 살해하는 등 혼란이 이어졌다. 봉석이 311년에 병으로 사망하자 유주자사 왕준은 장인인 최비崔毖를 평주자사·동이교위로 임명하였지만, 이미 동이교위부의 지배력은 거의 붕괴된 상태였다.

이러한 중원과 요동의 정세 불안을 틈타 선비족을 이끌던 모용외慕容廆가 세력을 확대하고 있었다. 본래 선비족은 후한대에 내몽고 일대에 분포하던 부족으로서 흉노가 후한게 격파되자 1세기말부터 세력을 확대하였는데, 2세기 중엽에는 단석괴檀石槐라는 지도자가 등장하여 여러 부족을 통합하였다. 그러나 단석괴가 죽은 후에는 다시 모용부慕容部·우문부宇文部·독발부禿髮部·탁발부拓跋部 등 여러 부족으로 분열하였는데, 3세기 초 모용부의 막호발莫護跋이 부족을 이끌고 요서 지역으로 이주하였다. 그는 위가 공손씨 정권을 토벌할 때 공을 세워 극성(棘城 : 지금의 중국 요령성 금현)에 자리잡을 수 있었다. 그 후 모용씨 세력은 요동 일대로 옮겼다가 289년에 다시 요서의 대극성(大棘城 : 중국 요령성 의현)으로 이주하여 이곳을 근거지로 세력을 확대하였던 것이다.

10), 1998 ; 여호규, 「4세기 동아시아의 국제질서와 고구려대외정책의 변화」『역사와 현실』36, 2000 ; 姜仙, 「고구려와 前燕의 관계에 대한 고찰」『고구려연구』11, 고구려연구회, 2001 ; 공석구, 「고구려와 모용'연'의 갈등 그리고 교류」『강좌 한국고대사』제4권, (재)가락국사적개발연구원, 2003 ; 공석구, 「고구려의 요동지방 진출정책과 모용씨」『군사』54, 국방군사연구소, 2005.

307년에 선비대선우鮮卑人單于를 자칭하였던 모용외는 310년경에는 같은 선비족인 소희련·목환진을 격파하고 요동지역에서 세력을 구축해 갔다. 311년 동이교위 봉석의 사망한 후에는 그의 자손과 속료들이 모용외에게 귀의하는 등 요동 지역의 민심이 점차 전연前燕으로 기울었다.[708]

고구려 역시 중국 군현에 대한 적극적인 공세에 나섰다. 302년 현도군에 대한 공세를 시작으로, 311년에는 요동과 낙랑군을 잇는 요충지인 서안평을 공취하였고, 313~314년에 낙랑군과 대방군을 차례로 점령하였다.[709] 그리고 315년에는 현도군을 공격하면서 요동지역 진출을 본격적으로 시도하였다. 이로써 중국세력이 동방 정책을 펼치는 전진기지로서의 변군은 모두 사라지게 되었다. 그리고 이것은 이후 중국 세력과 동이 세력과의 교섭 관계가 국가 대 국가의 새로운 외교 교섭 단계로 접어 들어가게 됨을 뜻하는 것이기도 하다.[710]

고구려가 요동 진출을 본격적으로 시도하던 315년경, 이미 전연은 요동 지역에서 상당한 정도로 세력을 구축한 상태였다. 이후 고구려와 전연은 요동지역을 놓고 공방전을 벌이게 되는데, 『양서梁書』 고구려전에는 이 때 "고구려의 미천왕이 요동을 자주 침공하였으나 전연의 모용황이 제대로 막을 수 없었다"고 기록하고 있어, 이 시기 고구려의 요동 지역에 대한 공세가 만만치 않았음을 보여준다.

그런데 『삼국사기』에는 고구려와 모용 선비와의 전쟁이 3세기 말 봉상왕 때부터 시작되었음을 보여주는 기록이 있다. 즉 293년(봉상왕 2)에 모용외가 고구려를 침공하자, 봉상왕은 동북쪽의 신성으로 후퇴하였다. 모용외의 군사가 봉상왕을 추격하여 곡림鵠林에 이르렀을 때, 신성재新城宰인 북부 소형小兄 고노자高奴子가 500명의 기병을 거느리고 왕을 구원하여 모용외 군사를 격퇴하였으며, 이에 봉상왕은 고노자를 대형大兄으로 삼고 곡림을 식읍으로 주었다고 한다. 또 296년에도 모용외가 침공하여 국내성에 이르러 서천왕의 무덤을 파헤치기도 하였다.[711] 이러한 고구려와 모용씨와의

708 이 시기 요동 지역의 동향에 대해서는 여호규, 앞의 논문, 2000, 38~39쪽 참조.
709 『삼국사기』 권17, 고구려본기5, 미천왕 3·12·14·15년.
710 임기환, 앞의 논문, 2000, 31쪽.
711 『삼국사기』 권17, 고구려본기5, 봉상왕 2년 및 5년.

충돌 기시는 『삼국사기』 고구려본기에만 전해지고 있는 고구려의 자체 전승에 입각한 내용인데, 이를 보면 고구려와 모용씨와의 충돌이 중국측의 기록보다는 이른 시기부터 전개되었음을 알수 있다. 즉 고구려의 요동 진출이 한반도 서북부 일대를 장악하기 이전부터 시작되었음을 짐작할 수 있겠다.

2) 고구려–전연 전쟁의 경과

고구려와 모용씨의 충돌 가능성은 4세기에 들어 더욱 높아졌다. 그 과정을 좀더 구체적으로 살펴보자. 314년에 서진의 유주자사 왕준이 석륵에게 피살됨에 따라 서진의 동이교위·평주자사 최비는 고립무원의 상태에 빠지게 되었다. 그는 이러한 상황을 타개하기 위해 319년에 고구려와 선비족인 단부·우문부 등과 연합하여 전연의 거점인 자성(棘城 : 지금의 중국 요녕성 의현義縣)을 공격하였다.

단부와 우문부 역시 선비족의 일파이지만, 모용씨와는 거주 지역이 달랐다. 우문부는 요하의 상류 시라무렌강 유역에 자리잡고 있었고, 그 남쪽에는 단부가 독자 세력을 형성하고 있었다. 따라서 요서와 요동 지역에서 세력을 키우고 있는 모용씨 전연으로부터 위협을 느끼게 되었고, 이때 고구려, 최비와 동맹하여 모용씨를 함께 공벌하였던 것이다.

그러나 이 동맹은 모용씨의 기만 전술에 의해 동맹이 흔들리면서 실패하고 말았다. 이에 최비는 고구려로 내투하게 되고,[712] 이를 기회로 전연은 319년에 모용인慕容仁을 파견하여 요동에 대한 지배력을 강화하고자 하였으며, 320년에는 고구려의 요동 공격을 좌절시켰다.[713] 321년에는 모용한과 모용인을 보내어 양평(襄平:지금의 중국 요령성 요양시)과 평곽(平郭:지금의 중국 요령성 개현)을 거점으로 군사력을 증강하여 요동 지배를 더욱 강화하였다.[714] 이렇게 요동 지역이 전연의 영역으로 굳어지게 되자, 321년에 모용외는 동진東晉으로부터 '사지절·도독유평이주동이제군사·거기장군·평주

---

712 『삼국사기』 권17, 고구려본기5, 미천왕 20년.
713 『삼국사기』 권17, 고구려본기5, 미천왕 21년.
714 『자치통감』 권95, 晉紀, 太興 4년 12월.

동수(안악 3호분)

목·요동군공使持節·都督幽平二州東夷諸軍事·車騎將軍·平州牧·遼東郡公'을 제수받았
다.[715]

한편 화북 지역에서는 후조의 석륵이 312년 이래 급속히 세력을 확대하여 화북 일
대를 대부분 장악하고, 319년에는 조왕趙王을 칭하였다. 이어 관중 지역을 놓고 전조
前趙와 쟁패하다가 마침내 329년에 전조를 멸망시켰으며, 330년 9월에 황제위에 올
랐다. 이에 고구려는 전연을 제압하기 위한 외교 전략의 대상으로 후조後趙를 주목하
여, 330년에 후조에 사신을 파견하여 고시楛矢를 헌상하며 화친을 도모하였다.[716] 332

<hr>

715 『진서』 권108, 載記8, 慕容廆.
716 『삼국사기』 권17, 고구려본기5, 미천왕 31년.

년에도 후조에 사신을 파견하였는데, 이때 우문부의 사신과 함께 석륵의 환대를 받은 것으로 보아, 아마도 고구려는 우문부와도 연결을 꾀하였을 것으로 보인다.[717] 이러한 고구려와 후조의 동향을 의식한 전연은 331년 9월에 동진에 사신을 파견하여 북벌을 청하면서 후조를 견제하였다.[718]

그런데 333년 5월 모용외가 죽은 후 전연에서는 왕위 계승을 둘러싸고 모용황皝과 동생 모용인仁 사이에 갈등이 일어났으며, 마침내 모용인은 평곽平郭을 근거지로 요동에서 반란을 일으켰다. 이때 단부, 우문부는 모용인을 지원하였지만, 결국 모용인의 반란은 336년에 평정되었다. 이 때 모용인 휘하의 동수冬壽 등 일부 세력이 고구려로 망명하였다.[719] 이러한 요동 지역의 정세가 변화하는 과정에서 모용황의 요동 진출에 위협을 느낀 고구려는 8월에 평양성을 증축하고 이듬해 정월에는 신성을 축조하였다.[720] 아울러 외교적으로 전연을 견제하기 위하여 후조와 여전히 통교를 지속하고 있었고,[721] 336년에는 새로이 동진東晉에도 사신을 보내어 통교하였다.[722] 이는 동진에 대해 처음으로 사신을 보낸 것으로서, 이때 이러한 외교전략을 구사한 데에는 아무래도 동수 등 전연으로부터 망명해 온 인물들의 조언이 있지 않았나 짐작한다.

그런데 이듬해인 338년에 후조는 모용씨의 도성인 극성을 포위하는 등 공세를 강화하였으나 오히려 패배당하였으며, 당시 후조와 내응하고 있었던 전연의 동이교위 봉유封抽, 호군護軍인 송황宋晃, 거취령居就令인 유홍游泓 등은 고구려로 망명하였다.[723] 전연 정벌에 실패한 후조는 양면 작전을 구사하여 338년에 배 300척으로 곡식 30만 곡을 고구려에 보내 전연에 대한 협공을 요청하였다. 이렇게 고구려와 후조가 연결되자, 전연은 339년 9월 동진에 사신을 파견하여 후조를 견제하는 한편,[724] 고구려와 우

---

717 김영수,「高句麗 故國原王대의 對前燕關係」『북악사론』4, 1997, 11~12쪽.
718『진서』권108, 慕容廆載記.
719『자치통감』권95, 晉紀, 咸康 2년 정월.
720『삼국사기』권18, 고구려본기6, 고국원왕 4 · 5년.
721 한반도 서북부지역에서 출토된 後趙의 연호를 사용하고 있는 建武 9년(343)銘, 건무 16년(350년)명 와당 등이나 북한에서 출토되었다는 延熙 2년(335년)銘 토기의 예를 통해 유추할 수 있다.
722『삼국사기』권18, 고구려본기6, 고국원왕 6년.
723『자치통감』권95, 晉紀, 咸康 4년.
724『자치통감』권95, 晉紀, 咸康 5년 9월.

문부에 대해서는 적극적인 공세로 나왔다.

339년에 드디어 모용황이 고구려의 신성을 공격하였다. 적의 공세가 예리함을 보고 고구려의 고국원왕은 전연과 맹약을 맺어 공세를 피하였고, 이듬해에는 전연에 세자를 파견하는 등 유화책을 취하였다.[725] 모용황의 고구려 공격은 후조의 공격을 막아낸 전연이 후조와 연결된 고구려에 대한 보복전으로서의 성격이 있다. 즉 고구려와 후조가 양면작전을 시도했던 그 이듬해(339)에 전연왕 모용황이 직접 신성에까지 공격해 왔던 것이다. 그런데 여전히 서쪽에서 후조의 위협이 계속되는 한 모용황 역시 고구려 공격에 매달릴 수는 없었다. 고구려의 화해 요청을 명분으로 군대를 철수하였으며, 고구려 또한 급작스러운 전연의 침공에 대비할 시간적 여유가 필요하였을 것이기 때문에 일단 전연과의 화평에 동의하였을 것이다. 이듬해 세자의 파견이 이러한 고구려의 입장을 보여준다.

그러나 고구려는 여전히 후조와의 연결을 꾀하면서 전연을 견제하고자 하였다.[726] 341년 9월에는 후조가 해로를 통해 전연의 안평安平을 공파하였는데, 이곳은 아마도 고구려의 서안평(지금의 중국 요령성 단동)으로 추정된다.[727] 그리고 이러한 후조와 고구려의 움직임에 대하여 전연은 모용각을 평곽에 진수시키면서 고구려의 공세를 차단 제압하게 하였다.[728]

그런데 서안평을 둘러싼 후조의 공세를 본다면, 그 이전에 아마도 고구려와 후조의 연결을 차단하기 위해 전연이 서안평을 공취하였을 가능성이 높다. 만약 이때 서안평이 전연의 손에 들어가 있었다고 한다면, 적어도 국내성에서 압록강을 이용하는 대외 진출로는 봉쇄된 셈이며, 군사적 위협도 매우 높아진 것이다. 아마도 이러한 경험들이 고국원왕대에 한반도 서북부에 대한 장악과 평양성으로 이거를 의도한 주된 이유가 되었을 것이다.

한편 341년에 전연의 모용황은 동진과 외교 교섭을 맺고 '사지절대장군도독하북제

---

725 『삼국사기』 권18, 고구려본기6, 고국원왕 9·10년.
726 340년에 挹婁가 고구려의 협조를 받아 後趙에 호시·석노를 공헌한 사실에서 유추된다.
727 여호규, 앞의 논문, 2000, 44쪽.
728 『자치통감』 권95, 晉紀, 咸康 7년 10월.

군사유주목대단우연왕使持節大將軍都督河北諸軍事幽州牧大單于燕王'을 제수받아 요동·요서 지역에서의 패권을 인정받았다.[729] 그런데 339년 이후 요서 일대에서 전연과 후조 사이의 공방전이 격화되고 있었는데, 후조는 우문부와 고구려로 이어지는 연합 전선을 구축하여 전연을 압박하였으며,[730] 342년에는 전연이 이 연합 전선을 붕괴시키기 위한 대대적인 반격에 나서게 되었다.

342년 10월 모용황은 극성에서 용성(龍城: 지금의 중국 요녕성 조양)으로 천도한 후, 후조와의 본격적인 쟁패를 앞두고 있었다. 그래서 우선 이 연합 전선을 깨뜨리고 배후의 위험 요소를 제거할 필요가 있었다. 당시 모용씨를 위협하는 세력은 동쪽의 고구려와 서쪽에 인접한 우문부였다. 이때 단부와 우문부에서 오랜 기간 체류한 바 있던 모용한翰이 돌아와 모용황에게 자신이 체득한 정보 즉 고구려의 강성함과 우문부와 고구려의 긴밀한 연결 관계를 보고하였다. 모용한은 전연이 중원으로 진출하기 위해서는 우문씨와 고구려를 제거해야 하는데, 우선 고구려를 공격한 뒤에 우문부를 제거하자는 의견을 제시하였다. 이와 같은 모용한의 생각은 중원 진출을 노리는 모용황의 의중과 일치하였고, 결국 그 건의는 채택되었다. 그리하여 모용황은 고구려 정벌이라는 군사 행동에 나섰다.

전연의 고구려 공격에 대한 상황은 『자치통감』에 잘 기록되어 있다.

> 이제 고구려를 치려고 하였다. 그런데 고구려로 가는 길은 두 군데가 있었다. 그 북쪽 길은 평탄하고 넓은데 비하여 남쪽 길은 험하고 좁았다. 그러니 사람들은 북쪽 길로 공격해가고자 하였다. 이때 건위장군 모용한이 말하였다. "고구려는 평소라면 북쪽 길로 올 것이라고 생각해서, 북쪽 길을 중시하고 남쪽 길을 경시할 것입니다. 왕께서는 마땅히 정예군대를 이끌고 남쪽 길로 가서 그들을 공격하면, 그들이 생각지도 못한 계책이라 환도는 빼앗는 다고 말할 것도 없을 것입니다. 그리고 일부 군사를 북쪽 길로 가게 하십시오. 그러면 설령 차질이 있다고 해도 그들의 중심부는 이미 궤멸되었으니 사지를 움직일 수가 없을 것입니다." 모용황은 이 말을 따르기로 했다.

---

729 『자치통감』 권95, 晉紀, 咸康 7년 2월.
730 지배선, 앞의 책, 1986, 87쪽.

11월에 모용황은 스스로 강한 병사 4만 명을 이끌고 남쪽 길을 향해 출발하여 모용한과 모용패를 선봉으로 삼았다. 별도로 장사長史인 왕우에게 병사 일만 오천 명을 이끌고 북쪽 길로 가서 고구려를 치게 하였다. 고구려와 쇠(釗: 고국원왕) 동생인 (고)무를 파견하여 정예병사 오만 명을 이끌고 북도를 막도록 하였다. 스스로는 노약한 병사들을 이끌고 남쪽 길에서 전연 군에 대비하였다.

모용패 등이 먼저 도착하여, (고국원왕인)쇠와 마주쳐 싸움을 하니, 모용황이 대병을 이끌고 뒤를 받쳐 주었다. 좌상시左常侍인 선우량이 말하기를 "신은 포로로 잡힌 몸으로서, 왕의 국사國士라는 은혜를 입게 되었으니 보답해야만 합니다. 오늘은 제가 죽는 날이 될 것입니다." 하며 홀로 여러 명의 기병과 더불어 먼저 고구려진지를 침범해 들어가니, 가는 곳마다 무찌르고 함락시켰다. 고구려진지는 동요하였고 많은 군사는 이를 계기로 기회로 삼으니, 고구려군사는 크게 패배하였다. 좌장사左長史인 한수는 고구려의 장수인 아불화도가를 목 베니 모든 군사들은 이긴 기세를 타고서 추격하였다. 마침내 환도에 입성하였다.

쇠는 홀로 말을 타고 도망갔다. 경거장군輕車將軍인 모용연이 추격하여 (왕의) 어머니인 주씨와 처를 붙잡아 돌아왔다. 북쪽 길로 간 왕우 등은 고구려 군과 만나 싸웠으나 모두가 패배하여 죽었다. 이 때문에 (모용)황은 끝까지 추격하지 못했다. 이에 사자를 보내어 쇠를 불렀으나 쇠는 항복하지 않았다. 모용황이 군대를 철수하려고 하는데 한수가 말하였다. "고구려 땅은 수자리戍를 설치해야만 합니다. 지금은 왕이 도망한네나 백성들은 흩어져 산과 골짜기에 숨어 있는 중입니다. (우리의)많은 군대가 떠나버리고 나면 (그들은) 반드시 비둘기처럼 다시 모여들어 불타버리고 남은 것을 거둘 것이니, 이는 오히려 걱정거리가 될 것입니다. 청컨대 그 아비의 시체를 싣고 그 어미를 묶어서 돌아간다면. 그가 (스스로)몸을 묶어서 올 때까지 기다렸다가 그런 다음에 그들을 돌려보내며 은혜와 신의를 가지고 위무하는 것이 정책 중에서도 상책입니다." 하니 (모용)황이 이 말을 따랐다. 쇠의 아버지인 을불리(미천왕)의 묘를 파서 그 시체를 싣고, 창고에 있던 여러 대에 걸쳐 모아둔 보물을 빼앗고, 남녀 오만여 명을 포로로 잡고, 그들의 궁실을 불 지르고, 환도성을 파괴하고 돌아왔다.[731]

---

731 『자치통감』 권97, 晉紀 建元 함강 8년.

수도인 조양(용성)에서 고구려를 정벌하기 위하여 출발한 전연군의 행로는, 동진하여 의주현義州縣에 이르러 북상한 다음 고신阜新을 거쳐 다시 동쪽으로 나가 신민新民에서 요하를 건너는 길이었을 가능성이 높다.[732] 이 길은 645년 당의 이세적이 고구려를 정벌할 때 이용한 길과 동일하다.

요하를 건넌 전연왕 모용황은 공격군을 둘로 나누었다. 모용한의 건의를 따라서, 주력부대(4만명)는 남도를 통하여 진격하였고, 왕우가 거느린 일부 병력(1만5천명)은 북도를 통하여 공격하였다. 고구려는 전연의 공격에 대해 주력부대(5만명)를 북도에 배치하였고, 남도에는 고국원왕 자신이 소수 군사를 이끌고 대비하였다. 즉 전쟁은 전연이 예상했던 것처럼 진행되었던 것이다. 고국원왕이 거느린 소수의 군사로는 전연의 주력군을 막아낼 수가 없었다. 전투에서 패한 고국원왕은 홀로 도망하였으며, 전연군은 패주하는 고구려군을 계속 추격하여, 마침내 수도인 국내성을 점령하였다.

한편, 고국원왕의 동생인 무가 거느린 고구려의 주력군(5만)은 왕우가 이끄는 1만 5천의 전연군을 섬멸하였다. 이 전투는 전연의 치밀하게 계획된 작전에 의한 승리였다. 이러한 전략을 세운 모용한은 당대 중원 대륙 전체에서도 손에 꼽히는 전략가로 평가받던 인물이었다. 반면에 고구려는 전술·전략적인 측면에서 모두 실패하였다. 5만 5천에 달하는 전연군의 병력에 비해서 결코 고구려군의 병력도 그에 뒤지지 않았다. 북로에서 벌어졌던 전연군 일만 오천 명과 고구려군 5만 명의 전투에서 고구려군의 승리는 당연한 결과였다. 하지만 4만에 달하는 전연의 주력군에 대항한 소수 고구려군의 전투는 고구려군의 참패로 그치는 것이 아니라 결국 수도 국내성의 함락이라는 참패로 이어졌다. 342년의 전투에서 고구려의 패전은 군사 전력상의 열세에 의한 것이 아니라 전연의 공격에 대한 대응전략을 잘못 수립한 전략상의 실패였던 셈이다.

따라서 전투가 끝난 후의 뒤처리 장면을 보면 전연군의 승리에는 한계가 있었던 것으로 보인다. 고국원왕이 도망하여 아직 항복하지 않은 상황이었고, 또한 북도로 들어온 전연군을 궤멸시킨 고구려 주력부대가 건재하고 있는 상황이어서 언제든지 국내성으로 진입할 수 있는 상황이었다. 한편으로 주력군을 총동원한 전연은 군대를 고

---

732 鄭守一,「高句麗와 西域關係試考」『高句麗研究』14, 高句麗研究會, 2002, 235~236쪽.

구려에 장기간 지체시킬 여유가 없었다. 북쪽에 인접한 우문부가 고구려 공격 사실을 알고 어떻게 대응할지도 모르기 때문이었다.

모용황은 군대를 돌이키려 하였다. 하지만 고구려가 언제 다시 공격해 올지 알 수 없었다. 모용황은 한수韓壽라는 부하의 계책에 따라 철수 작전을 진행하였다. 전연은 고국원왕의 어머니 주씨와 왕비를 사로잡았고, 부왕인 미천왕의 시체를 도굴하여 남녀 5만 명의 포로와 함께 전연으로 이송하였다. 또한 여러 대에 걸쳐 수집된 고구려의 보물을 약탈하였고, 궁실을 불태우고, 도성인 환도성을 허물고 돌아갔다.

전연군이 철수하자, 고구려와 전연은 다시 종전의 국경선을 유지하였다. 그것은 철수한 지 3년 후인 345년에 "모용황이 모용각을 시켜 남소성을 빼앗고 그곳에 주둔병을 두고 돌아갔다"는 기록을 통하여 알 수 있다. 전연에서 고구려로 들어가는 교통로의 요충지인 남소성이 여전히 고구려의 최전선을 방어하는 기능을 수행하고 있었던 것이다.

고구려는 전략상의 실패로 패배하여 수도 국내성이 함락되었기에 여전히 적지 않은 군사력을 유지하고 있었지만, 전연에게 미천왕의 시신을 비롯하여 왕모 주씨와 왕비가 인질이 된 상태에서는 전연과 군사적 충돌을 계속할 수는 없었다. 그리하여 고구려는 이듬해 전연에 고국원왕의 동생을 사신으로 파견하여 신하를 칭할 수밖에 없었다.[733]

고구려 정벌을 성공리에 끝낸 전연은 이어서 344년에 우문부를 공격하여 멸망시켰다. 우문국의 통치자인 일두귀逸豆歸는 막북漠北으로 도망하였다가 고구려로 망명하였다.[734] 또 345년에는 모용각이 고구려를 공격하여 남소성을 빼앗는 등[735] 고구려에 대한 견제를 늦추지 않았다. 그리고 346년 1월에는 3세기말 경에 서쪽으로 전연 가까이 근거지를 옮긴 농안農安 지역의 부여를 공격하여 멸망시켰다.

이렇게 고구려를 제압하고 우문부와 부여를 병합함으로써 동방 지역에 대한 통제력을 갖게된 전연은, 349년 황제 석호石虎의 사망으로 후조後趙가 혼란에 빠지자, 350년부터 본격적으로 중원으로 진출을 꾀하였다. 352년에는 명맥만 남은 후조를 멸망시키고 화북 일대를 장악하였다. 이에 352년 10월에는 대연국大燕國이라 칭하고

---

733 『삼국사기』 권18, 고구려본기6, 고국원왕 12·13년.
734 『자치통감』 권97, 晉紀 建元 원년 ; 『위서』 권103, 補列傳91, 匈奴莫槐宇文.
735 『삼국사기』 권18, 고구려본기6, 고국원왕 15년.

모용준은 황제의 자리에 올랐으며, 353년에 용성龍城에서 계(薊 : 지금의 중국 북경 일대)로 수도를 옮겨 중국의 중원 국가로서의 면모를 갖추게 되었다.[736]

그리고 357년에 전연은 고국원왕을 '영주제군사정동대장군영주자사낙랑공고구려왕營州諸軍事征東大將軍營州刺史樂浪公高句麗王'에 책봉하고 동시에 13년간 인질로 억류하였던 왕모王母 주씨周氏를 고구려로 송환하였다.[737] 사실 고구려로서는 왕모가 인질로 잡혀있는 상황에서 전연에 대한 공격은 꿈도 꾸지 못하였다. 중원 진출을 시도하는 전연의 입장에서는 고구려의 군사력이 온존하고 있는 상황이 위협이 되었기 때문에, 중원 진출이 달성되기 이전에는 결코 왕모를 돌려주지 않았던 것이다.

그런데 왕모를 돌려 받은 355년 이후에도 전연이 멸망하는 370년까지 양국이 대립하거나 무력 충돌을 벌였던 흔적은 현전하는 사료상으로는 확인되지 않는다. 결국 고구려가 참패한 342년 이후 370년까지 약 30년 가까이 고구려와 전연 양국은 싫든 좋든 군사적 충돌 없이 화평의 관계를 유지한 셈이다. 그런데 이 기간 동안 고구려는 어떤 이유에서인지 동진과의 교섭도 시도하지 않았다. 그리고 355년에 전연과 맺은 조공·책봉관계도 지속적인 관계라기보다는 일회적인 성격이 두드러진다.[738] 이후 고구려와 전연의 조공 기사 역시 찾아볼 수 없다. 전체적으로 당시 고구려는 마치 대외교섭의 창구를 닫아놓은 듯한 인상인데, 내부적으로는 이 기간 동안에 평양 일대의 경영에 주력한 듯하다.

343년에 수도가 황폐해진 이유로 고국원왕은 평양동황성平壤東黃城으로 이거하였다.[739] 그 위치는 논란이 많지만, 지금의 평양 일대로 추정된다.[740] 아마도 고국원왕은

---

736 前燕의 중원 진출과정과 제국화 과정에 대해서는 지배선, 앞의 책, 1986, 122~128쪽 참조.

737 『삼국사기』 권18, 고구려본기6, 고국원왕 25년.

738 여호규는 355년 전연과의 조공 책봉관계는 일회적 형식적인 것이 아니라, 당시 새롭게 전개되던 다원적 중층적 국제질서를 배경으로 체결된 것으로, 상당히 안정적인 외교관계의 성격을 드러낸다고 보았다. 즉 고구려는 전연에 대해 책봉-조공 관계를 맺음으로써 황제국의 위상을 인정하였고, 반대로 전연은 고구려의 현실적 지배력을 인정하게 됨으로써 양국사이에 화평관계가 유지되었다고 본 것이다(여호규, 앞의 논문, 2000, 53~61쪽). 그런데 당시 전연과 고구려의 화평관계가 소공-책봉세를 통하여 유지되었다고 보기는 어렵다.

739 『삼국사기』 권18, 고구려본기6, 고국원왕 13년 7월.

740 임기환, 앞의 논문, 1996, 17~19쪽.

371년 평양성 전투에서 전사할 때까지 30년 가까이 평양에 머물면서 이 지역에 대한 지배와 체제 정비에 힘을 쏟았을 것이다.

평양 지역은 앞서 언급한 바와 같이 요동 지역을 장악하지 않으면 방어상 취약한 약점이 있다. 그러나 이미 국내성 지역도 전연의 공격으로 함락되는 허점을 드러냈으며, 그렇다면 대외진출 등이 활발할 수 있는 이점이 있는 평양성으로 이거하는 것이 보다 유리하다는 판단이었을 것이다. 더욱 당시 중원 진출을 꾀하는 전연의 상황이나 고구려 고국원왕의 어머니를 인질로 삼아 견제한다는 점 등은 재침입의 가능성이 희박하다는 것을 뜻하였다. 당시 고구려는 전연이 왕모를 인질로 삼아 고구려를 제압하는 외교 방식이나, 357년의 조공·책봉 관계를 통한 화평 관계를 현실로 받아들이고, 서방으로부터의 군사적 위협이 어느 정도 사라지게 되자, 이러한 상황을 최대한 활용하여 한반도 내로의 남진에 주력하였다고 여겨진다.

3) 고구려-전연 전쟁과 남도, 북도

고구려의 영역 팽창과정을 살펴 보면, 동옥저·북옥저와 동예 지역 등 동해안 일대에 대한 장악을 마무리지은 태조왕 이후에는 주로 현도군과 요동군 등 요동지역에 대한 공세를 강화하고 있다. 이는 중국 군현의 정치·군사적 위협에 대한 적극적인 대응으로, 구체적으로는 중국측의 대고구려 정책의 전초기지 역할을 하던 현도군의 축출 과정으로 이어진다고 보겠다. 군사전략상의 입장에서 보면, 이러한 영역의 팽창은 수도 방어선의 종심縱心을 깊게 하는 결과가 되었다.

초기 고구려의 요동 진출로는 주로 현도군쪽 통로를 이용하는 것이었는데, 이는 거꾸로 현도군에서 고구려로 들어오는 주요 통로이기도 하였다. 동천왕대 관구검毌丘儉의 고구려 공격 경로가 바로 그러하였다. 그런데 4세기까지 고구려의 요동 진출로와 관련되어 검토할 것은 모용씨와의 충돌과정에서 거론되었던 남도南道와 북도北道의 경로 문제이다.[741]

---

741 아래 남도·북도에 대한 서술은 임기환, 앞의 「고구려 전기 산성 연구」에 정리하였다.

남도와 북도[742]에 대한 기존의 견해는 매우 다양한데, 크게 나누어 보면 다음과 같다.[743] 첫째(가), 요양에서 태자하 산간로를 거슬러오는 경로를 남도, 혼하渾河를 거쳐 소자하蘇子河 연안로로 이어지는 경로를 북도로 보는 견해이다.[744]

둘째(나), 혼하를 거슬러오다가 혼하와 소자하의 합류점에서 소자하로 빠져 고구려의 수도가 위치한 집안에 이르는 길을 남도, 합류점에서 혼하 상류로 계속 직진하다가 남진 우회하여 집안에 이르는 길을 북도로 보는 견해이다.[745] 그러나 그 구체적인 경로의 추정은 논자마다 모두 다르며, 다만 목저木底를 남도의 경로상에 위치한 것으로 보는 점에서는 공통된다. 그 중에는 단순히 교통로의 문제만이 아니라, 당시 부여를 둘러싸고 전개된 모용씨 전연과 고구려와의 갈등·대립관계를 국제적 배경으로 이해하면서 남도를 고구려의 요동진출로, 북도를 부여진출로로 파악하는 견해도 있다.[746]

셋째(다), 일단 혼하에서 소자하 입구로 들어와서 남도와 북도의 경로가 갈라진다는 견해이다.[747] 이 견해는 목저를 남·북도의 필수 경로로 보고 있다. 근자에 남복도에 관심을 집중하고 있는 중국 학자들 대부분이 이러한 입장을 취하고 있는데, 구체적인 경로의 설정에는 논자마다 부분적으로 차이가 있다.

그런데 이러한 기존의 논의는 남도·북도의 지형적 상황을 지나치게 따져 이에 맞는 교통로를 추정하거나, 또는 목저를 남도의 경로로만 파악하고 있다는 점에서 의문

---

742 『자치통감』에는 남도·북도로, 『진서』에는 南陝·北置로 나오는데, 남합·북치는 특정한 지명이 아니라 남도·북도를 가르키는 것으로 본다(田中俊明, 앞의 논문, 1997, 44쪽). 그리고 남도·북도의 용어는 전연의 입장에서 붙여진 명칭으로, 고구려의 입장에서 본다면 결코 적절한 명칭이라고 볼 수는 없다. 다만 본고에서는 편의상 특정 경로에 대한 명칭으로 남도·북도라는 용어를 사용하기로 한다.

743 보다 구체적인 연구사의 정리는 余昊奎, 「3세기 후반~4세기 전반 고구려의 교통로와 지방통치조직」 『한국사연구』 91, 1995, 3~6쪽; 田中俊明, 앞의 논문, 1997, 49쪽 참조.

744 津田左右吉, 「安東都護府考」 『滿鮮地理歷史研究報告』 1, 1915, 91~100쪽; 今西春秋, 「高句麗南北道南蘇·木底」 『靑丘學叢』 22, 1935; 田中俊明, 앞의 논문, 1997, 47~56쪽.

745 箭內恒, 「南北朝時代滿洲」 『滿洲歷史地理』 1, 1913, 347~357쪽; 손영종, 「고구려의 남도·북도와 환도성의 위치에 대하여」 『력사과학』, 1989-3·4, 1989; 冬達, 「關于高句麗南北交通路」 『博物館研究』, 1993-3, 34~38쪽.

746 余昊奎, 앞의 논문, 1995, 19~24쪽.

747 梁志龍, 「高句麗南北道新探」 『社會科學戰線』, 1995-1, 142~143쪽.

이 있다. 위 기사의 문맥을 보다 바르게 이해하기 위해서는, 당시의 일반적인 정황과 군사전략적인 측면을 함께 고려할 필요가 있겠다.

위 사료를 통해 남북도의 경로를 추정할 때, 고려되어야 할 점은 다음과 같다. 먼저 기왕의 (나)와 (다)의 견해는 일단 무순撫順의 고이산성高爾山城으로 비정되는 신성을 통과한 후, 남도와 북도의 경로가 나누어지는 것으로 보고 있다. 이럴 경우 전연군의 군사행동은 신성을 확보한 후에 전개되는 것으로 보지 않으면 안된다. 그러나 위 사료에서는 전연군이 신성을 확보하였다는 증거를 찾기 어렵다. 당시 고구려는 전연과의 관계가 악화되면서 서북방의 방어체계에 관심을 갖고 고국원왕 5년에 신성을 축조하였으며, 4년 뒤인 고국원왕 9년에는 전연이 신성을 공격하다가 화맹을 맺고 군사를 돌이킨 일이 있다.[748] 이러한 정황은 당시에 신성이 고구려와 전연의 최대 충돌 접점임을 양국이 충분히 인식하고 있음을 보여주는 것이다. 따라서 이때 전연의 조정이 고구려 정벌을 의논하는 자리에서, 고구려 서북방의 최대 요충지로서 반드시 통과하여야 하는 신성을 확보하지 못한 상태에서, 신성을 통과한 이후에야 가능한 남도·북도의 군사진격로 논의부터 이루어졌다고는 보기 어렵겠다.

둘째로 전연군의 작전을 보면 출병시부터 남도군과 북도군이 나누어지고 있다. 이는 남도와 북도가 일정 경로를 함께 가다가 나누어지는 것이 아니라, 처음부터 그 경로를 달리하고 있음을 엿보게 한다. 수도인 용성에서 출진한 전연군은 일단 요동에서 일차 집결한 후 고구려 정벌에 나섰을 것이다. 한대 이래 요동 지역의 중심지는 양평襄平이었으나, 당시 전연의 기지는 평곽平郭이었다. 따라서 전연군은 양평이나 평곽에 집결한 후 본격적인 군사행동에 옮겼을 터인데, 아마도 이때부터 전연군의 진격로가 남도와 북도로 나뉘었을 것이다. 이는 남도와 북도의 경로가 이미 요동 지역에서 출발점을 달리하고 있음을 시사한다.

셋째로 전연의 지휘부가 지형상 북도를 주장하고, 모용한도 고구려가 의당 북도로 올 것에 대비하여 주력을 북도北道에 집중할 것이라고 예상한 점을 주목할 필요가 있다. 이는 단순히 지형상의 문제에 그치는 것이 아니라, 북도가 당시 고구려와 요동을

---

748 『삼국사기』 권18, 고구려본기6, 고국원왕 5·9년.

있는 통상적인 교통로라는 점을 시사한다. 당시 고구려에서 요동으로 나아가는 기본적인 교통로는 소자하를 경유하여 혼하를 통해 신성을 거쳐 나가는 길이었다. 이는 과거 관구검이 고구려 공격시에 이용한 통로이기도 하였다. 따라서 남도는 통상적인 교통로가 아니라 당시까지 잘 이용하지 않거나, 이때에 전연군이 전략상 새로 주목한 교통로로 보아야 할 것이다. 남도가 당시까지 잘 이용되지 않은 것은, 위 사료에도 나오는 바 지형적인 험준함 때문이었을 것이다.

넷째로 군사전략상으로 보아도 위 (나)의 견해는 납득키 어렵다. 북도가 혼하 상류를 경유하여 우회하는 길이라면, 군사전략상 상당한 위험이 따르는 작전이라고 보겠다. 만약 이 길을 택하게 되면 남도와의 분기점인 남소성南蘇城이나 신성의 길목을 차단당하면 퇴로까지 끊기게 되는 상황에 이르게 된다. 즉 설사 북도를 확보한다고 하더라도 남도의 공격군이 패퇴를 하게 되면, 북도군까지 큰 위험에 처하는 결과가 되는 것이다. 이러한 불안 요인을 안고 있으며, 그것도 거리상 크게 우회하는 길을 애초부터 전연 지휘부에서 적극적으로 거론하였을 리가 없으며, 고구려 역시 전연군의 행동을 이렇게 비상식적인 경로로 침입해올 것으로 예측하였을 리가 없다고 판단된다.

이상의 몇가지 점을 고려하면, 전연이나 고구려가 가장 일반적인 교통로로 받아들이는 북도는 요동에서 신성을 통과하여 환인桓仁을 거쳐 집안으로 나아가는 전통적인 교통로로 보아야 할 것이다. 그러면 이와는 다른 남도는 어떤 경로일까? 위에서 언급한 조건을 충족시키는 경로, 즉 ①신성을 경유하지 않고, ②평곽이나 양평에서부터 북도와는 출발 경로를 달리하며, ③지형이 험준한 길로서, ④당시까지 자주 사용되지 않은 길은 어디였을까?

바로 요양에서 태자하를 따라 거슬러 올라가다가 상류에서 소자하 상류로 빠지거나, 혹은 혼강 중류의 환인으로 빠지는 길밖에 없다. 이 교통로는 신성을 경유하는 길에 비하여 지형적 험준함 때문에 상대적으로 잘 이용되지 않는 길이었다.

현존하는 요동지역의 고구려 성의 분포를 보아도 이 경로의 성격을 대략 짐작할 수 있다. 즉 환인에서 요양에 이르기까지 어느 정도 방어력을 갖는 성으로는 환인의 고검지산성高儉地山城, 태자하 상류의 태사성, 그리고 대지희 하류의 변우산성邊牛山城·연주성燕州城 정도를 들 수 있을 뿐이다. 이는 환인에서 무순의 신성까지 많은 성들이 교통로를 따라 겹겹이 축조되고 있는 것과는 다른 양상이다. 요동지역의 다른 경로에 비해서도 상대적으로 성 분포의 밀집도가 낮은 편이라고 할 수 있다. 이는 이 경로가 자주 이용되지 않거나 지형이 험준하여 군이 중첩되는 성 방어체계를 갖출 필요가 없다는 것을 방증한다.

모용한의 군사전략이 탁월한 것은 남도가 비록 험준하더라도 전연의 양평에서 고구려의 국내성으로 가는 최단거리이며 또 당시까지 별로 주목하지 않았던 새로운 공격로를 택하여 고구려의 의표를 찌름으로써, 고구려 방어선의 취약점을 공략하려고 기도하였다는 점이다. 물론 고구려도 이 경로를 모르고 있었던 것은 아니어서 고국원왕이 직접 군사를 거느리고 일정한 방비를 취하였으나, 예상과는 달리 전연의 주력부대가 남도를 택함으로써 방어전략에 상당한 차질을 빚어 수도 국내성까지 함락되었던 것이다. 당시 남도를 택했던 전연군의 공격은 고구려의 의표를 찔렀다는 점에서 성공을 거두었던 것이지, 남도 자체가 통상적인 공격 경로는 아니라고 할 수 있다.

따라서 이후 남도를 이용한 기습 전략이 노출된 이후에는 전연의 대고구려 공격도 통상적인 경로인 신성·남소성으로 이어지는 길을 택하였던 것이다. 345년 모용각의 남소성 공격, 400년의 모용성의 신성·남소성 공격 등이 좋은 예이다.[749] 여기서도 남도의 길이 고구려의 방비가 두터울 경우에는 성공 가능성이 거의 없는 통상적인 공격 경로가 아니라는 점을 시사받을 수 있다.

그러면 남도를 이용한 전연의 주력부대와 고국원왕의 부대가 전투를 벌인 목저는 어디일까? 당시 전연군이 태자하 경로를 택하였다고 볼 때, 이 경로는 태자하 상류에서 둘로 나뉘어 진다. 하나는 이도하二道河를 거쳐 소자하 상류로 빠지는 길이고, 다른 하나는 육도하六道河를 거쳐 혼강으로 빠지는 길이다. 전자를 택했다면 지금의 영릉진永陵鎭 일대가 될 터이고, 후자를 택하였다면 고검지산성을 경유하게 되었을 것이다.[750]

이렇게 본다면 목저성을 어디로 비정하든 목저성은 국내성에서 신성으로 나가는 경로 즉 북도상에도 위치하게 된다. 즉 목저성은 남도와 북도가 만나는 교차점에 위

749 『삼국사기』 권18, 고구려본기6, 고국원왕 15년 ; 『삼국사기』 권18, 고구려본기6, 광개토왕 9년.
750 東潮·田中俊明, 『高句麗の歷史と遺蹟』, 1995, 336쪽.

치히였던 것으로 볼 수 있겠다. 그래서 당과의 전쟁 기사에서 보이는 바와 같이 목저성이 남소성·창암성倉巖城 등과 더불어 신성에서 국내성으로 이어지는 경로상에서도 파악되었던 것이다.[751] 그런데 당과의 전쟁 기사에서 고려할 점은 당시 당군의 군사행동이 굳이 태자하를 거슬러 올라가는 험준한 길을 택하지 않았기 때문에 목저성의 위치가 신성·남소성에서 국내성으로 이어지는 경로에서 파악되었던 것이지, 목저성이 태자하 경로에서 벗어나 있다는 것을 보여주는 자료는 아니라는 점이다. 즉 당과의 전쟁 기사에 보이는 목저성의 자료를 통해 신성에서 국내성으로 이어지는 길을 '남도'로만 파악해서는[752] 안되는 것이다.

오히려 목저성의 위치가 태자하 경로와 관련됨은 다른 자료에서도 추정해볼 수 있다. 406년에 후연의 모용희熙는 목저성을 공격하였다. 만약 목저성이 신성에서 국내성에 이르는 경로에만 위치하는 성이라면, 당시 신성·남소성 일대는 고구려가 확고하게 장악하고 있는 상황이기 때문에 모용희의 목저성 공격은 납득할 수 없게 된다.[753] 그러나 목저성이 태자하 경로상에도 위치한다면, 아직 요동지역에 대한 고구려의 지배력이 불완전한 상황이므로 모용희군이 요동성을 우회하여 태자하를 따라 목저성에 이르는 공격이 가능하다고 볼 수 있다. 이때의 공격은 전 해의 요동성 공격에 실패한 모용희가 고구려 경내에서 요동성으로 이어지는 태자하 경로를 차단하여 요동성 공격을 용이하게 하려는 의도가 아니었나 짐작된다.

지금까지 살펴보았듯이 남도는 태자하를 거슬러오는 경로였다. 이 경로에는 현재 다수의 고구려성이 확인되고 있는데, 대표적인 성은 태자성과 고검지산성이다. 앞에서 이미 검토한 바와 같이 고검지산성은 오녀산성 등과 같은 시대에 축조된 초기 산성이다. 그런데 태자성의 내성 역시 그 초축시기가 올라갈 여지가 있으며, 외성의 경우도 적어도 신성으로 비정되는 무순의 고이산성 보다는 이른 시기에 축조되었을 가능성이 높다. 또 태자성에서 영릉진으로 빠지는 길목에는 삼송산성衫松山城이 있는데,

751『신당서』권220, 열전145, 고려, 貞觀 21년 및 乾封 3년 2월 ; 『구당서』권83, 열전33, 설인귀.
752 余昊奎, 앞의 논문, 1995.
753 後燕은 400년에 新城·南蘇城을 점령하여 주민 5천여 호를 요서로 이주시킨 바 있다. 그러나 406년까지 후연이 신성 등을 장악하고 있었다고 보기는 어렵다.

이 산성 역시 고구려 초기 산성이라고 한다. 따라서 고국원왕대에 이미 남도상의 방비를 위해 고검지산성은 물론 태자성도 축조되어 있었을 가능성이 높다. 이는 태자하 경로가 과거에 통상적으로 이용되는 길은 아니지만, 이미 고구려나 전연에게 충분히 알려져 있음을 보여주는 또 다른 증거라고 할 수 있겠다.[754]

태자하 경로가 고구려가 요동으로 진출하는 하나의 경로가 되고 있다는 점은 광개토왕릉비의 기사에서도 추찰할 수 있다. 광개토왕은 5년에 비려稗麗를 공격하고 귀환길에 '양평도襄平道'를 따라 동쪽으로 귀환하면서 역성力城·북풍北豊·오비五備 등을 경유하면서 "유관토경遊觀土境"하였다.[755] 이러한 군사행동은 요동 일대에 대한 장악력을 확실히 하기 위한 일종의 영역 순수巡守와 같은 행동이었다.

여기서 양평은 한나라 이래 요동 지배의 중심적인 지역으로서, 고구려는 장악 후 이를 요동성遼東城으로 이름하였다. 그런데 광개토왕비에 양평襄平이라고 한 것을 보면, 이 때에는 아직 요동성으로 이름을 바꾸지 않고 진대晉代 이래의 중국 명칭을 그대로 사용한 것으로 생각된다. 본고와 관련하여 주목하고자 하는 점은 이때 광개토왕의 귀환로인 양평도가 어떤 경로인가 하는 문제이다. 이 양평도가 중국 내지 및 요서 지역에서 양평에 이르는 길이나, 광개토왕이 경략한 비려 지역에서 양평까지의 길은 아닐 것이다. 아마도 고구려 수도나 옛 영역에서 양평에 이르는 어느 경로를 가리킬 것이다. 즉 고구려 수도에서 요동성 일대로 나가는 교통로 중에 '양평도'라는 길이 설정되어 있었다고 보는 것이 옳겠다.

이때 대략 3가지 경로가 상정될 수 있다. ①첫째 앞에서 살펴본 '북도'로서, 환인 등을 거쳐 신성을 출구로 하여 양평에 이르는 길, ②둘째 앞서 살펴본 '남도'로서 태자하를 따라 양평에 이르는 길, ③셋째 압록강 하구나 지금의 봉성鳳城 지역으로 나와 요동반도의 중부 혹은 남부를 경유하여 양평에 이르는 길 등이 상정될 수 있다.

이중 양평도를 과거에 많이 이용한 교통로, 즉 ①신성을 거쳐 양평에 이르는 길로

---

754 이 태자하 경로는 태조왕대의 요동군 공격로로 활용되었을 것이다.

755 손진기는 力城과 北豊의 위치를 태자하를 따라 배치되어 있는 고구려 성에 비정하여, 역성을 본계의 老官砬子山城, 북풍을 下保村城子山城에 비정하였다(孫進己, 『東北歷史地理』, 1989, 141쪽). 물론 이에 동의하지는 않는다.

보기는 어렵다. 왜냐하면 지금의 요양인 양평에서 신성 즉 무순의 고이산성까지는 그 경로가 짧아 비문에 보이는 바와 같이 역성·북풍 등 2개 이상의 현縣단위의 행정구역을 배정하기 어렵기 때문이다. 또 이 경로는 비려에서 양평까지 남하할 때의 경로와 중복될 가능성이 있으므로 '유관토경'의 의미를 찾기도 어렵다. 따라서 양평도는 신성을 통과하지 않고 요동으로 나오는 다른 경로를 상정하지 않을 수 없다.

그렇다면 양평에서 지금의 환인을 잇는 태자하 경로이거나, 혹은 양평에서 동남향하여 지금의 봉성이나 압록강하구의 서안평을 거치는 경로를 상정할 수 있을 것이다.[756] 이중에서 태자하 경로가 보다 타당성이 있다고 판단된다.[757] 만약 압록강 하구쪽으로 우회하는 길이라면, 양평도라고 이름하기가 어색하다. 양평도라는 이름에 가장 걸맞는 경로는 환인 일대에서 태자하를 통해 곧바로 양평으로 이어지는 경로일 것이다. 이 태자하 루트는 고구려 옛 경내에서 요동으로 이어지는 최단 경로이기도 하다.

이렇게 볼 때 비문에 보이는 광개토왕의 귀환길은 요동의 중심지인 양평의 경영권을 완전히 확보한 후, 전통적인 요동진출로인 신성 루트가 아닌 또 다른 요동진출로인 태자하 루트를 확고히 하는 행동으로 해석될 수 있다. 영락 5년의 비려 원정길은 신성 루트를 이용하였고, 양평을 거친 귀환길은 태자하 루트를 이용한 것이다. 이는 각각 앞서 살펴본 '북도'와 '남도'의 경로였던 것이다.

2. 고구려와 백제의 전쟁

1) 백제 근초고왕대의 대외관계와 영역확장

백제는 근초고왕대에 비약적인 발전을 이루었다. 특히 그 면모는 대외적 활동에서

---

756 환인이나 집안에서 압록강하구 및 봉성으로 이어지는 길은 과거 고구려가 서안평(지금의 단동일대)을 공격하는 루트로서, 일찍부터 사용되어 오던 길이었다.
757 고구려의 요동 장악과 관련하여 양평도에 대한 구체적인 검토는 〈본책 3장 3. 후연과의 전쟁과 요동 장악〉의 서술을 참조할 것.

두드러지게 나타나는데, 동진東晋이나 왜倭, 신라 등과 교섭하고 고구려와 한판 승부를 벌이는 등 백제가 국제무대에 새로운 모습으로 등장하고 있다.[758] 따라서 이 시기 백제의 대외 교섭의 활동상에 대해 먼저 살펴보도록 하자.

우선 이 당시 백제의 중요 대외관계 기사를 정리하면 다음과 같다.

> 364년 탁순卓淳 등 가야지역에 사신을 보내서 통교하였다.
>
> 366년 신라에 사신을 보냈다.
>
> 367년 구저久氐 등의 사신을 왜에 보내 통교하였다.
>
> 368년 신라에 사신을 보내어 좋은 말 2필을 헌상하였다.
>
> 372년 사신을 동진에 보내어 조공하였다. 동진의 태종太宗은 근초고왕을 '진동장군영낙랑태수鎭東將軍領樂浪太守'에 책봉하였다.

먼저 366년과 368년에 백제가 신라와 교섭한 대외 정책에 대해 살펴보자. 『삼국사기』「백제본기」나 「신라본기」에서 의문이 많은 백제와 신라의 충돌기사를 제외하고 본다면, 4세기 전반기까지 양국의 대외 교섭 기사는 거의 공백이나 다름없다. 비류왕 34년(337)에 신라의 사신이 내왕한 기사가 유일하다.[759] 그러다가 근초고왕대에 새로이 백제와 신라의 교섭 기사가 등장한다. 즉 366년(근초고왕 21)에 신라에 사신을 보내고, 다시 23년에 좋은 말 2필을 신라에 보낸 기사가 나타난다.[760]

그런데 비류왕과 근초고왕대에 백제와 신라의 교섭 기사를 전하는 원 자료는 신라측 기록일 가능성이 크다. 왜냐하면 이어지는 373년 백제 독산성주가 신라로 망명한 내용을 담은 기사를 보면 「신라본기」의 기록이 훨씬 상세한 것으로 보아, 「백제본기」

---

758 4세기대 백제의 대외 관계에 대해서는 다음 논문이 참조된다. 김태식, 「백제의 가야지역 관계사 : 교섭과 정복」『百濟의 中央과 地方』, 충남대백제연구소 편, 1997 ; 박순발, 「漢城百濟의 對外關係」『百濟研究』30, 1999 ; 강종훈, 「4세기 백제-왜 관계의 성립과 그 배경」『역사와 현실』40, 2001 ; 임기환, 「한성기 백제의 대외정책」『한성기 백제의 물류시스템과 대외교섭』, 한신대학술원, 2004. 본 절의 서술은 임기환 앞의 논문에 의거하였다.

759 『삼국사기』권24, 백제본기2, 비류왕 34년, "春2月 新羅遣使來聘".

760 『삼국사기』권24, 백제본기2, 근초고왕 21년, "遣使聘新羅" ; 『삼국사기』권24, 백제본기2, 근초고왕 23년, "春3月 遣使新羅送良馬二匹"

의 동일 기사는 백제측 전승이 아니라 「신라본기」의 기사에 근거하여 대응시킨 기사임이 분명하다. 그렇다면 그 이전 비류왕과 근초고왕대에 백제가 사신을 파견하였다는 기사 역시 신라측의 전승 기록에 의거한 기사일 가능성이 높다고 보겠다. 더욱 근초고왕 23년에 좋은 말을 보냈다는 기사의 내용은 비유왕 7년, 8년에 나제동맹을 맺게 되는 교섭 기사와 매우 유사한 내용이다.[761] 따라서 근초고왕대 신라에 대한 교섭 기사는 그 진위를 좀더 따져 보아야 한다.

「백제본기」와 「신라본기」의 초기 기사에서 백제와 신라의 교섭·전쟁 기사는 의문이 많은데,[762] 비류왕과 근초고왕대의 교섭 기사도 그 연장선에 있다고 보인다. 사실상 『삼국사기』 등 현존 기록으로는 이 두 차례의 사신 파견 기사 이후 백제와 신라 양국 간의 교섭 기사를 찾기는 어렵다. 373년에 독산성주가 신라로 망명한 기사 이후 433년(백제 비유왕 7년), 434년의 연이은 사신 파견까지 60여 년간 백제와 신라의 교섭 기사가 나타나지 않는다. 이는 근초고왕 이전에 보이는 양국의 교섭 기사의 출현 빈도와는 다른 양상이다. 이 점에서 근초고왕대의 교섭 기사는 그 이전 기사의 연장선에서 파악하는 것이 합리적이다. 일반적으로 373년에 백제의 독산성주가 신라로 망명한 사건을 계기로 양국의 관계가 악화되었을 가능성을 지적하고 있지만, 이 기사역시 그 기년이나 내용상 면밀한 검토가 필요하다.

이 무렵 고구려와 신라의 관계를 보면, 377년과 381년에 신라가 전진前秦과 교섭할 때 고구려를 통해 사신을 파견할 정도로 양국의 관계는 밀접하게 연결되었던 상황이다. 이러한 당시의 정황을 고려하면 근초고왕대에 백제와 신라의 교섭이 이루어졌다는 기사를 액면 그대로 인정하기는 힘들다. 설사 근초고왕대의 신라 파견 기사를 인정한다고 하더라도, 이는 단기간이며 일회성에 그친 상황일 가능성이 높다. 따라서 근초고왕 당시 백제의 대외교섭 전략을 이해할 때에 신라와의 외교 관계는 그다지 비중을 두지 않는 것이 옳겠다.

그렇다면 백제가 대 고구려 전략의 일환으로서 신라와의 교섭을 염두에 두었다고

---

761 『삼국사기』 권25, 백제본기3, 비유왕 7년(433), "秋7月 遣使入新羅請和"；『삼국사기』 권25, 백제본기3, 비유왕 8년, "春2月 遣使新羅 送良馬二匹 秋9月 又送白鷹 冬十月 新羅報聘以良金明珠".
762 강종훈, 「신라 上古紀年의 재검토」 『한국사론』 26, 1991.

보기는 어려울 것이다. 이처럼 아직은 신라와의 외교 관계에 대한 전략적 고려가 결여된 점이 후일 비유왕대의 나제동맹기와는 다른 이 시기 백제 대외교섭의 특징이라고 할 수 있겠다.

사실상 근초고왕대의 대외교섭에서 가장 중요한 부분이 바로 가야 및 왜倭와의 관계이다. 백제는 361년(근초고왕 16)에 가야와, 369년에는 왜와 각기 통교한 것으로 전한다.[763] 그런데 백제와 가야 및 왜와의 교섭은 후술하듯이 서진西晉 초기에 정비되었던 교역망이, 서진의 혼란과 화북, 요동지방에서의 격변으로 단절되었다가, 4세기 중반에 백제가 다시 이를 복원하는 과정으로 이해된다. 근초고왕대의 교역망 복원 과정만 살펴보겠다.

4세기 초 낙랑군과 대방군이 고구려에 의해 한반도에서 축출된 것은 한반도 중남부의 여러 세력들에게 큰 충격을 주었을 것이다. 왜냐하면 이들 군현이 주요 물자와 문화 교류의 중심적 역할을 수행하고 있었기 때문이다. 특히 백제는 양 군현의 퇴출로 인해 가장 큰 영향을 받았을 것이다. 그러나 이는 백제에게 국가 발전의 새로운 기회가 되기도 하였다. 더욱 낙랑군과 대방군의 많은 주민들이 백제로 남하하였을 것이며, 중국 문화의 세례를 듬뿍 받고 또 중국과의 교역 경험이 적지 않은 이들은 이후 백제의 국가 발전에 중요한 몫을 담당하였다고 짐작된다. 이러한 배경에서 백제는 과거 낙랑군과 대방군을 대신하여 과거 교역권의 회복을 자임하고 나섰을 것이다.

이미 3세기 후반에서 4세기 전반에 백제는 이중 금강 하구까지의 해상교역망을 장악하고 있었는데, 4세기 중반 근초고왕대에 들어 서남해안-남해안-왜로 이어지는 교역망을 다시 복원한 것이다. 이러한 사정을 전하는 것이 『일본서기』 신공황후기 49년조에 실려 있는 다음과 같은 흥미로운 기사이다.[764]

49년 봄 3월에 황전별荒田別과 록아별鹿我別을 장군으로 삼아 구저久氏 등과 함께 군대를 거느리고 건너가 탁순국卓淳國에 이르러 신라를 치려고 하였다. 이 때 어떤 사람

---

763 『일본서기』 권9, 신공황후 46·49년.
764 신공황후기 백제 관련 기사의 경우 그 기년을 대략 120년 정도 인하하여 역사적 사실로 이해함이 일반적이다(李丙燾, 「百濟七支刀考」 『韓國古代史研究』, 박영사, 1976).

이 "군대가 적어서 신라를 깨뜨릴 수 없으니, 다시 군사를 늘려 주도록 요청하십시요"라 하였다. 곧 목라근자木羅斤資와 사사노궤沙沙奴跪에게 정예 군사를 이끌고 가도록 명령하였다. 이들이 함께 탁순국에 모여 신라를 격파하고, 비자발比自㶱, 남가라南加羅, 록국㖨國, 안라安羅, 다라多羅, 탁순卓淳, 가라加羅의 7국을 평정하였다. 또 군대를 옮겨 서쪽으로 돌아 고해진古奚津에 이르러 남쪽의 오랑캐 침미다례忱彌多禮를 무찔러 백제에게 주었다. 이에 백제왕 초고肖古(근초고왕)와 왕자 귀수貴須(근구수왕)가 군대를 이끌고 와서 만났다. 이 때 비리比利, 벽중辟中, 포미지布彌支, 반고半古 등 4읍이 스스로 항복하였다.

위 기사에서 탁순국卓淳國은 창원, 고해진古奚津과 침미다례忱彌多禮는 대략 강진, 해남 일대, 비리比利는 군산, 벽중辟中은 김제지역으로 비정된다.[765] 특히, 침미다례忱彌多禮는 3세기 후반에 서진과 통교한 신미국新彌國과 동일한 세력일 가능성이 높다. 그렇다면 이 기사는 한반도 서남해안(비리, 벽중, 포미지, 반고)지역에서 남해안(침미다례)을 거쳐 가야지역(탁순국)으로 이어지는 지역에서 전개되는 백제의 대외활동을 기술하고 있는 것이다. 즉 이러한 과정은 백제에서 왜로 이어지는 해상 교역망의 복원 과정으로서, 백제가 단계적으로 정비해가는 과정을 신공기 49년조 기사는 왜倭의 입장에서 거꾸로 기술하고 있는 것이다.

위 『일본서기』 신공황후 기사가 사료상의 신빙성에 의문이 적지 않지만, 근초고왕 대에 백제와 왜가 처음으로 외교관계를 맺었음은 『일본서기』 흠명기에 실려있는 백제 성왕聖王의 회고담에서도 그 일면을 엿볼 수 있다. 즉 흠명천황欽明天皇 2년(541)에 성왕이 백제에 온 임나(가야)의 여러 한기들에게 백제와 가야 세력과의 옛날의 관계를 회고하면서 임나의 부흥을 둘러싼 여러 가지 문제에 대하여 술회한 내용 가운데 다음과 같은 기사가 있다.

"옛적에 우리 선조 속고왕(근초고왕)과 귀수왕(근구수왕)대에 안라安羅와 가라加羅, 탁순卓淳의 한기旱岐가 등이 처음으로 사신을 보내와 서로 통교하여 친교를 두터이

---

765 지명의 위치 비정은 김태식, 앞의 논문, 1997 참조.

맺어 자제의 나라로 여기고 더불어 융성하기를 바랐다"라는 말에서 지금의 함안 지역의 안라국, 고령의 대가야국, 창원의 탁순국이 근초고왕대에 백제와 깊이 연결되어 있음을 짐작할 수 있다.

따라서 이러한 교역망 복원의 최종적 형태로서 가야 및 왜와의 교섭이 361년, 369년 무렵에 이루어진 것이다. 그리고 전북 지역이나 전남 해안지역에 대한 백제 교역망의 구축은 이미 그 이전에 이루어졌을 것이다. 물론 현재 남아있는 자료로서는 백제가 전북지역을 장악하고, 전남지역에 대한 교역망을 구축한 시기를 알기는 어렵다. 그런데 현『삼국사기』백제본기에는 근초고왕 전반기의 기사가 공백으로 있는데, 이 공백은 아마도 온조왕기의 일부 기사가 근초고왕 초년의 내용에 부회된 결과로 추정된다. 예컨대 온조왕 36년의 고사부리성古沙夫里城(지금의 고부) 축성 기사가 그것이다. 이러한 추정이 옳다면 대략 전남북 일대에서 교역망의 구축은 근초고왕 전반기(348~365)에 이루어졌을 것이다.

즉 지금의 전북 지역은 늦어도 근초고왕대에는 백제의 지배 영역으로 편제되었을 것이지만, 지금의 전남 지역이나 가야 및 왜와는 교역망의 구축이나 군사적 동맹체제의 수준에서 유지되었을 것이다. 이러한 교역망의 복원 내지는 대외교섭 관계를 배경으로 근초고왕대 이후의 비약적인 성장이 가능하였던 것이다.

백제의 입장에서 가야세력이나 왜와의 통교는 새로운 교역 루트의 개척을 의미하는 바, 이러한 이유에서 백제가 그들과의 연결을 적극 모색하였을 가능성도 충분히 고려할 필요가 있겠다. 그러나 여기서 보다 중요하게 고려할 사항은 그들이 지니는 외교 전략적인 가치가 아닌가 싶다. 고구려의 남침에 대비하여서 백제는 배후에 위치한 가야세력이나 왜와의 통교가 필요하였다고 여겨지기 때문이다.

이렇게 백제가 가야와 왜 지역 세력과 연결하여 과거의 교역망의 복원을 시도하였지만, 이를 지속적으로 유지하기 위해서는 과거 이 교역망의 중심지였던 대방군 및 이와 연결된 중원세력과의 교역망 또한 복원되어야 하였다. 근초고왕이 과거 대방군 지역이었던 황해도 지역을 놓고 고구려와 일대 쟁패를 벌인 것이나, 이 전쟁에서 승리한 이후 동진과의 교섭에 나섰던 것도 이러한 배경에서 그러하였을 것이다.

마지막으로 백제와 중국 동진東晉와의 교섭을 살펴보자.[766] 백제와 동진과의 외교 관계를 보면, 사료상으로는 372년(근초고왕 27)에 근초고왕이 동진으로부터 '진동장 군령낙랑태수鎭東將軍領樂浪太守'의 책봉을 받은 기사가 처음이다. 그러나 몽촌토성에 서 출토된 금동과대금구金銅銙帶金具는 대략 4세기 초반기의 유물로 추정되는데, 이 과 대는 관직의 지위를 나타내는 의장의 일종이므로, 백제와 동진의 책봉을 통한 공식적인 외교 관계의 성립이 이보다 이른 시기에 이루어졌을 가능성도 없지는 않다. 물론 그렇다 고 하더라도 근초고왕대이 책봉은 당대의 국제 정세로 보아 매우 중요한 의미가 있다.

우선 책봉의 시점이 바로 전 해에 벌어졌던 평양성 전투에서 고구려의 고국원왕을 전사시키는 등 큰 승리를 거둔 직후라는 점이 주목된다. 아마도 이 평양성 전투는 당 시에도 국제적으로 널리 알려졌을 터인데, 이 승리로 인해 동진은 한반도에서 백제의 국력과 위상을 재평가한 듯하다. 그 결과 동진은 동북아의 여러 국가 중에서 321년에 책봉한 전연前燕에 이어 두 번째로 백제 근초고왕을 책봉하였는데, 이는 백제의 국제 적 위상을 인정하는 의미가 있다고 해석된다. 이와 관련하여 '백제왕百濟王'의 칭호가 사용되지 않고 '낙랑태수樂浪太守'의 관작을 받았다는 점도 유의된다.

동진의 입장에서는 평양 일대에 설치되었던 낙랑태수란 관직이 이미 소멸되고 없 었지만, 그 칭호 자체가 동방지역에 대한 자국의 지배력을 상징적으로 드러낼 수 있 는 칭호로 인식하고 있었을 것이다. 아마도 평양성 전투에서 백제의 승리가 근초고왕 을 낙랑태수로 책봉하게 된 주된 계기가 되었을 것이다. 이러한 점을 고려하면 근초 고왕의 책봉호는 동진이 백제왕에게 부여한 최초의 책봉호임이 분명하다.

나아가 근초고왕대에 백제가 주변 여러 국가와 다양한 교섭 관계를 맺고 있는 정황 을 고려하면 동진으로부터 받은 근초고왕의 책봉이 처음이든 아니든 간에 관계없이, 당시의 국제 정세 속에서 그 의미가 파악되어야 할 것이다. 왜냐하면 이 시기는 북중 국을 포함하여 요동 일대에서 역동적으로 세력 관계의 변화가 일어나고 있었기 때문 이다. 즉 370년에는 전진이 전연을 패망시키고 북중국과 요동의 패권을 장악하였으 며, 이에 고구려는 372년(소수림왕 2)에 전진과 외교 관계를 맺었다. 전진이 북중국

---

766 『晉書』 권9, 帝紀9, 太宗簡文帝묘 咸安 2년 6월.

의 패자로 등장하게 되면서 동진은 긴장하지 않을 수 없었을 것이며, 전진과 고구려의 연결은 고구려의 동향을 주시하던 백제에게도 영향을 주었을 것이다. 이러한 정황에서 372년 근초고왕에 대한 동진의 책봉이 이루어진 것이기에, 여기에는 위에서 언급한 바와 같이 전진의 등장 및 전진과 고구려의 연결이라는 당시 국제정세의 변동에 대한 백제와 동진의 공통된 인식이 담겨있다고 볼 수 있겠다.

다만 이후 백제와 동진이 맺는 공식적인 외교 관계는 매우 의례적으로 진행되었고, 또 고구려와의 충돌이 빈번하던 진사왕~아신왕대에 동진으로 외교 사신을 보낸 기록을 거의 찾아보기 어렵다는 점에서 볼 때 근초고왕 이후 백제가 동진에 대해 구사한 외교 전략은 고구려를 견제하려는 성격을 갖는다고는 볼 수 없다.

그런데 고고 유물의 출토 사례는 이와는 다른 현상을 시사한다. 즉 한성기 백제 영역 내에서 출토되는 동진계 자기瓷器의 분포는 동진과 백제의 교역 수준이 남달랐음을 보여주고 있는 좋은 자료이다. 현재까지 동진제 청자류는 풍납토성, 몽촌토성, 석촌동고분군을 비롯하여 포천 자작리 주거지, 원주 법천리고분, 천안 화성리고분, 용원리고분 등에서 출토되었는데, 이러한 분포 밀도와 출토 양상은 주변의 다른 국가에서는 거의 찾아볼 수 없는 현상이다.[767] 이 점에서 볼 때 이 시기 동진과 백제의 교섭은 외교·정치적인 면보다는 문물 교역의 측면이 보다 두드러지지 않을까 짐작된다. 그리고 내부적으로 백제는 이러한 동진제 문물의 교역과 사여를 통하여 지방에 대한 지배력이나 주변 세력에 대한 영향력을 높이고 있었다.

한편, 천안·청주 등지에서 출토되는 초기 마구류도 주목할 필요가 있다. 물론 이들 지역이 백제를 젖혀 놓고 독자적으로 요동지역의 선비 모용씨와 교섭하였다고 보기 어렵다. 따라서 기록에는 나타나지 않지만 과거 서진의 동이교위와 교섭하였던 교역망을 통해 이 시기에는 동이교위를 대신하여 요동을 장악하고 있던 전연前燕과 백제가 일정 정도 교섭을 추진하고 있었다고 추정된다.[768]

이와 같이 360년대 중·후반에 백제는 발빠른 외교활동으로 주변 여러 나라들의 위협을

---

767 권오영, 「백제의 對中交涉의 진전과 문화변동」『강좌 한국고대사』 4, 가락국사적개발연구원, 2003.

768 林淳發, 앞의 논문, 1999.

우려하지 않고 오로지 고구려의 남침에 군사력을 집중시킬 수 있었다. 그 결과 백제는 369년에 고구려의 남침을 저지하고, 나아가 371년 평양성 전투에서 대승을 거둘 수 있었다.

2) 고구려와 백제의 전쟁과 평양성 전투

4세기 후반에 왜 백제와 고구려는 과거의 대방군·낙랑군 지역을 놓고 한바탕 격전을 치루었던 것일까? 이를 단지 황해도 지역에 대한 영역 확보를 위한 전쟁으로만 보기는 어렵다. 좀더 시야를 넓혀보면 앞서 살펴본 바와 같이 이 시기 백제와 고구려 양국이 추구했던 국제적 전략과도 밀접하게 연관되어 있으며, 또한 역사적으로 그 이전 시기의 동북아시아 교역권의 형성 및 쇠퇴와도 맞물려 있다. 따라서 이 시기 고구려와 백제의 대결 구도를 이해하기 위한 역사적 배경으로서 3세기 후반~4세기 초반까지 전개되었던 중국과 한반도 내의 대외 교섭의 정세를 살펴보도록 하겠다.[769]

중국의 서진西晉은 274년에 유주를 분할하여 평주平州를 설치하고 동이교위東夷校尉를 두는 등 적극적인 동방 정책을 추진하면서 주변 동이 제국과의 교섭을 매우 활발히 전개하였다. 먼저 『진서』 진한전에 의하면 280년 이후 진한과 서진의 교섭이 3차례 이상 나타난다. 그런데 이때 서진에 조공하였던 진한의 소국이 10국, 5국, 11국으로 나타나며, 진한왕辰韓王이 주도하고 있다.[770] 당시 진한의 대표자는 신라로서, 이때의 진한왕은 물론 신라왕일 것이다. 그러면 서진과 신라(진한)는 어떠한 루트를 이용하여 교섭이 이루어졌을까?

이와 관련해서는 3세기에 들어 중원세력에 의해 시도된 내륙 교역망 복원 과정이 주목된다. 특히, 204년~207년의 공손씨 정권에 의한 대방군의 설치,[771] 238년 위魏의 동방 원정,[772] 246년 전후의 유주자사 관구검에 의한 고구려 원정[773] 및 군현체제의 강

---

769 이하 서진대 서진과 한반도 제국가와의 교섭의 양상에 대한 서술은 임기환, 「3세기~4세기초 魏, 晉의 동방정책」 『역사와 현실』 3, 2000 참조하였다.
770 『晉書』, 권97, 열전67, 진한.
771 『삼국지』 권30, 위서30, 오환선비동이, 韓.
772 『삼국지』 권30, 위서30, 오환선비동이, 韓.
773 『삼국지』 권4, 위서4, 齊王芳 正始 7년(246).

화 등은 낙랑군과 대방군을 장악하여 한반도 내의 주변 이민족 사회에까지 영향력을 확대하고자 하는 의도였다. 특히 관구검의 군사 행동 이후 내륙 교통로의 복원과 장악이 기도되었다고 보인다. 이를 잘 보여주는 사건이 246년 전후 관구검에 의한 진한 8국의 낙랑군 이속과 이로 인해 일어난 한과의 충돌 사건이다.[774] 이때의 진한 8국 역시 곧 신라를 맹주로 하는 세력권으로 이해된다.

낙랑군과 신라를 잇는 교역로는 왕망대의 염사치廉斯鑡 기사에서 보듯이,[775] 한漢나라 때에 활용되었던 교역로였으며, 이후 어느 시기엔가 낙랑군의 기능이 약화되면서 단절되었다가, 이때 다시 부활하고자 한 교역로일 것이다. 예를 들어 상주에서 출토된 것으로 전해지는 「위솔선한백장魏率善韓伯長」이라는 동인銅印은 위나라 때에 내륙 교역로의 개척 과정에서 낙랑군의 영향력 아래에 들어간 진한 소국과 관련된 것으로 추정된다. 이후 이 교역망이 어떻게 운영되었는지는 알 수 없으나, 서진대에 들어 280년 이후에 낙랑군과 신라를 잇는 교역망이 재차 정비된 것으로 이해된다.

한편, 『진서』 마한전에는 276년 이후 마한과 서진의 교섭 기사가 다수 전한다.[776] 그런데 『진서』 본기에 의하면 마한 이외에도 서진과 교섭한 동이의 여러 국가들의 존재가 보이는데, 282년(태강太康 3)에 조공한 동이 29국과 태강 10년의 동이 30여 국 등이 그러하다. 그 중 282년의 동이29국은 『진서』 장화전張華傳에 보이는 282년에 조공한 신미국新彌國 등 20여국과 동일한 존재로 추정된다. 그런데 이들 29국을 영산강 일대의 소국으로 한정하기에는 그 수가 너무 많다는 생각이다.

따라서 서진의 유주에서 백제를 거쳐 한반도 남해안으로 이어지는 교역망 중에서 백제(마한)세력권을 제외한 즉 한반도의 서남 및 남해안의 소국들을 모두 포괄한 범위가 아닐까 추정된다. 즉 여기 29국에는 변한의 여러 소국도 포함된 것으로 파악된다. 물론 『진서』에 변한과의 교섭기사가 눈에 띄지 않는다. 그렇다고 서진과 변한의 교섭이 없었다고 보기는 어렵다. 기사의 누락일 수도 있지만, 현 『진서』 본기 기사에 변한과의 교섭 기사도 포함되었다고 보면, 282년에 조공한 동이 29국이 가장 유력하

---

774 『삼국지』 권30, 위서30, 오환선비동이, 韓.
775 『삼국지』 권30, 위서30, 오환선비동이, 韓전에 인용된 魏略.
776 『晉書』 권97, 열전67, 마한.

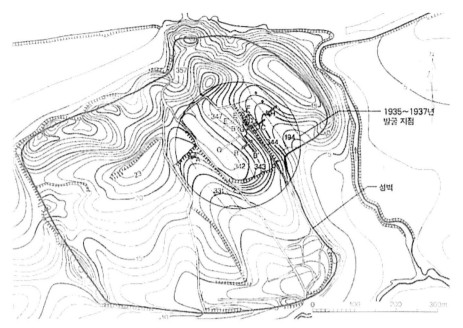

평양 낙랑토성 도면(오영찬, 2006, 『낙랑군 연구』, 사계절, 96쪽)

다. 결과적으로 282년까지는 과거 남해안의 변한까지 이어지는 교역망이 다시 정비된 것으로 추정된다.

다음 289년에는 멀리 떨어져 있는 동이 30여국이 조공하였다고 하였는데, '멀리 떨어져 있다'는 표현에서 그 대상이 왜로 추정된다. 즉 이때에는 왜까지의 교역망이 부활된 것으로 볼 수 있다. 이렇게 서진은 289년까지 동방에 대한 적극적인 노력으로 과거 대방군이 관장하던 한반도 서해안-남해안-왜로 이어지는 교역망을 단계적으로 다시 정비하였다. 즉 서진은 유주와 동이교위부를 중심으로, 276년에는 백제 세력권까지, 282년에는 영산강 유역과 변한 지역까지, 289년에는 왜국으로 이어지는 교역망을 차례로 부활한 것이다. 『진서』 본기에 나타난 동이제국과의 교섭 기사는 그러한 교역망의 복원 과정을 반영한다고 보겠다. 물론 여기서 말하는 교역망은 단순히 물자의 이동망 만을 뜻하는 것은 아니고, 역사서에 '조공'으로 표현되듯이 서진과 주변 제국 사이의 정치적 교섭 관계를 포함하는 것이다.

이와 같이 서진은 낙랑군-진한[신라]로 이어지는 내륙교역망와 대방군-마한[백제]-신미제국-[변한]-왜로 이어지는 해상 교역망을 복원하였으며, 이를 기반으로 활발하게 동이의 여러 나라들과 교섭하였다. 그런데 3세기 후반 중원의 혼란으로 낙랑군과 대방군이 발휘하던 교역망의 통제력이 약화되다가, 4세기 초에는 고구려에 의해 낙랑군과 대방군이 멸망하였다.

따라서 낙랑군과 대방군의 소멸 이후에 이 루트와 관련된 백제와 고구려의 동향에 유의할 필요가 있겠다. 왜냐하면 이러한 교역망을 중심으로 전개된 역사적 경험이, 이후 4세기대 한반도 내에서 낙랑·대방 지역을 차지한 고구려와 백제 사이에 벌어진 쟁패 양상과 밀접히 연관되어 있기 때문이다.

이 루트에 먼저 세력을 뻗친 국가는 지리적인 위치에서 볼 때 백제였다.「백제본기」에 의하면 백제는 북쪽 혹은 동북 방향에서 낙랑樂浪 및 말갈과 빈번하게 충돌하고 있는데, 그 주된 접촉점은 서북쪽으로 칠중하(적성 일대)에서 동북쪽으로는 부현(평강 일대), 동으로는 우두산성(춘천 일대)까지 확장되고 있다. 그리고 문헌 기록으로는 확인되지 않지만, 동남쪽에서는 남한강을 따라 양평·여주를 거쳐 원주 일대에까지 세력이 미치게 되었는데, 이는 원주 법천리 유적이 잘 보여주고 있다.[777]

이렇게 보면 당시 백제가 낙랑·말갈과 충돌하면서 확보해가는 동쪽 경계는 3~4세기 무렵에는 회양·철원·춘천·홍천·횡성·원주 일대로 추정되고 있는데, 이는 앞서 살펴본 바와 같이 과거 낙랑 지역과 진한 지역을 연결하는 내륙 교통망과 중복된다. 물론 백제는 이 루트를 직접 활용하지는 않았을 것이다. 하지만 북한강과 남한강 수계를 이용하여 춘천과 원주라는 거점 지역을 장악한 후, 이 루트를 적절히 통제하는 방식을 취한 것이 아닌가 추측된다.

앞에서 살펴본 바와 같이 280년 이후에 재차 정비된 낙랑군과 진한(신라)를 잇는 교역망은 3세기말 이후 서진의 혼란과 낙랑군·대방군의 축출 과정에서 다시 기능을 잃었을 것이다. 그런데 4세기 초반 고구려가 낙랑·대방지역에 대한 지배력을 강화한 이후에는 과거 낙랑군-신라로 이어지는 내륙 교역망의 부활을 꾀하였으리라 추정된

---

777 최몽룡·권오영,「고고학적 자료를 통해 본 백제초기의 영역고찰」『천관우선생 환력기념 한국사학논총』, 1985.

다. 4세기 중반경에 고구려와 백제의 충돌 지점은 앞서 살펴본 바와 같이 치양稚壤(황해도 신계)과 수곡성水谷城(배천) 일대로서 예성강의 상류와 하류지역이었다.

그런데 이는 충돌 지점은 곧 고구려의 남하 루트와 관련해서 이해된다. 고구려의 남하 루트의 하나는 배천에서 철원으로 이어지고 다시 가평-춘천-홍천-원주로 이어지는 내륙 종단 루트로 확장된다. 실제로 고구려는 광개토왕대의 남하 과정에서 이 루트 장악하면서 백제의 동쪽 영역을 빼앗게 되었고, 동시에 신라로 이어지는 교통로를 확보하게 되었던 것이다. 따라서 고구려와 신라의 교섭은 이 루트를 통하여 상당히 이른 시기부터 이루어졌을 가능성이 크며, 이러한 교섭이 점차 정치적·군사적 관계로 확대되었던 것으로 추정한다.

이상에서 살펴본 바와 같이 고구려와 백제는 각각 한반도를 중심으로 과거 서진 이래의 교섭망 교역망을 복원하여 자신의 정치적 세력권과 대외 교섭망을 구축해갔는데, 그 결과 양국 사이에는 한반도 내에서의 주도권을 둘러싸고 대결의 장이 펼쳐지게 되었던 것이다.

고구려와 백제 양국 관계에서 공격의 포문을 먼저 연 것은 고구려였다. 369년(고구려 고국원왕 39, 백제 근초고왕 24)에 고구려는 2만 군사로 백제 공격하였으나, 치양 전투에서 대패하였다.[778] 게다가 371년 10월에는 근초고왕이 3만 대군을 거느리고 고구려를 공격하여 평양성 전투에서 고국원왕이 전사하였다. 이렇듯 백제와의 충돌 초기에는 고구려의 열세가 뚜렷하였다.

그러면 근초고왕과 고국원왕이 한판 승부를 벌인 고구려 평양성은 어디일까? 고국원왕은 전연과의 전쟁에서 수도 국내성이 함락되어 파괴된 이후 13년에 평양동황성平壤東黃城으로 수도를 옮겼다.[779] 이 때 이거한 평양동황성[780]의 위치를 국내 지역으로 보기도 하고, 지금의 평양 지역으로 보기도 한다. 아직 확정하기는 어렵지만, 고국원왕 4년에 평양성을 증축한 사실이나 고국원왕대의 평양 경영과 관련시켜 보면,[781]

---

778 『삼국사기』 권18, 고구려본기6, 고국원왕 39년 9월.
779 『삼국사기』 권18, 고구려본기6, 고국원왕 13년 추7월, "移居平壤東黃城 城在今西京東木覓山中".
780 '平壤東黃城'은 평양의 '東黃城'으로 해석할 수도 있고, 평양 동쪽의 '黃城'으로 해석할 수도 있다.
781 『삼국사기』 권18, 고구려본기6, 고국원왕 4년 추8월, "增築平壤城".

이들 평양성과 평양동황성을 지금의 평양 일대에 위치한 성곽으로 보는 것이 합리적이다.[782]

평양 일대에 남아있는 이른 시기의 성곽으로는 대동강 남안에 위치한 낙랑시대의 평지성인 낙랑토성이 가장 이른 시기의 성곽이라고 할 수 있으며, 그 외 대동강 북안 일대에는 평지성인 청암리토성을 들 수 있다. 그런데 낙랑토성은 규모도 작고, 대동강의 남안에 위치해 백제의 공격으로부터 방어상의 취약점도 적지 않다. 따라서 장기간 고국원왕이 평양 일대의 경영의 중심지로 축조한 평양성이나 평양동황성은 청암리토성과 관련지어 볼 수 있겠다. 아마도 이곳이 근초고왕과 고국원왕 사이에 격전이 벌어진 역사적 현장일 것이다.

한편, 고국원왕 전사 이후 다시 국내성으로 옮긴 고구려는 소수림왕 때 국가체제를 일신하면서 다시 국력을 비축하였다. 그 후 전열을 정비한 고구려가 다시 백제를 공격한 때는 375년(소수림왕 5)이다. 이때 고구려는 백제의 북변인 수곡성(신계)을 공격하여 함락시켰고, 다음해에 또 다시 북변을 침략하였다. 백제의 근구수왕은 여기에 대응하여 377년(근구수왕 3) 10월에 3만명을 거느리고 고구려의 평양성을 공격하였다. 이에 대하여 고구려가 다음 달에 백제에 역공을 취하였다.[783] 양국은 이제 비로소 호각지세를 이루며 예성강 일대를 경계로 공방이 치열하였다.

고구려는 무력으로 백제를 공격하면서 동시에 신라와의 연결을 적극 모색하였다. 377년에 신라가 전진前秦에 사신을 파견하였는데, 이때 신라 사신은 고구려의 사신과 동행하였다.[784] 신라의 사신이 전진에 다다르기 위해서는 고구려의 영토를 지나야 하였고, 게다가 이미 고구려가 370년에 전진에 사신을 파견한 이래 그 나라와 긴밀한 유대 관계를 맺고 있었던 바,[785] 신라는 고구려의 도움을 받아서 사신을 파견하였음이

---

782 평양지역의 이거와 관련된 기사로는 『삼국사기』 권17, 고구려본기5 동천왕 21년 춘2월조의 "王 以丸都城經亂 不可復都 築平壤城 移民及廟社 平壤者本仙人王儉之宅也 或云 王之都王險" 기사가 있다. 여기의 평양성은 國內지역으로 보아야 할 것이다. 동일한 평양성이 다른 지역의 城名으로 등장하는 것은 고구려본기의 사료 조건과 관련된다.

783 『삼국사기』 권18, 고구려본기6, 소수림왕 5·6·7년.

784 『자치통감』 권104, 晉紀26, 烈宗 上之中, "太元二年春 高句麗新羅西南夷 皆遣使入貢于秦".

785 여호규, 앞의 논문, 2000 참조.

분명하다. 이것은 377년 무렵에 두 나라의 관계가 밀접하였음을 전제하는 것인데, 이를 통하여 이 무렵을 전후하여 신라가 백제와 등을 돌리고 고구려와 연결하였음을 추정할 수 있겠다. 382년에 신라는 고구려의 도움을 받아 또 한번 전진에 사신을 파견하였다.[786] 즉 고구려와 신라는 377년 무렵을 전후하여 화친 조약을 체결하였던 것으로 추정된다.

---

786 『太平御覽』권781, 四夷部2, 동이2, 신라, "秦書曰 苻堅建元十八年 新羅國王樓寒 遣使衛頭 獻美女 國在百濟東 其人多美髮 髮長丈餘 又曰 苻堅時 新羅國王樓寒 遣使衛頭朝貢 堅曰 卿言海東之事 與古不同 何也 答曰 亦有中國時代變革 名號改易".

제3장

고구려의 정복전쟁과 백제, 신라의 대응

제1절

고구려의 대외 전쟁과 영역의 확장

1. 4세기 후반의 국제정세

전진前秦과 전연前燕 양국은 360대 전반에는 팽팽한 세력 균형을 유지하다가, 367년에 전연의 실권자 모용각이 사망함에 따라 전진의 우세로 바뀌었다. 모용각이 사망한 후 전연은 모용평慕容評 · 모용수慕容垂의 대립으로 내분에 빠졌으며, 골육상잔을 꺼린 모용수는 전진으로 망명하였다. 모용수의 망명을 받아들인 전진 왕 부견符堅은 370년 4월에 전연을 공격하기 시작하여 11월에 전연의 수도 업성을 함락시켰다. 곧이어 전연의 발흥지인 용성을 공벌하고, 전연의 요동태수 한조韓稠의 투항을 받아 요동지역까지도 장악하였다.

이러한 전연 · 전진의 교체기임에도 불구하고 고구려는 요동 진출의 기회를 얻지 못하였다. 왜냐하면 전진은 1년도 안되는 짧은 기간에 전연을 멸망시켰고, 별다른 저항을 받지 않고 요동 · 요서 일대를 점령하였기에 고구려로서는 미처 요동지역에 대한 공세를 취할 시간적인 여유를 갖지 못하였기 때문이다. 게다가 고구려는 바로 전 해에 백제를 공격하였다가 대패하였기 때문에 전진과 무력 충돌을 벌일 여력도 없었을 것이다.[1]

---

1 4세기 후반 고구려와 후연의 관계에 대해서는 여호규, 「4세기 동아시아 국제질서와 고구려 대외정책의 변화」『역사와 현실』36, 2000을 참고하였다.

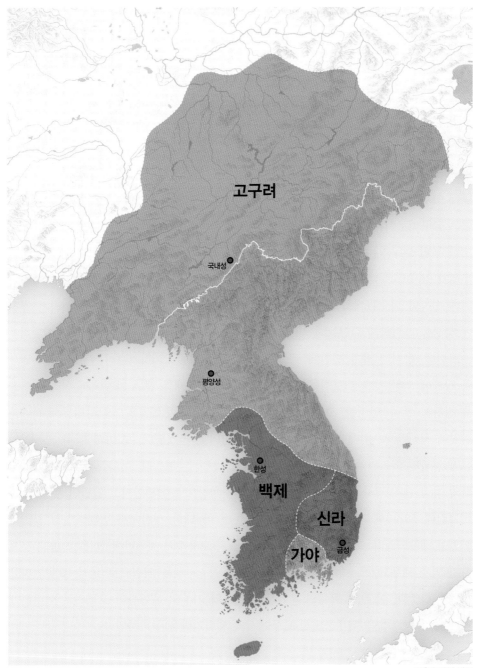

고구려

국내성

평양성

한성

백제

신라

가야

금성

4세기 세력 판도

이렇게 전진이 전연을 멸망시키고 요서·요동 지역을 장악하자, 고구려는 전진과의 관계 개선을 위해 전연으로부터 망명한 모용평을 생포하여 전진에 보냈다. 이후 고구려와 전진은 별다른 충돌없이 전진이 화북 일대에서 물러나게 되는 384년까지 우호관계를 유지하였다.

양국의 우호관계는 372년에 본격화하였다. 즉 이 해에 전진이 고구려에 불교를 전파해 주었고, 고구려 역시 이에 대해 전진에 방물을 공헌하여 응답하였다. 이렇게 양국은 370년 첫 대면 이후 15년간 우호관계를 유지하였다. 따라서 결과적으로는 355년에 고구려가 전연과 화평을 맺은 이후 30여 년 동안 고구려의 서쪽 경계인 요동 일대는 고구려로서는 안정적이고 평화로운 정세가 계속 유지되었던 것이다.

이 무렵 고구려는 남쪽에 관심을 기울여 신라와 새로운 외교관계를 수립하였다. 고구려가 369년과 371년에 백제와의 전쟁에서 잇따라 패배하게 되자, 백제를 견제하기 위해 신라와 외교관계를 맺었다고 이해된다. 그 결과 377년과 381년에 신라가 전진에 사신을 파견하게 되었는데, 이 역시 모두 고구려 사신과 동행한 것으로 추정된다.[2]

그런데, 당시 신라가 전진에 사신을 보낸 것은 자발적이라기보다는 고구려의 권유와 강제에 의한 것으로 보인다. 즉 전진과의 외교 관계를 맺는 과정에서 신라의 입장을 정확히 알 수 없지만, 고구려의 입장에서는 자신의 세력권을 과시하려는 목적에서 전진에 사신을 보낼 때 신라 사신을 대동하였다고 추정된다.[3] 따라서 당시 고구려와 신라 양국의 외교관계는 반드시 대등하였다고 보기는 힘들다. 이와 같이 고구려와 신라의 동맹 관계 역시 동아시아의 국제 정세를 배경으로 이루어지고 있었던 것이다.

그런데 383년에 전진前秦의 부견이 동진東晉에 대한 정벌에서 실패하면서 곧바로 전진이 해체되었다. 그러자 전진의 휘하에 있던 모용수가 385년에 연국燕國을 부흥시켜 후연을 세우고, 모용농과 모용좌로 하여금 용성龍城을 거점으로 요서, 요동지방을 경략케 하였다. 이 무렵 화북의 혼란으로 유주와 기주의 유민들이 고구려로 이주하게 되자, 후연은 이들을 위무하면서 요동에서의 세력기반을 구축하였다.

---

2 衛頭의 사신 파견 시기는 『삼국사기』 신라본기에는 381년(奈勿王 26년), 『태평어람』 권781, 동이 2, 신라조에는 382년(符堅 建元18년)으로 각각 나온다.
3 여호규, 앞의 논문, 2000, 46쪽.

불론 고구려의 입장에서도 진진에서 후연으로의 교체기라는 절호의 기회를 다시는 놓치지 않으려고 하였다. 385년(고국양왕 2) 6월에 고구려는 4만 대군을 일으켜 요동을 공격하여 요동군과 현도군을 함락시켰다. 군대의 규모나 요동군에 대한 본격적인 공세라는 점에서 당시 요동지역에 대한 고구려의 적극적인 의지를 엿볼 수 있는 상황이다. 그러나 후연 역시 요동지역을 놓칠 수 없었다. 11월에 다시 후연의 반격으로 고구려는 2개의 군을 빼앗기고 말았다.[4]

『삼국사기』 등 문헌기록에는 보이지 않지만, 아래에서 서술하는 바와 같이 광개토왕릉비에 의하면 영락 5년(395)에 광개토왕이 비려碑麗 정벌 후 요동의 양평襄平(지금의 요녕성 요양)을 순수하고 있다. 이러한 정황을 보면, 고국양왕대에 요동성 일대를 재차 공취한 것으로 추정할 수 있겠다. 아마도 당시 요동의 형세를 보면 고구려가 양평을 차지하고, 후연은 평곽平廓(지금의 요녕성 개현)을 근거지로 양국이 대결하고 있었던 것 같다. 그러나 386년 이후 고구려의 입장에서는 연이은 백제와의 공방전으로 인하여,[5] 요동 지역에서의 군사 활동에는 적지 않은 제약을 받았을 것이다.

이러한 상황에서 광개토왕이 즉위한 후 그에게 주어진 과제는 다음 두가지로 요약될 수 있다. 첫째 백제와의 전쟁에서 우위를 점하여 남방 전선을 안정시키는 것이며, 둘째 남방 전선의 안정을 전제로 요동지역을 완전한 장악하는 것이었다고 추정된다. 이러한 전반적인 정세로 보아 아마도 고국양왕 말경에 이미 백제를 정벌하기 위한 준비가 진행되고 있었던 듯하다. 이는 고구려와 신라의 관계를 통해 엿볼 수 있다.

즉 고국양왕 말년인 391년에 고구려는 신라에 사신을 보내고, 392년에 신라는 왕족인 실성實聖을 인질로 고구려에 보내어 양국은 공식적으로 상하 외교관계를 체결하게 되었다.[6] 이는 백제와 신라가 연결되는 것을 원천적으로 봉쇄하기 위한 고구려의 외교 전략일 것이다. 신라의 입장에서도 백제와 연결된 왜倭가 한반도에 출몰하면서 위협을 느끼고 있었기 때문에 고구려의 인질 요청을 마다할 형편이 아니었다.

이러한 인질 외교는 고구려가 전연前燕으로부터 배운 방식이었다. 전연이 전진에게

---

4 『삼국사기』 권18, 고구려본기6, 고국양왕 2년 6월·11월.
5 『삼국사기』 권18, 고구려본기6, 고국양왕 3·6·7년.
6 『삼국사기』 권18, 고구려본기6, 고국양왕 8년.

멸망하던 370년에 전연의 수도 업성에는 부여夫餘와 상당上黨의 인질과 함께 고구려인 인질도 상당수 거주하고 있었다.[7] 사실상 5호16국 시기에는 피정복국가나 족속을 통제하기 위해 유력자나 그의 자제를 수도로 이주시켜 인질로 삼는 것이 일반적이었다. 고구려는 고국원왕대에 이미 전연에게 왕모王母가 인질로 잡혀있어 운신에 제약이 많았던 뼈저린 경험을 갖고 있었다. 따라서 고구려는 인질 외교 방식이 갖는 효용성을 잘 알고 있었으며, 신라에 대한 인질 요구도 이러한 경험에서 비롯되었을 것이다.

2. 백제와의 전쟁과 영역의 확보

1) 광개토왕대 고구려와 백제 전쟁의 전개 양상

광개토왕은 즉위 전반기에 백제전에서 거듭되는 승리를 거두었다. 『삼국사기』 고구려본기와 백제본기에 의하면 광개토왕은 원년(391) 7월에 백제의 10성을 함락하고, 이어 10월에는 전략적 요충지인 관미성關彌城을 함락시켰다. 392년 8월에는 백제의 공격을 막고, 393년 7월에는 친히 백제의 공격을 격파하였다. 그리고 같은 해 8월에는 남쪽 변경에 7성을 쌓아 백제에 대한 방어망을 구축하였으며, 394년 8월에는 백제군을 대파하였다.[8]

이상 『삼국사기』 본기에 나타난 광개토왕대까지의 고구려와 백제의 공방전의 흐름을 쉽게 이해하기 위하여 〈표 3-1〉로 정리하였다.

〈표 3-1〉 고구려와 백제의 전투표

서기	본기 출전 기사		접전 지역	공격주체	내용
	고구려	백제			
369	고국원왕 39	근초고왕 24	치양(雉壤), 수곡성(水谷城)	고구려 병2만 →백제	

---

7 『자치통감』 권102, 晉紀 太和 5년 11월.
8 『삼국사기』 권18, 고구려본기6, 광개토왕 원년 및 2·3·4년.

371		근초고왕 26	패하(浿河)	고구려→백제	
	고국원왕 41	근초고왕 26	평양성(平壤城)	백제 정병(精兵) 3만 →고구려	평양성 함락
373		근초고왕 28			백제 청목령(靑木嶺) 축성
375	소수림왕 5	근초고왕 30	수곡성(水谷城)	고구려→백제	
376	소수림왕 6	근구수왕 2	백제 북변	고구려→백제	
377	소수림왕 7	근구수왕 3	평양성(平壤城)	백제 병3만 →고구려	
	소수림왕 7	근구수왕 3		고구려→백제	
386		신사왕 2			백제 청목령(靑木嶺)-팔곤성(八坤城)-서해(西海) 관방 설치
	고국양왕 3			고구려→백제	
389	고국양왕 6	진사왕 5	고구려 남변	백제→고구려	
390	고국양왕 7	진사왕 6	도곤성(都坤城)	백제→고구려	
392	광개토왕 1	진사왕 8	석현성(石峴城)	고구려 병4만 →백제	석현성등 10성함락
	광개토왕 1	진사왕 8	관미성(關彌城)		관미성 함락
393	광개토왕 2	아신왕 2	관미성(關彌城)	백제 군사1만 →백제	
394	광개토왕 3	아신왕 3	수곡성(水谷城)	백제→고구려	
	광개토왕 3				고구려 국남의 7성 축성
395	광개토왕 4	아신왕 4	패수(浿水)	백제→고구려	
		아신왕 4		백제 병7천 →고구려	백제군 청목령 주둔, 폭설로 회군
398		아신왕 7		백제→고구려	백제군 한산북책(漢山北柵)진주, 정벌 중지
399		아신왕 8			백제, 고구려정벌계획

※ 출전 기사는 고구려본기와 백제본기 중 기사가 있는 왕대의 기년인 기째.

※ →는 공격 주체를 표기함

광개토왕비

그런데 고구려인이 남긴 「광개토왕릉비」에 보이는 기사는 이와는 다른 양상을 전해주고 있다. 「광개토왕릉비」에는 396년(영락永樂 6)에 백제의 58성 700촌을 공파하고, 수도 한성을 포위하여 아신왕阿莘王의 항복을 받아낸 사실을 기록하고 있다. 즉 『삼국사기』에는 양국의 충돌이 9회의 기년 기사로 분산되어 기술되어 있으나, 「광개토왕릉비」에는 영락 6년에만 고구려의 백제 공격 기사가 기술되어 있다. 이러한 차이는 물론 양 자료가 갖는 성격의 차이에서 비롯한다.

「광개토왕릉비」에서는 그 때까지 백제와의 전쟁에서 얻은 성과를 영락 6년에 일괄적으로 기록하는 서술법을 취한 듯하다.[9] 사실 광개토왕릉비는 광개토왕의 위훈을 효과적으로 드러내기 위한 여러 가지 서술법을 최대한 발휘하고 있기 때문에,[10] 일정기간 백제와의 전쟁에서 얻은 모든 성과를 광개토왕의 업적으로 부각시키기 위해서 광개토왕이 직접 정벌에 나선 전쟁의 성과로 기술하였을 것으로 짐작된다.

한편, 『삼국사기』 고구려본기와 백제본기에 전해지고 있는 양국의 전쟁 관련 기사(369~399년)는 비록 양 본기에 모두 기술되고 있지만, 그 내용으로 보아 이들 기사의

---

9 武田幸男, 「廣開土王碑文辛卯年條の再吟味」『古代史論叢』上, 1978, 50~84쪽.
10 이러한 기술 태도는 유명한 광개토왕릉비의 신묘년조 기사에서도 확인된다. 여기서 신묘년은 서기 391년으로 광개토왕이 왕위에 오른 永樂 1년이다. 즉 이전의 사정과는 관계없이 대왕의 치세 동안의 업적만을 드러내는 기술 방식이 바로 그것이다. 이처럼 「광개토왕릉비」의 기사는 서술상의 한계가 있지만, 『삼국사기』에는 전하지 않는 이 시기 고구려와 백제의 관계를 잘 보여주고 있는 사료라는 점에서 유의된다.

대부분이 백제의 전승 사료를 원전原典으로 히는 편찬 기록으로 짐작된다. 즉 『삼국사기』 본기 기사는 백제측의 입장을 반영하는 기사이고, 「광개토왕릉비」의 기사는 고구려의 인식을 담고 있는 당대의 기사라는 차별성이 있는 것이다.

따라서 『삼국사기』의 고구려본기, 백제본기의 양국의 전쟁 기사를 이해할 때에는 그것이 백제의 시각을 담고 있다는 점에 유의하지 않으면 안된다. 즉 위 표에 나오는 주된 접전 지명인 치양雉壤·수곡성水谷城·패하浿河·패수浿水·도곤성都坤城·석현성石峴城·청목령靑木嶺·관미성關彌城 등의 지명 역시 백제계 지명임이 분명하며, 이들 전투 지점이 갖는 의미도 역시 백제의 입장에서 살펴져야 할 것이다.

그러면 이와같이 전승 기사에 따라 일정한 차이가 있다는 점을 전제로 하여 광개토왕대 고구려와 백제의 전쟁과 각축전의 양상에 대해 살펴보자. 다만 광개토왕 이전의 양상에 대해서는 이미 앞에서도 살펴본 바 있지만 간략하게 앞의 〈표 3-1〉을 중심으로 다시 검토해보자.[11]

고구려와 백제는 369년에 첫 전투를 벌인 이래 여러 차례 공방을 주고 받았지만, 어느 일방의 우세를 갖지 못한 채, 주로 황해도의 치양雉壤(황해도 배천)과 수곡성水谷城(황해도 신계) 및 패하浿河(예성강) 일대 즉 대략 지금의 예성강 하류에서 상류로 이어지는 지역을 경계로 서로 공방을 거듭하며 교착 상태를 지속하고 있었던 것으로 보인다. 이러한 전황 속에서 당시 백제는 예성강 일대의 1차 방어망 남쪽으로, 373년에 청목령靑木嶺(개성 일대) 일대에 성을 쌓고, 386년에는 다시 청목령에서 북으로는 팔곤성八坤城(위치 미상), 서쪽으로는 서해에 이르는 관방을 축조하여 새로이 2차 방어망을 구축하였다.

그러나 광개토왕이 즉위하면서 고구려의 적극적인 공세로 양국의 전황은 크게 바뀌었다. 392년 7월에 백제를 공격하여 10성城을 빼앗았고, 10월에 백제 서북의 요충지인 관미성을 함락하면서 전세의 주도권을 잡았다. 이듬해인 393년에는 관미성을 되찾기 위한 백제의 반격이 있었으나 이를 패퇴시켰다.

관미성이 당시 고구려와 백제 양국이 모두 중요시했던 요충지로서, 「광개토왕릉

---

11 이하의 서술은 다음 논문을 참고하여 정리하였다(임기환, 「廣開土王碑에 보이는 百濟 관련 記事의 檢討」『漢城百濟史料研究』(한성백제연구총서1), 경기문화재단, 2005).

비」에는 각미성關彌城이란 지명이 보이는데, 이 성이 곧 관미성일 것이다. 관미성 관련 기사를 보면, 관미성은 4면이 가파르고 바다로 둘러싸여 있어, 당시 고구려군은 7개의 길로 군사를 나누어 공격하여 20일만에 함락시켰다고 하였다. 관미성의 위치를 알기는 어렵지만,[12] 386년에 축조한 관방이 청목령에서 서쪽으로는 서해에 이르렀다고 하였는데, 관미성이 해안가에 위치하고 있음을 고려하면 혹 이 관방의 서쪽단에 축조한 성이 아닐까 짐작된다. 대략 예성강 하구와 임진강 하구 사이의 어느 지역일 가능성이 높다고 추정된다. 그렇다면 고구려군에 의한 관미성의 함락과 뒤이은 공방전은 고구려가 백제의 2차 방어망을 돌파하였음을 뜻한다.

그런데 이후의 전황은 좀 다른 양상을 드러낸다. 394년 7월에 백제가 수곡성을 침공하였으며, 이어 8월에는 고구려가 백제와의 접경 지역에 7성을 축조하였다. 또 394년에는 고구려군과 백제군이 패수浿水에서 격돌하는 등 거의 매년 고구려와 백제의 공방이 이어졌다. 즉 394년과 395년의 전황을 보면 비록 백제가 패배하였다고 하더라고 전투가 벌어진 지점이 수곡성과 패수라는 점이 유의된다. 다시 말해서 고구려가 392년 전투에서 확보한 관미성 등의 전선에서 다시 예성강 일대로 그 전선이 후퇴하였음을 시사하고 있다. 394년에 백제가 수곡성을 침공한 직후 고구려가 축조한 남쪽 변방의 7성은 그 구체적인 위치는 알기 어렵지만, 아마도 백제와의 전선의 변화에 대비하는 새로운 방어망을 구축하려는 시도였을 것이다. 이렇게 『삼국사기』 본기에 보이는 공방전은, 전황에서는 고구려의 승리가 이어지고 있었으나, 그렇다고 일방적으로 고구려가 우세를 보이는 상황은 아니었음을 알 수 있다.

그러나 「광개토왕릉비」에 전하고 있는 고구려와 백제의 전쟁은 전혀 다른 상황을 보여주고 있다.[13] 즉 396년에 광개토왕의 공격으로 고구려에게 58성을 잃은 백제가

---

12 관미성이 갖는 지형적 조건을 고려하여 關彌城의 위치에 대해서는 강화도설, 예성강 하구설, 임진강 하구설(烏頭山城) 등이 있다(김윤우, 「광개토왕의 남하정복지에 대한 일고-관미성의 위치를 중심으로-」『차문섭교수 화갑기념 사학논총』, 1989 ; 윤명철, 「강화지역의 해양방어체제연구-관미성 위치와 관련하여-」『사학연구』58·59합집(내운최근영박사정년기념논문집), 한국사학회, 1999 ; 윤일녕, 「관미성위치고-광개토대왕비문, 삼국사기, 대동지지를 바탕으로 -」『북악사론』2, 1990).
13 「광개토왕릉비」의 전쟁 기사는 별도의 전거를 생략한다.

이후 고구려와의 충돌한 기사는 분명히게 보이지 않는다. 그런데 아래에서 기술하는 바와 같이 영락 9년의 신라 침공이나 14년의 대방계 침공에서 백제가 주도적인 역할을 하였음이 분명한데도, 비문에는 주적으로 왜만을 언급하고 있다는 점을 유의할 필요가 있다. 「광개토왕릉비」에 보이는 이러한 기술은 당시 고구려의 천하관과 관련된 서술 방식으로, 백제는 이미 고구려의 천하질서에 편입된 속민으로 간주하면서, 고구려의 천하를 어지럽히는 존재로 왜만을 지목하고 있는 당시 고구려인의 인식을 반영한 결과이다.

따라서 이후 등장하는 왜의 존재를 통해 백제의 전략을 짐작해볼 수 있을 것이다. 396년의 패배 이후 백제는 군사적 협력 대상으로 왜를 한반도 내로 동원하여, 399년(영락 9년)에는 고구려 영향권의 확대를 견제하기 위하여 신라를 공격하였다. 그러나 이러한 전략은 고구려의 신속한 군사 개입으로 실패로 돌아가고 말았다. 이때 고구려의 출병은 비록 광개토왕이 직접 전쟁을 지휘한 친정親征은 아니었지만, 5만의 대군을 파견한 것으로 보아 한반도내에서 백제를 견제하고 주도권을 장악하려는 상당히 의욕적인 출병임을 짐작할 수 있다. 고구려는 신라를 구원하여 자국의 세력권 내로 편입시키는데 그치지 않고, 낙동강유역의 가야지역에 진출하여 백제의 우군인 가야와 왜를 격파하여 백제를 고립시키려는 작전을 구사하였던 것이다. 이 작전은 성공을 거두는 듯하였으나, 요동 지역에 대한 후연의 공격으로 군대를 철수시키지 않을 수 없어,[14] 사실상 소기의 목적을 달성하지는 못하였다.

400년(영락 10)에는 왜군이 대방계帶方界를 공격하자 광개토왕은 군대를 이끌고 이를 격파하였다.[15] 이 전투 역시 백제가 왜군을 동원하여 직접 고구려의 대방 지역을 공격한 것으로 이해된다. 이렇게 「광개토왕릉비」에 의하면, 396년에 고구려의 정벌 및 백제의 항복 이후에도, 백제는 군사적으로 열세인 상황을 타개하기 위해 왜군을 끌어들이는 등 다양한 외교 전술을 구사하면서 고구려와 치열하게 대립하고 있음을

---

14 『삼국사기』 권18, 고구려본기6, 광개토왕 9년, "二月 燕王盛 以我王禮慢 自將兵三萬襲之 以驃騎大將軍慕容熙爲前鋒 拔新城·南蘇二城 拓地七百餘里 徙五千餘戶而還".

15 「광개토왕릉비」, "十四年甲辰而倭不軌侵入帶方界□□□□□石城□連船□□□王躬率□□從平穰□□□鋒相遇王幢要截盪刺倭寇潰敗斬煞無數".

알 수 있다.

그런데 이 대방계 공격 기사와 관련해서는 앞서 394년과 395년의 전투가 수곡성과 패수에서 벌어졌다는 『삼국사기』 본기 기사를 연관시켜 볼 수 있겠다. 앞서 영락 6년의 백제 정벌전 기사의 경우도 그러하듯이, 이 대방계 전투 기록도 기년에는 차이가 있지만 결국 같은 역사적 맥락에서 이해할 수 있을 것이다. 즉 광개토왕릉비의 400년 대방계 전투 기사는 곧 『삼국사기』 본기의 394년과 395년에 수곡성·패수 등 예성강지역에서 벌어진 전투로 이해되며, 이전의 전선으로 고구려의 남하를 저지하려는 백제의 전략으로 이해할 수 있다.

비문의 경우에 396년(영락 6)의 58성 상실 및 400년(영락 10)의 대방계 전투라는 흐름은, 『삼국사기』 본기에서는 392년의 관미성과 한수 이북 영역 상실에서 이후 394년의 수곡성, 395년의 패수에서의 전투가 벌어지는 전황의 맥락과 상통하는 바가 있다.

한편 「광개토왕릉비」의 영락 17년조 전쟁의 대상을 백제로 보는 견해도 있다. 그러나 이 전쟁의 대상은 다음 절에서 기술하는 바와 같이 후연으로 보는 것이 타당하다. 그렇다면 광개토왕릉비문 내에서 고구려와 백제의 전투는 왜를 동원한 대방계 전투가 마지막이라고 할 수 있다. 어쨌든 『삼국사기』 본기 기사를 보면 광개토왕대 고구려가 남하하여 일정한 영역을 확보하였다가, 다시금 예성강 전선 일대로 후퇴되는 양상을 보여준다. 물론 이전의 전선으로 물러난 것은 아니겠지만, 백제 2차 방어선을 돌파하지 못한 것으로 나온다.

이는 398년에 백제군이 한산북책漢山北柵에 이르렀다는 기사나, 469년(백제 개로왕 15년)에 쌍현성雙峴城을 수리하고, 청목령靑木嶺에 대책大柵을 설치하여 북한산성의 군사들을 나누어 지키게 하였다는 「백제본기」 기사에서도 확인될 수 있다.[16] 청목령은 백제의 2차 방어선의 핵심적인 요충지이며, 쌍현성 역시 398년(아신왕 7년)에 새로 축조한 요충성이다. 쌍현성의 위치를 추정할 뚜렷한 단서는 없지만, 청목령과 더불어 기술할 만큼 중요한 전략적 위치를 갖고 있는 성이었음은 분명하다. 청목령이

---

16 『삼국사기』 권25, 백제본기3, 개로왕 15년.

치양(배천)의 배후 2차 방어선으로서 역할을 한다면, 아마도 쌍현성은 수곡성(신계)의 배후 2차 방어선의 기능을 하였을 것이다. 그렇다면 교통로상에서 추정해보면 대략 지금의 철원 혹은 연천 일대가 아닌가 짐작된다. 이렇게 개로왕대 청목령과 쌍현성을 주된 방어선으로 하였다고 보면, 398년 무렵의 고구려와 백제의 전선이 70여년 동안 거의 변동없이 469년까지 그대로 유지되었다고 볼 수 있다.

2) 영락 6년조 58성의 위치와 신영역

「광개토왕릉비」에는 고구려가 영락 6년(396)에 백제를 공격하여 58성을 획득하였다고 기록하고 있다. 그러면 이 58성의 위치와 영역의 범위는 어디였을까?[17] 앞에서 검토한 바와 같이 『삼국사기』 본기 기록에 의하면 광개토왕의 초년에 고구려가 백제를 압박하여 영역을 차지하는 형세였으나 점차 백제도 반격을 시도하여 대체로 개성에서 임진강을 잇는 2차 방어선은 충분히 확보한 듯한 정황을 보여준다.

그러나 여기서는 백제의 반격 이전에 즉 고구려가 백제 영역을 최대한 확보한 상황을 보여주는 영락 6년조에서 고구려가 차지한 영역 범위에 대해서 살펴보고자 한다. 물론 그동안 이에 대한 논란 역시 적지 않다. 먼저 58성의 위치를 언어학적인 유사함을 근거로 위치 비정을 시도한 연구가 있으나 취하기 어렵다.[18] 또 58성을 예성강에서 한강 이북의 지역에 한정하는 견해도 있으나,[19] 58성을 배치하기에는 너무 좁은 지역이라는 점에서 의문이다. 왜냐하면 58성 중 31개의 성에서 수묘인연호가 차출되고 있음을 보면 일종의 행정단위의 성임을 알 수 있는데,[20] 이에 어느 정도 대응시킬 수 있다고 추정되는 통일신라기 이 지역 군현의 수는 58개에 크게 못미치기 때문이다.

17 이하의 서술은 임기환, 앞의 논문, 2005를 참고하여 정리하였다.
18 酒井改藏, 「好太王碑面의 地名에 대해」 『朝鮮學報』, 1955, 57~60쪽 ; 李丙燾, 『韓國古代史研究』, 1976, 박영사, 381~382쪽. 이에 대한 비판은 이기동, 「광개토대왕비문에 보이는 백제관계기사의 검토」 『百濟研究』 17, 충남대백제연구소, 1986 참조.
19 盧重國, 「漢城時代 百濟의 地方統治體制」 『邊太燮華甲紀念論叢』, 1986, 147쪽.
20 58성 중 31성이 수묘인연호의 차출단위가 되고 있음은 이들 성이 조세 수취 등 지방 통치 행정을 담당하는 행정단위의 성임을 시사하는 것이다. 노중국은 58성을 700촌과 관련을 맺고 있는 지역 단위의 성으로 파악하고 있다(盧重國, 앞의 논문, 1986, 142쪽).

호루고루성 목책(경기 연천)

한편 이 58성의 위치를 예성강에서 임진강 사이와 경기만 일부, 그리고 남한강 상류 지역에 소재한 것으로 보는 견해가 있다.[21] 당시의 정황으로 보아 대체로 타당하다고 생각된다.

비문에 이 58성의 이름을 모두 밝힌 것으로 보아, 이 58성의 획득을 매우 중요하게 인식하고 있으며, 이는 58성이 당시 고구려와 백제의 중요 전략적 위치를 차지하는 지역이라는 점을 시사한다. 어쨌든 58성의 획득은 고구려의 군사 행동을 통해서 이루어진 것이며, 따라서 58성의 위치와 범위를 파악하기 위해서는 당시 고구려 군대의 예상되는 남하 경로를 추적해 볼 필요가 있겠다.

일단 고구려와 백제가 초기에 주되게 충돌한 지점인 치양(배천)·수곡성(신계)은 각각 예성강의 하류와 상류 지역에 위치하면서 고구려와 백제 지역을 연결하는 2개 루트의 거점들이다. 즉 하나는 치양-청목령(개성)-관미성 등 서해안 일대로 이어지는

---

21 李道學, 「永樂 6年 廣開土王의 南征과 國原城」『孫寶基停年紀念論叢』, 1988, 92~97쪽.

루트이며, 다른 하나는 수곡성-(철원)-(포천) 등으로 이어지는 내륙 루트를 상정할 수 있다.

그런데 광개토왕의 즉위 초에는 과거의 예성강 일대보다는 그 전선을 남하하여 일단 지금의 개성 지역에 있었던 것으로 추정되는 백제의 북방 요새인 청목령 일대를 확보한 것으로 짐작된다. 그리고 이후 광개토왕이 거느린 고구려군이 이용한 주 루트 역시 〈표 3-1〉을 보면 서해안 루트인 듯하다. 그런데 개성을 경유하는 서해안 남하 경로 역시 구체적으로는 다시 2개의 경로로 나누어 볼 수 있겠다.

하나는 개성에서 장단을 거쳐 오늘날의 임진강인 호로하瓠蘆河나 칠중하七重河를 건너 적성積城 지역을 통하여 양주를 지나 중랑천이나 왕숙천을 끼고 남하하는 경로이다. 이 경로는 강을 건너기 쉬우며, 동서로 가로막힌 지형적 장애물이 없는 등 지형상의 잇점 때문에 역대로 가장 많이 이용되었다고 생각된다. 실제 이 경로에는 현재에도 아차산과 도락산 일대에 산재해 있는 보루성 유적 등 고구려의 군사 유적이 가장 많이 분포하고 있어, 뒷시기까지 고구려군이 이용하는 중요 경로였음을 확인할 수 있다. 후에 신라가 서울 지역을 장악한 뒤에는 이 루트의 서울 거점으로 아차산성을 축조하였다.

둘째는 개성에서 임진강 하구를 도하하여 파주를 지나 서울로 바로 남하하는 경로이다. 이 경로는 개성에서 서울에 이르는 최단거리이지만, 임진강 하구를 도하하거나 혹은 서해상에서 군수 지원을 확보하기 위해서는 수군의 활동이 뒷받침되어야 하였다. 그러한 의미에서 해안의 요충성이었던 관미성의 전략적 가치가 고구려와 백제 모두에게 매우 두드러진 위상을 갖고 있었던 것이 아니었나 한다. 특히 이 일대에는 왕봉현王逢縣, 달을성현達乙城縣 등 고구려의 안장왕安臧王과 관련된 설화가 전해지는 군현이 위치하고 있다.[22] 아마도 이 설화는 안장왕이 한성 지역을 순수巡狩한 사실과 관련된 전승이 아닌가 짐작되는데, 고구려가 이 지역을 점령한 뒤에도 이 루트가 매우 중시되었음을 시사하고 있다. 그리고 이 지역에는 북한산진흥왕순수비가 위치한 것으로 보아 신라가 서울 지역을 점령하였을 초기에도 이 루트가 주되게 이용되었음을 알

---

22 『삼국사기』 권37, 잡지6, 지리4, 고구려, 王逢縣·達乙城縣.

북한산 진흥왕 순수비가 있는 비봉

수 있다.

한편 위의 두 경로와는 달리 철원에서 포천을 지나 서울에 이르는 내륙 루트도 충분히 검토해 보아야 할 것이다. 특히 이 경로는 백제의 수도인 한성漢城을 공략하기 위한 경로이기도 하지만, 한편으로는 한강 유역 일대 전체를 장악하기 위한 고구려의 남하 경로의 일부로 파악할 필요가 있다. 그런데 394년(광개토왕 3)에는 다시 수곡성 일대에서 전투가 벌어지고 고구려가 국남國南에 7성을 축조한 것으로 보아, 이 7성을 축조한 것은 역시 이 내륙 루트의 안정적인 확보를 위한 노력으로 짐작된다. 따라서 이 루트 역시 광개토왕이 영락 6년에 정복한 58성의 위치와 깊은 관련이 있을 것이다.

그리고 이 내륙 루트와 관련해서는 400년(영락 10)의 신라구원전에 5만 에 달하는 군사를 동원한 고구려의 군사활동이 전개되었다는 점을 유의할 필요가 있다. 당시 5만이라는 대군이 신라까지 긴 원정로와 보급로를 연장하여 대규모 군사활동을 전개하기 위해서는 상당히 안정적인 남하 경로를 확보하고 있지 않으면 안된다.

그러면 당시 고구려군 5만 군대가 신라로 남하하는 경로는 어디였을까? 우선 생각할 수 있는 경로는 동해안 경로이나. 비리싱(안변)에서 동해안을 따라 남하하여 하슬라(강릉)-실직(삼척)-신라 도성으로 이어지는 경로이다. 이 경로는 『삼국사기』 신라본기에 자주 등장하는 신라의 동해안 영역권이기도 하다.

물론 이 경로도 고구려군의 일부가 이용하였을 것이지만, 5만이란 대군이 이 루트를 경유하였다고 볼 수는 없다. 특히 전 해에 원병을 청하러 온 신라 사신을 광개토왕이 맞이한 곳은 바로 평양이었다. 당시 평양은 백제의 공격 등 고구려 남진 기지로서의 역할을 하고 있었을 것이다. 따라서 이 때 고구려의 대군 역시 대부분 평양에서 출발하여 소백산맥을 넘어 신라로 향하였을 것이다. 이 경로의 최남단은 남한강 유역에서 죽령을 넘는 경로가 가장 유력한데, 구체적으로는 평양-수안-신계[수곡성]-화천-춘천[우두성]-원주-충주-단양-죽령의 경로로 추정된다. 이 경로는 주로 북한강과 남한강 유역 일대에 위치하게 된다. 그렇다면 이 지역을 언제 고구려가 확보하였는지가 문제인데, 아마도 최종적인 확보는 영락 6년의 군사활동에 의해 이루어졌다고 보아도 좋을 것이다.

이렇게 보면 영락 6년조에 보이는 고구려 군대의 남하와 백제에 대한 공격에는 어느 한 경로만 이용되었다기보다는 위에서 검토한 세개의 남하 경로 모두가 이용되었을 것이다. 즉 영락 6년에 이루어진 광개토왕의 남정은 단지 백제의 수도 한성을 공격하는 데 그치는 것이 아니라 한반도 중부 지역에 대한 장악을 기도하는 대규모 군사작전으로 이해하는 것이 합리적이다.

따라서 당시 백제와 고구려는 단지 임진강이나 한수 이북지역을 놓고 영역 쟁탈을 벌이는 것이 아니라 보다 광범위한 지역에서 중요 교통로를 놓고 공방을 계속하였을 가능성이 높기 때문에 각 교통로가 갖는 역사적 성격과 연관되어 당시의 군사행동을 이해할 필요가 있겠다.

그런데 4세기 중반 경에 고구려와 백제의 충돌 지점은 앞서 살펴본 바와 같이 치양과 수곡성 일대로서 즉 예성강의 상류와 하류지역이었다. 그런데 이는 충돌 지점은 곧 고구려의 남하 루트와 관련해서 이해된다. 이후 고구려의 남하 루트는 앞서 살펴본 바와 같이 대략 3개의 루트로 확장되었으며, 이 과정에서 철원에서 다시 가평-춘천-홍천-원주로 이어지는 내륙 종단 루트로 확장된다. 실제로 고구려는 광개토왕대

중원 고구려비(충북 충주)

의 남하 과정에서 이 루트 장악하면서 백제의 동쪽 영역을 빼앗게 되었고, 동시에 신라로 이어지는 교통로를 확보하게 되었던 것이다.

이상에서 살펴본 바와 같이 광개토왕대의 고구려의 남하 경로를 염두에 두면서, 『삼국사기』 권37 지리지(이하 「지리지」)의 한산주漢山州·우수주牛首州 군현조에서 대략 58성에 해당될 것으로 추정되는 지역을 찾아보자.[23]

먼저 한산주 지역을 검토하자. 광개토왕 즉위 이전 고구려와 백제의 접촉지점인 수곡성(신계) 이남 지역에서 한강 이북까지의 임진강·한강하류 지역에 해당하는 군현으로는, 북한산군北漢山郡(서울북부), 매성군買省郡(양주), 비성군臂城郡(고양), 철원군鐵原郡(철원), 부여군夫如郡(금화), 우잠군牛岑郡(금천), 대곡군大谷郡

(평산) 등을 들 수 있다. 그리고 58성 중 미추성彌鄒城은 미추홀彌鄒忽에 비정되는데, 곧 한산주의 매소홀현買召忽縣(인천)이다. 또 혈구군(강화)도 역시 이때 고구려에 공파되었을 것으로 짐작된다. 왜냐하면 강화도를 장악하지 않고서는 한강을 통한 수계 작전을 구사하기 어려웠을 것이기 때문이다. 다음 남한강 상류일대에서는 국원성國原城(충주)을 비롯하여 잉근내군仍斤內郡(괴산) 등을 들 수 있고, 혹 금물노군今勿奴郡(진천)이나 남천군南川縣(이천) 등도 포함될 가능성도 배제할 수 없다.

그리고 춘천 일대를 포함한 북한강 일대 지역도 고려하여야 한다. 이 지역이 바로

---

23 임기환, 「고구려, 신라의 한강 유역 경영과 서울」 『서울학연구』 18, 서울시립대 서울학연구소, 2002.

내륙 종단 루트와 연관되는 지역으로 한강 하류의 군사작전과 동시에 수행되었을 것이다. 특히 58성 중 고모루성은 장수왕대에 건립된 것으로 추정되는 「중원고구려비」에도 보이고 있는데, 비문에 의하면 고모루성에는 수사守事라는 지방관이 파견되어 있었다. 수사라는 지방관의 또 다른 예로는 「모두루묘지牟頭婁墓誌」에 보이는 '북부여 수사北夫餘守事'를 들 수 있는데, 이는 일개 성의 지방관이 아니라, 북부여 일대를 관장하는 보다 광역의 행정단위를 다스리는 지방관으로 추정된다. 따라서 수사가 파견된 고모루성도 마찬가지로 주위의 여러 성을 통합하는 상위 행정단위의 성으로서 기능하고 있었을 것이며, 이는 고모루성이 매우 중요한 전략적 행정적 위치를 갖는 곳임을 뜻한다. 따라서 「중원고구려비」가 위치한 지금의 충주, 중원 일대를 관장하는 고모루성을 비정할 수 있는 유력한 후보로는 바로 원주나 원성군 일대를 꼽을 수 있다.

이를 염두에 두면서 우수주牛首州의 영역 범위에서 해당되는 군현을 찾아보면, 우수주牛首州(춘천), 평원군平原郡(원주, 나토군·奈吐郡(제천), 근평군斤平郡(가평), 양구군楊口郡(양구), 성천군狌川郡(화천) 등을 들 수 있다. 우수주에 속하는 이 지역은 대체로 경기 북부 지역에서 충주나 죽령 지역에 이르는 중요 교통로에 해당하는 지역으로 추정된다. 400년(영락 10)의 신라구원전에 동원된 5만의 고구려군의 주 남하 경로도 바로 이 지역이었을 것이다.

이상에서 살펴본 군과 이에 속한 현을 모두 합하면 대략 16~18개 군과 30~40개 현에 이르러, 총 50~60개 정도의 군현 수가 된다. 이러한 수는 396년에 고구려가 공파한 58성과 대체로 일치하고 있다고 볼 수 있다. 58성과 18개 군의 군현을 곧바로 대응시키는데 무리가 없지는 않지만, 그 대략적인 상황을 파악하는 데에는 유효할 것이다. 더욱 앞에서 설정한 지역의 군의 수는 551년에 백제와 신라 연합군이 한강 상류와 하류지역의 16군을 탈취한 사실과 연관해 보아도 어느 정도 방증된다. 이렇게 볼 때 영락 6년조의 기사에 의하면 광개토왕대 고구려는 한강 하류의 한강 이북지역과 남한강·북한강의 중상류 지역을 모두 장악한 것으로 추정할 수 있겠다.

3. 후연과의 전쟁과 요동 장악

미천왕과 고국원왕 초기에 요동 지역에 대한 지속적인 공세를 취하면서 전연과 여러 차례 전쟁을 벌였던 고구려는 전연의 공격으로 수도 국내성이 함락되는 패배를 당하였고, 이후 왕모王母가 전연에 포로로 잡혀있는 상황에서는 더 이상 요동지역으로 진출을 모색할 수는 없었다.

그 후 고구려가 다시 요동으로 진출을 추진한 때는 고국양왕 때였다. 385년(고국양왕 2년)에 6월에 고구려는 군사 4만 명을 보내어 요동을 공격하였다. 당시 요동은 후연後燕이 차지하고 있었는데, 후연왕 모용수慕容垂는 대방왕 모용좌慕容佐를 평주자사에 임명하여 요동 관할의 책임을 맡기고 있었다. 이 때 후연이 요동지역을 다스리는 치소는 요서지방에 있는 용성龍城이었다. 용성은 지금의 중국 요령성 요양 지역으로 비정되기 때문에, 후연은 요서지역에서 요동을 관할하고 있는 셈이다. 이로 볼 때 후연은 요서지방은 안정적으로 지배하고 있었지만, 고구려와 쟁패의 가능성이 높은 요동지역에 대한 통할력은 상대적으로 약했다고 볼 수 있다. 이러한 힘의 공백을 이용하여 고구려가 요동을 공격한 것으로 보인다.

모용좌는 고구려의 공격에 사마司馬 학경郝景을 보내어 방어하게 하였지만, 고구려군은 이를 격파하고 요동군과 현도군을 함락시키고 남녀 1만 명을 포로로 하는 전과를 거두었다. .

이에 대해 후연은 곧바로 반격에 나섰다. 즉 같은 해 11월에 후연의 모용농慕容農이 군사를 거느리고 요동을 공격하여 다시 요동·현도 2군을 함락시켜 차지하였으며, 나아가 본격적으로 요동지역에 대한 지배체제를 갖추었다. 즉 용성에는 유주목을 두고 평주자사의 치소를 용성에서 요동의 평곽平郭 (지금의 요령성 개현)으로 옮겨 요동에 대한 지배력을 강화하였으며,[24] 범양范陽 출신 방연龐淵을 요동태수로 삼았다. 당시 요동지역에는 중국의 전란을 피하여 유주幽州와 기주冀州의 유랑민들이 많이 이주하여 살고 있었으므로, 이들에 대한 위무책의 차원에서 방연을 요동태수로 삼은 것이었다.

---

24 『자치통감』 권106, 晉孝武帝 太元 10년.

이러한 정황을 보면 유주 등지에서 적지 않은 주민들이 지속적으로 요동지역으로 이주함으로써 요동지역이 갖는 전략적·경제적 가치가 점점 높아지고 있음을 짐작할 수 있다. 이후 고구려가 지속적으로 요동을 공격하게 되는 정황도 이러한 측면에서 이해할 수 있다.

이후 고구려의 요동 공격은 잠시 주춤하게 되었으며, 오히려 후연과 고구려는 우호적인 관계를 유지하고 있었다. 즉 396년에 후연 모용수의 뒤를 이어 왕위에 오른 모용보가 고구려 광개토왕을 '평주목요동대방이국왕平州牧遼東帶方二國王'에 책봉하였다.[25] 이 때의 책봉이 갖는 의미는 뒤에 전개되는 양국의 적대적 관계로 볼 때, 모용보가 즉위하면서 고구려와 우호관계를 유지하려는 일시적인 전략이라고 볼 수 밖에 없을 것이다. 이에 대해 고구려도 399년(광개토왕 9년) 정월에 후연에 사신을 보내 화답하는 모양새를 취하였다.

여기에는 후연을 둘러싼 북중국의 형세 변동이라는 배경이 깔려있다. 당시 만리장성 이북에서 세력을 확장하던 선비족 탁발씨拓跋氏가 386년에 성락盛樂(지금의 중국 내몽고 호화호특呼和浩特)에서 위왕魏王을 자칭하고 서서히 후연을 압박해왔다. 395년에 후연군은 북위군에 참패를 당하였지만, 이듬해에 북위에 반격을 가하여 한때 평성을 함락시키는 등 승세를 굳혔으나, 모용수의 죽음으로 더 이상 북위를 제압할 수 없었다. 그 후 힘을 회복한 북위는 다시 후연을 공격하였고, 이에 쫓긴 후연은 수도를 하북의 중산中山에서 요서의 용성龍城으로 옮기게 되었다.[26] 이러한 상황에서 모용보가 동쪽의 고구려와 우호적인 관계를 맺는데에 더 적극적일 수 밖에 없음을 짐작할 수 있다. 이어 후연은 모용성 대에는 하북 지방의 지배권을 완전히 상실하여 영역이 요서 지역으로 축소되었다. 이에 후연은 동쪽으로 진출에 관심을 갖게 되었던 것으로 보인다. 399년(광개토왕 9년) 정월에 광개토왕이 후연에 사신을 보낸 것은 겉으로는 모용보의 뒤를 이은 모용성慕容盛의 즉위를 축하하기 위한 사행이었지만, 한편으로는

---

25 『양서』 권54, 열전48, 제이, 고구려. 양서 기사에는 고구려왕의 이름을 安이라 하였는데, 당시 고구려왕은 광개토왕이다. 『삼국사기』 고구려본기에 의하면 광개토왕의 이름은 談德이다. 후연에 알려진 광개토왕의 이름 '안'은 「광개토왕릉비」에 보이는 광개토왕의 시호 '국강상광개토경평안호태왕' 중 '평안'과 관련이 있을 가능성이 있다.

26 공석구, 『고구려영역확장사연구』, 서경문화사, 1998, 46쪽.

후연의 동향을 살펴보기 위한 외교적 전략이었을 가능성이 높다.

한편 이러한 양국 관계 속에서 이 시기 요동 지역을 둘러싼 양국의 영유 양상은 어떠하였을까? 우선 모용보가 광개토왕을 책봉한 책봉호를 검토할 필요가 있다. 앞서 살펴본 바와 같이 385년에 후연은 평곽에 평주목의 치소를 두고 방연을 요동태수로 임명한 바 있다. 즉 이때에는 분명히 요동의 주요 지역이 후연의 관할에 들어가 있던 것이다. 그런데 모용보는 광개토왕의 책봉호에 평주목과 요동, 대방군을 포함하고 있다. 남북조시대의 책봉호가 때로는 허구적 성격을 갖는 경우가 적지 않기 때문에, 이 책봉호를 근거로 이 때 고구려가 요동지역을 장악했다는 증거로 삼기는 곤란하다. 그러나 당시 후연이 처한 정세를 보면, 고구려가 요동을 장악하였을 가능성을 배제하기 어렵다.

396년 3월 모용보가 즉위한 후 후연의 내부는 정치적으로 상당한 혼란을 겪고 있었다.[27] 게다가 남하하는 북위군에게 대패하여 396년 6월에는 광녕군과 상곡군을 상실하였다. 같은해 8월에는 북위군이 40만 대군을 동원하여 후연의 유주幽州를 공격하였으며 계속 병주州州를 공격하여 이마저 차지하였다. 이러한 북위의 남진은 마침내 후연의 수도인 중산을 포위하기에 이르고, 307년 3월에 모용보는 중산을 탈출하여 요서의 화룡和龍으로 달아나게 되었다. 이처럼 모용보는 즉위한 지 불과 1년여 만에 북위의 침공으로 화북지역의 영토를 상당부분 상실하고 요서의 화룡으로 근거지를 옮긴 것이다.

모용보가 광개토왕을 책봉하는 외교 전략을 구사한 시점이 즉위 초인지, 아니면 화룡으로 수도를 옮긴 뒤인지 알기 어렵다. 만약에 화룡으로 이거한 뒤라고 한다면 이 때는 이미 후연의 세력이 상당히 약화된 뒤이기 때문에 일단 북위의 공세를 막기에 급급한 후연이 배후에서 고구려가 침공할 것을 두려워하여 고구려와의 우호적인 관계를 맺고자 하는 외교적 제스쳐일 가능성이 높다. 설사 중산에 도읍하고 있던 즉위 초라고 하더라도, 이미 북위와의 전쟁이 한창 계속되는 중이었기 때문에, 고구려와 새로운 전선을 만들기 곤란한 시점이었을 것이다.

---

27 지배선, 『중세동북아사연구』, 일조각, 1986, 296~307쪽.

어쨌든 당시 후연을 둘러싼 화북의 정세에서 볼 때, 후연이 광개토왕을 책봉한 것은 고구려와의 우호적인 관계를 맺기 위한 외교적 전략이라고 할 수 있을 것이다. 그러면 후연은 왜 고구려의 동향에 깊이 우려하고 있었을까? 이는 이미 그 이전부터 고구려가 후연에 대해 공격적인 태도를 보여주고 있었고, 일정 부분 고구려의 공세 속에서 영토의 상실이 있었던 것은 아니었을까 짐작한다.

이와 관련하여 광개토왕릉비의 영락 5년조 기사가 유의된다.

> 영락永樂 5년(395) 을미乙未에 (중략) 이에 왕王이 행차를 돌려 양평도襄平道를 지나 동쪽으로 □성城, 역성力城, 북풍北豊, 오비五備□로 오면서 영토를 시찰하고, 수렵을 한 후에 돌아왔다.[28]

이 기사는 395년(영락 5년)에 거란족의 일부인 비려稗麗를 정벌하고 양평도를 통해 귀환하면서 영토를 순수하였다는 내용이다. 여기서 양평도의 '양평'은 즉 요동성(지금의 요녕성 요양)이다. 즉 당시 광개토왕은 시라무렌 일대의 비려를 격파하고 귀환길에 요동성까지 남하하여 그곳에서 국내성으로 이어진 교통로를 따라 돌아온 것이다. 그런데 양평도를 포함한 지역을 순수하였다는 것은 이 지역이 이미 확고하게 고구려의 영역내로 편입되었음을 뜻한다. 이 때 요양성이 고구려의 영역이라면 그 남쪽의 평곽 즉 후연의 평주의 치소도 고구려의 휘하로 들어갔을 가능성이 매우 높다. 그러면 비문에서 광개토왕인 귀환 길에 영토를 시찰한 □성, 역성, 북풍, 오비 등을 경유하는 양평도는 어디일까?

양평도를 알기 위해서는 그 경로상에 위치하는 북풍과 역성의 위치가 문제가 된다. 역성은 『진서晉書』 지리지에 요동군 관할의 현의 이름의 하나로 기록되어 있으나,[29] 그 위치는 알 수 없다. 북풍은 3세기 위魏 요동군 속현의 하나였으며, 240년에는 문현汶縣 · 북풍현北豊縣의 유민이 산동반도로 이주하여 그곳에 신문현新汶縣 · 남풍현南

---

28 「광개토왕릉비」, "永樂五年歲在乙未王以稗麗不□□人躬率往討過富山負山至鹽水上破其三部洛六七百營牛馬群羊不可稱數於是旋駕因過襄平道東來□城力城北豊五備□遊觀土境田獵而還".

29 『晉書』 권14, 지4, 지리, 요동군.

豊縣을 설치한 바 있다.[30] 이에 북풍 등의 경로를 요하선을 따라 요동반도 남단에 이르는 길로 설정하는 견해도 있다.[31] 그러나 이는 서남향하였다가 다시 동쪽으로 오는 길로서, "동쪽으로 돌아왔다"라는 비문의 표현과 잘 맞지 않는다. 더욱 이 경로를 택하였다고 한다면 모용씨 시대에 요동 경영의 중심적 역할을 한 평곽을 경유하지 않을 리가 없는데, 비문에는 그런 흔적을 찾아볼 수 없다. 즉 비문에 역성力城 앞의 성 이름이 확인되지는 않으나, 양평 등 다른 지명이 진대晉代 혹은 전연대의 명칭을 그대로 사용한 것을 보면, 이 성이 평곽이 아님은 분명하다고 하겠다. 따라서 당시 평곽을 경유하지 않았다면, 양평도를 요동반도 남단으로 우회하는 경로로 보기는 어렵겠다.

그런데 후일 장수왕 26년에 북연의 풍홍馮弘을 데리고와 처음에는 평곽에 머무르게 하였다가, 다시 북풍으로 옮긴 바 있다. 이곳에서 고구려의 대우에 불만을 품은 풍홍은 중국 남조 송宋과 연결하여 고구려를 탈출하려고 시도하였다가 결국 장수왕에 의해 죽음을 당하였고, 풍홍을 맞이하려는 송의 군대와 고구려군의 충돌사태가 벌어지기도 하였다.[32] 이와같은 정황으로 볼 때, 북풍은 발해만에서 그리 멀지 않은 곳으로 비정해 볼 수도 있겠다.

그러나 우선 풍홍을 평곽에서 북평으로 옮긴 배경을 고려하여야 한다. 즉 당시 북위가 풍홍의 송환을 요구하고 있고 또 풍홍이 고구려조정에 불만을 갖고 있는 상황에서, 요하선 가까이 있는 평곽에서는 북위의 강제송환이나 풍홍의 탈출이 용이할 수 있다. 아마도 이를 막기 위하여 풍홍을 북풍으로 옮겼다고 보이는데, 그렇다면 북풍은 요동 내륙으로 깊숙한 지역이 될 것이다. 따라서 북풍을 경유하는 양평도는 양평에서 지금의 환인을 잇는 태자하 경로이거나, 혹은 양평에서 동남향하여 지금의 봉성이나 압록강 하구의 서안평西安平을 거치는 경로로 보는 것이 옳겠다. 어느 경로인지는 불분명하지만, 일단 요동반도 일대가 당시 고구려의 영역권으로 편입된 것은 분명하다고 하겠다.

즉 395년의 광개토왕의 행적으로 볼 때, 396년에 모용보가 광개토왕의 책봉호에

---

30 『讀史方輿紀要』권37, 山東조에는 북풍성을 瀋陽의 서북쪽에 있다고 하였으나, 따르기 어렵다.
31 盧泰敦,「廣開土王碑」,『譯註韓國古代金石文』1(古代社會研究所編), 1992, 註21) 및 23).
32 『삼국사기』권18, 고구려본기6, 장수왕 26년.

평주목과 요동, 대방군을 포함한 것은 당시 고구려가 이 지역을 실질적으로 영유하고 있었기 때문으로 보는 것이 타당하다. 평주목의 치소는 평곽이고, 요동군의 치소는 요양이었다. 대방군의 위치는 알기 어렵지만, 대략 요동반도 일대가 아닌가 추정된다. 즉 고구려는 최소한 요양 이남의 요동반도 지역을 차지하고 있었던 것이다.

한편, 당시 광개토왕과 고구려군이 비려족의 근거지인 시라무렌 상류 지역에서 요양성으로 이동한 것을 보면 최소한 이때 경유한 교통로 일대에 대해서는 상당하게 지배권을 발휘하지 않으면 안된다. 즉 비려족의 근거지에서 요양성으로 이어지는 경로는 요하 상류에서 요하를 따라 내려가는 경로일 것이다. 이렇게 보면 광개토왕 5년 이전에는 요양의 이북이나 요양의 남쪽 모두 요하 이동 지역은 고구려의 영역으로 편입되어 있었음을 알 수 있다.

398년 5월에 모용보는 살해당하고, 같은 해 8월에 모용보의 아들 모용성慕容盛이 그 뒤를 이어 즉위하였다. 399년 정월에 광개토왕은 후연에 사신을 보내었는데, 이는 후연의 내부 정세를 탐색하려는 의도였을 것으로 추정된다. 그런데 당시 후연 내부에서는 반란이 끊이지 않았으며, 399년 8월에는 화룡에서 멀지 않은 요서태수가 반란을 일으키기도 하였다. 12월에는 연군燕郡 태수가 3천호를 거느리고 북위에 항복하였고, 400년 정월에는 북위가 유주를 공격하여 자사를 사로잡기도 하였다.

이처럼 후연은 서방에서 계속해서 북위에 압박을 당하는 상황이었음에도 불구하고, 400년 2월에 후연황 모용성은 모용희를 선봉으로 삼고 스스로 군사 3만 명을 이끌고 고구려를 공격하였다. 이 때 후연군의 주된 공격 대상은 신성新城과 남소성南蘇城이었으며, 마침내 두 성을 함락시키고 700여 리의 땅을 개척하고 5천여 호를 사민시켜 돌아갔다. 그러면 이 때 후연이 개척하였다는 700여리의 땅은 어디일까?

이에 대한 답을 얻기 위해서는 그 이후 고구려와 후연의 공방전의 전개 양상을 좀 더 살펴볼 필요가 있다. 401년 8월에는 모용성이 재위한 지 3년만에 살해당하였고, 모용희慕容熙가 그 뒤를 이어 즉위하였다. 그런데 이러한 후연 내부의 혼란을 틈타, 401년 12월에 북위는 후연의 영지令支를 공벌히였으며, 이듬해 402년 정월에 후연은 다시 영지를 탈환하였다. 이렇게 후연과 북위가 공방전을 계속하는 상황에서, 402년

(광개토왕 12년) 5월에[33] 고구려가 후연의 숙군성宿軍城을 공격하였으며, 후연의 평주자사平州刺史 모용귀慕容歸가 성을 버리고 달아날 정도로 큰 승리를 거두었다. 숙군성의 위치는 정확하게 알기는 어렵지만, 후연의 수도인 용성의 동북에 위치하고 있다. 이렇게 고구려가 후연의 영역 깊숙이 군사를 보낼 정도이면, 이 때 요동반도가 고구려의 영역이었음은 두말할 필요가 없을 것이다.

그리고 402년 당시 후연 평주자사의 치소가 요서 지역의 숙군성이라는 점은 주목된다. 본래 평주의 치소는 평곽이었는데, 어느 시기엔가 숙군성으로 후퇴하였던 것이다. 그 시점은 앞서 살펴본 바와 같이 고구려가 요동반도 일대를 장악하고 있던 395년 이전일 것이다. 그리고 395년과 402년 사이에 요동반도를 둘러싼 양국의 영역의 변동도 예상하기 어렵다. 가장 가능한 시점은 400년 2월에 후연이 고구려의 서북 요충성인 신성과 남소성을 공격하여 이를 함락시킨 시기이다. 만약 이 때에 평곽 등 요동반도 지역을 후연이 영유하고 있다면, 그 뒤 불과 2년여가 되기 이전에 다시 요동 지역을 완전히 상실하고, 평주를 숙군성으로 후퇴켰다는 상황이 된다. 이는 잘 납득하기 어렵다.

이후에도 고구려와 후연 사이의 공방전이 계속되었다. 403년 겨울 11월에는 고구려가 후연을 공격하였으며, 이듬해인 404년 정월에는 후연의 모용희가 직접 고구려 요동성을 침공해 왔으나, 아무런 전과를 거두지 못하고 돌아갔다. 405년(광개토왕 15년) 겨울 12월에도 후연의 모용희가 거란을 습격하여 형북陘北에 이르렀지만 거란의 무리가 많자 이를 두려워해 돌아가가, 이듬해인 406년 2월에 군대의 치중을 버리고 가볍게 무장하고 고구려를 공격하였다. 이 때 목저성을 공격하였는데, 이미 후연군은 3천여 리를 행군하였으므로 병사와 말이 피로하고 얼어 죽은 자가 많았으니, 목저성 공격에 실패하고 돌아갔다.

사실 이 때 후연의 행로도 납득하기 어려운 점이 많다. 일단 후연의 모용희가 공격한 거란의 위치가 어디인지 알기 어렵지만, 당시 거란의 일반적인 거주지는 요하 상류 일대 사라무렌강 지역이었다. 후연군이 고구려 목저성을 공격하기 위해 3000 여

---

[33] 『삼국사기』 고구려본기에는 광개토왕 11년(401)년으로 기록하고 있으나, 본래의 원전 자료라고 할 수 있는 『진략晉略』 「후연모용씨」와 『자치통감』에는 402년 5월로 되어 있다. 이에 따른다.

리를 행군하였다는 점을 보면 395년에 광개토왕이 원정하였던 비려가 포함된 거란 지역일 것이다.

그런데 목저성의 위치는 현재의 중국 요령성 신빈이나 목기진 일대로 추정하는 것이 일반적이다. 그런데 이 지역은 신성과 남소성의 배후에 위치하고 있기 때문에 기본적으로 신성과 남소성을 함락한 뒤에야 비로소 목저성 공격이 가능하다. 후연은 400년에 신성·남소성을 점령하여 주민 5천여 호를 요서로 이주시킨 바 있으나, 406년까지도 후연이 신성 등을 계속 장악하였다고 보기는 어렵다. 당시 신성·남소성 일대는 고구려가 확고하게 장악하고 있는 상황이기 때문에 모용희의 목저성 공격 루트에 대해서는 좀더 고찰이 필요하다. 즉 당시 모용희 후연군의 공격로는 신성과 남소성에서 소자하를 따라 목저성으로 이어지는 루트가 아니라, 요동성에서 태자하를 따라 목저성으로 이어지는 루트를 이용한 것이 아닌가 한다. 즉 이때의 후연군의 목저성 공격은 전 해의 요동성 공격에 실패한 모용희가 고구려 경내에서 요동성으로 이어지는 태자하 경로를 차단하여 요동성 공격을 용이하게 하려는 의도가 아니었나 짐작되기도 한다.

이와 같이 가능한 경로를 상정해 볼 수는 있지만, 고구려의 요동 지역 요충성인 요동성을 배후에 놓고 고구려 영역 깊숙이 후연군이 침공해 들어오는 무모한 작전을 과연 수행하였을까 하는 의문이 든다. 만약 요동성의 고구려군이 이 루트의 출입구를 차단할 경우 목저성을 공격하던 후연군이 퇴로를 차단당한 채 앞뒤에서 공격을 받는 곤경에 처할 위험이 매우 크기 때문이다. 따라서 목저성의 위치 등 정황으로 보아 위 기사에서 목저성이란 공격 대상이 혹 기록상의 와전이나 혹은 이름이 같지만 지역이 다른 목저성이 아닐까 추정하는 것이 합리적이다.

이 목저성은 거란을 공격하던 후연군이 요동의 고구려 경내로 들어오는 루트 상에 위치하였다고 보는 것이 합리적이다. 당시 거란으로부터 고구려 경내까지 후연군이 이용한 루트는 광개토왕의 군대가 비려를 정벌할 때 이용하였던 루트와 중첩되리라 짐작된다. 그러면 당시 광개토왕의 군대가 이용한 루트를 살펴볼 필요가 있겠다. 「광개토왕릉비」의 비려 정벌전의 전문은 다음과 같다.

비려稗麗가 고구려인에 대한 [노략질을 그치지 않으므로], 영락 5년 을미乙未에 왕이 친히 군사를 이끌고 가서 토벌하였다. 부산富山 부산負山을 지나 염수鹽水에 이르러 그 3개 부락部洛 600~700영營을 격파하니, 노획한 소·말·양의 수가 이루 다 헤아릴 수 없었다.

당시 고구려군은 부산富山 부산負山을 경유하였는데, 그 위치는 현재 불확실하다. 부산富山에 대한 기록은 2세기말 고구려가 요동태수 공손탁公孫度과 협력하여 부산富山의 적賊을 격파하였다는 기록이 있다.[34] 부산富山의 위치는 알기 어렵지만 일단 고구려가 일찍부터 그 지역에 대한 정보를 알고 있고, 또 고구려로부터 진출하기 용이한 곳이라는 점은 짐작할 수 있다. 다음 부산負山은 현재 어떠한 문헌 자료도 찾아볼 수 없고, 염수鹽水는 여러 견해가 있으나 요하 상류 시라무렌하 유역에 있는 염호鹽湖인 광제호廣濟湖 일대로 비정하는 설이 유력하다. 그렇다면 여기의 비려는 요하 상류의 지류인 시라무렌강 일대에 거주하는 거란족으로 비정된다.[35]

당시 광개토왕은 왜 거란족인 비려를 정벌하였을까? 『삼국사기』에는 고구려와 거란의 관계에 대해 다음 2건의 기사를 기록하고 있다.

소수림왕 8년(378) 가을 9월에 거란契丹이 북쪽 변경을 침범하여 여덟 부락을 빼앗았다.
광개토왕 1년(391) 9월에 북쪽으로 거란을 정벌하고 남녀 500명을 사로잡았으며, 또 거란에 잡혀갔던 본국 백성 1만 명을 불러 데리고 돌아왔다.[36]

고구려와 거란의 관계는 기록상으로는 소수림왕대에 시작되고 있다. 당시 양자의

---

34 『삼국지』권30, 위서30, 오환선비동이30, 고구려.
35 李丙燾와 千寬宇는 비려를 『晉書』 동이전에 '稗離國在肅愼西北 馬行可二百里 領戶三萬'라고 한 稗離國으로 보고 그 위치를 치치하르 부근으로 비정하였다(이병도, 「廣開土王의 雄略」『韓國古代史研究』, 박영사, 1976, 387쪽 ; 천관우, 「廣開土王陵碑再論」『全海宗博士華甲紀念史學論叢』, 1979, 521쪽). 그리고 朴時亨은 『위서』 거란전에서 전하는 거란족의 8部 중의 하나인 匹絜部를 지칭하는 것으로 보았다(朴時亨, 『광개토왕릉비』, 사회과학원, 1966, 154쪽).
36 『삼국사기』권18, 고구려본기6, 소수림왕 8년 9월, "契丹犯北邊 陷八部落" ; 『삼국사기』권18, 고구려본기6, 광개토왕 원년 9월, "北伐契丹 虜男女五百口 又招諭本國陷沒民口一萬而歸".

성세에 대해서는 다른 기록이 없기 때문에 알 수 없지만, 378년과 391년 기사는 내용상 서로 연관되어 있는 내용으로 짐작된다. 즉 391년에 거란으로부터 데리고 온 고구려 백성 1만여 인이 바로 378년에 거란에 의한 침략된 8부락의 주민으로 추정된다. 13년 정도 사이에 고구려와 거란은 상당한 규모의 전쟁을 두차례나 치룬 셈이다. 그런데 이 광개토왕 1년 기사는 내용상 「광개토왕릉비」의 영락 5년조의 비려 정벌 기사와 통한다고 보인다. 아마도 약간의 기년 차이를 무시하면 동일한 사건을 가르키는 것으로 보아도 충분하다. 따라서 391년 혹은 395년의 거란 정벌은 광개토왕이 직접 나선 친정이라는 점에서 당시 고구려가 거란 정벌을 얼마나 중시하였는지 짐작할 수 있다.

광개토왕대의 거란 정벌이 갖는 전략적 의미를 살펴보자. 우선 고구려와 후연 사이에서 거란이 갖는 전략적 가치의 측면이다. 왜냐하면 405년 후연의 모용희가 거란을 정벌하다가 진로를 돌려 고구려 목저성을 공격한 사례에서 보듯이, 요하 상류를 통해 후연과 고구려가 서로 간에 상대 영역 깊숙이 공격해 들어갈 수 있는 루트가 될 수 있기 때문이다. 402년 광개토왕의 군대가 후연의 숙군성을 공격할 때 사용한 공격로도 바로 요하 상류를 경유하는 루트일 가능성이 가장 높다고 추정된다. 따라서 이 시기 거란을 둘러싼 고구려와 후연의 쟁패는 단지 거란 자체와의 관계 문제가 아니라 상대방을 공격하기 위한 또다른 공격로를 확보하는 문제와 깊이 연관되어 있다.

이러한 점에서 볼 때, 400년 2월에 후연 모용성이 고구려의 신성과 남소성을 공격 함락시키고 700여 리의 땅을 개척하였다는 의미도 다시 음미할 필요가 있다. 신성과 남소성은 고구려가 요동으로 진출하는 중요 출입구에 해당한다. 아마 광개토왕이 395년에 비려 정벌에 나설 때에도 아마 남소성과 신성을 경유하여 요동으로 나아가 다시 요하 상류로 북진하는 경로를 취하였을 것이다. 즉 모용성이 신성과 남소성을 공격한 것은 곧 고구려의 요동 출입구를 봉쇄하려는 작전이었으며, 이 때 700여 리의 땅을 개척하였다는 것은 아마도 요서 지역에서 요동의 신성으로 이어지는 새로운 경로를 개척하였다는 의미로 이해하는 것이 합리적이다. 이는 과거의 후연이 요동의 주요 거점지역이었던 평곽이나 양평(요동성)으로 이어지는 통상적인 경로와는 다른 요하 중·상류 일대를 도하하여 요동으로 들어가는 경로가 될 것이다.

이와 같이 395년 이후에 고구려와 전연의 충돌은 대체로 요동성 이북 지역에서 거란을 포함하는 요하 상류 지역의 루트를 둘러싸고 전개되었다. 이는 요동성 이남의 요동 반도 지역은 고구려가 이미 안정적으로 지배력을 확보하고 있음을 시사한다. 이상에서 살펴본 바와 같이 광개토왕 395년 이전 시기에 요동반도 지역을 고구려가 장악하고 있었다고 한다면, 모용보가 광개토왕을 책봉한 책봉호에 평주와 요동·대방 지역의 군현명이 포함된 것은 이 지역에 대한 고구려의 실질적인 지배에 대한 후연 입장에서 인정한 것으로 이해된다.

그러면 고구려가 요동지역에 대한 지배를 안정적으로 확보한 시기는 언제일까? 일단 385년(고국양왕 2년)에 요동과 현도군을 둘러싼 공방전이 이루어진 시기 이후일 것이며, 광개토왕이 양평도를 순수한 이전이 될 것이다. 그런데 만약 광개토왕에 의해 요동지역이 새롭게 장악되었다고 한다면, 영락 5년 비려정벌과 요동순수 기사 이전에 이와 관련된 기사가 기술되어야 함에도, 비문에는 이에 대한 언급이 없다. 따라서 광개토왕 즉위 이전 즉 고국양왕대인 386년에서 고국양왕이 사망한 해인 391년 사이가 될 것이다. 현재 남아있는 자료에는 이 때 고구려의 요동 점령과 관련된 어떠한 기록도 찾아볼 수 없지만, 앞에서 살펴본 바와 같이 이 무렵의 정황을 전반적으로 검토하면 대략 386~391년 기간에 고구려는 요동반도 일대를 영역화한 것으로 추정된다.

한편 고구려와 후연 사이의 공방전은 문헌 기록에는 앞서 살펴본 405년 모용희의 목저성 침공이 마지막이지만, 「광개토왕릉비」에는 고구려와 후연의 최후의 전투를 기술하고 있다. 바로 영락 17년(407년)의 기사이다.

> (영락) 17년 정미丁未, (광개토왕께서) 교敎를 내려 보기步騎 5만을 보내어, 사방합전四方合戰하여 모조리 살상하여 분쇄하였다. 노획한 (적병의) 갑옷이 만 여벌이며, 그 밖에 군수물자는 그 수를 헤아릴 수 없이 많았다. 또 사구성沙溝城 루성婁城 □주성住城 □성城 등을 공파하였다.[37]

---

37 「광개토왕릉비」, "十七年丁未 敎遣步騎五萬 □□□□□□□□師」□□合戰 斬煞蕩盡 所獲鎧鉀 一萬餘領 軍資器械不可稱數 還破沙溝城 婁城 □住城 □城□□□□□城".

이 영락 17년전 기사에는 아쉽세노 정벌 대상이 결락되어 있어, 그 대상을 누구로 보느냐에 대해서 의견이 분분하지만 백제로 보는 견해가 다수이다.[38] 이 기사를 백제와의 전투로 보는 주된 근거로는 본문의 사구성沙溝城이『삼국사기』「백제본기」전지왕 13년조의 사구성沙口城에 비정되고, 또 루성婁城의 "루婁"는 영락 6년의 백제와의 전쟁에서 때에 공파한 성의 이름에 흔히 보이고 있듯이 한반도계 지명이라는 점을 들고 있다.

광개토대왕비 17년 기사 부분

그런데 여기 17년조 기사에서도 왜와의 전투 기사와 마찬가지로 '모조리 살상하였다斬煞蕩盡'는 표현이 사용되고 있음이 주목된다. 이는 곧 17년전의 대상이 태왕太王의 은덕을 받는 속민屬民의 범주에 포함되어 있는 백제일 수 없는 근거가 될 수 있을 것이다. 왜냐하면 비문에는 7건의 정벌 전투 기사가 서술되어 있지만, 그 중 태왕의 은덕을 베푼 대상은 곧 과거에 속민이었다고 밝힌 국가 즉 백제·신라·동부여에 한정되었다. 나머지 대상들에 대해서는 태왕의 은덕이 전혀 고려되지 않았다. 영락 5년조의 비려稗麗 정벌은 전리품의 획득이라는 성과가 나타났고, 8년조의 숙신은 '조공논사朝貢論事'의 결과로 되었지만 그것이 곧 속민 관계의 설정을 의미하는 것은 아니다. 10년과 14년의 전투 대상인 왜倭에 대해서는 "왜구를 크게 궤멸시켰다倭寇大潰" "나머지 왜가 궤멸되어 도주하였다殘倭潰逃"라거나 "왕의 군대가 적의 길을 끊고 막아 좌우로 공격하니, 왜구가 궤멸하였으며, 참살한 것이 무수히 많았다王幢要截盪刺 倭寇潰敗 斬煞無數"라고 표현되어 있다. 즉 왜와의 전투에서는 태왕의 은자

38 이기동, 「광개토대왕비문에 보이는 백제관계기사의 검토」『百濟研究』 17, 충남대백제연구소, 1986.

恩慈가 전혀 고려되지 않고 오직 적대세력에 대한 궤멸과 무자비한 참살이 이루어지고 있을 뿐이다. 그런데 이 영락 17년조의 대상에게도 이와 유사한 '모조리 살상하였다斬煞蕩盡'이란 표현이 사용되고 있는 것이다.

따라서 영락 17년전의 대상을 후연으로 추정함이 타당하다고 생각한다.[39] 우선 이 전투의 중요 성과를 "노획한 (적병의) 갑옷이 만여벌이며, 그 밖에 군수물자는 그 수를 헤아릴 수 없이 많았다."라고 기록하고 있는 점도 고려된다. 즉 그 전투 대상이 상당히 우수한 병기 등을 소유한 전투 집단이라는 점을 알 수 있다. 당시에 이러한 대상으로 왜倭나 백제를 상정하기 어려우며, 후연으로 보는 것이 합리적이다. 이와 관련하여 『자치통감』 권102 원가元嘉 13년 4월조의 "맹광孟光이 성에 들어가 군사들에게 명령하여 낡은 옷을 벗게 하고, 연나라 무기고에서 좋은 갑옷과 무기를 취하여 나누어주었다"라는 기사가 참고가 된다.

그런데 17년의 전투를 대후연전으로 볼 때 문제가 되는 것은 귀환길에 공파한 성들의 명칭상의 문제이다. 앞서 지적한 바와 같이 '루婁'란 지명은 한반도계 지명이라는 점이다. 그러나 17년 전투 이후 고구려군의 경로는 영락 5년전의 비려정벌전을 연상시키는 바가 없지 않다. 비려전 이후 고구려군의 귀환 경로는 요동으로 남하하여 영토를 순수하는 경로였다. 이러한 점을 고려해 볼 때 영락 17년 대후연전 이후의 고구려의 귀환 경로도 반드시 후연 지역에서 구할 필요는 없겠다. 귀환길은 후연에 편입된 부여 지역일 수도 있고, 아니면 후연에 빼앗긴 고구려지역의 탈환일 가능성도 있다. 이 지역에서도 '루婁'란 지명이 사용되었을 가능성을 배제할 수 없기 때문이다.[40]

17년조 전투가 벌어진 지점을 알기 어렵지만, 후연의 모용희가 404년에 요동성을 공격하고, 406년에는 거란을 경유하여 목저성을 공격한 사례를 보면, 대략 요하 중·상류 일대에서 고구려의 신성 방향이나 부여 방향으로 이어지는 공격로 부근 혹은 이

---

39 천관우가 영락 17년 전투의 대상을 후연으로 본 바가 있으나, 선생은 광개토왕의 최대 업적인 후연과의 전투가 비문에 기술되지 않을 리 없다는 점에서 주장하였을 뿐 어떤 구체적인 근거를 제시한 것은 아니다(천관우, 앞의 논문, 1979).

40 『삼국사기』 권37, 잡지6, 지리4, 압록수 이북의 항복한 11城 중에 屑夫婁城의 예를 찾아볼 수 있기 때문에 '婁'의 지명을 반드시 한반도계 지명으로만 볼 수 없다.

공격로의 후연쪽 경로 부근에서 찾아야하지 않을까 한다. 문제는 이 전투가 구체적으로 언제 일어났는가이다.

407년에 후연에서는 한차례 정치적 격변이 일어났다. 모용희의 부인인 부후苻后가 죽자 모용희는 정신적으로 큰 충격을 받고 부인의 장례를 성대하게 치루는 과정에서 많은 원성을 사게 되었고 마침내 부하인 풍발馮跋 형제에 의해 시해되고 말았다. 그리고 그 뒤를 이어 고구려계 출신이 고운高雲이 즉위하여 북연이라 칭하였다. 모용희의 죽음과 장례, 고운의 즉위가 407년 7월이기 때문에 영락 17년의 전투가 언제냐에 따라 정세가 달라진다고 볼 수 있다. 그런데 408년(광개토왕 17년) 3월에 광개토왕이 사신을 북연에 보내 종족의 뜻을 베풀자 북연왕 고운 시어사侍御史 이발李拔을 보내 답례하는 등 양국은 우호적인 관계를 맺고 있다.[41] 이후 고구려와 북연의 관계로 보아 영락 17년의 전투는 모용희가 생존해 있을 때의 사건으로 추정된다. 17년조 기사만으로는 고구려의 공세인지, 아니면 후연의 공세인지 알기 어렵지만, 이 전투가 그동안 공방전을 주고 받은 고구려와 후연의 전쟁 과정에서 고구려측의 승리로 쐐기를 박는 전투였음은 분명하다. 이 전투로 인하여 고구려의 서쪽 전선이 안정되었으며, 요동 일대에 대한 지배권도 확실하게 굳히게 되었던 것이다.

4. 신라구원전과 동부여 정벌

1) 신라의 구원과 임나가라 정벌

고구려와 신라가 본격적으로 관계를 맺기 시작한 것은 4세기 말이다. 이는 377년과 382년 신라가 고구려의 지원 속에 전진前秦에 사신을 보낸 사실에서 짐작할 수 있다. 이와같이 고구려가 국제무대에서 신라의 후견인으로 역할하면서, 이후 양국의 관계는 종속적인 관계의 성격이 짙어진 것으로 보인다. 광개토왕릉비문에 고구려가 신

---

41 『자치통감』 권114, 安帝, 義熙 4년 3월.

광개토대왕비 탁본

라를 '옛부터 속민의 나라舊是屬民'
로 여기는 인식이 자리하게 된 것도
이러한 배경에서 나타났을 것으로
추정된다.

광개토왕이 즉위하면서 양국의
관계는 더욱 종속성을 갖게 되었다.
즉 광개토왕이 즉위하자 신라의 내
물마립간奈勿麻立干은 정치적인 경
쟁자였던 이찬 대서지大西知의 아들
실성實聖을 고구려에 볼모로 파견하
였다[42]. 특히 이 해가 바로 광개토왕
즉위년이라는 점에서 보면,[43] 실성의
볼모 파견은 곧 광개토왕의 즉위와
밀접한 관련이 있을 것이다. 이러한
정황은 이전과는 달리 광개토왕대
에 신라에 대해 보다 강력한 통제력
을 발휘하는 정책이 시행될 가능성
을 예고하고 있다.

특히 이 해에 고구려가 신라에 먼저 사신을 파견하였는데,[44] 아마도 이때 고구려 측
에서 광개토왕의 즉위 사실을 신라에 알리면서 볼모 파견을 적극적으로 요구하였으
리라 짐작된다. 즉 광개토왕의 즉위를 계기로 고구려에서는 신라와의 외교관계를 보
다 강화하는 방안이 모색되고 그것이 신라에 대한 인질외교의 형식으로 나타난 것으

---

42 『삼국사기』 권3, 신라본기3, 나물이사금 37년.
43 「광개토왕릉비문」에 의하면 광개토왕의 즉위년은 辛卯年으로서 391년이다. 『삼국사기』 고구려본
   기 및 『삼국유사』의 王曆에는 광개토왕의 즉위년이 392년으로 되어 있어서 1년의 차이가 난다.
   『삼국사기』나 『삼국유사』와 같은 사서를 그대로 따를 때에도 실성이 볼모로 파견된 것도 역시 광
   개토왕의 즉위년에 해당하여 비문과 동일하다고 봄이 적절하다.
44 『삼국사기』 권3, 신라본기3, 나물이사금 37년.

로 보인다.

그런데 신라의 내물마립간은 이러한 고구려의 정책에 부응하되 한편으로 이를 국내 정치상황에 적절히 이용하여 당시 정치적 적대 관계에 있던 실성을 고구려에 볼모로 보낸 것이다. 이때의 볼모 파견으로 그 동안 지속되어 왔던 두 나라의 우호관계가 다시금 확인되는 한편 고구려에 대한 신라의 종속이 강화하는 계기가 되었을 것이다.

이와 같이 고구려와 신라가 긴밀하게 연결되면서 당시 한반도를 둘러싼 국제 정세에 새로운 긴장관계를 불러 일으켰다. 왜냐하면 4세기 후반에는 한반도를 둘러싼 국제 관계가 매우 복잡한 양상으로 전개되고 있었는데, 그 중심에 고구려와 백제라는 당시 서로 대립하는 가장 큰 두 세력이 놓여 있었기 때문이다. 이 두 세력을 주축으로 하여 동북아시아 여러 국가 사이에 상호 연합이 결성되었는데, 고구려와 신라가 한 축을 이루었으며, 백제를 중심으로 하여 가야와 왜가 연합한 다른 한 축이 서로 대치하는 형세였다. 그 결과 이들 두 진영 사이에 다양한 형태로 전쟁이 전개되어 갔는데, 그 중의 하나가 399년에서 400년에 걸쳐 진행된 전쟁이었다. 이 전쟁은 399년 백제의 배후 조종을 배경으로 왜가 가야와 연합하여 신라를 공략하는 방식으로 전개되었다.

광개토왕릉비의 내용을 중심으로 소위 고구려의 신라구원전이라는 이 전쟁의 전개 양상을 살펴보도록 하자. 먼저 399년(영락 9년) 조의 기사를 살펴보자.

> 영락永樂 9年(399) 기해己亥에 백잔百殘이 맹서를 어기고 왜倭와 화통하였다. (이에) 왕이 평양으로 행차하여 내려갔다. 그때 신라왕이 사신을 보내어 아뢰기를, "왜인倭人이 그 국경에 가득차 성지城池를 부수고 노객奴客으로 하여금 왜倭의 민民으로 삼으려 하니 이에 왕께 귀의歸依하여 구원을 요청합니다"라고 하였다. 태왕太王이 은혜롭고 자애로와 신라왕의 충성을 갸륵히 여겨, 신라 사신을 보내면서 (고구려측의) 계책을 (알려주어) 돌아가서 고하게 하였다.

위 비문에 의하면 백제와 왜가 연결되자, 광개토왕은 곧바로 백제를 견제하기 위해 남진의 전진기지라고 할 수 있는 평양으로 순수하였다고 한다. 이와 유사한 내용이 『삼국사기』 백제본기에도 전하고 있다. 즉 백제는 397년에 아신왕阿莘王이 왜와 우호 관계를 맺고 태자 전지腆支를 왜에 인질로 보냈는데, 이는 백제가 고구려와의 전쟁에서 열세를 만회하기 위하여 왜와 군사적 협력 관계를 맺기 위한 외교 정책이었던 것이다. 이어서 백제는 397년 7월에 한수漢水 남쪽에서 크게 열병식을 거행하였으며, 398년 8월에는 고구려를 치기 위해 군대를 이끌고 한산 북책北柵에 나아갔다고 하였다. 이와 같은 고구려를 공격하기 위한 백제의 움직임은 위 광개토왕릉비의 399년조 기사와 맥락이 상통하는 바이다.

따라서 광개토왕은 백제의 동향을 파악하고, 평양으로 순수하여 백제에 대한 대책을 마련하고 있었다. 그런데 때마침 신라의 사신이 도착하여 급박한 구원의 요청을 하였다. 즉 왜가 신라를 침입하여 어려운 형세에 있다는 전갈이었다. 당시 왜가 신라를 침공한 것은 백제가 배후에서 조정한 것으로 짐작된다. 백제는 가야 및 왜와의 군사적 동맹관계를 통하여 고구려 세력을 견제하기 위하여 고구려의 우군이라고 할 수 신라에 대한 공격을 시도한 것이다. 즉『삼국사기』백제본기에 보이는 바와 같이 백제 자신의 군사력을 강화하는 노력 및 백제의 동맹세력인 왜와 가야에 의한 신라 공격은 서로 밀접한 국제적 전략의 연관성을 갖고 있는 것이다.

따라서 고구려 역시 신라의 어려움을 간과할 수 없었다. 위 비문에 의하면 광개토왕은 신라 사신에게 밀계를 주어 보냈다고 한다. 그 밀계의 내용이 무엇인지 알 수 없지만, 이듬해인 400년에 5만에 이르는 대규모 고구려 군대가 신라를 구원하기 위해 출동하였으니, 아마도 이와 관련된 내용일 것이다. 즉 백제와 왜의 연합군에 대항하기 위한 전략, 고구려군의 진출로와 군수지원 문제, 가야 지역으로 전선을 확대할 때의 문제 등등 400년에 시도된 고구려군의 대규모 출병과 관련된 전쟁의 제반 문제가 포함되어 있었을 것이다.

이와 같이 준비를 갖춘 광개토왕은 이듬해인 400년(영락 10) 신라를 구원하기 위하여 보병과 기병 5만을 신라에 파견하였다. 광개토왕릉비의 관련 기사는 다음과 같다.

(영락) 10년(400년) 왕이 보병과 기병 도합 5만명을 보내어 신라를 구원하게 하였다. (고구려군이) 남거성男居城을 거쳐 신라성新羅城에 이르니, 그곳에 왜군이 가득하였다. 관군官軍이 바야흐로 이르자 왜적이 물러가므로, 뒤를 타고 급히 추격하여 임나가라任

那加羅에 이르렀나. 성성城을 공략하자마자 성이 곧 귀순하여 복종하므로, 나인羅人(=순라병)을 두어 지키게 하였다[安羅人戍兵] 신라의 □농성□農城을 공략하니 왜구는 위축되어 궤멸되었다. 성부城夫의 열에 아홉은 모두 죽이거나 강제로 옮기고, 나인羅人을 두어 지키게 하였다. 군대[師]는 (중략) □□성을 □하고, 나인羅人을 두어 지키게 하였다. 옛날에는 신라 매금寐錦이 몸소 와서 복종하여 섬긴 적이 없었는데, 국강상광개토호태왕대國岡上廣開土境好太王代에 이르러……(신라) 매금寐錦이 ……하여 (스스로 와서) 조공朝貢하였다.[45]

위 기사를 보면 이 전쟁은 크게 2단계로 나누어지고 있다. 1단계는 고구려군이 남하하여 신라의 수도 경주를 포위하고 있는 왜군을 격파하여 신라를 구원하는 전쟁이고, 2단계는 퇴각하는 왜군을 추격하여 임라가라를 정벌하고 이 지역을 장악하는 과정이다. 물론 2단계의 전쟁 역시 애초부터 고구려의 출병 전략에 포함되어 있었을 것이다. 왜냐하면 당시 신라를 침공한 왜군의 규모를 알기는 어렵지만, 적어도 그 숫자가 5만의 고구려 대군을 동원해야 물리칠 정도는 결코 아니었을 것이다. 더욱 5만의 대군을 신라에 파견한다는 것 자체가 고구려로서도 그리 쉬운 문제가 아니었을 것이다. 왜냐하면 고구려군의 진출로 및 보급로 확보가 전제되어야 하기 때문이다.

당시 고구려군이 신라로 출병하기 위해 사용한 교통로는 크게 둘로 나뉘어진다. 우선은 출발지를 보면 고구려의 남진 기지였던 평양이 고려되고, 또한 당시 고구려의 수도인 국내성을 고려할 수 있다. 아마도 5만이라는 대군이 한 곳에 집결해서 출발하였다기 보다는 평양과 국내성 두 곳을 모두 출발지로 삼았을 가능성이 높다.

우선 평양에서 출발한 고구려 군대는 강원도 내륙을 관통하는 교통로로 중부내륙 방면이 고려된다. 즉 평양에서 출발하여 서흥과 신계를 거쳐서 평강 – 김화 – 화천 – 춘천 – 홍천 – 횡성 – 원주 – 제천 – 단양 – 죽령 – 영주 – 안동 – 의성 – 영천 – 경주로 연

---

45 「광개토왕릉비문」, "十年庚子 敎遣步騎五萬 往救新羅. 從男居城 至新羅城 倭滿其中. 官軍方至 倭賊退御 乘背急追 至任那加羅從拔城 城卽歸服 安羅人戍兵 拔新羅 □農城 倭寇萎潰 城大十九 盡然卽從 安羅人戍兵 師□□□其□□□□□□言□且□□□□□□□□□□□□ □□□□辭□出□□□□□殘□潰□□城 安羅人戍兵 昔新羅寐錦 未有身來服事 □□ □□廣開土境好太王□□□□寐錦□□僕勾□□□□朝貢".

결되는 교통로이다.

　다음 국내성에서 출정한 군대는 동해안 방면의 해안로를 이용하였을 것이다. 즉 국내성에서 부전고원을 넘어 원산 - 고성 - 양양 - 강릉 - 삼척 - 울진 - 영덕 - 포항 - 경주로 연결되는 교통로이다.[46] 물론 출발지를 달리 하는 이 군대가 원산 지역에서 결집하여 동해안로를 이용하였을 수도 있고, 김화나 화천 일대에서 결집하여 죽령로를 이용할 수도 있다. 그러나 어느 경로이든지 5만이라는 대군이 한꺼번이 이용하기에는 상당한 어려움이 따랐을 것이니, 이 두 교통로가 모두 이용되었다고 보는 것이 합리적일 것이다. 더구나 동해안에서 삼척 이남은 암석 해안으로 이루어져 굴곡이 심하며 또 곳곳에 해식애가 발달하여 교통이 편하지 않다. 따라서 대규모 병력이 이동하는데 상당한 어려움이 있을 것으로 생각된다. 따라서 일단 당시 평양이 남진의 전진 기지 역할을 하였음을 고려하면 고구려군의 주력 부대는 동해안로 보다는 죽령로를 이용하였을 가능성이 크다고 본다. 특히 신속한 기동이 필요한 주력부대는 죽령로를 사용하였을 것이고, 지원부대나 보급품의 수송은 동해안로와 동해 연안해로가 사용되었을 것이다.[47] 따라서 비문에 보이는 남거성男居城은 곧 죽령로를 이용하여 고구려과 신라의 경계에 위치한 성으로 추정할 수 있겠다.

　이와 같은 경로를 통하여 신라의 수도인 신라성에 도착한 고구려군은 왜군을 공격하여 손쉽게 퇴각시키는 전과를 거두었다. 당시 왜군은 고구려의 구원병을 전혀 예측하지 못하고 있었을 것이다. 어쩌면 고구려군의 남하를 동맹국인 백제가 저지하기로 약속되었을 지도 모르겠다. 아니면 설사 고구려군의 출병을 고려했다고 하더라도 이

---

46 이 동해안 경로는 일찍부터 고구려와 신라를 연결하는 교통로였다. 경자년 출병 보다 뒷 시기이지만 『삼국유사』에 의하면 金(朴)堤上이 복호를 구출하기 위하여 北海之路를 통하여 고구려로 들어갔고, 탈출시에도 高城水口, 高城海邊을 거쳐서 신라로 돌아왔다. 동해안로나 동해 연안수로를 활용하였던 것으로 보인다. 그 이전 신라가 고구려를 경유하여 전진에 사신을 파견하였던 교통로나, 복호를 고구려에 인질로 보낸 교통로 등도 이와 관련될 것이다.

47 서영일은 이 때 고구려가 사용한 죽령로로 인하여 백제의 군사 행동이 제약되었음을 지적하고 있다. 즉 고구려는 경자년 신라 출병시 죽령로의 요충지에 거점을 형성하고 병력을 주둔시켜 교통로를 확보하였을 것인데, 이렇게 되면 백제 역시 방어의 중심이 북쪽에서 동쪽까지 확대되어 고구려군이 빠져나간 황해도 지역을 공격하기 어렵고, 신라나 가야 방면에 대한 지원도 어렵게 되어, 결국 백제가 적극적으로 가야와 왜를 지원할 수 없었던 사정으로 가야와 왜는 고구려군이 도착하자 쉽게 궤멸되었던 것으로 추정하였다.

와 같은 대규모의 고구려 군대가 남하하리라고는 전혀 예상하지 못하였을 것이다. 따라서 고구려군의 승리는 매우 손쉽게 이루어졌을 것이다. 그런데 비문의 기사를 보면 고구려군의 주목적은 신라의 구원 자체가 아니었다. 오히려 퇴각하는 왜군을 추격하여 가야지역까지 진출하는 상황에 비문의 기술이 상당한 비중을 차지하고 있다.

이 때 고구려군의 공격 목표는 임나가라任那加羅였다. '임나가라'라는 명칭은, 김해 가락국을 중심한 전기 가야연맹의 4세기 후반 당시의 이름이었고, 그 기원은 창원 임나국任那國과 김해 가락국駕洛國의 두 국명을 합칭한 것이다.[48] 이 임나가라의 등장은 곧 백제의 연합세력 구축과 연관되고 있다. 366년에 백제는 처음으로 탁순국卓淳國에 사신을 보내 왜와의 교역을 모색하였다. 그러자 탁순국은 백제와 왜의 요청을 중간에서 중개하기도 하였고, 백제에게 왜로 통하는 뱃길의 정보를 알려주기도 하고, 왜의 사신 일행을 백제까지 인도해 주기도 하였고, 왜나 백제의 사신이 머무르는 중간 기착지가 되기도 하였다. 여기서 탁순국이란 이름은 창원 지역의 5·6세기의 이름이고, 3·4세기 당시에는 미오야마국彌烏邪馬國이었다. 이 당시에 백제는 미오야마의 국명을 음이 비슷한 '임나任那'라는 두 글자를 차용해 쓴 듯하며, '임나'는 이를 계기로 한반도 남부에서 백제와 왜에게 가장 친근한 지역으로 인식되었다.

창원의 미오야마국, 즉 임나를 중개 기지로 하여 백제와 왜가 연결되자, 김해 가야국을 중심으로 한 가야 동부의 소국들은 어쩔 수 없이 신라를 포기하고 보다 유리한 그 교역체계 쪽으로 선회하지 않을 수 없었다. 당시 왜와의 무역과 교류의 중심은 백제가 아니라 김해의 가락국이었다. 그러므로 가야연맹은 다시 김해 가락국을 중심으로 일원적으로 통합되어, 백제-왜 사이의 중개 기지로서 안정적인 교역체계를 형성하였던 것이다. 이와같이 임나가라는 백제와 왜를 연결하는 핵심 지역이었으며, 고구려도 이러한 정황을 신라를 통해 충분히 파악하고 있었던 것으로 보인다. 400년에 고구려 출병의 실제적인 목표는 바로 임나가라를 정벌하여 백제를 중심으로 하는 연합

---

48 金泰植, 「廣開土王陵碑文의 任那加羅와 '安羅人戍兵'」 『韓國古代史論叢』 6, 韓國古代社會硏究所, 1994, 86쪽. 그런데 임나가라의 성격에 대해서는 논란이 적지 않다. 任那加羅를 김해의 금관가야로 보기도 하며(박시형, 앞의 책, 1966), 고령과 김해 둘 다 가능하다고 단정을 유보하는 입장도 있다(千寬宇, 앞의 논문, 1979).

적 구도를 깨기 위한 거대한 전략적 구상이었다.

고구려군은 퇴각하는 왜군을 추격하여 임나가라로 진격하였으며,[49] 종발성從拔城의 왜군은 변변히 저항도 못하고 곧 항복하였다. 왜군이 경주로부터 멀리 떨어진 김해 방면까지 도망하였다는 것은 왜군이 원래부터 임나가라의 지원에 의존하는 세력이었기 때문일 것이다.[50] 그 직후에 고구려는 평정한 임나가라성에 순라병을 두어 지키게 하였다.[51]

결국 이러한 고구려군의 군사행동은 임나가라에 치명적인 타격을 주었다. 그 뒤에 이어지는 기사로 보아, 고구려군은 신라 □농성을 비롯한 여러 성을 공략하고 순라병을 두어 지키게 하였다. 그 지역이 어딘지는 알 수 없으나, 가야연맹에 일시적으로 투항했던 신라 변경의 성 및 가야연맹 소국들의 성이 포함되었을 것이다. 이런 과정을 거치면서, 김해의 임나가라를 중심으로 구성된 가야연맹 제국은 한동안 재기하기 어려울 정도로 큰 타격을 입었다. 결국 고구려·신라 연합군의 임나가라 정복지에 대한 순라병 설치로 인하여, 4세기 이후 본격화된 경남 지역의 패권 경쟁에서, 고구려의 무력을 앞세운 신라는 결정적으로 가야보다 앞설 수 있게 되었으며, 백제는 가야 지역을 중개 기지로 하는 대왜 교역망을 상실하게 되었다. 이 사건의 여파로 백제의 우군이면서 김해 가야국을 대표로 하는 전기 가야연맹은 막을 내렸고, 이와 함께 임나가라라는 말은 실체를 잃어버렸다. 고구려군의 경자년 출병은 전기 가야연맹을 해체시

---

49 비문은 '任那加羅 從拔城'으로 되어 있는데, 이 從拔城을 임나가라에 소속된 성의 이름으로 보기도 하나, 여기서는 문장으로 보는 견해에 따른다(末松保和, 『任那興亡史』, 大八洲出版, 1949, 74쪽 ; 金哲埈·崔柄憲, 『史料로 본 韓國文化史 古代篇』, 一志社, 1986, 82쪽 ; 安春培, 「廣開土大王陵碑文 研究 I -碑文의 文段과 解釋을 중심으로-」『歷史考古學誌』 8, 1992, 315쪽).

50 김태식은 비문의 왜군의 성격을 왜가 보낸 순라병으로서, 그들은 정세를 탐지하기 위해 신라 국경 밖, 즉 가야 지역에 들어와서 주둔하고 있었던 소규모의 군대에 지나지 않았다고 보았다. 즉 임나가라는 전통적 우호관계에 따라 왜의 순라병을 받아들여 신라 쪽 변경의 성에 주둔시켰고, 그들에게 신라 및 고구려의 동향을 정찰케 하는 일을 맡겼는데, 그들이 신라의 영토 안으로 깊숙이 들어가 약탈도 하면서 정찰을 하다가, 고구려의 군대가 오는 것을 보자 이를 먼저 임나가라에 알리기 위해 급히 철군한 것이라고 보았다.

51 비문의 '羅人'을 신라인으로 해석하여 "신라인을 배치하여 지키게(戍兵) 하였다"고 풀이하는 견해가 있다(王健群, 『好太王碑研究』, 1984 ; 林東錫 譯, 『廣開土王碑研究』, 1985, 308~309쪽). 그리고 安羅를 명사로 볼 경우 이는 가야의 여러 소국 중에 하나로서 阿羅 또는 阿耶라고도 표기되었는데, 경남 咸安 지역의 가야세력을 뜻한다.

키면서 5세기 초 한반도의 세력 판도를 고구려 위주로 바꾸어 놓았으며, 그 과정에서 가장 큰 희생의 제물이 된 것은 가야였던 것이다.[52]

한편, 고구려는 남정의 결과로 그 이전보다 신라에 대해 보다 강한 정치적 영향력 행사하게 되었다. 고구려의 일부 병역은 신라의 왕도 뿐만 아니라 몇몇 군사적 요충지에 주둔하기까지[53] 하였다. 고구려는 남정이 마무리된 바로 뒤인 401년에 인질로 있던 실성을 즉시 귀국시키고, 402년에 내물마립간의 뒤를 이어 즉위하게 하였다. 실성의 즉위 과정에는 고구려의 강력한 정치적 영향력을 엿볼 수 있다. 사실 실성이 인질로 억류되어 있던 동안, 신라에서 실성의 세력 기반은 상당한 타격을 받았을 것임에도 불구하고, 귀국 1년만에 내물왕의 아들을 제치고 왕위를 계승하였다. 물론『삼국사기』에는 내물왕의 아들 눌지가 어리기 때문에 실성이 국인國人의 옹립을 받아 즉위하였다고 하지만, 당시 눌지의 나이가 아무리 적어도 15세 이상으로 추정되기 때문에 위의 기록을 그대로 믿기는 어렵다. 이는 실성의 즉위에 다른 영향력 즉 고구려의 힘이 행사되고 있음을 시사한다.

고구려의 정치적 영향력에 의한 실성왕의 즉위는 곧 신라에 친고구려 세력을 심으려는 조치였던 것이다. 이제 고구려는 신라 국왕의 즉위까지 좌지우지할 정도로 강한 영향력을 행사하게 되었던 것이다. 이에 실성왕은 즉위하자마자 나물마립간이 고구려의 강한 요청에도 거절하여 왔던 고구려의 입조入朝를 즉각 실현하였다.[54] 사실상 이는 구원병 파견에 대한 인사의 형식을 띠었지만 그 밑바탕에는 자신의 국왕 즉위에 도움을 준 데 대한 보답의 표시이기도 하였다.[55] 실성은 고구려라는 강력한 지원세력을 배경으로 하여 국내의 정치기반이 상대적으로 취약하였음에도 불구하고 왕위에 올라 정권을 장악해 나갈 수 있었던 것이다. 그리고 이를 계기로 고구려는 신라를 완

---

52 김태식, 앞의 논문, 1984.
53 李道學,「高句麗의 洛東江流域進出과 新羅・伽倻經營」『國學研究』2(국학연구소), 1988, 109~111쪽 ; 朱甫暾,「新羅國家形成期 大邱社會의 動向」『韓國古代史論叢』8, 1996 ; 주보돈,『新羅 地方統治體制의 整備過程과 村落』, 신서원, 1998, 407쪽.
54 신라 매금의 입조 기사는 광개토왕릉비문에는 보이지만『삼국사기』에는 나타나지 않는다. 이 때, 고구려에 조공한 신라 寐錦이 내물왕인지 실성왕인지 분명하지 않지만 경자년 출병 후의 사실로 보이기 때문에 실성왕으로 보는 견해가 타당하다.
55 朱甫暾,「朴堤上과 5세기초 新羅의 정치 동향」『慶北史學』21, 1998, 838~840쪽.

전히 예속국으로 인식하였으며, 더 나아가 점차 신라를 직접 지배하려는 구도까지 그리게 된 것으로[56] 여겨진다.

실성왕의 즉위를 전후로 신라에 대한 고구려의 영향력은 매우 높아졌다. 그러나 고구려가 신라 내부의 정치세력간 역학관계를 무시하면서까지 신라의 내정에 간여한 것 같지는 않다. 이 점은 눌지왕의 즉위와 관련된 기록을 살펴보아도 대략 짐작할 수 있다. 『삼국사기』와 『삼국유사』의 기록을 보면, 실성왕은 412년 고구려에 복호를 인질로 보내고, 고구려군을 이용하여 눌지를 제거하려다가 오히려 자기가 죽음을 당했다.

오히려 이 기록은 고구려가 실성 세력만을 일방적으로 지원하지 않았다는 사정을 보여주는 것으로 생각된다. 눌지의 즉위에 고구려군의 도움이 있었던 것을 보면, 실성의 경우와 마찬가지로 고구려에 인질로 억류된 동생 복호를 매개로 눌지도 고구려와 연결되었을 가능성도 고려할 수 있다. 결국 실성 세력과 눌지 세력 모두 고구려와 연결되어 있었던 것이다. 고구려는 실성계와 눌지계 모두 친고구려적인 입장을 취하도록 경쟁을 유발시켜서 그 중 자기들에게 유리하다고 판단되는 세력을 선택하였던 것으로 보인다. 이같은 상황으로 인해 고구려에 대한 신라의 종속성은 더욱 심화되었다. 따라서 신라는 눌지왕 집권 후 비교적 김씨 왕권이 안정되고 고구려에 인질로 있던 복호가 귀국한 뒤에는 고구려로부터 독립하기 위한 움직임을 보이기 시작하였다.

2) 동부여 정벌

광개토왕릉비에는 다른 문헌 자료에는 보이지 않는 광개토왕의 동부여 정벌 기사가 기술되어 있다. 그 내용은 다음과 같다.

> 20년(410년) 경술庚戌, 동부여는 옛적에 추모왕의 속민屬民이었는데, 중간에 배반하여 (고구려에) 조공을 하지 않게 되었다. 왕이 친히 군대를 끌고가 토벌하였다. 고구려군이 여성餘城(동부여의 왕성)에 도달하자, 동부여의 온나라가 놀라 두려워하여 [투항하

---

56 『일본서기』 권14, 웅략천황 8년 춘2월.

모두루 묘지(조선유적유물도감)

였다]. 왕의 은덕이 동부여의 모든 곳에 두루 미치게 되었다. 이에 개선을 하였다. 이때에 왕의 교화를 사모하여 개선군을 따라 함께 온 자는 미구루압로味仇婁鴨盧, 비사마압로卑斯麻鴨盧, 타사루압로橢社婁鴨盧, 숙사사압로肅斯舍鴨盧, □□□압로鴨盧였다.[57]

즉 고구려초기 추모왕대부터 고구려의 속민이었던 동부여가 조공을 하지 않아 광개토왕의 정벌이 있게 되었다는 내용이다. 이 기사에 보이는 동부여는 어떤 존재이

---

57 「광개토왕릉비」, "二十年庚戌東夫餘舊是鄒牟王屬民中叛不貢王躬率往討軍到餘城而餘□國駭□□□ □□□□□□王恩普覆於是旋還又其慕化隨官來者味仇婁鴨盧卑斯麻鴨盧橢社婁鴨盧肅斯舍鴨盧□□ □鴨盧".

며, 과연 초기부터 고구려의 속민이었는지 여부 등을 검토할 필요가 있다.

동부여의 실체와 관련해서는 「광개토왕릉비」에 등장하는 또다른 부여를 주목할 필요가 있다. 바로 비문의 앞부분에 기술되어 있는 건국설화에서 주몽의 출신지로 기록된 북부여北夫餘이다. 주몽이 북부여 출신이라는 점은 장수왕대의 것으로 추정되는 「모두루묘지」에도 나타나고 있다.[58] 따라서 적어도 5세기 당대에 고구려인은 주몽의 출신지를 북부여로 인식하고 있었음을 확인할 수 있다. 물론 5세기 고구려의 사정을 전하는 『위서』 고구려전에서는 주몽의 출자를 '부여夫餘'로 기술하고 있다.[59] 그러나 이것이 고구려에서 북위에 전해진 자료에 북부여로 전해지지 않았다는 의미는 아니다. 당대 북위의 역사가이나 그 뒤 『위서』의 편찬자들은 고구려 건국설화의 북부여를 자신들이 이해하고 있는 『삼국지』 부여전에 기술된 존재와 일치시켜 이해한 것으로 보인다.[60]

이와 같이 5세기 고구려인들은 시조 주몽의 출신국을 북부여로 내세우고 있었다. 그러면 고구려의 시조 전승에 나타난 북부여는 실제로 존재한 국가일까? 아니면 건국 전승상에 나타난 관념적인 존재일까?

「광개토왕릉비」에는 시조 전승에만 북부여가 등장하지만, 「모두루묘지」에는 시조 전승 이외에도 북부여의 구체적인 모습이 등장한다. 즉 모용선비가 북부여를 공격해 오자 모두루의 선조인 대형 염모가 이를 격파하였고, 또 묘지의 주인공인 모두루가 '북부여 수사守事'에 임명되어 북부여를 통치하였다는 내용이다. 즉 5세기 당시 고구려인들은 어떤 구체적인 지역을 북부여지역으로 인식하고 있었던 것이다.

그러면 그곳은 어디일까? 「모두루묘지」에서 모용선비가 침공한 지역임을 가리키고 있는데, 실제로 모용선비는 342년에는 고구려를 공격해 환도성을 함락시키는 전

---

58 「광개토왕릉비」, "昔始祖鄒牟王之創基也 出自北夫餘 天帝之子 母河伯女郞"; 「모두루묘지」, "河泊之孫 日月之子 鄒牟聖王 元出北夫餘".
59 『삼국지』 권30, 위서30, 오환선비동이30, 고구려, "高句麗者 出於夫餘 自言先祖朱蒙 朱蒙母河伯女".
60 노태돈은 북부여는 동부여를 전제로 한 표현으로서, 동부여에 대한 인식이 없는 중국의 사서에서는 북부여와 부여가 동일한 존재로 인식되고, 따라서 『위서』 등의 夫餘 출자설은 곧 北扶餘 출자설과 동일한 것으로 이해하였다(노태돈, 「朱蒙의 出自傳承과 桂婁部의 起源」 『韓國古代史論叢』 5, 1999 ; 노태돈, 『고구려사연구』, 사계절, 2003 수록).

괴를 지두고는 곧이어 346년에는 부여를 공격하었다. 이 무렵의 부여국의 수도는 장춘·농안 방면에 있었던 것으로 추정된다. 본래 부여국의 수도는 지금의 길림시 지역에 있었으나, 4세기 초 무렵 고구려에 밀려 서쪽으로 옮겼으며, 길림 일대의 부여국의 옛 중심지는 고구려의 영역이 되었다.[61] 346년에 모용선비가 장춘·농안 방면의 부여를 공략한 것은 확실한데, 그때 길림 방면까지 진출하였는지의 여부는 확실하지 않다. 즉 「모두루묘지」에 보이는 북부여가 길림 일대를 뜻하는 것인지, 아니면 장춘·농안 일대의 부여를 뜻하는 것인지는 확실지 않다. 그러나 일단 시조 주몽의 출신국을 북부여로 인식하였다는 점에서 보면, 본래 부여의 중심지인 길림 일대를 가르키는 것으로 보는 것이 타당할 것이다. 크게 보면 5세기 때 고구려인들은 길림 일대에서 장춘·농안에 이르는 지역을 북부여로 인식하고 있었음은 분명해 보인다.

따라서 동부여는 이 북부여와는 다른 곳의 부여로 상정해야 할 것이다. 이 비문의 동부여의 위치에 대해, 강릉 부근설(동예), 영흥만 일대설(옥저), 두만강 하류지역설 등이 그동안 제기되었다.[62] 그런데 강릉이나 영흥만 일대 지역은 이미 4세기 단계에는 고구려의 영역 안에 편제되었던 곳이고, 또한 고구려의 신라 구원전이 전개될 당시에는 의당 고구려군의 진격로의 일부일 수 밖에 없는 지역이기 때문에, 이곳에서 동부여의 위치를 찾아보는 것은 비문의 내용을 이해할 수 없게 된다. 따라서 두만강 하류지역설이 가장 유력한데, 이곳의 동부여는 285년에 모용씨의 공격으로 부여의 수도가 함락되자 부여의 일부 세력이 동으로 두만강 유역으로 피난을 가서 정착하다가 점차 독자적인 세력을 구축한 것으로 보는 견해이다.[63]

그런데 두만강 하구 지역은 과거 북옥저가 있던 지역으로 이 지역 역시 동천왕대에는 고구려에 의해 영역 내로 편제된 지역이었다. 3세기 후반에 부여족이 다시 이주하여 독립된 세력을 형성할 가능성도 배제할 수 없으나, 그렇다면 고구려가 자신의 주

---

61 武田幸男, 「牟頭婁一族と高句麗王族」 『朝鮮學報』 99·100합집, 1981 ; 盧泰敦, 「扶餘國의 境域의 變遷」 『國史館論叢』 4, 1989.
62 공석구는 동부여의 위치를 동예 일대로 비정하였다(공석구, 「동부여 지역에 대한 지배권 확립」 『고구려 영역확장사연구』, 서경문화사, 1998).
63 盧泰敦, 앞의 논문, 1989. 노태돈은 비문의 餘城이 고구려에 병합된 뒤에 柵城으로 불리었다고 보았다.

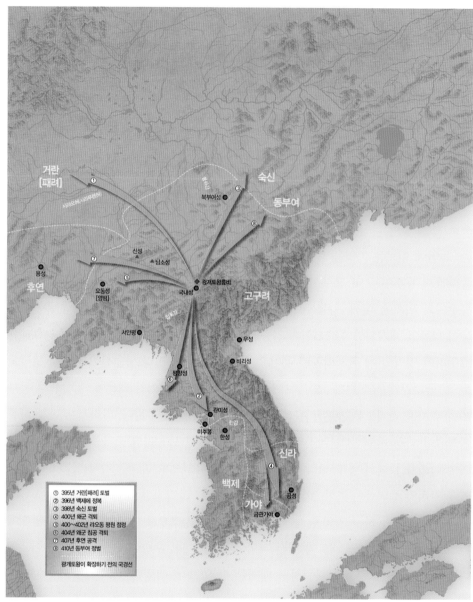

광개토왕대의 영토확장

요 배후기지를 잃어버리는 셈이 되는데, 광개토왕대까지 오랫동안 이를 방기할 리도 없다고 생각된다. 따라서 동부여의 위치를 두만강 하류 지역에 한정시키기 보다는 그 보다는 서쪽이며, 길림지역 보다는 동쪽의 어느 지역으로 보는 것이 타당할 것이다.

대략 지금의 길림성 돈화시 일대로 상정할 수 있지 않을까 한다.

410년에 광개토왕의 동부여 정벌은 고구려 북쪽 일대의 영역 확보 정책과 연관되는 것으로 보인다. 이 방면으로 고구려의 군사활동은 398년에도 나타나고 있다. 비문의 내용은 다음과 같다.

> 영락 8년(398) 무술에 왕이 한 부대의 군사를 파견하여 숙신[백신帛愼, 식신息愼, 숙신肅愼] 토곡土谷을 관찰 순시[관觀]하였으며 그 때에 막ロ라성莫ロ羅城 가태라곡加太羅谷의 남녀 삼백여인을 잡아왔다. 이 이후로 (숙신은) 조공을 하고 보고하며 명령을 받았다.[64]

위 문장의 대상과 해독에는 여러 견해가 있다. 이를 '백신帛愼'으로 판독하여 이 해의 작전을 백제의 북쪽 경계에 가까운 경기도 북부지역이나 강원도의 동예의 땅으로 비정하거나,[65] 또는 신라쪽의 지역으로 비정하여 신라에 대한 군사작전으로 보기도 한다.[66] 그러나 비문의 판독을 엄밀하게 하면 역시 '숙신肅愼'으로 판독하는 것이 가장 유력하고, 그렇다면 북방의 숙신肅愼에 대한 군사 작전으로 보는 견해가 타당하다. 그런데 이 때의 군사 작전에서는 숙신에 대한 관찰 순시를 통해 가태라곡에 대한 정벌이 이루어졌다는 점에서 이 지역이 이미 상당한 정도로 고구려의 세력권 안으로 들어와 있던 곳임을 알 수 있다. 이 군사작전은 이 지역에 대한 복속도를 보다 강화하는 수준을 목표로 전개된 것으로 짐작된다. 여기의 숙신은 아마도 두만강 하류지역의 북옥저지역과 경계를 맞대고 있던 숙신세력으로 추정된다. 이와 관련해서는 280년에 고구려가 숙신부락을 복속한 기사와 연관시켜 볼 수 있을 것이다.[67]

398년의 숙신지역에 대한 군사작전, 그리고 410년의 광개토왕의 친정에 의한 동부

---

64 「광개토왕릉비」, "八年戊戌敎遣偏師觀」帛愼土谷因便抄得莫ロ羅城加太羅谷男女三百餘人自此以 來
朝貢論事".

65 津田左右吉, 「好太王征服地域考」『朝鮮歷史地理』第一册, 1913 ; 王健群, 『好太王碑研究』, 1984(林
東錫 譯, 『廣開土王碑研究』, 1985).

66 徐榮洙, 「廣開土王陵碑文의 征服記事 再檢討」(上)『歷史學報』96, 1982.

67 『삼국사기』권17, 고구려본기5, 서천왕 11년.

여 정벌로 인해, 고구려는 동북지역에 대한 통제력을 완전히 확보한 것으로 보인다. 이 지역은 고구려의 배후기지로서의 성격을 갖고 있었으며, 고구려의 멸망시까지 고구려에 충실하게 복속되었던 지역이었으며, 고구려 멸망 후에는 발해 영역의 중심지로서 기능하였다는 점에서 이 지역에 대한 역사적 성격을 향후 다각도로 검토할 필요가 있다.

제2절

고구려의 남진과 나제동맹

1. 북연의 멸망과 고구려의 대중국 정책

고구려 장수왕은 즉위 초인 413년에 동진東晉에 조공하고 책봉을 받았다.[68] 일종의 신왕新王의 즉위 의례에 따른 외교 정책이라 할 수 있는데, 고구려가 중원 왕조와 맺게 된 첫번째 책봉·조공이라는 점이 주목된다. 하지만 이것이 고구려가 중국 왕조가 내세우는 책봉·조공의 질서를 그대로 수용한 것을 의미하지는 않는다. 책봉 관계를 유지하는 전제 조건인 조공이 이후에 뒤따르지 않았기 때문이다.

그 뒤 420년에 중국 남조인 송宋이 장수왕을 책봉하였는데, 이는 오히려 새로 왕조를 개창한 송이 이를 주변 국가에 선포하는 의도에서 이루어졌다.[69] 420년의 책봉에 대해 고구려가 별다른 반응을 보이지 않자, 송은 422년에 장수왕의 책봉호를 더욱 높였다. 이를 보면 오히려 송이 고구려와의 관계 개선에 더 적극적인 태도를 취하고 있었음을 알 수 있다. 사실 420년에 송은 백제의 구이신왕에 대해서도 책봉하였는데, 백제 역시 이에 대한 응답이 없었다. 그런데 422년에 굳이 다시 고구려왕에게만 책봉호를 더하였음은, 아무래도 북위에 대항하는 외교적 전략의 일환으로 고구려와의 관

---

[68] 『송서』 권97, 열전57, 이만, 동이, "晉安帝義熙九年 遣長史高翼奉表獻赭白馬 以璉爲使持節·都督營州諸軍事·征東將軍·高句驪王·樂浪公".
[69] 『송서』 권97, 열전57, 이만, 동이.

계 개선에 더 주력한 인상을 갖게 된다.

이처럼 송이 장수왕을 책봉하며 적극적인 자세를 보이자, 고구려는 423년과 424년에 연이어 송에 사신을 보냈다. 한편 424년에는 백제도 송宋에 처음으로 사신을 보내어 조공하였으며, 이에 송 역시 고구려와 백제에 사신을 파견하며 화답하였다. 고구려와 백제에 대한 송의 적극적인 태도는 북위를 의식한 외교 전략이란 측면도 있으며, 또한 새로운 왕조를 개창한 자신의 입지를 국제적으로 널리 확인하려는 의도도 엿볼 수 있겠다.

그런데 그 후 436년까지 송과 고구려의 교섭에 관한 기사는 한동안 보이지 않는다. 이와는 달리 백제는 송과 지속적으로 책봉·조공 관계를 유지하고 있는데, 아마도 427년에 고구려의 평양 천도를 의식하고 있는 백제의 외교적 대응에 의한 것으로 추정된다.

한편 고구려가 북위北魏에 처음 사신을 파견한 것은 425년이었는데, 이 역시 일회성에 그치고 말았다. 물론 이 기간이 427년에 평양으로 천도한 전후 시기라는 점을 고려하면, 고구려의 내부적인 요인으로 인해 북위 및 송과의 대외 교섭이 중단되었을 가능성도 충분히 있다. 그후 고구려가 중국의 여러 왕조와 본격적으로 교섭하기 시작한 것은 435년 이후였다. 그것은 바로 북연北燕 및 북연왕 풍홍馮弘을 둘러싸고 벌어진 일이었다.[70]

화북 지역을 통일한 북위는 최종적으로 요서 지역의 북연을 압박하고 있었다. 당시 북연의 왕은 고운과 풍발을 뒤이어 풍홍馮弘이었다. 북위는 북연에게 태자의 입조를 계속 요구하며 위협하고 있었다. 태자를 인질로 삼으려는 북위의 속셈을 간파한 풍홍은 그렇다고 북위의 뜻을 아예 무시할 수도 없어서 북위에 대해 신하를 칭하며 딸을 바치고, 억류하고 있던 북위의 사자를 석방하는 등 화해의 뜻을 전하였다.[71]

---

[70] 북연을 둘러싼 고구려와 북위의 갈등에 대해서는 다음 논문이 참고된다.
노태돈, 「5~6세기 동아세아의 국제질서와 고구려의 대외관계」『東方學志』44, 1984, 4~8쪽.
이성제, 『고구려의 西方정책 연구』, 2005, 27~64쪽.
박세이, 「장수왕대 北燕民 刷還에 대한 일검토」『백산학보』, 2010, 119~130쪽.
아래의 서술은 박세이, 위의 논문을 주로 참고하여 서술하였다.
[71] 『자치통감』권122, 宋紀4, 文帝, 元嘉 11년 3월.

그리고 한편으로 풍홍은 북위를 견제하기 위해서 432년과 435년에 거듭 남조 송에 원조를 요청하였다. 그러나 송은 이미 한 차례 북벌을 감행하였다가 북위에게 패배하였을 뿐만 아니라,[72] 반란 사건 등으로 국내 사정이 불안하였기 때문에 북연을 지원할 형편이 되지 못하였다.[73]

이에 풍홍은 435년 11월에 고구려에 사신을 보내 만일의 경우에 고구려에서 맞이해 주기를 요청하였다.[74] 풍홍이 망명을 요청할 정도의 긴박한 상황임을 깨달은 고구려는 북연의 상황을 더 이상 방치할 수 없다고 판단하였던 듯하다. 왜냐하면 사실상 북연의 존재가 북중국 세력과 고구려 사이에 완충지대의 역할을 하면서, 그동안 고구려는 상대적으로 북중국 정세 변화의 영향을 별로 받지 않고 있었기 때문이다.

따라서 435년에 고구려가 북위에 사신을 파견하여 우호적인 관계를 맺고자 하였으며,[75] 북위 역시 북연을 고립시킬 의도로, 장수왕을 책봉하는 형식으로 고구려에 응답하였다.[76] 이 때가 양국이 서로의 존재를 비로소 분명하게 인식한 첫 접촉이었다. 그리고 한편으로 고구려의 유연한 외교 전략의 운영 방식에 대해서도 주목할 필요가 있다. 왜냐하면 이듬해에는 오히려 고구려가 북연으로 군대를 출병시키고 북위와의 전쟁도 불사하는 강경한 태도를 보이고 있기 때문이다.

고구려와 북위가 외교 관계를 재개한 뒤에, 북연은 436년 2월에 그 동안 줄곧 거부해왔던 북위의 요구를 받아들여 태자를 북위로 보내려고 하였으나 북위는 이를 거부하였다.

그리고 436년 4월에 북위의 아청娥淸과 고필古弼은 백랑성을 공격하면서 북연에 대한 본격적인 정벌에 나섰다. 그런데 이러한 북위의 동향에 대해 고구려 역시 대규모 군대를 동원한 군사행동으로 대응하였다. 고구려 장수왕은 갈로葛盧와 맹광孟光을

---

72 『위서』 권4상, 帝紀4상, 世祖太武帝燾, 신가 3년.
73 『송서』 권5, 본기5, 文帝.
74 『삼국사기』 권18, 고구려본기6, 장수왕 23(435)년, "魏人數伐燕 燕日危蹙 燕王馮弘曰 若事急 且東依高句麗 以圖後擧 密遣尙書陽伊 請迎於我".
75 『위서』 권100, 열전88, 고려.
76 북위는 이미 武都國(398, 427, 433), 河南國(토욕혼; 431) 河西國(북량; 431, 433) 등을 책봉함으로써 책봉 · 조공관계를 주변 제국과의 외교 형식으로 사용하고 있었다.

시켜 수만명의 군사를 거느리고 북연의 수도 화룡和龍에 가서 풍홍을 맞이하게 했다. 5월에 풍홍과 고구려군은 용성의 주민들을 거느리고 고구려로 옮겨오고 궁전을 불살랐다. 고구려군은 부인들에게 갑옷을 입혀 가운데 서게 하고, 갈로와 맹광은 기병을 거느리고 맨 뒤에서 북위군의 추격을 막았다. 대열을 벌리고 나아갔는데 전후 80여리나 되었다고 한다.[77] 북위군은 고필古弼의 부장 고구자高苟子가 기병을 거느리고 고구려군을 추격하고자 하였으나, 고구려군의 군세를 두려워한 고필이 이를 막았다. 북위의 왕이 크게 노하여 고필과 아청을 모두 삭탈관직하여 처벌하였다.[78]

당시 고구려가 쇄환해 온 북연 주민의 수가 상당하였음은 "80여리에 이르렀다."는 기록을 통해서 짐작할 수 있다.[79] 그리고 당시 고구려군은 군세를 더욱 과장하기 위해 부녀자들에게도 갑옷을 입혀 병사로 위장시키는 전술책을 사용하였다. 전체적으로 보아 당시 고구려군의 숫자와 위세는 북위군을 압도하고 있었던 것으로 짐작된다.

더욱 고구려군의 출병 자체가 매우 신속하게 이루어지고, 또한 북위군이 전혀 예상하지 못한 상태에서 기습적으로 이루어졌음을 미루어 짐작할 수 있다. 즉 고구려군의 북연으로 출병과 화룡 입성, 그리고 북연의 수많은 물자를 전리품으로 획득하고, 풍홍을 비롯하여 수많은 북연의 주민을 거느리고 퇴각한 점 등은 사전에 고구려군과 북연 사이에 내밀한 약속이 이루어졌음을 짐작케 한다. 그러나 이런 정황을 당시 북위군은 전혀 짐작하지 못하였던 것으로 보인다. 따라서 고구려군의 기습적인 군사행동에 북위군은 군사력에서도 열세를 보이는 상황에서 적극적으로 대응할 수 없었고, 결국 고구려군의 화룡 출병은 성공적으로 마무리되었다.

이렇게 북연은 멸망하였지만, 그것은 북위군의 공격에 의해서가 아니었다. 오히려 고구려의 의도대로 북연의 왕과 핵심 주민들은 고구려로 이주되었기에, 북위로서는 영토 외에는 얻은 것이 별로 없다고 하겠다. 결국 북위 태무제는 고구려에 사신을 보내 북연왕 풍홍을 송환해줄 것을 요구하였다. 이에 대해 장수왕은 "풍홍과 함께 왕화

---

77 『삼국사기』 권18, 고구려본기6, 장수왕 24년(436).
78 『자치통감』 권123, 宋紀5, 太祖, 元嘉 13년 4월.
79 『十六國春秋』 北燕錄, 馮宏傳에서는 당시 고구려가 거느리고 온 북연민을 1만호라고 하고 있으나, 이보다는 훨씬 많은 숫자일 것으로 추정된다.

王化를 받들겠다"고 외교적인 수사를 언급할 뿐[80] 실제로는 보내지 않음으로써 북위의 요구를 단호하게 거절하였다.

이에 북위 조정에서 고구려 정벌이 논의되었으나, 북량과 북연 등 새로운 정복한 지역을 안정시키고 군비를 충실히 한 뒤에 공격하자는 반대 의견이 우세하여 중지되었다.[81] 한편으로는 유연 및 남조 송과 대치하고 있는 상황에서는 북위가 쉽게 고구려 원정길에 나설 형편이 아니었던 것이다. 고구려의 화룡 출병은 이러한 국제 정세를 충분히 감안한 뒤에 이루어졌을 것이다.

한편 고구려는 풍홍馮弘의 신변 처리 문제를 둘러싸고 남조 송宋과도 갈등을 빚었다. 사실 고구려는 북위와 군사적 대결의 기운이 높아지던 436년 5월에 송에 사신을 파견하였는데, 이 때의 사신 파견은 북위에 대한 외교적 견제책이었을 것이다. 그런데 풍홍이 438년에 송과 연결하여 송나라 군대의 개입을 요청함으로써, 요동에서 고구려군과 송군 사이에 군사적 충돌이 일어나게 되었다.

즉 송나라 태조는 사신 왕백구王白駒를 보내어 풍홍을 맞이하고자 하였는데, 고구려 장수왕은 오히려 장수 손수孫漱와 고구高仇를 보내어 풍홍을 북풍에서 살해하였다. 그러자 송의 왕배구 등이 군사 7천명을 거느리고 고구려군을 공격하여 고구를 죽이고 손수를 사로잡았다. 이에 장수왕은 다시 군대를 보내어 송의 군대를 격파하고 왕백구 등을 사로잡았다.[82] 그러나 일촉즉발의 위기에서도 양국은 그 충돌을 더 이상 확대하지 않았다. 고구려 장수왕은 포로로 잡은 송의 장군 왕백구를 송으로 압송하였고, 송의 황제는 이들을 구금하는 형태로 적절하게 타협하였다. 북위라는 현실적인 적대 세력을 눈앞에 놓고 있던 공통된 처지 때문이었다.

이처럼 북연의 멸망 및 풍홍의 송환 문제를 둘러싸고 고구려는 북위 및 남조 송과 차례로 갈등·대립하게 되었다. 사실 이 과정을 보면 고구려는 북위와 송 양국에 대해서 상당한 긴장감 높은 모험을 시도한 셈이다. 그럼에도 불구하고 결국은 고구려의 의도대로 사태를 수습할 수 있었던 데에는 바로 북위와 송의 대립이라는 중국의 국제

---

80 『삼국사기』 권18, 고구려본기6, 장수왕 24년(436).
81 『자치통감』 권123, 宋紀5, 太祖, 元嘉 13년 9월.
82 『삼국사기』 권18, 고구려본기6, 장수왕 26년(438).

정세가 주요한 배경이 되었다.

이 당시 고구려는 송과 연합하여 북위를 견제하려는 입장이 두드러졌다. 439년에는 북위를 정벌하려는 송末의 요구를 받아들여 전마 800필을 송에 보내면서, 북위와의 외교 관계를 단절한 것이다. 이 해에 고구려는 북위에도 2차례 사신을 파견하였는데, 이를 마지막으로 461년까지 고구려와 북위의 접촉은 전혀 발견되지 않는다. 이러한 정황을 보면, 고구려의 북연 출병과 풍홍의 처리 문제로 양국 관계가 상당기간 악화되고 있었음을 짐작할 수 있다.

그런데 주목되는 점은 북위와 대립이 높아지는 435년 이후 고구려와 송의 외교 관계가 지속되고 있다는 점이다. 서로 대치하고 있는 남북조 양국에 대한 고구려의 외교 전략의 차원에서 보면, 북위와의 긴장 관계가 높아지던 상황에서 남조인 송과의 교섭에 적극성을 띄는 것은 당연한 선택이라고 할 수 있다.

한편 462년 3월에 고구려는 오랜만에 북위에 사신을 보내 교섭을 재개하였다. 그 배경과 원인에 대해서는 다양한 견해가 제출되어 있는데, 이후 고구려와 북위가 보여주는 그 교섭의 횟수나 빈도는 다른 예를 찾아볼 수 없을 정도로 높다는 점에서 주목할 만한 현상이다.

고구려가 북위와 교섭을 재개한 이후 불안감을 느낀 송은 이듬 해인 463년 6월에 고구려에 사신을 보내어 장수왕을 책봉하였는데, 그 이전 보다 책봉호를 높였다.[] 이러한 송의 대응도 대응이지만, 고구려 역시 북위와 교섭이 재개되었다고 하여 송과의 교섭을 단절할 의사는 없었으니, 그 이전보다는 교섭의 빈도가 많이 줄어들었으나 송의 멸망 시까지 송과의 사신 교환이 지속적으로 이어져 갔다.[83]

462년 이후 고구려는 남북 양조와 모두 외교 교섭 관계를 유지하였으나, 북위와의 교섭 밀도가 다른 국가와는 비교할 수 없을 정도로 훨씬 높다. 465년부터 523년까지 중간에 몇몇 해를 제외하고는 거의 매년 조공 사절이 계속되었기에 기록상으로는 총 57회에 달하였고, 계중에는 1년에 2, 3회인 경우도 적지 않았다. 따라서 이와같이 북위와 매우

---

83 송과 교섭을 재개한 436년 이후 463년까지 고구려와 송의 교섭은 27년 동안 13건이며, 그 이후 478년까지 25년 동안은 5건으로, 앞 시기가 2배 이상의 빈도를 보인다. 이는 462년 북위와의 교섭 재개가 고구려와 송의 외교 관계를 어느 정도 변화시켰음을 잘 보여준다.

빌섭한 외교 교섭을 주진한 것을 단순히 등거리 외교(양속적 외교)의 시각에서 이해하는 것은 실상을 제대로 이해하지 못하는 관점이다. 고구려가 북위와 남조에 서로 다른 외교 전략을 구사하였다고 이해함이 타당하리라 본다. 이는 고구려의 대북위 교섭과 대남조 교섭의 양상이 서로 연동되어 전개되지 않았다는 점에서도 뒷받침될 수 있다.

이처럼 북연의 멸망으로 고구려와 북위는 직접 국경을 맞대게 되었으나, 양국은 북위의 멸망 시까지 어떠한 전쟁 상황에도 이르지 않았다. 이는 과거 고구려가 요동지역 패권을 둘러싸고 선비 모용씨의 왕조인 전연이나 후연과 격렬한 충돌을 거듭하였던 상황과 비교된다. 물론 그 이전과는 다른 국제 정세에 힘입은 바이기도 하지만, 고구려의 새로운 대외 전략과 맞물려 나타난 측면도 고려해야 할 것이다. 그것은 바로 고구려의 남진 정책이었다.

2. 나제동맹의 결성과 고구려의 한성 공격

나제동맹은 고구려가 장수왕 15년(427)에 평양으로 천도하고 남진 정책을 적극적으로 추진하자, 위협을 느낀 백제와 신라가 433년에 화친 관계를 맺으면서 시작되었다.[84]

고구려의 남진에 직접적인 위협을 느낀 것은 백제였다. 백제는 이미 광개토왕의 정벌로 인해 상당한 영토를 잃고 한성이 포위되어 아신왕이 항복하는 등 굴욕을 당한 바 있기 때문에, 고구려의 움직임에 매우 민감하게 반응하였다. 고구려의 평양 천도가 이루어진 2년 뒤인 429년에 송에 사신을 보내어 통호하고 빈번하게 교류하였으며, 472년(개로왕 18)에는 북위에도 사신을 보내어 고구려를 정벌해 줄 것을 요청하였다.[85] 그러나 북위가 난색을 표함으로써 북위와의 교섭이 여의치 않자, 백제는 방향을 바꾸어 신라와의 교섭으로 돌아섰다.

---

84 『삼국사기』 권25, 백제본기3, 비유왕 7년 7월 ; 『삼국사기』 권25, 백제본기3, 비유왕 8년 2·9·10월 ; 『삼국사기』 권3, 신라본기3, 눌지왕 17년 7월 ; 『삼국사기』 권3, 신라본기3, 눌지왕 18년 2·9·10월.
85 『삼국사기』 권25, 백제본기3, 개로왕 18년 ; 『위서』 권100, 열전88, 백제.

한편, 신라 역시 고구려의 남진을 적극 경계하고 있었다. 410년 왜의 침략시에 고구려 광개토왕의 도움을 받은 바 있는 신라는 실성과 복호를 인질로 고구려에 보내고,[86] 실성왕과 눌지왕의 즉위 과정에서도 고구려의 간섭을 받는 등[87] 고구려의 영향력 아래에 있었다. 그 뒤 신라의 고구려에 대한 예속은 점점 심화되어 고구려군이 신라에 주둔하기까지 하였다.[88] 고구려의 영향력이 확대될수록 신라는 고구려의 간섭과 통제에서 벗어나야 할 필요성을 절감하고 있었다. 『삼국사기』에 의하면 고구려와 신라의 관계는 450년을 전후하여 적대적 관계로 변화하고 있음을 알 수 있다. 신라의 눌지왕이 즉위하면서 이러한 종속적인 관계를 벗어나려는 움직임이 시도되고 있다. 특히 433년과 434년에 백제가 고구려를 견제하기 위해 신라에 사신을 파견하고, 신라 역시 사신을 보내 백제와 우호관계를 맺는 사실에서 그러한 기도가 본격화됨을 엿볼 수 있다. 그 후 450년부터 신라는 고구려에 대하여 적대적 입장을 취하였고, 455년에 고구려가 백제를 공격하였을 때 신라가 구원병을 파견하기도 하였다.[89] 이는 신라가 고구려 영향권을 벗어나기 위한 노력의 하나였다.

460년대 이후에는 신라와 고구려 양국 간에 본격적인 군사적 충돌이 이어지게 되었다. 그런데 중원고구려비에 보이는 449년의 고구려왕과 신라왕의 회맹은 신라의 그러한 움직임을 중단시키는데 그리 큰 영향을 끼치지 못하였음을 짐작할 수 있다.[90] 오히려 회맹 이듬해에 고구려 변방의 장수가 신라 하슬라 성주에 의해 살해되는 사건이 일어나는 등 신라는 고구려에 대해 적대적인 태도를 취하기 시작하였다. 두 나라의 갈등은 마침내 464년에 이르러 신라 왕경王京에 주둔하던 백여 명의 고구려군이 일시에 몰살당하는 사건으로 폭발하였다.[91] 이로써 오래도록 유지되던 양국의 우호관계는 완전한 파탄을 맞게 되었다. 대신에 신라와 백제의 관계는 한층 긴밀해져 갔다.

---

86 『삼국사기』 권3, 신라본기3, 내물이사금 37년 정월 ; 『삼국사기』 권3, 신라본기3, 실성이사금 11년.
87 이기동, 「新羅 內勿王系의 血緣意識」 『歷史學報』 52·53 합집, 1972, 74쪽.
88 중원고구려비에 '新羅土內幢主'라 보이고 있으며, 『일본서기』 권14, 雄略天皇 8년 2월조 기사에도 고구려군이 신라 영내에 주둔하고 있었음을 전하고 있다.
89 『삼국사기』 권3, 신라본기3, 눌지마립간 39년.
90 임기환, 「中原高句麗碑를 통해본 고구려와 신라의 관계」 『高句麗研究』 10, 2000, 427~430쪽.
91 『일본서기』 권14, 雄略紀 8년.

이제 한반도 내에서 삼국간의 역관계는 크게 바뀌게 되었다. 그동안 고구려가 주축이 되고 신라가 고구려와 연합하였으나, 이제는 백제가 중심의 역할을 하고 신라 및 가야가 여기에 연합 세력으로 참여하면서 고구려를 고립시키는 방향으로 추진되었다[92]. 한반도 남부 전선의 주도권을 장악한 백제는 이후 강적 고구려를 대상으로 고립화 정책에 박차를 가하였다. 백제는 중국의 남조南朝에 대해서는 물론이고 그 동안 별로 긴밀한 관계를 맺지 않았던 북위에 대해서까지도 적극적인 접근을 시도하였던 것이다.[93]

백제의 노골적이며 지나친 고구려에 대한 고립화 정책의 추진은 오히려 고구려로부터 역습을 불러일으키는 빌미를 제공하게 되었다. 그러나 백제 개로왕은 여기에 제대로 대응하지 못하고 475년 고구려 장수왕의 공격을 받아 왕도가 함락되고 살해당하는 등 일대 위기를 겪게 되었다.

이와는 달리 신라는 고구려 방면에서 신라로 진입하는 교통상·군사상의 요충지에다가 본격적으로 성을 축조하는 등 고구려에 대한 군사적 대비를 철저하게 하였다.[94] 고구려는 신라가 자신과 결별하게 된 배후에 결국 백제가 있다고 단정하였고 그래서 먼저 백제를 공략하였던 것이다. 사실 고구려는 나제동맹 자체를 백제에 의한 신라 병합 혹은 속민화한 수준으로 인식할 정도였다.[95] 고구려가 신라를 먼저 공격하지 않고 백제를 우선적인 공격 대상으로 삼았던 것은 이 때문이다.[96] 물론 472년에 백제가 북위에 대해 고구려를 정벌하는 군사를 요청하는 외교책을 시도하였던 것도 하나의 배경이 되었다.[97]

<hr>

92 주보돈, 「5세기 高句麗·新羅와 倭의 관계」『왜 5왕 문제와 한일관계』(한일관계사연구논집3), 경인문화사, 2005 참조.

93 『삼국사기』권25, 백제본기3, 개로왕 18년.

94 『삼국사기』권3, 신라본기3, 눌지마립간 11·13·14·16·17년 기사 참조.

95 『위서』권100, 열전88, 고구려전에 '(전략)但黃金出自夫餘 珂則涉羅所産 今夫餘爲勿吉所逐 涉羅爲所百濟所幷(下略)'이라 하여 涉羅가 백제에 병합된 것으로 되어 있다. 이 섭라를 제주도로 보는 견해도 있으나 新羅로 보는 견해가 옳은 것이다. 이는 고구려는 6세기 초까지 적어도 백제가 신라를 병합한 듯이 인식하고 있었음을 보여 준다. 6세기 초의 사정을 전하는 「梁職貢圖」에도 신라를 백제의 小國으로 보는 백제측의 인식이 드러나고 있다.

96 고구려와 신라의 관계는 주보돈, 「5~6세기 중엽 고구려와 신라의 관계」『북방사논총』, 2006, 76~78쪽을 참조하여 정리하였다.

97 『위서』권100, 열전88, 백제, "연흥 2년에 백제왕 여경이 처음으로 사신을 보내 표를 올려 말하기를, ……신은 고구려와 함께 夫餘에서 나왔으므로, ……釗의 머리를 베어 높이 매달으니, 그 이후

한편, 개로왕의 사신이 다녀간 뒤 백제에 이어 이번에는 물길에서 북위에 사신을 보내 백제와 모의하여 고구려를 공격하려는 뜻을 드러냈다.[98] 이를 통해 백제는 고구려 북쪽에 있는 물길과 먼저 연합을 꾀한 뒤, 서쪽의 북위를 끌어들이고자 하였음을 알 수 있다. 따라서 이러한 정황은 고구려 남쪽의 백제와 북쪽의 물길이 고구려에 의해 강한 압박을 받고 있었음을 시사하고 있다.

남북 양쪽에서 고구려에 대한 위협이 전개되자 장수왕도 본격적인 군사 대응에 나서지 않을 수 없었다. 사실 고구려의 장수왕은 백제 한성을 공략하기 위해 사전에 철저히 준비하였다. 즉 전쟁을 벌이기 전에 승려 도림을 백제에 간첩으로 보냈던 것이다. 도림은 백제의 내부 정세를 파악해 본국에 보고하는 소극적인 활동을 넘어, 바둑을 좋아하는 개로왕의 신임을 얻어 개로왕의 측근이 되었다. 그리고 그로 하여금 도성 정비와 선왕 무덤 개축 등 대규모 토목공사를 벌이도록 부추겼다. 이는 결국 백제의 재정을 고갈시키고 백성을 고역으로 내몰았으며 그로 인해 민심도 이반되게 만들고 정치세력 간 갈등의 소지도 만들었다. 이러한 사전 공작은 그 내용으로 보아 단기간에 진행된 것이 아니라 상당히 오랜 시간을 두고 계획적인 접근과 정치한 구상 아래 진행되었다.

승려 도림은 백제 내부의 상황이 자신의 의도대로 조성되자 고구려 조정에 상황을 보고했고, 그에 따라 장수왕은 3만 군대를 동원해 한성漢城을 공격하였다. 고구려군은 오늘날의 몽촌토성인 남성南城을 7일 밤낮으로 공략하여 함락시킨 후 북성北城으로 향했는데, 그때 남성을 빠져나온 개로왕을 사로잡아 한강 이북 아차산으로 끌고 가 살해하였다.

고구려군이 진공하기 직전 개로왕은 문주에게 신라에 구원을 청할 것을 명했고, 이에 문주가 1만여 신라 구원군을 이끌고 한성으로 도착하였지만, 그 때 이미 한성은

부터는 감히 남쪽을 엿보지 못하였습니다. 그런데 馮氏의 국운이 다하여 그 유민이 (고구려로) 도망하여 온 후로부터 추악한 무리가 점점 강성하여져 끝내 침략과 위협을 당하여 원한이 얽히고 戰禍가 연이은 것이 30여 년입니다.……또 고려의 불의와 거스르고 속이는 것은 하나뿐이 아닙니다.……혹은 남쪽으로 劉氏(송)와 통호하기도 하고, 북쪽으로는 蠕蠕(유연)과 맹약하기도 하여 서로 脣齒의 관계를 이루면서 왕략(북위)을 짓밟으려 하고 있습니다.……지금 만약 취하지 않으면 장차 후회를 남길 것입니다."

98 『위서』 권100, 열전88, 물길, "太和(477~479) 초에 또 말 5백 필을 바쳤다.……은밀히 백제와 함께 물길을 따라 힘을 합쳐 고구려를 취할 것을 꾀하였다.

함락되었으며, 개로왕노 고구려군에 의해 죽임을 낭한 뒤였다. 이에 분수가 왕으로 즉위한 다음 웅진으로 수도를 옮기게 되었다.

한편, 고구려는 북방에서 위협을 가하였던 물길에 대해서는 479년에 물길의 북위 조공 통로인 지두우地豆宇를 유연과 함께 분할 점령함으로써, 북위와 물길이 연결되는 통로를 차단하였다.[99] 물길의 북위 조공이 478년에 있은 후 486년에 다시 재개되고 있듯이 한동안 중단된 것은 479년에 고구려와 유연의 지두우 분할 점령으로 그 조공로가 막혔기 때문이라고 생각된다. 고구려가 지두우를 유연과 분할 점령한 것은, 물길과 북위가 연결되는 조공로를 차단하는 목적 이외에 다른 배경도 고려된다. 즉 지우두 지역이 명마名馬의 산출지임을 감안할 때 전략 물자인 말을 공급하는 기반을 확대하는 목적도 고려되고,[100] 또한 실위에 철鐵을 공급해 주는 등으로[101] 내몽고 동북부 지역에 대한 영향력을 확대하기 위해서였다.

고구려의 공격으로 백제 한성이 함락되면서 나제동맹은 일시 흔들리는 듯하였으나, 오히려 그 이후에 군사적인 동맹으로 한단계 높은 수준으로 자리잡아 갔다. 백제와 신라의 동맹은 군사적 우위에 바탕을 둔 고구려의 세력 확대에 대처하는 양국의 생존 전략이었기 때문이다. 이후 삼국 관계는 고구려와 나제연합의 대결 구도로 전개되었다. 나제동맹 후에도 고구려는 절대적인 힘의 우위를 과시하며 백제와 신라 양국 모두에 대해 공세를 취하였다. 장수왕 63년(475)에 고구려는 백제의 수도 한성을 함락시키고 한강유역을 차지하였을 때 신라는 구원군을 청하러 온 문주에게 1만명의 구원군을 주어 보내 군사적 지원을 시도하였다.[102] 뒤이어 481년에 고구려는 신라를 공격하여 7성을 빼앗고 미질부彌秩夫(흥해)까지 진출하여 신라의 왕도를 지척에서 위협하였다. 미질부 전투에서는 거꾸로 백제의 군대가 신라를 구원하였다.[103]

---

99 『책부원귀』 권969, 외신부, 조공조 참조.
100 朴京哲, 「高句麗軍事戰略考察을 위한 一試論-平壤遷都以後 高句麗軍事戰略의 志向點을 中心으로-」『史學研究』 40, 1989, 24쪽. 地豆宇는 북으로 陶尒河를 한계로 실위에 접하고, 남으로 시라무렌 유역에서 庫莫奚·契丹과 잇닿고, 서로는 흥안령에서 유연을 만나며, 동으로는 長春·農安의 송화강유역과 서로 접하는 지역에 있던 遊牧民族으로 알려져 있다.
101 『수서』 권84, 열전49, 실위.
102 『삼국사기』 권3, 신라본기3, 자비마립간 17년 7월 ; 『삼국사기』 권26, 백제본기4, 문주왕 즉위년.
103 『삼국사기』 권3, 신라본기3, 소지마립간 3년 3월.

이러한 백제와 신라의 공동 방어의 결과, 고구려의 남진은 죽령·조령 일대에서 남양만을 연결하는 선에서 저지되었다. 이후에도 고구려는 지속적으로 남진을 시도하였으나, 백제나 신라가 각각 혹은 공동으로 방어에 전력을 기울였기 때문에 더 이상의 성과를 얻지 못하였다.[104]

나제동맹이 갖는 의미는 세력이 약한 양국이 고구려의 남하를 공동으로 저지하면서, 각각 내부적으로 지배체제를 정비하여 정치·군사적 역량을 강화할 수 있는 시간적 여유를 얻은 데에 있었다.[105] 그리고는 이를 바탕으로 소극적인 방어동맹에서 벗어나 적극적으로 연합군을 구성하여 고구려의 한강유역을 탈취하였던 것이다. 따라서 한강유역의 공취는 나제동맹 최대의, 또 최종의 성과라 할 수 있는 것이다. 고구려가 외교적으로 나제동맹 관계를 깨뜨리지 못한 것이 남진의 한계였으며, 결국에는 한강유역을 상실케 하는 외적 조건이 되었던 것이다.

3. 고구려의 남진과 백제, 신라의 대응

475년 고구려 장수왕의 대규모 공격으로 인해 한성漢城이 함락되고, 개로왕이 피살되면서 백제의 왕실과 지배층은 부득이 웅진으로 천도하지 않을 수 없었다. 이후 한반도 내에서 고구려의 지속적인 군사적인 남하가 지속되었고, 백제와 신라는 보다 적극적으로 군사 동맹관계를 맺고 고구려의 남진을 효과적으로 저지하였다. 즉 이시기 삼국의 정세는 고구려를 한축으로 그리고 백제와 신라 및 가야를 한 축으로 하는 적대적 충돌이 약 80년간 지속되었다.

『삼국사기』에서 이 시기 삼국간의 충돌 기사를 정리하면 다음 〈표 3-2〉와 같다.

---

104 고구려의 공격에 대한 백제·신라의 공동방어 전투는 다음과 같다. 장수왕 72년(484) 신라 母山城 전투, 문자왕 3년(494) 신라 薩水·犬牙城 전투, 문자왕 4년(495) 백제 雉壤城 전투, 양원왕 4년(548) 백제 漢北獨山城 전투이다.
105 나제동맹에 대해서는 金秉柱, 「羅濟同盟에 관한 研究」 『韓國史研究』 46, 1984 참조.

<표 3-2> 고구려와 백제, 신라의 전투 기사(450년~550년)

본기 출전 기사			접전지역	공격주체	내용	비고
서기	고구려	백제	신라				

서기	고구려	백제	신라	접전지역	공격주체	내용	비고
450	장수왕 38		눌지왕 34	실직성(悉直城)	신라→고구려	7월 하슬라(何瑟羅)성 주가 고구려변장 살해	
	장수왕 38		눌지왕 34	신라 서변	고구려→신라		
454	장수왕 42		눌지왕 38	신라 북변	고구려→신라		
455			눌지왕 39		고구려→백제	신라구원	
468	장수왕 56		자비왕 11	실직성(悉直城) 실직주(悉直州城)	고구려, 말갈1만→신라		
469	장수왕 57	개로왕 15		고구려 남변	백제→고구려		
475	장수왕 63	개로왕 21	*자비왕 17	백제 (漢城)	고구려 병3만 →백제	한성 함락	신라본기 474년
480			소지왕 2	신라 북변	말갈→신라		
481			소지왕 3	호명성(狐鳴城) 등 7성, 미질부(彌秩夫), 니하(泥河)	고구려, 말갈 →신라	백제, 가야의 구원	
482		동성왕 4		백제 한산성(漢山城)	말갈→백제		
484			소지왕 6	신라 모산성(母山城)	고구려→신라	백제 신라 협동	
489	장수왕 77		소지왕 11	신라 과현(戈峴), 호산성(狐山城)	고구려→신라	호산성(狐山城) 함락	
494	문자왕 3	동성왕 16	소지왕 16	살수(薩水), 견아성(犬牙城)	고구려→신라	백제병 3천구원	
495	문자왕 4	동성왕 17	소지왕 17	백제 치양성(雉壤城)	고구려→백제	신라 구원	
496	문자왕 5		소지왕 18	신라 우산성(牛山城), 니하(泥河)	고구려→신라		

497	문자왕 6		소지왕 19	신라 우산성(牛山城)	고구려→신라	우산성(牛山城) 함락	
501		무령왕 1		고구려 수곡성(水谷城)	백제 병5천 →고구려		
502	문자왕 11	무령왕 2		고구려 변경	백제→고구려		
503	문자왕 12			고구려 수곡성(水谷城)	백제→고구려	11월	무령왕 1년 기사
		무령왕 3		마수책(馬首柵), 고목성(高木城)	말갈→백제	9월	
506		무령왕 6		고목성(高木城)	말갈→백제	7월	
	문자왕 15				고구려→백제	11월	
507		무령왕 7				말갈대비 고목성(高木城)남 목책, 장령성(長嶺城) 축조	
	문자왕 16	무령왕 7		횡악(橫岳)	고구려, 말갈 →백제		
512	문자왕 21	무령왕 12		가불성(加弗城), 원산성(圓山城), 위천(葦川)	고구려→백제		
523	안장왕 5	성왕 1		패수(浿水)	고구려→ 백제병1만		
		무령왕				2월 한성(漢城)행차, 한북, 쌍현성(雙峴城) 축성	
529	안장왕 11	성왕 7		백제 혈성(穴城), 오곡(五谷)	고구려→백제	안장왕 친정 백제병 3만	
540	안원왕 10	성왕 18		고구려 우산성(牛山城)	백제→고구려		
548	양원왕 4	성왕 26	진흥왕 9	백제 한북독산성(漢北獨山城)	고구려, 예인(穢人) →백제	신라 구원	
550	양원왕 6	성왕 28	진흥왕 11	고구려 도살성(道薩城)	백제→고구려	정월	미상지분
	양원왕 6	성왕 28	진흥왕 11	백제 금현성(金峴城)	백제→고구려	3월	
	양원왕 6		진흥왕 11	도살성(道薩城), 금현성(金峴城)	신라→고구려, 신라→백제	신라가 2성 탈취	

1) 고구려와 신라의 전쟁

먼저 〈표 3-2〉를 중심으로 고구려와 신라의 충돌 과정을 살펴보자.[106]

고구려와 신라의 군사적 충돌은 450년에 시작되었다. 450년에 고구려의 변장이 실직(현재의 삼척)에서 사냥을 하다가 신라의 하슬라(현재의 강릉)의 성주 삼직에게 살해당하는 사건이 벌어졌다. 이에 고구려 장수왕이 군사를 일으켜 신라를 공격하였으나, 신라 왕의 사과로 인해 더 이상의 충돌 없이 사건은 무마되었다. 이 사건은 고구려의 정치적 군사적 영향력 아래에 있던 신라가 고구려로부터 자립하려는 의지를 잘 보여준 사건이었다. 따라서 이미 고구려와 신라의 관계는 악화되었으며, 신라의 자립을 위한 노력 이후에도 계속되었기 때문에 이후 양국의 충돌이 빈번해지기 시작하였다.

신라에 대한 고구려의 본격적인 공세는 468년 2월에 이루어졌다. 말갈 군사 1만명을 동원하여 신라의 실직주성悉直州城을 공격하여 빼앗았다. 그러자 이해 9월에 신라는 하슬라의 주민을 동원하여 니하에 성을 쌓아 고구려의 침입에 대비하였다. 여기서 당시 고구려와 신라가 충돌하였던 지명인 실직성·하슬라·니하의 위치가 문제가 된다. 즉 실직성은 지금의 삼척 지역에 비정되고, 하슬라는 그보다 북쪽에 위치한 강릉에 비정되는데, 이 두 지역의 위치로 보아 468년에 일어난 두 사건을 합리적으로 이해하기 어렵기 때문이다. 따라서 기왕의 연구에서는 이 기사의 신빙성이나, 당시 고구려의 공격로에 대해 논란이 있었다.[107]

그런데 이 468년의 두 기사에 대해서는 그 원전 자료 계통을 추적해 볼 필요가 있다. 즉 고구려와 말갈이 신라의 실직성을 빼앗은 기사는 「고구려본기」와 「신라본기」에 모두 기록되어 있는데, 기사 내용으로 보아 봄 2월이라는 시기와 말갈 1만명이라

---

106 이하 본문에서 『삼국사기』 본기의 기사는 별도로 전거를 제시하지 않고 〈표 3-2〉를 중심으로 기술한다.

107 실직을 강릉 북쪽의 양양으로 비정하거나, 하슬라를 삼척 이남의 울진으로 비정하기도 한다. 그러나 5세기 전반에 고구려가 남한강 상류지역을 차지하고 단양-영월-정선을 거쳐 태백산맥을 넘어 동해안의 삼척으로 진출하는 진격로를 상정하면, 당시 하슬라(강릉)가 신라의 영역으로 상정될 수 있다는 견해도 있다(이강래, 「삼국사기에 보이는 말갈의 군사활동」『영토문제연구』1, 1985 참조).

는 구체적인 정보가 담긴 「고구려본기」 기사가 원전 기사가 될 것이다. 따라서 이 기사는 고구려측 자료에 의거한 것으로 봄이 마땅하다. 다음 「신라본기」에서 위 기사에 이어 기록된 하슬라인을 동원하여 니하泥河에 성을 축조한 기사는 「신라본기」에만 기록되어 있기 때문에 신라측 전승 자료에 의거한 기사임이 분명하다.

따라서 이 두 기사는 비록 468년에 연속되어 있는 기사이지만, 그 원전 자료 계통이 다르기 때문에 두 사건을 분리하여 살피는 것이 옳을 것이다. 즉 서로 원전을 달리하는 이 기사 사이의 상호 연관성을 그리 염두에 둘 필요는 없으리라 본다. 다만 이 시기에 고구려와 신라의 주된 충돌 지점이 동해안 일대에서는 실직(삼척)과 하슬라(강릉) 지역이었음은 분명하게 알 수 있다. 그리고 이 당시 신라가 성을 축조한 니하의 위치는 불분명한데, 당시의 정황으로 보아 삼척과 강릉 일대에서 그리 벗어나지 않을 것이다. 특히 니하는 481년, 496년에도 고구려와 신라의 군대가 충돌하는 접전지역으로 나타나고 있기 때문에, 5세기 후반 동안 내내 이 일대가 고구려와 신라의 영역이 서로 교차되는 곳임을 알 수 있다.

468년에 실직성을 빼앗은 고구려는 480년에 당시 고구려에 부용되어 있던 말갈 즉 예족濊族을 동원하여 신라의 북쪽 경계를 침입하였으며, 이듬해인 481년에는 다시 말갈병과 함께 신라에 대한 본격적인 공세를 가하였다. 그 결과 호명성狐鳴城 등 7성을 빼앗고 또 미질부(현재의 흥해)까지 진출하였으나,[108] 백제·가야의 지원을 얻은 신라의 반격으로 다시 니하 선으로 후퇴하고 말았다.

그런데 「신라본기」에 의하면 481년 봄 2월에 신라 소지왕이 비열성比列城에 거둥하여 군사들을 위로하고 솜을 넣어 만든 군복을 내려주었다는 기사가 나온다. 비열성은 통상 함경남도 안변 일대로 비정된다. 「광개토왕릉비」에 비리성碑利城으로 나오는 이 지역은 아마도 고구려가 동예세력을 통제하고 동해안 교통로를 따라 신라지역으로 남하하는 배후 기지의 역할을 하였을 것이다. 그런데 당시 삼척·강릉 일대에서 공

---

108 狐鳴城의 위치는 '也尸忽' 즉 '여우-성'으로 불리운 영덕으로 비정하는 견해가 있다(손영종, 「중원고구려비에 대하여」『력사과학』, 1985-2, 34쪽). 彌秩夫의 위치는 경북 포항시 흥해지역으로 비정하기도 한다(이병도, 『국역 삼국사기』, 1977, 47쪽). 특히 미질부에서 일어난 전선이 니하로 이어지는 것을 보면 동해안 일대로 보는 것은 타당하다.

방전이 이루어지고 있는 상황에서 신라왕이 비열성으로 순행한다는 것은 있을 수 없는 일이다. 아마도 소지왕이 비열성에 순수 행차를 하였다는 이 기사는 아마 후대 진흥왕 이후의 기사가 어떤 연유로 소지왕 본기에 삽입된 것으로 추정하는 것이 합리적이다.[109]

그런데 소지왕대에는 신라의 대북방 영역에 있어서 새로운 움직임이 나타나기 시작한 점 역시 눈여겨 볼 일이다.[110] 즉 483년에 소지왕은 일선一善 지역(경북 선산)에 순행을 하였고, 486년에는 장군 실죽實竹을 보내어 일선군의 장정을 동원하여 삼년산성(충북 보은)과 굴산성을 개축하였다. 그리고 488년에 다시 일선군에 거둥하였다. 이러한 소지왕의 움직임은 당시 신라가 일선 지역을 고구려에 대한 군사 작전을 수행하기 위한 전진기지로 만들려는 노력으로 추정된다. 더욱 500년에 소지왕은 나기군捺已郡(영주)에 거둥하여 재지 세력인 파로波路의 딸 벽화碧花와 결혼하는데, 이는 영주 지역을 신라의 세력권 안으로 편입한 결과로 보인다. 이렇게 소지왕은 고구려에 대해 적극적인 대응책을 취하면서 내륙 지역에서 신라의 북쪽 영역을 북진시키고 있었던 것으로 짐작된다.

그리고 〈표 3-2〉를 통해 이 무렵 고구려와 신라의 동향을 좀 더 살펴보면 다음과 같다. 484년에 고구려가 신라를 침공하자 신라군은 백제와 연합하여 모산성母山城에서 이를 격파하였으며, 485년에는 신라가 구벌성仇伐城을 쌓았고, 489년 9월에는 고구려가 신라 북쪽 변경인 과현戈峴에 이르렀고, 겨울 10월에 신라의 호산성狐山城을 함락하였다. 494년에는 신라 장군 실죽實竹 등이 고구려와 살수薩水의 들판에서 싸우다가 이기지 못하고 견아성犬牙城을 지키면서 백제군의 구원으로 고구려군을 물리쳤다. 496년 7월에 고구려가 신라 우산성牛山城을 공격해 오자 신라 장군 실죽이 이를 니하에서 물리쳤으나, 497년 8월에 고구려가 다시 우산성을 공격하여 함락시켰다. 550년에는 백제와 고구려가 서로 충돌하는 틈을 이용하여 신라가 양국의 도살성道薩

---

109 이와 유사한 예로서는 438년 눌지마립간 때에 牛頭郡(춘천) 관련 기사를 들 수 있다. 이 당시에도 춘천지역은 고구려의 영역이었기 때문에 이 기사 역시 후대 진흥왕 이후의 사실을 반영하는 기사일 것이다.

110 이하는 『삼국사기』 권3, 신라본기3, 소지왕조에 의함.

城과 금현성金峴城을 빼앗았다.

이 과정에서 고구려와 신라군이 충돌한 모산성·과현·호산성·살수·견아성 등의 위치를 알기는 어렵지만,[111] 앞서 살펴본 바와 같이 당시 일선 지역에 대한 신라의 통제력이나, 이 지역에서 활동한 신라 장군 실죽의 존재로 보아 이들 성의 위치도 대략 소백산맥 이남의 경북 지역 즉 상주-문경-예천-영주 일대가 아닐까 짐작된다. 즉 내륙의 종단 교통로와 연관되는 지역으로 볼 수 있다. 이 중 고구려의 공세에 대해 신라와 백제가 군사 동맹관계에서 서로 군사를 보내어 고구려에 공동으로 대항하는 정황에 대해서는 아래에서 다시 언급하도록 하겠다.

그런데 우산성의 공방전에서는 실죽이 등장하지만, 이어지는 전선은 니하 일대였다. 니하는 앞서 동해안의 삼척·강릉 일대로 그 위치가 비정되었다. 따라서 496년 기사의 니하는 동해안 일대의 니하와는 또다른 지명이거나, 아니면 일선 지역 일대에서 활약한 실죽이 동해안 일대로 옮겨 활동한 것으로도 볼 수 있다. 다만 당시의 전반적인 정황이 내륙 일대에서 접전이 이루어졌음을 고려하면, 496년조의 우산성과 니하의 위치도 소백산맥 이남의 충북에서 경북 일대에서 찾아야하지 않을까 싶다. 540년에는 백제가 고구려의 우산성을 공격하는 기사가 나오는데, 양자가 동일한 지역이라는 증거는 없지만, 삼국간의 요충지로서 우산성의 존재를 인정할 수 있다면, 그 위치는 자연스럽게 충북·경북 일대가 될 것이다.

이렇게 480년 이후 고구려와 신라의 주된 충돌 지역은 그 이전의 동해안 일대가 아니라, 중부 내륙 지역으로 집중되고 있다. 즉 동해안 지역에서는 505년에 신라가 실직주(삼척)를 설치하여 군주를 파견하고, 512년에는 하슬라주(강릉)을 설치하고 있는데, 이는 동해안 경로 지역에서 신라의 북쪽 경계가 상당히 안정되었음을 뜻한다. 따라서 5세기 말부터 양국 간에 내륙 지역에 새로운 전선이 구축되었던 까닭은, 동해안 일대에서 고구려의 남하를 저지한 신라가 새로이 내륙 경로에 대한 고구려의 통제력을 약화시키면서 오히려 고구려에 대한 적극적인 반격의 자세를 취한 결과로 볼 수 있다.

---

111 母山城은 진천 지역으로 비정되기도 하고(민덕식, 「진천대모산성의 분석적 연구」 『한국사연구』 29, 1980), 薩水는 충북 淸川 일대로 비정되기도 한다.

그런데 이후에 고구려의 신라에 대한 공격은 거의 찾아볼 수 없는 반면에 신라는 고구려에 대한 본격적인 공세를 준비하고 있었다. 신라가 북진을 꾀하게 되는 첫 걸음은 524년(법흥왕 11)에 사벌주(상주)를 설치하면서부터이다.[112] 이후 죽령과 조령을 넘어 중원 지역을 차지하였다.[113] 그리고 이를 기반으로 551년에는 백제와 손을 잡고 고구려를 공략하여 한강 유역을 차지할 수 있게 되었던 것이다.

다음 이 시기 고구려와 백제의 충돌에 대해 검토하자. 475년 한성 함락으로 인해 백제가 웅진으로 천도한 이후에도 고구려와 백제의 충돌은 계속되었다. 한성 함락 이후의 고구려와 백제의 충돌 과정을 앞의 〈표 3-2〉를 중심으로 살펴보자.

위 〈표 3-2〉를 보면 웅진으로 천도한 뒤 어느 정도 백제의 정치권이 안정된 모습이 보이는 동성왕대부터 백제와 고구려의 전투가 다시 시작되고 있다. 특히 동성왕 초년인 481년(동성왕 3)과 484년의 전투는 고구려가 신라를 공격하는 과정에서 백제가 신라에 구원군을 보내는 형태로 이루어졌다. 이는 한성 함락 이전에 이미 455년과 475년에 고구려가 백제를 공격할 때 신라가 구원군을 보낸 바 있기 때문에 이에 대한 보답의 성격을 지닌 것으로 파악된다. 그 이전에 구축된 백제와 신라의 군사동맹이 웅진 천도 이후에도 여전히 작동하고 있음을 보여주는 예이다. 오히려 이 시기에는 아직 군사적으로 고구려를 혼자서 상대할 만한 전력을 회복하지 못한 백제가 신라와의 군사동맹에 적극적이었던 것으로 보인다. 485년에 백제가 신라에 사신을 보낸 것은 그러한 외교 전략의 일환이었다고 추정된다. 그 결과 494년에 고구려와 신라가 살수에서 전투를 벌일 때에 백제가 구원병 3천명을 보냈으며, 반대로 고구려가 백제 치양성을 공격할 때에는 신라가 구원군을 보내 양국이 승리를 거두었다. 적어도 481년부터 494년까지 4차례의 전투에서 백제와 신라의 군사동맹은 매우 효과적인 성과를 거두었음을 알 수 있다.

그러면 양국의 군사동맹이 성공을 거두었던 전투의 무대를 살펴보자. 481년의 전

---

112 『삼국사기』권4, 신라본기4, 법흥왕 12년. 사벌주(상주)는 조령을 넘어 청주와 통하고 화령을 넘어 보은 충주로 통하는 교통의 중심지이다.
113 「적성비」에 의하면, 신라가 중원 지역을 차지한 시기는 진흥왕 6년 이전으로 추정된다(邊太燮, 「丹陽眞興王拓境碑의 建立年代와 性格」『史學志』12, 1978, 32쪽).

투는 호명성등 7성과 미질부지역이었고, 484년에는 모산성, 494년은 살수와 견아성, 495년은 치양성 등이 주요 무대였다. 이들 지명에서 구체적으로 위치 비정이 가능한 곳은 미질부 즉 흥해, 살수 즉 청주 일대, 그리고 황해도 신계 일대로 비정되는 치양성 등 3곳이다. 그 중 495년 기사의 치양성 위치는 논란이 많으므로 일단 미루어두고 보면, 나머지 2곳 중 한곳은 동해안의 흥해 지역이고, 다른 한곳은 내륙의 청주 지역으로 그 위치가 전혀 다르다는 점이 유의된다.

그런데 481년 기사는 다시 살펴볼 필요가 있다. 기왕에는 미질부를 기준으로 호명성 등 7성의 위치도 동해안 일대로 비정하였다. 하지만 현실적으로 이 지역으로 백제군이 출동한다는 것은 거의 불가능하다고 보아도 좋을 것이다.[114] 왜냐하면 백제군이나 가야군이 신라 경내를 통과하여 동해안 일대까지 행군해야 하는데, 아무리 신라의 입장이 다급하다고 하더라도 외국의 군대가 경내를 지나간다는 것은 그리 쉽게 받아들이기 어려운 상황이라고 할 수 있다. 따라서 이 기사에서 고구려의 군사행동은 호명성 등 7성을 공격하는 길 및 미질부를 공격하는 길 등 두 갈래로 나누어 이해하는 것이 합리적이다. 이 때 호명성 등 7성의 위치는 고구려의 전통적인 남하 루트를 고려하면 소백산맥일대 즉 충주나 청주 부근으로 보는 것이 옳을 것이다. 494년의 살수 (청주) 전투도 이와 관련하여 이해된다. 이렇게 내륙 종단루트와 동해안 루트 등 2개의 공격로를 상정하면, 481년 기사에서 신라와 백제·가야의 구원군이 여러 길로 나누어 전투를 벌였다고 기록하고 있는 상황이 이해된다. 아마도 백제와 가야의 구원군은 쉽게 군대를 보낼 수 있는 호명성 일대에서 고구려군을 막았을 것이다.

484년에 전투가 벌어진 모산성의 위치도 충청북도 일대에서 그리 벗어나지 않을 것이다. 백제 한성이 함락된 이듬해인 476년(자비마립간 13)에 신라가 고구려의 남하에 대한 위기의식에서 삼년산성을 축조한 것도 이 지역이 고구려의 중요 남하 루트의

---

114 이러한 고구려의 공격 경로는 백제와 신라의 군사동맹을 의식한 고구려가 의도적으로 백제의 구원이 어려운 동해안 일대를 선택하였다는 견해도 있다(김현숙, 「웅진시기 백제와 고구려의 관계」 『고대 동아세아와 백제』, 2003, 148쪽). 그리고 김현숙은 당시 고구려가 동해안 루트를 통해 신라를 공격한 목적 중의 하나가 영덕에서 임하, 예안, 봉화로 이어지는 교통로를 회복하기 위한 목적이 있다고 보았다(김현숙, 「4~6세기 소백산맥 이동지역의 영역 방향」 『한국고대사연구』, 26, 2002, 103쪽).

삼년산성 문지(충북 보은)
470년(자비마립간 13)에 축조되었으며, 486년 3천 명을 동원해 대규모로 수리했다.
우리나라 대표적인 석축산성으로 4개의 문지와 다수의 건물터가 남아 있다.

하나이기 때문일 것이다. 즉 충주·청주 일대는 고구려가 한강유역을 차지한 이후 삼
국간의 중요 쟁패지로 떠오르게 되었으며, 자연 이 지역에 대한 고구려와 백제·신라
간의 공방이 치열해지지 않을 수 없게 되었다.

한편, 한성을 함락시킨 이후 495년까지 거의 20여 년간 고구려가 백제를 공격하지
않은 상황에는 의문이 적지 않다. 웅진 천도 이후 미처 정신을 가다듬기 이전에 고구
려가 백제를 공격하였다면 상당한 전쟁의 성과를 거둘 수 있었으리라고 짐작되는데,
현 자료에는 그러한 측면이 거의 드러나지 않는다. 왜 고구려는 불안한 정세의 백제
를 놓아두고 오히려 신라에 대한 공격에 집중하고 있었던 것일까?

이와 관련해서는 고구려의 남진 공세에 대해 백제와 신라의 공수동맹을 보여주는
『삼국사기』 백제본기와 신라본기의 관련 기사의 대부분이 신라측 자료를 전거로 하

는 기사라는 점에 유의할 필요가 있다.[115] 즉 『삼국사기』에서 나제동맹의 실상을 보여주는 자료가 대부분 신라측 자료라는 점은 이 자료만을 가지고 당시 고구려 군사행동의 전모를 설명할 수 없다는 점을 먼저 전제할 필요가 있다. 사실상 『삼국사기』 본기에서 고구려의 대외관계를 보여주는 독자 전승 자료가 매우 소략하다는 점은 이미 밝혀진 바이지만,[116] 고구려와 백제사이의 대외관계 기사도 백제 계통의 자료가 일부 전해지고 있을 뿐 그 자체도 매우 취약하고 한정된 자료라는 점을 환기할 필요가 있다.

다시 말해서 동성왕대 백제와 고구려의 관계를 보여주는 기사는 대부분이 신라측 자료인데, 그동안 이 점을 소홀히 하였기 때문에, 웅진시기 백제와 고구려와의 관계상에 대해, 동성왕대와 무령왕대를 시기 구분하여 그 성격을 다르게 보는 등의 결론을 내리게 된 것이다.[117] 즉 『삼국사기』 백제본기에 나타난 동성왕대 및 무령왕·성왕대의 대외관계 기사는 내용상 일정한 차이가 있지만, 이들 자료의 성격이 균질적이지 않다는 점도 고려할 필요가 있다.

그리고 백제와 신라의 공수동맹이 동성왕 말년에 흔들리기 시작했다는 견해도 재검토가 필요하다. 고구려는 496년과 497년에 계속 신라의 우산성을 공격하여 탈취하였는데, 이때 백제는 구원군을 파견하지 않았다. 이를 공수동맹의 균열이 일어난 것으로 보기도 하지만,[118] 우산성의 위치가 백제구원군이 파견되기 어려운 지역이라면 이를 근거로 공수동맹의 균열을 설명하기는 곤란하다.

또한 동성왕 23년 7월에 탄현炭峴에 책柵을 설치하였는데,[119] 이 기사를 백제와 신

---

115 『삼국사기』의 본기에는 삼국간 공유기사가 적잖게 찾아지는데, 이 공유 기사의 대부분이 각국 본기에 맞게 그 주어만 치환되었을 뿐 그 문장이나 내용에서 중복된 부분이 많다. 이는 공유 기사가 어느 한 저본 자료를 기초로 작성되어 다른 본기에 일방적으로 보입되었거나, 혹은 각각의 전승 자료가 있으면 그 전승 자료를 취합하여 동일 기사를 작성한 후 각각의 전승자료의 일부를 보완한 기술로 짐작된다. 따라서 공유기사의 본래 전거 자료가 어느 계통의 자료인지를 파악하는 것은 사료의 내용을 해석할 때 우선 고려되어야할 측면이다. 어쨌든 그 원전 자료의 계통성을 파악해야지 그 사료가 보여주고자 하는 역사적 사건의 성격을 보다 분명하게 이해할 수 있을 것이다.

116 임기환, 「고구려본기 전거자료의 계통과 성격」 『한국고대사연구』 42, 2006.

117 김현숙, 앞의 논문, 2003, 144쪽.

118 양기석은 나제동맹이 지증왕대에는 중지 상태였음을 지적하였고, 박진숙은 공수동맹이 정지된 496년에 백제와 신라의 동맹관계에 균열이 일어난 것으로 보았다.

119 『삼국사기』 권26, 백제본기4, 동성왕 23년 7월, "炭峴에 柵을 설치하여 신라에 대비하였다."

라의 동맹관계에 변화가 나타난 조짐으로 해석하기도 한다.[120] 그런데 탄현의 위치를 확정하기는 곤란하지만, 660년에 삼년산성 일대에서 출발한 신라군이 사비성을 공격할 때 통과한 요충지가 탄현임을 고려하면, 탄현은 청주 일대에서 웅진·사비로 이어지는 교통로에 위치함은 분명하다. 따라서 위에서 살펴본 바와 같이 동성왕대 당시 고구려의 공세가 지금의 청주와 충주 일대에 집중되었음을 고려하면, 백제로서는 의당 이 일대에 중요 방어망을 구축할 수 밖에 없었을 것이다.

2) 고구려와 백제의 전쟁

백제본기에 의하면 고구려와 백제의 충돌은 495년에 재개되며, 무령왕대에 들어서면서부터 본격적인 충돌이 전개된다.[121] 〈표 3-2〉에 의해 양국의 충돌 과정을 살펴보자. 501년 11월에 백제는 달솔達率 우영優永을 보내 군사 5천 명을 거느리고 고구려의 수곡성을 습격하였으며, 이듬해인 502년에도 11월에 고구려의 변경을 공격하였다. 506년에는 반대로 고구려가 11월에 백제를 공격하였으나 큰 눈이 내려 실패하였고, 507년 10월에는 고구려 장수 고노高老가 말갈과 더불어 한성을 공격하려고 횡악橫岳 아래에 진군하여 주둔하였고, 이에 백제가 군사를 보내어 이를 격퇴하였다. 512년에는 고구려가 백제의 가불성加弗城을 습격하여 빼앗고, 다시 백제의 원산성圓山城을 공격하였다. 이에 백제는 무령왕이 기병 3천 명을 거느리고 위천葦川의 북쪽에서 고구려군을 격파하였다.

523년 8월에는 고구려군이 패수에 이르니, 백제 장군 지충志忠이 보병과 기병 1만 명을 거느리고 이를 물리쳤다. 529년 10월에는 고구려 안장왕이 백제의 혈성穴城을 함락시켰는데, 이 때 백제는 좌평 연모燕謨가 보기步騎 3만 명을 거느리고 오곡五谷의 벌판에서 고구려군과 격전을 벌였으나 패퇴하였다. 540년 9월에는 백제 장군 연회燕

---

120 정운용은 나제동맹에 변화가 일어난 구체적인 시점이 백제가 신라의 침공에 대비하여 탄현에 책을 설치한 501년이라고 보았디(鄭雲龍, 『5·6世紀 新羅 對外關係史 研究』, 高麗人 博士學位論文, 1996, 105쪽).

121 이하의 서술은 임기환, 「웅진시기 백제와 고구려 대외관계 기사의 재검토」『백제문화』 37, 공주대학교 백제문화연구소, 2007의 내용을 주로 참조하여 정리하였다.

會가 고구려의 우산성牛山城을 공격하다가 고구려 5천명 기병의 공격을 받아 실패하였다. 548년에는 고구려가 예濊의 군사 6천 명으로 백제의 독산성獨山城을 공격하였는데, 신라 장군 주진朱珍이 군사 3천명을 거느리고 백제를 구원하여 패배하였다.

550년 정월에는 백제 장군 달기達己가 군사 1만 명을 거느리고 고구려 도살성道薩城을 공격하여 함락시켰고, 다시 3월에는 고구려가 백제 금현성金峴城을 포위 함락시켰다. 이 때 신라는 고구려와 백제 두 나라의 군사가 피로한 틈을 타 이사부가 도살성과 금현성 두 성을 모두 빼앗았다.

이러한 고구려와 백제 사이에 벌어진 일련의 충돌 과정을 볼 때, 특히 양국의 충돌 지점에서 몇가지 경향성을 찾아볼 수 있다. 먼저 한강과 예성강 일대에서 전투가 벌어지고 있다. 495년의 치양성 전투는 물론이고, 501년에도 백제가 고구려의 수곡성을 공격하였다. 507년에는 고구려가 말갈과 더불어 백제 한성을 공격하려고 횡악에 진군하였고, 523년에는 패수浿水에서, 529년에는 황해도 오곡五谷(황해도 서흥 일대)에서 대규모 전투가 벌어졌다.

다음은 충북 일대의 내륙 지역에서 다수의 전투가 벌어지고 있다. 512년에는 백제 가불성·원산성 일대, 540년에는 고구려 우산성, 백제 독산성, 550년에는 도살성·금현성 일대에서 전투가 벌어졌는데, 이들의 위치는 정확히 알기 어렵다. 다만 원산성은 온조왕대에 마한과 관련하여 등장하는 지명인데 동일 여부는 알 수 없지만 같은 곳이라면 대략 충남 일대가 될 것이다. 도살성·금현성은 대략 충북 진천·괴산 일대로 추정된다.

독산성은 백제본기에 한북漢北에 있었던 것으로 기록되어 있으나 당시의 정황으로 보아 그대로 받아들이기 어렵다. 왜냐하면 2년 뒤인 550년에 충북 일대에서 고구려와 백제·신라의 공방이 이어지는 상황을 고려하면, 이 지역에 대한 장악없이 신라군이 과연 한강하류 지역으로 군사를 파견할 수 있을지 의문이 들기 때문이다. 따라서 독산성 역시 백제와 신라의 동맹군이 서로 도와 전투가 가능한 충북 일대로 보는 것이 타당할 것이다.

즉 이시기 백제와 고구려의 전투가 벌어진 무대는 크게 두 지역으로 나누어지는데, 한강~예성강 유역 일대 및 충북 일대이다. 그리고 시기적으로 나누어 보면 그 위치를 알 수 없는 512년의 가불성·원산성 전투를 제외한다면, 495년~529년 사이의 전투는 한강~예성강 유역에서, 540년~550년의 전투는 충북일대에서 벌어진 것으로 크게 두 시기로 나누어진다.

문제는 4세기 중반에 고구려와 백제의 치열한 공방전이 계속된 치양성·수곡성·패수 일대가 다시 전투의 무대로 등장하고 있다는 점이다. 이는 「백제본기」의 관련 기사의 사실성에 의문을 갖게 한다.

먼저 이 시기 고구려와 백제의 관계를 보여주는 기사는 거의 대부분이 백제측 전승자료에 의해 기술되었다는 점이 유의된다. 이와 관련해서는 이 시기에 말갈이 백제를 공격하는 기사가 다시 나타나고 있다는 점도 유의할 필요가 있다. 즉 482년, 503년, 506년, 507년에 말갈이 등장하여 한산성漢山城·마수책馬首柵·고목성高木城 등지에서 백제와 전투를 벌이고 있다. 이들 지명은 온조왕~다루왕대 및 초고왕~고이왕대의 말갈 관계 기사에 등장하는 지명과 동일하다. 그러나 당시의 정황으로 보아 동성왕과 무령왕대에는 초기의 말갈 침입과 유사한 상황이 재현될 가능성은 없다. 따라서 위 기사는 초고왕~고이왕대의 말갈 관계 기사와 연관하여 이해함이 합리적이다.[122]

이와 같은 말갈 관련 기사의 맥락을 고려하면, 현재 논란이 되고 있는 동성왕·무령왕대에 고구려와 백제가 한강~예성강 유역 일대에서 전투를 벌이고 있는 백제본기의 기사의 경우에도 사료의 신빙성 문제를 먼저 검토해야할 것이다.

동성왕~성왕 대까지 백제의 한강유역 영유 문제에 대해서는 앞서 언급한 바와 같은 전투 기사 이외에도 웅진 천도 이후에도 백제가 한강 유역을 경영하고 있는 정황을 보여주는 기사가 백제본기에 적지 않게 등장하고 있다.

즉 476년 2월에 백제는 대두산성大豆山城을 수리하고 한북漢北의 민호民戶들을 이주시켰으며, 483년에는 동성왕이 사냥을 나가 한산성에 이르러 군사와 백성을 위문하고 10일만에 돌아왔다. 또 486년에는 우두성(춘천)을 쌓았으며, 490년 7월에는 북부北部 사람

---

122 필자는 백제와 말갈의 충돌은 초고왕~고이왕대인 3세기 초반부터 본격화된 것으로 본다. 따라서 동성왕 이후에 보이는 백제와 말갈의 충돌 기사 역시 초고왕~고이왕대의 사실을 반영하는 것으로 해석함이 타당하다(임기환, 「고대의 강원도와 삼국의 역관계」 『강원도와 고구려』(강원발전연구원), 2006 참조).

을 징발하여 사현성沙峴城과 이산성耳山城 두 성을 쌓았다. 523년 2월에 무령왕이 한성으로 행차하여 한북 주군의 백성을 징발하여 쌍현성雙峴城을 쌓게 하였다.

위 기사와 같이 동성왕·무령왕대에도 한성·한산성에 순행을 하거나 백성을 동원하여 한강 유역에서 성곽의 축조가 이루어지고 있다. 이는 앞서 살펴본 바와 같이 한강유역 혹은 그 이북 지역에서 백제와 고구려의 전투가 벌어지고 있는 정황과 맞물려 있다. 개로왕대 고구려에 의해 한성이 함락되어 웅진으로 천도한 이후에도 백제가 한성 지역을 재차 경영하고 있는 듯한 사정을 전해주는 일련의 기사를 어떻게 해석해야 할까?

이에 대해서는 지명 이동의 결과로 보기도 하고,[123] 신빙성이 없거나 과장된 조작으로 보기도 하는 등[124] 부정적인 입장이 그동안의 시각이었다. 그러나 근자에 들어 이 기록들을 긍정적으로 수용하여 동성왕·무령왕대에 백제가 한강유역을 회복하고 북방 영역을 운영한 결과로 보는 견해가 늘어나고 있다.[125]

그러나 위 백제본기의 기사들은 기본적으로 백제인의 영역 인식을 담고 있는 기사라는 점에 유의할 필요가 있다. 이 당시에 치양성·수곡성·패수 등지에서 고구려와 백제가 전투를 벌였다는 백제본기의 기사는 사실 대로 받아들이기 어렵다.

예를 들어 고구려본기 기사에서는 485년 7월에 문자왕이 남해南海를 순수한 기사가 있다. 여기의 남해가 어디인지는 확정하기 곤란하지만 대략 황해도 남쪽 즉 지금의 경기만 일대가 아닐까 짐작된다. 그런데 바로 한 달 뒤에 고구려가 백제의 치양성 (황해도 신계)을 공격한다는 것은 납득하기 어렵다. 물론 문자왕의 남해 순행을 이 시기에 이 지역 일대를 둘러싼 백제와 고구려의 공방전을 보여주는 기사로 해석할 수도 있겠지만, 반대로 치양성이 백제 세력권 내에 있는 상황에서 이 지역에 대한 문자왕

---

123 이기백, 「熊津時代 百濟의 貴族勢力」 『백제연구』(특집호), 1982.

124 이도학, 「漢城末 熊津時代 百濟王系의 검토」 『한국사연구』45, 1984.

125 양기석, 「웅진시대 백제 지배층연구」 『사학지』, 14, 1980 ; 박찬규, 「백제 웅진초기 북경문제」 『사학지』 24, 1991 ; 金榮官, 「百濟의 熊津遷都 背景과 漢城經營」 『충북사학』 11·12合, 2000 ; 沈光注, 「南韓地域의 高句麗 遺蹟」 『고구려연구』 12輯, 2001 ; 김병남, 「백제 웅진시대의 북방 영역」 『백산학보』 64, 2002. 특히 김영관은 성왕 7년(529) 10월 오곡지원에서의 패배로 인해 백제가 한강유역을 상실했으며, 이때부터 551년까지 22년 동안만 고구려가 이 지역을 차지하고 있었던 것으로 보았으며, 심광주, 김병남도 이에 동의하였다.

의 순행이 있다고 보기도 어렵다. 더욱 여러 기사에서 당시 충북 일대가 고구려의 영향권 아래 있는 상황에서 신라가 예성강 지역까지 구원군을 보낸다는 것은 당시의 정세로 볼 때 합리적으로 이해하기 힘들다.

그 외에 빈번하게 등장하는 한성 관련 기사도 이와 크게 다르지 않다고 판단된다. 우선 『삼국사기』 신라본기 진흥왕조 기사나 『일본서기』 권19 흠명기 12년·13년조 기사에 보이듯이,[126] 551년에 백제가 한강 하류지역을 회복한 것은 거의 틀림없는 사실이다. 그래서 백제가 무령왕대에 한강유역을 회복하였다고 보는 견해 중에도 529년(성왕 7)년의 오곡五谷 전투에서 패전하여 다시 한강유역을 상실한 것으로 추정하기도 하고, 혹은 한강 이북 임진강에서 예성강 일대의 지역을 회복한 것으로 재해석하기도 한다.

그러나 앞에서도 언급한 바와 같이 백제본기가 갖고 있는 사료적 성격을 고려하면, 위의 단편적인 기사에 의거하여 한강유역 영유 문제를 사실로 받아들여서는 곤란할 것이다. 우선 앞서 검토한 바와 같이 말갈과의 충돌 기사는 앞 시기의 기사가 후대에 잘못 삽입된 것으로 봄이 합리적이라고 한다면, 마찬가지로 5세기 후반 이후에 한강~예성강 일대에서 고구려와 백제가 전투를 벌였다는 기사나 백제왕이 한성 일대를 순행하였다는 기사의 경우에도 한성 시기의 기사가 웅진 천도 이후에 분산 기술되었을 가능성도 배제할 수 없다. 특히 아신왕대에는 한산성·쌍현성 같은 지명이 동일하게 나타나고 있다. 횡악이란 지명은 기루왕·다루왕대 및 진사왕과 개로왕대에 보인다. 이러한 지명의 연관성으로 볼 때 동성왕·무령왕대의 한강유역 일대의 전쟁 및 한성 영유 기사는 아마도 진사왕~개로왕대의 사실을 전하는 기사였을 가능성이 높다고 판단한다.

---

126 "백제 聖明王이 몸소 군사 및 두 나라 병사를 거느리고[두 나라는 신라, 임나를 말한다] 고려를 정벌하여 漢城의 땅을 차지하였다. 또 진군하여 平壤을 토벌하였는데, 무릇 옛 땅 6郡을 회복하였다(『일본서기』 권19, 欽明紀 12년). 이 해에 백제는 漢城과 平壤을 포기하였다. 신라가 이로 인해 漢城에 居하였으니, 현재 신라의 牛頭方, 尼彌方이다."

제3절

백제와 신라의 한강유역 쟁탈전

1. 고구려의 내분과 대내외적 위기상황

고구려는 안장왕대부터 점차 왕권의 약화와 귀족세력 간의 분열 등으로 인한 정국이 불안정한 모습을 보이기 시작하였다. 『일본서기』에 인용된 「백제본기」에 의하면, 고구려 안장왕(519~531)과 안원왕은 정치적 변란에 의해 희생되었다.[127]

안장왕이 살해된 동기는 잘 알 수 없으나, 안원왕은 왕위계승을 둘러싼 정쟁의 와중에서 희생되었다. 안원왕은 세 부인이 있었는데, 정비인 대부인大夫人은 소생이 없었으며, 중부인中夫人과 소부인小夫人에게서 각각 자식을 두었다. 중부인의 아버지는 추군麤群이고 소부인의 아버지는 세군細群이었다. 태자가 없는 상태에서 이 두 외척은 자신의 외손을 왕위에 올리기 위해 기회를 엿보았는데, 재위 15년(545)에 안원왕이 병이 들자, 마침내 후계를 노린 외척 추군과 세군 사이에 군사를 동원하여 3일간에 걸친 치열한 무력 충돌이 벌어졌다. 그 와중에 안원왕은 죽었고, 정쟁은 추군 측의 승리로 끝나 중부인의 소생인 양원왕이 8세의 어린 나이로 즉위하였다.

그런데 『삼국사기』 고구려본기에는 이러한 정쟁의 흔적을 찾아보기 어렵다. 안원왕은 형인 안장왕이 자식이 없어 돌아가자 그 뒤를 이어 즉위한 것으로 기록되어 있다. 특히 안장왕은 동생 안원왕의 도량이 커서 매우 사랑하고 아꼈다고 한다. 그러나

---

127 『일본서기』 권17, 계체천황 25년 ; 『일본서기』 권19, 흠명천황 6년·7년.

『일본서기』에 인용된 「백제본기」에는 안장왕이 시해된 것으로 전한다. 또 『삼국사기』 고구려본기에는 안원왕의 죽음에 대해서도 별다른 기록이 없으며, 오히려 장자인 평성(양원왕)을 재위 3년에 태자로 책봉하였고, 안원왕이 돌아가자 양원왕(545~559)이 정상적으로 즉위한 것으로 되어 있다. 이 기록에 의하면 양원왕은 즉위시에 적어도 나이가 13세 이상이 되기 때문에 8세에 즉위한 것으로 되어 있는 『일본서기』 기사와는 상당한 차이가 있다.

이처럼 『삼국사기』 고구려본기에서는 어떠한 정쟁의 흔적도 드러나지 않는데, 아마도 이는 고구려 후기에 역사서를 편찬하는 과정에서 왕위계승을 둘러싼 분쟁 사실을 의도적으로 탈락시킨 결과로 볼 수 있다. 당시 고구려측의 정세를 예의 주시하고 있던 백제측의 기록에 의거하고 있던 『일본서기』의 기사에 더 신뢰성을 둘 수 있을 것이다.

어쨌든 안장왕 말년과 안원왕 말년에는 귀족세력간에 정쟁이 치열하게 벌어졌다. 특히 안원왕 말년의 왕위계승전에서는 패배한 세군측의 희생자가 2천여명이 넘었다는 것을 보면, 당시 왕위계승전에는 단지 외척만이 아니라 상당수의 중앙귀족이 참가하였던 것으로 짐작된다. 이러한 대규모 정쟁의 발발은 당시 귀족세력 간의 분열과 갈등이 상당히 심각한 정도로 전개되었음을 보여준다.

왕위계승전을 통해서 드러난 귀족세력간의 갈등은 양원왕의 즉위로 일단락된 것이 아니었다. 양원왕 13년(557)에는 환도성의 간주리干朱里가 반란을 꾀하였다가 토벌되었다.[128] 아울러 『삼국사기』 거칠부전居柒夫傳에는 중앙정계에서의 정변의 여파가 지방에까지 심각한 파급을 일으키고 있음을 전하고 있다. 양원왕 7년(신라 진흥왕 12년) 백제와 신라의 연합군이 한강유역을 공격할 때 거칠부가 신라군을 지휘하고 있었는데, 이 때 고구려의 혜량법사惠亮法師가 문도門徒를 이끌고 거칠부를 맞이하면서 "지금 우리나라의 정국이 혼란하여 멸망할 날이 얼마남지 않았다"고 하면서 신라로 망명하였다고 한다.[129] 이러한 혜량법사의 동향으로 볼 때, 한강유역의 상실에는 중앙 정국의 혼란 이외에도 중앙정권에 불만을 품고 있거나 위기의식을 느낀 지방세력의 이

---

128 『삼국사기』 권19, 고구려본기7, 양원왕 13년 10월.
129 『삼국사기』 권44, 열전4, 거칠부.

탈도 하나의 배경이 되고 있음을 짐작할 수 있다.

이와 같은 귀족세력간의 분열·대립이 이어지는 불안정한 정국 속에서는 나제연합군의 공세에 적절히 대처할 능력을 가질 수 없었을 것이다. 따라서 백제·신라 연합군의 한강유역 공격은 고구려의 국내 정세를 잘 파악하여 적절한 기회를 포착한 군사행동이었다고 할 수 있다.

한편, 대외적으로 고구려 서북변에서의 위기도 고조되고 있었다. 5세기 이래 고구려는 중국의 북위와 남조 송, 유목세력인 유연과 더불어 당대 동아시아 국제질서를 움직이는 중심세력이었다.[130] 특히 적대 관계의 중심축인 북위·송·유연의 3국 간에는 역관계의 연동성을 바탕으로 세력균형이 이루어졌다. 이러한 국제정세 속에서 고구려는 이들 3국과 등거리 외교 관계를 맺으면서 평화로운 관계를 유지하였다. 북중국의 국가와는 5세기 초에 후연과의 전쟁을 치른 이후 598년에 수와의 전쟁을 치루기까지 한차례의 전쟁도 없었고, 북방 유목국가와도 6세기 후반에 돌궐과 충돌하기까지 우호적인 관계를 지속하고 있었다.[131] 고구려가 남진에 주력할 수 있었던 것은 당대 국제질서 속에서 고구려의 서변이 안정되었기 때문이었다.

그런데 6세기 이후 동아시아의 국제질서가 서서히 변동하기 시작하였다. 523년 북위가 동위東魏와 서위西魏로 분열되어 북제北齊와 북주北周를 세웠다(550년, 557년). 고구려와 가장 우호적인 관계를 유지하였던 북위의 붕괴로 인해 그 전과는 다른 대외적 상황이 연출될 가능성이 높아졌다. 더욱 북방에서는 552년에 신흥 돌궐이 유연을 격파하고 몽고 고원의 새로운 주인으로 등장하는 세력 교체가 일어났다. 돌궐은 본래 흉노족의 일부로 알타이산 남쪽에서 유목하면서 유연의 지배를 받고 있었는데, 6세기 중엽 이후 점차 강성해지면서 아사나토문阿史那土門이 유연을 대파하고 돌궐국을 건설하였다.

이후로 돌궐국은 끊임없이 세력을 확장하면서 동쪽으로 밀려왔다. 이에 따라 돌궐에 의해 격파된 유연의 남은 무리들이 동진 남하 이동하여 요하 상류지역의 거란족을

---

130 5~6세기 고구려의 대외관계에 관해서는 盧泰敦, 「5~6世紀 東亞細亞의 國際政勢와 高句麗의 對外關係」『東方學志』44, 1984 참조.
131 盧泰敦, 앞의 논문, 1984, 1쪽.

압박하면서 이 일대에 연쇄적인 파동이 일어나게 되었다. 이러한 혼란 속에서 북제의 군사 행동이 계속되었다.

552년 북제는 고막해庫莫奚에 대한 정벌 끝에 문선제文宣帝가 영주營州에 머물며 고구려에 사신을 보내 북위 말기의 혼란기에 고구려로 이주한 유민 5천호를 쇄환해 갔다. 이듬해에도 거란족의 일부가 북제의 북경를 침략하자 북제의 문선제는 거란족에 대한 대규모 친정을 감행하면서 요서의 창려성까지 직접 순행하였다.[132] 이는 내분에 이어 나제 연합군의 공격을 받고 있던 고구려의 내외적 약점을 포착한 무력 시위로 보인다.[133]

요해지역 일대에 깊은 이해관계를 갖고 있던 고구려로서는 이 일대에서 전개된 이러한 북제의 무력시위에 커다란 위협을 느끼고, 정세의 변동에 촉각을 곤두세우지 않을 수 없었다. 더욱 북제의 뒤를 이어 돌궐이 6세기 중엽부터 말엽에 걸쳐 요해 일대에 세력을 뻗쳐 왔다. 북제의 공격으로 타격을 입은 거란은 뒤이어 돌궐세력이 미쳐오자 그 세력이 크게 위축되어 일부는 고구려로 귀부해왔다. 이를 계기로 고구려는 주춤했던 요해 일대의 경영에 적극적으로 나서면서, 580년을 전후한 무렵에는 돌궐의 이계찰利稽察 병단을 격파하는 등 돌궐과 충돌하게 되었다. 돌궐 역시 이시바라가한 대에는 거란에 토둔吐屯이란 지방관을 설치하는 등 이 지역에 대한 세력확대를 늦추지 않으면서 고구려와 치열하게 상쟁하였다.[134]

이와 같이 6세기 중엽을 전후한 시기부터 시작된 서북지역에서의 정세 변동에 따라 고구려는 미처 남변으로 눈을 돌릴 여유를 가질 수 없었던 것이다. 이러한 대륙에서의 정세의 변동이 한강유역 상실의 직접적인 배경은 아닐지라도, 이후 고구려가 한반도 내에서 운신하는 데에 커다란 제약을 준 것은 틀림없다.

이러한 대내외적 배경에서 고구려는 백제와 신라의 연합군에게 한강하류 지역을 잃고 말았다. 이에 대해서는 다음 절에서 서술하고 여기서는 한강유역 상실 이후 고

---

132 『북제서』 권4, 제기4, 文宣帝, 天保 3·4년.
133 盧泰敦, 앞의 논문, 1984, 49쪽.
134 돌궐과 고구려의 관계에 대해서는 盧泰敦, 앞의 논문, 1976 ; 李龍範, 「高句麗의 遼西進出 企圖와 突厥」『史學硏究』 4, 1959 참조.

죽령(한국학중앙연구원)

구려의 정세에 대해 좀더 살펴보도록 하자.

한강유역의 상실과 요해 지역에서의 군사적 긴장감의 고조라는 남북 양쪽에서 조성된 대외적 위기를 맞아, 고구려 지배층은 우선 내부 분쟁을 수습하며 귀족연립체제를 성립시켰다.[135] 그리고 남조 진陳과의 적극적인 연결을 통해 북제에 대한 견제를 꾀하였다. 552년 이후 북제가 망할 때까지 25년 동안 4차례 사신을 보낸 데에 비하여 남조 진에는 5차례나 사신을 파견하였다. 이는 전통적으로 북위와의 외교관계에 치중하였던 동향과 비교하면 큰 변화라고 할 수 있다.[136] 또 돌궐의 동진세도 저지하여 종전의 상태를 큰 변동없이 유지하였다. 한반도 안에서도 나제동맹의 결렬 이후 백제와 신라의 상쟁이 계속되면서 고구려는 비록 한강유역을 잃기는 했지만, 남쪽으로부터의 군사적 위협에서 벗어나 일단 한숨을 돌릴 수 있었다.

---

135 盧泰敦, 앞의 논문, 1984, 50쪽.
136 盧泰敦, 앞의 논문, 54쪽.

이렇게 대내적 정쟁과 대외적 위기를 수습한 고구려는 다시 세력권의 재건을 꾀하였다. 거란·말갈에 대한 지배권을 강화해가며 요해지역으로의 진출을 적극적으로 시도하였으며, 한편으로 한강유역을 탈환하기 위해 신라에 대해 공세를 취하였다.[137]

이러한 움직임은 『삼국사기』 온달전에 잘 나타나 있다. 비록 설화적인 성격이 강하지만 온달은 평원왕대 요동으로 뻗쳐온 북주군을 격파하는데 공을 세웠으며, 영양왕대에는 한강유역을 되찾기 위해 출전하였다가 전사하였다.[138] 이러한 온달의 행적은 당시 고구려 대외정책의 방향을 보여준다. 또 보장왕 3년(644)에 신라 김춘추金春秋가 고구려로 강화를 맺으려 갔을 때에도 "마목령麻木峴(조령)과 죽령은 본래 우리의 땅이니 돌려주지 않으면 돌아갈 수 없다"는 보장왕의 말에서도,[139] 고구려가 한강유역의 회복에 지대한 관심을 갖고 있었음을 짐작할 수 있다. 그러나 중국의 통일세력인 수·당의 등장과 고구려 침공이라는 국제정세의 변동은 고구려의 이러한 의도를 끝내 좌절시켰다.

2. 백제, 신라의 한강유역 쟁탈과 관산성 전투

백제는 고구려에게 빼앗긴 옛 영토 즉 한강유역을 회복하기 위한 노력을 끊임없이 기울였는데, 신라 역시 소백산맥을 넘어 한강유역으로 진출하고자 하는 의지가 적지 않았다. 신라가 한강유역으로 진출을 꾀하게 되는 첫 걸음은 524년(법흥왕 11)에 사벌주를 설치하면서부터이다.[140] 이후 죽령과 조령을 넘어 중원 지역을 차지하였고,[141] 드디어 551년에는 백제와 손을 잡고 고구려를 공략하였다.

---

137 『삼국사기』 권20, 고구려본기8, 영양왕 14·19년.
138 『삼국사기』 권45, 열전5, 온달.
139 『삼국사기』 권41, 열전1, 김유신 상.
140 『삼국사기』 권4, 신라본기4, 법흥왕 12년. 사벌주(상주)는 조령을 넘어 청주와 통하고 화령을 넘어 보은 충주로 통하는 교통의 중심지이다.
141 「적성비」에 의하면, 신라가 중원 지역을 차지한 시기는 진흥왕 6년 이전으로 추정된다(邊太燮, 「丹陽眞興王拓境碑의 建立年代와 性格」『史學志』12, 1978, 32쪽.

551년, 백제의 성왕과 신라의 진흥왕은 손을 잡고 고구려를 공격하기 위한 북진군을 일으켰다. 백제 성왕이 이끄는 백제와 가야의 연합군은 한성을 공파함으로써 한강 하류의 6군을 차지하였고,[142] 거칠부 등 8장군이 이끄는 신라군은 백제군의 승세를 타고 죽령을 넘어 고현高峴까지 진출하여 한강 상류의 10군을 확보하였다.[143] 이때 빼앗은 6군과 10군의 위치는 정확히 알 수 없으나, 6군은 대략 임진강 이남에서 수원·여주 이북지역 정도로 추정되고, 고현이 지금의 강원도 철령에 비정되므로 10군은 대략 충주·제천에서 철원까지의 지역으로 추정된다.[144]

그러면 백제는 이 때 처음 한강유역을 되찾은 것일까? 『삼국사기』 백제본기에는 이와는 다른 사정을 보여주는 기록이 눈에 띈다. 즉 551년 이전에 백제 동성왕이나 무령왕 대에도 한강 유역에서 백제의 활동을 보여주는 기사가 자주 보이고, 또 고구려와의 전투가 한강유역 혹은 예성강 일대에서 벌어지고 있다. 그래서 이 기사의 진위를 둘러싸고 논란이 이어지고 있다. 혹은 백제의 남천에 따라 한강유역의 지명들도 따라 내려왔다는 주장도 있고, 이와는 반대로 백제가 한강유역의 상당부분을 성왕대 이전에 이미 회복하였으리라 보는 견해도 있다. 아직은 양쪽의 의견이 팽팽하여 어느 쪽의 손을 들어주어야 할지 알기 어렵지만, 어쨌든 한강 유역의 회복에 대한 백제인의 집념이 대단하였음은 사실이다.

백제와 신라 연합군의 기습적인 공격에 제대로 저항도 못해보고 한강유역을 빼앗긴 고구려는 이를 다시 탈환하기 위한 적극적인 자세를 취하기 보다는, 단지 양국 연합군의 북진을 현 수준에서 저지하기 위한 미봉책을 세우기에 급급하였다. 그 하나가 신라와 화평관계를 맺은 것이었다.[145]

이러한 수습책은 일단 주효하였다. 고구려로부터의 반격 위협이 사라지자, 그런데 553년에 신라는 동맹을 일방적으로 파기하고 백제가 탈환한 한강 하류지역을 기습 공격하여 이를 차지하고 이곳에 신주新州를 설치하였다. 사실 백제가 어렵게 되찾

---

142 『일본서기』 권19, 欽明天皇 12년.
143 『삼국사기』 권4, 신라본기4, 진흥왕 12년 ; 『삼국사기』 권44, 열전4, 거칠부.
144 李道學, 「新羅의 北進經略에 관한 新考察」 『慶州史學』 7, 1990, 33~35쪽.
145 盧泰敦, 「高句麗 漢江流域 喪失의 原因에 대하여」 『韓國史研究』 13, 1976, 54쪽.

은 한강 하류 지역을 그렇게 쉽게 신라에게 내준 점도 그리 쉽게 이해되지는 않는다. 동맹군인 신라에게 기습 공격을 당했다는 점도 고려될 수 있지만, 『일본서기』 흠명기 13년(552) 5월조 기사에 의하면 백제는 신라와 고구려의 밀약에 대해 어느 정도 정보를 확보하고 있으며, 이에 대처하기 위하여 왜에 군사를 요청하고 있다.[146]

그런데 왜가 여기에 대해 시간을 질질 끌며 군사를 보내지 않는 상황이 이어지고 있었다. 즉 백제는 신라가 동맹군의 위치를 배반하고 고구려와 연결하여 백제를 공격할 의도를 갖고 있음을 간파하고 있었다. 따라서 한강유역에 대한 신라의 공세가 백제의 의도를 벗어난 기습 공격이 아니라는 점을 알 수 있다. 그럼에도 불구하고 한강유역을 쉽사리 내준 데에는 이 지역에 대한 백제의 지배권에 일정한 제약이 있었으리란 추정이 가능하다. 이에 대해서는 현재의 자료로서는 더 이상의 추론이 불가능하다. 따라서 여기서는 백제가 신라의 한강유역 공취에 대해 어떻게 대응하였는지에 대해서, 그리고 백제가 왜와 가야와 연합하여 신라에 대한 공세를 전개한 관산성管山城 전투에 대해서 살펴보도록 하겠다.

신라의 배신으로 오랜 염원이었던 한강 유역을 회복했다가 다시 잃게 된 백제는 상당한 타격을 받았을 것이다. 그러나 백제는 단독으로 신라에 맞서 전쟁을 치를 준비가 되어 있지 않았던 듯하다. 물론 한강하류 지역을 신라에게 빼앗길 때 신라군과 전면적인 군사적인 대결에 패배하였던 흔적은 찾아볼 수 없다. 사료를 보면 오히려 정세가 불리함을 깨달은 백제군이 순순히 한강하류 지역을 내주고 철군하는 상황임을 짐작해 볼 수 있다.[147] 비록 전투에서 패퇴한 것은 아닐지라도, 철군 자체가 군사적인 불리함 때문에 이루어진 것이기 때문에, 이러한 상황에서 백제군이 단독으로 신라군과 군사적으로 맞서싸우기는 곤란하다고 판단하였을 것이다.

신라의 배신에 매우 분노하였을 백제는 오히려 나제동맹을 바로 깨뜨리기보다는 신라와의 유화책을 모색한 듯하다. 이는 553년에 백제 성왕이 왕녀王女를 보내어 진흥왕의 소비小妃로 삼게 하였다 점에서 짐작할 수 있다. 일종의 양국 왕실의 결혼이라

---

146 『일본서기』 권19, 흠명천황 13년(552) 5월 무진 초하루 을해.
147 『일본서기』 권19, 흠명천황 13년, "이해 백제가 한성과 평양을 버렸다. 신라가 이로 말미암아 한성에 들어가 살았다"라는 기사에서 이러한 면모를 엿볼 수 있다.

는 방식으로 양국의 동맹관계를 이어간 것이다. 그러나 이러한 백제의 대신라 정책은 신라와의 동맹 관계를 계속 유지하겠다는 뜻은 아니었다. 신라에 복수를 하기 위한 준비를 갖추려는 시간을 벌려는 전략이라고 이해된다.

한편, 백제는 이와는 별도로 가야와 왜와 동맹을 강화하려는 외교정책을 추진하고 있었다. 즉 가야와 왜의 군사적 지원을 받아 신라에 대한 공격을 꾀하고 있었다. 『일본서기』 흠명기 기사를 보면 553~554년에 걸쳐 모두 5회에 걸쳐 왜에 원병을 요청하는 사신을 파견하고 있다.[148] 이때 백제가 대가야[가라]·안라와 공동으로 왜에 청병을 요청하고 있는 것으로 보아 가야세력은 여전히 백제의 동맹세력으로 유지되고 있음을 알 수 있다. 당시 왜는 여러 차례에 걸친 백제의 청병 요청에도 불구하고 선뜻 군대를 보내지 않다가 결국 554년 5월에 병력 1천명, 말 1백필, 배 40척 정도의 소규모 군대를 보내는데 그쳤다.

그러나 백제의 성왕은 가야라는 동맹군이 있었기 때문에 왜가 보낸 군대가 소수라고 해도 신라를 공격하기 위한 준비가 갖추어졌다고 판단한 듯하다. 그런데 신라에 대한 공격전에 대해서는 백제 정계 내부에서도 적지 않은 반발을 있었다. 성왕의 아들 여창餘昌이 신라와의 전쟁을 계획하자, 백제 조정의 노신들이 아직 여건상 적절치 않다고 반대하고 나선 것이다. 이에 주전파인 성왕을 비롯한 왕자 여창, 그리고 대성귀족 중에서도 목씨木氏와 진씨眞氏 등이 강력하게 전쟁을 주장하여 마침내 그 뜻을 관철하기에 이르렀다.

554년 7월에 마침내 백제와 가야·왜의 연합군은 신라의 관산성을 공격하였다.[149]

---

148 신라가 백제의 한강하류 지역을 공취한 시기를 『삼국사기』에는 553년으로, 『일본서기』에는 552년으로 기록하고 있는데, 『삼국사기』의 기년이 타당한 것으로 생각된다. 따라서 백제가 왜에 사신을 보내는 시기가 『일본서기』에는 552~554년으로 기록되어 있으나, 이글에서는 이를 553~554년에 이루어진 것으로 파악한다.

149 관산성 전투에 대한 주요 연구 성과는 다음과 같다. 김갑동, 「신라와 백제의 관산성 전투」『백산학보』 52, 1999 ; 김주성, 「성왕의 한강유역 점령과 상실」『백제사상의 전쟁』(백제연구총서), 2000 ; 김영심, 「관산성전투 전후 시기 대가야, 백제와 신라의 대립」『5~6세기 동아시아의 국제정세와 대가야』(대가야학술총서 5), 2007 ; 양기석, 「관산성 전투의 양상과 영향」『중원문화논총』 12, 2008 ; 김주성, 「관산성 전투의 배경」『중원문화논총』 12, 2008 ; 전덕재, 「관산성 전투에 대한 새로운 고찰」『신라문화』 34, 2009. 아래 관산성 전투의 기술은 위의 논문을 두루 참고하여 작성하였다.

관산성은 현재의 충북 옥천 지역으로 비정된다. 백제가 관산성을 공격의 1차 목표로 삼았던 배경은 관산성의 위치가 신라에서 백제로 향하는 요충지인 탄현에서 그리 멀지 않은 지역에 위치하고 있기 때문일 것이다. 당시 백제의 군대는 부여에서 논산을 거쳐 금산에 이르고 여기서 장수와 무주를 지나 금산에서 소백산맥을 넘어온 가야 군대와 합류하였던 것으로 추정된다. 나아가 관산성을 빼앗으면 추풍령을 넘어 금산(김천)·감문(김천)을 위협할 수도 있고, 북쪽으로 삼년산성뿐만 아니라 한강유역을 공격할 수 있는 거점으로서 충분한 가치를 가지고 있다.[150]

관산성을 공격한 백제와 가야·왜의 연합군의 규모는 잘 알 수 없지만, 신라가 최후의 전투에서 2만9천6백명을 목베었다고 한 기록으로 유추하건대 최소한 3만명이 넘는 대군이었을 것으로 짐작된다. 물론 왜의 군사는 1천 명에 불과하였고, 가야의 군대도 적지 않았을 것이지만, 아마도 백제 군사가 다수를 차지하였을 것이다.

관산성 전투에 대해서 『삼국사기』 등에는 매우 소략한 기사만을 전하고 있지만, 『일본서기』 흠명기 15년 12월조에는 전황을 알 수 있는 제법 상세한 내용을 전하고 있다. 물론 『일본서기』 기사는 기년이나 내용에서 신빙할 수 없는 점도 적지 않지만,[151] 이 점을 감안하면서 대략의 전투의 전개 과정을 살펴보도록 하자.

관산성 전투는 대략 3단계로 그 전투 과정을 나누어볼 수 있다.[152] 1단계 전황을 보면 7월에 백제가 이끄는 연합군이 신라의 관산성을 공격하여 함락시키는 과정이다. 당시 백제군을 선봉에서 이끄는 인물은 성왕의 아들 여창이었다. 그는 성왕을 대신하여 백제군을 총괄 지휘하는 위치에 있었다. 그는 선봉부대를 이끌고 신라의 방어망을 차례로 공략하면서 옥천 지역인 신라의 구타모라久陀牟羅에 진출하여 요새를 쌓고 신라군의 전략적 요충지인 관산성을 압박하였다. 당시 성왕은 관산성 전투에 직접 참여한 것이 아니라 후방에서 전황을 보고 받으면서 지휘하고 있었다.

이에 맞서 신라의 군주 우덕于德과 이찬 탐지耽知 등이 거느린 신라군은 백제 연합

---

150 전덕재, 앞의 논문, 2009, 55쪽.
151 관산성 전투의 시점에 대해서 『삼국사기』에는 554년 7월로 전하고, 『일본서기』에는 같은 해 12월로 전하고 있다. 어느 기사가 옳은지는 판단하기 어렵지만, 왜의 군사가 6월에 백제에 도착한 점을 고려하면 일단 『삼국사기』 기사대로 7월에 전투가 시작된 것으로 보는 것이 타당할 것이다.
152 양기석, 앞의 논문, 2008, 35~39쪽.

군과 치열한 격전을 벌였으나 대패하고 말았다. 당시 관산성 전투에 출동한 신라군은 우덕이 이끄는 상주 소속의 주병州兵과 중앙에서 급히 파견된 탐지가 이끄는 중앙군으로 구성되었다. 그러나 이들 군대만으로는 백제 연합군의 예봉을 막기는 어려웠다.

신라군은 백제군의 대공세에 열세를 면치 못하였지만, 증원군을 기다리며 완강하게 저항하면서 관산성 일대에서 물러나지 않았다. 이때 신라의 신주 군주 김무력金武力이 이끄는 신주 관할의 주병이 대거 투입되면서 초반의 열세를 딛고 일진일퇴의 공방전을 벌였던 것으로 추정된다.

2단계 전쟁은 성왕의 죽음과 신라의 총반격으로 전세를 역전시키는 과정이다. 백제와 신라의 양군이 관산성에서 공방전을 벌이고 있을 때 전황을 급변시키는 사태가 발생하였다. 성왕은 오랜 전쟁으로 고생하고 있는 아들 여창을 위로하기 위하여 근위병 50명만을 거느리고 여창의 부대로 향하고 있었다. 이 첩보를 입수한 신라군은 총동원령을 내려 곳곳에서 매복하여 성왕을 공격하기 위한 준비를 갖추었다. 신라군은 이를 전세를 역전시킬 절호의 기회로 판단한 것이다. 결국 김무력 휘하에 있는 삼년산군의 비장인 도도都刀가 성왕을 사로잡기에 이른다. 아마도 그는 삼년산군 출신의 지방세력으로서 보은과 옥천 지역의 지리를 잘 알고 있어 성왕이 이동하는 길목을 지킬 수 있었을 것이다. 사로잡힌 성왕은 도도에 의해 구천狗川에서 죽임을 당하였다. 성왕의 죽음은 백제군의 사기에 큰 타격을 주었고 반대로 신라군의 사기는 충천하였다.

3단계 전쟁은 신라군의 총반격에 의해 백제군이 궤멸적 타격을 입고 퇴각하는 과정이다. 구타모라 요새에 주둔하고 있는 여창의 부대는 신라군에 포위되었다가 간신히 포위망을 뚫고 겨우 몇 명의 부하만을 데리고 탈출하였다. 이러한 신라군의 총공세로 백제군은 좌평 4명과 29,600명의 군사를 잃는 충격적인 패배를 당하였다.

관산성 전투는 한반도의 백제와 가야, 신라는 물론 왜도 참여하는 동북아시아의 국제전의 양상을 띠고 전개된 전쟁이었다. 관산성 전투에는 고구려가 직접 참여하지 않았지만, 전쟁이 끝나고 백제가 아직 패배의 후유증에서 미처 벗어나지 못한 554년 10월에 고구려군은 웅천성(지금의 공주)을 공격하였다. 당시는 신라가 한강하류 지역을 차지하고 있었기 때문에 고구려군이 웅천성을 공격하기 위해서는 신라의 양해가 없으면 이루어질 수 없다. 따라서 이 웅천성 공격의 정황은 고구려와 신라가 동맹을 맺고 백제를 압박하는 상황을 잘 보여준다고 하겠다.

이처럼 관산성 전투는 한반도의 4국과 왜가 모두 이해관계를 서로 교차하는 국제 전의 성격을 갖고 있다는 점에서 동북아시아 국제정세 변화의 획기가 되는 전쟁이라 고 할 수 있다. 이제 나제동맹은 완전히 깨지고 이후에는 백제와 신라 간에 숙명의 격 돌이 치열하게 전개되었다.

관산성 전투의 결과 한강 하류지역에 대한 신라의 지배권이 공고하게 되었다. 이 관산성 전투에서 새로운 영역을 관장하는 신주 군주인 김무력이 커다란 전공을 세웠 다는 점은, 백제와 신라 양국의 역관계에서 한강 하류유역이 차지하는 비중이 어떠하 였는지를 잘 보여준다. 신라는 관산성 전투 이후 완산주의 설치(555년), 북한산 순행 (555년), 비려홀주의 설치(556년), 국원소경의 설치(557년), 북한산주의 설치 등을 통 하여 한강유역에 대한 안정적인 지배를 확립하였으며, 이 지역을 근거지로 대중국 외 교를 전개하여 본격적으로 동아시아 국제 무대에 등장하게 되었다.

3. 신라의 한강유역 경영과 지배 방식

신라의 한강유역에 대한 장악과 지배는 신라가 삼국을 통일하는데 매우 중요한 정 치적, 경제적 기반이 되었다. 따라서 신라가 한강유역을 어떻게 운영하고 지배하였는 지에 대한 이해가 매우 중요해진다.[153]

먼저 신라가 553년에 차지한 10군과 6군의 지역적 범위는 어디일까?[154] 한강 상류

---

153 아래의 서술은 임기환, 「고구려신라의 한강유역 경영과 서울」 『서울학연구』 18, 11~30쪽을 참 고하였다.

154 『일본서기』 권19, 흠명천황 15년조에는 다음과 같은 기록이 전한다. "이 해 百濟가 漢城과 平壤 을 버렸다. 이로 말미암아 新羅가 한성에 들어가 살았으니, 현재 新羅의 牛頭方 · 尼彌方이다." 이 기록은 백제측의 전승에 기초하였을 것인데, 여기서 牛頭方, 尼彌方의 '方'이라는 명칭은 백제 사 비시기 지방제도인 方-郡-城제의 '方'을 가르킬 것이다. 즉 10군과 6군을 차지한 신라의 점령지 를 백제는 자신의 지방제도 방식으로 기술했던 것이다. 백제의 方은 신라의 州에 대응시킬 수 있 으므로, 牛頭方과 尼彌方은 곧 신라식으로는 牛頭州와 尼彌州로 바꾸어 볼 수 있다. 점령지 牛頭 州는 朔州의 옛 지명이므로, 이는 신라가 攻取한 10郡 지역을 가르킨다고 볼 수 있다. 그러면 나

북한산 진흥왕 순수비

지역인 10군에 해당하는 지역을 후일 우수주牛首州(삭주朔州) 소속의 군현에서 찾아보자. 대략 철령 이남 지역을 「지리지」에서 정리해 보면, 우수주(춘천) · 평원군平原郡(원주) · 내토군奈吐郡(제천) · 근평군斤平郡(가평) · 양구군楊口郡(양구) · 성천군狌川郡(화천) · 모성군母城郡(김화) · 객련군客連郡(회양) · 대양관군大楊管郡(회양) 지역 등을 후보로 볼 수 있다.

다음 한강 하류의 6군의 범위를 찾아보자. 이 6군은 한산주의 영역 범위와 대략 일치되리라 짐작되는데, 당시 신라의 북진 경로를 고려하면 한산군과 북한산군을 비롯하여 율목군栗木郡(과천) · 주부토군州夫土郡(부천) · 개차산군皆次山郡(죽산) · 술천군述川郡(여주) 정도를 대응시킬 수 있겠다.[155] 그러나 이 6군에 대한 기사는 『일본서기』의 기록으로서 그 자료 계통이 『삼국사기』와는 다르기 때문에, 여기의 6군이란 수에 얽매어 그 대응 군현을 「지리지」에서 찾아보는 것이 그리 합리적일 것 같지는 않다.[156] 따라서 6군의 지역 범위에는 일단 매홀군買忽郡(수원)이나 당성군(화성)도 함께 포함하여 정리하는 것이 타당할 것이다.

그러면 한강 유역을 장악한 후 신라는 이 지역을 어떠한 방식으로 지배하였을까? 이 지역에 설치한 신라의 주의 변화를 보면, 신주新州(진흥왕 14년)→북한산주北漢山州(진흥왕 18년)→남천주南川州(진흥왕 29년)→북한산주(진평왕 26년; 604)로 진행되었다. 이러한 변화의 모습은 진흥왕순수비에서도 확인된다. 진흥왕 22년(561)에 세워진

머지 尼彌方의 위치는 한강 하류의 6郡과 관련시켜 그 지리적 범위를 파악할 수 있다. 「지리지」나 「본기」 기사에서 尼彌方에 직접 대응되는 명칭은 없지만, 후일 신라의 南川州가 설치되었던 南買에 가장 가까이 대응시켜 볼 수 있겠다. 즉 尼彌方(州)이란 명칭은 南川州(南買)에서 비롯된 것으로 보는 것이 가장 타당하다.

155 서영일, 『신라 육상교통로 연구』, 학연문화사, 1999, 231~235쪽.
156 노태돈은 16군(군을) 고구려 郡制의 편제 방식으로 이해하여, 고구려의 한 개 郡은 통일기 신라의 행정단위로는 2개 군과 3개 현에 상당하는 범주로 파악하였다(노태돈, 「5~7세기 고구려의 지방제도」『韓國古代史論叢』8, 1996, 241쪽).

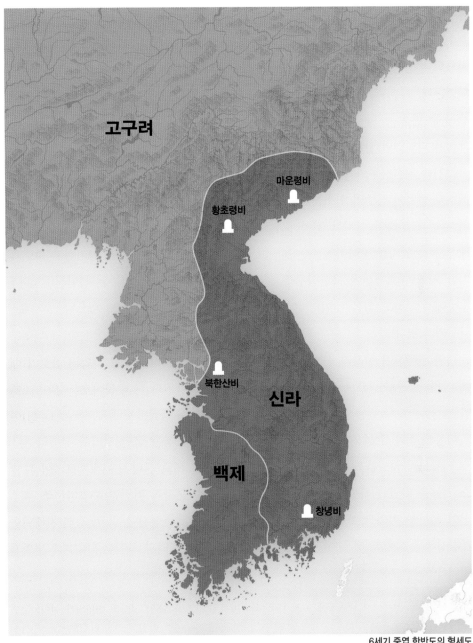

6세기 중엽 한반도의 형세도

「창녕비」에는 사방군주四方軍主의 하나로 한성군주漢城軍主가 등장하고 있다. 이 한성
군주가 곧 『삼국사기』에 보이는 북한산주의 군주와 동일한 존재로 보인다. 그리고 진

흥왕이 세운 「북한산순수비」에는 남천군주南川軍主가 등장하는데, 이로 보아 북한산순수비는 진흥왕 29년(568)에 북한산주에서 남천주로 주州가 변화된 이후에 세워진 것으로 추정되고 있다. 또 진평왕 26년에는 남천주가 폐지되고 다시 북한산주가 설치되었는데, 이후 주의 치폐 기록은 나타나지 않는다. 다만 진평왕 40년(618)에 북한산주 군주 변품邊品의 존재로 보아,[157] 진평왕 26년 이후에는 북한산주가 어느 시기까지 계속 유지되었던 것으로 추정된다.

그런데 북한산주와 남천주는 그 명칭에서 쉽게 치소의 위치를 알 수 있다. 그러면 최초로 설치된 신주의 치소는 어디였을까? 신주는 신라가 새로 차지한 한강유역의 영역 관리를 위하여 설치한 것이다. 따라서 신영역이나 신영역에 인접한 신라 구영역 내에서 그 위치를 찾아야 할 것이다. 그런데 진흥왕 18년에 신주를 폐지하고 새로 차지한 영역의 최전선에 북한산주를 설치한 사실에 유의하면, 신주는 북한산주보다는 후방에 위치하고 있을 것이다. 이에 남천주를 신주로 보는 견해도 있으나,[158] 자료상 납득키 어렵다.

이와 관련하여 신라가 신주를 폐지하고 북한산주를 설치한 같은 해인 진흥왕 18년에 국원國原을 소경으로 삼았다는 점에 주목할 필요가 있다.[159] 당시 국원 지역은 신라가 한강유역으로 진출하는 거점으로 기능할 수 있는 위치였다.

이상의 점을 고려하면 북한산주로 이치되기 이전까지는 국원 지역이 신주의 치소로 기능하지 않았을까 추정된다. 즉 진흥왕 18년의 제도 개편은 이제까지 신주의 치소 기능을 하였던 국원 지역에 소경을 설치하면서, 군사적 거점인 주의 치소를 최전선인 북한산 지역으로 옮긴 사정을 반영하는 것으로 추정된다. 그리고 이때 새로이 북한산주를 설치한 것은 이전 신주의 치소였던 국원 지역과 북한산주의 치소인 서울 지역을 잇는 교통로를 통한 한강유역에 대한 안정적인 지배에 들어갔음을 뜻하는 것으로 짐작된다.

그리고 앞의 신주·북한산주·남천주의 성격에 주목할 필요가 있다. 그런데 여기서

---

157 『삼국사기』 권4, 신라본기4, 진평왕 40년.
158 강봉룡, 「신라 지방통치체제 연구」, 『서울대 박사학위논문』, 1994, 201쪽.
159 『삼국사기』 권4, 신라본기4, 진흥왕 18년.

주州란 지방 지배의 단위라기 보다는 군사적 거점이며 정停의 주둔지를 의미하는 것으로 보는 견해가 있다.[160] 물론 그렇다고 하여 지방 지배의 성격이 결여되었다고 보기는 어렵다. 예컨데 진흥왕 15년 백제와의 관산성 전투에서 신주 군주 김무력의 휘하에서 활동하며 백제 성왕을 살해한 인물은 삼년산군 출신 도도都刀였다.[161] 이는 신주 군주가 삼년산군을 포함한 신주 영역의 지배권을 갖고 있음을 보여주는 좋은 예이다.

물론 신주가 폐지되고 북한산주나 남천주로 주치가 이동되는 상황을 볼 때, 이들 주의 성격은 군사적 거점으로서의 성격이 두드러지기 때문에, 그 지방 지배의 성격은 제한적이라 볼 수 있다. 하지만 전반적으로 신 영역의 영역 지배체제가 갖추어지지 않은 상황에서, 북한산주 및 남천주의 군주는 신영역 전체의 지방관의 역할도 겸하였을 것으로 보는 것이 타당하다.

한편, 553년부터 신라가 서울 지역을 차지한 뒤에 이 일대를 지배하는 거점은 어디였을까? 진흥왕 18년에 북한산주를 설치하였다는 기록을 보면, 신라가 이 지역을 차지한 이후에도 과거 고구려의 경우와 마찬가지로 북한산군이 서울 지역 지배의 중심 거점이었음을 짐작할 수 있다. 그런데 진흥왕 29년에 남천주로 옮긴 것을 보면 당시 신라의 한강유역 일대에 대한 지배는 상당히 불안정한 것으로 짐작된다. 이후 북한산주를 재차 설치한 604년(진평왕 26) 이후에야 신라는 서울 지역에 대한 안정적인 지배에 들어간 것으로 보인다.

그런데 『삼국사기』에 의하면 북한산주와 관련된 기사는 진평왕 26년 기사가 마지막이고, 이후 태종무열왕 6년(659)조 및 문무왕 4년(664)와 8년조에는 한산주 기사가 나타난다.[162] 그러면 이 한산주와 앞의 북한산주는 어떠한 관계에 있는 지가 궁금해진다. 북한산주가 한산주로 이치된 것일까? 아니면 북한산주와 한산주가 동일한 지역을 의미하는 것일까?

「지리지」에 보이는 서울 지역에 대한 통일신라시대의 군현 편제는 어느 정도는 삼국시기 신라가 이 지역을 경영할 때의 편제를 그대로 답습하였으리라 생각된다. 따라서

---

160 강봉룡, 앞의 논문, 1994, 115쪽.
161 『삼국사기』 권4, 신라본기4, 진흥왕 15년.
162 『삼국사기』 권5, 신라본기5, 태종무열왕 5·6년 ; 『삼국사기』 권6, 신라본기6, 문무왕 4·8년.

한강유역 성곽 분포도(『한성백제사』 3, 서울특별시사편찬위원회, 2008, 373쪽)

「지리지」의 양상을 보면, 신라는 서울지역에 북한산군과 한산군이라는 2개의 군현 편제 방식을 시도하였던 것으로 짐작된다. 물론 고구려 점령기부터 중시되었던 북한산주가 먼저 설치되고 한산주는 그 후에 성립되었을 것이지만, 한산주라는 별도의 편제는 늦어 도 7세기 초에는 이루어져 있었을 것이다. 그렇다면 북한산주와 한산주는 별개로 보아 야하고, 한산주의 설치 이후에 주치는 한산군 일대였던 것으로 보는 것이 합리적이다.

이 점은 고고학 자료를 통해서도 어느 정도 확인할 수 있다. 먼저 한강 이북의 중 요한 성곽 유적으로는 아차산성을 들 수 있다. 아차산성은 남쪽으로 한강 북안에 바 로 접하고 북쪽으로는 의정부로 뻗어있는 산줄기와 이어지는데, 앞서 살펴본 고구려 의 보루 유적이 바로 아차산성 북단의 산줄기에 산재해 있다. 아차산성은 1998년과 1999년에 실측 조사 및 시굴조사가 이루어졌다.[163] 성의 형태는 포곡식 산성으로, 성

---

163 서울대학교박물관 外, 『아차산성』, 2000.

벽의 둘레는 1038m이고, 성 내부 면적은 19304평이다. 일부 시굴 조사가 이루어진 정도이지만, 성의 축조 및 사용 시기를 밝히는 데에는 그리 무리가 없다. 성벽은 신라의 성벽 축조 방식인 보축성벽이 뚜렷하고, 성문도 신라의 산성에 많이 나타나는 현문식이다. 성 내부에서 출토된 토기를 분석하면 초축 연대는 7세기 전반으로 편년할 수 있으며, 이후 9세기 중반에 폐기된 것으로 추정된다. 특히 '북北' '북한北漢' '한산漢山' '북한산北漢山' 등의 출토 명문 기와는 이 산성의 성격과 관련하여 주목을 끈다.

한강 이남의 또다른 주요 성곽유적으로는 이성산성을 꼽을 수 있다. 이성산성은 경기도 하남시 춘궁동에 위치한 석축산성이다. 특히 한강의 남쪽 유역에 위치하면서 주변의 평양지대와 한강 일대를 조망할 수 있는 중요한 지리적 조건을 갖추고 있다. 이성산성은 1986년 이래 조사가 진행되었다.[164] 1, 2차 조사에서는 장방형 건물지와 12각·9각·8각 건물지 등이 조사되었다. 3차 조사에서는 "무진년명戊辰年銘" 목간이 출토되어 눈길을 끌었는데, 이 무진년은 608년이나 668년으로 추정되고 있다. 이 목간에는 남한성南漢城·수성須城의 성명과 도사道使·촌주村主라는 신라의 관직명이 판독되어, 이 산성의 축조 주체와 관련하여 중요한 시사를 제공하였다. 그 뒤의 조사에서는 초축 성벽과 그 이후 개축한 성벽이 확인되었다. 또 8차 발굴에서는 '욕살褥薩'이라는 고구려 지방관직명이 기록된 목간이 발견되어, 고구려식 성곽 축조법과 함께 고구려시대의 축조 여부가 주목을 끌었다. 그러나 이성산성 초축의 주체가 고구려일 가능성은 적으며, 다만 고구려 유민과 이성산성의 2차 축성과의 관련성을 제기하는 견해가 있다

앞에서 한강유역을 장악한 초기에는 북한산주가 중심이었다가, 뒤에 한산주로 변화하였음을 살펴보았다. 아차산성의 축조시기를 고려하면 7세기 전반에는 아차산성이 북한산주의 치소임은 분명하다고 하겠다. 그리고 한강 이남으로 옮겨진 한산주의 주치인 한성의 후보로 들 수 있는 것은 이성산성이다. 이성산성의 주된 사용시기는 통일신라시대이지만, 근자의 발굴 조사 결과 그 초축시기가 삼국시대 말까지 충분히 올라갈 수 있다고 본다. 신라는 서울 지역을 장악한 후 이 지역에 대한 보다 강력

---

164 漢陽大學校 博物館, 『二聖山城』, 1987·1988·2000 ; 漢陽大學校 博物館, 「이성산성-제8차발굴 조사 현장설명회」, 2000 참조.

이성산성 12각 건물지

한 방어를 위해 방어력이 떨어지는 몽촌토성을 버려두고 새로 이성산성을 축조한 것으로 보인다. 물론 이외에 행주산성과 관악산의 호암산성 역시 신라계 산성으로 추정되고 있는데, 한강유역에 대한 신라의 방어체계에 대한 이해는 이 일대에 대한 조사가 진행된 뒤에 가능할 것이다.

한편, 서울지역에서 중요한 신라계 유적인 가락동·방이동 일대의 석실분은 6세기 중엽 이후에 축조된 신라계 고분이다.[165] 이러한 신라계 고분의 존재는 중요한 점을 시사한다. 즉 보다 안정적인 지배를 전제로 하는 신라계 주민의 이동을 뜻하는 것으로 해석되기 때문이다. 신라는 국원지역을 차지한 후, 왕경인을 이주시켜 이 지역에 대한 지배를 강력히 추진하였다.[166] 충주의 누암리 신라 고분군은 그러한 주민의 이주를 잘 보여주는 유적이다. 서울 지역의 신라계 고분의 등장도 이러한 의미에서 주목할 가치가 있다. 다만 이 고분군의 규모로 보아, 그러한 주민의 이주는 제한적이었을 것이다.

---

165 임영진, 『百濟 漢城時代 古墳研究』, 서울대학교 박사학위논문, 1995, 32~43쪽.
166 『삼국사기』 권4, 신라본기4, 진흥왕 19년.

참고문헌
찾아보기

 참고문헌

1. 사료

『거란국지(契丹國志)』
『고려사(高麗史)』
『구당서(舊唐書)』
『구오대사(舊五代史)』
『대당육전(大唐六典)』
『무경총요(武經總要)』
『발해고(渤海考)』
『발해국지장편(渤海國志長編)』
『북사(北史)』
『사기(史記)』
『삼국사기(三國史記)』
『삼국유사(三國遺事)』
『삼국지(三國志)』
『선화봉사고려도경(宣和奉使高麗圖經)』
『속일본기(續日本紀)』
『수서(隋書)』
『신당서(新唐書)』
『신오대사(新五代史)』
『신증동국여지승람(新增東國輿地勝覽)』
『요동행부지(遼東行部志)』
『요사(遼史)』
『위략(魏略)』
『위서(魏書)』
『유취국사(類聚國史)』
『일본일사(日本逸史)』

『자치통감(資治通鑑)』
『책부원귀(册府元龜)』
『태평환우기(太平寰宇記)』
『통전(通典)』
『한서(漢書)』
『후한서(後漢書)』

2. 단행본 (박사학위논문 포함)

(1) 국내

강만길 외, 『한국사』 3, 한길사, 1994.
강종훈, 『신라상고사연구』, 서울대출판부, 2000.
경남고고학연구소, 『鳳凰土城 -金海 會峴洞事務所~盆城路間 消防道路 開設區間 發掘調査 報告書-』, (社)慶南考古學硏究所, 2005.
경성대학교박물관, 『金海大成洞古墳群 I 』, 부산: 경성대학교박물관, 2000.
공석구, 『고구려영역확장사연구』, 서경문화사, 1998.
과학백과사전출판사, 『조선전사』 2권 (고조선 부여 진국), 1997.
국립경주박물관, 『경주구정동고분』, 2006.
국방군사연구소, 『한민족전쟁통사 1 -고대편-』, 1994.
국사편찬위원회, 『한국사』 10, 발해, 1996.
군산대학교박물관, 『전북동부지역 가야유물』, 군산대학교박물관, 2005.
권덕영, 『古代韓中外交史 - 遣唐使研究』, 一潮閣, 1997.
권오영, 『삼한 사회의 國에 관한 연구』, 서울대

박사학위 논문, 1996.

김구진, 『13~17C 女眞 社會의 硏究』, 고려대학교 박사학위논문, 1988.

김기섭, 『백제와 근초고왕』, 학연문화사, 2000.

김기웅 외, 『韓國武器發達史』, 國防軍史硏究所, 1994.

김기흥, 『삼국 및 통일신라 세제의 연구』, 역사비평사, 1991.

김기흥, 『고구려 건국사』, 창비, 2002.

김명희, 『中國 隋 · 唐史 硏究』, 國學資料院, 1998.

김세기, 『고분 자료로 본 대가야 연구』, 학연문화사, 2003.

김열규, 『한국의 신화』, 일조각, 1979.

김영관, 『백제 부흥운동 연구』, 2005.

김영하, 『韓國古代社會의 軍事와 政治』, 고려대학교 민족문화연구원, 2002.

김위현, 『契丹社會文化史論』, 景仁文化社, 2004.

김정배, 『韓國古代의 國家起源과 形成』, 고려대출판부, 1986.

김정배 · 유재신 편, 『발해국사』 I, 정음사, 1988.

김종복, 『渤海 政治勢力의 推移 硏究』, 成均館大學校 박사학위논문, 2002.

김종혁, 『동해안 일대의 발해 유적에 대한 연구』, 사회과학원, 2002.

김창겸 외, 『한국고전사-고대편-』, 육군본부, 2007.

김창석, 『三國 및 統一新羅의 商業과 流通』, 서울대박사학위논문, 2001.

김철준, 『韓國古代國家發達史』, 春秋文庫, 1975.

김철준 · 최병헌, 『史料로 본 韓國文化史 古代篇』, 一志社, 1986.

김태식, 『加耶聯盟史』, 서울: 一潮閣, 1993.

김태식, 『미완의 문명 7백년 가야사 1권』, 푸른역사, 2002.

김태식, 『미완의 문명 7백년 가야사 2권』, 푸른역사, 2002.

김태식 송계현, 『韓國의 騎馬民族論』, 한국마사회 마사박물관, 2003.

김현숙, 『高句麗 地方統治體制 硏究』, 경북대학교 박사학위논문, 1996.

김홍 편저, 『韓國의 軍制史』, 학연문화사, 2001.

남재우, 『안라국사』, 혜안, 2003 ; 白承玉, 『가야 각국사 연구』, 혜안, 2003.

노중국, 『百濟政治史硏究』, 一潮閣, 1988.

노중국, 『백제부흥운동사』, 일조각, 2003.

노태돈 편, 『단군과 고조선사』, 사계절, 2000.

노태돈, 『고구려사연구』, 사계절, 2003.

단재신채호선생기념사업회 편, 『丹齋 申采浩全集(改訂版) 上』, 1977.

델브뤼크 저, 『兵法史』 1(민경길 譯), 한국학술정보, 2009.

동의대학교박물관, 『金海 良洞里 古墳文化』, 2000.

레첸꼬 엔. 뻬, 『연해주 발해 유물 중의 철제 칼, 극동 및 접경지역 민족 문화 문제』, 1993.

렌꼬프 뻬. 제 · 샤브꾸노프 뻬. 에, 『연해주 발해인들의 철 화살촉, 남부 시베리아와 극동의 식민지 전쟁사건』, 1993.

류웰린 원 저, 한경구 · 엄봉길 공역, 『정치인류학』, 일조각, 1995.

문안식, 『백제의 영역 확장과 지방통치』, 신서원, 2002.

문안식, 『한국 고대사와 말갈』, 혜안, 2003.

문안식, 『백제의 흥망과 전쟁』, 혜안, 2006.

문창노, 『삼한시대의 읍락과 사회』, 신서원, 2000.

미야자키 이치사다, 『중국중세사』(임중혁 · 박선희 역), 신서원, 1996

박대재, 『삼한의 '왕'에 대한 연구— 전쟁과의 관계를 중심으로』, 고려대학교 대학원 박사학위논문, 2005.

박선미, 『화폐유적을 통해 본 고조선의 교역』, 서울시립대 대학권 박사학위논문, 2008.

박순발, 『漢城百濟의 誕生』, 서경문화사, 2001.

박시형, 『광개토왕릉비』, 사회과학원, 1966.

박시형, 『발해사』, 이론과 실천, 1979.

박시형 외, 『발해사연구논문집』, 민족문화, 1995.

박옥걸, 『高麗時代의 歸化人 研究』, 國學資料院, 1996.

박진숙, 『渤海의 對日本外交史研究』, 충남대학교 박사학위논문, 2001.

박진욱, 『조선고고학전서』, 과학백과사전종합출판사, 1988.

방학봉, 『발해문화연구』, 이론과 실천, 1991.

방학봉, 『발해의 강역과 행정제도에 관한 연구』, 연변대학출판사, 1996.

방학봉, 『渤海遺蹟研究』, 백사자료원, 2000.

방학봉, 『발해의 주요교통로 연구』, 연변인민출판사, 2000.

배근흥, 『7世紀 中葉 羅唐關係 研究』, 경북대박사논문, 2002.

백산학회, 『고조선, 부여사 연구』, 백산자료원, 1995.

백산학회, 『한국의 청동기 연구』, 백산자료원, 1995.

변인석, 『白江口戰爭과 百濟 倭 관계』, 한울, 1994.

복기대, 『요서지역의 청동기시대 문화연구』, 백산자료원, 2002.

복천박물관, 『금관가야와 신라』, 복천박물관, 2004.

서영교, 『羅唐戰爭史 研究』, 아세아문화사, 2006.

서영일, 『신라 육상교통로 연구』, 학연문화사, 1999.

서인한, 『高句麗 對隋 · 唐 戰爭史』, 戰史編纂委員會, 1991.

서인한, 『한민족전쟁통사』 I (고대편), 국방군사연구소, 1994.

서인한, 『羅唐戰爭史』, 國防軍史研究所, 1999.

서인한, 『한국 고대 군사전략』, 국방부 군사편찬연구소, 2005.

서인한, 『동북아의 왕자를 꿈꾸다』, 플래닛 미디어, 2009.

선석열, 『新羅國家成立過程研究』, 혜안, 2001.

성정용, 『중서부 마한지역의 백제 영역화 과정 연구』, 서울대 박사학위논문, 2000.

송기호, 『渤海政治史研究』, 一潮閣, 1995.

송호정, 『古朝鮮 國家形成 過程 研究』, 서울대 박사학위논문, 1999.

송호정, 『한국 고대사 속의 고조선사』, 푸른역사, 2003.

순천대학교 박물관, 한국상고사학회, 『전남동부지역의 가야문화』(제36회 한국상고

사학회 학술발표대회), 순천대학교 70
주년 기념관 2층 대회의실, 2008년 11
월 14일.

스기야마 마사아키, 『유목민이 본 세계사』(이
진복 옮김), 학민사, 1999

신형식, 『韓國古代史의 新研究』, 일조각, 1984

신형식·최근영·윤명철 등, 『고구려산성과
해양방어체제연구』, 백산자료원,
2000.

신호철, 『後百濟 甄萱政權研究』, 一潮閣, 1993.

심광주 외, 『漣川瓠蘆古壘』, 한국토지공사박물
관·연천군, 1999

심봉근, 『한국청동기시대 문화의 이해』, 동아대
학교 출판부, 1990.

에·베·샤브꾸노프 엮음(송기호·정석배 옮
김), 『러시아 연해주와 발해 역사』, 민
음사, 1996.

엥겔스·김대웅 번역, 『가족 사유재산 및 국가
의 기원』, 한울, 1984.

왕승례 저 송기호 역, 『발해의 역사』, 한림대학
교 아시아문화연구소, 1987.

울산광역시, 『울산의 유적과 유물 -발굴로 드
러난 울산의 역사-』, 2008.

유득공 저, 송기호 옮김, 『발해고』, 홍익출판사,
2001.

육군군사연구소, 『한국고대무기체계』, 1979.

윤명철, 『高句麗 海洋交涉史 硏究』, 성균관대
박사학위논문, 1993

이기백, 『高麗兵制史研究』, 一潮閣, 1968.

이기백·이기동, 『韓國史講座1』(古代篇), 일
조각, 1982.

이동복, 『東北亞細亞史研究』, 一潮閣, 1986.

이문기, 『新羅兵制史研究』, 一潮閣, 1997.

이병도, 『韓國古代史研究』, 박영사, 1976.

이병도, 『國譯三國史記』, 乙酉文化社, 1977.

이영문, 『한국 청동기시대 연구』, 주류성,
2002.

이용범, 『中世東北亞細亞史研究』, 亞細亞文化
社, 1976.

이용범, 『韓滿交流史 研究』, 同和出版公社,
1989.

이용현, 『加耶と東アジア諸國』, 日本 國學院大
學 大學院 博士學位論文, 1999.

이인철, 『新羅政治制度史研究』, 一志社, 1993.

이인철, 『고구려의 대외정복 연구』, 백산자료
원, 2000.

이정재, 『동북아의 곰문화와 곰신화』, 민속원,
1997.

이종욱, 『古朝鮮研究』, 一潮閣, 1993.

이춘식, 『中國古代史의 展開』, 藝文出版社,
1986.

이현혜, 『三韓社會形成過程研究』, 一朝閣,
1984.

이현혜, 『韓國 古代의 생산과 교역』, 一潮閣,
1998.

이호영, 『新羅三國統合과 麗·濟敗亡原因硏
究』, 서경문화사, 1999

이희준, 『신라고고학연구』, 사회평론, 2007.

임기환, 『고구려 집권체제 성립과정의 연구』,
경희대 박사학위논문, 1995.

임병태, 『한국 청동기문화의 연구』, 학연문화
사, 1996.

임상선 편역, 『발해사의 이해』, 신서원, 1991.

임상선, 『발해의 지배세력 연구』, 신서원,
1999.

임영진, 『百濟 漢城時代 古墳研究』, 서울대학교

박사학위논문, 1995.

장광직, 『신화 미술 제사』(李徹 譯), 동문선 문예신서 18, 1990

장국종, 『조선정치제도사』(Ⅰ), 과학백과사전출판사, 1989.

장국종, 『渤海史研究 (1)』, 朝鮮社會科學院出版社, 1997.

장국종(사회과학원), 『발해국과 말갈족』, 도서출판 중심, 2001.

장준식, 『新羅中原京研究 -位置 比定을 中心으로-』, 學研文化社, 1998.

전영래, 『한국청동기시대문화연구』, 원광대학교 마한백제문화연구소, 1990.

전영래, 『百濟最後決戰場의 研究 -白村江에서 大野城까지-』, 新亞出版社, 1996.

전준현, 『조선민족의 반침략투쟁사』(고조선-발해편), 과학백과사전종합출판사, 1990.

조법종, 『고조선 고구려사 연구』, 신서원, 2006.

조이옥, 『統一新羅의 北方進出 研究 -8世紀를 中心으로-』, 서경문화사, 2001.

조인성, 『태봉의 궁예정권』, 푸른역사, 2007.

존 키건, 『세계전쟁사』(유병진 역), 까치, 1996

주보돈, 『新羅 地方統治體制의 整備過程과 村落』, 신서원, 1998.

주영헌, 『발해문화』, 사회과학출판사, 1971.

지배선, 『중세동북아사연구』, 일조각, 1986.

차성환, 『韓國武器發達史』, 國防軍史研究所, 1996.

천관우, 『고조선사 삼한사연구』, 일조각, 1989.

최무장, 『渤海의 起源과 文化』, 藝文出版社, 1988.

최종규, 『삼한고고학연구』, 서경문화사, 1995.

한국보이스카우트연맹, 『韓國의 城郭과 烽燧 下』, 1989.

한국상고사학회 편, 『전환기의 고고학 1』, 학연문화사, 2002.

한규철, 『渤海의 對外關係史 - 南北國의 형성과 전개』, 신서원, 1994.

한양대학교박물관, 『二聖山城』, 1987 · 1988 · 2000.

허중권, 『新羅 統一戰爭史의 軍事史的 研究』, 한국교원대 박사학위논문, 1995

(2) 국외

江上波夫 · 水野清一, 『內蒙古 長城地帶』, 1935.

高寬敏, 『古代朝鮮諸國と倭國』, 雄山閣出版, 1997.

都出比呂志, 『日本農耕社會의 成立過程』, 岩波書店, 1989.

陶希聖, 『中國政治制度史』第二冊 秦漢, 啓業書局, 1962.

末松保和, 『任那興亡史』, 大八洲出版, 1949.

武田幸男, 『高句麗史と 東アジア』, 岩波書店, 1989.

濱田耕作, 『貔子窩』, 1929.

濱田耕作 · 水野清一, 『赤峰紅山後』, 1938.

森公章, 『東アジアの動亂と倭國』, 吉川弘文館, 2006.

徐松 撰 · 愛宕元 譯註, 『唐兩京城坊攷』, 平凡社, 1994.

徐連達 編, 『中國歷代官制詞典』, 1991.

安應民 著, 『吐蕃史』, 寧夏人民出版, 1989

嚴耕望 撰, 『唐代交通圖考 제5권』, 中央研究院

歷史語言研究所, 河東河北區, 1986.

鈴木靖民, 『古代對外關係史の研究』(吉川弘文館, 東京), 1985

王健群, 『好太王碑研究』, 1984.

王貫·喜饒尼瑪·唐家衛 等, 『西藏歷史地位辨』(北京, 民族出版社), 1995

王綿厚·李健才, 『東北古代交通』, 瀋陽出版社, 1990.

王小甫, 『唐·吐蕃·大食政治關係史』, 北京大出版社, 1995

王承禮, 『渤海簡史』, 黑龍江人民出版社, 1984.

魏國忠·朱國忱, 『渤海史稿』, 黑龍江人民出版社, 1984.

魏國忠·朱國忱·郝慶云, 『渤海國史』, 中國社會科學出版社, 2006.

李建才, 『東北史地考略』, 吉林文史出版社, 1986.

李殿福·孫玉良, 『渤海國』, 文物出版社, 1987.

鳥山喜一, 『渤海史上の諸問題』, 風間書房, 1968.

佐藤長, 『古代チベット史研究』(東洋文庫, 京都), 1959

佐藤長, 『中國古代史論考』(朋友書店, 京都), 2000

池內宏, 『滿鮮史研究』上世 第二卷, 吉川弘文官, 東京, 1960

黃約瑟, 『薛仁貴』(西北大學出版社, 西安), 1995

Bert S. Hall, *Weapons and Warfare in Renaissance Europe*, The Johns Hopkins Univ Press, Baltimore & London, 1997.

C. P. Fitzgerald, *The Empress Wu*, The Cresset Press, London [1956] 1968.

Christopher I. Beckwith "The Tibetan Empire in West", *Tibetan Studies in Honour of Hugh Richardson, Proceedings of The International Seminar on Tibetan Studies,* Oxford, 1979.

Christopher I. Beckwith, *The Tibetan Empire in Central Asia*, Princenton University Press, Princenton, 1987.

David Snellgrove & Hugh Richardson, *A. Cultural History of Tibet*, Shambhala, Boston, 1995.

Geza Uray, "Administrative Unit of The Tibetan Empire in 7th-9th Centuries" *Tibetan Studies in Honour of Hugh Richardson,* Proceedings of The International Seminar on Tibetan Studies, Oxford, 1979.

Helmut Hoffman, "Early and Medieval Tibet", *The Cambridge history of Early Inner Asia*, Cambridge University Press, 1990.

Herbert Franke, "The forest people of Manchuria: Kitan and Jurchen", *The Cambridge history of Early Inner Asia*, Cambridge University Press, Cambridge, 1990.

Howard J Wechsler, *Mirror to The Son of Heaven--Wei Cheng at Court of Tang Tai-tsung,* Yale University

Press, New Heaven, 1974.

J. F. Verburggen, *The art of warfare Europe during Middle Age*, Amsterdam「1954」1977.

Jacque Bacot, F. W. Thomas, *Gustave-Charles Toussaint, Documents De Touen- houang relatifs a l'historire du Tibet*, Paris, 1940~46.

John Ellis, *Cavalry- The History of Mounted Warfare*, G.P.Putnam's, New York, 1978.

John Keegan, *The Face of Battle*, Viking press, New York 1976.

Josef Kolmas, *Tibet and Imperial China*, Center of Oriental Study, The Australian National University, Canberra, 1967.

Luc Kwanten, *Imperial Nomads-A History of Central Asia, 500~1500.*

Owen Lattimore, "Inner Asian Frontiers of China", *American Geographic Society, New York, 1940.*

Paul Demieville, *Le concile de Lhasa, une controvers sur le quietisme entre Bouddhistes de l'Inde et de la Chine au Ⅷ siecle de l'etre chretienne*, Paris, 1952

Potala Pub, *Singapore, 1998.*

Ralph payne-Gallwey, *The Book of The Crossbow*, Dover Publication, Inc. New York 1995.

Robert Carneiro L, "A Theory of the Origin of the State", *Science 169, 1970.*

Robert Silverberg, *The Great Wall of China*, Chilton Book, Philadelphia and New York.

Tsepon W. D. Shakabpa, *TIBET: A Political History*, Potala Pub, Singapore, 1998

Tsung-Lien Shen & Shen-Chi Liu, *Tibet and Tibetan*, Stanford University Press, Stanford, 1953.

Warren W. Smith Jr, *Tibetan Nation-A History of Tibetan Nationalism and Sino-Tibetan Relation,* Westview Press, Oxford, 1996.

Woodbridge Bingham, *The Founding of Tang Dynasty*, Waverly Press, Baltimore. 1941.

Ying - shih Yu, *Trade and Expansion in Han China - A Study in the Structure of Sino - Barbarian Economic Relations*, University of California Press, Berkeley and Los Angeles, 1967.

3. 논문

(1) 국내

강경구,「高句麗 復興運動의 新考察」『韓國上古史學報』 47, 2005.

강봉룡,「新羅下代 浿江鎭의 設置와 運營 -州郡縣制의 확대와 관련하여- 」『韓國古代史研究』 11, 한국고대사연구회, 1997.

강봉룡, 「三國 및 統一新羅 軍事參與層의 擴大와 軍役制」『百濟研究』32, 충남대학교 백제연구소, 2000.

강선, 「4 5C 고구려의 영토확장과 평양천도」『숙명한국사론』, 숙명여자대학교, 1996.

강선, 「고구려와 전연의 관계에 대한 고찰」『高句麗研究』11, 고구려연구회, 2001.

강선, 「高句麗와 五胡十六國의 關係-後燕·北燕과의 關係를 中心으로-」『高句麗研究』14, 高句麗研究會, 2002.

강성문, 「여수 여당전쟁 원인고」『국사관논총』69, 국사편찬위원회, 1996.

강성봉, 「발해 8위제에 관한 검토」『군사』79, 국방부 군사편찬연구소, 2011.

강인욱, 「연해주 출토 청동기의 일고찰」『박물관기요』19, 단국대 석주선기념박물관, 2004.

강인욱, 「비파형동검문화권의 연구에 대한 새로운 시도 -"비파형동검문화와 요령지역의 청동기문화"- ,『한국고고학보』63, 한국고고학회, 2006.

강종원, 「백제 좌장의 정치적 성격」『백제연구』29, 1999.

강종훈, 「신라 상고기년의 재검토」『한국사론』26, 서울대학교 국사학과, 1991.

강종훈, 「삼국사기 초기기록에 보이는 '낙랑'의 실체 – 진한연맹체의 공간적 범위와 관련하여 -」『한국고대사연구』10(삼한의 사회와 문화 특집호), 한국고대사연구회 편, 신서원, 1995.

강종훈, 「4세기 백제의 요서지역진출과 그 배경」『한국고대사연구』30, 2003.

강종훈, 「7세기 통일전쟁기의 순국 인물 분석 -『三國史記』列傳7에 실린 新羅 인물들을 중심으로」『신라문화제학술논문집』25, 2004.

강종훈, 「백제의 성장과 대중국군현 관계의 추이-삼국사기 백제본기 초기기록의 낙랑 관련 기사의 검토를 중심으로-」『한국고대사연구』34, 2004.

강종훈, 「신라 왕경의 방어체계 – 경주 지역 성곽에 대한 검토를 중심으로」『신라왕경의 구조와 체계』, 경주시 신라문화선양회, 2006.

강현숙, 「고분 출토 갑주와 마구로 본 4, 5세기 신라, 가야와 고구려」『신라문화』32, 2008.

강화창 저, 방학봉 역, 「발해국의 군사제도를 론함」『발해사연구』4, 연변대학출판사, 1993.

고구려연구재단편, 「당대 인물의 고구려 관련 행적」『중국소재 고구려관련 금석문자료집』, 2005.

공석구, 「廣開土王陵碑의 東夫餘에 對한 考察」『韓國史研究』70, 韓國史研究會, 1990.

공석구, 「고구려의 영역확장에 대한 연구-4세기를 중심으로-」『한국상고사학보』6, 한국상고사학회, 1991.

공석구, 「5 6세기의 대외관계」『한국사』5(삼국의 정치와 사회 Ⅰ:고구려), 국사편찬위원회, 1996.

공석구, 「동부여 지역에 대한 지배권 확립」『고구려 영역확장사연구』, 서경문화사, 1998.

공석구, 「高句麗의 南進과 壁畵古墳」『韓國古代史研究』20, 한국고대사학회, 2000.

공석구, 「高句麗와 慕容燕의 갈등 그리고 교류」『강좌한국고대사』4, 가락국사적개발연구원, 2003.

곽장근, 「호남 동부지역 산성 및 봉수의 분포양상」『영남학』제13호, 경북대학교 영남문화연구원, 2008.

곽장근, 「삼국시대 교통로의 조직망과 재편과정 –전북지역을 중심으로–」『동아시아 고대의 길: 제24회 한국고대사학회 합동토론회 발표요지』, 한국고대사학회, 2011.

구난희, 「日本의 新羅侵攻計劃 추진 의도」『靑藍史學』2, 1998.

구난희, 「8세기 중엽 발해 신라 일본의 관계 –일본의 신라침공계획을 중심으로–」『韓日關係史研究』10, 1999.

구산우, 「羅末麗初의 蔚山地域과 朴允雄; 崔所의 기원과 관련하여」『한국문화연구』5, 부산대 한국문화연구소, 1992.

국립중앙박물관·국립광주박물관, 『한국의 청동기문화』, 범우사, 1992

권도희, 「백제 마구의 연구」『숭실사학』19, 2006.

권오영, 「초기 백제의 성장 과정에 관한 일고찰」『韓國史論』15, 서울대 국사학과, 1986.

권오영, 「삼한 국읍의 기능과 내부구조」『부산사학』28, 부산사학회, 1995.

권오영, 「삼한사회 '국'의 구성에 대한 고찰」『한국고대사연구』10(삼한의 사회와 문화 특집호), 한국고대사연구회 편,

신서원, 1995.

권오영, 「중서부지역의 초기철기문화와 '중국'의 대두」『부산사학』31, 부산사학회, 1996.

권오중, 「靺鞨의 種族系統에 관한 試論」『震檀學報』, 49, 1980.

권오중, 「漢과 高句麗의 關係」『高句麗研究』14, 高句麗研究會, 2002.

권오중, 「중국사에서의 낙랑군」『韓國古代史研究』34집, 2004.

권은주, 「渤海의 靺鞨服屬과 支配」, 경북대학교, 석사학위논문, 2001.

권학수, 「역사시대 마을고고학의 성과와 과제」『마을의 고고학』, 한국고고학회, 1994.

권학수, 「가야의 社會發展 動因과 發展段階」『가야 고고학의 새로운 조명』, 부산대학교 한국민족문화연구소 편, 혜안, 2003.

금경숙, 「高句麗 領域으로서의 北漢江流域–靺鞨문제와 관련하여–」『韓國史學報』11, 고려사학회, 2001.

금위현, 「遼代 渤海 復興運動의 性格」『명대논문집』11, 1978.

기수연, 「중국 문헌에 보이는 '동이'와 '조선'」『단군학연구』4, 단군학회, 2001.

김갑동, 「百濟 以後의 禮山과 任存城」『百濟文化』28, 1999.

김광수, 「新羅 上古世系의 再構成 試圖」『東洋學』3, 1973.

김광수, 「古朝鮮 官名의 系統的 理解」『歷史敎育』第56輯, 1994.

김구진, 「公嶮鎭과 先春嶺碑」『白山學報』21

집, 1976.

김권구, 「고고학과 이론-고고학상으로본 국가-」『한국고대국가형성론』, 서울대출판부, 2004.

김규호, 「唐代의 異民族系 軍將」『변태섭화갑논총』, 삼영사, 1985.

김기섭, 「"삼국사기" '백제본기'에 보이는 말갈과 낙랑의 위치에 대한 재검토」『청계사학』8, 1991.

김기섭, 「백제의 요서경략설: 4세기를 중심으로」『한국 고대의 고고와 역사』, 학연문화사, 1997.

김기웅, 「배천산성 답사보고」『고고민속』, 1966 - 1.

김기웅, 「三國時代 武器小考」『韓國學報』5, 1976.

김기흥, 「고구려의 성장과 대외교역」, 서울대학교 석사학위논문, 1984.

김기흥, 「부조예군에 대한 고찰」『韓國史論』12, 서울대 국사학과, 1985.

김기흥, 「高句麗의 成長과 對外交易」『韓國史論』16집, 1987.

김기흥, 「高句麗의 國家形成」『韓國古代國家의 形成』, 민음사, 1990.

김길식, 「부여 송국리 유적의 발굴조사 개요와 성과」『마을의 고고학』, 1994.

김대환, 「古墳資料로 본 新羅의 國家 形成」『국가형성의 고고학』, 한국고고학회 편, 서울: 사회평론, 2008.

김동우, 「발해의 지방통치체제와 首領」『韓國史學報』1, 高麗史學會, 1996.

김동우, 「渤海의 地方統治體制 운영과 그 변화」『韓國史學報』24, 고려사학회, 2006.

김두철, 「무기 무구 및 마구를 통해 본 가야의 전쟁」『가야 고고학의 새로운 조명』, 부산대학교 한국민족문화연구소 편, 혜안, 2003.

김두철, 「4세기 후반~5세기 초 고구려 가야 왜의 무기 무장체계 비교」『광개토대왕비와 한일관계』, 한일관계사연구논집 편찬위원회 편, 景仁文化社, 2005.

김두철, 「삼국시대 철촉의 연구」『백제연구』43, 2006.

김미경, 「高句麗의 樂浪·帶方地域 進出과 그 支配形態」『學林』17, 연세대학교, 1996.

김미경, 「高句麗의 沃沮服屬과 그 性格」『韓國史의 構造와 展開』(河炫綱敎授定年紀念論叢), 하현강교수정년기념논총간행위원회, 2000.

김병남, 「"삼국사기" 초기 기록의 말갈에 대한 재검토」『전북사학』23, 전북사학회, 2000.

김병남, 「백제 웅진시대의 북방 영역」『백산학보』64, 2002.

김병남, 「백제 근초고왕대의 가야 진출과 신라의 대응」『대동사학』2, 2003.

김병남, 「백제 근초고왕대의 남방정벌」『한일관계사연구』15, 2003.

김병모, 「한국의 청동기문화연구」『한국학보』81, 일지사, 1995.

김병주, 「羅濟同盟에 관한 研究」『韓國史研究』46, 1984.

김병준, 「중국 고대 簡牘자료를 통해 본 낙랑군의 군현지배」『歷史學報』189, 2006.

김병환, 「고구려 요동 방어체계 연구」『군사연구』 125집, 육군군사연구소, 2008. 김복순, 「당의 침공과 고구려 멸망의 고찰」『군사』 13, 국방부전사편찬위원회, 1986.

김복순, 「삼국의 첩보전과 승려」『한국불교문화사상사』, 1992.

김석구, 「이순신 장군의 용병술 연구」『군사연구』 116집, 육군군사연구소, 1995.

김선민, 「唐太宗의 對外膽賑政策」『東亞細亞의 人間像』(황원구정년기념논총), 혜안, 1995.

김선민, 「隋 煬帝의 軍制改革과 高句麗遠征」『東方學志』 119, 연세대학교 國學研究院, 2003.

김선욱, 「高句麗의 隋·唐關係 研究-朝貢記事의 檢討를 中心으로-」『논문집』 11, 충남대학교 인문과학연구소, 1984.

김선욱, 「高句麗의 隋唐關係 研究-靺鞨을 中心으로-」『百濟研究』 16, 충남대학교 백제연구소, 1985.

김성남·우정연, 「오이도 원삼국토기의 성격」『백제연구』 제40집, 2004.

김성태, 「삼한시대 병기소유의 계층성에 대하여-영남지방 출토병기를 중심으로 -」『문화재』 31, 문화재관리국, 1998.

김성태, 「삼국시대 도검의 연구」『인하사학』 8, 2001.

김성태, 「삼국시대 鐵鉾의 연구」『사림』 16, 2003.

김성태, 「달전리 유적」『한국의 고고학』, 주류성, 2006.

김성호, 「발해의 당나라와의 국교관계수립과 흑수말갈원정에 대하여」『발해사연구론문선집』 2, 과학백과사전종합출판사, 1997.

김세기, 「대가야 묘제의 변천」『가야사연구』, 경상북도, 1995.

김세기, 「加耶의 殉葬과 王權」『加耶諸國의 王權』, 新書苑, 1997.

김수태, 「高麗初 忠州地方의 豪族: 忠州劉氏를 중심으로」『충청문화연구』 1, 한남대 충청문화연구소, 1989.

김수태, 「3세기 중·후반 백제의 발전과 마한」『馬韓史研究』, 충북대출판부, 1998.

김수태, 「全州 遷都期 甄萱政權의 變化」『韓國古代史研究』 15, 한국고대사학회, 1999.

김수태, 「백제의 대외교섭권 장악과 마한」『백제연구』 33, 2001.

김승옥, 「한성백제의 형성과정과 대외관계」『백제사상의 전쟁』, 백제연구소편, 서경문화사, 2000.

김승옥, 「청동기시대 주거지의 편년과 사회변천」『한국고고학보』 60집, 2006.

김악기, 「高句麗 후기의 군사편제와 可邏達」『仁荷史學』 10, 仁荷歷史學會, 2003.

김양옥, 「삼한의 형성과 문화적 배경 - 변, 진한을 중심으로 -」『국사관논총』 13, 1990.

김영관, 「삼국쟁패기 아단성의 위치와 영유권」『고구려연구』 5, 1998.

김영관, 「羅唐聯合軍의 百濟侵攻戰略과 百濟의 防禦戰略」『STRATEGY 21』 제2권 제2호, 1999.

김영관, 「百濟의 熊津遷都 背景과 漢城經營」

『충북사학』11 · 12合, 2000.

김영덕, 「백제의 담로」『한국민족학연구』 5, 2001.

김영심, 「백제의 성 · 촌과 지방통치」『백제연구』 28, 1998.

김영심, 「사비도성의 행정구역 편제」『사비도성과 백제의 성곽』, 국립부여문화재연구소, 2000.

김영심, 「관산싱전투 진후 시기 대가야, 백제와 신라의 대립」『5~6세기 동아시아의 국제정세와 대가야』(대가야학술총서 5), 2007.

김영주, 「고구려 고국원왕대의 대전연관계」『북악사론』 4, 국민대학교 국사학과, 1997.

김영하, 「高句麗의 巡狩制」『역사학보』 106, 역사학회, 1985.

김영하, 「삼국과 남북국의 사회성격」『한국사』 3, 한길사, 1994.

김영하, 「韓國 古代社會의 政治構造」『韓國史의 時代區分』, 신서원, 1995.

김영하, 「고구려의 발전과 전쟁」『대동문화연구』 32, 성균관대학교 대동문화연구원, 1998.

김영하, 「新羅의 百濟統合戰爭과 體制變化」『韓國古代史硏究』 16, 1999.

김용범, 「魏晉의 東北關係」(충남대석사학위논문), 1986.

김용선, 「高句麗琉璃王考」『歷史學報』 87, 1980.

김원룡, 「십이대영자의 청동단검묘 - 한국 청동기문화의 기원문제 -」『역사학보』 16, 역사학회, 1961.

김원룡, 「낙랑문화의 역사적 위치」『한국사의 재조명』, 독서신문사, 1977.

김윤우, 「新羅十停과 所在地名 變遷考」『경주사학』 7, 1988.

김윤우, 「광개토왕의 남하정복지에 대한 일고-관미성의 위치를 중심으로-」『차문섭 교수 화갑기념 사학논총』, 1989.

김윤우, 「都彌史話에 관한 歷史地理的 考察」『京畿鄕土史學』 8, 문화원 경기도지회, 2003.

김은국, 「渤海滅亡에 관한 재검토 - 거란 침공과 그 대응을 중심으로」『白山學報』 40, 1992.

김은숙, 「8세기의 新羅와 日本의 關係」『國史館論叢』 29, 1991.

김장석, 「충청지역의 선송국리 물질문화와 송국리유형」『한국상고사학보』 51호, 2006.

김장석, 「원시 시대의 전개와 사회의 복합화」『새로운 한국사 길잡이』, 지식산업사, 2008.

김정배, 「한국 청동기문화의 사적 고찰」『한국사연구』 6, 한국사연구회, 1971.

김정배, 「고조선의 재인식」『한국사론』 14, 국사편찬위원회, 1984.

김정배, 「高句麗와 新羅의 領域問題-順興地域의 考古學資料와 關聯하여-」『韓國史硏究』 61 · 62, 한국사연구회, 1988.

김정배, 「중국에서 발견되는 우리 나라 청동유물의 문제-석관묘의 검, 경, 옥을 중심으로 -」『선사와 고대』 1, 1991.

김정배, 「고조선의 변천」『한국사 4-초기국가 : 고조선, 부여, 삼한 -』, 국사편찬위원회, 1997.

김정배, 「동북아의 비파형동검문화에 대한 종합적 연구」『국사관논총』88집, 국사편찬위원회, 2000.

김정완, 「신라와 가야토기의 발생 및 변화과정」『한국고대의 토기』, 국립중앙박물관, 1997.

김정학, 「고조선의 청동기문화」『한국사 2(고대) - 민족의 성장 -』, 국사편찬위원회, 1977.

김정학, 「청동기의 전개」『한국사론』13, 국사편찬위원회, 1983.

김종수, 「삼국시대의 군사제도」『군사연구』131집, 육군군사연구소, 2011.

김종복, 「新羅 聖德王代의 浿江지역 진출 배경」『成大史林』12·13합집, 成大史學會, 1997.

김종복, 「발해 폐왕·성왕대 정치세력의 동향」『역사와 현실』41, 한국역사연구회, 2001.

김종복, 「발해시대 遼東지역의 귀속 문제」『史林』31, 2008.

김종수, 「新羅 中代 軍制의 구조」『韓國史硏究』126, 2004.

김종수, 「백제 군제의 성립과 정비」『역사교육』103, 2007.

김종완, 「南朝와 高句麗의 關係」『高句麗研究』14, 高句麗研究會, 2002.

김종원, 「渤海의 首領에 대하여-地方統治制 關聯하여-」『全海宗博士 華甲紀念 史學論叢』, 일조각, 1979.

김주성, 「성왕의 한강유역 점령과 상실」『백제 사상의 전쟁』(백제연구총서), 2000.

김주성, 「관산성 전투의 배경」『중원문화논총』12, 2008.

김주성, 「百濟 武王의 大耶城과 進出 企圖」『百濟研究』49, 2009.

김진광, 「발해의 군사제도」『발해의 역사와 문화』, 동북아역사재단, 2007.

김창석, 「唐의 東北亞 戰略과 三國의 對應」『軍史』47, 2002.

김창석, 「통일신라의 천하관과 대일(對日) 인식」『역사와 현실』56, 2005.

김철준, 「高句麗·新羅의 官階組織의 成立過程」『韓國古代社會研究』, 知識産業社, 1975.

김철준, 「'能步戰'과 '便鞍馬'」『韓㴋劤博士停年退任記念論叢』, 지식산업사, 1981.

김태식, 「後期加耶諸國의 성장기반 고찰」『釜山史學』11, 1986.

김태식, 「咸安 安羅國의 成長과 變遷」『韓國史研究』86, 韓國史研究會, 1994.

김태식, 「廣開土王陵碑文의 任那加羅와 '安羅人戍兵'」『韓國古代史論叢』6, 韓國古代社會研究所, 1994.

김태식, 「百濟의 加耶地域 關係史: 交涉과 征服」『百濟의 中央과 地方』, 忠南大學校 百濟研究所, 1997.

김태식, 「初期 古代國家論」『강좌 한국고대사 제2권』, 가락국사적개발연구원, 2003.

김태식, 「4世紀의 韓日關係史 -廣開土王陵碑文의 倭軍問題를 中心으로-」『韓日歷史共同研究報告書 제1권』, 韓日歷史共同研究委員會, 2005.

김태식, 「韓國 古代諸國의 對外交易 -加耶를 中心으로-」『震檀學報』101, 2006.

김태식, 「5~6세기 高句麗와 加耶의 관계」『북방사논총』11, 고구려역사재단, 2006.

김태식, 「新羅와 前期 加耶의 關係史」『韓國古代史研究』57, 한국고대사학회, 2010.

김한규, 「衛滿朝鮮關係 中國側史料에 대한 再檢討」『釜山女大論文集』8, 1980.

김헌선, 「동북아시아 곰신화 비교연구」『아시아문화』14, 한림대 아시아문화연구소, 1999.

김현구, 「日唐關係의 成立과 羅日同盟;『日本書紀』金春秋의 渡日 記事를 中心으로」『金俊燁教授 華甲紀念 中國學論叢』, 1983.

김현구, 「白村江 싸움 직후 일본의 大陸關係의 再開 -신라와의 관계를 중심으로」『日本歷史研究』8, 1998.

김현숙, 「고구려의 말갈지배에 관한 시론적 고찰」『한국고대사연구』6, 한국고대사연구회, 1992.

김현숙, 「延邊地域의 長城을 통해 본 高句麗의 東夫餘支配」『國史館論叢』88, 국사편찬위원회, 2000.

김현숙, 「4 6세기경 小白山脈 以東地域의 領域向方」『韓國古代史研究』26, 한국고대사연구회, 2002.

김현숙, 「6~7세기 高句麗史에서의 靺鞨」『강좌한국고대사』10, 가락국사적개발연구원, 2003.

김현숙, 「웅진시기 백제와 고구려의 관계」『고대 동아세아와 백제』, 2003.

김호동, 「古代遊牧國家의 構造」『講座 中國史』2, 지식산업사, 1989.

김호동, 「唐의 羈縻支配와 北方 遊牧民族의 對應」『歷史學報』137, 1993.

김호상, 「新羅 王京의 金城 研究」『慶州史學』18, 1999.

김희만, 「新羅 神文王代의 政治狀況과 兵制」『신라문화』9, 1992.

김희선, 「高句麗의 漢江流域 進出과 그 防禦體系-漢江流域의 高句麗 關防 遺蹟과 관련하여-」『서울학연구』20, 서울시립대 서울학연구소, 2003.

깁갑동, 「신라와 백제의 관산성 전투」『백산학보』52, 1999.

남재우, 「廣開土王碑文에서의 '安羅人戍兵'과 安羅國」『成大史林』12 13합, 성균관대학교 사학과, 1997.

노중국, 「高句麗 百濟 新羅사이의 力關係變化에 대한 一考察」『東方學志』28, 연세대학교 국학연구원, 1981.

노중국, 「高句麗 對外關係史 研究의 現況과 課題」『東方學志』49, 연세대학교 國學研究院, 1985.

노중국, 「漢城時代 百濟의 地方統治體制」『邊太燮華甲紀念論叢』, 1986.

노중국, 「統一期 新羅의 百濟故地支配;『三國史記』職官志 · 祭祀志 · 地理志의 百濟關係記事 分析을 中心으로」『韓國古代史研究』1, 1988.

노중국, 「馬韓과 樂浪 · 帶方郡과의 군사 충돌과 目支國의 쇠퇴」『大邱史學』제71집, 2003.

노태돈, 「三國時代 '部'에 關한 研究」『韓國史論』2, 서울대 국사학과, 1975.

노태돈, 「高句麗의 漢水流域 喪失의 原因에 對하여」『韓國史研究』13, 韓國史研究

會, 1976.

노태돈, 「나대의 문객」『한국사연구』21 · 22, 1978.

노태돈, 「渤海 建國의 背景」『大丘史學』19, 대구사학회, 1981.

노태돈, 「5~6世紀 東亞細亞의 國際情勢와 高句麗의 對外關係」『東方學志』44, 延世大 國學研究院, 1984.

노태돈, 「渤海國의 住民構成과 渤海人의 族源」『韓國古代의 國家와 社會』, 歷史學會, 1985.

노태돈, 「扶餘國의 境域의 變遷」『國史館論叢』4, 1989.

노태돈, 「高句麗 · 渤海人과 內陸아시아 住民과의 交涉에 關한 一考察」『大東文化研究』23, 성균관대학교 大東文化研究所, 1989.

노태돈, 「고조선 중심지의 변천에 관한 연구」『한국사론』23, 서울대학교 국사학과, 1990.

노태돈, 「廣開土王碑」, 『譯註韓國古代金石文』1(古代社會研究所編), 1992.

노태돈, 「朱蒙의 出自傳承과 桂婁部의 起源」『韓國古代史論叢』5, 1993.

노태돈, 「5~7世紀 高句麗의 地方制度」『韓國古代史論叢』8, 가락국사적개발연구원, 1996.

노태돈, 「羅唐戰爭期(669~676) 新羅의 對外關係와 軍事活動」『軍史』34, 1997.

노태돈, 「북한 학계의 고조선사 연구동향」『한국사론』41 · 42(일계김철준선생10년주기추모논총), 서울대학교 인문대학 국사학과, 1999.

노태돈, 「나 · 당전쟁과 나 · 일관계」『전쟁과 동북아의 국제질서』, 일조각, 2006.

도수희, 「都彌傳의 泉城島에 대하여」『韓國地名研究』, 이회문화사, 1999.

류창환, 「백제 마구에 대한 기초적 연구」『백제연구』40, 2006.

리순진, 「부조예군 무덤에 대하여」『고고민속』1964-4, 사회과학출판사, 1964.

리순진, 「부조예군 무덤 발굴 보고」『고고학자료집』4, 과학백과사전출판사, 1974.

림호성, 「연해주에서 드러난 발해의 활과 화살에 대한 고찰」『조선고고연구』1994-1, 1994.

림호성, 「발해의 무기, 무장에 대하여」『과학백과사전종합출판사』(1998 백산자료원), 1997.

문명대, 「新羅 神印宗 研究」『震檀學報』41, 1976.

문안식, 「삼국사기 新羅本紀에 보이는 樂浪 · 靺鞨史料에 관한 검토」『傳統文化研究』5, 1997.

문안식, 「삼국사기 나 · 제본기의 말갈 사료에 대하여」『한국고대사연구』13, 한국고대사학회, 1998.

문안식, 「삼국시대 영서지역 토착세력의 추이-'삼국사기' 백제본기에 보이는 말갈세력을 중심으로-」『충북학』2, 충북개발연구원 충북학연구소, 2000.

문안식, 「백제의 마한복속과 지방지배방식의 변화」『한국사연구』120, 2003.

문안식, 「옥저의 기원과 대외관계의 변화」『역사학연구』32, 호남사학회, 2008.

민덕식, 「진천대모산성의 분석적 연구」『한국사연구』29, 1980.

민딕식, 「新羅王京의 防備에 關한 考察」『史學研究』39, 1987.

민덕식 ,「新羅王京의 都市設計와 運營에 關한 考察」『白山學報』33, 1987.

민덕식, 「羅·唐戰爭에 대한 考察-買肖城 전투를 중심으로-」『史學研究』40, 1989.

민덕식, 「철기시대의 유적 - 방어시설 -」『한국사 3 - 청동기문화와 철기문화 -』, 국사편찬위원회, 1997.

민덕식, 「성곽유적으로 본 백제 전기도성 연구」『서울학연구』9, 1998.

민현구, 「한국 군제사 연구의 회고와 전망」『史叢』26집, 1981.

박경민, 「고구려와 수당전쟁, 그전략적 역사적 의미」『군사연구』124집, 육군군사연구소, 2008.

박경철, 「高句麗 軍事力量의 再檢討」『白山學報』35, 백산학회, 1988.

박경철, 「高句麗軍事戰略考察을 위한 一試論-平壤遷都以後 高句麗軍事戰略의 志向點을 中心으로-」『史學研究』40, 1989.

박경철, 「부여국가의 지배구조 고찰을 위한 일시론」『한국고대사연구』9(고조선과 부여의 제문제 특집호), 한국고대사연구회 편, 신서원, 1996.

박경철, 「高句麗 異種族支配의 實相」『韓國史學報』15, 2003.

박노석, 「고구려 동천왕대 관구검의 침입」『韓國思想과 文化』20, 韓國思想文化學會, 2003.

박노석, 「서기 3세기의 고구려의 동해안 지역 진출」『全北史學』23, 전북사학회, 2000.

박노석, 「서기 3세기 초의 고구려와 魏의 외교 관계」『全北史學』24, 전북사학회, 2001.

박대재, 「백제초기 대신라 침공지역 재고」『공사논문집』42, 1998.

박대재, 「삼국사기 초기기사에 보이는 신라와 백제의 전투」『한국사학보』7, 1999.

박대재, 「고조선의 '왕'과 국가형성」『북방사논총』7, 고구려연구재단, 2005.

박대재, 「고조선과 연, 제의 상호관계 - 기원전 4세기말~3세기 초 전쟁기사를 중심으로」『사학연구』83, 한국사학회, 2006.

박대재, 「고조선의 왕과 연과의 전쟁」『고대 한국의 초기국가의 왕과 전쟁』, 경인문화사, 2006.

박방룡, 「都城·城址」『韓國史論』15, 1985.

박방룡, 「新羅王都의 守備; 慶州地域 山城을 中心으로」『신라문화』9, 1992.

박방룡, 「新羅 都城의 交通路」『慶州史學』16輯, 慶州史學會, 1997.

박선미, 「기원전 3~2세기 요동지역의 고조선문화의 명도전유적」『선사와 고대 - 청동기문화의 새로운 연구-』14, 한국고대학회, 2000.

박선미, 「전국-진, 한 초 화폐사용집단과 고조선의 관련성」『북방사논총』7, 고구려연구재단, 2005.

박성현, 「6~8세기 新羅 漢州 '郡縣城'과 그 성격」『韓國史論』47, 2002.

박성현, 「4세기 전후 신라의 토성 축조와 그 목적 -영남 지역 초기 토성의 성격-」

『韓國史研究』139, 2007.

박순발, 「마한 대외교섭의 변천과 백제의 등장」『백제연구』33, 2001.

박승규, 「慶南 西南部地域 陶質土器에 대한 硏究 -晉州式土器와 관련하여-」『慶尙史學』9, 경상대학교, 1993.

박시형, 「발해사 연구를 위하여」『력사과학』1962년 제1호, 과학백과사전출판사, 평양, 1962.

박양진, 「고고학에서 본 부여」『한국고대사연구』37, 한국고대사학회, 2005.

박원길, 「高句麗와 柔然·突厥의 關係」『高句麗研究』14, 高句麗研究會, 2002.

박장식, 「고구려의 철기제작 기술체계에 관한 연구」『고구려연구』18, 고구려연구회, 2004.

박준형, 「고조선의 해상교역로와 내이」『북방사논총』10, 고구려연구재단, 2006.

박진숙, 「渤海 宣王代의 對日本外交」『韓國古代史研究』14, 1998.

박진숙, 「渤海의 地方支配와 首領」『國史館論叢』97, 2002.

박진욱, 「발해의 마구에 대하여」『조선고고연구』1998-4, 1998.

박찬규, 「마한세력의 분포와 변천」『용암 차문섭교수 화갑기념 사학논총』, 1989.

박찬규, 「백제 웅진초기 북경문제」『사학지』24, 1991.

박찬규, 「백제의 마한사회 병합 연구」『국사관논총』95, 2001.

박천수, 「大伽耶의 古代國家 形成」『碩晤尹容鎭敎授停年退任紀念論叢』, 1996.

박천수, 「대가야의 역사와 유적」『가야문화도록』, 경상북도, 1998.

박천수, 「器臺를 통하여 본 加耶勢力의 동향」『가야의 그릇받침』, 국립김해박물관, 1999.

박태우, 「統一新羅時代의 地方都市에 對한 硏究」『百濟硏究』18, 1987.

박태홍, 「전남 동부지역 백제산성의 분포와 그 의미」『한국상고사학보』56, 2006.

박한제, 「중국역대 수도의 유형과 사회변화」『역사와도시』, 서울대출판부, 2000.

박현숙, 「百濟 軍事組織의 整備와 그 性格」『史叢』47輯, 고대사학회, 1988.

박현숙, 「백제 군사조직의 정비와 그 성격-사비시대를 중심으로-」『사총』47, 1999.

박형표, 「淵蓋蘇文의 西征國策과 對唐戰役」『學術誌』10, 建國大學校 學術研究院, 1969.

방동인, 「「三國史記」地理志의 郡縣 考察-九州所管郡縣의 漏記를 中心으로-」『史學研究』23, 1973.

방동인, 「浿江鎭의 管轄範圍에 關하여」『靑坡盧道陽博士古稀紀念論文集』, 1979.

방상현, 「渤海의 唐나라 攻擊小考」『白山學報』38, 1991.

방학봉, 「渤海의 五京에 대하여」, 『歷史敎育』53, 1993.

방학봉, 「발해의 무기에 대하여」『史學研究』58·59, 1999.

방학봉, 「발해유적과 발해군사문제에 관한 연구」『발해의 유물유적下』, 천지출판사, 2003.

배종도, 「新羅下代의 地方制度 개편에 대한 고

찰」『學林』11, 연세대 사학연구회, 1989.

백승충, 「1 3세기 가야세력의 성격과 그 추이-수로집단의 등장과 포상팔국의 난을 중심으로-」『부대사학』13, 1989.

백승충, 「변한의 성립과 발전 - 변진구야국의 성격과 관련하여 -」『한국고대사연구』10(삼한의 사회와 문화 특집호), 한국고대사연구회 편, 신서원, 1995.

백승충, 「日本書紀 神功紀 소재 한일관계 기사의 성격」『광개토대왕비와 한일관계』, 한일관계사연구논집 편찬위원회편, 경인문화사, 2005.

백종오, 「백제 한성기 육계토성에 대하여」『국립공주박물관기요』5, 2006.

백종오, 「인천연안의 고대 성곽에 대하여」『문화사학』27, 2007.

변태섭, 「丹陽眞興王拓境碑의 建立年代와 性格」『史學志』12, 1978.

서병국, 「渤海와 新羅의 國境線 研究-東海岸地域을 中心으로-」『關東大 論文集』9, 1981.

서영교, 「新羅 長槍幢에 대한 新考察」『慶州史學』17, 1998.

서영교, 「羅唐戰爭과 吐蕃」『東洋史學研究』79, 2002.

서영교, 「羅唐戰爭期 唐兵法의 導入과 그 意義」『韓國史研究』116, 2002.

서영교, 「나당전쟁기 石門전투」『東國史學』38, 2002.

서영교, 「고구려의 對唐戰爭과 내륙아시아 제민족-안시성전투와 설연타-」『軍史』49, 국방부 군사편찬연구소, 2003.

서영교, 「고구려 기병과 鐙子-고구려 고분벽화 분석을 중심으로-」『歷史學報』181, 歷史學會, 2004.

서영교, 「高句麗 壁畵에 보이는 高句麗의 戰術과 武器」『高句麗研究』17, 學研文化社, 2004.

서영교, 「황산벌 결전 직전의 국제정세」『군사연구』131집, 육군군사연구소, 2011.

서영남, 「봉황대 유적의 성격」『金海鳳凰臺遺蹟』, 釜山大學校博物館, 1998.

서영수, 「廣開土王陵碑文의 '朝貢' 記事에 對하여」『第24會 全國歷史學大會發表要旨』, 전국역사학대회준비위원회, 1981.

서영수, 「廣開土大王陵碑文의 征服記事 再檢討(上)」『歷史學報』96, 歷史學會, 1982.

서영수, 「廣開土大王陵碑文의 征服記事 再檢討(中)」『歷史學報』119, 歷史學會, 1988.

서영수, 「廣開土大王碑文의 연구사적 검토」『고구려연구』1, 고구려연구회, 1995.

서영수, 「위만조선의 형성과정과 국가적 성격」『한국고대사연구』9(고조선과 부여의 제문제 특집호), 한국고대사연구회 편, 신서원, 1996.

서영수, 「고조선의 대외관계와 강역의 변동」『동양학』29, 동양학연구소, 1999.

서영수, 「高句麗와 三國의 關係-위진과의 외교와 전쟁을 중심으로-」『高句麗研究』14, 高句麗研究會, 2002.

서영수, 「고조선의 발전과정과 강역의 변동」『백산학보』76, 백산학회, 2006.

서영일, 「5 6세기의 고구려 동남경 고찰」『사학지』24, 단국대학교 사학회, 1991.

서영일, 「新羅五通考」『白山學報』52, 백산학회, 1999.

서영일, 「中原高句麗碑에 나타난 高句麗 城과 國防體系」『高句麗研究』10(中原高句麗碑 研究), 고구려연구회, 2000.

서영일, 「6 7세기 고구려 남경 고제」『高句麗研究』11, 고구려연구회, 2001.

서영일, 「한성시대의 백제 북방교통로」『문화사학』21, 2004.

서영일, 「한성 백제시대 산성과 지방통치」『문화사학』24, 2005.

서일범, 「북한 경내 고구려 성 분포와 연구현황」『고구려연구』8(고구려산성연구), 고구려연구회, 1999.

서정석, 「백제 사비도성의 구조」『국사관논총』104, 2004.

서정흠, 「明末 建州女直과 八旗制의 起源」『歷史敎育論集』2, 경북대 사범대학 역사교육과, 1981.

선석열, 「"삼국사기" '신라본기' 상대 말갈기사의 검토 -초기기록의 기년을 중심으로-」『부대사학』17, 1993.

선석열, 「加耶の鐵と倭の南北市□」『古代東アヅアにおける倭と加耶の交流』(國立歷史民俗博物館研究報告書 第110集), 2004.

성정용, 「後百濟 都城과 防禦體系」『후백제와 견훤』, 百濟硏究所, 2000.

성정용, 「4~5세기 백제의 지방지배」『한국고대사연구』24, 2001.

성정용, 「고악산성과 마로산성 출토 마구에 대하여」『호남고고학』27, 2007.

성주탁, 「百濟 炭峴 小考; 金庾信將軍의 百濟攻擊路를 中心으로」『백제논총』2, 1990.

손병현, 「고조선에 대한 고고학적 연구」『인문과학』28, 성균관대학교 인문과학연구소, 1998.

손영종, 「발해의 서변에 대하여 (1)」『력사과학』1980-2, 과학백과사전출판사, 평양, 1980.

손영종, 「중원고구려비에 대하여」『력사과학』, 1985-2.

송계현, 「낙동강 하류역의 고대 철생산」『가야제국의 철』, 인제대학교 가야문화연구소 편, 신서원, 1995.

송계현, 「우리나라 甲冑의 變化」『고대 전사와 무기』, 부산복천박물관, 1999.

송계현, 「전쟁의 양상과 사회의 변화」『고대의 전쟁과 무기』, 부산복천박물관, 2001.

송기호, 「발해 멸망기의 대외관계; 거란, 후삼국과의 관계를 중심으로」『韓國史論』17, 서울대학교 인문대학 국사학과, 1987.

송기호, 「東아시아 國際關係 속의 渤海와 新羅」『韓國史市民講座 제5집』, 一潮閣, 1989.

송기호, 「발해 城地의 조사와 연구」『韓國史論』19, 국사편찬위원회, 1989.

송기호, 「발해의 초기 도읍지와 천도 과정」『于江權兌遠敎授停年紀念論叢 民族文化의 諸問題』, 1994.

송기호, 「渤海 首領의 性格」『金容燮敎授停年紀念』韓國史學論叢 2, 1997.

송기호, 「渤海의 地方統治와 그 실상」, 『韓國古代史研究』 11-韓國 古代社會의 地方支配, 신서원, 1997.

송기호, 「부여사 연구의 쟁점과 자료 해석」, 『한국고대사연구』 37, 한국고대사학회, 2005.

송만영, 「중부지방 원삼국시대~한성백제시대 전쟁양상의 변화-화재주거지 자료를 중심으로-」, 『한국고고학보』 43, 2001.

송순탁, 「고조선에 의한 조선중남부지역의 통합과 진국의 분리」, 『력사과학』 176, 과학백과사전출판사, 2000.

송순탁, 「대동강유역 청동기시대문화의 성격에 대하여」, 『단군학연구』 8, 단군학회, 2003.

송완범, 「8세기 중엽 '新羅征討' 계획으로 본 古代日本의 對外方針」, 『韓日關係史研究』 25, 2006.

송호정, 「요동~서북한지역에서 고조선의 국가형성」, 『역사와 현실』 21, 역사비평사, 1996.

송호정, 「부여의 대외 관계」, 『한국사 4』, 국사편찬위원회, 1997.

송호정, 「부여의 문화」, 『한국사 4 - 초기국가 : 고조선, 부여, 삼한 -』, 국사편찬위원회, 1997.

송호정, 「부여의 성장과 대외관계」, 『한국사 4 - 초기국가 : 고조선, 부여, 삼한 -』, 국사편찬위원회, 1997.

송호정, 「부여의 정치와 사회」, 『한국사 4 - 초기국가 : 고조선, 부여, 삼한 -』, 국사편찬위원회, 1997.

송호정, 「고조선 중심지 및 사회성격 연구의 쟁점과 과제」, 『한국고대사논총』 10, 한국고대사회연구소, 2000.

송호정, 「고조선, 부여의 국가구조와 정치운영 -부 및 부체제론과 관련하여-」, 『한국고대사연구』 17(특집 : 한국고대사의 부), 한국고대사학회, 2000.

송호정, 「기원전 5~4세기 초기 세형동검문화의 발생과 고조선」, 『선사와 고대 - 청동기문화의 새로운 연구-』 14, 한국고대학회, 2000.

송호정, 「요동~서북한 지역에서 세형동검문화의 발생과 고조선의 국가형성연구」, 『한국상고사학보』 40, 한국상고사학회, 2003.

송호정, 「대릉하류성 은주 청동례기 사용 집단과 기자조선」, 『한국고대사연구』 38, 한국고대사학회, 2005.

신경철, 「金海禮安里 160號墳에 對하여 -古墳의 發生과 관련하여-」, 『伽耶考古學論叢』 1, 駕洛國史蹟開發研究院, 1992.

신경철, 「加耶 初期馬具에 대하여」, 『釜大史學』 18, 1994.

신경철, 「金海大成洞 · 東萊福泉洞古墳群 點描 -金官加耶 이해의 一端-」, 『釜大史學』 19, 1995.

신경철, 「백제의 甲冑에 대하여」, 『백제사상의 전쟁』, 충남대 백제연구소, 2001.

신재현, 「고구려 강성기 서·북만 고토 수복전략 분석」, 『군사연구』 125집, 육군군사연구소, 2008.

신형식, 「羅末麗初의 宿衛學生」, 『韓國古代史의 新研究』, 一潮閣, 1984.

신형식, 「統一新羅의 對日關係」『統一新羅史研究』, 삼지원, 1990.

신형식, 「新羅의 發展과 漢江」『韓國史研究』 77, 한국사연구회, 1992.

신호철, 「新羅末 高麗初 昧谷城(懷仁)將軍 襲直」『호서문화연구』 10, 1992.

신호철, 「後三國期 忠北地方의 豪族勢力」『金顯吉敎授停年紀念논총』, 1997.

신호철, 「후삼국 건국세력과 청주 지방세력」『신라 서원소경 연구』, 서경문화사, 2001.

심광주, 「南韓地域의 高句麗 遺蹟」『고구려연구』 12輯, 2001.

심봉근, 「주변지역 청동기문화와의 비교 -일본-」『한국사 3 - 청동기문화와 철기문화 -』, 국사편찬위원회, 1997.

심정보, 「百濟復興軍의 主要據點에 관한 硏究」『百濟硏究』 14, 1983.

안신원, 「청동기를 통해 본 한, 중관계」『한국선사고고학보』 11, 한국선사고고학회, 2005.

안재호, 「鐵鎌의 變化와 劃期」『伽耶考古學論叢』 2, 서울: 駕洛國史蹟開發硏究院, 1997.

안춘배, 「廣開土大王陵碑文 硏究 I -碑文의 文段과 解釋을 중심으로-」『歷史考古學誌』 8, 1992.

양기석, 「웅진시대 백제 지배층연구」『사학지』 14, 1980.

양기석, 「新羅 五小京의 設置와 西原京」『湖西文化研究』 11, 1993.

양기석, 「관산성 전투의 양상과 영향」『중원문화논총』 12, 2008.

양병룡, 「羅唐戰爭의 進行過程에 보이는 高句麗遺民의 對唐戰爭」『史叢』 46, 1997.

여호규, 「3C후반-4C전반 고구려의 교통로와 지방통치조직」『한국사연구』 91, 한국사연구회, 1995.

여호규, 「고구려 초기 병력동원체계」『군사』 36, 국방군사연구소, 1998.

여호규, 「국내성기 고구려의 군사방어체계」『한국군사사연구』 1, 국방군사연구소, 1998.

여호규, 「고구려 중기의 무기 체계와 병종구성」『한국군사사연구』 2, 국방군사연구소, 1999.

여호규, 「고구려 후기의 군사방어체계와 군사전략」『한국군사사연구』 3, 국방군사연구소, 1999.

여호규, 「4세기 동아시아 국제질서와 고구려 대외정책의 변화」『역사와 현실』 36, 2000.

여호규, 「백제의 요서진출설 재검토-4세기 후반 부여계 인물의 동향과 관련하여-」『진단학보』 91, 2001.

여호규, 「한국 고대의 지방도시 - 신라 5小京을 중심으로」『강좌 한국고대사 7』, 2002.

여호규, 「한성시기 백제의 도성제와 방어체계」『백제연구』 36, 2002.

여호규, 「고구려 초기의 梁貊과 小水貊」『韓國古代史硏究』 25, 한국고대사학회, 2002.

여호규, 「6세기말~7세기초 동아시아 국제질서와 고구려 대외정책의 변화」『역사와 현실』 46, 한국역사연구회, 2002.

여호규, 「고구려 초기 對山戰爭의 전개과정과 그 성격」 『동북아역사논총』 15, 2007.

연민수, 「廣開土王碑文에 보이는 倭關係 記事의 檢討」 『東國史學』 21, 동국사학회, 1987.

연민수, 「廣開土王碑文에 보이는 對外關係-高句麗의 南方經營과 國際關係論-」 『한국고대사연구』 10(삼한의 社會와 文化 특집호), 韓國古代史研究會 · 신서원, 1995.

오강원, 「고조선 위치 비정에 관한 연구사적 검토」 『백산학보』 48, 백산학회, 1997.

오강원, 「요령-서북한지역 중세형동검에 관한 연구」 『청계사학』 16 · 17, 한국정신문화연구원 청계사학회, 2002.

유리 니키틴, 「수이푼 강 연안 체르냐티노 5 발해 武將 古墳」 『고조선 · 고구려 · 발해 발표 논문집』, 고구려연구재단, 2005.

유원재, 「삼국사기 위말갈고」 『사학연구』 29, 한국사학회, 1979.

윤덕향, 「청동기시대의 유물 - 석기 -」 『한국사 3 - 청동기문화와 철기문화 -』, 국사편찬위원회, 1997.

윤명철, 「강화지역의 해양방어체제연구-관미성 위치와 관련하여-」 『사학연구』 58 · 59합집(내운최근영박사정년기념논문집), 한국사학회, 1999.

윤무병, 「한국 청동단검의 형식분류」 『진단학보』 29 · 30합, 진단학회, 1966.

윤무병, 「역사도시 경주의 보존에 대한 조사」 『文化財의 科學的 保存에 대한 研究』 (1), 과학기술처, 1970.

윤무병, 「철기(청농기문화)」 『한국사 1(고대) - 한국의 선사문화 -』, 국사편찬위원회, 1973.

윤무병, 「청동기(청동기문화)」 『한국사 1(고대) - 한국의 선사문화 -』, 국사편찬위원회, 1973.

윤무병 · 박태우, 「五小京의 位置 및 都市構造에 대한 一考察」 『中原京과 中央塔』, 1992.

윤선태, 「752년 신라의 대일교역과 『바이시라기모쯔게(買新羅物解)』」 『역사와 현실』 24, 1997.

윤선태, 「馬韓의 辰王과 臣濆沽國」 『百濟研究』 제34집, 2001.

윤용구, 「樂浪前期 郡縣支配勢力의 種族系統과 性格」 『歷史學報』 126, 1990.

윤용구, 「『三國志』 韓傳 대외관계기사에 대한 일고찰」 『馬韓史研究』, 충남대출판부, 1998

윤용구, 「三韓의 對中交涉과 그 性格」 『국사관논총』 85, 1999.

윤용구, 「삼한의 조공무역에 대한 일고찰 -한대 낙랑군의 교역형태와 관련하여-」 『역사학보』 162, 역사학회, 1999.

윤용구, 「三韓과 樂浪의 교섭」 『韓國古代史研究』 34, 2004.

윤용구, 「새로 발견된 낙랑 목간」 (제95회 한국고대사학회 정기발표회 자료집), 2007.

윤용진, 「석기, 골각기(청동기문화)」 『한국사 1(고대) - 한국의 선사문화 -』, 국사편찬위원회, 1973.

윤용혁, 「나말여초 洪州의 등장과 運州城主 兢

俊」『한국중세사연구』22, 2007.

윤일영, 「관미성위치고-광개토대왕비문, 삼국사기, 대동지지를 바탕으로 -」『북악사론』2, 1990.

윤일영, 「신라가 대백전시(서기660) 투입하였던 부대 수, 병력 수, 부대편제, 전투대형」『군사학연구』5, 대전대학교 군사연구원, 2007.

윤재운, 「新羅 下代 鎭의 再檢討」『史學硏究』58 59, 1999.

윤정희, 「소가야토기의 성립과 전개」, 경남대학교 대학원 석사학위논문, 1997.

윤희면, 「新羅 下代의 城主 將軍-眞寶城主 洪術과 載岩城將軍 善弼을 中心으로-」『韓國史硏究』39, 1982.

이강래, 「'삼국사기'에 보이는 말갈의 군사활동」『영토문제연구』2, 고려대학교 영토문제연구소, 1985.

이강래, 「『三國史記』의 靺鞨 認識」『白山學報』52, 1999.

이강승·조유전, 「청동기시대 유적의 분포」『한국사 3-청동기문화와 철기문화-』, 국사편찬위원회, 1997.

이건무, 「청동기시대의 유물-청동기-」『한국사 3-청동기문화와 철기문화-』, 국사편찬위원회, 1997.

이근우, 「백제의 방군성제 관련사료에 대한 재검토」『한국 고대의 고고와 역사』, 학연문화사, 1997.

이기동, 「新羅 內勿王系의 血緣意識」『歷史學報』52·53 합집, 1972.

이기동, 「新羅 下代의 浿江鎭 -高麗王朝의 成立과 聯關하여」『新羅骨品制社會와 花郞徒』, 一潮閣, 1976.

이기동, 「新羅 下代의 王位繼承과 政治過程」『歷史學報』85, 역사학회, 1980.

이기동·이기백, 「城邑國家와 聯盟王國」『韓國史講座』(古代篇), 一潮閣, 1982.

이기동, 「張保皐와 그의 海上王國」『新羅社會史硏究』, 一潮閣, 1985.

이기동, 「廣開土王陵 碑文에 보이는 百濟關係記事의 檢討」『百濟硏究』17, 충남대학교 百濟硏究所, 1986.

이기동, 「歷史篇」『韓國學基礎資料選集-古代篇-』, 1987.

이기동, 「북한에서의 고조선 연구」『한국사시민강좌』2, 일조각, 1988.

이기동, 「百濟王國의 興亡」『百濟史硏究』, 일조각, 1996.

이기동, 「高句麗史 발전의 劃期로서의 4世紀-慕容 '燕'과의 항쟁을 통해서-」『東國史學』30, 동국대학교사학회, 1996.

이기동, 「于老傳說의 世界」『新羅社會史 硏究』, 일조각, 1997.

이기동, 「한국민족사에서 본 부여」『한국고대사연구』37, 한국고대사학회, 2005,

이기백, 「新羅私兵考」『新羅政治社會史硏究』, 一潮閣, 1957.

이기백, 「傳統社會와 兵制」『韓國學報』6, 일지사, 1977.

이기백, 「熊津時代 百濟의 貴族勢力」『백제연구』(특집호), 1982.

이기백, 「고조선의 국가형성」『한국사시민강좌』2, 일조각, 1988.

이기백, 「고대 한일관계사의 연구의 방향」『韓國古代史論』(증보판), 일조각, 1995.

이남규, 「1~3세기 낙랑지역의 금속기문화-철기를 중심으로-」『한국고대사논총』5, 한국고대사회연구소 편·가락국사적개발연구원, 1993.

이남규, 「주변지역 철기문화와의 비교-중국-」『한국사 3-청동기문화와 철기문화-』, 국사편찬위원회, 1997.

이남규, 「철기시대의 유물-철기생산기술-」『한국사 3-청동기문화와 철기문화-』, 국사편찬위원회, 1997.

이남규, 「한반도 고대국가 형성기 철제무기의 형성과 보급-중국과의 비교적 시각에서」『한국고대사연구』16, 1999.

이남규, 「한성백제기 철기문화의 특성」『백제연구』36, 충남대백제연구소, 2002.

이남석, 「경기·충청지역 분구묘의 검토」『분구묘의 신지평』, 전북대학교BK21사업단·전북대학교박물관, 2011.

이노우에 히데오, 「조선의 초기국가 - 3세기의 부여국 -」『동북대학교 일본문화연구소 연구보고』12, 동북대학교 일본문화연구소, 1976.

이도학, 「漢城末 熊津時代 百濟王系의 검토」『한국사연구』45, 1984.

이도학, 「永樂6年 廣開土王의 南征과 國原城」『孫寶基停年記念 韓國史學論叢』, 知識産業社, 1988.

이도학, 「高句麗의 洛東江流域 進出과 新羅·伽倻 經營」『國學研究』2, 국학연구소, 1988.

이도학, 「新羅의 北進經略에 관한 新考察」『慶州史學』7, 1990.

이도학, 「廣開土王陵碑文에 보이는 戰爭記事의 分析」『廣開土好太王碑研究 100年』(第2會 高句麗研究會 國際學術大會), 고구려연구회·학연문화사, 1996.

이도학, 「百濟復興運動의 시작과 끝, 任存城」『百濟文化』28, 1999.

이도학, 「廣開土王碑文에 보이는 地名比定의 재검토」『廣開土王碑文의 新研究』, 서라벌군사연구소, 1999.

이도학, 「百濟 復國運動과 遲受信, 그리고 黑齒常之」『전통문화논총』4, 2006.

이도학, 「弓裔의 北原京 占領과 그 意義」『東國史學』43, 2007.

이동복, 「金初 女眞社會의 構成」, 『역사학보』106집, 역사학회, 1985.

이동희, 「백제의 전남 동부 지역 진출의 고고학적 연구」『韓國考古學報』64집, 2007.

이룡범, 「遼代 東京道의 渤海遺民」『史叢』17·18, 고려대학교 사학회, 1973.

이명식, 「新羅 統一期의 軍事組織」『韓國古代史研究』1, 1988.

이문기, 「신라 시위부의 성립과 성격」『역사교육논집』9, 1986.

이문기, 「統一新羅期의「北鎭」과 軍事的 位相」『九谷黃鍾東教授停年 기념 논총』, 1994.

이문기, 「三國史記 武官條의 史料的 檢討」『新羅兵制史 研究』, 일조각, 1997.

이문기, 「景德王代 軍制改革의 實態와 新軍制의 運用」『新羅兵制史研究』, 一潮閣, 1997.

이문기, 「『三國史記』職官志 武官條의 內容과 性格」『新羅兵制史研究』, 一潮閣, 1997.

이문기, 「사비시대 백제의 군사조직과 그 운용」 『백제연구』 28, 1998.

이문기, 「7세기 후반 新羅의 軍制改編과 그 性格에 대한 一試論」 『韓國古代史研究』 16, 1999.

이문기, 「고구려 막리지의 관제적 성격과 기능」 『백산학보』 55, 白山學會, 2000.

이문기, 「甄萱政權의 軍事的 基盤 -특히 新羅 公兵組織의 再編과 關聯하여-」 『후백제와 견훤』, 百濟研究所, 2000.

이문기, 「新羅 文武王代의 軍事政策에 대하여」 『歷史教育論集』 32, 2004.

이백겸, 「論夏家店下層文化」 『紀念北京大學考古專業三十周年論文集』, 文物出版社, 1990.

이병도, 「廣開土王의 雄略」 『韓國古代史研究』, 박영사, 1976.

이병도, 「夫餘考」 『韓國古代史研究』, 博英社, 1976.

이병도, 「衛氏朝鮮 興亡考」 『韓國古代史研究』, 博英社, 1976.

이병도, 「玄菟郡考」 『韓國古代史研究』, 박영사, 1976.

이병호, 「백제 사비도성의 조영과정」 『한국사론』 47, 서울대 국사학과, 2002.

이부오, 「1~3세기 진왕의 성격 변화와 삼한소국의 대외교섭」 『신라사학보』 1, 신라사학회, 2004.

이상훈, 「唐의 軍事戰略을 통해 본 羅唐戰爭期의 買肖城 戰鬪」 『新羅文化』 29, 2007.

이상훈, 「羅唐戰爭期 伎伐浦 戰鬪와 薛仁貴」 『大丘史學』 90, 2008.

이성규, 「중국 군현으로서의 낙랑」 『낙랑 문화 연구』 (동북아역사재단 연구총서 20), 동북아역사재단, 2006.

이성시, 「군사조직과 지휘체계」 『백제사상의 전쟁』, 충남대 백제연구소, 2001.

이성제, 「영양왕 9년 高句麗의 遼西 攻擊」 『震檀學報』 90, 진단학회, 2000.

이성제, 「高句麗와 北齊의 關係-552년 流人 送還의 문제를 중심으로-」 『韓國古代史研究』 23, 한국고대사학회, 2001.

이성제, 「高句麗 長壽王代의 對宋外交와 그 意義」 『白山學報』 67, 白山學會, 2003.

이성제, 「高句麗 長壽王의 對北魏交涉과 그 政治的 의미-北燕을 둘러싸고 이루어진 對北魏關係의 전개-」 『歷史學報』 181, 歷史學會, 2004.

이성주, 「목관묘에서 목곽묘로 -울산 중산리유적과 다운동유적에 대한 검토-」 『신라문화』 14, 1997.

이성주, 「철기시대의 유물 - 철기유물 -」 『한국사 3 - 청동기문화와 철기문화 -』, 국사편찬위원회, 1997.

이영식, 「古代의 戰爭과 國家形成」 『한국고대사연구』 16, 1999.

이영택, 田溶新, 『韓國古地名辭典』, 고대민족문화연구소, 1993.

이영훈·손명조, 「고대 철, 철기 생산과 그 전개에 대한 고찰」 『한국고대사논총』 9, 한국고대사회연구소, 2000.

이용범, 「高句麗의 遼西進出 企圖와 突厥」 『史學研究』 4, 1959.

이용범, 「高句麗의 成長과 鐵」 『白山學報』 1, 백산학회, 1966.

이용범, 「渤海王國의 形成과 高句麗遺族 上」 『東國大學校 論文集』 10, 1972.

이용범, 「渤海王國의 形成과 高句麗遺族 下」 『東國大學校 論文集』 11, 1973.

이용빈, 「백제 5방제의 성립과정 연구」 『백산학보』 61, 2001.

이용현, 「五世紀末における加耶の高句麗接近と挫折」 『東アジアの古代文化』 90, 1997.

이용현, 「광개토왕 비문에 보이는 각군의 군사전략」 『군사』 39, 국방군사연구소, 1999.

이용현, 「統一新羅の傳達體系と'北海通'」 『朝鮮學報』 171, 조선학회, 일본, 1999.

이우성, 「南北國時代와 崔致遠」 『創作과 批評』 38, 창작과 비평사, 1975.

이인재, 「羅末麗初 北原京의 政治勢力 再編과 佛敎界의 動向」 『韓國古代史研究』 31, 2003.

이인철, 「新羅의 軍事組織과 그 運營實態」 『軍史』 28, 1994.

이인철, 「6~7世紀의 武器·武裝과 軍事組織의 編制」 『韓國古代史論叢』 7, 1995.

이인철, 「덕흥리벽화고분의 묵서명을 통해본 고구려의 유주경영」 『역사학보』 158, 역사학회, 1998.

이인철, 「고대국가의 군사조직과 그 운영」 『강좌 한국고대사』 2, 가락국사적개발연구원, 2003.

이잔수, 「高句麗 壁畫에 보이는 기사(騎射)에 關하여」 『高句麗研究』 17, 學研文化社, 2004.

이재성, 「契丹 '古八部' 聯盟의 形成과 解體」 『東國史學』 27, 1993.

이재성, 「4~5世紀 高句麗와 契丹」 『高句麗研究』 14, 高句麗研究會, 2002.

이재현, 「Ⅴ. 考察」 『蔚山下垡遺蹟-古墳Ⅰ』, 釜山大學校博物館, 1997.

이재현, 「弁韓社會의 形成과 發展」 『가야 고고학의 새로운 조명』, 부산대학교 한국민족문화연구소 편, 혜안, 2003.

이종수, 「길림성 중부지역 초기 철기시대 문화유적 연구」 『백제문화』 30, 공주대 백제문화연구소, 2001.

이종수, 「고고자료를 통해 본 부여의 대외 교류」 『선사와 고대』 제33호, 2010.

이종욱, 「百濟의 國家形成」 『대구사학』 11, 1976.

이종욱, 「高句麗初期의 政治的 成長과 對中國關係의 展開」 『東亞細亞의 比較研究』, 一潮閣, 1987.

이종욱, 「廣開土王陵碑 및 「三國史記」에 보이는 '倭兵'의 정체」 『韓國史市民講座』 11, 一潮閣, 1992.

이청규, 「세형동검의 형식분류 및 그 변천에 대하여」 『한국고고학보』 13, 한국고고학연구회, 1982.

이청규, 「요녕지방 청동기 연구의 몇가지 문제」 『박물관기요』 7, 1991.

이청규, 「청동기를 통해 본 고조선」 『국사관논총』 42, 1993.

이청규, 「철기시대의 사회와 경제」 『한국사 3 - 청동기문화와 철기문화 -』, 국사편찬위원회, 1997.

이청규, 「한중교류에 대한 고고학적 접근 - 청동기 시대에서 철기시대까지-」 『한국고대사연구』 32, 한국고대사학회, 2003.

이현숙, 「百濟盛矢具에 대한 檢討」『百濟文化』 28, 1999.

이현주, 「福泉洞古墳群의 武器副葬樣相을 통해 본 軍事組織의 形態」『博物館研究論集』 9, 부산박물관, 2002.

이현혜, 「삼한의 국읍과 그 성장에 대하여」『역사학보』 69, 역사학회, 1976.

이현혜, 「삼한사회의 농업생산과 철제농기구」 『역사학보』 126, 1990.

이현혜, 「마한 백제국의 형성과 지배집단의 출자」『百濟研究』 22, 1991.

이현혜, 「三韓의 對外交易體系」『李基白先生 古稀紀念 韓國史學論叢』(上), 一潮閣, 1994.

이현혜, 「철기보급과 정치세력의 성장-진, 변한지역의 정치집단을 중심으로-」『가야제국의 철』(가야연학술총서 1), 인제대학교 가야문화연구소 편, 신서원, 1995.

이현혜, 「金海地域의 古代 聚落과 城」『韓國古代史論叢』 8, 韓國古代社會研究所 編, 駕洛國史蹟開發研究院, 1996.

이현혜, 「3세기 馬韓과 伯濟國」『百濟의 中央과 地方』, 충남대백제연구소, 1997.

이현혜, 「동예의 사회와 문화」『한국사 4-초기국가 : 고조선, 부여, 삼한-』, 국사편찬위원회, 1997.

이현혜, 「삼한의 문화」『한국사 4-초기국가 : 고조선, 부여, 삼한-』, 국사편찬위원회, 1997.

이현혜, 「삼한의 정치와 사회」『한국사 4-초기국가 : 고조선, 부여, 삼한-』, 국사편찬위원회, 1997.

이현혜, 「옥저의 사회와 문화」『한국사 4-초기국가 : 고조선, 부여, 삼한-』, 국사편찬위원회, 1997.

이현혜, 「삼한의 대외교역체계」『한국 고대의 생산과 교역』, 일조각, 1998.

이현혜, 「한국 초기철기시대의 정치체 수장에 대한 고찰」『역사학보』 180, 역사학회, 2003.

이현혜, 「고고학 자료로 본 斯盧國 六村」『韓國古代史研究』 52, 2008.

이현혜, 「沃沮의 기원과 문화 성격에 대한 고찰」『한국상고사학보』 70호, 2010.

이형구, 「대릉하유역의 은말주초 청동기문화와 기자 및 기자조선」『한국상고사학보』 5, 1991.

이형구, 「발해연안 대릉하류역 기자조선의 유적, 유물」『한국고대사연구』 9(고조선과 부여의 제문제 특집호), 한국고대사연구회 편, 신서원, 1996.

이형구, 「서울 풍납동 백제왕성에 관한 연구」 『백제논총』 7, 2003.

이호영, 「삼국통일의 과정」『한국사 9 -통일신라-』, 국사편찬위원회, 1998.

이홍종, 「『삼국사기』 '말갈'기사의 고고학적 접근」『한국사학보』 5, 고려사학회, 1998.

이홍종, 「송국리문화의 문화접촉과 문화변동」 『한국상고사학보』 48호, 2005.

이홍직, 「羅末의 戰亂과 緇軍」『韓國古代史의 研究』, 新丘文化社, 1968.

이효형, 「『高麗史 소재 渤海關係 기사의 검토」

『지역과 역사』 11, 2002.

이희준, 「토기로 본 대가야의 권역과 그 변천」 『가야사연구』, 1995, 경상북도.

임기환, 「고구려와 수 당의 전쟁」 『한국사』 4(고대사회에서 중세사회로2), 한길사, 1994.

임기환, 「3~4세기초 위·진의 동방정책-낙랑군·대방군을 중심으로-」 『역사와 현실』 36, 2000.

임기환, 「中原高句麗碑를 통해 본 高句麗와 新羅의 關係」 『高句麗硏究』 10(中原高句麗碑 硏究), 고구려연구회, 2000.

임기환, 「고구려, 신라의 한강 유역 경영과 서울」 『서울학연구』 18, 서울시립대 서울학연구소, 2002.

임기환, 「報德國考」 『강좌 한국고대사 10』, 2003.

임기환, 「고구려와 낙랑군의 관계」 『韓國古代史硏究』 34, 한국고대사학회, 2004.

임기환, 「廣開土王碑에 보이는 百濟 관련 記事의 檢討」 『漢城百濟史料硏究』(한성백제연구총서1), 경기문화재단, 2005.

임기환, 「고구려본기 전거자료의 계통과 성격」 『한국고대사연구』 42, 2006.

임기환, 「고대의 강원도와 삼국의 역관계」 『강원도와 고구려』, 강원발전연구원, 2006.

임병태, 「新羅小京考」 『歷史學報』 35·36, 1967.

임병태, 「新羅의 三國統一」 『한국사 2』, 국사편찬위원회, 1981.

임상선, 「발해의 사회·경제구조」 『한국사 8』, 국사편찬위원회, 1997.

임상선, 「渤海의 遷都에 대한 考察」 『淸溪史學』 5, 청계사학회, 1988.

임상선, 「新羅時代의 서울지역 經營」 『鄕土서울』 61, 서울특별시사편찬위원회, 2001.

임상선, 「발해 '東京' 지역의 고구려 문화 요소」 『고구려연구』 25, 고구려연구회, 2006.

임상선, 「발해의 都城體制와 그 특징」 『韓國史學報』 24, 2006.

임상선, 「발해의 왕도 顯州와 中京 치소 西古城의 관계」 『고구려발해연구』 37, 고구려발해학회, 2010.

임영진, 「마한의 형성과 변천에 대한 고고학적 고찰」 『한국고대사연구』 10(삼한의 사회와 문화 특집호), 한국고대사연구회 편, 신서원, 1995.

임영진, 「積石塚으로 본 百濟 建國集團의 南下過程」 『선사와 고대』 19, 한국고대학회, 2003.

임효택, 「김해 양동리 제162호 토광목곽묘 발굴조사개요」(발굴지도위원회 현장보고자료), 1991.

장학근, 「新羅의 征服地 支配·防禦戰略-對唐戰爭을 中心으로-」 『軍史』 41, 2000.

전기웅, 「羅末麗初의 地方社會와 知州諸軍事」 『慶南史學』 4, 1987.

전덕재, 「新羅 下代 鎭의 設置와 性格」 『軍史』 35, 1997.

전덕재, 「尼師今時期 新羅의 成長과 6部」 『신라문화』 21, 2003.

전덕재, 「관산성 전투에 대한 새로운 고찰」 『신

라문화』 34, 2009.

전영래, 「百濟南方境域의 變遷」『千寬宇先生還曆紀念 韓國史學論叢』, 1985.

전해종, 「唐代均田考」『동아문화의 비교사적 연구』 27, 1976.

정경숙, 「新羅時代의 '將軍'의 成立과 變遷」『韓國史研究』 48, 1985.

정광용, 「삼국시대 철기유물의 제작기술 연구」『문화재』 35, 국립문화재연구소, 2002.

정석배, 「청동, 철기기대 중국북방의 단검」『한국고고학보』 32, 1995.

정석배, 「청동, 초기철기시대 중국북방지역 단검의 형식분류와 지역성 검토」『선사와 고대』 20, 한국고대학회, 2004.

정영진, 「延邊地域의 城郭에 대한 研究」『高句麗研究』 8, 1999.

정영진, 「渤海의 강역과 五京의 위치」『韓國史論 34 -한국사의 전개과정과 영토-』, 국사편찬위원회, 2002.

정영호, 「金庾信의 百濟攻擊路 研究」『史學志』 6, 단국대학교 사학회, 1972.

정영호, 「百濟 助川城考」『百濟研究』 3, 1972.

정영호, 「신라 남천정지의 연구」『변태섭교수 화갑기념논총』, 1986.

정영호, 「新羅關門城에 대한 小考」『古文化』 15, 1997.

정운용, 「5세기 고구려 세력권의 남한」『사총』 35, 고려대학교 사학회, 1989.

정운용, 『5~6世紀 新羅 對外關係史 研究』, 高麗大 博士學位論文, 1996.

정인성, 「지석묘문화에서 세형동검문화로의 이행」『전환기의 고고학 1』, 학연문화사,

2002.

정재윤, 「新羅의 百濟故地 점령 정책 -完山州 설치 배경을 중심으로-」『國史館論叢』 98, 2002.

정진헌, 「渤海 住民構成의 新解析-《類聚國史》의 渤海 史料를 중심으로-」『慶熙史學』 19, 1995.

정청주, 「弓裔의 豪族勢力」『전북사학』 10, 1986.

정청주, 「新羅末 高麗初 豪族의 形成과 變化에 대한 一考察; 平山朴氏의 一家門의 實例 檢討」『歷史學報』 18, 1988.

정청주, 「新羅末 高麗初의 羅州豪族」『全北史學』 14, 1991.

정청주, 「新羅末 高麗初 順天地域의 豪族」『全南史學』 18, 2002.

정효운, 「7세기대의 한일관계 연구-백강구전에의 왜군 파견을 중심으로-」『고고역사학지』 5 · 6합집, 1990.

제레뱐꼬 예. 이, 「고대 말갈전쟁의 무기」『극동 민족의 역사 고고와 민족학; 역사과학의 문제에 관한 8차 극동 회의 학술보고』 1, 1973.

조명일, 「전북 동부지역 봉수의 분포양상」『호남지역 문화유적 발굴성과』, 호남고고학회, 2004.

조법종, 「위만 조선의 대한 전쟁과 항한제후국의 성격」『선사와 고대』 14, 한국고대학회, 2000.

조법종, 「고조선의 영역과 그 변천」『한국사론』 34, 국사편찬위원회, 2002.

조원창, 「삼국시대 鍼에 관한 연구」『백제문화』 29, 2001.

조이옥, 「新羅水軍制의 確立과 三國統一」 『STRATEGY 21』 제2권 제2호, 1999.

조이옥, 「8~9世紀 新羅의 北方經營과 築城事業」『新羅文化』 34, 동국대학교 신라문화연구소, 2009.

조인성, 「남북국시대론-1960년대 초 북한의 고대사 인식을 중심으로-」『한국고대사연구』 47, 한국고대사학회, 2007.

조효식, 「낙동강 중류역 삼국시대 성곽의 분류와 특징」『古文化』 67, 한국대학박물관협회, 2006.

조효식, 「5세기 말 가야와 신라의 국경선」『한국 고대 사국의 국경선』, 김태식 외, 서경문화사, 2008.

존 · 씨 · 재미슨, 「羅唐同盟의 瓦解 - 韓中記事 取捨의 比較」『歷史學報』 44, 1969.

주보돈, 「新羅國家形成期 大邱社會의 動向」『韓國古代史論叢』 8, 1996.

주보돈, 「朴堤上과 5세기초 新羅의 정치 동향」『慶北史學』 21, 1998.

주보돈, 「5세기 高句麗 · 新羅와 倭의 관계」『왜 5왕 문제와 한일관계』(한일관계사연구논집3), 경인문화사, 2005.

채태형, 「료동반도는 발해국의 령토」『력사과학』, 1992-1, 과학백과사전출판사, 평양, 1992.

천관우, 「目支國考」『韓國史研究』 24, 1979.

천관우, 「광개토대왕릉비문 재론」『전해종박사 화갑기념 사학논총』, 일조각, 1979.

천관우, 「廣開土王의 征服活動에 對하여」『軍史』 創刊號, 國防部 戰史編纂委員會, 1980.

천관우, 「廣開土王代의 高句麗 領域에 대하여」『領土問題研究』 1, 고려대학교 민족문화연구소, 1983.

최근영, 「8~10世紀 新羅 地方勢力 形成의 實際와 그 性格」『사학지』 22, 1989.

최남선 편수, 『東京雜記』 卷2, 古蹟, 朝鮮光文會, 1913.

최몽룡, 「한국 동과에 대하여 - 특히 형식분류를 중심으로 -」『고고미술』 110, 한국미술사학회, 1971.

최몽룡, 「古代國家成長과 貿易」『韓國古代의 國家와 社會』, 一潮閣, 1985.

최몽룡 · 신숙정, 「초기철기시대 - 학설사적 검토 -」『국사관논총』 16, 1990.

최몽룡, 「한국 철기시대의 시대구분」『국사관논총』 50, 1993.

최몽룡, 「주변지역 청동기문화와의 비교-시베리아 및 극동지역-」『한국사 3-청동기문화와 철기문화-』, 국사편찬위원회, 1997.

최몽룡 외, 『동북아 청동기시대 문화연구』, 주류성, 2004.

최성락, 「철기문화를 통해서 본 고조선」『국사관논총』, 1992.

최성락, 「철기시대 유적의 분포」『한국사 3-청동기문화와 철기문화-』, 국사편찬위원회, 1997.

최영희, 「歷史的 背景」『雁鴨池』, 文化財管理局, 1978.

최의광, 「渤海 文王代의 大唐關係」『史叢』 50輯, 고대사학회, 1999.

최인선, 「전남 동부지역의 백제산성 연구」『문

화사학』 18.

최정필, 「신진화론과 한국상고사 해설의 비판에 대한 재검토」『한국고대국가형성론』, 학연문화사, 1997.

최종석, 「羅末麗初 城主·將軍의 정치적 위상과 城」『韓國史論』50, 2004.

최태길, 「발해국에서 사용한 "百姓"이란 단어에 대하여」『발해사연구』3(연변대학 발해사연구실 편), 연변대학출판사, 1992.

최현화, 『羅唐同盟의 性格 研究』, 동국대 석사학위논문, 1999.

하상양, 「발해의 地方統治體制-하나의 試論으로서」『東洋史研究』42-2, 1983.

하상양, 「渤海의 交通路와 五京」『국학연구』3, 국학연구소, 1990.

하일식, 「新羅統一期의 貴族私領과 郡縣制-關門城 築城時의 力役 編成 事例 分析-」『東方學志』122, 2003.

한국고대사회연구소 편, 「광개토왕릉비」『譯註韓國古代金石文 I』, 駕洛國史蹟開發研究院, 1992.

한국고대사회연구소 편, 「중원고구려비」『譯註韓國古代金石文 I』, 駕洛國史蹟開發研究院, 1992.

한국동북아역사재단·중국내몽고문물고고연구소, 『하가점상층문화의 청동기』, 한국동북아역사재단·중국내몽고문물고고연구소, 2007.

한규철, 「渤海國의 住民構成問題」『발해사 국제학술회의 – 발해의 민족형성과 연구사』(고려대학교 민족문화연구소 주최, 발표요지) 1993.

한규철, 「渤海國의 서쪽 경계에 관한 연구」『역사와 경계』47, 부산경남사학회, 2003.

한양대학교박물관, 「이성산성-제8차발굴조사 현장설명회」, 2000.

한정훈, 「신라통일기 육상교통망과 五通」『釜大史學』27, 부산대학교 사학회, 2003.

한준수, 「신라 中·下代 鎭·道·府의 설치와 체제 정비」『한국학논총』31, 2009.

호극, 「中國 水軍과 白江口 戰鬪」『百濟史上의 戰爭』, 忠南大學校百濟研究所, 2000.

홍보식, 「金官加耶의 성립과 발전 –참고자료를 중심으로-」『加耶文化遺蹟調査 및 整備計劃』, 경상북도·가야대학교 부설 가야문화연구소, 1998.

홍보식, 「고고학으로 본 금관가야-성립·위계·권역-」『고고학을 통해 본 가야』(제23회 한국고고학전국대회 발표요지), 한국고고학회, 1999.

홍사준, 「炭峴考 -階伯의 三營과 金庾信의 三道-」『歷史學報』35 36, 1967.

홍원기, 「高麗 二軍·六衛制의 性格」『韓國史研究』68, 1990.

황기덕, 「고조선 국가의 형성」『조선고고연구』, 1989.

황선영, 「新羅下代의 府」『한국중세사연구』1, 1994.

황선영, 「신라하대 김헌창 난의 성격」『부산사학』35, 1998.

황수진, 「三國時代 嶺南 出土 札甲의 研究」『한국고고학보』78, 한국고고학회, 2011.

(2) 국외

岡崎敬,「夫租薉君銀印をめぐる諸問題」『朝鮮學報』46, 朝鮮學會, 1968.

姜華昌·沈仲衡,「試論渤海國的軍事制度」『高句麗渤海研究集成4』, 1997.

高寬敏,「五世紀 新羅の北邊」『三國史記の原典的研究』, 雄山閣出版, 1996.

高橋學而,「渤海山城理解のために-その基礎的 檢討-」『百濟研究』20, 1989.

古畑徹,「日渤交涉開始期の東アジア政勢 -渤海對日通交開始要因の再檢討-」『朝鮮史研究會論文集』23, 1986.

古畑徹,「後期新羅·渤海の統合意識と境域觀」『朝鮮史研究會論文集』36, 1998.

菅谷博子,「安史の亂時期における渤海の遼東占領について」『紀要 法大大學院』40, 1998.

匡瑜,「戰國至兩漢的北沃沮文化」『黑龍江文物叢刊』1982-1.

旗田巍,「『三國史記』新羅本紀にあらわれた '倭'」『日本文化と朝鮮』2(朝鮮文化史編), 1975.

吉田光男,「『翰苑』註所引「高麗記」について」『朝鮮學報』85, 1977.

金子修一,「高句麗와 隋의 關係」『高句麗研究』14, 高句麗研究會, 2002.

大隅晃弘,「渤海の首領制 -渤海國家と東アジア世界」『新潟史學』17, 新潟大學人文學部, 1984.

大庭脩,「第三章 3,4世紀における遼東地域の動向」『古代中世における日中關係史の研究』, 1996.

董學增,「吉林蛟河縣新街福來東古城考」『博物館研究』2期, 1989.

藤島亥治郎,「朝鮮三國時代の都市と城」『日本古代史講座』4, 學生社, 1929.

藤田亮策,「新羅九州五京攷」『朝鮮學報』5, 朝鮮學會, 1953.

鈴木靖民,「渤海の首領に關する豫備的考察」『朝鮮歷史論集』上, 1979

李凭,「高句麗와 北朝의 關係」『高句麗研究』14, 高句麗研究會, 2002.

李成市,「新羅兵制における浿江鎭典」『學術論文集』11, 朝鮮學會, 1981.

李成市,「八世紀新羅·渤海關係の一視角」『古代東アジアの民族と國家』, 岩波書店, 1998.

馬德謙,「談談吉林龍潭山東團山一帶的漢代遺物」『北方文物』, 1991年 2期, 1991.

末松保和,「新羅幢停考」『新羅史の諸問題』, 東洋文庫, 1954.

木村誠,「統一新羅の郡縣制と浿江地方經營」『朝鮮歷史論集』上卷(旗田巍先生古稀記念會 編), 龍溪書舍, 1979.

木下禮仁,「五世紀以前の倭關係記事―『三國史記』を中心として」『倭人傳を讀む』(森浩一 編), 中公新書, 1982.

武國勛,「夫餘王城新考」『黑龍江文物叢刊』4期, 1983.

武田幸男,「廣開土王碑文辛卯年條の再吟味」『古代史論叢』上, 1978.

武田幸男,「牟頭婁一族と高句麗王權」『朝鮮學報』99·100, 1981.

白石太一郎,「古墳成立論」『古墳と古墳群の研究』, 塙書房, 2000.

濱田耕策,「渤海國の京府州郡縣制の整備と首

領の動向」『白山學報』52, 1999.

山口瑞鳳, 「チベット史文獻」『敦煌胡語文獻』講座敦煌 6(大東出版, 東京), 1985.

山尾幸久, 「任那に關する一試論」『古代東アジア史論集』下卷, 1978.

山尾幸久, 「日本古代王權の形成と日朝關係」『古代の日朝關係』, 塙書房, 1989.

三上次男, 「半拉城出土の 二佛并座像とその歷史的意義-高句麗と渤海を結ぶもの」『朝鮮學報』49, 조선학회, 일본, 1968.

石井正敏, 「初期日渤交涉における一問題 - 新羅征討計畫中止との關連をめぐって」『日本渤海關係史の研究』, 吉川弘文館, 1974.

石井正敏, 「渤海の 地方社會-『類聚國史』渤海沿革記事の檢討』『日本渤海關係史研究』, 吉川弘文館, 2001.

孫進己, 「渤海彊域考」『北方論叢』, 1982-4.

孫進己, 「渤海國的彊域與都城」『東北民族研究(1)』, 中州古籍出版社, 1984.

宋玉彬, 「渤海都城故址研究」『考古』2009-6.

新川登龜男, 「白村江の戰いと古代の東アジア」『백제 부흥운동과 백강전쟁』, 2003.

瀋陽古宮博物館, 「鄭家窪子遺蹟調査簡報」『考古學報』, 1975.

鈴木靖民, 「渤海の首領制に關する豫備的考察」『古代對外關係史の研究』, 吉川弘文館, 1979.

鈴木靖民, 「文獻からみた加耶と倭の鐵」『古代東アヅアにおける倭と加耶の交流』(國立歷史民俗博物館研究報告書, 第110集), 2004.

王吉林, 「唐初與吐蕃關係的發展(634~670)」『中華民國家藏學術會議論文集』, 文化大學, 1988.

王綿厚, 「關于確認高句麗歷史地位的三要素」『東北史地』1, 2004.

魏國忠, 「渤海彊域變遷考略」『求是學刊』1984-6, 1984.

魏國忠, 「渤海王國据有遼東考」『龍江史苑』, 1985-1, 1985.

栗原朋信, 「漢帝國と周邊諸民族」『岩波講座世界歷史』4, 1970.

李成市, 「金春秋の來日に見る新羅外交政策の變革」『歷史讀本』臨時增刊 30-11, 1985.

林沄, 「論團結文化」『北方文物』1985-1.

赤羽目匡由, 「新羅末高麗初における東北境外の黑水·鐵勒·達姑の諸族」『朝鮮學報』197, 2005.

赤羽目匡由, 「新羅東北境에서의 新羅와 渤海의 交涉에 대하여」『高句麗渤海研究』31, 고구려발해학회, 2008.

田中琢, 「倭人爭亂」『日本の歷史』2, 集英社, 1991.

田村晃一, 「渤海の土城·山城·寺院」『アジア遊學』6, 1999.

井上秀雄, 「新羅軍制考(上)-職官志軍制の組織を中心として」『朝鮮學報』11, 朝鮮學會, 1957.

井上秀雄, 「新羅軍制考(下)-職官志軍制の組織を中心として」『朝鮮學報』12, 朝鮮學會, 1958.

井上秀雄, 「新羅兵制考」『新羅史基礎研究』, 1974.

井上秀雄,「新羅王畿の構成」『新羅史基礎研究』, 東出版 , 1974.

井上秀雄,「朝鮮の初期國家」『日本文化研究所研究報告』1, 1976.

町田章,「加耶の環頭大刀と王權」『加耶諸國의王權』, 仁濟大 加耶文化研究所 編, 1997.

趙評春,「遼太祖攻滅渤海時程考」『學習與探索』1986-6, 1986.

酒寄雅志,「渤海國家の史的展開と國際關係」『朝鮮史研究會論文集』16, 1979.

酒井改藏,「好太王碑面の地名について」『朝鮮學報』, 1955.

池內宏,「高句麗滅亡後の遺民の叛亂及ひ "唐と新羅との關係」,『滿鮮地理歷史研究報告』12, 1927.

池內宏,「眞興王の戊子巡境碑と新羅の東北境』『滿鮮史研究』上世第2册, 吉川弘文館, 1960.

池田雄一,「中國古代における郡縣屬吏制の展開』『中國古代史研究』第四, 1976.

津田左右吉,「好太王征服地域考」『朝鮮歷史地理』第一册, 1913.

陳顯昌,「論渤海國的彊域」『學習與探索』1985-2.

曉辰,「也談渤海五京制的起始年代」『北方文物』2003-3.

Denis Twitchett and Howard J Wechsler, "Kao-tsung and Empress Wu", *The Cambridge History of China, Vol. 3*, Cambridge University Press, Cambridge, 1979.

Denis Twitchett, "Introduction" *The Cambridge History of China Vol.3*, Cambridge University Press, London, 1979.

Dennis E. Showalter, "Caste, Skill, and Training: The Evolution Armies from the Middle Ages to the Sixteenth Century", *The Journal of Military History Vol. 57, No.3*, July, 1993.

Howard J Wechsler, "Tai-tsung the Consolidator", *The Cambridge History of China Vol. 3*, Cambridge University Press, Cambridge, 1979.

Naoki Kojiro, "Nara state(Felicia G. Bock, tr)", *The Cambridge History of Japan Vol. 1*, Cambridge University Press, Cambridge, 1993.

Shelach Gideon, "A comparative Study of Erlitou and Lower Xiajiadian Cultures", *Social Complexity in China during the Early bronze Age, Vol33, no2*, University of Hawaii Press, 1994.

Ymakuchi, Matrimonial Relationship between the Tu-fan and Tang Dynasties, *Memoirs of the Research Department of Toyo Bunko. No27*, Tokyo, 1969.

찾아보기

『한국군사사』권별 집필진

구분	집필진		구분	집필진	
고대 I	이 태 진	국사편찬위원장	조선 후기 II	송 양 섭	충남대 교수
	송 호 정	한국교원대 교수		남 상 호	경기대 교수
	임 기 환	서울교대 교수		이 민 웅	해군사관학교 교수
	서 영 교	중원대 박물관장		이 왕 무	한국학중앙연구원 연구원
	김 태 식	홍익대 교수	근현대 I	이 헌 주	국사편찬위원회 편사연구사
	이 문 기	경북대 교수		조 재 곤	동국대 연구교수
고대 II	임 기 환	서울교대 교수	근현대 II	윤 대 원	서울대 규장각 HK교수
	서 영 교	중원대 박물관장	강역	박 영 길	한국해양수산개발원 책임연구원
	이 문 기	경북대 교수		송 호 정	한국교원대 교수
	임 상 선	동북아역사재단 연구위원		임 상 선	동북아역사재단 연구위원
	강 성 봉	한국미래문제연구원 연구원		신 안 식	숙명여대 연구교수
고려 I	최 종 석	동덕여대 교수		이 왕 무	한국학중앙연구원 연구원
	김 인 호	광운대 교수		김 병 렬	국방대 교수
	임 용 한	충북대 연구교수	군사 사상	임 기 환	서울교대 교수
고려 II	김 인 호	광운대 교수		정 해 은	한국학중앙연구원 선임연구원
	홍 영 의	숙명여대 연구교수		윤 대 원	서울대 규장각 HK교수
조선 전기 I	윤 훈 표	연세대 연구교수	군사 통신·무기	조 병 로	경기대 교수
	김 순 남	고려대 초빙교수		남 상 호	경기대 교수
	이 민 웅	해군사관학교 교수		박 재 광	전쟁기념관 학예연구관
	임 용 한	충북대 연구교수	성곽	서 영 일	단국대 교수
조선 전기 II	윤 훈 표	연세대 연구교수		여 호 규	한국외국어대 교수
	임 용 한	충북대 연구교수		박 성 현	연세대 국학연구원
	김 순 남	고려대 초빙교수		최 종 석	동덕여대 교수
	김 일 환	순천향대 연구교수		유 재 춘	강원대 교수
조선 후기 I	노 영 구	국방대 교수	연표		한국미래문제연구원
	이 민 웅	해군사관학교 교수	개설	이 태 진	국사편찬위원장
	이 근 호	국민대 강사		이 현 수	육군사관학교 명예교수
	이 왕 무	한국학중앙연구원 연구원		이 영 화	한국학중앙연구원 연구원

『한국군사사』 간행위원

1. 주간

준장 오상택 (현 육군 군사연구소장)

준장 이필헌 (62대 육군 군사연구소장)

준장 정대현 (61대 육군 군사연구소장)

준장 신석현 (60대 육군 군사연구소장)

준장 이웅희 (59대 육군 군사연구소장)

2. 사업관리

대령 하보철 (현 한국전쟁연구과장)

대령 신기철 (전 한국전쟁연구과장)

대령 김규빈 (전 군사관리과장)

대령 이동욱 (전 군사관리과장)

대령 임방순 (전 군사관리과장)

대령 유인운 (전 군사관리과장)

대령 김상원 (전 세계전쟁연구과장)

중령 김재종 (전 군사기획장교)

소령 조상현 (전 세계현대전사연구장교)

연구원 조진열 (현 한국고대전사연구사)

연구원 박재용 (현 역사편찬사)

연구원 이재훈 (전 한국고대전사연구사)

연구원 김자현 (전 한국고대전사연구사)

3. 연구용역기관

사단법인 한국미래문제연구 (원장 안주섭)

편찬위원장 이태진 (국사편찬위원장)

교열 감수위원 채웅석 (가톨릭대 교수)

책임연구원 임용한 (충북대 연구교수)

연구원 오정섭, 이창섭, 심철기, 강성봉

4. 평가위원	김태준 (국방대 교수)
	김 홍 (3사관학교 교수)
	민현구 (고려대 교수)
	백기인 (국방부 군사편찬연구소 선임연구원)
	서인한 (국방부 군사편찬연구소 부장)
	석영준 (육군대학 교수)
	안병우 (한신대 교수)
	오수창 (서울대 교수)
	이기동 (동국대 교수)
	임재찬 (위덕대 교수)
	한명기 (명지대 교수)
	허남성 (국방대 교수)

5. 자문위원	강석화 (경인교대 교수)
	권영국 (숭실대 교수)
	김우철 (한중대 교수)
	노중국 (계명대 교수)
	박경철 (강남대 교수)
	배우성 (서울시립대 교수)
	배항섭 (성균관대 교수)
	서태원 (목원대 교수)
	오종록 (성신여대 교수)
	이민원 (동아역사연구소 소장)
	이진한 (고려대 교수)
	장득진 (국사편찬위원회 편사연구관)
	한희숙 (숙명여대 교수)

집 필 자

- 이태진(국사편찬위원장) 총설
- 송호정(한국교원대 교수) 제1장
- 임기환(서울교대 교수) 제2장 제1절 1·2, 제2·6절, 제3장
- 서영교(중원대 박물관장) 제2장 제1절 3
- 김태식(홍익대 교수) 제2장 제1절 4, 제5절
- 이문기(경북대 교수) 제2장 제3·4절

한국군사사 1 **고대 I**

초판 인쇄 2012년 10월 15일
초판 발행 2012년 10월 31일

발 행 처 육군본부(군사연구소)
주   소 충청남도 계룡시 신도안면 부남리 계룡대로 663 사서함 501-22호
전   화 042) 550 - 3630~4
홈페이지 http://www.army.mil.kr

출   판 경인문화사
등록번호 제10-18호(1973년 11월 8일)
주   소 서울시 마포구 마포대로4다길 8 경인빌딩(마포동 324-3)
대표전화 02-718-4831~2 팩스 02-703-9711
홈페이지 http://www.kyunginp.co.kr
이 메 일 kyunginp@chol.com

ISBN 978-89-499-0874-8 94910 세트
     978-89-499-0876-2 94910
육군발간등록번호 36-1580001-008412-01
값 59,000원